Im Zeichen des Waidwerks

László Studinka

Im Zeichen des Waidwerks

Seine schönsten Erzählungen

KOSMOS

László Studinka mit seinem „Lebenshirsch": Der berühmte Aulocksche Hirsch – das Wahrzeichen der Weltjagdausstellung, Budapest 1971 – wurde unter seiner Führung 1967 gestreckt und erbrachte 246,13 IP.

Mit heissem Jägerherzen

*Der Verlag dankt Frau Erzsebet Courage,
der Tochter von László Studinka, sowie
Herrn Dr. Joszef Studinka und
Herrn Dr. Klaus Schweinsberg sehr herzlich für die
Unterstützung bei der Neuausgabe dieses Werkes.
Ebenso geht unser Dank an die Galeristin Irmgard
Drews in Ebermannstadt, die uns die Veröffentlichung
der Bilder und Illustrationen von Pál Czergesán
ermöglichte.*

Inhalt

Zum Geleit 9
Lebenslauf eines Jägers 11
Jajtanya 40
Legény 51
Rebhühner im Wandel der Zeiten 63
Reminiszere 85
Unsere Sauen 107
Ein Jagdtag mit Waidmannsheil 136
Frühjahrsböcke in der Pußta 157
Trappen-Chronik 175
Der werfe den ersten Stein 194
Fuchs! 211
Was da kreucht und fleucht 225
Wanderer der Himmelsstraßen 242
Das Ende der Fährte 263

Zum Geleit

Das Vorwort zu diesem Buch schreiben zu dürfen, weckt viele schöne, aber auch unwiederbringliche jagdliche und zwischenmenschliche Erinnerungen an einen großen Jäger und liebenswerten Lehrmeister. – An László Studinka.

Aufgewachsen im Nordwesten Ungarns, sein Vater verwaltete dort die Güter des Wenkheim, machte er seine ersten Erfahrungen mit dem Waidwerk, eine Verbindung, die ihn nie mehr losließ und die für sein Leben bestimmend werden sollte.

Nach einem Jurastudium und dem Erwerb eines Diploms an der landwirtschaftlichen Hochschule in Mosonmagyarovar nahm er als Offizier am 2. Weltkrieg teil. Unter den katastrophalen Bedingungen der Nachkriegszeit erwies sich seine Tätigkeit als Jurist als unmöglich. So widmete er sich dem Waidwerk. Er war einer derjenigen, denen es zu verdanken ist, dass das ungarische Wild in den Verwerfungen der Nachkriegszeit nicht völlig ausgerottet wurde. Er setzte in dieser Zeit alles daran, dass die Jagd in seinem Heimatland für viele Jäger wieder erstrebenswert wurde.

Mit Fleiß, Zähigkeit und seinem umfassenden Wissen über die Lebenszyklen von Fauna und Flora wurde er mit den Jahren zu einem weltweit bekannten Experten in Fragen des Wildes, der dank seiner Vielsprachigkeit umfangreiche Verbindungen pflegte, die zu Freundschaften in allen jagdlich interessanten Regionen dieser Erde führte.

Wo man mit ihm auch jagte, sei es in Ungarn, Deutschland, England, Schottland oder Spanien, immer war man beeindruckt von seiner Kenntnis der Geschichte, den jagdlichen Gepflogenheiten und den Traditionen des betreffenden Landes.

Aufmerksame Betrachtung seiner Umwelt und die glückliche schriftstellerische Begabung, seine jagdlichen Erlebnisse und Ideen packend darstellen zu können, brachten ihm zudem beachtliche Erfolge als Autor von Jagdbüchern ein. Beim Lesen seiner Geschichten hat man immer das Gefühl, selbst dabei gewesen zu sein.

Durch diese schriftstellerische Begabung ist er uns, trotz seines viel zu frühen Todes mit 63 Jahren, gegenwärtig geblieben. Sein Wahlspruch „Beeile dich, du weißt nicht, wie spät es ist" kam seinem sanguinischen Magyarentemperament sehr entgegen, verbrauchte ihn aber viel zu früh.

Als guter Organisator war Studinka maßgeblich an der Ausgestaltung der Weltjagdausstellung 1971 in Budapest beteiligt, insbesondere bei der Präsentation der Trophäen.

Seine großen Fähigkeiten lagen vor allem darin, seine Gäste jagdlich zu führen. Wer mit Laci, wie wir ihn nannten, jagen durfte, erlebte einen von Ehrfurcht gegenüber der Natur und ihren Kreaturen geprägten außergewöhnlichen Menschen und großherzigen Freund.

Nachlassende Gesundheit verbannte diesen Vollblutjäger nach und nach immer mehr aus den von ihm verwalteten Revieren. Seine Passion kam aber in all seinen schriftstellerischen Werken voll zur Entfaltung und ich bin sicher, dass das hier vorliegende Buch einen großen, vom Inhalt faszinierten und begeisterten Leserkreis finden wird. Ist es doch geschrieben von dem, wie der Pfarrer bei seiner Beerdigung sagte, „letzten großen alten Mann der ungarischen Jagd". Er steht hier gleichberichtigt mit seinen Freunden und Jagdkoryphäen Heribert Nadler, Baron Schell und Graf Szechenyi, zu denen er enge Kontakte pflegte.

László Studinka verkörperte einen leider vom Aussterben bedrohten Menschentyp. Den großzügigen, umfassend gebildeten und interessierten, jagdlich hochpassionierten disziplinierten Lehrmeister und Freund.

Er war ein Gentleman!

Wuppertal, im Dezember 2003   Dr. Peter Dörken

Lebenslauf eines Jägers

Ich fühle, diesem Buch muß mein jagdlicher Lebenslauf vorausgeschickt werden, ich muß eine Indiskretion mir selbst gegenüber verüben, erzählen, wie mich das Schicksal behandelt hat, oder wie ich es auch selber zu lenken versucht habe. Ohne dies wäre vieles, was ich erzählen möchte, kaum verständlich. Denn solche „Abnormität", für die ich mich selber wähne, gibt es auch unter Jägersleuten nur wenige.

Meines Wissens sind alle meine Ahnen Jäger gewesen. Ein Urgroßvater war Jäger – Forstmeister auf einer Domäne in Oberungarn – ebenso waren es meine beiden Großväter – Landwirte und Verwalter großer Güter –, wie auch mein seliger Vater es war. Kein Wunder also, dass wir beide, mein Bruder und ich, die Jagdpassion erbten, ich vielleicht noch zwei gute Portionen mehr als ein Durchschnittsjäger.

Schon als kleiner Junge zeigte sich bei mir die Neigung zu Jagd und Getier, die große Passion. Mein Vater förderte sie mit allen Mitteln, und auch deswegen muß ich ihm stets dankbar bleiben. Erst lehrte er mich, bereitete mich vor und erzog mich für die hohe Schule der Jägerei. Ich steckte noch in den Kinderschuhen, als ich schon vieles wusste, unter anderem was *Cervus elaphus* und *Canis vulpes* war, und dass der Schnepf beim Frühjahrsstrich quorrt und puitzt. Auch späterhin unterstützte mein Vater meine sich früh zeigende Neigung mit Lehren, Büchern und gutem Beispiel. Schon im Alter von zehn Jahren war ich ständiger Leser von Jagdzeitschriften, auch von „Wild und Hund"; anhand von Jagdklassikern und anderen Jagdbüchern konnte ich mich selber jagdlich weiterbilden, hatte ich doch ein brennendes Interesse für alles, was mit Jagd und Wild zusammenhing. Ich hatte auch viele gute Beispiele, Lehrmeister, Waidmänner, hervorragende Schützen, die Freunde meines Vaters.

Wie hätte es unter solchen Umständen anders kommen können, als dass ich alles begierig lernte? Ich war ein Glückskind, dass es so begann.

Mein Vater glaubte, wenn er mich zum Jägersmann erzöge, ich gebrauche absichtlich nicht das mir etwas hochtrabend klingende Wort „Waidmann", so werde die Jagd und alles, was damit zusammenhängt, mein Leben erfüllen und mich von allen schädlichen Lastern fernhalten. Und er sollte recht behalten. Vielleicht haben wir das Ziel sogar noch überschossen, er im Lehren und ich in der Gelehrigkeit, denn die Jagd, das Wild, die Ornithologie wurden meine Besessenheit, mein Lebensziel, so dass ich, als ich eine gute Zeit nach Kriegsende heimkam und nicht einmal Erinnerungen an mein vormaliges Leben vorfand, ohne einen Augenblick zu zögern das schwierige Leben eines Berufsjägers wählte. Soweit es die Umstände erlaubten, bin ich dieser Laufbahn treu geblieben bis zum heutigen Tag! Und Gott sei Dank, habe ich diesen Entschluss niemals bereut, so schwierig es manchmal auch gewesen ist, denn während den meisten Menschen ihre Beschäftigung nicht selten zur Last wird, lebte ich meiner Passion. Mein Leben war eine Folge von kleineren und größeren Jagdfreuden, und meine Arbeit war in erster Linie Freude, Passion, Begeisterung und Idealismus.

Ich wuchs auf dem Lande auf. Zumindest hielt ich mich für einen Jungen vom Land, obwohl ich zur Schule in die Stadt verbannt war. Ich habe alles Wissen über Wild und Vogelwelt aufgeklaubt, was ein Bengel, der im Grünen aufwächst, erlernen muß. Ich war erst Treiberjunge, als ich schon, sozusagen gleichzeitig mit dem Lesen und Schreiben, die Regeln der Jagd erlernte, die vielen geschriebenen und vor allem die ungeschriebenen Gesetze des Waidwerks sowie die Liebe zum Wild.

Wenn die Ferien begannen, stürzte ich nach Hause. Und das „Zuhause" war Westungarn, Pannonien, die Ecke zwischen Donau und Raab, die Ausläufer der „Hanság", des Wiesengeländes östlich vom Neusiedlersee. Eine schöne, abwechslungsreiche, fruchtbare, wasserreiche, mit vielen Bäumen und Gehölzen bestandene Ebene, eine mit Niederwild reichlich gesegnete Landschaft.

Das Zeitalter der Zwille kam schnell herbei. Von da ab war meine Seelenwelt nur auf die Jagd eingestellt. Für andere Dinge, wie Pferde oder Anglerei, blieb kaum mehr Platz und Zeit übrig, obwohl die Möglichkeiten auch dafür gegeben waren.

Die Munitionsbeschaffung war nicht schwierig, denn es gab genügend Kieselsteine im Schotter der Gartenwege.

Der Maierhof und der Obstgarten waren das Niederwildrevier, wo es auf den Gartenzäunen und den in der Sommerzeit Früchte tragenden Maulbeerbäumen keinen Mangel an Spatzen gab. Hier befasste ich mich erstmalig mit ornithologischen Studien, denn vor dem Schuss mußte man die Spatzen von den vielerlei anderen Gästen der reifen Früchte unterscheiden können. Es war Ehrensache, keine Singvögel zu erlegen.

Unser Hochwildrevier war jedoch der große Park des gräflichen Schlosses, das einzige Baumgelände zwischen weiten Feldern. Hier konnte man auf den geschotterten Fußwegen barfuß wunderbar auf die rufenden Ringel- und Turteltauben pirschen.

Im Alter von etwa sechs, sieben Jahren nahm mich Vater oft auf seine Inspektionsfahrten mit, dann auch als Treibjungen zu Hühnerjagden. Die Flinte lag ständig waagerecht im Gewehrhalter hinter dem Kutschersitz. Vater war ein hervorragender, flinker Flintenschütze und hatte große Übung beim Schießen vom fahrenden Wagen aus. Ich kann mich erinnern, dass er öfters Krähen und Elstern, die vor dem Wagen von den Alleebäumen wegstrichen, vom fahrenden Wagen aus traf.

Da ich schon in der Handhabung der Jagdgewehre bewandert war, kam ich zeitig in das Alter des ersten „Flobert". Dies war damals eine Kleinkaliberbüchse mit gezogenem Lauf, nicht mehr das Flobertgewehr älterer Zeiten mit glattem Lauf, aus dem man auch Schrotpatrönchen verschießen konnte.

Wenn ich an diese Zeiten zurückdenke, so tut es mir leid, dass die Türkentaube damals in unserem Land noch nicht heimisch war. Wie große Strecken wir erreicht hätten! Obwohl es wahrscheinlich ist, dass ich bei diesem halbwilden Vogel in keine solch gute jagdliche Schule gegangen wäre wie bei seinen wilden Verwandten.

Im Alter von zehn Jahren begann ich mit der Flinte zu jagen. Noch dazu nicht mit einer gewöhnlichen, sondern mit einer 28er. Die 28er Flinte war eher eine Art Kinderspielzeug, damit der Rückstoß den Jungen nicht auf den Hintern setzte und ihn schussscheu machte.

Dieses „Kronengewehr" war ein Patent des Büchsenmachermeisters Fückert, und bei uns in den Jahren vor dem Ersten Weltkrieg sehr beliebt und verbreitet. Seine Spezialität waren die in den Schafthals gesenkten flachen Hähne, die jedoch beim Öffnen des Gewehres gespannt wurden: Eine Selbstspanner-Hahnenflinte also. Die Sicherung war wie bei normalen Selbstspannerflinten am Kolbenhals angebracht, und entsichert konnten die Hähne auch entspannt werden. So war immer sofort zu sehen, ob die Flinte gespannt war.

Das Kronengewehr war gewissermaßen ein Übergang zwischen Hahnen- und hahnlosen Flinten, doch schon mit Ejektor, ein schnittiges, elegantes und leichtes kleines Gewehr.

Vier oder fünf Jahre, solange ich „Jägerlehrling" war, schoss ich ausschließlich damit. So lange durfte ich nur neben meinem Vater oder unter den Fittichen von Oberjäger Józsi Csepi an Gesellschaftsjagden teilnehmen.

Die damaligen Alten sorgten für strenge Jagddisziplin, die außerordentlich ernst genommen wurde. Ich kann mich noch genau an den Fall erinnern, der am Anfang meiner Jägerlaufbahn passierte. Bei einer Hühnerstreife, als ich neben meinem Vater ging, wurde eine Wachtel aus der kniehohen Hirse vor mir hoch und passierte die Schützen- und Treiberlinie nach Wachtelart niedrig streichend. Ich zielte auf das Vögelchen und zog, in meinem Leben zum ersten, aber auch zum letzten Male, die Flinte zielend durch die Linie, einer der schlimmsten Fehler der Anfänger.

Vater ließ mich zu sich kommen, nahm mir das Gewehr aus der Hand und gab mir ohne Worte rechts und links zwei anständige Watschen.

„Weißt du, wofür das war?"
„Ja, Vater!"

„Dann wirst du die nächsten drei Tage ohne Gewehr mit den Treibern gehen!"

Es war eine gute Lektion, die ich mir für mein ganzes Leben gemerkt habe!

Im Alter von zwölf Jahren jagte ich bereits mit einer richtigen Büchse und durfte mit ihr schon Rehböcke und einige schwache Hirsche erlegen. Und mit fünfzehn Jahren, zur Zeit des großen Niederwildsegens in den dreißiger Jahren, nahm ich an den großen Jagden, den Erntetagen, schon mit Schwesterflinten teil.

Zurückblickend muß ich sagen, dass mein Vater recht hatte, all dies zu gestatten und zu fördern. Denn dadurch kam ich sehr zeitig über alle jagdlichen Kinderkrankheiten hinweg, die ein jeder durchmachen muß, ganz gleich, in welchem Alter er dieses Handwerk anfängt. Es müssen Schießwut, Schussneid und Schussgier überwunden werden. Das meisterte ich schon in sehr jungen Jahren und wurde nicht blasiert oder gelangweilt, sondern wählerisch. Dies aber gereicht zum Vorteil des Jägers. Wenn er in erster Linie nicht auf die Zahl des erlegten Wildes, sondern auf die Sportlichkeit des Schießens, beim Hochwild nicht auf die Trophäe, sondern auf die schwierigen Umstände ihrer Erbeutung Wert legt.

Als dann das Niederwild zu schwinden begann, hauptsächlich die Rebhühner im Laufe des Winters 1939/40, schwanden gleichzeitig auch meine bisherigen jagdlichen Möglichkeiten dahin. Ich begann ein neues Jägerleben, doch hatte ich schon jeden Ballast an Schussgier abgeworfen; ich liebte das Wild bereits mehr als die Jagd selber.

Liebe zum Wild und Kunstgriffe des Waidwerks lehrte mich hauptsächlich mein einstiger Lehrmeister, der junge Laci Csepi. Er war Berufsjäger in der „Hanság" bei Lébény, und ich verbrachte die schönsten Wochen und Monate bei ihm. Dort wurde ich auch zum Ornithologen. Ich wollte die dortige interessante Vogelwelt auch nach Arten genau ansprechen können. Doch hierzu genügten die Kenntnisse meines Meisters nicht. Er kannte bloß die volkstümlichen Namen der Vögel und ihre Lebensgewohnheiten. So ging ich also ins Ornithologische Institut, eines der ältesten in Europa, wo ich herzlich aufgenommen wurde und in jeder Hinsicht Ratschläge und Weisungen bekam. Ich wurde in dieser Zeit zum begeisterten Ornithologen. Ich nahm die ornithologischen Studien ernst, aber doch nicht so ernst, als dass ich sie zu meiner Laufbahn gewählt hätte.

Die Berufswahl war für mich eine äußerst schwierige und komplizierte Frage. Schon damals war es mein Wunschtraum, das Allerhöchste, was mir im Leben erreichbar schien: die Bewirtschaftung eines großen Jagdbannes, in dem ich für Wild und Jagd leben könnte. Doch war an eine solche Beschäftigung in den dreißiger Jahren überhaupt nicht zu denken, da es keine entsprechenden Möglichkeiten hierzu gab.

Meinem Wunschtraum entsprach noch am meisten die Laufbahn eines Forstakademikers. Manchmal kam es vor, dass der Forstmeister oder Forstrat, einer der wenigen großen Walddomänen, sich mit Wild und Jagd befassen konnte, doch nur, wenn der Jagdherr selber desinteressiert war, was jedoch eine Ausnahme bildete. Nichtsdestoweniger hatte ich große Lust zu dieser Laufbahn, die ja mit Wald und Wild zusammenhängt, doch war mir dieser schöne Beruf leider verschlossen, einfach deshalb, weil mir mein Leben lang alles, was mit Ziffern und Zahlen zu tun hatte, wie Chinesisch vorkam. Sogar beim Abitur hatte ich in Mathematik und Physik eine Vier, also ungenügend. In Ungarn tragen die Forstakademiker bis zum heutigen Tag den Ingenieurstitel und werden auch als solche ausgebildet. Wie hätte ich mit diesem Zeugnis und diesen Kenntnissen denn Ingenieur werden können?

Zur Ornithologie als Beruf hatte ich jedoch nicht genügend Begeisterung, um so mehr, als man in diesem Fach außer beim Ornithologischen Institut kaum Berufsmöglichkeiten hatte. Das war eine magere Sache, und dazu hätte ich als staatsangestellter Wissenschaftler niemals so viel verdient, um nebenher meiner Jagdleidenschaft frönen zu können.

Und zu anderem hatte ich keine Lust. Ich stand damals vor einem großen Dilemma: Wenn einer zu dieser Zeit nicht in ein großes Vermögen, in jagdliche Möglichkeiten und Gegebenheiten hineingeboren wurde, so konnte er kaum seiner Passion richtig nachgehen; den Berufsjäger „akademischen Grades" gab es damals überhaupt nicht; nur im Glücksfall war die Jagd mit dem Beruf des Forstmannes verbunden. Wie konnte ich also im Laufe meines weiteren Lebens meiner alles beherrschenden Jagdpassion Genüge tun?

Ich hatte keine andere Wahl, ich mußte mir aus eigener Kraft das hierzu unbedingt notwendige Kleingeld verdienen!

Voraussetzung dafür war aber zur damaligen Zeit ein Akademikergrad. Ich erreichte ihn auch sehr schnell, und nicht bloß einen, sondern sogar zwei. Den doctor juris, denn Jurist mußte man sein, um in den meisten Lebenslagen seinen Mann stehen zu können, und auch den Grad eines Diplomlandwirtes, denn Ungarn war damals noch ein fast reiner Agrarstaat, und man konnte diese Fachbildung überall gebrauchen. Vor allem waren damals beide geeignet, eine Karriere zu beginnen, die genügend Geld einbringen würde, von dem das meiste wiederum für die Jagd ausgegeben werden könnte. Eigentlich hatte ich kein besonderes Interesse für irgendeines dieser Fächer, doch hol's der Teufel, ich brauchte all dies nur als Grundlage, hatte Ambitionen, etwas würde schon daraus werden, und dann konnte ich mir auch die Jagdmöglichkeiten sichern. Der Fehler der Sache war bloß, dass ich, wenn ich auch die nötigen Moneten für die Jagd verdiente, sicherlich nie genügend Zeit würde aufbringen können, um nach Herzenslust zu jagen und mit dem zu jagenden Wild zu leben. Denn schon damals liebte ich das „Kommen-Sehen-Schießen" nicht.

Und siehe da: Es mußte ein fürchterliches Unwetter der Geschichte, eine grundlegende gesellschaftliche Umwälzung kommen, damit ich mein Lebensziel, die Träume meiner Kindheit verwirklichen konnte. Fast zwanzig Jahre lang habe ich dann mit dem Wild und für das Wild und die Jagd leben können! Freilich ist es sehr oft ein hartes Brot gewesen. Und doch, auch zurückblickend bin ich froh, dass ich so gewählt habe.

Als ich aus Krieg und Gefangenschaft heimkam, war ich 28 Jahre alt und unternehmungslustig genug, um meinem Leben eine andere Richtung zu geben, um von der Jagd und für die Jagd leben zu können. Ich wurde Berufsjäger.

Um die jagdlichen Gegebenheiten im Nachkriegsungarn verstehen zu können, muß man wissen, dass vor dem Krieg auch bei uns ein den deutschsprachigen Ländern Europas ähnliches Reviersystem herrschte; das Jagdrecht war an das Grundeigentum gebunden, mit einem Mindestmaß von 115 Hektar. Folglich gab es sehr viele kleine Reviere, und eine rationelle Hege konnte eigentlich nur auf dem großen Grundbesitz betrieben werden.

Als 1945 das Bodenreformgesetz eingeführt wurde, trennte es das Jagdrecht prinzipiell vom Eigentumsrecht und übertrug es dem Staat, der es entweder in eigener Regie nützen oder mit größeren Flächeneinheiten als Einzelreviere an Jagdgesellschaften, nicht aber an Privatpersonen, verpachten konnte.

Die neuen Reviereinheiten und die jeweiligen Jagdgrenzen wurden von an Ort und Stelle bekannten Jägern auf der Karte eingezeichnet, möglichst so, dass die Grenzen einerseits natürliche oder leicht erkennbare waren, andererseits das Wild aus den Waldungen nicht direkt auf „feindliche" Felder auswechseln sollte. Das Mindestmaß der jeweiligen Jagdgebiete betrug etwa fünftausend Hektar: im Falle von Hochwildrevieren wurden sie an eine Jagdgesellschaft von maximal zwanzig, bei Niederwildrevieren von höchstens dreißig Mitgliedern auf die Dauer von zehn Jahren verpachtet. Je Reviereinheit musste mindestens ein hauptberuflicher Revierjäger gehalten werden.

Besonders das Hoch- und Rehwild hatte durch die Kriegseinwirkungen stark gelitten, und um die letzten Reste retten zu können, wurden gleich zu Anfang aus den besten Rot-, Dam- und Rehwildgebieten Staatsreviere gebildet, die anfangs von den Staatsforstbetrieben, später, nach Schaffung von staatlichen landwirtschaftlichen Betrieben auch von diesen in eigener Regie verwaltet wurden und sozusagen den Keim zukünftiger Wildbestände und kapitaler Trophäen bildeten. Da diese Reviere größtenteils von geschulten, älteren Berufsjägern geleitet wurden, bekamen diese einerseits eine Existenzmöglichkeit in der jagdlichen Praxis, konnten aber auch ihr Können und ihre jagdethische Einstellung und Schulung an eine neue Jägergeneration weitergeben.

Als ich 1946 mein neues Jägerleben anfing, wurde mir eine Stellung als „Jagdinspektor" angeboten. Es wurde damals in jedem Landkreis zur Kontrolle der Hegemaßnahmen und der Jagdausübung der Jagdgesellschaften ein solcher vom Staat eingesetzt. Ich wies das Angebot jedoch dankend zurück. Ich wollte hinaus ins grüne Revier, nicht an den Schreibtisch.

Der Großteil der Reviere unmittelbar nördlich von Györ, die wir vormals bejagt hatten, wurde von drei Budapester Jagdgesellschaften in Pacht genommen und gemeinsam unter der Jagdleitung eines alten Bekannten und hervorragenden Schrotschützen verwaltet. Als ich heimkam und dies erfuhr, meldete ich mich sofort bei ihm als Berufsjäger. Er nahm mich natürlich mit Freude an. Aber dort war ich überall bestens bekannt, was wieder zu vielen Komplikationen führte. Der Grund war in erster Linie der, dass es offizielle Personen nie und nimmer verstehen wollten, warum ich trotz meines akademischen Grades „nur Jäger" war. Was auf der Hand lag, die Wahrheit, wurde mir nie geglaubt; ein jeder meinte immer wieder, dahinter irgendein Geheimnis entdecken zu müssen.

Nach einigen Monaten wurde ich zum Oberjäger des ganzen Feld-Revierkomplexes von etwa achtzehntausend Hektar ernannt, das ich mit meinen sechs Berufsjägerkollegen betreute. Das Rehwild war fast ausgerottet worden, Flugwild gab es nur noch sehr wenig, doch den Hasenbestand konnten wir durch Schonung und Kurzhalten des Raubzeuges schnell wieder auf die alte Höhe bringen. Dies war unser Glück, denn unsere Jagdgesellschaften wurden 1948 aufgelöst, und wir allesamt wären in den damaligen turbulenten Zeiten wahrscheinlich ohne Brot geblieben, wenn die Reviere im Hinblick auf die guten Hasenbesätze und den damals schon wieder anlaufenden Exportmöglichkeiten lebender Hasen nicht in staatliche Regie gekommen und von der Forstdirektion verwaltet worden wären. So konnte die Hege nach den Anfangserfolgen weitergeführt werden, und nach Monaten der Unsicherheit wurde auch das Jagdpersonal in den Staatsdienst übernommen.

Nichtsdestoweniger war unsere Lage dort nicht leicht. Das Revier lag unglücklicherweise vor den Toren der Stadt, wo es allzu viele Jäger gab, und der Hasenbesatz entwickelte sich in ganz wenigen Jahren in ungeahnter Weise, nicht zuletzt deswegen, weil wir die Hasen nie bejagten, sondern nur in Netzen fingen und immer sehr starke Stammbesätze übrigließen. Es gab dort Ende der vierziger und Anfang der fünfziger Jahre so viele Hasen wie nie zuvor. Wir fingen jährlich vier- bis fünftausend Hasen lebend, was einen großen Teil des damaligen Exportes ausmachte. Freilich war es nur dann möglich, solch einen Wildbestand heranzuhegen, wenn die Jägerei alles versuchte, um im Revier jagdliche Ordnung zu schaffen, was zu diesen Zeiten und im Hinblick auf die Stadtnähe eine äußerst heikle Angelegenheit war.

Damals war es ein schwieriges und oft auch bitteres Brot, Berufsjäger zu sein! Die jagdliche Ordnung war bei weitem noch nicht gefestigt, der Berufsjäger aber, der für sie zu sorgen bemüht war, wurde oft als Feind angesehen. Und doch gab es einige Versessene, die meinten, dass es in unserem Lande Wild geben müsse und die sich den Wiederaufbau der Wildbestände als Lebensziel steckten.

Heute, wo die Zeiten die Auffassung der damaligen Waidmänner bestätigt haben, als die Jagd zur Mode und zur Sensation des Fremdenverkehrszweiges wurde, wird es naturgemäß oft vergessen, welch langen und schwierigen Weg wir seitdem zurückgelegt haben. Und doch, damals, gleich zu Anfang, gelang es, die Grundlagen der heute wieder mit vollem Recht weltberühmten Wildbestände zu schaffen! Damals gelang es, die Groß- und Urgroßväter der jetzigen Trophäenträger, die an den Weltspitzen rütteln, zu retten. Damals, als große „Wildreservate" zustande kamen und das neue Jagdrecht es ermöglichte, dass auf den Ruinen der einstmaligen Bestände auf großen Reviereinheiten unter einheitlichen Richtlinien gehegt werden konnte, wurde der Grundstein zu bisher nie gesehenen Erfolgen gelegt ... Doch nicht nur in Bezug auf das Hochwild, sondern auch bei Reh und Fasan! Wer hätte damals geglaubt, dass in Kürze die Zeit kommen würde, wo es in diesem

Lande mehr von diesen Wildarten geben werde als je zuvor und so viele starke Trophäenträger ihre Fährte ziehen würden!

Es war für uns Berufsjäger ein richtiges „Pionier-Zeitalter"! Nach der Währungsreform 1946 hatte ich als Revierjäger bei der Jagdgesellschaft ein Monatsgehalt von einhundert Forint, als Oberjäger von dreihundert und jeweils in jedem Jahr einen Jagdanzug. Dies war natürlich auch mit Schussgeldern für Raubzeug und dem Erlös für Bälge zu wenig zum Leben. Wir hatten nicht einmal eine eigene Wohnung im Dorf, nur das hintere Zimmer eines landesüblichen Bauernhauses, das uns von guten Leuten angeboten worden war. Wir machten Feldarbeit, um Futter für unsere Tiere zu verdienen, hackten Mais und Kartoffeln und auch Zuckerrüben, die schwerste Feldarbeit neben dem Ernten mit der Sense. Wir hielten einige Hühner, zwei oder drei Schweinderl – und freilich Jagdhunde!

Meine Frau folgte mir als Stadtkind in die neue Umgebung. Ich bin ihr dafür zu großem Dank verpflichtet, denn hierzu wären wenige Frauen bereit gewesen. Nur sie konnte es mir ermöglichen, dass ich schon zu Anfang mein Leben der Jagd widmete und mich nicht genötigt sah, in der Stadt im Zivilberuf als „Tintenlecker" zu verwelken, obwohl wir dort bestimmt ein leichteres Leben gehabt hätten!

Die heutigen Berufsjäger, die unter geordneten jagdlichen Verhältnissen, mit gesicherter Lebensmöglichkeit und gutem Einkommen, auch mittels bequemer, möglichst geländegängiger Fahrzeuge ihren Dienst tun und weite Möglichkeiten zur Ernte in den Wildbeständen haben, glauben kaum mehr, wie schwer die damaligen Zeiten der Anfänge waren. Sie sind in den Wildreichtum hineingewachsen. Doch damals mussten wir jedes Stück Wild verteidigen!

Im vierten Jahr brachten wir es soweit, dass der Jagdbetrieb zwei Pferdegespanne hatte. Sie versorgten mit notwendigen Fuhren die Fasanenaufzucht, bebauten die Wildäcker und waren im Winter beim Hasenfang beschäftigt. So hatten sie ständig viel zuviel Arbeit, als dass ich mit ihnen herumkutschiert wäre; ich aber bekam als

Dienstfahrzeug ein 250-ccm-Motorrad, das ich zwei Jahre lang fuhr. In meinem Leben einmal und nicht wieder! Ich musste es nämlich auch im Winter benutzen, zur Zeit des Hasenfanges noch mehr als sonst, denn dann war ich ständig unterwegs, und es war fast egal, wie dick ich mich angezogen hatte, nach einem halben Kilometer saß ich auf dem Teufelsding mit dem Gefühl vollständiger Nacktheit. Doch bis dahin hatte ich nur ein uraltes Fahrrad mit noch älteren Reifen benützen können, und dies in einem riesigen Revier, wo noch dazu ständig der Wind blies, gegen den man ankämpfen musste. Wenn aber ein starker Regen kam und das Rad sich auf den Feldwegen im Dreck nicht mehr drehte, musste man es auf den Buckel nehmen. Wegen der allzu großen Entfernungen war ich meistens mehrere Tage unterwegs.

Zu Wintersende 1952 wurde dann das Maß voll, nachdem ich mich sechs Jahre lang hatte wacker halten können. In diesem Winter hatten wir die größte Strecke an lebenden Hasen (6300 Stück) erreicht. Wir beließen so viel Stammbesatz im Revier, dass Außenstehende an Jagd und Fang nicht geglaubt hätten.

Damals traten in unserer Gegend einige Fälle der Tularämie bei Menschen auf. Es wurde festgestellt, dass sie von unseren eingegangenen Hasen herrührten und ich den Kardinalfehler begangen hätte, die Seuche nicht zu melden.

Mein damaliger höchster Chef, der Direktor der Forstwirtschaft von Győr, war ein sachlicher Mann mit geradem Charakter, der sich selber die Mühe nahm, den vielen Verleumdungen nachzugehen und sie zu klären. Doch erachtete er es in meinem eigenen Interesse für besser, mich in den Bakonywald zu versetzen, wo in einem wundervollen großen Waldrevier der Oberjägerposten eben frei geworden war.

Im nördlichen Bakonywald in der Nähe von Ugod, wo es schon wieder angehende Hoch- und Schwarzwildbestände und wundervolle alte Buchenwälder gab, konnte ich leider nicht lange leben. Wir zogen mit Kind und Kegel im zeitigen Frühjahr nach „Hubertlak" inmitten der Wälder, wo ehedem das weitbekannte altehrwürdige, inzwischen abgebrannte Jagdhaus gestanden hatte. Wir wohnten in einem ganz kleinen ehemaligen Wirtschaftsgebäude, das den Brand überstanden hatte und über welches sich uralte, himmelhohe Buchen wölbten. Die nächste menschliche Behausung war sechs Kilometer entfernt. Hier hoffte ich auf ein neues, ein richtiges Jägerleben. Es war mir nicht beschieden. Kaum hatten wir unseren kleinen Garten hinter dem Haus und das Deputat-Maisfeld bebaut, als direkt aus Budapest ein Wisch von drei Zeilen mit der Kündigung kam. Es waren schwere Zeiten, doch es gab auch dort, wie überall, wohlgesinnte und hilfsbereite Menschen. Ich bekam neue Arbeit, jedoch im Büro. Ich wurde Schreiber in einem Forstamt, das fünf Stunden Fußmarsch von unserer Waldbehausung entfernt lag. Montags früh ging ich fort, und Samstag nachmittags kehrte ich heim. Meine Frau war mit der vierjährigen Tochter die Woche über alleine im Wald. Doch dauerte diese Beschäftigung gottlob kaum drei Monate.

Es war gerade Mitte Sommer, als ich mich kurzerhand und notgedrungen zur Erntearbeit im nächstbesten landwirtschaftlichen Betrieb anmeldete. Als Entlohnung bekam man damals noch Naturalien. So war zumindest unser tägliches Brot für den kommenden Winter gesichert.

Ich musste einsehen, dass eine Berufsjägerlaufbahn zumindest vorläufig keinen Sinn hatte. Bis zu dieser Zeit wurden die staatlichen Jagdreservate von einer zentralen Stelle aus geleitet; dies wurde jetzt so umorganisiert, dass jeder Leiter der Forstbetriebe auch für das Jagdwesen direkt zuständig wurde. Da aber die wenigsten dieser Amtsleiter Jäger waren, und Wild und Jagd damals noch kaum einen ideellen Wert besaßen, kamen Berufsjäger ganz niedrig im Kurs zu stehen.

In meiner Zwangslage hängte ich meine Flinte – die ich schon seit langem nicht mehr besaß – an den Nagel und nahm mein Landwirtsdiplom zur Hand. Ich wurde Verwalter eines Landwirtschaftsbetriebes, weit weg, in der Nähe von Pécs im Süden des Landes. Nach kaum einem halben Jahr zogen wir schon wieder um. Doch waren wir nicht traurig, „Hubertlak" zu verlassen, er hatte uns wenig Gutes gebracht!

Meine neue „Zivilbeschäftigung" war gottlob auch nicht von langer Dauer. Sie währte insgesamt bloß drei Monate.

Ohne zu zögern nahm ich sogleich wieder eine jagdliche Beschäftigung auf, der ich insgesamt nur sechs Monate lang untreu geblieben war. Jetzt jedoch nur als „Saisonarbeiter", wobei Personalien keine Rolle spielten. Einige Tage später war ich schon als „Fangmeister" beim Einfangen lebender Hasen irgendwo an der Theiß im Einsatz. Damals gab es auch schon bei Jagdgesellschaften, besonders in Ostungarn, stellenweise gute Hasenbestände, doch waren die Gesellschaften in diesen Zeiten bei weitem noch nicht so organisiert und in jagdlichen Dingen bewandert wie heutzutage. Vom Lebendfang des Wildes verstanden sie naturgemäß sehr wenig. So wurde seitens der Übernehmerfirma – auch damals schon MAVAD – ein Fangmeister delegiert, insofern solche „Wundertiere" aufzutreiben waren. Ich war einer der ersten, wir wurden uns auch sofort einig. Meine Aufgabe bestand darin, die Arbeit des Hasenfanges mit Rat und Tat zu leiten, die Hasen zu übernehmen und mich um den Bahntransport zu kümmern, darauf zu achten, dass die Netze vorschriftsmäßig gehandhabt wurden und dass immer ein genügender Vorrat von Versandkisten bereit war. Das Gehalt war freilich ziemlich mager, doch bekam ich bei den Jagdgesellen freie Wohnung und Verpflegung, kam viel herum und lernte vieles, und vor allem war es eine saisonbedingte, keine ständige Beschäftigung: genau das, was ich suchte.

Von hier wurde ich dann schließlich auch nicht mehr gefeuert. Drei Winter hindurch war ich Fangmeister in Ostungarn, weil es in anderen Landesteilen nicht genügend Hasen zum Lebendfang gab. Ich erreichte eine sehr große Praxis im Lebendwildfang: Ich glaube kaum, dass jemals irgend jemandem mehr lebende Hasen durch die Hände gegangen sind während der acht Jahre, in denen ich zuerst im selbstverwalteten Revier und dann als Fangmeister arbeitete. Meiner Berechnung nach sind es mindestens um die fünfzigtausend Hasen gewesen. Auch mit Hochgarnen fingen wir zusätzlich Fasanen und Hühner; einmal in einem Winter insgesamt zehntausend Stück.

In diesen drei Jahren fing ich im Winter Hasen und arbeitete sommersüber mit einem im Herbst ablaufenden Kontrakt bei einem damals gut bekannten Filmregisseur und Ornithologen, der erstklassige Naturfilme drehte: István Homoki-Nagy. So war ich abseits vom Trubel und konnte sozusagen freiberuflich mein tägliches Brot verdienen. Es kümmerte sich keiner um mich.

Die Filmgruppe war ein lieber Freundeskreis. Wir verstanden uns gut, denn die ganze Gesellschaft war vom gleichen Ziele beseelt und vielleicht auch ein jeder etwas exzentrisch. Wir kampierten sommersüber monatelang völlig abgeschieden. In einem Sommer von April bis November auf einer Insel im Naturschutzgebiet des Kis-Balaton, einem großen Sumpfgebiet in der Südwestecke des Plattensees. Hier konnte ich meine ornithologischen Kenntnisse und mein Geschick im Abführen von Hunden gut gebrauchen.

Wir hatten eine ganze Anzahl von gelben „Vizsla" (Ungarische Vorstehhunde), schwarz-roten Kurzhaarteckeln, von denen jeder eine besondere Aufgabe zu erlernen hatte. Auch lernte ich vieles auf dem Gebiet der Wildfotografie, was sich später als sehr nützlich erwies.

Doch während ich ständig im Lande herumvagabundierte, wohnte meine Familie immer noch in der Nähe von Pécs. Ich kam bloß jeden Jubelmonat heim, und unsere aufwachsende Tochter erkannte mich kaum mehr! Sie musste nun auch zur Schule, und meine Frau wurde hartnäckig: Sie wollte mit der Tochter nach Budapest ziehen, ich sollte mir dort irgendeine Beschäftigung suchen. Ich könnte auch von Budapest aus Fangmeister oder „Hundeabrichter" sein. Gesagt, getan. Wir zogen wieder mit Kind und Kegel nach Budapest, wo schon meine gesamte Familie in einem der Großmutter gehörenden zerbombten Familienhaus residierte.

Ich muss noch erzählen, dass damals, als die ersten Personalausweise ausgestellt wurden, meine Beschäftigung „de jure und de facto" „Fangmeister" war. So wurde sie auch in den Ausweis eingetragen. Jede offizielle Person, die in den späteren Jahren meinen Personalausweis kontrollierte, machte große Augen wegen meiner komischen Beschäftigung.

In Budapest fand ich dann in Kürze eine mir sympathische Verdienstmöglichkeit. Ich wurde der Gehilfe eines flüchtig Bekannten, der sich mit dem harten Kampf gegen Ratten beschäftigte. Wir führten eine „biologische Verteidigung" gegen sie, reisten zum Tatort, freilich mit der Bahn, weil uns kein Auto zur Verfügung stand, mit einem halben Dutzend Frettchen und drei, vier Foxterriers. Alle Türen der Räumlichkeiten, meistens waren es große Stallungen, Lagerräume und Ähnliches, wurden zugesperrt, und einige der Frettchen in die Gänge der Ratten zum Einschliefen gebracht. Vor den Eingängen warteten die Terriers und die mit Stöcken bewaffnete Jugend auf das Erscheinen der Nager. Es war ein gewaltiges Gaudi! Als dann die Frettchen alle wieder zum Vorschein gekommen waren und nicht mehr in die leeren Gänge einschliefen wollten, wurde vorschriftsmäßig wie auf der Jagd Strecke gelegt. So konnte ein jeder das Ergebnis selber sehen und natürlich nachzählen. Wie bei der Niederwildstrecke wurde jedes zehnte Stück aus der Reihe gezogen. Nur die traditionelle Meldung mit gezogenem Hut und der Hörnerklang fehlten.

Auch meine Karriere als Rattenfänger kam zu einem jähen Ende. Nein, nein, von hier wurde ich nicht hinausgeschmissen. Doch als ich an einem frostigen Wintermorgen zu Fuß mit der Frettchenkiste zum Bahnhof wandelte, rutschte ich auf der vereisten Straße aus und fiel mit voller Wucht rücklings auf die Ecke der Kiste. Zum Glück war den Tierchen nichts passiert. Ich setzte mich in den Zug und erreichte meinen Bestimmungsort, doch mit äußerst schmerzendem Rücken. Daheim stellte sich heraus, dass ich mir zwei Rippen gebrochen hatte. Während der Zwangsruhe verlegte ich mich aufs Buchschreiben. Mit einem Freund verfasste ich ein jagdliches Fachbuch, betitelt: „Hasen, Rebhühner, Fasanen", das außer in zwei ungarischen Auflagen auch in deutscher und slowakischer Sprache erschien.

„Soviel das Rad sich nach unten dreht, genau soviel geht es auch nach oben!" sagt ein alter ungarischer Bauernspruch. Dies bewahrheitete sich auch bei mir. Mit meinem Leben ging es endlich aufwärts.

Ich bekam eine Beschäftigung, die mich wieder dem Wild und Waidwerk ganz nahe brachte, noch dazu mit Sitz in der Hauptstadt, bei der Oberdirektion der Staatsgüter als Sachverständiger in jagdlichen Fragen. Meine Aufgabe war die Förderung der Wildbestände in den von Staatsgütern verwalteten Jagdrevieren, die als hauptsächliche Feldreviere nur Niederwild und damals noch in sehr geringer Zahl Rehwild beherbergten.

Diese Aufgabe war mir natürlich wie auf den Leib geschneidert. Die Organisationsarbeit habe ich immer sehr geliebt, besonders wenn sie mit Wild und Jagd zusammenhing. Ich beging dauernd die Reviere, die Berufsjägerei freute sich, wenn ich kam, weil ich zu ihr gehörte. Ich versuchte, jagdliche Ordnung in die Sache zu bringen. Ich sammelte meine Erfahrungen im grünen Revier, nicht im staubigen Büro am Schreibtisch. Zu den Meinen in Budapest kam ich höchstens einmal wöchentlich, um Meldungen und Referate zu verfassen und weitere Dienstreisen vorzubereiten. Ich kannte die Reviere so gut, als wäre ich Oberjäger eines jeden einzelnen gewesen. Ich war ständig unterwegs, aus einer Ecke des Landes in die andere, freilich immer nur mit der Bahn und einem Rucksack. Ich organisierte Jagdpersonal, Fasanenaufzucht, Lebendwildfang, Bestandaufnahme beim Rehwild, Einsammeln der ausgemähten Gelege und alles, was zur jagdlichen Praxis gehörte. Mit viel Freude und Passion. Ich hatte ein vollständig freies Leben, ich konnte nach Herzenslust kommen und gehen. Ich hatte wieder mein Lebensziel erreicht ...

Zu dieser Zeit, nach der Jagdausstellung in Düsseldorf, zu der Ungarn auch vier oder fünf aus der Nachkriegszeit stammende Spitzenhirsche geschickt hatte, begann der damalige Direktor der MAVAD – des Unternehmens für Wildhandel –, den Gedanken der Jagd ausländischer Gäste bei ungarischen Behörden als erster zu lancieren. Dies schien damals als vollständige Utopie. Man versuche, sich die Absurdität der Idee vorzustellen, dass im Jahre 1951 Bürger kapitalistischer Staaten „bis zum Kinn mit Büchsen, Flinten und Munition bewaffnet" in unser Land kommen und hier „umanandschießen" würden.

Ich selber war seitens der MAVAD von Anfang an in die Ausarbeitung dieser Pläne einbezogen und so auch bei der ersten Sitzung dabei, als wir Vertretern der zuständigen Ministerien – natürlich war kein Jäger unter ihnen – die finanziellen Aspekte der vorgeschlagenen Ermöglichung des Jagdtourismus klarzulegen versuchten. Ich kann mich noch genau daran erinnern, dass unsere Zuhörer allesamt ungläubig die Köpfe schüttelten, als wir ihnen eröffneten, dass es Leute gäbe, die für den Abschuss eines starken Hirsches den Anschaffungspreis eines Kraftwagens zu zahlen bereit wären. Ich hatte das Gefühl, dass uns die Anwesenden einhellig für Narren hielten.

Der Erfolg blieb jedoch nicht aus! Die Sache wurde versucht, um zu sehen, ob aus dem „toten Kapital" Wildbestand Devisen zu erwirtschaften wären. Im Frühjahr 1956 war es dann soweit, dass die Organisationsarbeit begonnen werden konnte, wozu ich von der MAVAD beauftragt wurde, da es dort kaum jemand gab, der sich auf praktische jagdliche Fragen verstand.

Ich stürzte mich also mit großem Elan in die neue und mir außerordentlich zusagende Aufgabe. Ich sah mir eine Menge Reviere und Jagdhäuser an, beschwichtigte die Leute und erklärte ihnen, was zu tun wäre. Wir verfassten die Abschussbedingungen und das System der Abrechnung – damals gab es unsere auch zur Kontrolle der Abrechnungen allbewährte „Throphäenbewertungsstelle" noch nicht, doch wurde nach den Erfahrungen des ersten Jahres diese allen Beteiligten nur zum Vorteil gereichende Organisation schnellstens ins Leben gerufen, ebenfalls wurden die Vertragsformulare und die erste Preististe geschaffen. Ich war der erste, der damals für die Abrechnung nach dem Geweihgewicht die Lanze brach, und es gereicht mir zur großen Freude, dass ich Erfolg hatte und wir diese Form im Gegensatz zur Abrechnung nach der Punktebewertung in unseren Nachbarländern bis zum heutigen Tag beibehalten haben. Das Gewicht ist ein absoluter Wert. Hier können kaum Differenzen entstehen, denn jede interessierte Partei kann mit eigenen Augen klar sehen, was die Waage zeigt. Dass es Divergenzen zwischen dem spezifischen Gewicht sowohl bei Hirschgeweihen als auch Rehgehörnen gibt, kann nicht bestritten werden. Sie spielen aber anderenteils auf keiner Seite eine Rolle, da sich diese bei der Anzahl der Trophäen ausgleichen. Die Verrechnung nach Punktzahlen ist eine Quelle ewiger Meinungsverschiedenheiten, bei der eine absolute korrekte Bewertung unmöglich ist. Denken wir nur daran, dass schon einfache Maße, wie zum Beispiel die der Stangenlänge, bei mehreren Messungen verschiedener Vermesser erstaunlich abweichen. Sogar beim Rehgehörn, vom Hirschgeweih überhaupt nicht zu sprechen! Das Vergeben der Schönheitspunkte beruht auf so großer Subjektivität, dass eine korrekte Bewertung eigentlich nur von einem internationalen Gremium, wie bei großen Jagdausstellungen, gewährleistet ist. Den widerlichen Streit um die Punktebewertung bei der Abrechnung habe ich in benachbarten Ländern des öfteren als sehr unangenehm empfunden.

Ich hoffe sehr, dass wir auch in Zukunft die erbeuteten Trophäen der Jagdgäste auf die Waage legen werden, weil dies die klarste Abrechnungsweise ist. Denn der größte, grundlegendste Vorteil bei dem von uns organisierten „Jagdtourismus" (welch hässliches Wort!) lag neben der guten Organisation und den starken Trophäen gleich von Anfang an in der absolut korrekten Abrechnung mit dem Jagdgast!

Im Sommer des Jahres 1956, als wir schon die Genehmigung hatten, ausländische Jagdgäste zu empfangen, trat der Direktor der MAVAD eine Organisationsreise in mehrere westliche Staaten an. Diese Zeit musste genutzt werden. Ich gab also indessen eine kleine, billige und ziemlich unauffällige Anzeige mit ungefähr folgendem Wortlaut in „Wild und Hund" auf: „Abschuss starker Hirsche in ausgedehnten ungarischen Revieren zur heurigen Brunft erstmalig zu vergeben". Als mein Chef von seiner ausführlichen Rundreise heimkam, konnte ich ihm mit Freuden melden, dass ich mit fast fünfundzwanzig Jägern in Kontakt sei. Nach der Düsseldorfer Internationalen Jagdausstellung waren sie mit Leichtigkeit davon zu überzeugen, dass es bei uns schon wieder starke Trophäen zu erbeuten gab.

Schließlich kamen in der ersten Hirschbrunft 1956 insgesamt neunzehn deutsche Jagdgäste. Keiner verließ unser Land ohne ein für deutsche Verhältnisse außerordentlich kapitales Geweih. Die sich erholenden Wildbestände, das Jagdpersonal, auch damals schon zum Großteil mit Niveau und den Ansprüchen gewachsen, die genaue, korrekte Abrechnung und – last not least – der herzliche, jagdkameradschaftliche Empfang bauten die Grundlage des guten Rufes der Jagd in Ungarn aus.

In dieser Brunft, als wir noch alle Neulinge in jener neuen Sparte waren, passierte eine zumindest von uns als sehr komisch empfundene Episode. Ein echter Prinz in Lebensgröße war gekommen, um einen Kapitalen zu erlegen; er wurde natürlich in eines der Spitzenreviere eingewiesen. Ein junger, doch ausgezeichneter Jäger begleitete und führte ihn auf den Hirsch, der nach wenigen Tagen zur Strecke kam. Dieses große Ereignis meldete der Berufsjäger seinem vorgesetzten Jagdleiter etwa mit folgendem Wortlaut: „Der Hirsch schrie morgens bei Büchsenlicht noch auf dem Wildacker, es gelang uns auch ihn anzupürschen, und als ich sah, dass es der Gesuchte war, und zum Schießen das Zeichen gab, streckte ihn der Genosse Prinz mit Hochblattschuss im Feuer! Diese Kurzgeschichte machte damals innerhalb von Tagen bei der ungarischen Jägerei die Runde!

Zum besseren Verständnis der Sachlage will ich hier noch etliche Worte zu der allzu oft in Schlagzeilen benutzten, spöttischen Bezeichnung „Devisenjagd" sagen.

Meistens werden dabei die Preise für Spitzentrophäen – und auch die übertrieben – zitiert. Aber starke Hirsche und Böcke sind immer kostspielig gewesen. Sogar für die Jagdherren großer Eigenjagden früherer Zeiten, wegen des Wald- und Flurschadens, Personal- und sonstiger Kosten. Damals habe ich das Bonmot gehört, dass Rennpferde, starke Hirsche und schöne Frauen stets eine teure Angelegenheit gewesen sind! Die starken Hirsche und Böcke zumindest sind auch heutzutage kostspielig für den, der sie heranhegt, und sei es auch ein Staatsrevier oder eine Jagdgesellschaft in Ungarn. Außerdem: Ein jeder Geschäftsmann weiß, dass sich der

Preis auch in unseren Tagen noch nach Angebot und Nachfrage richtet. Na bitte!

Jeder ausländische Jäger, der jemals in Ungarn Büchse oder Flinte geführt hat, kennt das Jagdbüro MAVAD, das einzig zuständig für die Vermittlung ausländischer Jäger in ungarische Reviere ist. (Jagdgewehre können auch nur aufgrund der Bestätigung der MAVAD mitgebracht werden.) Die Jagdgesellschaften und staatlichen Jagdreviere bieten der MAVAD gleicherweise ihre zu vergebenden Jagdmöglichkeiten an. Die MAVAD ist „de jure und de facto" Kommissionär, der diese an ausländische Jäger weitervermittelt, mit ihnen nach Kontrolle und Registrierung der erbeuteten Trophäen endgültig abrechnet und die Kosten in Devisen kassiert. Klar, nicht wahr? Nun verrechnet die MAVAD ihrerseits mit den Jagdberechtigten und zahlt nach Abzug einer ganz normalen Kommission von 6 Prozent den Rest in ungarischer Währung aus. Es lohnt sich, darauf hinzuweisen, dass alle Einnahmen der Jagdgesellschaften, natürlich auch das Entgelt von Abschüssen, zweckgebundene Mittel sind, die ausschließlich zum Decken der jagdlichen Ausgaben (Wildschaden, Personalausgaben usw.) und zum Fördern jagdlicher Belange (Fasanenaufzucht, Jagdhäuser, Fahrzeuge usw.) verwendet werden dürfen.

Andererseits ist die MAVAD unter anderem auch zuständig für Wildhandel. Sie kauft im ganzen Lande das erlegte Wild von den Jagdberechtigten auf und verkauft den größten Teil an Wildhändler der westlichen Länder, von denen es außerordentlich gesucht wird, und kassiert natürlich auch Devisen dafür. Darf ich fragen: Was ist der Unterschied?

Und doch gibt es einen Unterschied! Im Laufe der zwanzig Jahre, seitdem ausländische Jäger zu uns kommen, hat sich ein gegenseitiges, gutes Einvernehmen entwickelt. Wir haben uns kennen und schätzen gelernt, wir sind uns näher gekommen. Für Wild und Jägerei brachte dies aber hierzulande auch einen bei weitem nicht zu unterschätzenden ideellen Nutzen. Sie kamen auch in ihrem eigenem Land hoch im Kurs zu stehen, sie erlangten hierdurch wieder den Wert, der ihnen mit Recht zusteht.

Als Junge habe ich meinen Vater oft sagen gehört. „Merke dir: So viele Sprachen – so viele Menschen!" Dies ist für uns Magyaren besonders wichtig, weil wir mit unserer eigenen, schönen, aber sehr, schwierigen Sprache nicht weit in der Welt herumkommen. Und Vater setzte es mit seiner ungemein großzügigen Zielstrebigkeit durch, dass dies nicht nur Worte blieben und wir Jungs einige Sprachen erlernten. Auch dafür, wie für vieles andere, kann ich ihm nur ungemein dankbar sein. Von meinen Sprachkenntnissen habe ich im Laufe meines Lebens immer großen Nutzen gehabt, obwohl es Zeiten gab, da ich mich mit der Lektüre fremder Sprachen begnügen musste. Die größten Vorteile brachten sie mir im Umgang mit ausländischen Jägern. In dieser Beziehung war ich ein Sondertier in der ungarischen Jägerei, da ich nicht bloß die Sprache, sondern auch die Jägersprache und die jagdliche Mentalität der Gäste kannte. All dies führte naturgemäß dazu, dass ich in ihren Kreisen in Kürze äußerst populär wurde, was mir jedoch damals hierzulande nicht immer zum Vorteil gereichte.

So kam es, dass nach nur eineinhalb Jahren diese meine mit großem Elan und großer Freude ausgeführte Aufgabe ein Ende nahm.

Statt dessen bekam ich eine neue, passende Sonderaufgabe bei den Staatsgütern, in die ich mich wiederum mit ungebrochenem Idealismus stürzte. Im Jahre 1957 lief die Pachtperiode der Jagdreviere ab. Sie wurden generell im ganzen Lande wieder auf weitere zehn Jahre verpachtet. Bevor dies geschah, sollte ich für unsere Staatsgüter weitere, etwa zwanzig Großreviere im Gesamtausmaß von ungefähr einer halben Million Hektar in verschiedenen Gegenden des Landes aussuchen und in eigene Regie nehmen. Unter den damaligen, bei den Jagdgesellschaften noch ziemlich unsicheren Verhältnissen und ebensolcher jagdlichen Moral schien eine durchschlagende Verbesserung der Hege, insbesondere des Niederwildes, sonst nicht gewährleistet. Deswegen war es notwendig, größere, zur Hege des Niederwildes günstige Flächen unter die Obhut staatlicher Landwirtschaftsbetriebe zu stellen. (Hochwildreviere, von Staatsforstämtern verwaltet, gab es von Anfang an genügend.)

Ich vollbrachte die Aufgabe innerhalb eines halben Jahres in aller Stille, doch trug sie wieder nicht gerade dazu bei, meinen Freundeskreis zu erweitern. Um viele der Reviere wurde von denen, die sie bisher bejagten, mit allen Mitteln gekämpft, obwohl wir grundsätzlich nicht die gutbesetzten Reviere einiger gut hegender Jagdgesellschaften übernahmen. Unser Ziel war die Förderung und der Aufbau neuer Wildbestände, die Schaffung von „Hegerevieren", von wo aus das Wild sich ausbreiten konnte.

Ich hatte wieder eine wunderbare Aufgabe, die mir bestens lag, eine jagdliche Organisationsarbeit, wie man sie sich schöner kaum vorzustellen vermag. Hier konnte wieder Großes geschaffen, neue Wildbestände begründet werden. Jetzt war ich erst recht ständig unterwegs, von einer Ecke des Landes zur anderen. Ich freute mich auch des wenigen Wildes, das da war und malte mir vor meinen seelischen Augen die reichen Wildbestände zukünftiger Jahre aus, die zu begründen jetzt meine Aufgabe war. Doch war es mir nur beschieden, ihre Grundsteine zu legen.

Denn das Rad drehte sich weiter: Ein Stück hinauf, ein Stück hinunter. Erst ein bisschen hinauf, denn ich bekam den höheren Rang eines „Jagdreferenten", doch nur auf kurze Zeit, denn er erwies sich als zu hoch. Titel und Rang haben mir nie etwas bedeutet, und auch diese kleine Beförderung war ein schlechtes Omen für mich. So hatte ich keine andere Wahl, als diesen mir äußerst passenden Arbeitskreis zu verlassen. Als Ersatz jedoch wurde mir eine Jagdleiterstelle in einem der Reviere nach meiner Wahl angeboten.

Mir schien, dass ich wieder einmal an einem Tiefpunkt angelangt war. Doch stellte sich später heraus, dass mir in diesem Fall alle Jagdgötter hold gewesen waren. Ich wählte das Jagdrevier des Staatsgutes in Lábod, unten, fast an der Dran, im Südwesten des Landes, im Komitat Somogy. Meine Familie blieb natürlich in Budapest wohnen, die Tochter ging schon zur Mittelschule. So zog ich mit meinem Rucksack in „Marschausrüstung" nach Lábod.

Im Februar 1959 trat ich dort in Dienst. Es ging besser an, als erwartet: Von meinem Vorgesetzten wurde ich mit Freuden aufgenommen, und er gab mir auch seine Flinte zum Dienst. Später verhalf er mir sogar wieder zu einem Waffenpass. Ich revanchierte mich mit guter Leistung, was mir überhaupt nicht schwerfiel, denn auch in meiner vorherigen Stellung war schon meine Beschäftigung keine Arbeit gewesen, sondern ein mit Passion betriebener Beruf. Und dies wurde sie jetzt erst recht.

Es wurde mir in Kürze klar, dass ich jetzt, im Alter von vierzig Jahren, tatsächlich genau das erreicht hatte, was von Kind an mein Wunschtraum gewesen war: Die Möglichkeit zur Hege des Hoch- und Niederwildes in einem riesigen, einmalig abwechslungsreichen Jagdbann mit einem Ausmaß von fünfzigtausend Hektar! Dass aber dieses Gebiet damals noch fast wildleer war, erwies sich für mich vorerst von großem Vorteil: Ich hatte freie Hand in meiner Arbeit.

Mit einer Garde von Berufsjägern, die mit der Vergrößerung des Reviers zu insgesamt siebzehn Mann heranwuchs, schafften wir das Hegeziel allmählich. Unter den älteren Berufsjägern fanden sich einige ganz erstklassige Heger, mit denen strenge Disziplin und ein hervorragendes Verhältnis zur gemeinsamen Arbeit geschaffen werden konnten. Bei den jüngeren Jahrgängen gab es auch einige, die zum Jäger geboren waren und Anlage und Passion dazu hatten, so dass sie zu guten Jägern erzogen werden konnten. Ich selber bemühte mich, ein gutes Beispiel zu geben, meinen Kollegen die ungeschriebenen Gesetze der Waidgerechtigkeit beizubringen, an allen Arbeiten teilzunehmen und in Pflichtgefühl und Pünktlichkeit voranzugehen: Es war eine Aufbauarbeit von Grund auf; aus dem Nichts wollten wir Wildbestände schaffen, und ich arbeitete wieder einmal mit viel Freude, Enthusiasmus und sehr viel Idealismus.

Lábod war ein ideales Revier, ein Jagdparadies! Es gab da vom Kapitalhirsch bis zur Schnepfe, vom Baummarder bis zum Fischotter fast jegliches Wild des Flachlandes. Außer Trappen, die dort in der ziemlich dicht bewaldeten Gegend mit vielerlei Deckung nie heimisch gewesen sind. Der Traum eines Jägers! Ich nahm auch die Möglichkeiten wahr, jagte nach Herzenslust, Tag und Nacht, Sommer und Winter. Freilich war für mich ein jeder Reviergang Jagd, gleich, ob ich die Krähen mit dem Uhu zehntete, auf Fuchs oder Otter ansaß, Jagdgäste begleitete oder die Frühjahrsböcke musterte. Oft war ich mehrere Tage in einem fort unterwegs, in den ersten vier Jahren nur per Fahrrad. Das Revier war von Nord nach Süd sechzig Kilometer lang und etwa vierzig breit – auch zum Radfahren groß genug! Damals aber war ich noch kräftig genug dazu. Der Jagdbetrieb hatte zwar auch zwei Pferdegespanne, doch hatten diese Arbeit genug. Auch waren sie für diese großen Entfernungen zu langsam.

Dann wurde mir ein gebrauchtes Auto spendiert, ein Volkswagen, der sich aber als äußerst geländegängig erwies. In den folgenden sechs Jahren fuhr ich ständig meinen eigenen Wagen im Revier. Ich hatte nie einen Dienstwagen und habe mich auch nie darum bemüht. Ich wollte von Fahrern und Fahrtdokumenten unabhängig sein. Mein Dienstwagen hätte zwei Fahrer gebraucht, die sich hätten ablösen müssen, so viel war ich unterwegs.

Mit dem Wagen war ich nun beweglich und konnte vor allem draußen im charmanten Jagdhaus Petesmalom wohnen, das im Jahre 1962 eingerichtet wurde. Ich lebte sechs Jahre lang dort, ohne eine feste Straße zum Haus, ohne Strom und Telefon, und ich war mir damals schon genau bewusst, dass diese Zeit den Höhepunkt meines Lebens bedeutete, das Schönste, was ich mir erträumt hatte.

Mitten im großartigen Jagdbann zwischen Wäldern und Teichen entzückend gelegen, wohnlich und freundlich eingerichtet, war es ein wundervolles Jäger- und Erholungsheim, und in seiner Abgeschiedenheit ein Treffpunkt der Jagdfreunde aus aller Welt. Die allermeisten waren Stammgäste, denn wer einmal kam, der kam immer wieder.

Nun hatte sich das Rad meines Lebens ganz nach oben gedreht, von hier aus musste es sich zwangsläufig wieder nach unten wenden.

Mein größter Fehler ist immer gewesen, dass ich in vielen Sparten des Lebens ein zu großer Idealist war, und das besonders in jagdlichen Belangen. Ich setzte alles daran, nach Möglichkeit Ordnung zu halten, denn ich hatte es so gelernt und hielt es auch immer so, dass ein guter Wildbestand nur in einem straffen, geordneten Jagdbetrieb gedeihen kann.

Nach den in Lábod verbrachten zehn schönen Jahren nahm ich eine Stellung in einem anderen Staatsrevier in den südlichen Donau-Auen an, im besten, das es überhaupt bei uns gibt. Doch ich konnte mich hier schon nicht mehr eingewöhnen. Ich war inzwischen fünfzig geworden und fühlte, dass ich genug vom Herumbummeln, vom „Junggesellenleben" hatte.

Mit sehr schwerem Herzen nahm ich Abschied vom Jägerleben, denn ich ahnte, dass er endgültig sein würde. Es fehlt mir heute immer noch, ich kann meinen Platz seitdem nie mehr richtig finden!

Damals begannen gerade die Vorbereitungen der Welt-Jagdausstellung. Ich dachte, dass auch dort ein Jäger nützlich sein könnte, der nicht nur von jagdlichen Dingen eine Ahnung hat, sondern auch mit Fremdsprachen zurechtkommt.

Es klappte auf Anhieb. Doch wurde ich naturgemäß in ein Büro hinter einen Schreibtisch gesteckt, zum ersten Mal in meinem Leben, wenn ich von meiner kurzen und unrühmlichen Schreiberstellung damals im Bakonywald absehe. Aus einem Jägersmann, in dessen Leben fast alle Tage Jagdtage waren, wurde kurzerhand ein Büroangestellter, ein Sonntagsjäger.

Doch hatte ich schon bei den Vorbereitungsarbeiten viel Schönes in diesem völlig neuen Arbeitskreis gefunden. Es gelang mir, eine Betätigung zu finden, die mich am meisten interessierte, mir am besten lag: den Aufbau des Pavillons der ungarischen Wildwirtschaft und den der ungarischen Trophäen. Wie schon immer, warf ich mich mit großer Begeisterung in diese Aufgabe. Doch ich hatte nicht nur eine gewaltige Arbeit, sondern auch viel Freude dabei: Es war eine sehr konstruktive Organisationsarbeit, deren Voranschreiten man ständig klar vor Augen hatte. Schon zu Anfang stellte ich die Drehbücher auf, an denen dann im Lauf der Vorbereitungen immer wieder geschliffen werden musste. Wir ließen damals den Scherz los, dass in den Werken der Weltliteratur nach der Bibel und Lenins Werken das Drehbuch der Ungarischen Wild-Wirtschaft an dritter Stelle folgte. Insgesamt wurden davon dreizehn Texte verfasst.

Auch kam ich mit vielen Jägern aller Sorten in Stadt und Land zusammen; viele Freundschaften und Bekanntschaften wurden geschlossen. Ein neues Hobby entstand (vielleicht kann es treffend so genannt werden, weil es keine richtige große Passion mehr ist), das Umsatteln des alternden Jägers vom Jagen auf die Wildfotografie. Auf Hochwild zu jagen habe ich sowieso wenig Möglichkeiten mehr. Doch hie und da reicht es noch zum Fotografieren.

Endlich kam die Zeit der Ausstellung heran. Was ich in den vorhergehenden Monaten leistete, war mehr, als ich vertragen konnte. Doch ich dachte, ich hätte eine eiserne Gesundheit und nie ermüdende Arbeitskraft.

Die vier Wochen der Ausstellung, obwohl sie ausgerechnet in die Hirschbrunft fiel, und ich nicht einmal in den Wald gehen konnte, brachten einen neuen Höhepunkt in meinem bewegten, ruhelosen Leben. Uns allen, die daran beteiligt waren, war es eine gewaltige Freude, denn sie war ein großer Erfolg für Ungarn und die ungarische Jägerei. Ich meine natürlich nicht die Knochen, sondern das Ideelle. Sie bedeutete für mich außerdem eine sehr anstrengende Zeit, denn sie war eine nicht enden wollende Reihe des Wiedersehens lieber Freunde und Bekannten. Sie kamen aus allen Ecken des Landes und aus allen Teilen der Welt, alles Jäger, mit denen man gleichen Glaubens war.

Als am Morgen des 1. Oktober 1971 das erste Geweih von der Wand des ungarischen Trophäenpavillons abmontiert wurde, war ich den Tränen nahe: Ein Abschnitt meines Lebens hatte ein Ende gefunden, für den es wert war zu leben und zu arbeiten.

Was hierauf folgte, ist leider wenig interessant, deswegen will ich mich kurz fassen.

Ich hörte auf, „Aussteller" zu sein, denn meine Frist war mit der Ausstellung abgelaufen. Statt dessen wurde mir ein anderer schöner Arbeitskreis, eine interessante Betätigung im schönen, neugebauten und neuorganisierten Institut für Wildbiologie angeboten, die mir einigermaßen zusagte.

Meine hauptsächliche Aufgabe war die Lösung der „Hasenfrage". Wir sprachen jahrelang von ihr, weil in den vorhergegangenen fünf oder sechs Jahren die Hasenbestände weit und breit dahinschwanden. Hinter dieser Tatsache wähnten die meisten irgendeine Hexerei: Gift in der Landwirtschaft, verseuchte Bestände und Ähnliches. Nur daran dachte kaum jemand, dass die Bestände seit vielen Jahren fast überall überjagt und „übergefangen" waren. In Wort und Schrift brach ich dafür die Lanze, dass in den Revieren mehr Satzhasen belassen werden sollten. Die Jagd- und Fangzeiten wurden daraufhin stark verkürzt, dazu kamen zwei Jahre mit günstigen Lenzen und eine drastische Kampagne gegen Reineke, den Verbreiter der Tollwut, sowie eine alljährliche, vom Jagdverband organisierte Gifteieraktion gegen das gefiederte Raubzeug. All dies zusammen brachte dann innerhalb von zwei Jahren schneller die Lösung, als es jemals hätte erhofft werden können. Denn die Hasenfrage ist nunmehr vergessen. Es gibt Hasen genug, auch in den von der modernen Großraumwirtschaft beherrschten Lebensräumen.

Doch erwies sich meine neue Arbeit als Wildbiologe wieder leider als eine Episode. Schon gleich nach Ende der Ausstellung kam die bisherige eiserne Gesundheit ins Wanken, die „Innereien" begannen zu streiken.

Dann, kaum ein Jahr später, konnte ich plötzlich keine zehn Schritte weit gehen. Jetzt hatte sich das Rad gewaltig nach unten gedreht!

Ich war ein Jahr lang krank. Danach wurde ich aufgrund dessen frühzeitig pensioniert. Viele schöne jagdliche und berufliche Pläne für die noch verbleibenden Jahre gingen in Rauch auf.

Doch der Wagen läuft weiter, das Rad dreht sich noch, wenn auch schon langsamer. Es scheint sogar, als ob es sich sehr, sehr bedächtig wieder nach oben wenden würde!

Langsam, sehr langsam bessert sich die Gesundheit, die fast schon verlorenen Kräfte kommen allmählich wieder. Auf einer Kesseljagd auf Fasanen kann ich auf Saatflächen oder Stoppelfeldern ganz gut weiterkommen; auf schweren Äckern aber überhaupt nicht mehr. Doch dies kommt auch sonst meist mit dem Alter.

Ich habe auch eine Rentnerstellung, allerdings gottlob ohne fixe Arbeitsstunden. Es scheint, dass ich dort ende, wo ich angefangen habe: bei der MAVAD. On revient toujours ... Außerdem bin ich auch noch Redakteur der ungarischen Jagdzeitschrift „Nimród".

Doch diese Arbeiten nehmen von der Jagd keine Zeit mehr weg: Die kann ich auch dann vollbringen, wenn es gerade nichts zum Jagen gibt.

Ich will es auch nicht leugnen, dass dem Rentnerleben gewisse Vorteile und Schönheiten anhaften. In allererster Linie der größte Schatz des Lebens, die Unabhängigkeit. Es ist aber sehr schade, wenn sie der Mensch erst dann erreicht, wenn er nicht mehr die vollen Kräfte hat, sie zu nützen.

Ich versuche es trotzdem!

Es ist schon dreißig Jahre her, dass ich kein Schussbuch mehr führe, denn das angefangene ging in den Kriegswirren verloren. Doch in der vergangenen Jagdzeit schrieb ich auf, wann und wo ich gejagt habe. Es gab ja so viel Fasanen wie noch nie, und ich war interessiert zu wissen, wo und was ich geschossen hatte.

Unlängst fragte mich ein Freund:

„Sag mal, wo pflegst du zu jagen?"

„Wo ich eingeladen werde!" war meine lakonische Antwort.

Ich kann mich wirklich nicht beklagen, ich werde fast überall gerne gesehen, nicht nur bei meiner eigenen Jagdgesellschaft. Waidmannsdank dafür!

Und hier sind die erfreulichen Ziffern: In der Jagdzeit 1973/74 jagte ich insgesamt 52 Tage, erlegte eine Sau, einige Stück Kahlwild und Ricken, jedoch 694 Fasanenhähne. Ich sage dies nicht aus Protzerei, denn man kann nicht stolz darauf sein, doch ist es eine ganz gute Leistung von einem Rentner. Besonders gut ist, dass die alte, glühende Passion noch lebt, die das Aufstehen mitten in der Nacht, nächtliche Autofahrten in Dunst und Nebel und ähnliche Fährnisse in Kauf nimmt.

Und solange man den vom Wind getriebenen Fasanenhahn doch noch ab und zu trifft, kann das Altern noch nicht allzu schlimm sein!

Jajtanya

Jajtanya? Schwierig, fast unübersetzbar. Wie die würzig-bündige, die unverfälschte Sprache der Magyaren selbst. „Jaj" ist mit „o weh" zu übersetzen. Und „tanya" heißt Gehöft, auch Behausung.
Jajtanya ist weder im Ortsverzeichnis noch auf der Landkarte zu finden. Sogar auf den „Spezialkarten" der K. u. K-Zeit – damals noch allgemein gebräuchlich – waren nur die zwei Buchstaben J. H. zu finden, darüber ein Hirschgeweih, die Bezeichnung für ein Forst- oder Jägerhaus. Das war Jajtanya, und dazu gehörten ringsherum die großen Auenwälder an der Donau in einem der rühmlichen „Hirschkomitate": Tolna.
Weshalb dieser eigenartige Name? Ich konnte es nie ergründen. Sicher ist nur, dass ihn schon die Großväter der heutigen Jäger kannten. Wer weiß, ob es Hochwasser war, das seine damaligen Bewohner bedrohte, oder ein Blitz, der das schilfbedeckte Haus entflammte? Offensichtlich aber ist da ein großes Unglück passiert.
Mein Lebtag lang hielt ich es streng mit dem Jäger-Aberglauben. Ich gehe niemals zurück, wenn ich einen Jagdgang schon angetreten habe. Und gute Wünsche sind um so besser, je schlimmer sie klingen. So hielt ich es schon damals, in jenem längst vergangenen September, als mein guter Stern mich an diesen verwunschenen Ort führte. Noch dazu zur Hirschbrunft! Das musste mir unbedingt Waidmannsheil bringen!
Damals war ich in der hohen Schule der Hirschjägerei nicht mehr unbewandert. Ich hatte mehrere Hirsche erlegt, aber alle in den heimatlichen Jagdgefilden, in den Brüchen und Erlenwäldern östlich des Neusiedlersees, deren Rotwild zur damaligen Zeit seiner schwachen Geweihe wegen allbekannt war. Auch war es bei uns eher Wechselwild, ein Brunftschrei war höchst selten zu hören, und beim Anblick eines Kronenhirsches bekam man das Zittern.

Jetzt durfte ich, noch dazu in der Zeit der Brunft, hier in der Heimat der starken Hirsche jagen! Denn als diese galten die Auwälder schon damals, obwohl die Hirsche seinerzeit bei weitem nicht so stark waren wie heutzutage. Die Einladung galt nicht auf einen bestimmten Hirsch, sondern ich durfte mir einen auswählen. Aber nur einen! Von meinem Können, meiner Geschicklichkeit und meinem Waidmannsheil sollte es abhängen, wie stark er sein würde. Das Revier war klein, kaum dreihundert Hektar groß, ein einziger starker Hirsch durfte nur erlegt werden. Und ich sollte ohne Begleiter jagen, selber meinen Mann stehen – das passte mir am meisten! Noch dazu konnte ich draußen im Wald eine volle Woche lang allein hausen, in dem damals schon unbewohnten Jägerhaus, inmitten der Hirsche – dies war noch viel mehr nach meinem Geschmack!

Es war ein schwülheißer Nachmittag Anfang Septernber, als ich im Wald ankam. Die Sonne stand noch hoch, aber ringsherum röhrten schon die Hirsche. Der zuständige Förster kam mit, um mich einzuquartieren und mir die Reviergrenzen zu zeigen.

Ein unbewohntes Haus mit Lehmwänden, schilfbedeckt, der Zaun aus Weidenruten geflochten: dies war das Jägerhaus Jajtanya. In Wirklichkeit hing kein Hirschgeweih am Giebel; dies zeigte bloß die Karte, dafür gab es ringsherum genügend Hirsche! Für mich viel wichtiger als eine feine Unterkunft. Ein rechtes Quartier mit gestampftem Lehmboden, da machten wir ein Lager aus duftigem Heu. Nägel kamen in die Wände zum Aufhängen der Siebensachen, Lebensmittel auf Bretter an der Wand und auf den Balken, damit die Mäuse nicht drankamen. Denn von diesen gab es auch genügend, aber wir störten uns gegenseitig nicht. Es fehlte auch nicht an Gelsen, aber das machte mir wenig aus. Ich hatte mich schon längst an die Stiche ihrer Brüder daheim in den Sümpfen gewöhnt.

Beim Erkundungsgang am ersten Abend sah ich – außer der „Jugend" – drei Hirsche. Alle drei Kronenhirsche mit Geweihen, derengleichen ich noch nie zuvor in Anblick bekommen hatte. Auch nicht annähernd so starke. Zwei von ihnen zogen röhrend, ohne Kahlwild, hintereinander durch den Hochwald, der dritte, ein Vierzehnender mit fast schwarzen Stangen, suhlte sich in einer Senke eines großen Kahlschlages, der im Herzen des Reviers lag. Es wallte schon der Bodennebel der Dämmerung über der großen Lichtung. Der Hirsch schüttelte sich, als er aus der Suhle stieg, und dann schwamm nur noch sein Geweih über den weißen Wogen des Nebels.

Es wurde spät, bis ich mich zur Ruhe legte. Ich machte ein Feuer vor dem Haus, schaute in die Glut, auf die Funken, die zum Himmel stiegen, lauschte dem Knacken des Feuers, den Rufen der in der Höhe ziehenden Reiher und dem Stöhnen der Wälder, dem Schrei der Hirsche rings um mich. Ich war allein mit mir selbst.

Die Morgensonne blickte durch das offene kleine Fenster, als ich aufwachte. Bis ich mich aufgerafft hatte und zur Ecke des großen Schlages eilte, war dort der nächtliche Rummel bereits zu Ende. Die Recken waren mit ihren Rudeln schon in ihre Einstände gezogen. Aber sie röhrten noch hier und dort in dem Hochwald rings um den Schlag.

Eine Stimme schlug mich besonders in ihren Bann. Der Hirsch meldete selten, nur kurze Trenser – eher ein tiefes Röcheln –, als stöhnte er aus einer großen Tonne. Die Einbildung des Jägers malt sich ein riesiges Geweih auf dem Haupt eines Hirsches mit solcher Stimme aus!

Ich machte den Versuch, ihn anzupirschen, schlich mich mit gutem Wind in seinen Einstand. Nur so, ohne Ruf, denn diesen beherrschte ich damals noch nicht. Doch ohne ihn ist ein derartiges Unternehmen äußerst schwierig! Ich kam in die Nähe des Hirsches – sah auch ein Stück seines Rudels, aber das Kahlwild und auch der Hirsch standen in übermannshohem Unterwuchs. Ich hörte sie drinnen herumtreten, das Anstreichen der Stangen, der Hirsch brummte hier und da vor sich hin, sprengte seine Tiere – jenes, das ich erblickt hatte, war auch vor dem Hirsch geflüchtet –, doch der Hirsch verließ die Deckung nicht. Ich hätte mehr Chancen gehabt, wenn ich ihn mit dem Ruf hätte reizen können, doch so war es viel wahrscheinlicher, dass ich das Rudel vergrämte und mir der Hirsch über alle Berge ging, wenn ich mich noch lange in seiner Nähe herumdrückte. Im Hochwald küselt der Wind sehr oft, ein Luftzug verrät den Jäger, und das Leittier nimmt eine solche Störung im Einstand besonders übel! Ich zog mich also aus der Nähe des Wildes zurück, ohne etwas erreicht zu haben. Doch hatte ich mein Augenmerk auf diesen Hirsch gerichtet. Ihn musste ich unbedingt sehen, bevor ich den Finger auf einen anderen Hirsch krümmte!

Am Nachmittag hatte ich ein äußerst lehrreiches Erlebnis. Ich saß zeitig, auf das Melden des Hirsches vom Morgen wartend, neben der Schneise am Rande seines Einstandes, als aus der entgegengesetzten Richtung, aus der Gegend einer langgezogenen, schmalen Waldwiese, eine hohe, dünne, knarrende Stimme kam. Sie wirkte geradezu lächerlich.

Diesen Hirsch wollte ich mir ansehen. Was für ein schmachtender Jüngling der wohl sein mochte! Schon war ich unterwegs zur Wiese. Als ich an die Ecke kam, zog gerade ein Tier durch, hinter ihm das Kalb, der Hirsch meldete noch weiter hinten im Holz. Dieselbe miserable Stimme, kein Zweifel. Dann eine Bewegung am Lichtungsrand, hinter seinem Kahlwild zog der Hirsch hinüber, ein starkes Geweih, lange Stangen, breite Kronen! Sechzehnender! Die hell geschliffenen Spitzen des dunklen, ebenmäßigen Geweihes blitzten in den Strahlen der Nachmittagssonne.

Ich kam in große Versuchung! Doch ich blieb standhaft. Erst wollte ich unbedingt den Hirsch mit der abgrundtiefen Stimme sehen. Er meldete später auch, doch verließ er seinen Einstand erst in der Dämmerung und wechselte durch einen schmalen Wasserlauf auf den großen jenseitigen Kahlschlag aus, wo auch in der vorhergegangenen Nacht der starke Brunftbetrieb gewesen war.

Dies war der Hauptbrunftplatz des Reviers. Hierher kam allnächtlich das Wild aus den angrenzenden Einständen zusammen.

Zu Beginn der Dämmerung war ich am nächsten Morgen schon an der hölzernen Brücke über dem Wasserlauf, von wo aus ich den Großteil des Kahlschlages übersehen konnte. Der Brunftbetrieb war noch stark im Gange, es war ein gewaltiger Rummel auf der weiten Fläche, wo mehrere Rudel mit ihren Platz- und Beihirschen standen, die wild durcheinander schrien. Doch noch vor Büchsenlicht wechselte das meiste Wild in seinem gestrigen Einstand – auch mein Hirsch mit der tiefen Stimme. Nur ein alter Zwölfer mit kurzen Stangen und kerzengerade nach vorn stehenden Augsprossen sprengte sein starkes Rudel noch draußen herum.

Freilich gefiel mir der Hirsch – schon allein, weil er alt und reif war und sein Geweih etwas Besonderes darstellte –, doch hatte ich ja nur einen Hirsch frei. Der sollte aber möglichst der Starke sein! Meine Phantasie malte ein immer gewaltigeres Geweih auf sein Haupt.

Aber wie konnte ich an den Hirsch herankommen?

Wenn der Jäger einem bestimmten Hirsch nachstellt, gibt es ein bewährtes Rezept: er muss an dem Hirsch dranbleiben! Er soll möglichst ständig in der Nähe des Hirsches sein, auf Hörentfernung – freilich muss er äußerst darauf bedacht sein, das Rudel ja nicht zu stören, zu vergrämen und zum Wechseln seines Einstandes zu veranlassen. Er muss feststellen, wann es seinen Tageseinstand verlässt und wohin es zur Äsung oder zum Brunftplatz zieht (beide fallen oft zusammen!), welchen Wechsel es benützt, wann und auf welchem Wechsel und wohin es morgens wieder zum Tageseinstand einzieht.

Wenn der Jäger dies durch Beobachten, Verhören, Abfährten festgestellt hat, so ist der Hirsch schon halbwegs auf dem Wagen – wie einmal ein alter Jägersmann sagte. Dann hat er schon Anhaltspunkte und kann sich den Kopf über den Schlachtplan zerbrechen. Wenn er diesen dann ausgeheckt hat, kann er einen Schirm bauen, einen Pirschpfad anlegen, kann in aller Stille tagsüber einen Sitz in einem Baum einrichten – den Hirsch „präparieren".

Freilich ist oft auch all seine Mühe umsonst, weil das Wild – und besonders das Leittier – sich anders verhält als erwartet, etwas von den Vorbereitungen gemerkt hat oder mit anderem Wind einen anderen Wechsel annimmt.

Mit einem Wort, oft klappt dieser Plan nicht, aber das ist doch gerade das Schönste an der Jagd auf den Brunfthirsch, das Spekulieren, Kombinieren. Was der Hirschjäger zu allererst erlernen muß, ist, mit dem Verstand des Wildes – sprich: Leittieres – zu denken. Denn dass es einen ausgesprochen gut entwickelten Verstand hat und von diesem auch Gebrauch macht, davon habe ich mich oftmals überzeugen können.

Am Rande des großen Kahlschlages, des nächtlichen Brunftplatzes, in der Nähe des Wasserlaufes war in einer einzelstehenden Eiche in vergangenen Jahren ein Sitz angebracht worden. Ich fand ihn zufällig, als ich nach der Morgenpirsch das Ufer des Wasserlaufes abfährtete, um den Wechsel des Rudels festzustellen.

Die Leiter war schon vermorscht, aber ich konnte von Ast zu Ast hinaufsteigen. Westlich vom Sitz führte auf gute Büchsenschussentfernung der Wechsel hinüber. Wenn das Rudel wie gestern vor völliger Dunkelheit herauswechselte, könnte ich von hier den Hirsch ansprechen.

Doch war schon längst kein Pirschweg mehr zum Hochsitz angelegt worden, und so war er lautlos nicht zu erreichen. Wenn ich schon früh am Nachmittag hinging, störte ich mit dem Krach noch nicht, doch wenn das Wild schon draußen auf dem Kahlschlag stand, konnte ich nicht mehr geräuschlos fortkommen, vergrämte es und verspielte auch meine Chancen für den nächsten Morgen. In solchen Fällen bleibt nichts anderes übrig, als die Nacht oben auf dem Sitz zu verbringen! Dann ist der Jäger beim ersten Büchsenlicht am Einwechsel des Rudels.

Dies war mein Plan; er schien mit sehr vielversprechend.

Ich saß mit Decke, Mantel und „Marschverpflegung" oben, als die Sonne noch hoch am Himmel stand. Auch solange kein Wild kam, gab es genügend zu schauen. Schwarze Milane zogen ihre Kreise hoch oben, große Flüge von Enten wurden auf der „Alten Donau", wie der Hauptstrom im Volksmund hier unten heißt, hoch, wenn ein Frachtdampfer vorbeizog. Dann wuchtete mit trägem Schwingenschlag ein Seeadler vorbei, dessen Stoßfedern hellweiß leuchteten. (Damals brüteten noch mehrere Paare regelmäßig in den Wäldern entlang der Donau – doch heute ist nur noch die Erinnerung an sie geblieben!)

Graureiher, Seidenreiher und Nachtreiher standen in den Tümpeln der Senken im Schlag. Schwarzstörche lehrten ihren Jungen das Fröschefangen, und Schwärme von Bienenfressern kamen von den Lößwänden, die sich weiter im Süden an den Ufern des Stromes erhoben, wo sie brüteten.

Die Hirsche fingen ringsherum in den schattigen Beständen zu melden an. Dann begannen sie vor Einbruch der Dämmerung auf den Schlag herauszuwechseln. Doch der Alte meldete und brummte nur ab und zu hinter mir in seinem Einstand an derselben Stelle.

Die Nacht war schon eingefallen, als das Rudel planschend durch den Wassergraben herüberkam. Ich konnte nichts von dem Hirsch sehen, doch war er vor mir im Schlag, trieb brummend seine Tiere auf und ab und sprengte zornig die Beihirsche, die sich zu nahe heranwagten.

Nach Mitternacht kam der abnehmende Mond und beleuchtete gespenstisch die über der Blöße wallenden Nebelschwaden, das sich schemenhaft bewegende, äsende oder ruhende Wild, die brummenden, grölenden, tobenden Platzhirsche und ihre sie ständig umkreisenden oder abseits herumstehenden Beihirsche.

Es war eine märchenhafte Nacht. Damals schlug mich der Zauber der Hirschbrunft zum ersten Mal richtig in seinen Bann – und er hat mich seitdem nicht wieder losgelassen! Und seitdem habe ich auch ständig versucht, mein Geschick so zu lenken, dass es in meinem Leben gottlob wenig Hirschbrunften gegeben hat, die ich nicht im Walde verbracht habe. Und in jeder gab es zumindest eine Mondscheinnacht unter den Hirschen.

Mein Hirsch war die ganze Nacht lang draußen auf dem Schlag mit seinem Rudel. Ich konnte ihn an seiner tiefen Stimme und dem gewaltigen Wildkörper erkennen, doch war von seinem Geweih im Mondschein kaum etwas zu sehen.

Schon vor Morgengrauen begann das Wild von der freien Fläche einzuziehen. Auch das Rudel meines Hirsches setzte sich in Bewegung. Doch zog das Leittier jetzt in eine andere Richtung. Es nahm nicht den gestrigen Wechsel an, sondern führte das Rudel in den gegenüberliegenden Hochwald. Ich konnte den Hirsch wieder nicht ansprechen. Als das Büchsenlicht kam, meldete er immer noch im hohen Holz. Ich beeilte mich, in seine Nähe zu kommen. Es gelang mir auch schneller und leichter als erwartet, ihn in Anblick zu bekommen. Mehr nicht, was aber nicht am Hirsch, sondern einzig und allein an mir lag.

Ein Holzabfuhrweg führte in den Waldteil, wohin das Rudel eingewechselt war. Der Weg machte einen Bogen und lief in eine schmale, gerade Schneise aus. Als ich ankam und die Schneise entlangschauen konnte, erblickte ich sofort den Hirsch! Er war etwa dreihundert Gänge von mir entfernt auf der Schneise niedergetan, die Keulenpartie durch die Randbäume verdeckt, doch Haupt, Vorschlag und Blatt frei. Liegend konnte ich unter den herabhängenden Asten auch das Geweih sehen. Der Hirsch äugte in die andere Richtung; ich sah von hinten in das Geweih. So zeigt ein jedes Geweih mehr als von vorn oder von der Seite. Die Stangen waren zweifellos sehr lang und das Geweih gewaltig ausgelegt. Wenn der Hirsch ab und zu knörte und das Geweih senkte, zeigte es einen Wald von Enden.

Ich hatte guten Wind, und das weitere war Kinderspiel. Auf allen vieren kroch ich auf der Schneise den Hirsch an; ich konnte mich lautlos bewegen und ihn ständig im Auge behalten. Er hatte das Haupt von mir weggedreht und konnte mich nicht eräugen. Er saß ruhig im Bett, knörte nur manchmal vor sich hin und hatte weder Tier noch Beihirsch in seiner Nähe. Ich war auf gut hundertzwanzig Schritt an ihn herangekommen, als neben ihm ein Stück über die Schneise zog. Er drehte das Haupt, machte einen langen Hals und erhob sich mit einem Ruck. Dann stand er breit und füllte fast die ganze Schneise aus. Seine Flanken waren grau vom getrockneten Schlamm der Suhle – daran kann ich mich noch genau erinnern.

Jetzt musste ich schießen, aber schnell! Im Liegen stützte ich mich auf die Ellbogen – im hohem Gras musste ich möglichst hoch kommen, damit die Kugel freie Bahn hatte, das Fadenkreuz auf dem Blatt des Hirsches – Rums! Im Schuss machte der Hirsch einen kurzen Satz, es hätte auch ein Zeichen sein können, und war von der Schneise verschwunden. Dann Stille. Kein Ton mehr, kein Brechen. Der Wald hatte ihn verschlungen. Ich hab' doch nicht vorbeigeschossen, war doch so gut drauf! Er hat ja gezeichnet, mit diesem eigenartigen kurzen Satz, wenn auch nicht so regelrecht, wie es im Buch steht. Aber den Kugelschlag hatte ich nicht vernommen, obwohl ich ihn aus solcher Entfernung doch immer höre.

Ich habe den Hirsch bis zum Abend gesucht. Auf allen vieren untersuchte ich den Anschuss und seine Umgebung. Ich fand gar nichts. Dann schlug ich immer größere Kreise, fand aber weder Schusszeichen noch Schweiß. Planmäßig durchsuchte ich Stück für Stück den ganzen Waldteil, ob ich nicht etwa auf den verendeten Hirsch stieß, auch in der entgegengesetzten Richtung, er konnte ja im Bogen gezogen sein. Doch vergebens!

Der Kapitale war gefehlt. Ich hatte ihn unterschossen. Wahrscheinlich streifte ihn die Kugel und darum zeichnete er. Es kann aber auch sein, dass er bloß vor Schreck den Satz machte, als die Kugel unter ihm durchzischte. Dies war mir mit Rotwild schon vorher einige Male passiert; aber dass ich gerade diesen Hirsch vorbeigeschossen hatte! Und dazu hatte ich mit dem Suchen seinen Einstand gestört und das Rudel sicherlich auf lange Zeit vergrämt.

Weder bei der Morgen- und Abendpirsch des nächsten Tages noch in der darauffolgenden Nacht war die tiefe Stimme zu hören.

Doch am übernächsten Morgen bei vollem Büchsenlicht erhob sich ein gewaltiges Röhren im gleichen Waldteil, wo ich den Hirsch vorbeigeschossen hatte. Mehrere Hirsche schrien aus vollem Halse durcheinander, und in das wüste Getöse brummte ab und zu auch die abgrundtiefe Stimme; dann verstummte plötzlich alles!

Ich lief, so schnell ich nur konnte. Das ist die große, die seltene Chance für den Jäger – besonders, wenn er den Ruf beherrscht. Die Hirsche sind vollständig aus der Fassung, dann kann er herankommen.

Als ich zu der schmalen Schneise kam, von wo aus ich unlängst den Hirsch erblickt hatte, wechselte gerade ein jüngerer Kronenhirsch schreiend nach links hinüber. Von dieser Seite kam auch das

Gewirr der Stimmen aus dem Hochwald in der Umgebung einer mit Salweidenbüschen bestandenen Niederung.

Ich zog die Schuhe aus und pirschte auf Socken behutsam von Baum zu Baum am Rande der Schneise vorwärts. Der Hirsch stand in dem Gebüsch der Senke. Von da aus grölte er die schreienden Beihirsche an. Auf diese musste ich sehr achten, damit sie mich nur nicht wegbekamen! Es gelang mir, an zwei abseits herumstehenden Jünglingen vorbeizukommen. Ich hatte Glück; sie äugten unentwegt gespannt in den Bestand, und ich konnte auf allen vieren hinter ihnen vorüberkriechen. Dann ging es wieder von Baum zu Baum. Ich war schon ziemlich gut dran, noch einige Schritte, und ich kam an eine Stelle, von wo aus ich die anschließende grasbewachsene Fläche unter den alten Eichenüberhältern beschießen konnte. Doch konnte ich mich jetzt nicht mehr bewegen, denn ein Beihirsch stand in Steinwurfweite, ein mittlerer Eissprossenzehner, und weiter weg unter den Eichen standen noch zwei andere. In die Richtung des Salweidengestrüpps gewendet, schrien sie aus vollem Halse. Ich lag flach auf dem Boden, eräugen konnten sie mich nicht. Dass mich nur der Wind nicht verriet!

Dann bewegte sich der Zehner. Er zog schreiend in Richtung der beiden anderen – auch diese rückten der kleinen Dickung deutlich näher –, in dem Augenblick sprang ich auf und nach vorn und drückte mich schussfertig an einen dicken Stamm. Wütend stieß drinnen der Alte einen gewaltigen Sprengruf aus. Dann erschien er am Rande der Blöße unter den alten Eichen! Mein Herzschlag stockte, so wundervoll, so gewaltig war der Anblick. Die Beihirsche stoben auseinander, als er mit gesenktem Haupt – die Kronen blitzten hoch oben an den langen Stangen – im Troll ihre Verfolgung aufnahm. Als sein gewaltiger Träger zwischen zwei dicken Stämmen in das Fadenkreuz kam, knallte meine Büchse. Ein dumpfer Kugelschlag, er schnellte nach vorn, vier, fünf Fluchten, dann wurde er langsamer. Ich hatte schon längst repetiert und wollte zum zweiten Mal schießen; er blieb aber stehen und schwankte, ich brauchte nicht mehr zu schießen, denn er brach mit dumpfem Fall zusammen.

Das Ende eines starken Hirsches geht mir immer zu Herzen. Damals fühlte ich dies zum ersten Mal. Seitdem noch sehr oft. Doch habe ich diese Hirsche dann nicht mehr selber erlegt.

Vor einigen Jahren kam ich in der Hirschbrunft wieder nach Jaitanya. Wieviel Jahre sind inzwischen vergangen? Ich zählte nach: dreißig! Nicht weniger!

Ich habe den Wald nicht wiedererkannt. Die Bäume, Eichen, Pappeln, Weiden, Eschen, Erlen, die Sträucher, Hartriegel, Weißdorn, Spindel, die Brennesseln, Ackerbrombeeren, die Goldrute, alle waren dieselben – und doch anders. Die Brücke über dem Wasserlauf war auch noch die gleiche – und doch eine andere.

Bin ich denn selber der Gleiche geblieben?

Legény

Legny war ein lieber, treuer, sehr gutmütiger Jagdhund. Er war mein Hund, und wir lebten rund dreizehn Jahre zusammen. Es ist noch nicht sehr lange her, dass er mich verlassen hat. Sein gewohnter Platz neben mir ist leer, und ich suche ihn immer noch in der Wohnung, wenn ich heimkomme. Er begleitete mich ständig in den zehn schönsten Jagdjahren meines Lebens, und wir hatten in dieser langen Zeit unzählige gemeinsame Jagderlebnisse. Später, in seinen letzten drei Jahren, wurde er zum Familienmitglied. Wir hatten stets Freude an ihm, besonders in Zeiten der Sorge und Trauer.

Ich fühle, ich bin es ihm schuldig, seine Geschichte zu erzählen.

Er kam eines schönen Tages an, drei Monate alt – in einer kleinen Kiste. Ein Deutsch-Kurzhaar, kaum getigert, fast einfarben braun, bloß die Rutenspitze hell. Er führte einen imponierend langen und Achtung einflößenden Stammbuchnamen, doch wie anders hätte ich ihn nennen können als „Legény", in Erinnerung an den „alten Legény", den Lieblingshund meines Vaters in alten Zeiten. Er war ihm sehr ähnlich – ich erwartete viel von ihm.

Ich nahm also alle meine Kunst im Abrichten und Abführen hervor, auch meine Geduld. Von letzterer besitze ich wenig. Das Hündchen wohnte natürlich bei mir, sein Platz war am Ende meines Bettes.

Ich bin ein großer Hundefreund. Diesen aber hatte ich besonders ins Herz geschlossen, es fiel mir schwer, hart mit ihm zu sein, obwohl dies gerade bei ihm allzusehr vonnöten war, denn ich habe nie einen härteren, schwerer zu führenden Hund gesehen.

Er war der hochläufige und langrückige Typ des Deutsch-Kurzhaar, der seinerzeit „Lemgoer" genannt wurde. Ich glaube, dass seine Ahnen einen guten Schuss Pointerblut gehabt haben mussten, mit allen guten und schlechten Eigenschaften dieser Rasse. Er hatte eine messerscharfe Nase, stand hervorragend vor, lernte auch – allerdings nicht leicht – das Apportieren, doch seine Nase und Passion gingen ständig mit ihm durch. Er suchte nur im Galopp mit hoher Nase, und meistens verschwand er vor meinen Augen. Ich arbeitete ihn an der langen Leine mit dem Korallenhalsband. Solange er dies trug und an der Leine war, machte er alles: down auf die Trillerpfeife, suchte rechts und links, kam bei Fuß, doch in dem Moment, wo er fühlte, dass er frei war, wurde er wieder selbstständig. Er wusste ganz genau, wenn er Schlimmes getan hatte, obwohl ich ihn sehr selten mit der Hundepeitsche empfing. Ich konnte sie auch kaum gebrauchen, denn in solchen Fällen hielt er sich in angemessener Entfernung. Er umschlug mich dann im großen Bogen. Er war ein sehr kluger Hund! Als bestes Gerät, ihn in der Gewalt zu halten, erwies sich ein kurzes Stück einer Kette. Mit dieser hatte ich ihn einige Male in die Flanke getroffen. Nachher genügte es, mit der Kette zu rasseln, und er kam bei Fuß wie von der Sehne geschnellt. Das funktionierte aber nur, solange er im freien Feld arbeitete.

Ebenfalls als Pointer-Erbgut hatte er ein sehr feines Haarkleid und war deswegen eigentlich auch nicht richtig für dieses Terrain geeignet. Wenn er keine Witterung in die Nase bekam, so konnte ich ihn kaum in Brombeeren, Nesseln oder anderes stechendes Zeug zum Suchen hineindrängen. Sobald er aber Witterung hatte, oder es gab ein angeschossenes Stück zu suchen oder zu apportieren, dann kümmerte er sich weder um scharfe Schilfhalme noch um Brennesseln oder Drahtverhaue aus Brombeeren. Geschossenes Wild ging fast nie verloren, denn Legény fand und brachte alles, gleich, ob es ein rennender Fasan oder eine geflügelte Ente war. Oft blieb er eine halbe Stunde fort, um die Spur des geflügelten Fasans auszuarbeiten, und brachte im Laufe der Jahre viel, viel Wild zur Strecke, das sonst verludert wäre. Dies war seine größte Stärke, und deswegen habe ich ihm vieles verziehen.

Ich wurde auch seinetwegen zur Zielscheibe häufigen Spottes. Später wurde er nämlich schon so sehr „Professor", dass er, wenn ich mit den Treibern die stachlige Dickung durchging, sich herausschlich und sich hinter die draußen stehenden Schützen setzte, um zu sehen, was es für ihn zu apportieren gab. Das Wild brachte er dann nicht zu mir in die Dickung, sondern nur zum draußenstehenden Schützen, der es erlegt hatte!

Ansonsten aber war er ein sehr zäher, ausdauernder Hund. Es ist wahr, dass er von frühester Jugend an gut trainiert wurde, weil ich selber nur ein Fahrrad für die Dienstfahrten im Fünfzigtausend-Hektar-Revier hatte und der Hund immer mit mir lief. Herz und Lunge des kräftigen Hundes wurden dadurch trainiert.

Er war ein Hund von hoher Intelligenz und gebrauchte seinen Verstand auch. Schon deswegen konnte ich nicht verstehen, dass er nie hasenrein wurde, auch nicht in seinen alten Jahren, obwohl er nie einen greifen konnte, auch angebleite nicht, weil wir die Hasen ständig schonten und nie welche vor den Hunden schossen. Er hätte aus Erfahrung wissen sollen, dass er die Hasen sowieso nicht greifen konnte; trotzdem machte er stets einige Fluchten hinter Meister Lampe her. Seine Passion ging mit ihm durch. Böse Zungen, in erster Linie Frauen, behaupteten hierzu, dass Herr und Hund mit der Zeit einander ähnlich werden ...

Schon als ganz jungen Hund arbeitete ich ihn auf der Schweißfährte am langen Riemen, sooft es hierzu Gelegenheit gab. Er begriff sehr schnell, worum es ging, und wurde mit seiner Passion und der feinen Nase hervorragend auf der Rotfährte. Freilich hätte er den Wettkampf mit einem guten Schweißhund nicht aufnehmen können, schon deshalb nicht, weil er der kalten Wundfährte am nächsten Tag, wenn kein Schweiß lag, nicht mehr folgen konnte. Andererseits habe ich wenig Schweißhunde gesehen, die das verläßlich konnten.

In Sommernächten haben wir mit Legény viele Sauen nachgesucht und zur Strecke gebracht. Wenn nämlich die Sau abends oder schon nach Schwinden des Büchsenlichtes die Kugel erhielt, wenn sie angeschweißt weiterzog und wir sie nur am nächsten Morgen nachsuchten, sie also unaufgebrochen eine Nacht lang lag, so war das Wildbret ganz sicher verhitzt. Darum suchte ich mit dem Hund immer noch in derselben Nacht einige Stunden später nach. Hatte die Sau einen Kammerschuss, war unsere Sache leicht, denn Legény führte mich am langen Riemen unverzüglich zum verendeten Stück.

Die Lage wurde jedoch im Falle eines Pansen- oder Waidewundschusses richtig kitzlig. Wenn ein Laufschuss vorkam, suchten wir sowieso erst am nächsten Morgen nach. Wenn die Sau noch lebte und vor uns aus dem Wundbett hoch wurde, so blieb mir nichts anderes übrig, als den Hund zu schnallen.

Er hetzte sie und stellte sie meistens mit seinem tiefen, rhythmischen Standlaut. Wegen des Hundes brauchte man kaum Sorge zu haben; er war sehr flink und schnell auch im Dickicht, die Sau konnte ihn kaum in die Enge treiben. Er hatte einige böse Erfahrungen mit Sauen gemacht, so dass er kaum in ihre Nähe ging, sondern sie aus gehöriger Entfernung verbellte. Doch hielt er sie sicher und verließ sie stundenlang nicht.

Nichtsdestoweniger beeilte ich mich stets, so schnell wie möglich an den Schauplatz zu kommen. In solchen Fällen nahm ich, wenn ich die Wahl hatte, die Flinte mit, die ich mit Flintenlaufgeschossen lud. Das ist die geeignete Waffe für Schnappschüsse in der Dickung. Es ist von Vorteil, wenn man einen zweiten Schuss unmittelbar nach dem ersten hat. Dies war aber niemals nötig, denn nie hat mich eine Sau angenommen. Doch um ganz ehrlich zu sein, nachts in der Dickung mit einer Taschenlampe neben der angeschweißten Sau schlug mein Herz beileibe nicht an seinem normalen Platz, sondern viel tiefer. Obwohl wir oft in solcher Lage waren, ist nie etwas passiert. Legény „hielt" die Sau so fest, besonders, wenn ich schon in seiner Nähe war, dass ich sie im Licht der Lampe suchen und auch den Fangschuss anbringen konnte. In solchen Fällen verdienten Legény und auch ich selbst viel mehr den Bruch als der Schütze, der keine saubere Kugel hatte anbringen können!

Legény hetzte alles mit unbändiger Passion, besonders aber Sauen, und zwar auch gesunde. Als er schon älter wurde, jagten wir viel auf Sauen in Treibjagden und Rieglern, so dass unsere Hunde sehr schnell auch dieses Handwerk lernten. In den Treiben machten Hunde jeglicher Rassen und auch Promenadenmischungen mit. Die Hauptsache war nur, dass sie die Sauen gut hetzten. Einige unserer Vorstehhunde waren auch dabei. Zwei Deutsch-Drahthaar waren zu scharf; sie wurden besonders von angeschweißten Sauen fast immer geschlagen. Doch Legény und der hochläufige Magyar Vizsla namens Ali des alten Hegers Varga waren vorsichtiger, gingen nie an die gesunde Sau heran, hetzten und stellten sie nur aus gebührender Entfernung. Anders war es mit angeschweißten Sauen, wenn diese von mehreren Hunden gestellt wurden. In solchen Fällen wurden die Hunde immer schärfer, weil sie sich gegenseitig anhetzten, und besonders wenn sie an einem jüngeren Keiler mit noch scharfen Waffen hingen, wurden sie sehr oft geschlagen. Der vorsichtige Legény musste auch schlechte Erfahrungen sammeln. Er bekam neben mehreren kleineren einmal einen langen, tiefen Schmiss über den Rücken. Zum Glück war das Rückgrat nicht verletzt; so kam er noch einmal glimpflich davon.

Doch Legény arbeitete nicht bloß auf der Schweißfährte von Sauen, sondern auch auf der von Rot- und Rehwild. Er war auch hier ungemein passioniert und zeigte immer große Freude, wenn ich ihn an den langen Riemen nahm. Seine Nase, sein Temperament und seine Passion drängten ihn vorwärts auf der Fährte, und er zog auch mich am anderen Ende des Riemens durch Dick und Dünn. Dornen, Stacheln und Nesseln machten ihm dann überhaupt nichts aus, und ich kam stets aus der Dickung wie aus einer verlorenen Schlacht.

Legény war sehr verläßlich auf der Fährte, besonders wenn sie nicht älter war als zwölf Stunden. Wenn etwas Schweiß lag, hielt er auch die kalte Fährte vom vorigen Tag. Wenn aber das Wild aus dem Wundbett vor uns hoch wurde und es zur Hetze kam, stellte der hochläufige Hund, der viel schneller war als ein Schweißhund, das Wild in Kürze und großer Ausdauer so lange, bis ich hinkam. Freilich nur das Hochwild, denn Rehe und manchmal auch ein schwaches Rotwildkalb wurden einfach niedergezogen.

Er war ein richtiger „Gebrauchshund", der freilich von dem vielen Hetzen auch zum Stöberhund wurde. Es kam höchst selten vor, dass wir angeschweißtes Wild verloren. Gleich, ob es sich um einen Lauf- oder Waidwundschuss handelte, Legény brachte das Stück zur Strecke. Wenn der Schweiß auf der Fährte aufhörte und der Hund sie nicht mehr halten konnte, so schnallte ich ihn, und er fand das angeschweißte Wild immer, wenn es einen Schuss hatte, mit dem es zur Strecke gebracht werden konnte. Legény brachte im Laufe der Jahre so viele Hirsche, Böcke und Sauen zur Strecke, dass wir von den Abschussprämien getrost überallhin in der Welt hätten zur Jagd fahren können – sogar zu uns zur Hirschbrunft. Auch dazu hätte es gereicht!

Ich will hier die Geschichte zweier Nachsuchen erzählen.

Mit einem Jagdgast waren wir schon fast eine Woche lang auf der Suche nach einem guten Brunfthirsch, doch wollte und wollte es nicht klappen. Endlich gelang es uns, einen bekannten Platzhirsch anzupürschen, der die Dickung mit seinem Rudel sehr spät verlassen hatte und erst bei tiefer Dämmerung draußen auf einem Kartoffelfeld am Waldrand stand. Wir riskierten den Schuss bei schwindendem Büchsenlicht. Doch hatten wir Pech, weil der Hirsch gerade im Schuss eine Bewegung machte. Obwohl er zeichnete und wir auch Kugelschlag hörten, ging er hochflüchtig ohne zu verhoffen bis zur etwa zweihundert Schritt entfernten Dickung ab, wo ihn die Dunkelheit verschluckte. Es schien sicher, dass die Kugel schlecht saß.

Am nächsten Morgen machten wir mit Legény Nachsuche. Draußen im Feld und anfangs in der Dickung lag noch etwas Schweiß in der Fährte. Leider wenig und eher nur Wildbretschweiß. Und der hörte weiter drinnen in der Dickung auf.

Wir brachen ab, fuhren zum Jagdhaus zurück, um Schützen zu holen, denn hier half nichts anderes, als die Dickung zu umzustellen. Als das geschehen war, nahm ich die Fährte wieder auf. Ich rechnete damit, dass der Hirsch einen Keulen- oder Waidwundschuss hatte. Freilich wäre es am besten gewesen, der Fährte folgen zu können. Doch hörte der Schweiß im sandigen Eichenjungwuchs leider sehr schnell auf, und wir verloren sie nach einigen hundert Schritten vollständig. Es blieb nichts anderes übrig, als den Hund an dieser Stelle zu schnallen. Angespanntes Lauschen. Vollständige Stille! Kein Hund, kein Hirsch, nichts! Als wir zusammenkamen, erzählte ein Schütze, dass er den Hund weit vor sich über die Schneise aus der Dickung mit tiefer Nase anscheinend der Fährte folgend in den Hochwald ziehen sah. Doch fanden wir an dieser Stelle weder die Fährte auf dem harten Boden noch Schweiß.

Es waren zwei Stunden vergangen, seit ich den Hund geschnallt hatte, und er war noch nicht zurückgekommen. Sicher stellte er irgendwo den Hirsch! Wir versuchten, ihn mit dem Wagen zu finden. Wir stellten den Motor an jeder Schneisenkreuzung ab und verhörten mit angespannten Sinnen. Etwa vier Kilometer weiter hörten wir Standlaut aus der Mitte einer Dickung. „Wuff" tönte es, einmal in der Minute nur, von der selben Stelle aus. Er verbellte den noch lebenden Hirsch, der sich in der Dickung gestellt hatte.

Unser Plan war schnell fertig. Wir umstellten die Dickung, so gut wir konnten, und ein Berufsjäger ging an den Hirsch heran. Es war aber drinnen so dicht, dass er keinen Fangschuss geben konnte; der Hirsch sprang mit großem Krach und Stangenschlagen ab, der Hund mit vollem Hals hinterher. Dann ein Doppelschuss aus einer schweren Doppelbüchse – der Kugelschlag war gut zu hören –, und nun kam die Nachricht: Der Hirsch liegt! Ich teilte den Bruch, in drei Teile: Der Schütze, der den Fangschuss gab, bekam einen, den ersten steckte ich Legény in die Halsung. Es war zwei Uhr nachmittags, und es herrschte eine siedende, schwüle Hitze. Wir lagerten wie ein geschlagenes Heer um den Hirsch, völlig erschöpft, doch sehr glücklich. Die Kugel hatte weit hinten Keulen und Darm vor dem Waidloch durchschlagen. Ohne Hund wäre der Hirsch ohne Zweifel elend verludert!

Eines Jahres Ende August, als die Hirsche schon blitzblank gefegt hatten und begannen, ihre Stimmbänder zu stimmen wie die Zigeunerkapelle ihre Instrumente, hatte ich einen ganz starken, besonderen Kapitalhirsch gesehen. Das Geweih war braun, lang und sehr dick; ein Vierzehnender mit sehr starken, beiderseitig doppelten Stiefelknecht-Kronen. Sein besonderes Erkennungszeichen: die abgebrochene linke Augsprosse.

Es kam der September und mit ihm kamen die ersten Jagdgäste. Am ersten Tage schon hörten wir morgens bei Sonnenaufgang im Revierteil, wo ich den Kapitalhirsch gesehen hatte, in einer Erlenniederung einen kurzen, ärgerlichen Brummer. Die Brunft hatte eben erst angefangen.

Mit dem Gast beeilten wir uns, auf den Hochstand an der Ecke der Erlen zu kommen. Wir saßen gerade, als nahe in der Dickung der Hirsch wieder kurz meldete. Ebenso abgehackt und zornig wie vorhin. Doch kümmerte er sich überhaupt nicht um mein Melden, er antwortete mit keinem Ton.

Wir hatten großes Glück. Nach einigen Minuten hörten wir von rechts ganz leises Stangenanstreichen aus den Akazienbüschen am Rande der Erlen, und vor uns auf das sandige Brachfeld zogen in Richtung Kiefernschonung zur linken Hand drei Geweihte heraus. Im Rudel kamen sie wie die Feisthirsche! Die Morgensonne schien auf ihre Geweihe, Häupter und Rücken. Sie boten einen herrlichen Anblick, diese gemächlich, doch majestätisch ziehenden Hirsche. Ihre Rücken waren noch knallrot, die vielen Geweihenden blitzten. Vorne zwei jüngere Kronenhirsche, als letzter der alte, starke Vierzehnender mit der abgebrochenen Augsprosse. Ich flüsterte dem Gast zu, er könne den letzten schießen, wenn er verhoffte, nachdem ich ihn angeschrien hatte. Es war nur eigenartig, dass er nicht beim Rudel stand und noch immer mit den zwei jüngeren Hirschen zog. Warum aber hatte er dann geschrien? Oder war nicht er es gewesen? Stand vielleicht noch ein Platzhirsch mit seinem Rudel in der Erlenniederung, und waren diese drei bloß Beihirsche?

Der Hirsch zeichnete auf den Schuss gut und ging dann hochflüchtig in die Kiefernschonung ab. Er erreichte sie auch, bevor der aufgeregte Jäger repetieren und nochmals schießen konnte. Ich hatte am hochflüchtigen Hirsch den Einschuss genau sehen können. Die Kugel saß hinten an der letzten Rippe und sehr tief. Noch dazu Kaliber 7 x 64, das für unsere Brunfthirsche besonders dann ungenügend ist, wenn das Geschoss nicht am richtigen Fleck sitzt. Meist ergibt es keinen Ausschuss und deswegen eine Schweißfährte, der schwer zu folgen ist.

So war es auch dieses Mal. Solange wir in der Kiefernschonung der Fluchtfährte folgen konnten, lag überhaupt kein Schweiß. Es war aber sicher, dass der Hirsch einen Leberschuss bekommen hatte. Wir brachen die Nachsuche ab, solchem Hirsch musste man Zeit zum Krankwerden lassen.

Am späten Vormittag nahmen wir die Nachsuche wieder auf. Wir waren fünf Schützen zum Umstellen und Legény, in den ich alle meine Hoffnung setzte. Sicherheitshalber stellten wir die Kiefernschonung ab, und ich nahm mit dem Hund am langen Riemen die Suche auf. Doch kamen wir nicht weit. Ohne Schweiß konnte der Hund der Fährte in der Dickung auf dem Flugsandboden auch nicht folgen. Wir fanden an der entgegengesetzten Seite, wo der Hirsch eingewechselt war, am sandigen Fahrweg eine hochflüchtig herausführende starke Hirschfährte. Doch es lag überhaupt kein Schweiß. Es war aber wahrscheinlich, dass es sich um die Fährte des kranken Hirsches handelte. Sie führte in den schütteren Kiefern- und Birkenhochwald auf der anderen Seite des Weges und weiter in Richtung großer, zusammenhängender Waldungen.

Zwei Schützen schickte ich weit vor auf eine Querschneise im Hochwald; wir andern drei durchkämmten systematisch den Birkenwald und das dahinterliegende Gelände mit größeren und kleineren Fichtendickungen und Brombeergestrüpp. Legény suchte frei, denn die Fährte konnte er ohne einen Tropfen Schweiß überhaupt nicht halten. Er suchte unter Wind in langen, gestreckten Galoppsprüngen die Gegend ab, der Fährte eine Strecke lang unter Wind folgend. Als er überhaupt keine Witterung mehr von ihr bekam, suchte er nach rechts und links in großen Bögen.

Nach einigen hundert Schritten stürmte der Hund nach vorn und war verschwunden. Eine Viertelstunde lang hörten wir ihn weder im Gebüsch rascheln noch sein Hecheln. Er musste den verendeten Hirsch gefunden haben.

Und so war es auch. Legény hatte den verendeten Hirsch in etwa zwei Kilometer Entfernung in einem Kiefernhorst gefunden. Eine Zeitlang zerrte er am Verendeten, „seinem Hirsch", dann suchte er mich in der Dickung. Er machte ein paar Schritte, dann blieb er stehen und äugte zurück, ob ich ihm wohl folgte. Er führte mich so zum Hirsch, der tatsächlich einen Leberschuss hatte. Sein Geweih enttäuschte nicht. Doch ohne Legény hätten wir ihn kaum zur Strecke bringen können.

Legény war leider kein Totverbeller. Die sind selten wie weiße Raben. Man kann einen Hund auch kaum dazu erziehen. Doch kam er zurück, wenn er das Wild verendet gefunden hatte, und führte mich zu ihm.

Von allen Eigenschaften des Jagdgebrauchshundes fehlte ihm nur eine: er war nicht scharf genug auf Raubzeug und Raubwild. Freilich brachte er sofort jede Katze zum Aufbaumen, verbellte sie auch, stellte den angeschossenen Fuchs, doch würgte er ihn nicht ab. Schade, denn für den Berufsjäger ist ein scharfer Hund von großem Vorteil, der lautlos und unauffällig die streunenden Katzen ins Jenseits befördert! Doch war dies gleichermaßen auch eine Tugend bei Legény. Obwohl er Rüde war, raufte er sich nie, er war ein stiller und gutmütiger Hund. Doch ließ er Fremde nicht in meine Nähe, an meine Sachen oder ans Haus. Er bewachte mich, wie es sich für einen Hund gehört und machte allabendlich seine Tour ums Haus herum. Denn wir wohnten sechs Jahre lang im Jagdhaus im Walde; da war jeder Fremde verdächtig.

Nach zehn Jahren verließen wir Lábod. Außer Erinnerungen nahmen wir nicht viel mit uns; alles einschließlich des Hundes hatte Platz im Kleinauto. Wir hofften auf ein neues Jägerleben. Doch wurden wir in ein Büro gezwängt. Das konnte ich Legény nicht mehr antun. Er hatte seine besten Jahre hinter sich, in Wald und Feld hätten wir noch einige Zeit zusammen gejagt.

Als „Vorhut" brachte ich ihn also nach Budapest zu meiner Familie. Meine Frau und meine Tochter empfingen ihn mit großer Freude, da sie ihn immer sehr gern hatten. Es war auch unmöglich, ihn nicht liebzuhaben. Freilich wohnte er mit uns in der kleinen Wohnung, sein Platz war neben dem Tisch, wo ich später meine Schreibarbeiten erledigte. Legény machte überhaupt keine Schwierigkeiten oder Unannehmlichkeiten. Meine Frau hielt ihn sehr liebevoll, aber doch in gutem Drill. Von uns beiden war immer sie die Strengere. Sie hätte meine Hunde dressieren sollen.

Auch in seinem „Stadtleben" setzte sich Legény niemals auf Möbel und bettelte nie bei Tisch. Wenn wir aßen, musste der Hund immer an seinem Platz bleiben. Doch wurde er in der Familie sehr hochgehalten, alles drehte sich um ihn, jeder war lieb zu ihm. Auch ihm gefiel das Stadtleben voller Bequemlichkeit, die er als alter Hund verdient hatte. Er ging gern spazieren, markierte sein Territorium, doch offensichtlich fehlte ihm die Jagd nicht mehr. Er schlief den ganzen Tag, und wenn ein Schlafwettbewerb der Hunde abgehalten worden wäre, so hätte er mit größter Wahrscheinlichkeit gesiegt. In der Stadt bellte er niemals, weder in der Wohnung noch ums Haus herum. Doch wenn wir ab und zu mal in einem Jagdhaus waren, meldete er sich mit seinem tiefen Hals.

Als ich sah, wie herzlich Legény daheim empfangen wurde, wechselte auch ich hinüber in die Stadt. Von Zeit zu Zeit gingen wir auf Enten-, Fasanen- oder Turteltaubeniagd, doch fehlte mir das freie Jägerleben viel mehr als dem Hund.

Dann gingen wir im Herbst auf eine Saujagd. Als er im Kiefernjungwuchs von der Verfolgung der mit Leberschuss noch flüchtigen Sau abließ, wusste ich schon, dass er gealtert war. Es war das erste Anzeichen.

Einmal gingen wir jenseits der Theiß zur Fasanenjagd. Suchend entfernte er sich von mir, alles Pfeifen und Rufen war umsonst, jetzt stellte er sich nicht mehr taub, sondern er hörte wirklich nichts mehr. Wir jagten in zwei Trupps, und Legény verirrte sich zum anderen. Dort suchte er mich und verschwand dann in der endlosen Pußta. Wir suchten ihn bis zum Abend und fanden ihn nicht. Ich inserierte in den Lokalzeitungen und stellte eine Prämie in Aussicht. Liebe Waidgenossen brachten ihn dann nach einer Woche aus der drittnächsten Ortschaft.

Von da an gingen wir nur mehr zum Schnepfenstrich zusammen. Er wusste ganz genau, worum es ging, hatten wir dies doch in alten Tagen jeden Frühling wochenlang gemeinsam getan. Er saß ganz still neben mir am Abendstrich und beobachtete den Himmel mit großer Spannung, so dass es vorkam, dass er den Vogel mit dem langen Gesicht eher wahrnahm als ich.

Eines Abends waren wir mit einem jungen Jagdfreund zum Strich im Pilisgebirge nördlich von Budapest. Es kam ihm ein „Zwick", und er konnte die eine schießen. Sie fiel jedoch in ein tief ausgewaschenes Bachbett. Er fand sie nicht einmal mit der Taschenlampe, obwohl er sehr gewissenhaft suchte, denn es war seine erste Schnepfe. „Der alte Legény wird sie schon bringen", sagte ich. Mein Freund schaute ungläubig; er setzte scheinbar wenig Vertrauen in Legény. Offensichtlich dachte er, Legény sei nur dazu da, um verwöhnt zu werden und im Auto schlechte Luft zu machen. Der Hund fand sie auch und brachte sie im Handumdrehen. Zu guter Letzt zeigte er, was ein alter Hund immer noch konnte.

Zu Ostern zogen wir mit der Familie in ein Jagdhaus; natürlich war auch der Hund mit von der Partie. Es war nur noch der Form nach ein Schnepfenstrich, denn Schnepfen gab es kaum mehr, nur die Nachhut war noch da. Zwei konnte ich dennoch an einem Morgenstrich schießen, aber Legény hatte kaum Lust, sie zu apportieren. Nach dreizehn Jahren Jägerei war auch er müde geworden, genauso wie vor vielen Jahren sein Vorgänger, der alte Legény! Daheim sammelte er dann wieder seine Kräfte, aber er war nicht mehr richtig lebhaft. Er lag und schlief meistens; man konnte ihm ansehen, dass er schwach war. Dann musste ich für eine Woche verreisen. Als ich heimkam, fragte ich sofort besorgt nach dem Hund. „Es geht ihm gut", sagte meine Frau. Er begrüßte mich auch nach seiner Art, kam mir entgegen, umkreiste und beroch mich von allen Seiten, wedelte mit der Rute und ging auf seinen Platz zurück.

Am nächsten Morgen rief ich ihn zu mir, tätschelte ihn liebevoll, doch gefiel mir der Hund nicht. Die Flanken waren eingefallen, die Decke ohne Glanz. Er machte dennoch einen kleinen Spaziergang mit meiner Tochter. Danach legte er sich auf sein Lager, und einige Augenblicke später waren seine Seher gebrochen.

Wir brachten ihn hinaus in den Wald. Der alte Jagdkamerad bekam noch einen letzten Bruch.

Diese paar Zeilen sollen sein Andenken bewahren.

Rebhühner im Wandel der Zeiten

Das Haus, in dem ich meine Kindheit verbrachte, stand am Rande des Dorfes. Vor ihm nach Süden zu war nur eine Reihe alter Rosskastanienbäume, hinter denen sich die Weite der flachen Felder ausbreitete. Im Spätsommer schimmerte das geschnittene Getreide in Garben gebunden und in „Kreuze" zusammengetragen in sattem Gold, die schon Kolben schiebenden Maisfelder aber in einem tiefen Dunkelgrün.

Schräg aufs Haus zu kam der breite Feldweg, der aus der unteren Feldgemarkung, den „Wiesenfeldern", ins Dorf führte und auf dem an schwülen Sommerabenden Ochsen- und Pferdewagen in langen Reihen das Getreide ins Dorf auf die Speicher einfuhren. In ihrer Spur zogen sie den Staub des glutheißen Sommers in langen Fahnen hinter sich her.

Wenn gegen Sonnenuntergang das monotone Dröhnen der Dreschmaschinen auf den Speichern verstummte und von den Feldern alle Gespanne heimgekommen waren, machte ich mich auf den Weg ins Revier, in die Feldmark, zu Fuß oder mit dem Pferdegespann, meistens aber mit dem Fahrrad.

Zu dieser Zeit begann das Wild sich nach der Hitze des Tages zu zeigen: Dies war die Zeit, da sich der Jäger und Heger am besten über seinen diesjährigen Wildbestand orientieren konnte. Auf den Stoppeln der schmalen Feldstreifen tummelten sich Hasen, die soeben aus den Maisstreifen herausgehoppelt waren, Völker von Hühnern – hie und da, jedoch damals viel seltener –, auch von Fasanen waren auf den Stoppeln auf Nahrungssuche oder huderten sich mit sichtlichem Wohlbehagen im Staube der Feldwege. Vor Dunkelheit strichen sie dann mit lautem Schwingenburren und Locken in die taunassen Wiesen oder von dort wieder zurück zu ihren Übernachtungsplätzen.

An Sommerabenden, noch vor den Hühnerjagden, war es die Aufgabe der Revierjäger und Heger, die heurige „Ernte" vorzubereiten, zu zählen, was da ist, um einen Voranschlag auf die zu erreichende Strecke und den möglichen Abschuss machen zu können. (Außerdem hatte man bei solchen Gelegenheiten auf Raubzeug, insbesondere streunende Katzen gute Aussichten.) Ich selber machte diese Reviergänge mit den Hegern schon mit, als ich noch keine Flinte in die Hand nehmen durfte.

Denn dazumal waren die Rebhühner sehr hochgeschätzt – vielleicht waren sie sogar unsere Hauptwildart – zumindest was die jagdlichen Freuden anbelangt!

Sie haben meine Jugend und meine Kindheit ständig begleitet, sie sind die Hauptwildart der ersten, mit Jagdpassion überhitzten Zeit meines Jägerlebens gewesen. Bis zu meinem zwanzigsten Lebensjahr rechnete ich das Jahr nicht von Weihnachten bis Weihnachten, auch nicht von Neujahr bis Silvester, sondern von August bis August.

In den zwanziger und besonders in den dreißiger Jahren gab es massenhaft Hühner in meiner Heimat Westungarn am Rande der „Hanság". Auf dem leichten, fruchtbaren, wasserdurchlässigen, humosen Torfboden waren die Hühner eben da; sie gediehen sozusagen von selber. Die Reviere wurden scharf bewacht, und es wurde viel für die Hege getan, Nebelkrähen und Elstern kamen nur hie und da als große Seltenheit vor, und wenn irgendwo ein Fuchs gespürt wurde, so belauerten ihn die Heger wochenlang. Im Winter, wenn manchmal tiefer Schnee lag, wurden die Hühner gefüttert, so gut es ging; ansonsten aber bejagten wir sie von August bis Dezember und schossen sie nach Herzenslust!

Im nächsten Jahr gab es genausoviel – wenn nicht mehr! „Die Hühner müssen beschossen werden, damit sie sich vermehren!" Dieses Paradoxon lernte ich von alten Jägern als erstes über die Hege des Rebhuhns. Darunter verstanden sie, dass man die Hühnervölker stören, mischen muss, damit sie mit Fremdlingen zusammenkommen, die einzelnen Ketten nicht unter sich bleiben, um Inzucht zu vermeiden. Wir wissen heute, weil es von Wissenschaftlern zweifelsohne bewiesen wurde, dass dies nicht stimmt, dass das Huhn sich immer mit einem aus einer fremden Kette paart, dass sich auch ohne Bejagen und Mischen keine Inzucht einstellt, weil die Natur selber eine solche vermeidet.

Dennoch gibt es nicht mehr Hühner, seit wir sie weniger intensiv bejagen. Freilich hat dies viele andere Gründe, und wir würden heute sagen, dies sei ein „komplexes Problem".

Damals gab es zahllose „vollständige" Ketten mit achtzehn, zwanzig, zweiundzwanzig Hühnern. Und heute? Wenn man eine Kette von fünfzehn sieht, so zieht man schon den Hut. Auch damals gab es unfruchtbare Paare, besser gesagt solche, die im betreffenden Jahr keinen Nachwuchs hatten. Diese standen in kleinen Ketten beisammen oder schlossen sich Völkern an. Wahrscheinlich waren sie in Wirklichkeit überhaupt nicht unfruchtbar; sie hatten bloß ihre Gelege oder ihre Küken verloren. Doch dass man damals viel weniger Paarhühner zur Brutzeit im Revier antraf als heute, das kann ich bestätigen!

Die Jagdzeit der Hühner begann damals am 1. August, doch eigentlich nur auf dem Papier, denn es war keine Freude, die halbausgewachsenen Junghühner, die man Gabler nannte, zu schießen. Anfang August schossen wir höchstens einige Junghühner für die Küche.

Die Zeit der Hühnerjagden begann bei uns nach dem 20. August, einem Nationalfeiertag der Ungarn, und wir bejagten sie, solange Deckung in den Feldmarken war und die Hühner noch hielten. Meistens nur bis Ende September, denn der Mais wurde bis dahin gebrochen und geschnitten, und in den kahlen Feldern hielten die Hühner nicht mehr. Auf der Suche oder im Treiben mit kleinerem Aufwand waren sie schon nicht mehr zu bejagen. Doch wurde im Spätherbst bei den Hasenjagden noch eine große Anzahl erlegt.

Das erste „Hochwild" meiner Kinderjahre war ein Rebhuhn. Ich schoß es Ende August 1928 in meinem elften Lebensjahr mit der doppelrohrigen „Kronenflinte" Kal. 28, mit welcher ich das Jagen anfing und von der in diesem Buch des öfteren die Rede ist. Ich kann mich noch genau daran erinnern, dass das Rebhuhn quer vor mir über ein Kartoffelfeld strich, auf meinen etwas nach hinten gerutschten Schuss, beide Ständer hängend, noch einige Schritte weiterflog und dann mausetot in das Kartoffelkraut fiel.

Mittags wurde ich dann als Hühnerjäger fotografiert, ein Junge mit rundem Gesicht, einem riesigen Strohhut, die kleine Flinte auf der Schulter, in der Hand einen Galgen voller Hühner. Kálmán Kittenberger, der berühmte Afrikajäger und Sammler, der die altehrwürdige ungarische Jagdzeitschrift „Nimród" mehrere Jahrzehnte lang redigierte, brachte dieses Foto in seiner Zeitschrift. Ich war darauf mächtig stolz, noch stolzer als auf mein erstes Huhn, am stolzesten jedoch darauf, dass mich der große Afrikajäger gnädig aufgenommen hatte. In Kürze begann ich dann auch für den „Nimród" zu schreiben, erst nur Kurznachrichten, später schon Jagderzählungen und Artikel über Hege und Pflege des Wildes und über ornithologische Themen.

Damals durfte ich nur mit der Jagdgesellschaft unter sehr strenger Aufsicht jagen. Mit einem Auge wurde ständig beobachtet, was wohl der Junge machte, wie er mit dem Gewehr umging. Ich habe die Jagdregeln frühzeitig und rechtzeitig gelernt.

In diesen Jahren gingen wir Woche für Woche jeden Tag zur Hühnerjagd, vom Trocknen des Morgentaues bis zum Sonnenuntergang. Meist waren es nur fünf, sechs Flinten, fünfzehn bis zwanzig Treiberjungen, die selbst so passioniert waren, dass ihnen die Sache großen Spaß machte, und ein paar gute, kurz suchende Hunde. Ihre Aufgabe bestand in erster Linie im Finden der rennenden, geflügelten Hühner oder solcher, die in hohe Deckung gefallen waren.

Vater liebte die Hühnerjagd über alles; die Hühner waren sein Lieblingswild. Er fuhr niemals auf Urlaub, zur Kur oder in die Sommerfrische. In jener Zeit taten dies Leute, die auf dem Lande wohnten, kaum, lebten sie doch nirgends so gut wie daheim. Doch nach dem 20. August schoß er einen Monat lang Hühner. Tag für Tag, wenn er sich die Zeit dazu nehmen konnte, unermüdlich. Die „alten Herren", so nannten wir seine Freunde und Jagdkumpane, waren stets verärgert, dass der Jagdherr in der Streife vorn ging. Sie konnten kaum mit ihm Schritt halten. Er war ein sehr flinker Schütze, nicht nur gut auf den Beinen. Sogar sein Hund, der „alte Legény", war stets Feuer und Flamme. Doch hatte er einen wunderbaren Appell.

In unserem großen Jagdbann war ein Teil der Böden, die in der Nähe der Donau lagen, angeschwemmter Lössboden, der westliche Teil jedoch, den das Flüsschen Rábca durchfließt, war leichter, schwarzer Torfboden. Hier, wo die Felder neben dem sich sanft dahinschlängelnden Flüßchen überall noch mit Wiesenstücken abwechselten, gab es massenhaft Hühner, viel mehr als auf den schwereren Lössböden.

Die Suchjagd eines oder zweier Jäger mit ihren Hunden wurde bei uns kaum ausgeübt. Die Hühner lagen ja tagsüber auch meist in den hohen Maisfeldern, die nicht zur Suche geeignet sind. Meistens trieben wir mit den Treibern in einer Linie gehend die Felder ab. Wenn sie längsseits getrieben wurden, so gingen die Schützen rechts und links der Maisstreifen, an deren Enden Treiberjungen auf dem Boden sitzend in die Hände klatschten, damit die Hühner uns dort nicht etwa rennend oder flach streichend entkommen konnten. Dies hatte jedoch den Nachteil, dass oft ziemlich lange Strecken getrieben werden mussten, ohne zu Schuss zu kommen, da die Hühner nur allzu gerne nach vorne liefen und oft nur am Ende des Feldes abstrichen.

Schöner war es jedoch, quer über die Felder zu streifen, weil das Jagen abwechslungsreicher war, man des öfteren zu Schuss kam. In solchen Fällen gingen auf den Feldwegen an den Flanken der Streife einige Treiberjungen mit auf langen Stöcken wehenden weißen Tüchern, damit die hochgehenden Ketten nach vorn und nicht seitwärts aus dem Treiben herausstrichen. Besonders bei windigem Wetter – und in dieser Gegend im Flachlandtor zwischen Alpen und Karpaten wehte fast ständig ein steifer Wind – war diese Jagdmethode eine große Lust, wenn die gegen den Wind getriebenen Hühner in pfeilschneller Wendung über die Linie nach hinten strichen. Kein Wunder, dass wir in dieser Zeit der unerhörten Wildmengen zu passionierten Schrotschützen wurden, doch jagten wir beileibe nie, um möglichst große Strecken zu machen, sondern hatten eher sportliche Freude am Schrotschießen: je höher, schneller und wendiger das Flugwild strich, um so mehr Spaß machte die Jagd.

Wenn in der Nähe Wiesen waren, so trieben wir in den Nachmittagsstunden die angrenzenden Maisfelder auf sie zu. Die beschossenen Hühner fielen dann einzeln ins Gras ein, und die Völker hatten nicht mehr genügend Zeit, sich zu sammeln. Der Jagdtag wurde dann vor Sonnenuntergang damit abgeschlossen, dass wir unsere Hunde die Hühner einzeln suchen ließen. Der Schuss war leicht, doch bescherte uns die schöne Arbeit der Hunde dann um so mehr Freude.

Es ist nicht übertrieben und bei weitem kein Jägerlatein, wenn ich erzähle, dass in den dreißiger Jahren die Durchschnitts-Tagesstrecke eines Schützen bei uns zwischen sechzig und hundert Hühnern lag. In einer Hühnerjagdzeit, ich glaube, es war das Jahr 1935, schoss Vater selber nicht weniger als zweitausendsechshundert Hühner. Als ich endlich meine Schulzeit beendet hatte und nicht mehr blutenden Herzens Anfang September in die Stadt ziehen musste, habe ich dann auch in jedem Jahr so um die zweitausend Hühner geschossen. Damals war in dieser Gegend das Rebhuhn unsere Hauptniederwildart. Auf dieses jagten wir am meisten und liebsten und erreichten auch die größten Strecken. Wenn ich mich richtig an die in mein altes Schussbuch eingetragenen Zahlen erinnern kann, so habe ich bis zum Jahr 1940, das Jahr des großen Hühnersterbens, etwa so viele Hühner geschossen wie Hasen und Fasanen zusammen.

Seitdem habe ich eigentlich kein einziges Mal nach Herzenslust auf Rebhühner gejagt. Heute gibt es auch bei uns keine solchen Hühnerjagden mehr; die Zeiten haben sich grundlegend geändert und mit ihnen die Möglichkeiten der Hühnerjagd. Die Zahl der Hühner hat ebenfalls bedeutend abgenommen. Heute hat der Fasan den Platz des Rebhuhnes übernommen. Ich selber habe auch schon mehr Übung im Schießen auf ihn, treffe ihn schon besser, es gelingt nicht mehr oft, eine Dublette aus dem im Bogen über die Schützenlinie streichenden Hühnervolk herauszuschießen ...

Wir haben damals gelernt, was ich auch meinen jüngeren Jagdkameraden nicht vorenthalten will: Es war verpönt, in die hochgehenden oder auf uns zustreichenden Hühner blindlings hineinzuschießen, dorthin, wo sie „am dicksten flogen"! Aber nicht nur, dass es sich nicht gehörte, es lohnte sich auch nicht, denn in neun von zehn Fällen fiel nichts aus der Kette! Wenn sie auch in noch so dichtem Pulk strichen, trafen sie nur höchst selten mit den Schroten zusammen. Es schickte sich, wenn man von den „Randhühnern" zwei aufs Korn nahm. Man lernte dann schnell, diese beiden mit einer sauberen Dublette zu schießen!

Die Rebhühner waren die richtigen Leckerbissen der spätherbstlichen und winterlichen Hasenjagden! Doch nicht die bei weichem Boden in den Kesseln oder Streifen öfters hochgemachten Hühner, die von der feuchten Erde, die an ihren Zehen hängenblieb – wir nannten solche „Pantoffelhühner" –, nur sehr schwer streichen konnten und einen leichten Schuss boten, sondern wenn auf trockenem oder gefrorenem Boden gejagt wurde – die Hasen zu schießen machte auch nur dann Spaß –, und die Hühner hoch und pfeilschnell über die Schützen- und Treiberkette schwenkten.

Der hohe und schnelle, richtige „Turmfasan" bietet vielleicht mehr Möglichkeit zu den wirklichen „Paradeschüssen", wenn er voll in die Brust getroffen wie eine kleine Bombe zu Boden saust, doch glaube ich, dass eine flinke und elegante Dublette aus einer Kette von Winterhühnern, die in blitzschnellem Schwung bei der Hasenjagd über die Linie streichen, was die Schießkunst anbelangt, nur wenig hinter ihr zurückbleibt. Die Dublette auf solche Winterhühner ist eine Höchstleistung im Flintenschießen. Béla Gáspárdy, ein Freund und ständiger Jagdgast bei uns, war der sicherste Flintenschütze, den ich jemals erlebt habe, Zsigmond Széchenyi, Autor mehrerer Jagdbücher, die auch in deutscher Sprache erschienen sind, schoss am elegantesten, und Professor Sándor Lumniczer, ehemals Weltmeister im Tontaubenschießen, war der schnellste Schütze, den ich überhaupt sah. Béla Gáspárdy schoß fast ausnahmslos Dubletten aus den Hühnerketten, die ihn bei winterlicher Hasenstreife anstrichen! Obwohl er stets mit Schwesterflinten schoss, machte er nie den Versuch der Spitzenleistung im Schrotschießen, des „coup double" auf spitz von vorn anstreichende Hühner – also eine Dublette nach vorn –, dann ganz schnell Flintenwechsel und eine Dublette nach hinten.

Ich habe aber öfters beobachten dürfen, wie man dies macht. Es waren Engländer, die Meister im jagdlichen Schrotschießen, die dies fertigbrachten. Der theoretische Dreh dieser schießtechnischen Wunderleistung ist, dass man die erste Dublette sehr weit nach vorne schießen muss, so dass beide Hühner weit vor den Schützen fallen, um zum Flintenwechsel und für die zweite Dublette auf die schon wegstreichenden Hühner noch genügend Zeit zu haben.

Ich bekam natürlich durch die Engländer Lust zur Sache und versuchte es selber auch, sooft ich dazu Gelegenheit hatte, doch es gelang niemals! Drei öfters, vier jedoch nie. Ich habe den Versuch auch schon seit langer Zeit aufgegeben, nicht nur aus Mangel an Hühnern, sondern auch an Schwesterflinten!

Im Jägerleben meiner Generation bedeutete der Winter 1939/40 einen Wendepunkt: Das Ende der berühmten Niederwildmengen der dreißiger Jahre und insbesonders den fast völligen Ruin unserer damals weltweit bekannten Rebhuhnbestände.

Ich erinnere mich noch ganz genau: Mitte Januar 1940 kam der strenge Winter mit einer Schneedecke von einem halben Meter in unser Land und dauerte mehrere Wochen lang. In der großen Not kamen vor allem die Rebhühner in den Schutz von Ortschaften und Gehöften, denn die Feldmark war nichts als eine Schneewüste, wo sie nicht überleben konnten. Wo es nur irgendwie möglich war, wurden sie ständig gefüttert. Es gab weder Mangel an Hinterweizen und Mais für die Hühner noch an Gespannen, die das Futter an Ort und Stelle bringen konnten. Wochenlang konnten wir sie fast ohne Verluste durchbringen. Wie ich schon erzählte, wohnten wir am Rande des Dorfes, und aus den Fenstern konnten wir auf die Felder hinausblicken. Im Schutze des Hauses legten wir fast unter den

Fenstern eine große Fütterung an, die von mehreren hundert Hühnern ständig besucht wurde. Sie scharrten von morgens bis abends und übernachteten in der Nähe im Schnee.

Doch am 13. Februar 1940, ich kann mich ganz genau an den Tag erinnern, kam ein solcher Schneesturm, wie ich ihn seitdem nie wieder erlebt habe. Er dauerte zwei volle Tage und Nächte. Als sich das Gestöber endlich legte, blieb nicht ein Stück von unseren Hühnern an der Fütterung übrig. Die schon seit Wochen geschwächten Vöglein wurden allesamt vom Schnee begraben. Nicht bloß bei uns, sondern auch im ganzen Lande! Es blieb nur hie und da ein Stück als Urahne kommender Hühnergenerationen übrig!

Im Jahre 1946 arbeitete ich im selben Revier, wo ich vormals „daheim" gewesen war, als Berufsjäger. Bis dahin hatten sich in den letzten Kriegsjahren die Hühnerbestände ohne irgendwelche Hege wieder gut erholt. 1946 überwinterten sie gut, und 1947 hatten wir einen so zahlreichen Bestand, dass wir probeweise an einem strahlenden Septembertag sogar eine kleine Hühnerjagd machten.

Ich weiß noch, dass mir beim Vorstehen am Ende des Maisfeldes eine gute Dublette gelang. Viel habe ich seitdem nicht von den Freuden der Hühnerjagd genossen, doch dies konnte ich damals nicht ahnen ...

Ende der vierziger und Anfang der fünfziger Jahre waren diese Reviere zwischen Donau und Raab ausgesprochene Niederwildreviere. Es gab wohl einige Überreste der Rotwildbestände der „Hanság" und der Donau-Auen der Schüttinsel, doch hätten wir diese damals um alle Welt nicht bejagt. Sauen waren uns dort nur von Abbildungen her bekannt. Von dem alten, hervorragenden Rehwildbestand waren nur spärliche Reste übriggeblieben und auf die wenigen Stücke, die noch in den Wäldern lebten, passten wir auf wie auf unseren Augapfel. Am Hoch- und Rehwild konnten wir also noch keine Freude haben, so hegten und pflegten wir eben das Niederwild mit den uns zur Verfügung stehenden spärlichen Mitteln. In diesen Jahren gab es aber in unseren Revieren so viele Hasen wie nie zuvor. Es ist wahr, dass wir sie nicht bejagten, sondern nur lebend fingen und stets überaus viel Stammbesatz beließen.

Die Rebhühner aber hegten wir mit ganz besonderer Liebe und Sorgfalt, weil sich die Bestände wieder zu erholen begannen.

In diesen Jahren habe ich mich sehr eingehend mit dem Rebhuhn, seinen Lebensgewohnheiten, seiner Fortpflanzungsbiologie und den damit zusammenhängenden hegerischen Maßnahmen beschäftigt, um zu sehen, wie wir mit der möglichst eingehenden Kenntnis seiner Biologie unser Möglichstes zur Wiedervermehrung dieses am stiefmütterlichsten behandelten Wildes tun könnten.

Die leider nur extensiv betriebene Hege und Verwaltung dieses Niederwildrevieres – und wenn es auch ein Ausmaß von etwa fünfzehntausend Hektar hatte – hätte allein meine damals gewaltige Aktivität, Arbeitsfreude und meinen Idealismus nicht befriedigen können. Mit besonderem Eifer befasste ich mich mit dem Studium des Rebhuhnes und seiner intensiven Hege.

Damals, als ich es richtig kennenlernte, habe ich es wirklich liebgewonnen, doch nicht mehr mit den Augen des Jägers, sondern mit denen des Hegers und Forschers.

Vielleicht ist es nicht uninteressant, wenn ich hier einige meiner diesbezüglichen Erfahrungen erzähle. Hoffentlich gelingt es mir, die Sympathie für dieses Wild auch in den Lesern, meinen Waidgenossen, zu erwecken!

Vornweg müssen wir wissen, dass das Rebhuhn streng monogam ist und bis zum Frühling des nächsten Jahres im Familienverband lebt. Auch darin weicht seine Biologie und Lebensweise von unserem anderen wichtigsten Flugwild, dem Fasan, ab.

Es ist ganz sicher, dass das Hühnerpaar, das sich im zeitigen Frühjahr zusammengefunden hat, zur Zeit des Eierlegens, der Bebrütung des Geleges und der Aufzucht der jungen eine Lebensgemeinschaft aufrechterhält, die Jungvögel im Familienverband durch den ersten Winter bringt, bis zur Zeit der nächsten Paarung.

Für den seltenen Fall, dass beide Altvögel durch den Winter kamen, wurde bewiesen, dass sie auch weiterhin fürs nächste Jahr als Paar zusammenbleiben und nur die Jungvögel sich zerstreuen. Die Wahl des Gatten beschränkt sich also nicht nur auf eine Brut-

und Aufzuchtsperiode, sondern auf ein – wenn auch durch allzu viele Gefahren bedrohtes – ganzes Rebhühnerleben!

Bei unserem kontinentalen Klima in Ungarn – und dies gilt eigentlich für ganz Mitteleuropa – ist die größte Gefahr für die Rebhühnerbestände ein grimmiger Winter mit andauernder hoher Schneelage, wie es sie in verschiedenen Abständen immer wieder von Zeit zu Zeit gibt. Solch strenger Winter schlägt dann so große Lücken in den Hühnerbesatz, dass sie wieder auf Jahre hinaus zugrundegerichtet sind. Doch auch in Ländern mit milden Wintern, wie zum Beispiel in Südengland rechnet man ohne Schneelage und Notzeit mit einem Winterverlust von durchschnittlich dreißig Prozent des Stammbesatzes!

Die hohe Schneelage allein wirkt sich noch nicht schlimm aus. Dieser kleine, schwache Rebhuhnvogel ist unglaublich hart und zäh und kann auch schneereiche Wochen gut überleben.

Wir müssen nämlich wissen, dass die Winternahrung der Hühner nur in kleinem Maße aus Körneräsung besteht, meistens aus Unkrautsamen, die die Hühner von den wenigen Unkrautstengeln abpicken, die aus dem Schnee herausragen. Sie überwintern hauptsächlich mit Hilfe von Grünzeug, das sie auf Saaten und dem Gras der Grabenränder und öden Stellen finden. Wenn der Schnee weich ist, droht keine Not. Die Hühner graben lange Gänge und Röhren in ihm, um zu ihrer Nahrung am Boden zu gelangen. Der nasse, weiche Schnee bedeutet noch keine Gefahr für die Hühner.

Schlimm wird es für sie, wenn die oberste Schneeschicht schmilzt und wieder gefriert. Eine harte Kruste von Harschschnee bedeckt dann das Land wie ein Eispanzer. Jetzt können die Hühner nicht mehr Gänge in den Schnee scharren und sind auf die wenigen Unkrautkörner angewiesen, die noch zu finden sind. Die halten das Huhn aber nicht lange am Leben!

Und wenn der Schnee von einem solchen Eispanzer bedeckt ist, finden sie auch keine passenden Übernachtungsplätze, denn in den harten Schnee können sie sich keine Vertiefungen scharren. Sie werden geschwächt, magern ab, und wenn ein Schneesturm kommt, begräbt sie der weiße Tod.

Sie müssen also in Notzeiten sorgfältig gefüttert werden, und dies wird vielerorts vernachlässigt. Fasanen werden noch gefüttert, doch die Hühner kaum.

Noch dazu sind Hühner schwierig zu füttern, schwieriger als Fasane. Letztere kommen nämlich bei grimmigem Winter von selbst in Gehölzen, Remisen, kurz, in irgendeiner erreichbaren Deckung zusammen.

Das Rebhuhn hingegen ist ein an die Scholle gebundenes Wild, das seinen Geburtsort nicht verlässt. Allerhöchstens zieht es sich im schneereichen Winter unter nahe gelegenen Knicks oder Baumreihen zusammen, sofern es solche in unseren Feldmarken überhaupt noch gibt. Wir müssen die Hühner also überall dort füttern, wo sie sich zu dieser Zeit aufhalten, und dürfen nicht darauf warten, dass sie von selber zu den weiter entfernt gelegenen Fütterungen kommen.

Dies ist übrigens heutzutage in unserem mechanisierten Zeitalter in der Welt der Traktoren und Motorschlitten, ein Kinderspiel, nicht so wie vor etwa dreißig Jahren, als wir das Futter im Rucksack hinaustrugen oder günstigenfalls mit dem von Pferden gezogenen Schlitten hinausfuhren. Der Trecker hat noch den großen Vorteil, dass er die Eiskruste bricht und in seiner Spur die Hühner bis zum Boden scharren können.

Hühner sollten nicht unter Bäumen oder in geschlossenem Bestand gefüttert werden. Wohl aber unter einzelnen größeren Sträuchern, die von oben genügend Deckung bieten – wenn es solche günstige Stellen gibt. Denn Rebhühner fühlen sich auf freien, offenen Flächen wohl und in Sicherheit. Sie brauchen freie Rundsicht, um den nahenden Feind rechtzeitig zu eräugen und notfalls geschwind in die nahe Deckung streichen zu können.

Deswegen ist es zu empfehlen, die Hühnerfütterungen nicht gedeckt unter Bäumen zu bauen, sondern sie sechzig bis hundert Meter von der Deckung entfernt im freien Felde anzulegen, und zwar so, dass das mit Kaff oder Häcksel gemischte Körnerfutter an eine vom Schnee freigeschaufelte Stelle von zwei bis drei Meter Durchmesser geschüttet wird. Achten muss man ferner darauf, dass der ausgehobene Schnee nicht wie ein Wall hoch um den Futterplatz zu liegen kommt, damit er den Hühnern nicht die Sicht nimmt. Wichtig ist nicht, möglichst viele feste Fütterungen zu bauen, sondern unsere Hühner in jedem Teil des Reviers an möglichst vielen Stellen mit Futter zu versorgen.

Das Hühnervolk verbringt die dunkle Winternacht im Felde auf einer freien Stelle, doch möglichst in einer windgeschützten Senke, und nicht, wie viele glauben, in der Deckung von Bäumen oder Strauchwerk. Und sie schlafen auch beileibe nicht im Haufen dicht zusammengedrängt, sondern auf einer Fläche von einigen Quadratmetern verstreut, mit den Köpfen in verschiedenen Richtungen, damit irgendeines von ihnen die nahende Gefahr bestimmt wahrnimmt. Ich habe selber sehr oft im Schnee Übernachtungsplätze von Hühnern gefunden, die ausnahmslos diese Formation zeigten. Wenn sie sich zusammendrängen würden, wäre ein überraschender Überfall viel leichter möglich, und das Volk wäre Verlusten viel mehr ausgesetzt. Denn im Leben der Hühnerfamilie ist der Schutz der Gemeinschaft, des Volkes das Wichtige – nicht der des Einzeltieres!

Anfang der fünfziger Jahre hatte ich wintersüber auch alljährlich eine Anzahl von Hühnern eingekammert. Zu diesem Zweck eignet sich ein jedes Gebäude, es muss nur ein Netz über die Hühner gespannt werden, damit dieses die gegebenenfalls erschreckt aufliegenden Hühner auffängt und sie sich nicht die Köpfe an den Wänden oder Fenstern wundschlagen. Jeden Herbst fingen wir einen Teil unserer Hühner ein und brachten sie in einem geschlossenen Raum durch den Winter, um den Stammbesatz für das kommende Jahr zu sichern, auch wenn es einen außerordentlich harten Winter geben sollte.

Das Rebhuhn ist ein intelligenter Vogel, der – obwohl er sich nie so „zähmen" läßt wie der Fasan – sich in Gefangenschaft gut hält. Wenn unsere Hühner genügend Grünfutter, in erster Linie Markstammkohl, erhielten, hatte man auch wegen des Federpickens keine Sorge.

In ihrem Gemeinschaftsleben richten sich die Hühner sehr nach der Witterung. Im grimmigen Winter tun sich oft mehrere Völker zu „Großvölkern" zusammen. So fühlen sie sich mehr in Sicherheit, können sich gegen Feinde leichter schützen. Dieser „Rudelinstinkt" ist bei auf offenen Flächen lebenden Säugetieren, aber auch bei Vögeln oft zu finden und dient zu gleicher Zeit auch der Paarung mit Tieren aus anderen Familien.

Ende des Winters paaren sich nämlich die Hühner. Meistens im Februar, in außerordentlich milden Wintern jedoch manchmal schon im Januar, in ganz strengen aber oft erst im März nach der Schneeschmelze, am ersten sonnigen, wärmeren Tage, wenn „die Erde nach Frühling riecht".

Dies geschieht im Handumdrehen an einem einzigen Abend oder Morgen. Es beginnt ein von lauten Rufen begleitetes Hin- und Herlaufen, ein sich gegenseitiges Verfolgen, denn mehrere Völker der Umgebung kommen zu diesem Treffen zusammen. Für eine kurze Zeitspanne ist es eine Art Balzplatz wie beim Birkwild oder bei den Großtrappen.

Doch im Falle der Rebhühner findet hier nur die Partnerwahl statt, nicht aber der Tretakt selbst.

Dieser „Reigen" erfolgt immer an einer Stelle mit glatter Bodenbeschaffenheit, auf Weideflächen, Luzernenfeldern, Saaten oder Stoppelfeldern und nie auf Sturzäckern. Die Hühner wollen ohne Hindernis umherlaufen können. Denn das ist sehr wichtig beim „Hühnerreigen", genauso wie das laute Rufen.

Es ist eine fast unglaubliche, doch mit vielen Beweisen wissenschaftlich belegte Tatsache, dass, während das Elternpaar auch weiterhin beisammenbleibt, sich die anderen Mitglieder des Volkes immer nur mit fremden Hühnern paaren, also niemals unter Geschwistern. Die Natur sorgt selber für Blutauffrischung und vermeidet die Inzucht.

Die Engländer waren es, die Klarheit in diese grundlegende Frage der Rebhuhnhege brachten: Ob wohl eine Inzucht entsteht, wenn die Völker nicht „gemischt" werden und unbeschossen blieben? Vor mehr als fünfundzwanzig Jahren begann die heutige

„Game Conservancy" diesbezüglich eine Versuchsreihe in ihrem Revier bei Fordingbridge in Hampshire, Südengland. Das Revier war für Hühner sehr geeignet und beherbergte damals einen guten Hühnerbestand. Eine aus Wissenschaftlern und ihrem Hilfspersonal bestehende Gruppe beschäftigte sich Jahre hindurch nicht nur mit diesem Problem, sondern auch mit der Bestandsaufnahme, den verschiedenen Gründen der Verluste und ihrer durchschnittlichen Höhe und der Höchststrecke, die von einem Bestand ohne Gefährdung des Stammbesatzes „geerntet" werden darf. Der Schwerpunkt lag jedoch bei Untersuchungen über die Vorgänge im Laufe der Paarung.

Es wurde beobachtet, wo genau die einzelnen Völker übernachteten. Dann wurde spät nachts ein großes viereckiges Netz über sie gezogen. So wurden einzelne ganze Völker eingefangen und die Hühner aus verschiedenen Völkern mit Plastikkarten versehen. Jedes Volk bekam einen anderen Buchstaben und jedes einzelne Huhn des Volkes eine laufende Nummer. Diese Karten wurden am Rücken der Hühner angebracht und waren groß genug, um deren Farbe und Aufschrift mit dem Glas auch auf weitere Entfernung feststellen zu können. In jedem Jahre wurde eine andere Farbe angewandt, so dass die einzelnen Hühnerjahrgänge auf diese Weise problemlos auseinandergehalten werden konnten. Die Angaben wurden in Stammbücher eingetragen. Diese wurden mit genauen, viele Jahre lang geführten ständigen Beobachtungen gefüllt, und so war festzustellen, welches Huhn sich mit welchem gepaart hatte. Dadurch wurde es mehr oder weniger möglich, das Leben und Wandern der einzelnen Hühner zu verfolgen und zu wertvollen Erkenntnissen zu gelangen.

Das Endergebnis bestätigte, dass das Huhn eng an seinem Standort lebt. Die meisten verbrachten ihre Jahre in einem Gebiet von ein bis zwei Kilometer Durchmesser. Es sind nur sehr wenige, die weiter „auswandern". Doch war der Beweis völlig neu, dass die Jungvögel ihre Gatten immer nur aus einem anderen Volk auswählen und dass die Paare auch mehrere Jahre hindurch beisammenbleiben können.

Aus der Sicht der Inzucht ist also die These der Altjäger nicht bestätigt worden, dass die Hühner beschossen werden müssen, um sich zu vermehren.

Im Falle, dass nach der Wahl des Gatten die Witterung sich wieder verschlechtert und sich dem Winterlichen zuwenden sollte, vereinigen sich die Paare noch einmal schnellstens zu meist kleineren Völkern, um so besseren Schutz zu finden. Dies sind jetzt natürlich nicht mehr die originalen „Familienvölker", denn die Paare lösen sich nun nicht wieder auf, und nachdem dann der Lenz endgültig eingezogen ist, verteilen sie sich wieder einzeln auf ihre angestammten Territorien.

Das Territorium eines Rebhuhnpaares wird von den anderen respektiert. Nicht nur von gepaarten Hähnen, diese haben ja schon ihr eigenes Territorium, sondern von überzähligen, ungepaarten. Diese versuchen höchstens noch einige Tage lang nach der Gattenwahl irgendeine Henne zu erobern. Sehr wahrscheinlich ohne Erfolg, denn die Henne hält sich auch jetzt schon zu dem auserwählten Hahn, und dieser schlägt den Eindringling in die Flucht. Anfangs nach der Gattenwahl sieht man noch hie und da drei Hühner zusammen in losem Verband, eine Henne mit zwei Hähnen. Später aber nie!

Überzählige Hähne gibt es immer. Ich zumindest habe solche überall in jedem Bestand angetroffen; dies scheint eine weise Vorsehung der Natur zu sein. Denn der Hahn, der die Eier selber nicht bebrütet, nur den Wachdienst neben der brütenden Henne versieht, dann später mit großer Selbstaufopferung bei der Aufzucht der Küken mithilft, ist noch mehr drohenden Gefahren ausgesetzt als die Henne.

Diese gattenlosen Hähne meiden später die Nähe der Paarhühner und stören die Henne in ihrem Brutgeschäft nicht. Sie ziehen sich bescheiden zurück und schließen sich meist zu dritt oder viert für die Frühjahrszeit zusammen. In der Zeit der Kükenaufzucht jedoch schließen sie sich entweder großen Ketten an oder bilden zusammen mit Paaren, die keinen Nachwuchs haben, schwache Ketten von Althühnern.

Das Hühnerpaar sucht dann einen passenden Nistplatz in seinem Territorium. Es hat dazu zumindest sechs Wochen Zeit, denn die Henne beginnt mit dem Eierlegen kaum vor Mitte April, wenn der Pflanzenwuchs so weit ist, dass er dem Nest genügend Deckung bietet.

Etwa zwei Wochen vor Beginn des Eierlegens fängt die Henne an, Nestmulden zu scharren. Wie es bei vielen anderen Vogelarten der Fall ist, werden mehrere angefertigt. Diese nennen die Ornithologen „Probenester". Die Henne beobachtet nun, welche von diesen von Mensch oder Tier entdeckt werden können und welche sicher sind. Die am geeignetsten erscheinende Mulde wird dann mit dürrem vorjährigem Gras, Blättern, Pflanzenresten, jedoch niemals mit frischen grünen Pflanzenteilen ausgelegt.

Dann wird das erste Ei gelegt – das „Probeei" – und dieses ein bis zwei Tage lang nicht bedeckt, es bleibt als Lockmittel für Raubzeug offen liegen, um sicher zu gehen, dass das Nest auch wirklich geschützt und in Sicherheit sei. Wenn nichts Schlimmes passiert ist, so legt sie dann ihre weiteren Eier, doch schon vom zweiten an werden die Eier immer mit Dürrgras bedeckt, wenn die Henne nicht am Eierlegen ist und das Nest verlässt. Dies gibt den Eiern einen hervorragenden Schutz gegen menschliche und tierische Feinde. Nest und Eier können kaum aufgefunden werden, denn es ist überhaupt nichts anderes zu sehen als verdörrtes Gras auf einer handgroßen Stelle. Wer würde denn ahnen, dass darunter Dutzende von Rebhuhneiern verborgen sind?

Es dauert im allgemeinen zweiundzwanzig bis fünfundzwanzig Tage, bis die Henne ihr volles Gelege, also achtzehn bis zwanzig Eier, gelegt hat, bevor sie das Brutgeschäft beginnt. Wenn die Eier für so lange Zeit verlassen und frei sichtbar blieben, wie viele würden wohl den scharfen Sehern der Eierdiebe entgehen? So aber entfernt die Henne die bedeckende Grasschicht von den Eiern nur so lange, wie sie sich zum Legen ihres nächsten Eies auf dem Nest befindet. Dann verlässt sie es wieder für mindestens vierundzwanzig Stunden, bis das nächste Ei zum Legen reif ist. So gelingt es ihr in den meisten Fällen, ihr Gelege ohne Schaden bis zum Anfang des Brutgeschäftes durchzubringen. Größeren Gefahren sowohl seitens gefiederter und behaarter Feinde als auch Zweibeiniger sind die Eier dann später während der vierundzwanzig Tage des Bebrütens ausgesetzt!

Während der vierundzwanzig Stunden zwischen dem Legen des letzten Eies und dem Beginn des Brutgeschäftes werden die Eier aber wieder nicht bedeckt! Dies ist die letzte Probe, ob nicht doch noch irgendeine Gefahr das Gelege bedroht. Wenn ja, so kann es jetzt noch leichter durch ein Zweitgelege ersetzt werden. Wenn aber das Gelege während des Brutgeschäftes zerstört wird, so ist es hierfür meistens zu spät!

Vielleicht ist dies mit ein Grund dafür, dass die Henne die Eier immer emsiger bebrütet, mit wachsender Selbstaufopferung sich auf ihnen duckt und um so seltener das Nest aufgibt und opfert, je länger das Gelege schon bebrütet ist!

Bei Rebhühnern ist es so, dass das Gelege von der Henne allein bebrütet wird, der Hahn sich aber ständig in der Nähe aufhält und seine Gattin und das Nest bewacht. Noch dazu bis zur Selbstaufopferung! Wenn eine Gefahr droht, so gibt er der Henne den Warnruf, die sich dann, noch mehr auf die Eier schmiegend, unsichtbar macht, während der Hahn den Feind aus der Nähe des Nestes lockt. Es ist weiterhin seine Aufgabe, in der Nähe des Nestes die Henne mit seinem Lockruf von den bebrüteten Eiern zu rufen, und zwar hauptsächlich morgens und abends für je eine halbe Stunde, oft auch mittags. Dann verlässt die Henne das Nest. Doch sie streicht niemals ab, sondern läuft nur ständig von und zum Nest, bedeckt die Eier aber nicht mehr, weil sie an der frischen Luft eine Zeitlang „atmen" müssen.

In diesen kurzen Zeitspannen ist das Hühnerpaar beisammen. Es geht gemeinsam auf Nahrungssuche oder hudert sich im Sand oder Staub, vor allem die brütende Henne, bei der es wichtig ist, dass sie sich selber und auch ihr Gelege von Parasiten freihält.

Obwohl die Eier alltäglich nur für kurze Zeit unbedeckt bleiben, so sind sie doch in dieser Zeit den größten Gefahren ausgesetzt, Nicht bloß seitens der Nesträuber wie Elster, Krähe und Häher, die aus der Luft das unbedeckte Gelege leicht erspähen können, sondern auch seitens der „Nestparasiten" – Fasanenhennen, die nur allzu gern Eier in das Hühnernest legen.

Die Fasanenhenne ist nämlich eine viel schlechtere Mutter als die Rebhenne. Oft legt sie Eier außerhalb des Nestes, was die Rebhenne nie tut! Sie läßt sie oft an Wegen und Pfaden einfach fallen oder legt sie häufig in Rebhuhnnester. Das große Fasanenei nimmt dann den viel kleineren Hühnereiern die Brutwärme weg, was bewirkt, dass das Gelege entweder überhaupt nicht oder nur sehr unregelmäßig in langen Zeitabständen ausfällt. Dies ist mit ein

Studie Fasanen

Grund, weshalb viele Heger glauben, dass mit zunehmendem Fasanenbesatz der Hühnerbestand zurückgeht. Vielleicht kann bei dem allgemeinen Rückgang der Hühnerbestände in vielen Revieren auch dieser Umstand mit eine Rolle spielen, dessen Klärung auf wissenschaftlicher Grundlage wohl auch angebracht wäre.

Die Henne ist sehr darauf bedacht, Nest und Eier sauber und in größter Ordnung zu halten. Die Eier sind stets sorgfältig in der Nestmulde geordnet, damit sie die Wärme des Brutvogels gleichmäßig erhalten. Sie werden oft, mindestens einmal täglich, von der Henne gewendet. Die gleichmäßige Bebrütung hat zur Folge, dass das ganze Gelege meistens wie auf einen Schlag zu gleicher Zeit ausfällt und die Küken innerhalb von ein bis zwei Stunden vollzählig ausgeschlüpft sind.

Die brütende Rebhenne selber wird naturgemäß auch von vielen Gefahren bedroht. Vor ihren menschlichen und tierischen Feinden schützt sich die brütende Rebhenne im Vertrauen auf ihre hervorragende Schutzfärbung durch unbewegliches Ducken auf dem Nest. Von oben bietet der Pflanzenwuchs ringsum guten Schutz, um so mehr, als die Henne Blätter und Gräser noch über sich zusammenzieht, bevor sie sich auf den Eiern niederläßt. Gegen das Haarraubwild schützt sie sich außerdem dadurch, dass sie sich mit vollständig an den Körper geschmiegtem Gefieder flach auf das Nest duckt und so kaum Witterung verströmt. Deswegen ist es selten, dass auch der feinnasigste Vorstehhund die brütende Henne wittert.

In den letzten Tagen der Brutperiode sitzt die Henne so fest auf dem Gelege, dass sie sich beim Herannahen des Menschen immer mehr daran schmiegt, bis zum letzten Augenblick des Entdecktwerdens. Einige Hennen nehmen es auch hin, von Menschen berührt zu werden, doch nur von jemand, der ihnen ungefährlich erscheint.

Dies ist kein Spaß und kein Jägerlatein! Ich habe es selber erlebt! Wir kannten ein Rebhuhnnest neben einem häufig begangenen Fußweg. Die Henne verließ ihr Gelege nicht, wenn einen Meter entfernt Fußgänger oder Radfahrer vorbeikamen. Der zuständige

Revierjäger hielt das Nest unter ständiger Beobachtung. Er kam täglich öfter vorbei, um es, wenn irgend möglich, durchbringen zu können. Er beobachtete das Nest auch deswegen, weil wir vom Elternpaar nach Ausfallen der Küken noch weitere adoptieren lassen wollten. Die Henne kannte ihn bald; sie wusste, dass er nichts Böses im Schilde führte, sondern sie im Gegenteil beschützte. Sie duldete es auch, dass er ihren Rücken sanft streichelte. Doch nur er, kein anderer!

Die Küken fielen dann endlich zu unserer großen Freude und Erleichterung aus!

Kaum sind die geschlüpften Küken im Nest unter dem Mutterleib etwas getrocknet, so ruft sie schon ihren Gatten zu Hilfe, denn der Hahn bedeckt und wärmt die Küken genauso wie die Henne. Ein vollständiges Gesperre – achtzehn bis zwanzig Küken – hat ja unter der Mutter nicht genügend Platz. Von nun an hilft der Hahn in allem mit. Er wärmt die Küken, kümmert sich um sie und passt auf sie auf. Denn in ihren ersten Lebenswochen brauchen die Küken sehr viel Wärme. Nur diese Wärme, welche sie unter den Schwingen und Brustfedern ihrer Eltern erhalten, kann sie bei regnerischer und kalter Witterung vor Erkältung und sicherem Tod retten.

Unter allen Tieren gibt es wenige Eltern, die so opferwillig sind wie die Rebhühner! Besonders solange die Küken noch schwach und kaum flügge sind. (Im Alter von drei Wochen können sie schon fliegen!) Die jungen Küken werden von der Mutter geführt, wohingegen der Hahn hinter ihnen ihre Sicherheit bewacht. Wenn sich ein Feind nähert, so drücken sich die Küken auf den Alarmruf der Eltern. Diese aber streichen nicht ab, sondern stellen sich flügellahm und locken mit lautem Gezeter, indem sie sich immer wieder in die Luft werfen, den Feind möglichst weit weg. Sie lenken seine Aufmerksamkeit auf sich selber und weg von den Küken. Diese Elternliebe ist wirklich erhebend – ist sie denn nicht mehr als purer Instinkt?

Wir wissen, dass das Rebhuhn, wie die Hühnervögel im allgemeinen, ein Nestflüchter ist. Das bedeutet, dass die Küken nicht im

Nest bleiben – höchstens so lange, bis sie getrocknet sind –, dann verlassen sie es endgültig. In den ersten Tagen hält sich das Volk noch in der Nähe des Nestes auf. Auch deswegen ist es wichtig, dass das Nest nahe am Schlagrand liegt, wo Insektennahrung und Huderplatz nahebei zu finden sind. Denn jetzt wissen wir bereits, dass die Küken in ihren ersten drei Lebenswochen vor allem animalisches Futter, Insekten, nackte Schnecken, Larven usw. brauchen und nur stufenweise auf pflanzliche Nahrung wie weiche Körner und grüne Pflanzenteile übergehen. Ohne genügend Insektenfutter wachsen die Küken überhaupt nicht auf. Sie können nicht am Leben bleiben, doch finden sie dieses in der heutigen insektenvertilgenden Welt immer schwieriger.

Denn das Gift ist nicht wählerisch, es vertilgt alles, sogar die Nahrung der Rebhuhnküken. Vielleicht ist dies mit ein Grund dafür, dass in den von der modernen Landwirtschaft bestimmten Lebensräumen die Hühnerbestände nicht im gewünschten Maße zunehmen, sondern eher weltweit zurückgehen.

In der damaligen Zeit wurde bei uns das Gras noch mit der Sense geschnitten. Die Jägerei war im Mai/Juni ständig bei den Schnittern unterwegs. Wir bezahlten Prämien für gefundene Nester, die verdoppelt wurden, wenn das Gelege ausfiel. Wenn das Nest so lag, dass man auf ein Durchkommen hoffen konnte und die Henne es weiter bebrütete, so ließen wir natürlich die Eier darin. Die Eier aus den anderen Nestern brachten wir sofort unter Glucken, von denen bei jedem Berufsjäger eine Anzahl „in Reserve" auf Probeeiern saßen.

Man hatte das Gefühl, eine gute Tat zu vollbringen, wenn man die Eier, die einzeln in Papier oder Gras eingewickelt in Korb oder Tragtasche transportiert wurden, unter die Glucke legte und so vor dem Verderben rettete! Und welche Freude es war, wenn es nach einigen Tagen von den vielen niedlichen gestreiften Küken unter der Glucke wimmelte!

Je mehr ich mich mit den Hühnern beschäftigte, um so mehr wuchsen sie mir ans Herz. Wir haben kein lieberes, sympathischeres Flugwild als unsere Hühner!

Reminiszere ...

Meine erste Schnepfe habe ich leider nicht an einem lauen Frühlingsabend im Bruch geschossen, sondern im Treiben. Noch dazu im Fasanentreiben im Januar, in wadentiefem, weichem Schnee. In einem guten Treiben, in dem auch feuchte Erlenniederungen waren, stand ich als Junge vorn in der Schützenlinie. Wir mussten sicherlich allzu wenig Flinten an diesem Tage gehabt haben, dass ich so einen guten Stand bekam. Hoch strichen die Fasanen uns an, die Flinten knallten, die in die Brust geschossenen Hähne fielen einer nach dem anderen, als unerwartet – denn wer hätte in solchem Schnee mit ihr gerechnet – eine richtige, langschnäblige Waldschnepfe über den hohen Wipfeln auf mich zuschaukelte!

Ob ich einmal auf sie schoß oder gedoppelt habe, daran kann ich mich heute nicht mehr erinnern. Sie fiel aber; doch weiß ich ganz genau, dass mein rechts von mir stehender alter Herr und vielleicht auch mein linker Nachbar bei der Schnepfe „mithalfen". Freilich sagten sie dann, dass ich die Schnepfe geschossen hätte, dass sie schon auf meinen Schuss gefallen wäre. Ich glaubte es auch, weil ja Kinder leicht dazu neigen, das zu glauben, was sie gern hören. Und in dieser Sache sind ihnen die Erwachsenen nicht ganz unähnlich.

In späteren Jahren, in der Studienzeit, als wir mehr Freizeit und andere Möglichkeiten hatten, jagten wir viel in fremden Revieren auf Schnepfen. Auch bin ich seitdem zur Schnepfenzeit oft anderwärts herumgekommen.

Wenn es zeitlich passte, gingen wir möglichst in nördliche Mittelgebirgsreviere, wo der Schnepfenstrich auf einen späteren Zeitpunkt fiel und meistens ergiebiger war als anderswo. Freilich gelang es uns selten, die richtig guten Tage zu treffen. Soweit ich mich erinnern kann, eigentlich nur zweimal, anno 1943 im Börzsöny und dann 1973 im Bückgebirge.

Ich habe die Erfahrung gemacht, dass die Jagd auf Schnepfen immer die erfolgreichste war, wenn man während der ganzen Durchzugszeit in demselben Revier regelmäßig auf den Anstand ging, weil man dann auch mal die besten Tage erlebte. Wenn wir allzu viel spekulierten, wann und wo wir wohl die besten Tage erwischen würden, ging die Sache meistens schief, und wir waren entweder zu früh oder zu spät da.

Den typischsten „Schnepfenfehlgriff" machten wir erst vor kurzer Zeit, im Jahre 1974. Mein Brunder und ich bekamen eine liebe Einladung in die Örség, ein Gebiet unweit der Dreiländerecke Österreich-Jugoslawien-Ungarn. Ein Jagdfreund, der unlängst dorthin in seine ursprüngliche Heimat wieder versetzt worden war, hatte Wunderdinge von der Lieblichkeit der Landschaft und ihrem Schnepfenreichtum berichtet. Für uns war dies eine noch völlig unbekannte Ecke unseres Landes. Natürlich fuhren wir mit dem größten Vergnügen.

Wir hatten vereinbart, dass uns unser Freund telegrafisch von der Ankunft der Schnepfen verständigen sollte. In diesem Jahr brach ein besonders früher und warmer Lenz an. Um den 15. März herum gab es eine solche Hitzewelle, wie sie Meteorologen in hundert Jahren nicht gemessen hatten.

Trotz der Wärme hatten wir aber bis Mitte März nichts von Schnepfen gehört, obwohl es draußen nach Erde roch und der Frühling schon da war.

Am 18. aber erschien unser Freund unerwartet in Budapest. Er erzählte, da unten würden die Schnepfen schon streichen wie die Mücken, es habe Abende gegeben, an denen drei Jäger einunddreißig gesehen hätten, er selber habe schon vier geschossen und es sei also angebracht, unsere Gewehre zu putzen.

Freilich konnte man hier nicht alles stehen und liegen lassen und schnurstracks den Schnepfen nachfahren. Wir einigten uns, dass wir am 23. kommen wollten.

Doch fand ich schon am nächsten Tag keine Ruhe mehr! Ich organisierte eine Autoladung von Schnepfenjägern, und wir fuhren in das nahe gelegene Pilisgebirge zum Strich. Am Abend sahen wir auch eine Anzahl von Schnepfen, ich selbst nicht weniger als sechs, und es kam mir auch ein sich gegenseitig verfolgendes Dreierzwick. In der Verfolgung flogen die Schnepfen so unberechenbar durcheinander, dass kaum Ziel zu fassen war. Dennoch gelang es mir mehr zufällig eine zu treffen, das heißt, ein Schrotkorn verirrte sich in den Schwingenmuskel. Nicht einmal die Schwinge war gebrochen. Ich hatte solches Glück, dass sie hinter mir auf den Waldweg fiel, und ich sah, dass sie zum Wegrand lief. Die geflügelte Schnepfe läuft nicht so weit wie der Fasan oder das Rebhuhn. Auch diese blieb am Wegrand sitzen, bis ihre Seher im Schein der Taschenlampe aufblinkten.

Ich hatte schlechte Vorahnungen. Wenn es viel weiter nördlich im Pilis so viele Schnepfen gab, ob sie wohl das südliche Revier in der Örség nicht verlassen hatten, wenn wir in vier Tagen ankommen würden? Uns könnte bloß eine Kältewelle, ein „Fronteinbruch" helfen. Es bestand die Gefahr, uns zu verspäten. Wenn wir auf unseren gesunden Verstand gehört hätten, wären wir schnurstracks in ein Revier der nördlichen Gebirge gefahren. Möglichkeiten hätten wir schon dazu gehabt, doch hatten wir kein Herz, das besprochene Programm umzuwerfen und unseren Freund sitzenzulassen.

Am 23. pilgerten wir zu der kleinen Jagdhütte in den großen Wäldern der Örség. Wir waren dort Selbstversorger und hatten so viele Klamotten, dass der kleine Wagen bis zum Rand vollgestopft war. Schnepfen gab es auch noch nur mehr sehr wenige. In den paar Tagen unseres Aufenthalts schoss jeder von uns doch drei oder vier, mein Bruder sogar die erste Dublette seines Lebens. Wir waren in aller Herrgottsfrühe schon in der Nähe der Hütte am Morgenstrich und selbstverständlich auch allabendlich. Es war schön wie immer, im Walde zu hausen.

Wir hatten diese „Expedition" wieder einmal nicht bereut, doch kam es des öfteren vor, dass keiner von uns am Strich eine Schnepfe sah noch hörte. So aber wird die Schnepfenjagd langweilig. Das Vogelkonzert allein genügt doch nicht ... Wenn man was hört oder sieht, ist man schon zufrieden, denn bei dieser Jagd ist es wirklich eher die Stimmung und die Spannung, die den Reiz ausmachen, mehr als die Strecke!

Als wir aus diesem Revier zurückkehrten, war es Ende März, in anderen Jahren die beste Schnepfenzeit – und doch waren auch aus dem Pilis- und Börzsönygebirge die Schnepfen weitergezogen.

Nicht nur für die Meteorologen, sondern auch für die Schnepfenjäger war das Frühjahr 1974 aus der Reihe geraten.

Ist es also ein Wunder, dass wir beim Planen unserer Schnepfenjagd einen Fehlgriff machten?

Ob wir aber auf diesen Ausflügen viele Schnepfen fanden, oder wenige, es war stets interessant, lehrreich und schön, neue Reviere kennenzulernen. Solange wir richtige Jäger vom Lande waren, waren wir auch Hundeführer und zogen mit meinem Bruder stets mit zwei Hunden los. Sofern es nur irgendeine Möglichkeit dazu gab, wohnten wir im Wald, im Jagdhaus oder in irgendeiner primitiven Hütte. Das Wichtige war, dass wir nach Möglichkeit mitten im Walde hausen und zum Strich, wenn nötig, in der Hüttentür stehen konnten. Das ist besonders beim Morgenstrich eine feine Sache!

Ich habe schon von unseren Vorstehhunden gesprochen. Ja, ich habe nie im Leben ohne Hund auf Schnepfen gejagt, bis mich dann mein letzter Hund, Legény, verließ. Bis dahin bestand meine Aufgabe nur darin, den Vogel zu treffen. Weiter hatte ich keine Sorge mehr mit ihm, mein Hund suchte und brachte ihn. Aber jetzt ohne Hund? Wenn mich dieser unsichtbare kleine Motor nicht antreiben würde, so ginge ich vielleicht überhaupt nicht mehr auf den Schnepfenstrich. Ohne Hund ist es nur eine halbe Freude! Seitdem habe ich einmal auf einem Ausflug ins Bükkgebirge sechs Schnepfen geschossen, doch bloß drei gefunden. Solange ich Hunde hatte, verlor ich niemals eine gutgetroffene Schnepfe.

Ein Jäger ohne Hund ist nur ein halber Jäger. Ein Schnepfenjäger mit Taschenlampe ist einfach zu bedauern!

Auch in der Vorkriegszeit, als es mehr Schnepfen gab als jetzt, habe ich es im Durchschnitt jährlich auf nicht mehr als fünf bis acht Schnepfen beim Frühjahrsstrich gebracht. Allerdings ist ja nicht die Zahl der erlegten Schnepfen wichtig.

Ich bin immer passionierter Schnepfenjäger gewesen und bin es heute noch. In den vielen Revieren, die ich kennenlernte, habe ich einen Sinn dafür entwickelt, den Schnepfen zusagende Waldbestände zu erkennen und da geeignete Stellen zum Anstand auszusuchen.

Ich gehe auch heute noch immer auf den Schnepfenstrich, sooft ich irgend kann. Das ist wegen der günstigen „Schnepfenlage" Budapests auch nicht besonders schwierig. In das Jagdrevier der Forstverwaltung des nördlich von Budapest gelegenen Pilisgebirges erhalten wir, einige passionierte Schnepfenjäger der Großstadt, alljährlich Erlaubnis, zum Schnepfenstrich zu gehen. Viele sind wir allerdings nicht, wohl kaum mehr als drei Dutzend. Irgendein Auto ist jedesmal zu finden, mit dem einige von ihnen abends in den Wald fahren können. Zum Abendessen ist man schon wieder daheim. Kann man sich denn eine bequemere Jagd wünschen? Man braucht nur nach Bürochluß hinauszufahren.

Für mich ist es aber die richtige Schnepfenjagd, wenn ich draußen im Wald hause und morgens und abends auf den Strich gehe, mich am Frühlingswald erfreuen und mich im Frühjahrssonnenschein strecken und recken kann. Ich habe es nie versäumt, zur Schnepfenzeit auf einige Tage in den Wald zu gehen. Ohne diese wäre das Jagdjahr unvollständig, genauso wie ohne die Hirschbrunft. Zu der gehe ich auch immer. Doch schon längst nicht mehr, um selber zu schießen, sondern um einen guten Freund zu begleiten oder zum Fotografieren.

Es verliert auch immer mehr und mehr an Bedeutung, wie viele Schnepfen ich allfrühjährlich erlege.

Ich will nicht lyrisch werden: Der gelungene schwierige Schuss auf die schnell und lautlos streichenden oder sich in ganz unerwarteten Wendungen verfolgenden Schnepfen macht immer noch große Freude, um so mehr, als sie ein seltenes Wild sind und der Jäger so oft leer auf sie ausgeht. Wenn aber an einem stimmungsvollen Frühlingsabend der quorrende Schnepf in gaukelndem Balzflug heranstreicht und der allzu leichte Schuss die Stimmung zerreißt, kann ich mich schon manchmal selber nicht verstehen ...

Eine Besonderheit und Hauptanziehungskraft des Schnepfenstriches ist die Spannung, mit welcher der Jäger das Auftauchen der Schnepfe erwartet, mit dem Gehör das Quorren oder Puitzen aufzufangen trachtet, und der freudige Herzschlag, wenn sich der Vogel nähert. Für mich besteht ja sonst auch das Wichtigste an der Jagd in dem aufregenden Augenblick, wenn das Wild erscheint, und in der Spannung vor dem Schuss.

In der kurzen Zeitspanne des Schnepfenstrichen erwartet der Jäger mit der ganzen Anspannung seiner Sinne den Vogel und muss ständig bereit sein, damit er, wenn nötig, in jede Richtung einen blitzschnellen Schnappschuss abgeben kann. Freilich erleichtert der laut quorrend und puitzend herannahende Schnepferich seine Sache beträchtlich, denn er kann sich auf die Richtung einstellen. Ich finde, dass insbesondere das Quorren ein weit hörbarer, durchdringender Ton ist. Das hohe, scharfe Puitzen hört mein Jägerohr, das von der vielen Schießerei längst „träge" geworden ist, schon seit langer Zeit nicht mehr. Am Stärkerwerden oder Abflauen des quorrenden Lautes kann man leicht feststellen, ob sich die Schnepfe nähert oder entfernt. Höher schlägt mein Jägerherz noch immer, wenn ich den quorrenden Balzlaut vernehme, und es sind immer Sekunden äußerster Spannung, wenn dieser naht.

Der Schuss selbst auf die quorrende, langsam herangaukelnde Schnepfe ist nur allzu leicht. Doch oft schießt man sie, da ihr Flug viel langsamer ist als der des anderen Flugwildes, durch instinktives, normales Vorhalten vorne vorbei. Es ist mir des öfteren vorgekommen, dass ich langsame Schnepfen doppelrohrig glatt vorbeigeschossen habe. So habe ich gelernt, dass man solchen Schnepfen auf normale Schrotschussentfernung kaum vorhalten darf.

Ihr Flug ist unter allen Flugwildarten am verschiedensten, unberechenbarsten. Manchmal kommt sie quorrend, gaukelnd, langsam, fast mit einem schmetterlingähnlichen Flug an, um auf einen pfeilschnellen Stoß unerwartet umzuschlagen, wenn ein anderer Schnepferich ihr in den Weg kommen sollte. Diese „Zwicks" verfolgen sich gegenseitig in solcher Fahrt und mit derartiger Behendigkeit, dass der Jäger mitunter überhaupt nicht weiß, wohin er schießen, wo Ziel fassen soll. Ein andermal streicht sie stumm ganz niedrig über die Büsche, man hat sie eigentlich noch gar nicht erfasst, da ist sie schon außer Schussweite, ist vor dem dunklen Hintergrund des Hochwaldes oder des gegenüberliegenden Berges verschwunden. Sie ist oft so blitzschnell und kommt so unerwartet, dass nur ein sehr schneller und geübter Schütze einen Schuss überhaupt hinwerfen kann und meist dann auch ohne Erfolg. Der Schuss wird auch dadurch noch besonders erschwert, dass man in der Dämmerung praktisch nur gegen den hellen Himmel schießen kann. Deswegen ist es wichtig, den Stand so auszusuchen, dass man möglichst viel freien Himmel um sich hat, vornehmlich aber, dass man die streichende Schnepfe in der Richtung des helleren Morgen- oder Abendhimmels erwartet.

Schnepfen sind am Strich während des Durchzuges meistens nicht leicht zu schießen, und viel größer ist wohl die Zahl derer, die des Jägers Schießkunst auf die Probe stellen, als die, welche ein leichtes Ziel bieten. Schon deswegen ist die Schnepfe eine begehrte Beute!

Vor einigen Jahren habe ich unter interessanten Umständen eine Schnepfe erbeuten können. Am Abendstrich stand ich in hügeligem Gelände zwischen Fichtenjungwuchs auf einer Lichtung neben einem Holzabfuhrweg. Es dunkelte schon stark, als ich links über der Lichtung ein Quorren hörte, und dann war urplötzlich ein sich gegenseitig verfolgendes „Zwick" schon über meinem Kopf. Den ersten Schuss im Stich schoss ich vorbei. Die Schnepfen waren allzu nahe; ich tat einen schnellen Schnappschuss, und der Vogel hatte sich auch gerade im Schuss seitwärts fallen lassen. Mit dem linken Lauf musste ich ebenfalls sehr nahe schießen. Es war nicht möglich, die Schnepfen weiter streichen zu lassen, denn dann wären sie vor dunklen Hintergrund gekommen und verschwunden. Die Schnepfe zog breit vorbei zu leichtem Schuss, jedoch war sie sehr schnell, und ich blieb mit dem Schuss dahinter. Worauf beide nun im Bogen um mich herumstrichen und sich hinter meinem Rücken über dem Weg verfolgten, als ob überhaupt kein Jäger auf der Welt wäre. Ich, um zu retten, was noch zu retten war, öffnete blitzschnell die Flinte, und der Ejektor warf die beiden abgeschossenen Hülsen in großem Bogen hinaus. Nur schnell, schnell, es ginge noch, eine einzige Patrone in den rechten Lauf, und dann warf ich den Schuss auf eine der Schnepfen hin, die sich hell von dem dunklen Hintergrund der Fichten abhob. Worauf ein dunkler Klumpen mit dumpfem Plumps in den hellen Staub der Straße fiel. Es war wirklich ein Glückstreffer ersten Rangers. Die anderen Jäger glaubten, es hätten zwei Jäger auf einmal geschossen, so schnell war der dritte dem Doppelschuss gefolgt.

Doch hatte ich die zweite Schnepfe nicht weiterstreichen gesehen. Oft fällt sie neben der geschossenen ein. Schon deswegen ist es schwierig, ein Zwick mit Dublette zu erlegen. Ich lud die Flinte wieder und ging schnell hin, um zu sehen, wo die andere Schnepfe wäre und um die erlegte aufzunehmen. Mit dem typischen Schwingenklatschen der aufstehenden Schnepfe wurde jene auch vom Grabenrand hoch. Erst konnte ich nicht auf sie schießen, weil ich vorerst vor dem dunklen Hintergrund überhaupt nichts sah. Als sie aber über den Wipfeln in schnellem Flug gegen den Abendhimmel zum Vorschein kam, wendete sie sofort vor einer Fichtenspitze, so dass sie schon im „Zack" war, als ich noch in den „Zick" schoß. Einen zweiten Schuss konnte ich überhaupt nicht los werden, weil sie schon von den Wipfeln verdeckt war.

Mit gröberem Schrot als drei Millimeter schieße ich nie – außer in letzter Zeit auf die Turmfasanen in den Kesseln der Ebene mit dreieinhalb. Den Schnepfen gebührt jedoch Schrot von zweieinhalb Millimeter. Der genügt für den recht weichen Vogel vollständig und ergibt ein sehr dichtes Trefferbild. Höchstens, wenn ich weites Schussfeld habe, lade ich zusätzlich Dreimillimeterschrot in den linken Lauf.

Einen besonderen Seltenheitswert besitzen Dubletten auf streichende Schnepfen. Es besteht hierzu verhältnismäßig oft die Möglichkeit, da Schnepfen nicht selten paarweise oder auch zu mehreren – manchmal bis zu fünf – zusammen streichen. Ich selber aber habe nie mehr als vier solche Schnepfen gesehen.

Damals kamen mir auf einer kleinen Lichtung in einer Erlenniederung, um die schon schütter hochgewachsene jüngere Bäume standen, vier Schnepfen von rechts vorn. Ich war so verblüfft und sie wirbelten so blitzartig durcheinander, dass auf meinen übereilten Doppelschuss keine fiel. Es war fast unmöglich, richtig Ziel zu fassen. Die Schnepfen machten unbekümmert einen Bogen um mich. Ich konnte laden und nach links vorn nochmals zwei Schüsse loswerden, von denen der eine wahrscheinlich nur zufällig traf. Übrigens hatte ich an demselben Abend noch das seltene Waidmannsheil, drei weitere Schnepfen zu erlegen, also vier an einem Strich, was mir nur noch ein einziges Mal glückte. Dieses Mal hätte ich aber die einmalige Chance gehabt, meine Höchststrecke zu übertreffen, wenn meine Schrote „gerader" gewesen wären.

Nicht dass ich zur Schnepfenjagd ginge, um „einen Rekord aufzustellen". Dies ist bei uns schon deswegen nicht möglich, weil in den letzten Jahren laut Verordnung ein Jäger an einem Abend oder Morgenstrich bloß zwei Schnepfen schießen darf. Während fast fünfzig Jahren Schnepfenjägerei ist es aber weder mir noch meinem Bruder jemals geglückt, richtig „das Dicke" zu erwischen. Er hat noch nicht einmal drei an einem Strich erlegt. Ich habe hingegen Jagdfreunde, denen es gelungen ist, das „Große Los" zu ziehen. Der eine erlebte in Siebenbürgen ein besonderes Schnepfenrevier im Mittelgebirge, allerdings vor vierzig Jahren, und es kam öfters vor, dass er sechs oder sieben an einem Abend heimbrachte. Der andere, ein Forstingenieur, der in Somogyszob-Kaszópuszta im Nachbarrevier von Lábod Dienst tat, schoss an einem Abendstrich dort nicht weniger als neun Schnepfen. Dabei verschoss er aber siebenundzwanzig Patronen, also hätte er auch nach seinem Eingeständnis viel mehr schießen können, wenn er nicht so schlimm gepatzt hätte!

Einmal habe ich selber im Bükkgebirge elf Patronen an einem Abendstrich verschossen und traf bloß drei Schnepfen. Doch stand ich in einer tiefen Schlucht und schoss natürlich ohne Ergebnis auf mehrere Vögel, die über das Tal hinweg von einem Rücken zum anderen in fast unerreichbarer Höhe strichen.

Ich war immer besonders scharf darauf, eine Dublette zu schießen, was mir viele Jahre lang nicht gelingen wollte. Oft habe ich den Fehler begangen, dass ich mich, wenn die Chance kam, übereilte und mit dem einen Lauf vorbeischoss. Manchmal auch mit beiden. Nicht selten fehlte ich einen leichten Schuss, und oft natürlich solche Langschnäbel, die sich mit so blitzschnellen Wendungen verfolgten, dass sie kaum zu treffen waren. Das Übereilen kam aber nicht nur von der Aufregung, sondern war größtenteils dadurch motiviert, dass, wenn die eine Schnepfe fällt, die andere sehr oft, sie verfolgend, einen Sturzflug macht und ihre Flugrichtung so plötzlich ändert, dass man dann glatt vorbei schießt – oder aber sie verschwindet nach dem Zack im Fluge sofort vor dem dunklen Hintergrund.

Zweimal gelang mir vorerst die Dublette, indem beide Schnepfen herunterkamen. Doch flatterte beide Male die eine mit einem Streifkorn am Kopf vor dem Hund wieder hoch. Und zwar beide Male so unglücklich, dass sie vor dem dunklen Hintergrund verschwunden war, ehe ich nochmals schießen konnte. Dann gelang sie endlich, aber es war wieder keine richtige, wahre Dublette, sondern beide Schnepfen eines „Zwicks" fielen auf denselben Schuss.

An einem Morgen stand ich auf einer Schneise im Erlenwald inmitten einer Schonung, als ich zwei Schnepfen niedrig über den Büschen in schnellem, wendigem Flug auf mich zukommen sah. Als sie auf beste Schussdistanz, auf so vierzig Schritt, über die Schneise kamen, schoss ich. Sie waren im Augenblick des Schusses ganz eng beieinander und fielen beide steintot auf die Schneise.

Über diesen unbeabsichtigten Zufallstreffer habe ich mich aber bei weitem nicht so gefreut, als wenn ich sie mit einer schnellen, eleganten Dublette erlegt hätte.

Schließlich kam ich auf einen Trick, der sich bewährte: Man versuche, zuerst die hintere Schnepfe zu schießen, dann hat man eine günstigere Chance, dass die erste gerade weiterstreicht. Wenn man aber erst die vordere schießt, so wird die hintere todsicher blitzschnell hinter der geschossenen wegtauchen, und meistens ist sie dann vor dem finsteren Hintergrund verschwunden.

So gelang mir dann meine erste saubere Dublette an einem besonders schönen, erinnerungswürdigen Aprilabend, als mir zwei sich in kurzem Abstand verfolgende Schnepfen über einem Jungwuchs von Birken und Erlen auf gute Schussdistanz quer kamen. Sie strichen vor dem hellen Abendhimmel und fielen auf den schnellen Doppelschuss beide steintot hernieder. Mein alter Legény brachte sie stolz.

Noch einmal konnte ich später ein „Zwick" herunterholen. Ich kenne eine ganze Zahl passionierter Schnepfenjäger und guter Schützen, die eine solche Dublette nie fertigbringen konnten. Es müssen außer der nötigen Schießfertigkeit auch noch eine ganze Anzahl günstiger Umstände zum Gelingen beitragen. Ich glaube nicht, dass allzu viele Jäger ihren Anspruch an die Mitgliedschaft von „Bols Schnepfen-Klub" beweisen könnten.

Freilich zählen beim „Schnepfen-Klub" nicht nur die Frühjahrs-, sondern natürlich auch die Herbstschnepfen. Doch sind auch dann die Schnepfendubletten nicht alltäglich. Im Gegenteil. Mir gelang es ein einziges Mal beim Buschieren, jedoch im Frühling, damals, als es noch erlaubt war, eine Dublette zu schießen, die erste nach vorn, die zweite nach hinten.

Ich habe jahrelang das Geschlecht der am Strich erlegten Schnepfen durch Aufschneiden der Bauchhöhle und Freilegen der unter dem Rückgrat liegenden Geschlechtsorgane festgestellt. (Bekanntlich konnte man bisher keine verläßlichen äußeren Geschlechtsmerkmale bei der Waldschnepfe finden.) Dabei habe ich feststellen können, was nach vielen gleichen Beobachtungen heute schon als wissenschaftlich bewiesene Tatsache gilt, dass mit quorrendem Balzlaut streichende Schnepfen ausnahmslos männlich waren, wie überhaupt die Mehrzahl der am Strich erlegten Vögel. Da aber vereinzelt auch streichende Weibchen erlegt worden sind, glaube ich, dass auch Weibchen im Frühjahr genauso wie im Herbst abends und morgens streichen, das heißt, meistens niedrig und schnell kurze Flüge tun, dabei auch puitzende Laute geben, niemals aber wie die Männchen schaukelnden Fluges einzeln dahinstreichen, geschweige denn quorren.

Es kommt des öfteren vor, dass ein streichendes Weibchen von einem Männchen eräugt oder ihr Puitzlaut vernommen und es dann von ihm verfolgt wird. So ist es auch zu erklären, dass quorrend streichende Männchen auf den Puitzlaut manchmal zustehen. Ich habe es öfters mit der Schnepfenlocke versucht, lange Zeit auch mit einer pfeifenden, kleinen Gummispielzeugpuppe, deren Laut, wenn man sie mit schnellem Druck kräftig zusammenpreßt, dem Puitzlaut der Schnepfe täuschend ähnlich ist. Manchmal konnte ich beobachten, dass die streichende Einzelschnepfe auf den Lockruf eine ausgesprochene Wendung machte und direkt zustand. In den meisten Fällen aber nahmen sie überhaupt keine Notiz davon.

Paarweise streichende Schnepfen sind also manchmal richtige „Paare". In der Mehrzahl handelt es sich um einander verfolgende Männchen.

Bevor die Treibjagd auf Frühjahrsschnepfen Ende der dreißiger Jahre bei uns verboten wurde, wurden besonders in Südwestungarn in feuchten Niederungen nördlich der Drau vielerorts „Klopfjagden" abgehalten.

Diese Jagden waren sehr ergiebig und die Gegend wegen ihres Schnepfenreichtums berühmt. Man jagte aber damals so nicht nur an der Drau auf Schnepfen, sondern überall dort, wo die wandernden Schnepfen in größerer Zahl einzufallen pflegten. So vor allem in Revieren, die an den Südhängen der im Nordosten Ungarns befindlichen Gebirgszüge lagen. Hier ist nämlich die Große Tiefebene vorgelagert, in deren waldlosen Flächen die Zugschnepfen nicht einfallen können. Sie machen in den ersten Wäldern nach langem Flug manchmal massenhaft Station.

Unsere heutige jagdethische Auffassung ist mit vollem Recht gegen die Frühlingstreibjagd der Waldschnepfen, die sich im Zuge befinden, da ja dann Männchen und Weibchen ohne Wahl geschossen werden, denn man kann sie nicht voneinander unterscheiden. Die Bejagung auf dem Strich ist aber etwas ganz anderes, denn da werden in überwiegender Mehrzahl Männchen beim Balzflug geschossen. Dazu noch in kleiner Zahl, wohingegen im Treiben viele eiertragende Weibchen erlegt werden.

Ob es richtig ist, in der Balz im Frühjahr Auer- oder Birkhähne oder auch männliche Schnepfen zu schießen, ist Sache der jagdethischen Auffassung. Weicht doch in dieser Frage unsere mitteleuropäische Einstellung auch von der der angelsächsischen und skandinavischen vollständig ab. Diese Jäger schießen auch die Hirscharten nicht in der Paarungszeit. Über all dies läßt sich natürlich streiten. Doch eines ist sicher: Die Waldschnepfe ist ein polygamer Vogel. Zumindest nimmt der Hahn nicht aktiv am Brutgeschäft teil, und es gibt sicherlich viel mehr Hähne als Hennen. So verursacht die Balzjagd auf die Schnepfe und die dabei erlegten wenigen Männchen bestimmt keinen Schaden im Bestand.

Ich hoffe, dass wir auch in Zukunft nicht um die besonderen Jägerfreuden des Schnepfenstriches gebracht werden. Damit können die Schnepfen sicherlich nicht wieder vermehrt werden, ebensowenig, wie durch die in den letzteren Jahren in Ungarn eingeführte vollständige Schonung zur Zeit des herbstlichen Durchzugs.

Mit gutem Gewissen kann kaum festgestellt werden, dass seit der Erfindung der modernen Schrotgewehre nie so wenig Schnepfen in Ungarn geschossen wurden wie heutzutage. Und dies gilt auch für unsere Nachbarländer. Dennoch gehen die Schnepfenbestände zurück. Auch in meinem fünfzigjährigen Jägerleben haben sie nach meinen Erfahrungen beträchtlich abgenommen, das glaube ich mit Bestimmtheit behaupten zu können. Doch sicherlich nicht, weil schon seit Jahrzehnten in Osteuropa kaum mehr Schnepfen geschossen werden, sondern weil die im Herbst gen Süden ziehenden Schnepfen, wenn sie die Gestade des Mittelmeeres und der Adria erreichen, nicht nur massenhaft geschossen, sondern zu Tausenden in Netzen gefangen werden, denn die Vögel sind von der langen Reise müde und abgekommen.

Ich höre auch, dass als technische Errungenschaft die Fangnetze modernisiert wurden, damit die Zugvögel auch mit neuzeitlichen Methoden vernichtet werden können.

Zuallererst müsste man dies mit internationaler Aktion eindämmen! Und das Vernichten von Hunderttausenden von Drosseln und anderen Singvögeln!

Doch ich möchte nochmals kurz auf meine Erinnerungen mit der „Schnepfen-Klopfjagd" zurückkommen. Wie gesagt, nahm in den dreißiger Jahren noch niemand Anstoß an dieser Jagdart. Sie wurde vielerorts ausgeübt, und dennoch gab es damals noch mehr Schnepfen als heutzutage. Obwohl die Generationen meines Vaters und Großvaters auch der Meinung waren, dass die Schnepfen zu ihrer Zeit ebenfalls abgenommen hatten. Wenn ich mich richtig erinnere, so wurde die Treib- und Suchjagd auf Schnepfen bei uns im Jahre 1940 abgeschafft.

An einigen solchen Jagden habe ich selber noch teilgenommen und möchte nicht leugnen, dass ich ihren besonderen Zauber sehr genossen habe. In den Wäldern der Ebene standen die Schützen auf den Schneisen und die mit Klopfgeräten ausgestatteten Treiber gingen mit eintönigem, großem Lärm Dickungen und Schonungen durch. Im Gebirge aber, wie in den Südhängen der Mátra, standen die Schützen auf Holzabfuhrwegen oder die Talsohle entlang, und ich kann mich an Schnepfen erinnern, die so hoch über das Tal strichen, dass die Schrote ihnen kaum etwas anhaben konnten. Doch wurden die „Klopfer" nicht bloß deswegen angewandt, um die oft sehr fest liegenden Schnepfen mit dem großen Krach hochzubringen, sondern auch, um sie besser in die Richtung der vorgestellten Schützen treiben zu können.

Auf keinerlei Wild schieße ich gern im Halbdunkel, in tiefer Dämmerung. Weder auf Sauen und noch viel weniger auf Rotwild, aber auch mit wenig Eifer auf Enten und Gänse. Ich liebe es, das Wild, auf das ich schieße, klar zu sehen.

Ich finde, der größte Nachteil der Jagd auf dem Strich ist, dass sie stets in der Dämmerung, oft fast in der Dunkelheit stattfindet. Der Jäger hört die Schnepfe quorren oder puitzen, wendet sich schnell in die Richtung, und wenn sie über Kopf ist, sieht er einen dunklen Fleck vor dem grauen Hintergrund des Himmels. Ein schneller Schnappschuss, bei dem ihn das Mündungsfeuer blendet, und wenn sie getroffen ist, hat er bloß das Gefühl, sie herunterkommen zu sehen, bis endlich ein weicher Fall ihm die Sicherheit gibt, dass der Vogel die Schrote bekommen hat.

Freilich freut man sich doch, dass es geglückt ist!

Welch wundervoller Anblick ist aber der über den palmkätzchengeschmückten Salweidenbüschen in der Frühlingssonne goldfarben aufblitzende Langschnabel. Und wie das Blut in Wallung kommt, wenn der Ruf aus der Treiberwehr ertönt:

„Schnepf nach vorne!"

Das riesige Jagdrevier um Lábod, dessen Jagdleiter ich während meiner zehn schönsten Lebensjahre gewesen bin, fiel mit seinen Waldungen, Gehölzen und feuchten Niederungen in der Nähe der Drau in eine gesegnete Schnepfengegend. Die an der Drau gelegenen südwestlichen Komitate Ungarns, Baranya, Somogy und Zala, waren wegen ihres Schnepfenreichtums immer berühmt. Vielleicht, weil in diesen Landesteilen die an den Gestaden der Adria überwinternden und von dort nach Norden ziehenden Schnepfen oft noch in geschlosseneren, größeren Trupps einfallen, wogegen sie sich weiter im Norden in den größeren Waldungen der Berge viel mehr verstreuen.

In den jagdlich stillen Wochen konnte ich meine Zeit nach Belieben einteilen, Treibjagden und Kahlwildabschuss waren vorbei, Jagdgäste hatten wir keine mehr. Ich konnte mich also fast gänzlich den Schnepfen widmen und meine Kontrollfahrten im Revier so einteilen, dass ich während der ganzen Zeit des Zuges regelmäßig morgens und abends auf den Anstand ging.

Dabei konnte ich die Erfahrung machen, dass in dieser südlich gelegenen Gegend, wo nur ausnahmsweise Schnepfen brüteten und die einzelnen Durchzugsperioden regelmäßig eine Woche bis zehn Tage früher stattfanden als in Nordungarn, der Schnepfenstrich meist schlecht war. Auch wenn es viele Schnepfen gab, war der Balzbetrieb schwach. Sie strichen schlecht und stumm; quorrend streichende Schnepfen waren eine Ausnahme.

Ich habe öfters erlebt, dass beim Anmarsch zum Stand vor mir oder meinem Hund mehrere Schnepfen hoch wurden, was anzeigte, dass der Wald voller Schnepfen war. Am Strich sah ich dann aber oft nur eine oder zwei, manchmal auch überhaupt keine.

Ich kann mir dies nur so erklären, dass zur Zeit, in der das Gros der Schnepfen durch diese südlich gelegene Gegend zieht, die Balz noch nicht richtig im Gange und der Strich deshalb viel weniger lebhaft und ergiebig ist.

Nichtsdestoweniger habe ich es im Frühjahr 1961, als der Durchzug lange dauerte und der Strich lebhaft war, an regelmäßigen Morgen- und Abendanständen im Laufe fast eines Monats zu dreiunddreißig Schnepfen gebracht. Die sechsundsechzig Malerfedern ließ ich als Rosette zwischen zwei Glasplatten als Erinnerung an den reichen „Schnepfenfrühling" in einen originellen „Schnepfenteller" fassen.

Der Durchzug der Schnepfen war dort oft ausgesprochen schlecht, und es gab Jahre, in denen ich nur drei bis fünf, einmal sogar bloß zwei Schnepfen schoss.

Es ist eigenartig, dass ich im Laufe der Jahrzehnte die zeitigste Frühjahrsschnepfe nicht im Süden, sondern in Westungarn in der Hanság am 6. März 1939, an einem besonders warmen Frühlingsanfang erlegte.

In den Mittelgebirgen entlang der Nordgrenze Ungarns brüten Schnepfen schon hie und da regelmäßig (wohl aber überall weiter nördlich in den Bergen der Slowakei und nördlich der Karpaten in Polen), und obwohl sie hier auch meistens nur durchziehen, so fällt der Zug später, mehr in die Balzzeit, und der Strich ist auch lebhafter.

Mit einem Bekannten fuhren wir einmal vor vielen Jahren – es war der 13. April (in Ungarn dauerte die Jagdzeit damals bis zum 15. April) in ein mir unbekanntes Revier in der Mátra 700 bis 1000 Meter hoch, etwa 100 Kilometer nordöstlich von Budapest gelegen. Er wollte es auf einen Keiler versuchen, ich auf Schnepfen. Ich hoffte auch zu diesem späten Zeitpunkt auf einen Schnepfenstrich, um so mehr, als das Jagdhaus nicht nur in einer Höhe von 800 Metern, sondern auch im nördlichen Hang gelegen war. Ein junger Jäger führte mich an einen nahe liegenden, bekannt guten Stand, einen Sattel, rings umgeben von übermannshoher Buchendickung mit einzelnen jungen Fichten. Ein idealer Platz. Das Wetter war auch günstig, ein lauer, windstiller Frühlingsabend. Als der „Schnepfenstern" eben sichtbar und es noch ziemlich hell war, kam laut quorrend hoch am westlichen Himmel mit gaukelndem Flug eine Schnepfe direkt auf mich zugeflogen, die ich, wie den Kopffasan, im Stich schoss. Sie fiel unmittelbar hinter uns, und der Jäger fand sie schnell.

Hernach kamen in regelmäßigen Abständen, ich konnte immer bequem nachladen, drei weitere Schnepfen genauso auf demselben „Luftwechsel", und ich traf auch jede ebenso mit dem ersten Schuss. Ich sah keine andere mehr an diesem Abend. So hatte ich zum ersten Mal meine Höchststrecke an einem Strich erreicht. Man ist geneigt, hinterher zu fragen: Wozu? Ja, aber wenn man ein Jägerleben lang unzählige Male kein Frühaufstehen und keine Mühe des Anmarsches gescheut hat und dann mal die Chance bekommt „Man soll die Feste feiern, wie sie fallen!" – dies gilt auch bei der Jagd – und da ganz besonders!

Den lebhaftesten Schnepfenstrich habe ich Mitte April in den dreißiger Jahren in Schottland in der Gegend um Loch Lomond in Perthshire erlebt. Natürlich nicht jagend, da in diesem Lande die Balzjagd bekanntlich nicht ausgeübt wird.

Es gab dort zur damaligen Zeit sehr wenig Wald und Pflanzungen, meist nur an den Ufern der Seen, der „Lochs", in denen sich die brütenden Schnepfen „massierten". Fast noch bei Tageslicht begann der Schnepfenstrich, überall strichen quorrend einzelne Männchen herum. Sie verfolgten sich aber gegenseitig nicht mehr. Augenscheinlich war dies nicht mehr der Paarungsflug wie im zeitigeren Frühjahr, sondern der Balzflug über den brütenden Weibchen. An diesem Abend kamen mir bestimmt zehn Schnepfen schussgerecht, und ich konnte von der ersten, die ganz nahe kam, mit Normalobjektiv sogar ein Foto machen, auf dem die charakteristische Schnepfensilhouette und ihr langer Schnabel gut zu sehen waren.

In einem wundervollen Revier in den Ostkarpaten, das ich seinerzeit leider nur zwei Jahre bejagen konnte, habe ich eine Schnepfe erlegt, die mir in der Erinnerung genau, haftenblieb. An einem Abend, an dem es schon zu spät war, um zum Balzplatz der großen Hähne aufsteigen zu können, nahm ich einen rumänischen Bauernjäger mit zum Schnepfenstrich. Es war die zweite Aprilhälfte, und ich hoffte dort, wo es soviel Schnepfen gab, auf einen guten Abendstrich.

Mein Begleiter wollte es nicht glauben, dass man einen Vogel – noch dazu einen so kleinen – im Fluge schießen kann. Diese mit Urinstinkten ganz hervorragend begabten Naturjäger waren Spürer und Fährtensucher par excellence. Sonst schossen sie aus ihren vorsintflutlichen Hahnflinten nur groben Posten, gehacktes Blei oder höchstens die Rundkugel.

Es kam uns eine einzige Schnepfe quorrend hoch über dem Bergrücken, auf dem wir standen. Sie fiel getroffen die steile Lehne in unserem Rücken hinunter. Dieser Schuss versetzte meinen Begleiter in hellste Aufregung. Er brachte es dann fertig, in der Dämmerung, in diesem Wirrwarr von Buschwerk, gestürzten und modernden Baumriesen und Ästen die Schnepfe sofort zu finden. Jetzt war ich an der Reihe mit dem Staunen!

Ich selber habe ziehende Schnepfen nie gesehen, wohl aber mein Bruder in demselben Revier in den Ostkarpaten. In einer hellen Vollmondnacht am 12. April Anfang der vierziger Jahre saß er in einem riesigen Schlag auf einer Berglehne in etwa 1200 Meter Höhe am Luder auf den Bären an. Er war schon zeitig an seinem Stand, sah aber in der Zeit des Striches keine einzige Schnepfe. Schon in völliger Dunkelheit, gegen neun Uhr, zogen von West nach Ost das Tal entlang „in losem Verband" fünfzig bis sechzig Schnepfen im Zeitraum von etwa fünf Minuten. Er konnte sie nicht nur gegen den Mond sicher als Schnepfen ansprechen, sondern auch an ihrem Puitzen eindeutig erkennen.

Der Zug der Schnepfen – ob im Frühjahr oder Herbst – geht nur nachts vor sich. Sowohl gemäß der Jagdliteratur als auch nach Aussagen einiger Jäger sollen am Tage ziehende Schnepfen beobachtet worden sein. Ich glaube, dass diese Beobachtungen entweder auf einem Irrtum beruhen oder es sich um ganz seltene Ausnahmen handelt. Eine am Tage durch irgendwelche Störung hochgemachte und weitstreichende Schnepfe ist noch lange nicht im Zuge begriffen.

Während der Frühjahr-Zugzeit streichen bei der Abenddämmerung die Schnepfen bis zum Einfall der Dunkelheit. Dies ist teils ein Balzflug, teils ein „Bewegungsflug", dient aber auch zum Aufsuchen von Nahrungsplätzen. Ich glaube, dass die Schnepfen hauptsächlich nach dem abendlichen Strich „wurmen. Wenn sie weiter gen Norden ziehen, geschieht dies später im Laufe der Nacht. Ich neige auch zu der Ansicht, dass sie, besonders im Frühjahr, meistens einzeln oder paarweise und nicht in Trupps ziehen, sonst würde man doch öfter auf kleinem Raum größere Ansammlungen von Schnepfen finden. Ich selber habe aber solche nur im Herbst feststellen können – und dies auch nur insgesamt zweimal. Ich werde noch davon erzählen.

Bei der Morgendämmerung streichen die Schnepfen, wahrscheinlich auch diejenigen, welche nachts angekommen sind, genauso wie abends.

Sooft ich Gelegenheit hatte, bin ich ständig auch auf den Morgenstrich gegangen – vielleicht lieber als am Abend. Der erwachende Frühlingsmorgen ist immer ein besonderes Erlebnis, das das Frühaufstehen wohl lohnt.

Außerdem behaupte ich, dass der Strich morgens nicht weniger lebhaft ist als abends. Jedenfalls habe ich ungefähr die gleiche Anzahl Schnepfen am Morgen- wie am Abendstrich erlegt. Wahr ist aber, dass jener bei Schusslicht kürzer ist als abends. Sehr oft konnte ich nämlich quorrend ziehende Schnepfen morgens bei noch völliger Dunkelheit beim Anmarsch zum Stand hören, hingegen abends nach Einbruch der Nacht nie – eine Beobachtung, deren Erklärung ich nicht finden kann.

Noch ein paar Zeilen über die Herbstschnepfen. Mein Schussbuch – wenn es seinerzeit nicht verlorengegangen wäre, so hätte ich es freilich auch später geführt – könnte in vielen Beziehungen sicherlich äußerst interessante Aufschlüsse geben. Zum Beispiel darüber, wie viele Frühjahrsschnepfen ich im Laufe von fast fünf Jahrzehnten geschossen habe und in welchem Verhältnis sie zu der Zahl der Herbstschnepfen stehen. So kann ich beide Zahlen nur über den Daumen peilen und glaube, dass ich viel mehr als zweihundert Frühlingsschnepfen, aber bestimmt auch gut über hundert Herbstschnepfen habe erlegen können!

Die Herbstschnepfe verursacht dem Jäger nicht weniger Spannung und Aufregung als die des Frühlings, höchstens, dass ihr weniger Poesie anhaftet. Denn das Jägerherz schlägt bestimmt auch dann schneller, wenn sie vor dem suchenden Hund mit klatschendem Flügelschlag hochgeht oder zwischen den gleichmäßig streichenden, getriebenen Fasanen uns elegant entgegengaukelt. Sie ist im Herbst sogar auch nicht leichter zu schießen. Höchstens insofern, dass man sie bei Tageslicht und nicht in der Dämmerung erlegt.

In vielen Revieren Ungarns habe ich Herbstschnepfen erlegt, die meisten bei Fasanentreibjagden und beim Buschieren, überwinternde Lagerschnepfen jedoch bloß eine, die allererste. Ich habe aber auch viele vorbeigeschossen, nicht nur, weil die Schnepfe ein ersehntes Wild ist, der Jäger in Aufregung gerät, wenn er sie erblickt und sich deswegen oft übereilt, sondern auch, weil beim Buschieren, in mit Bäumen und Sträuchern bedecktem Gelände, wo sie auch im Herbst meistens liegen, die vor dem Jäger unerwartet hochgehende Schnepfe meist sehr schwierig zu treffen ist. Ich glaube, einer der allerschwersten Schrotschüsse ist der auf die beim Buschieren hochgehende Schnepfe. Der Jäger ist überrascht, und sie gaukelt mit einem Schwingenschlag nach links, schaukelt mit dem nächsten nach rechts – noch dazu blitzschnell – und ist im Nu aus der Streuung der Schrotgarbe. Und dann nützt sie die sich bietende Deckung, Baumstämme, buschige Kronen von Bäumen so überaus geschickt aus, dass sie sofort vor dem Rohr des Jägers verschwunden ist, oft bevor er hätte schießen können.

In dem wundervollen Láboder Jagdparadies habe ich regelmäßig die meisten Herbstschnepfen gefunden. Es gab keine Fasanenjagd von Oktober bis zu den ersten Frosttagen, bei der wir nicht mindestens eine oder zwei Schnepfen geschossen hätten. Sie lagen meistens in Remisen, kleinen Gehölzen und Knicks. Sehr oft aber auch in Maisfeldern, und sie machten unsere Fasanenjagden besonders bunt, um so mehr, als es dort auch damals nicht so viele Fasanen gab wie heute in der Tiefebene Ostungarns. Neben den Schnepfen zierten an solchen Tagen ein oder zwei Rotröcke fast immer unsere Strecke.

Im Laufe von zehn Jahren kann ich mich an zwei Herbstjagdtage erinnern, wo wir Schnepfen in so großer Zahl antrafen, dass es sich einzig und allein nur um in einem Flug ziehende Schnepfen handeln konnte.

Einer dieser Tage war Anfang November der sechziger Jahre, an dem wir am Nachmittag, nachdem am Tage nicht auffallend viele Schnepfen vorgekommen waren, eine mit Brombeeren stark verfilzte feuchte Erlenniederung trieben. Es war das letzte Treiben des Tages. Ich konnte nicht auf allzu viele Fasanen hoffen, weswegen ich meine Jackentasche nicht mehr mit Patronen anfüllte. Mit meinem Kurzhaar ging ich in der Mitte des Treibens selbst auch durch. Ich weiß heute nicht mehr, wieviel Schnepfen ich in dem Treiben schoss. Vielleicht vier oder sechs; doch eins weiß ich, dass die Langschnäbel einer nach dem anderen vor den Treibern hoch wurden, und wir noch weit vom Ende des Treibens waren, als mir die Patronen schon ausgegangen waren!

Im nächsten Jahr jagten wir ebenfalls im November in einem Revierteil, der hauptsächlich aus Feldern bestand, in die aber einige Gehölze eingesprengt waren. Wir waren insgesamt sechs Schützen und einige Treiber. Was ich selber geschossen habe, weiß ich nicht mehr. Ich kann mich aber genau daran erinnern, dass unsere Tagesgesamtstrecke zweiundzwanzig Fasanenhähne und zwei Füchse, aber auch achtundzwanzig Schnepfen betrug.

Das sind überaus seltene Feiertage eines Jägerlebens.

Es kann sein, dass viele Jäger nicht wissen, dass die Waldschnepfe auch im Herbst morgens und abends streicht.

Dies ist freilich kein Balzflug. Sie quorrt auch nicht zu dieser Zeit, sie puitzt bloß manchmal, aber auch dies selten. Aus welchem

Grunde sie streicht? Ich glaube, dass sie der Bewegung halber einen Spazierflug macht, denn tagsüber streicht sie nie freiwillig, nur wenn sie aufgescheucht wird, und auch des Nachts nicht, außer sie wandert weiter. Sie braucht also unbedingt diese paar Minuten Bewegung, deren Zweck sicherlich auch das Aufsuchen von Äsungsstellen ist, weil sie unseres Wissens tagsüber nicht wurmt, sondern nur geduckt in Deckung sitzt und nicht nach Nahrung sucht. Nicht umsonst ist sie ein rätselhafter Vogel, über den wir noch wenig wissen.

Das einzige Revier, in dem ich sowohl abends als auch morgens Herbstschnepfen regelmäßig streichen sah, war wieder Lábod. Die meisten Schnepfen sah ich stets morgens oder abends im Oktober über die Dickungen streichen, wenn wir auf Hirsch, Sau oder Damschaufler passten. Manchmal sah ich sogar fünf oder sechs an einem Strich – mehr als in den meisten Fällen im Frühjahr.

Freilich schüttelte mich das Jagdfieber, als ich sie sah.

Doch zu dieser Jahreszeit waren ständig Gäste da, mit denen wir jagten, oder aber wir waren dabei, irgendein starkes Stück zu bestätigen. So war es unmöglich, abends oder morgens den Wald mit Schüssen zu stören. So schaute ich ihnen immer nur sehnsüchtig nach.

Ich kann mich eines einzigen Falles erinnern, als ich an einem Herbstabend zum Ufer des vor dem Jagdhaus Petesmalom liegenden Fischteiches zum Schnepfenstrich ging. Ich hoffte, dass Schnepfen zum Wurmen an den morastigen Teichrand kämen, da ich dort Geläufe und Spuren ihres Stechers gefunden hatte.

Bei Dämmerung kam auch eine Schnepfe im blitzschnellen Flug über das Bett des Teiches. Meine beiden Schüsse waren auch sauber hinter ihr. Mein Hund Legény schaute mich fragend an, nur eben, dass er den Kopf nicht wiegte.

Kurze Zeit darauf kam aber noch eine aus der entgegengesetzten Richtung, und es gelang mir, sie zu treffen.

Diese fast vor der Terrasse des Jagdhauses Petesmalom geschossene war die einzige am Strich erlegte Herbstschnepfe meines Lebens.

Unsere Sauen

In den ersten zwei Dritteln meines Jägerlebens hatte ich leider sehr wenig mit Sauen zu tun. Im letzten Drittel um so mehr. Sie machten mir viel Freude, aber auch nicht wenig Ärger und Verdruß. Denn der Streit um die Schätzung des Wildschadens, den eine nicht immer unvoreingenommene Kommission zu schlichten die Aufgabe hatte, ist ein bitterer Kelch, dessen Inhalt wir zu schlucken haben als Ersatz für die vielen Jägerfreuden, die uns das Schwarzwild bietet. Denn auch in Ungarn muss der Jagdberechtigte dem Landwirt den Wildschaden im Feld ersetzen. Den Schaden im Forst noch nicht, aber dessen Gros geht auch nicht aufs Konto der Sauen.

In alten Zeiten vor dem Kriege gab es bedeutend weniger Sauen in unserem schönen Lande als heutzutage. Sie kamen damals hauptsächlich in den Gebirgszügen, den großen geschlossenen Waldungen und in den Eigenjagden des Großgrundbesitzes vor. Denn hier wurden sie nicht mit Feuer und Schwert getilgt und boten hochgeschätzte Jagdfreuden als Entgelt für angerichtete Schäden. Und diese waren damals meist nicht allzu groß, denn die Felder waren weit entfernt vom Sauenrevier, oder es war der Wald zur Verhütung des Wildschadens eingezäunt.

Und heutzutage? Allmählich wird das Schwarzwild auch schon „jenseits der Theiß" in der Großen Tiefebene beheimatet, obwohl es dort wenig Wald gibt. Es ist dort schon Standwild in den Schilfdickungen der Fischteiche in der Hortobágy und in den Auwäldern der Theiß, in mehreren Revieren zwischen Donau und Theiß und fast überall im Landesteil westlich der Donau, den die Ungarn „Transdanubien" nennen. Es ist aber nicht nur Standwild geworden, sondern hat sich auch fast überall bedeutend vermehrt, so dass seine Verbreitung und Vermehrung den zuständigen Jagdbehörden schon allzuviel Kopfzerbrechen verursacht.

Wie konnte das geschehen? Dazu müssen wir als erstes wissen, dass die Sauen, genauso wie ihre domestizierten Vettern, sehr vermehrungsfreudig sind. Obwohl sie im allgemeinen jährlich nur einmal frischen, so frischen die zeitigen Frischlinge selbst schon im nächsten Jahr. Und obwohl die Natur sich damit weise gegen die Übervermehrung wehrt, dass nicht jede Bache in jedem Jahre frischt (dies sind keine „Geltbachen", wie sie die meisten Jäger bezeichnen), so müssen wir doch mit einem jährlichen Zuwachs von etwa drei bis vier Frischlingen pro Bache rechnen. Denn die Überläuferbachen frischen nur wenige, sehr oft bloß ein oder zwei, wohingegen ältere Bachen oft sechs bis acht Frischlinge zur Welt bringen.

Unter den Frischlingen sind die Verluste gering; höchstens, dass starker Frost oder hoher Schnee von den allerersten, den im Januar, Februar zur Welt gekommenen, ihren Zoll nehmen. Ab und zu wird in ihren ersten Tagen vom Fuchs ein Stück gewürgt. Die anderen wachsen heran und brechen im dritten, vierten Monat schon ganz vergnügt die Reihen des frisch gesäten Maises, der Kartoffeln oder Eicheln.

Es ist auch so, dass wir in unseren „Kulturforsten" schon alle Feinde der Sauen ausgerottet haben. Ganz in unserer Nachbarschaft, in den Waldungen des Karpatenkranzes braucht man noch keine Sorge wegen der Übervermehrung der Sauen zu haben: Dort werden sie vom Wolf im Schach gehalten. Die Natur selber sorgt am besten für das Gleichgewicht! Doch wenn der Mensch dieses stört, so muss er selber die Rolle des „Regulators" übernehmen.

Doch was taten wir in den vergangenen Jahrzehnten?

Erstens forsteten wir gewaltige Flächen auf, die in wenigen Jahren zu zusammenhängenden Dickungen und allerbesten Saueneinständen wurden, um so mehr, als in ihrer Nähe überall landwirtschaftlich bebaute Großflächen gebildet wurden, die nicht nur beste Nahrung, sondern auch Sommereinstände bieten. Es gibt überall Mais, Kartoffeln, im Sommer Weizen und Hafer.

Wir wehrten uns bei unseren Hausschweinen gegen Schweinepest und Rotlauf, und es gelang uns, diese Seuchen sowohl bei

Haus- als auch Wildschweinen praktisch auszuschalten. In alten Zeiten wurden tote Schweine sehr oft einfach in den Wald gefahren und so auch die Sauen angesteckt. Von Zeit zu Zeit, doch ständig wiederkehrend, wurden so Sauen aus ganzen Gebirgsstöcken ausgerottet. Neben Bracken und Waffen hielt dies ihre Vermehrung am meisten im Zaum, tat ihnen am meisten Abbruch.

Und heute? Nichts zehntet sie mehr bei uns, nur das Gewehr. Doch dies nur in ungenügendem Maße. Die Sauen werden stark bejagt, immer und überall, doch anscheinend mit zu wenig Erfolg. Dies ist auch daraus ersichtlich, dass – obwohl den Statistiken gemäß ihr Bestand in den letzten Jahren abnimmt – sie doch ständig neue Lebensräume erobern.

Das letzte Drittel meines Jägerlebens fiel in die Zeitspanne, als die Sauen schon übermäßig zugenommen hatten. Dann hatte ich sehr, sehr viel mit ihnen zu tun. Doch bis dahin? Bis zu meinem einundzwanzigsten Lebensjahr kannte ich das Schwarzwild nur von Abbildungen. Ich konnte mich bloß nach ihm sehnen, obwohl ich bis zu dieser Zeit auch die Hohe Schule des Waidwerks auf den Hirsch absolviert hatte. Auch danach kam ich nur selten mit ihm zusammen. Es blieb bis zur Mitte der fünfziger Jahre immer ein besonderes Ereignis – bis zum Anfang der „Saueninvasion". Denn die große Zunahme und Ausbreitung fand hier nicht unmittelbar nach dem Kriege statt, sondern ging Hand in Hand mit dem Erreichen des Dickungsalters der großen Aufforstungen und mit der störungsarmen großflächigen Landwirtschaft.

In den zwanziger, dreißiger Jahren, als ich in Westungarn aufwuchs, gab es im Wiesengelände der Hanság und in den wundervollen Donau-Auen der Kleinen Schütt-Insel seit Menschengedenken überhaupt keine Sauen. Heute sind sie in den größeren Waldungen überall Standwild.

Damals schmachteten wir alle nach Sauen: Welcher Anblick für Götter musste es sein, wenn der zottige, schwarze Basse durch den tiefen Schnee pflügte. Wahrlich bietet er einen Anblick für Götter!

Endlich kam die heiß erwartete erste Gelegenheit. Wie gesagt, ich war in meinem einundzwanzigsten Lebensjahr. Ich erhielt eine Einladung von einem Freund meines Vaters in ein Hochwildrevier in den Bergen in der Nähe von Esztergom. Da gab es natürlich auch Sauen.

Auf diesem Jagdausflug sammelte ich viel Erfahrungen mit Sauen, obwohl die Einladung eher dem Kahlwildabschuss galt. Auf Sauen galt sie nur nebenbei. Dem Jagdherrn lag die Hege der Sauen sehr am Herzen. Es wurde damals gemunkelt, dass er halbwilde Bachen aus dem Gehege des Bischofs von Veszprém aus dem Bakonywald kommen ließ und sie im Revier aussetzte. Mit dem Aussetzen einiger solcher Überläuferbachen im Revier soll der Jagdherr erreicht haben, dass es in seinem Revier zu jeder Jahreszeit rauschende Bachen gegeben haben soll, die dann die starken Keiler der ganzen Umgebung ins Revier lockten. Denn es gab dort weit und breit gutgehegte Reviere, wo die Sauen vornehmlich bei Drückjagden bejagt wurden und die Keiler getrost alt werden konnten.

Ob es sich so verhielt, weiß ich selber nicht genau und kann es heute auch nicht mehr überprüfen. Ich kann aber bezeugen, dass jeden Nachmittag zwei mit Kolbenmais gefüllte Säcke auf dem Rücken eines Gauls zur Schütte hinaufgeschafft wurden, die auf einer schmalen Schneise in einer Dickung mitten im Revier lag. Es gab drei oder vier solcher Schütten im Revier, doch ich selber habe nur diese eine gesehen. Sobald der Heger mit einem Stock auf einen leeren Eimer schlug – es wurde immer am zeitigen Nachmittag geschüttet –, strömten die Sauen aus allen Richtungen heran.

An dieser Schütte, an der natürlich jedes Schießen streng untersagt und völlig verpönt war, sah ich die ersten Sauen meines Lebens. Und dazu noch so viele! Es wimmelte nur so auf der Schneise von Bachen mit ihren Frischlingen, Überläufern – aber keine Keiler. Auf Steinwurfentfernung von ihnen standen wir mit dem Revierjäger hinter dicken Bäumen am Schneisenrand. Ich genoß den Anblick über alle Maßen, aber – ehrlich – ich hätte auch damals keine Lust zum Schießen gehabt.

Doch am dritten oder vierten Tag meines Aufenthaltes kam eines Morgens der Jagdherr mit zwei Gästen ins Revier, und wir riegelten an dem Tag mit einigen Treibern und scharfen Sauhunden einige kleinere Dickungen durch.

Es schoss auch einer der Gäste gleich im ersten Treiben einen guten Keiler mit hervorragenden Waffen, die meiner Erinnerung nach bestimmt nicht viel weniger als fünfundzwanzig Zentimeter Länge hatten. Als ich nach dem Treiben hinkam, waren auch die anderen Schützen gerade an ihn herangetreten. Er wetzte noch die imponierenden Waffen und erhielt gleich danach den Fangschuss. Ich war im Treiben an der Flanke gestanden, und auch mir kam auf etwa achtzig Schritte eine Rotte Überläufer. Besser gesagt, sie sprangen im Gänsemarsch einer nach dem anderen mit einem Satz über einen schmalen Weg, und ich vergaß in meiner Aufregung zu schießen. Der Jagdherr und die anderen Gäste waren jedoch einhellig der Meinung: „Ein Glück, dass nicht der Junge diesen guten Keiler geschossen hat!" Ich selber dachte genauso!

Doch gelang es mir dann im nächsten Treiben, aus einer Rotte von Frischlingen, die mich in einem Altholz mit wenig Unterwuchs auf gute Schrotschussentfernung anliefen, immerhin zwei Stück herauszurepetieren, allerdings mit vier Schuss. Kurz nachher hatte ich aber einen einmaligen Anblick, an den ich mich besser erinnere als an meine beiden ersten Sauen.

Das Treiben war schon zu Ende, als in der Dickung die Hunde immer noch eine Sau scharfstellten. Mit Genehmigung des Jagdherrn gingen mein Nachbar und ich in die Dickung zum Spektakel. Nur um zu schauen, denn die Jäger hatten schon gemeldet, dass eine Bache von den Hunden gestellt wurde, die zu schießen natürlich streng untersagt war.

Nach einigen Schritten sahen wir auch, dass auf einer kleinen Lichtung die Hunde in höchster Erregung eine starke Sau verbellten, die, die Hinterhand von einem Dornenbusch gedeckt, sie mit weiß spritzendem Schaum im Gebrech abwehrte. Am schärfsten war der „Leithund", eine Mischung mit deutschem Schäferhundblut.

Die vier Hunde stellten die Sau wie festgenagelt vor dem Busch, doch konnte es auch sein, dass sie eine „Bache des Bischofs" war, denn sie versuchte nicht einmal zu flüchten. Sie drehte sich nur hin und her und schlug mal nach diesem, mal nach jenem Hund, der ihr allzu nahe kam. Und wir ergötzten uns an diesem einmaligen Bild und wurden immer tapferer. Der alte Herr hatte sich ihr sogar auf einige Schritte genähert, als die Bache ihn unversehens angriff. Darauf sprang er zurück, stolperte, lag auf dem Rücken und streckte die Beine gen Himmel. „jetzt beißt sie ihn kaputt", dachte ich, konnte aber im Gewimmel nicht schießen und dachte auch wahrscheinlich nicht daran –, geschieht ihm recht! Aber dann verbissen sich die Hunde in ihren Keulen und drehten die Sau ab.

Dies war die einzige angreifende Sau, die ich in meinem Leben gesehen habe.

Jetzt möchte ich noch eine meiner Erinnerungen an eine annehmende Sau zum besten geben, die auch nicht jedweder Komik entbehrt.

Zwei Jahre, nachdem ich meine ersten Sauen erlegt hatte, kamen wir zu einem Hochwildrevier im Bakonywald, in dem es aber wenig Sauen gab. Sie waren eher nur Wechselwild.

Zur Zeit der Hirschbrunft pirschend hörte ich eines Morgens aus einer Lehne, die in einem Schlag von der Größe eines Hektars mit mannshohem Brombeergestrüpp bestanden war, den arg röchelnden Atemzug einer Sau im Wundbett. Offensichtlich war sie angeschweißt, hatte wahrscheinlich einen Luftröhrenschuss und war von irgendwoher eingewechselt und in dieser undurchdringlichen, stachligen Dickung ins Wundbett gegangen.

Nach der Pirsch gingen wir mit meinem Bruder und dem Förster K., der jedoch kein großer Jäger war, zur Brombeerdickung. Mein Bruder und ich postierten uns in den beiden Talsohlen links und rechts des Rückens und schickten K. in die Dickung, um die Sau rege zu machen. Wir schickten ihn, doch er ging nicht, obwohl er natürlich auch ein Gewehr hatte. Er trat nur vom einen Bein aufs andere, hüstelte auch, traute sich aber nicht hinein, obwohl die Sau auf gute Schussentfernung von ihm röchelte. Meinem Bruder, dessen Stand dem Schauplatz näher war, wurde die Sache zu langweilig, und er ging die Sau dem Laut nach an. Doch konnte er nach einigen Schritten in den verfilzten Brombeeren nicht mehr aufrecht gehen. So kroch er auf allen vieren den tunnelartigen Wechsel der Sauen entlang. Die Sau röchelte kurz vor ihm; er kroch mit seinem entsicherten Repetierer immer näher. Er war schon ganz nahe heran, als die Öffnung des Tunnels vor ihm sich plötzlich verdunkelte, und die Sau Richtung auf ihn nahm. Sie grunzte angsteinflößend aus nächster Nähe. Mein Bruder – so erzählte er die Geschichte nachher – wollte sich erheben, um schießen zu können:, doch rutschte er aus und kam auf den Rücken zu liegen. Inzwischen griff er natürlich auch in den Abzug, die Büchse ging los und schoss in die Luft. Da fiel ihm blitzartig ein, dass Zrinyi, der Dichter, der Überlieferung nach auch durch einen angreifenden Keiler ums Leben gekommen war – doch die Sau ergriff die Flucht durch einen Seitentunnel unmittelbar vor ihm. Offensichtlich hatte sie keinen anderen Fluchtweg, sie musste ihm erst entgegenrennen. Vielleicht ist sie heute noch flüchtig; wir jedenfalls hörten nie wieder etwas von ihr.

In diesem Revier im Bakonywald schoss ich meinen ersten Keiler, einen dreijährigen, angehenden an der Schütte. Ich habe so nie wieder einen Keiler geschossen, auch sehr wenig Frischlinge und Überläufer. Es ist eine hinterlistige Jagdmethode, auch wenn sie als waidgerecht anerkannt wird, und nicht nach meinem Geschmack. Doch damals hatten Sauen für mich noch einen Seltenheitswert.

Der dortige Revierjäger, der alte Zsargó, hatte die Sau für mich angekirrt. Er streute Kolbenmaisstücke auf eine winzige Lichtung im Gegenhang eines mit Eichenjungwuchs bestandenen Tales, an dessen diesseitigem Hang der Ansitzplatz war. Zu ihm führte ein sauber gehaltener Pirschsteig. Vor einem Busch stand gut gedeckt eine Holzbank und vor ihr ein einfaches Geländer zum Auflegen der Büchse. Er nannte diesen Ansitzplatz „die Loge". So sah der Platz in Wirklichkeit auch aus.

Es war zur Winterzeit; ein Januarnachmittag mit wenig Schnee. Zur angesagten Zeit kam die Sau bei bestem Büchsenlicht auf einem Wechsel die Lehne entlang. Wir sahen sie schon ein Stück kommen, so konnte ich am Anblick meine Freude haben. Dann schoss ich sie. Es war keine Kunst. Als ob man auf dem Schießstand geschossen hätte.

Wir hausten damals zu zweit vier oder fünf Tage lang im Jagdhaus, das einsam im Walde auf der höchsten Bergkuppe stand. Freilich so nach Männerart, wir kochten nur, wenn wir Lust dazu hatten. Auch dann nur Kartoffeln, oder wir aßen Konseven. Und spülten das Geschirr tagelang nicht, sondern stapelten einen Teller auf den anderen.

Der Alte konnte es mit einem Mal nicht weiter ansehen. Ich lag in der Stube auf dem Bett, er aber fing in der Küche mit dem Abwaschen an. Plötzlich ein infernalisches Klirren, als wäre alles zusammengestürzt. „Was ist los, Onkel Gábor?" Ich sprang auf und lief in die Küche hinaus. „Es gibt keinen Krieg ohne Tote!", sagte der Alte nur, völlig gefasst und blickte auf den riesigen Scherbenhaufen.

Es war unsere letzte gemeinsame Jagd. Im darauffolgenden Frühjahr raffte ihn eine tückische Krankheit dahin. Er war ein gerader Mann und guter Jäger. Sein Andenken werde ich treu bewahren.

In Gebirgswäldern habe ich verhältnismäßig wenig Sauen geschossen, doch fühle ich irgendwie, dass sie die eigentliche Heimat des Schwarzwildes sind, dass es auch eine größere Lust ist, es dort zu bejagen. Dem ist aber nicht ganz so. Die Sauen sind, wie das Rotwild im Flachland, insbesondere in feuchten Bruchwäldern ebenso daheim wie im Gebirge.

Die Jagd auf das Schwarzwild ist für mich im Gebirge viel schöner, wo Lehnen und Täler das Hundegeläut und den Knall der Büchsen wiedergeben und wo man manchmal ein großes Schussfeld und wunderbare Aussicht hat.

Vor vielen Jahren bekamen mein Bruder und ich eine Einladung zum Sauenriegeln nach Oberungarn. Es war auch damals Januar mit wenig Schnee und bloß einigen Schützen. Sauen gab es auch nicht besonders viele, denn das waren schon große zusammenhängende Karpatenwälder, wo Wolf und Bär heimisch waren. In drei Treiben kam keine Sau vor, kein Schuss war gefallen.

Dann folgte ein vielversprechendes Treiben, eine lange, mit Dickung bestandene Südlehne. Die Dickung zog sich überall bis zum Grat hinauf, an dessen Nordseite sich Hochwald anschloß. Mein Bruder und ich erhielten wundervolle Stände auf zwei Kuppen des Grates, ungefähr dreihundert Schritt voneinander entfernt, so dass wir nicht nur ein großes Stück Einsicht in die Lehne unter uns hatten, sondern uns auch gegenseitig sehen konnten.

Ich sah auch während des Treibens, dass mein Bruder nach unten, die Lehne hinunter in Anschlag ging, schoss, repetierte, dann noch zweimal schoss, doch den letzten Schuss schon in den Sattel zwischen uns. Ich war der letzte Schütze auf dem Grat, hatte keinen anderen Nachbarn, so winkte ich meinem Bruder und konnte so meinen Stand ruhig verlassen. Die Situation deutete darauf hin, dass dort eine Rotte ausgewechselt war. Ich lief also, so schnell ich konnte, in den Hochwald hinunter, um den Sauen nach Möglichkeit noch den Wechsel abschneiden zu können.

Dies gelang mir auch! Als ich drüben auf einen kleinen Hügel hinaufkam, sah ich kaum zwanzig Schritt unter mir einen gewaltigen Keiler die Lehne hinuntertrollen. Breitseits, sich zum besten Schuss anbietend. Er hatte mich nicht wahrgenommen. Es war ein überwältigender Anblick, einer der Höhepunkte meines Jägerlebens!

Ich wollte ihn anvisieren – das Zielfernrohr hatte ich auf der Büchse gelassen, weil ich vom Grat aus mit einem weiten Schuss rechnete –, es war aber alles schwarz im Glas!

Dies war der einzige Fall in meinem Jägerleben, dass ich Kimme und Korn im Tunnel unter dem Zielfernrohr zusammenbrachte. Doch ich traf den dicken Träger des Keilers; er rührte kein Glied mehr.

Er war ein richtiges Hauptschwein mit sehr guten, dreiundzwanzig Zentimeter langen Waffen, die aber nicht mir bestimmt waren. Denn die Sau hatte zwei Kugeln meines Bruders, eine weidwund, die andere in der Keule. Die erste war auf jeden Fall tödlich, es war also einwandfrei sein Keiler, doch half uns auch mein Trägerschuss, da wir damit eine lange und ungewisse Nachsuche ersparten. Und ich freute mich auch genauso über das unerhört spannende Erlebnis und den fabelhaften Anblick.

Schließlich und endlich ist es ja gleichgültig, an wessen Wand die Trophäe kommt. Wichtiger ist das Erleben...

Die vielleicht erinnerungswürdigsten, auf jeden Fall, was die persönliche Strecke anbelangt, auch die ergiebigsten Saujagden meines Lebens fielen dann in die Mitte der fünfziger Jahre. Ich hatte in diesen Jahren viel Gelegenheit, im westungarischen Bruchgebiet der Hanság zu jagen, wo die Sauen sich damals nicht nur frisch angesiedelt, sondern auch stark vermehrt hatten. Jahrelang wurden sie dort kaum bejagt, und ich tat dies dann mit großem Vergnügen. Ich konnte aus dem Vollen jagen, der Bestand sollte nach Möglichkeit dezimiert werden.

Später, als ich dann in Lábod Jagdleiter war, schoss das Jagdpersonal nur ausnahmsweise mal eine Sau, wenn sie allzu arg zu Schaden gingen. In diesen Jahren und in diesem Revier hatten wir so viele Jagdgäste, die alle Sauen schießen wollten, dass wir dies ihnen überließen.

Damals, in den fünfziger Jahren, hatte die Jagd auf Sauen in der Hanság diese ganz spezielle Besonderheit, dass man im Wiesen- und Bruchgelände stellenweise auch weitere Sicht hatte. Der im Schnee der Fährte der Sau folgende Jäger hatte also eine Chance, die Sau nicht nur hochzumachen, sondern im Glücksfalle auch erlegen zu können. Denn nach meinem Geschmack steht die Pirsch mit dem Ruf auf den Brunfthirsch an allererster Stelle, gleich danach kommt aber das Folgen der Saufährten im Neuschnee oder Schmelzschnee. Im Gebirge oder in Waldungen im Hügelland kann diese Jagdart manchmal auch mit Erfolg betrieben werden, wenn die Sauen in lückiger Dickung oder, noch viel günstiger, manchmal im lichten Hochwald im Kessel liegen. In Lábod aber konnte ich mit dieser Methode nie eine Sau schießen. Ich habe sie dort auch selten versucht, da das Terrain dazu sehr ungünstig war. Die Sauen saßen dort nämlich zu Winterszeit fast ausschließlich in den undurchdringlichsten Kiefern- oder Brombeerdickungen, manchmal auch in Dickungen von Spartium.*

Das Láboder Revier hatte eine ganz besondere Saujagdmethode: Der Nachtansitz oder die Mondscheinpirsch in Mainächten auf den großen Lupinenschlägen.

Ich habe nie eine andere Pflanze gesehen, die eine annähernd starke Anziehungskraft aufs Haarwild – den Hasen mit eingerechnet – ausübt, als die gelbe Süßlupine. Mit den anderen Süßlupinensorten, einschließlich der in letzter Zeit in Deutschland auf den Markt gebrachten perennierenden, habe ich leider keine Erfahrungen machen können.

Die Hirschrudel mit den samtenen Bastgeweihen, das führende Kahlwild, der alte, zum Waldgespenst gewordene Rehbock, die Frischlinge führenden Bachen, sogar die grantigen alten Keiler zogen sich auch aus weiten Revieren hier zum gedeckten Tisch zusammen. Auf den Lupinenschlägen gaben sie sich alle in lauen Mainächten ein Stelldichein.

Es war besonders vorteilhaft, dass die Lupine auch auf den ärmsten Böden gut stand, die seit Noahs Zeiten keinen Dünger mehr gesehen hatten: Auf Feldern am Waldrand und an Ecken und Blößen des Waldes. Schon am hellen Nachmittag ästen draußen führende Bachen, Rot- und Rehwild. Doch die alten Keiler und Hirsche kamen meist mitten in der Nacht!

Der Haupttreffer war, wenn irgendwo mitten im Sommer Süßlupinen gesät wurden, die zur Zeit der Hirschbrunft blühten. Dann konnte man mit Sicherheit damit rechnen, dass sich mehrere Brunfttrudel einstellen würden.

---

* Spartium scoparium = Besenpfriem. In der Sandgegend des südlichen Somogy eine sehr häufige Pflanze im Walde. Sie wurde erstmals als Wildäsungspflanze eingeführt, doch verbeißt sie das Hochwild bei uns nicht, nur der Hase. Er bietet dem Wild sehr gute Deckung.

Wir haben in Lábod natürlich immer wieder versucht, Süßlupinen in unsere Wildäcker zu säen. Es liegt ja auf der Hand, welche Vorteile sie in den verstecktesten Stellen unmittelbar neben den Wildeinständen bieten würden. Und sie wachsen auch im schlechtesten Sandboden des entferntesten Wildackers.

Leider machten wir damit stets schlechte Erfahrung; es gelang uns nie, an diesen Lupinenwildäckern einen guten Keiler oder Hirsch zu erlegen. Unsere Wildäcker waren nicht eingezäunt, höchstens konnten wir in Brusthöhe des Wildes einen Draht mit darangehängten Konservendosen spannen. Der hielt aber die paar Hasen der Gegend nicht davon ab, sich alltäglich zum Schmaus bei den sprießenden Lupinen zu treffen; es gelang ihnen, die jungen Pflanzen fast vollständig zu verbeißen. Was übrig blieb, wurde von Rotwild und Sauen in den Boden getreten, so dass wir im Vorsommer immer nur ein Unkrautfeld umpflügen konnten.

Wir waren also in jedem Frühjahr äußerst gespannt, wo welches Feld mit Lupinen bestellt wurde (denn auf einer Fläche von 15 bis 20 Hektar konnten sie die Hasen doch nicht so verbeißen wie auf unseren Wildäckern), und sehr zeitig trugen wir alle unsere transportablen Hochsitze dieser Gegend an den obigen Feldern zusammen.

Der Maimond brachte dann auch die Jagdzeit an den Lupinenschlägen. Es gab da viele Gäste in Lábod. In schönen Vollmondnächten waren wir meist die ganze Nacht unterwegs. Die nächtliche Saujagd konnte nämlich wunderbar mit der Bockjagd abends und frühmorgens kombiniert werden. In der Hauptjagdzeit der Rehböcke Anfang Mai schonten wir die Böcke in der Umgebung der Lupinenschläge und beließen stärkere, alte, abnorme oder aus irgendwelcher Hinsicht interessante Böcke bis zur Lupinenjagdzeit.

Und jetzt, bevor ich den Faden in einer Geschichte weiterspinne, bin ich ein Geständnis schuldig: Für die Ansitzjagd hatte ich stets wenig übrig, am wenigsten aber für den Nachtansitz.

Das konnte ich noch aushalten, wenn ich morgens oder abends anderthalb bis zwei Stunden am Ansitz verbringen musste, besonders wenn vor mir ein größeres Terrain einzusehen war. Das machte mir sogar Freude, insbesondere wenn ich auch Wild sah! Es war zum Beispiel ein großes Vergnügen, neben einem ausgedehnten Lupinenschlag am Waldrand zu sitzen und mit meinem variablen Spektiv auf Kilometerentfernung die Böcke anzusprechen und mich des Wildes zu freuen. Oder im Gebirge in einer Lehne zu sitzen und die Dickung gegenüber zu beobachten, die sich vor dem Beschauer ausbreitet wie ein Amphitheater.

Ich habe aber die Ansitzjagd nicht ausstehen können, wenn man auf einer engen Schneise sitzen musste, allein auf diese Sicht hatte und nur stur schauend warten musste, bis etwas hinüberwechselte. Gegen Nachtansitze aber hatte ich geradeswegs eine Abneigung. Teils, weil meine Geduld und mein Hintern das stundenlange Sitzen nicht aushielten, teils, weil mir das Wild leid tat, das man auf so hinterhältige Art überlistete. Ich habe den Nachtansitz nie als sportliche Jagd bewertet. Der Jäger verdient den billigen Erfolg hierbei bloß mit seiner unermeßlichen Geduld, die bekanntermaßen eine Sache des Temperaments ist. Und dann noch eins: Bei Mondschein ist es unmöglich, einen sicheren Schuss auf weitere Entfernung oder auf sich bewegendes Wild abzugeben. Wenn es aber schussgerecht auf gute Entfernung kommt, so füllt der Wildkörper fast das ganze Sehfeld des Glases aus. Dann kann man praktisch kaum vorbeischießen.

Bestand die Möglichkeit – das heißt, war der Gast beweglich genug und ein geschickter Jäger –, so pirschten wir in mondhellen Mainächten auf Sauen. Dies war eine Jagdart nach meinem Geschmack, abwechslungsreich und aufregend, und ich würde sie nur sehr ungern in den Erinnerungen meines Jägerlebens missen. Freilich musste man diese Jagd mit der größten Umsicht und Genauigkeit organisieren, und vor allem die Reviere unter uns verteilen, um zu vermeiden, dass man sich gegenseitig in die Quere kam. Nur allzu viele tödliche Jagdunfälle geschehen bei der Nachtjagd, wenn im unsicheren Mondlicht in der Aufregung falsch angesprochen wird!

Das Terrain war fast überall sanft gewellt, mit Mulden, Kuppen und Rücken. Das machte die Pirsch noch besonders spannend, da das Wild meistens in den Mulden äste, wo der Wuchs der Lupinen üppiger war als auf den Kuppen. So konnte man in der Deckung der Hügel und im Waldschatten wundervoll pirschen. Diese Jagd war immer sehr spannend, sehr aufregend, schon deshalb, weil immer viel Wild auf den Lupinen stand, was das Pirschen stark erschwerte. Auf die Rehe musste man nicht besonders achten, denn wenn sie absprangen und schreckten, kümmerte dies die Sauen nur sehr wenig. Sie hatten sich daran gewöhnt, dass die Rehe auch vor ihnen schreckend absprangen.

Viel vorsichtiger aber musste man mit dem Rotwild umgehen.

Ich habe die Erfahrung gemacht, dass Sauen im Gebräch das am leichtesten anzupirschende Wild sind. Sie äugen so schlecht, dass der Jäger auch bei gutem Mond nicht von ihnen erkannt wird. In solchen Fällen verlassen sie sich kaum auf ihr ansonsten sehr scharfes Gehör, denn sie selber verursachen ja schmatzende und andere Geräusche, besonders wenn sie in Rotten beisammen stehen. Umso schärfer winden sie aber ständig! Auf guten Wind muss der Jäger bei der Saupirsch immer ganz besonders achten!

So unaufmerksam oft die Sauen des Nachts sind, so vorsichtig ist das Rotwild zur Nachtzeit. Auch sein Gesicht und Gehör sind unglaublich scharf; es nimmt die kleinste Bewegung wahr und erkennt den Menschen sogleich. Wenn Rotwild abspringt oder schreckt, verlässt alles Wild fluchtartig den Schlag.

Viele, viele Sauen haben wir in Lábod im Mai auf den Lupinen geschossen. Die meisten alten Keiler kamen damals zur Strecke. Viel mehr als bei den winterlichen Treibjagden, im Herbst, wenn der Mais reifte, oder zur Rauschzeit. Der süße Leckerbissen lockte auch den ältesten und heimlichsten Keiler ins Freie. Sie kamen freilich erst spät, hielten sich bloß kurze Zeit draußen auf, und es war Glückssache, ihrer habhaft zu werden.

Wenn es nötig war, die Sauen im offenen Schlag ohne Deckung anzupirschen, konnte man auch bei hellstem Mondlicht tief geduckt oder auf allen vieren kriechend bestimmt bis auf etwa hundert Schritt herankommen. Sie glaubten offensichtlich, dass sich dort ihre Artgenossen herumtrieben. So haben wir viele Sauen erlegt. Doch konnte man auf diese Art nie in die Nähe von Rotwild kommen.

Ich erinnere mich eines Falles, als wir mitten auf einem frisch bestellten und flachgewalzten Maisfeld – es war bei Vollmond vor dem hellen Boden fast so klar wie am Tage – von weitem einen einzelnen Überläufer brechen sahen. Mein Freund versuchte es. Er ging die Sau im völlig deckungslosen Gelände an. Nicht einmal gebückt; es sollte ein Versuch sein. Die Sau kümmerte sich überhaupt nicht um ihn, und er trug ihr aus etwa hundert Schritt Entfernung die Kugel an.

Freilich ist diese Frühjahrsjagd auf Sauen eine heikle Sache! Denn wenn man zufällig, und der Teufel schläft ja nie, eine führende Bache schießen sollte, so verginge einem auf lange Zeit die Lust am Jagen.

Denn wenn die Lupinen in der Vollblüte kniehoch stehen, kann man die Frischlinge um die Bache herum nicht mehr sehen.

Ich möchte nun ein Merkmal, die führende Bache anzusprechen, verraten. „Verraten" ist wohl übertrieben, denn ich selber habe dies zuerst in Karl Snethlages prachtvollem Buch „Das Schwarzwild" gelesen und in der grünen Praxis stets bestätigt gefunden. Die Keiler, Überläufer und nicht führenden Bachen haben bis Mitte April bestimmt alle verfärbt und tragen das graue, kurze Sommerhaar. Im Mondlicht scheinen sie ganz hell, während die führenden oder eventuell noch beschlagen gehenden Bachen ihr zottiges, dunkles Winterhaar bis in den Juni hinein behalten. Die Trächtigkeit und das Säugen nimmt ihren Organismus so sehr in Anspruch, dass keine Energie mehr für den Haarwechsel übrigbleibt.

Ob die Sau nun ihr Sommerhaar oder noch das Winterhaar trägt, ist bei Büchsenlicht auf den ersten Blick, aber auch bei Mondlicht leicht festzustellen. Das erstere ist ganz hell, fast weiß, das letztere aber dunkel, fast schwarz. Dies fällt ganz besonders bei gemischten Rotten auf, in denen führende Bachen mit ihren Frischlingen, aber auch vorjährige Überläufer im Frühjahr zusammengehen. Die hellen Stücke können wir in dieser Jahreszeit getrost schießen, die dunklen aber um Himmels willen nicht! Muttermord sollte die Seele keines Jägers belasten!

Eine meiner unvergeßlichsten Sauen-Erinnerungen stammt auch aus solch einer Mai-Mondnacht auf den Lupinen. Auch diesmal waren wir mit einem Jagdgast auf einem riesigen Lupinenschlag auf einer Waldlichtung die ganze Nacht draußen. Der Schlag war bestimmt fünfzig Hektar groß, doch durch mehrere mit Erlen bestandene Niederungen getrennt, so dass man wunderbar von einem Hochsitz zum anderen pirschen konnte. Denn solche standen sicherlich ein halbes Dutzend verteilt auf dem Schlag. Ringsherum wunderbare Saueneinstände, Niederungen, Dickungen. In der ersten Hälfte der Nacht sahen wir mehrere Sauen, und es war uns gelungen, einen Überläufer zu schießen.

Gegen die zweite Stunde nach Mitternacht kamen wir dann zum „Birkenhochsitz". Wie sein Name zeigt, stand er in einer alten Birke und war vom Laub gut verdeckt. Man konnte über einen Sandweg ganz leise zur Leiter kommen und von oben die nördliche Einbuchtung des Lupinenschlages einsehen. Es war ein wunderbarer Platz, und im Laufe der Jahre hatten wir viel guten Anblick und Waidmannsheil dort.

Ganz leise auf Katzensohlen pirschten wir uns an die Leiter heran. Der Vollmond war noch hoch auf seiner Bahn, auch der Himmel war wolkenlos. Doch überall wallten schon Bodennebel um uns. Deswegen konnte man in keiner Richtung weiter als hundertfünfzig Schritt sehen. Aber auch auf achtzig Schritt Entfernung schwammen schon vier starke Gestalten im Nebel. Sie bewegten sich hin und her wie Geister, gut sichtbar, wenn sie breit standen, doch fast verschwindend, wenn sie sich spitz drehten.

Sogar den Atemzug zurückhaltend bezogen wir den Hochsitz. Jede Bewegung muss sehr bedacht ausgeführt werden. Es gelang uns aber, und dann strengten wir unsere Pupillen durch die lichtstarken Gläser an.

Zwei Sauen standen halblinks von uns, zwei halbrechts in einer Entfernung von achtzig bis hundert Schritten. Alle vier waren Keiler! Man kann mir dies glauben oder auch nicht, aber es war so. Waidgenossen, die viel Erfahrungen mit Sauen sammeln konnten, werden mir dies glauben, weil auch sie wissen, dass außerhalb der Rauschzeit und besonders in den Sommermonaten der alte Keiler oft mit einem jüngeren, seinem „Adjutanten", geht. Diese sind meistens drei- oder vierjährig. Freilich ist das keine so enge Bindung wie etwa die zwischen führenden Bachen und Überläufern in einer „gemischten Rotte", der alte und der jüngere Keiler halten eine lose Gemeinschaft und ziehen so ihre Wechsel. Offensichtlich läßt der Alte den Jungen vornwegziehn und das Gelände als Vorhut auskundschaften, genauso wie bei den Hirschrudeln. Auch dort ziehen die älteren Hirsche den jüngeren nach.

Wir hatten das einmalige Waidmannsheil, den fast unglaublichen Anblick von gleicherzeit vier Keilern, die sich alle im Bereich unserer Büchse am süßen Grün gütlich taten. Von ihnen waren zwei gewaltige, ganz starke Keiler mit je einem Adjutanten.

Welchen sollten wir nun wählen, welchen erlegen? Wie gut es doch wäre, öfters vor solcher Frage zu stehen!

Die beiden starken Keiler hatten verschiedene Figuren. Der eine war kurz, mit hohem Widerrist und abfallender Hinterhand, der andere von der Sorte der langen, breitrückigen. Ich entschied mich für letzteren. Die schwere Kugel der Doppelbüchse 9,3 x 74 R – meiner Meinung nach das beste Kaliber für unser schweres Schalenwild – ließ ihn im Feuer zusammenbrechen und verenden.

Der Keiler war wirklich kapital, doch waren leider beide Waffen abgebrochen.

In diesem Revier und in seiner ganzen Umgebung waren die Waffen und oft auch die Haderer der Keiler, die älter als vier Jahre waren, fast immer abgebrochen. Ich weiß noch heute nicht, welche Ursache dies hatte, niemand konnte sie mir sagen, obwohl viele Herren, die mit Sauen sehr erfahren waren, dort jagten. Weit und breit gibt es dort im Sand keine Steine, an denen sie die Waffen leicht abbrechen konnten.

Mit demselben Gast und seiner doppelrohrigen Kanone passierte mir folgende, ebenfalls erzählenswerte Geschichte.

Wir pirschten uns in einer Mondnacht an einen mit Topinambur bestellten Wildacker. Es war Spätherbst, die Stauden waren vom Wild schon umgebrochen, so dass wir freie Sicht hatten. Als wir an den Rand des Hochwaldes herankamen, sahen wir auf kaum sechzig Schritt Entfernung draußen zwei Überläufer brechen. Ich weiß nicht mehr warum, aber ich hatte diesmal entgegen meiner Gewohnheit keinen Zielstock bei mir. Da wir frei auf der Schneise standen und nach keiner Möglichkeit zum Anstreichen oder Auflegen suchen konnten, hielt ich dem Gast meine linke Schulter als Auflage hin. Ähnliches habe ich oft getan, es gehört zu den Pflichten des Jagdführers. Außerdem gereicht es ja auch zu seinem Vorteil, wenn die Kugel richtig sitzt.

Meistens passiert auch nichts Schlimmes, wenn im Moment des Schusses die Laufmündung ein gutes Stück über das Ohr der „Auflage" hinausragt, oder wenn man sich dieses Ohr zuhält. Doch in diesem Fall beobachtete ich die Sau durchs Glas, hatte keine freie Hand zum Zuhalten des Ohres und merkte auch nicht, dass der Schütze beim Zielen zurückgetreten war.

Die schwere Büchse knallte fürchterlich neben meinem Ohr. Eine Zeitlang war ich vom Mündungsfeuer geblendet. Die Sau brach wohl im Feuer zusammen, doch ich hörte tagelang nichts mit dem linken Ohr.

Ist es ein Wunder, dass der Jäger wie sein Hund im Alter schwerhörig wird?

Von meinem lieben alten Legény ist oft die Rede in diesem Buch. Freilich war auch er nicht immer alt. Ich bekam ihn als Junghund von einem lieben deutschen Freund, als ich in Lábod Jagdleiter wurde. Damals war er ein tollpatschiger, jugendlicher Deutsch-Kurzhaar mit langen Behängen und hatte den wunderschönen Namen „Ajax vom Zaunswinkel". Ich aber taufte ihn kurzerhand „Legény", was auf deutsch etwa „Bürschchen" heißt. Zehn Jahre verbrachten wir in Lábod zusammen.

Dann, als wir Lábod verließen, musste auch er in Budapest wohnen; es wurde ein Stadt- und Sonntagshund aus ihm, genauso wie sein Herr zum Stadt- und Sonntagsjäger wurde. Damals alterte auch er erst so richtig!

Legény war vorzüglich auf Schweiß. Er hatte eine fabelhafte Nase und riesige Passion und arbeitete wie ein Schweißhund. Nur freilich auch auf warmer Fährte, weil wir ihn meistens auf solche ansetzten.

So suchten wir an Sommerabenden und -nächten beschossene Sauen mit Legény stets noch in derselben Nacht nach. Wenn die Sau nämlich in der warmen Sommernacht unaufgebrochen liegenbleibt, so verhitzt das Wildbret ganz bestimmt.

Wir haben deswegen des Nachts sehr vielen Sauen nachgesucht. Meistens hatten sie anständige Kammerschüsse und hinterließen eine gute Schweißfährte, der zu folgen ein Kinderspiel war. Wenn ich Legény an die lange Leine nahm, so wusste der Hund schon ganz genau, was er danach zu tun hatte; er legte sich am Anschuss mit großem Eifer in die Leine und führte mich meistens im Handumdrehen an die verendete Sau. Die Milz bekam er auch immer sogleich. Ab und zu passierte es, dass er sie auf dem Heimweg schön säuberlich wieder auf den Hintersitz des Autos hinausbeförderte.

Diese nächtliche Sau-Nachsuche war eigentlich eine gewagte Sache. Ich habe aber schon erzählt, dass mich niemals eine Sau annahm, obwohl ich sehr viel mit ihnen zu tun hatte, mit gesunden wie mit angeschweißten. Deshalb habe ich auch überhaupt keine Furcht vor ihnen. Man wird anmaßend, wenn nie etwas passiert.

An einem Maiabend hatte ein Gast eine mittlere Sau auf einem am Waldrand gelegenen Lupinenschlag beschossen. Noch dazu mit einer 7 x 64. Ich habe dieses Kaliber auf unser schweres Hochwild immer für unzulänglich gehalten. Böse Nachsuchen waren fast die Regel, wenn der Schuss etwas nach hinten rutschte.

Wir hatten jetzt einen klaren, guten Kugelschlag gehört. Weit war die Sau auch nicht gewesen, und der Gast schoss stets eine gerade Kugel. So konnten wir unserer Sache sicher sein. Die Sau war in eine große Eichendickung abgesprungen. Die vorschriftsmäßigen zwei Stunden ließen wir dennoch verstreichen, fuhren ins

Jagdhaus und aßen unser Abendbrot. Dann schickte ich den Gast mit einem Jäger zur Mondscheinpirsch. Ich aber ging mit Legény die Sau suchen. Mein Bruder, der gerade auch als Gast im Jagdhaus weilte, bot mir an mitzukommen, um zu helfen.

Ich nahm die Flinte mit Brenneke. Dies ist das richtige Gewehr für solche Fälle, nicht die Repetierbüchse. Und freilich eine starke Stablampe.

Am Anschuss in den Lupinen lag wäßriger Schweiß und Darminhalt. Na, das wird bestimmt keine „glatte" Sache! Die Sau streifte aber beiderseitig ziemlich viel Schweiß am Eichenlaub ab, Legény legte sich stramm und sicher in die Leine, und auch wir konnten die Schweißfährte mit Leichtigkeit kontrollieren. Freilich hatten wir keine zwei Schritt Sicht in der Dickung. Mein Bruder ging dicht hinter mir. Ab und zu trat er mir auch auf die Ferse. Dies störte mich natürlich. Ich drehte mich nervös zu ihm um: „Bleib doch etwas zurück!"

„Ja, wenn ich so blöd wäre!" sagte er nur kurz.

Eigentlich wurde es mir damals richtig klar, dass dies ein Wagnis war und die Sau uns leicht die Hosen aufschlitzen konnte.

Plötzlich wurde der Hund vor mir sehr aufgeregt. Die Sau musste in unserer unmittelbaren Nähe sein. Denn wir waren schon gut zweihundert Schritt der Schweißfährte gefolgt. Ich schnallte den Hund, noch bevor die Sau aus dem Wundbett fuhr.

Der stürzte sich im Blättergewirr auf die Sau, ein furchterregendes Grunzen, und das Herz sank uns sogleich in die Hosen. Nach ganz kurzem Standlaut drehte die Sau und sprang ab. Der Hund lauthals hinterher.

Etwa zweihundert Schritte weiter stellte Legény die Sau. Sein Standlaut ist leicht zu erkennen, denn dann gibt er mit tiefer Stimme in größeren Abständen rhythmisch Laut.

Wir pirschten uns bis auf ein paar Schritte an das Spektakel heran. Es war immer noch zu weit, denn im Licht des Scheinwerfers konnte man bloß die allernächsten beleuchteten Blätter sehen, die aber den Schauplatz verdeckten. In solcher Dickung hat die Lampe wenig Wert.

Dann erblickten wir den Hund, eher nur das Aufblitzen seiner Seher im Scheinwerferlicht. Von vorne, dann wieder seitlich springend griff er die Sau dauernd an. Ich wusste, dass uns jetzt nichts mehr passieren konnte, denn wenn die Sau uns angriff, so würde sich der Hund sofort an die Keule hängen und sie zum Umdrehen zwingen.

Unter den Zweigen tief über dem Erdboden rutschte ich so lange hin und her, bis ich die Breitseite der Sau sah. Jetzt musste ich nurmehr den Augenblick abwarten und ausnützen, wenn der Hund abseits, außerhalb der Schusslinie war und dann sofort hin mit der Kugel.

Bald waren wir beim Aufbrechen der Sau, und Legény wurde genossen gemacht.

Vom Pirschwagen aus habe ich nur sehr wenig Sauen geschossen. Wahrscheinlich könnte ich sie an den Fingern der einen Hand abzählen. Die Hauptursache war, dass ich in Lábod kaum auf Sauen schoss, wie auch das Personal sie tunlichst schonte und für die Gäste und die Drückjagden unbeschossen ließ. Wir schossen höchstens dann und wann einen Überläufer, wenn die lieben Sauen allzu starken Flurschaden machten, und das war auch gut so. Ich möchte aber behaupten, dass durch Schonung seitens des Personals alljährlich mehr Sauen zur Strecke kamen, als wenn wir wahllos auf sie Dampf gemacht hätten. So aber konnten hervorragende Drückjagden abgehalten werden, die oft äußerst große Strecken lieferten. Dementsprechend waren auch die Einnahmen des Jagdbetriebes viel größer, so dass die von Rot- und Schwarzwild angerichteten Wildschäden alljährlich von den Geldern, welche die Saujagden einschließlich Verwertung des Wildbrets einbrachten, gedeckt werden konnten. Das Personal schoss die Sauen nur dort, wo sie wegen des Wildschadens oder des Niederwildes absolut nicht erwünscht waren. Es ist ja bekannt, dass Sauen im Niederwildrevier nur allzu großen Schaden anrichten. Mit ihrem feinen Geruchsinn finden und verspeisen sie Nester und Junghasen als Leckerbissen.

Ich habe auch deshalb nur wenig Sauen beim Pirschfahren erlegt, weil ich sie selten bei dieser Jagdart antraf, obwohl sie den Pirschwagen besser aushalten als anderes Wild. Doch wählten dort die Sauen fast ausschließlich nur solche Dickungen als Tageseinstände, in die man überhaupt keinen Einblick hatte.

Nur die im Brombeergestrüpp eventuell eingeschobenen Sauen konnten vom Wagen aus entdeckt werden, und das nur im Nachwinter, wenn der Schnee die Brombeerstauden schon stark niedergedrückt hatte.

Wer es nicht selber erlebt hat, wird nicht glauben, wie dreist oft die Sauen im Kessel den Pirschwagen aushalten.

In einem der letzten Jahre kam ich zum Kahlwildabschuss in ein Revier, das zur Forstwirtschaft von Zamárdi am Südufer des Plattensees gehörte. Hier fuhren wir mit dem Jagdwagen pirschen, wie das auch in meiner Heimat zur Winterzeit in allen befahrbaren Revieren gepflegt wird. Im Revier waren sehr wenig Dickungen, fast alles Hochwald und Stangenhölzer mit verhältnismäßig wenig Unterwuchs. Während der zweitägigen Pirschfahrt entdeckten wir mindestens sechsmal eingeschobene Sauen. Hierzu braucht man aber ein besonders trainiertes Auge, wie zum Entdecken des Hasen in der Sasse.

Die Sauen blieben alle liegen, als wir mit dem Schlitten auf 60 bis 100 Schritt Entfernung hielten und meistens mit lauter Stimme debattierten, ob es auch wirklich eine Sau oder ein Baumstumpf sei, bis wir mit Hilfe des Glases die Rückenfedern erkennen konnten, in welcher Richtung sie lag und wo vorne und hinten war. Jedenfalls waren sie dem Schlitten gegenüber sehr vertraut, fast „dickfellig", doch glaube ich, dass sie sich bewegungslos drückten, um nicht gesehen zu werden, wie es der Hase und oft auch das Reh tut.

Von allen Sauen habe ich zu guter Letzt nur einen Frischling geschossen. Der war der einzige, bei dem ich genau sah, wie er lag und auch die Bahn der Kugel ziemlich frei war. Sonst aber bin ich keine Kugel losgeworden. Ich fand keine Freude daran, in einen dunklen Fleck blindlings eine Kugel hineinzuschießen. Ich versuchte das eine oder andere Mal, mich zu Fuß in eine bessere

Schussposition heranzupirschen, doch schon als ich vom Schlitten stieg, waren die Sauen auf und davon.

Ich möchte mich aber an zwei im Láboder Revier vom Pirschwagen aus erlegte Keiler erinnern. Damals war es auch Nachwinter, der Schnee war schon weggeschmolzen, und wir fuhren mit einem Gast pirschen. Wir entdeckten an einer lichteren Stelle im Brombeerwuchs einen sauähnlichen dunklen Fleck, beäugten ihn durch die Gläser und stellten fest, dass es tatsächlich eine einzelne Sau war. Wir sahen ihre linke Seite und ein Stück der Rückenlinie mit den Federn. Diese sich immer etwas erhebenden Federn erkennt man im Glas in den allermeisten Fällen.

Es ist bestimmt eine Sau, sicherlich auch ein Keiler, doch was sind die großen schneeweißen Flecken auf seiner Flanke? Wir konnten daraus nicht gescheit werden. Doch spekulierten wir nicht viel, er war nahe und konnte sich jede Sekunde aus dem Staub machen. Schießen! Er blieb auch im Lager im Feuer. Die hell-

Brechende Sauen

weißen Flecken an seiner Flanke stammten von Kalk, der sich an den Borsten festgesetzt hatte. Offensichtlich geruhte es dem Herrn Bassen, in einer Kalkgrube zu suhlen!

Den im Wildbretgewicht stärksten und vielleicht auch den Keiler mit den besten Waffen schoss ich ebenfalls in Lábod, und zwar vom Schlitten aus. Bei hohem Schnee fuhren wir an einem Dezembertag pirschen. Die Fasanerie lag in der Nähe, wir hatten dort gut Flugwild, und so waren Sauen hier nicht erwünscht.

Plötzlich erblickten wir in einem Erlenhochwald links auf kaum sechzig Schritt vom Schlitten im Gestrüpp einen schwarzen Fleck. Der Kutscher, der vom Bock aus bessere Sicht hatte als ich vom Hintersitz, konnte ihn als Sau ansprechen. Sie stand und sicherte zu uns herüber. Durchs Zielfernrohr konnte ich zwischen zwei Stämmen nur die Seher und Teller mit einem Stück Halsansatz sehen. Die Bahn der Kugel bis dahin war ganz frei. Ich schoss auch sofort mit dem Kugellauf des Drillings durch den schmalen Spalt auf die tödliche Stelle. Ich hatte diesmal die Läufe nicht durcheinandergebracht, was mir sonst in der Eile oft passierte, und traf die Sau auf den Teller. Sie knickte im Feuer zusammen.

Als wir herantraten, entpuppte sich die Sau als ein ganz gewaltiger Keiler, der so lang war wie unser Schlitten. Einer der Haderer war verkümmert, so dass die entsprechende Waffe in der Mitte abgebrochen und bloß teilweise nachgewachsen war. Dafür war aber der Haderer auf dieser Seite länger.

Ich freute mich des riesigen Keilers – doch nicht so richtig. Ich fühlte, dass mich das Schicksal um ein wundervolles Erlebnis gebracht hatte. Solch urigen Bassen hätte man im Treiben vor Hunden erlegen sollen, jedenfalls aber so, dass ich ihn vor dem Schuss hätte sehen und mit der ihm gebührenden Aufregung und Passion erlegen können. So war alles viel zu schnell, sang- und klanglos gegangen, ich wusste gar nicht, auf was für eine Sau ich schoss. Es war sicherlich eine große, freudige Überraschung, aber verdient hatte ich mir diesen Keiler doch nicht.

In Rieglern und bei Drückjagden habe ich eine ganze Anzahl Sauen geschossen, doch sicherlich auch genau so viele vorbei.

Zwei, drei meiner für mich denkwürdigen Sauenerlebnisse beim Treiben werden hier nicht deshalb erzählt, um mich mit meiner „Schießkunst" zu brüsten. In diesen Fällen sind mir die Sauen gut vor die Büchse gekommen.

Einmal veranstalteten wir im November bei warmem Sonnenschein ohne Schnee einen Riegler auf Sauen mit nur vier Schützen. Einige Berufsjäger und ihre Hunde waren die Treiber. Diese „beunruhigten" eine große Eichendickung, in der es auf den trockenen Sandhügeln inselartig verteilt drei Kieferndickungen gab. Die Sauen lagen eher in den Dickungen; die Eichen waren ihnen noch nicht dicht genug.

Die paar Schützen stellten wir nach altem Brauch weit entfernt auf Fernwechsel. Im Laufe von vielen Jahren kannten wir diese im Revier gut. Bei jeder Dickung wussten wir, welche Fernwechsel die Sauen anzunehmen pflegten, und dorthin stellten wir die Schützen. So störten sich einerseits die Schützen nicht gegenseitig, andererseits kamen die Sauen nicht mehr hochflüchtig, sondern im „Reisetempo", und es war leichter, sie zu treffen.

Ich stand als einziger Schütze an der Flanke auf einem Holzabfuhrweg in einem gewellt-hügligen Akazienbestand in der Nähe der Eichendickung. Diesen Akazienwald muss man sich so vorstellen, dass nur auf den Kuppen Akazien standen, dazwischen aber in den vielen Niederungen Erlenwald und Salweidengestrüpp. An einer Stelle stieß eine Ecke der Eichendickung an den Fahrweg.

Ich stand an dieser Ecke und folgte mit den Ohren dem Lärm der Treiber und dem Geläut der Hunde, die in der weit entfernten Kieferndickung auf Sauen gestoßen sein mussten, denn sie machten einen Riesenspektakel. Es waren schon einige Schüsse gefallen, als ich rechts von mir ganz nahe ein leises Rauschen des Laubes hörte. Ich hatte das Gewehr noch nicht einmal ganz im Anschlag, als mir gegenüber auf einer kleinen Fehlstelle kaum zwanzig Schritt entfernt eine große, graue, runde Sau mit hohem Widerrist erschien. Der Keiler verhoffte für einen Augenblick, erkannte mich sofort und drehte ab, um flüchtig zu werden. Ich weiß nicht, wer von uns mehr überrascht war! Jedenfalls hatte ich den Drilling im

Anschlag, als er drehte, und die Kugel fasste ihn schräg von hinten auf den Rippen. Nach einer guten Schweißfährte von zwanzig Schritten lag er verendet. Es war ein sehr guter, mittelalter Keiler, schon ein hauendes Schwein.

Kaum hatte ich Zeit, mich des Keilers zu freuen, als ich Hundegeläute hörte. Ich erkannte sofort den Hetzlaut von „Gabi", dem Drahthaar meines Kollegen József Krivarics.

Dem Hetzlaut nach nahm die Sau Richtung auf meine Flanke, doch etwa dreihundert Meter von mir. Ich rannte, so schnell ich konnte, den Fahrweg entlang, um ihr den Wechsel abzuschneiden. Ich war gerade in einer mit Salweiden bestandenen Mulde, als ich die Sau sich nähern hörte. Dann sauste eine starke Sau auf achtzig Schritt vor mir mit einem Satz über den kaum drei Meter breiten Fahrweg.

Mit dem Gebräch war sie schon auf der anderen Seite des Weges verschwunden, als es mir gelang, sie mit einer gefühlsmäßig hingeworfenen Kugel so am Teller zu treffen, dass ich bloß sah, wie sich die Hinterhand hob und sie ein Rad schlug. Schon war Gabi an ihr und zauste sie nach Herzenslust.

Dies war auch kein schlechterer Keiler als der andere. So schoss ich in meinem Jägerleben zum ersten Mal zwei Keiler in einem Treiben – und ich fürchte, auch zum letzten Mal!

Wir hielten in jenem Jahr die allwinterliche, mehrtägige, große Saujagd Ende Januar bei hartem Frost und hohem Schnee ab. Von den zehn Schützen kamen nur sieben zusammen, und da es sehr wichtig war, dass wir den Sauen gehörig Abbruch taten, nahm ich auf Antrag der Gäste in dem Treiben einen leergebliebenen Stand ein. Ich stellte immer einen Teil der Schützen an und blieb dann nach dem Anblasen des Treibens irgendwo stehen.

An dem Tag schoss ich schon im ersten Treiben einen abgesprengten, zufällig meinen Stand anlaufenden Frischling. Ein anderer wurde von meinem übernächsten Nachbarn erlegt. Mehr Sauen wurden in dem Treiben nicht geschossen.

Im zweiten Treiben blieb ich nach dem Anstellen des letzten Schützen mitten im Treiben auf einem schmalen Holzabfuhrweg in einem lichten Buchenjungwald stehen. Es gab da keinen Unterwuchs, und so hatte ich auf achtzig bis hundert Schritt gute Sicht und Schussfeld. Freilich standen die beindicken Stämme ziemlich nahe beieinander, so dass ich auf diese Entfernung kaum hätte schießen können.

Die Treiberlinie war schon bei mir durchgegangen, sie trieb jetzt eine etwa einen Kilometer entfernte Kieferndickung. Ich stand also nunmehr am Rückwechsel. Oft ist das kein schlechter Platz im Sautreiben. Er bewährte sich auch jetzt!

Plötzlich erblickte ich vier mittelstarke Sauen, die sich im Gänsemarsch meinem Stand im Stangenholz näherten! Zweijährige Stücke, die das Überläuferalter eben hinter sich hatten. Gut so, kommt nur! Sie kamen mir etwas halblinks im Trab näher. Als die erste sich auf etwa vierzig Schritt genähert hatte, schoss ich auf die trollende Sau, um noch für das Beschießen der anderen Platz und Zeit zu haben. Die Kugel zersplitterte aber einen Baumstamm und ging irgendwo in die Gegend. Die Sauen änderten daraufhin ein wenig die Richtung, blieben aber im Troll und waren auf etwa zwanzig Schritt heran, als ich repetiert hatte. (Zu dieser Zeit führte ich schon einen Mannlicher-Schönauer Kal. 8 x 57 IS).

Es gelang mir, mit der zweiten Kugel die erste Sau auf den Teller zu schießen, so dass sie zusammensackte. Daraufhin verhofften die anderen in einem Pulk und waren einen Moment lang ratlos, in welcher Richtung sie flüchten sollten. Doch ich hatte schon blitzschnell repetiert und schoss dem freistehenden Stück auf den Träger. Die anderen beiden drehten darauf plötzlich und verhofften auf einen Moment. Dann fiel das dritte Stück. Jetzt ging das letzte schon hochflüchtig ab, ich aber beeilte mich mit dem Repetieren, und als die fünfte Kugel im Lauf war, konnte ich mit ihr das vierte Stück mit einem schnell hingeworfenen Schuss Rad schlagen lassen. Da lagen nun alle vier im Schnee, auf einer Fläche, die kaum größer als ein Zimmer war. Wie auf dem Schlachtfeld!

Es fielen keine Sauen mehr an jenem Jagdtag. Von den sechs Stücken, die auf der Strecke lagen, hatte fünf ich als Jagdleiter geschossen. Obwohl ich nichts Unangenehmes zu hören bekam, machte ich es mir von diesem Tag an zum Vorsatz, mich nie wieder auf Drückjagden zwischen die Gäste zu stellen. Dies habe ich mit Ehren gehalten und bin damit auch nicht schlecht gefahren. Denn von diesem Tage an nahm ich auf solch große Jagden keine Büchse mehr, sondern bloß eine Flinte mit. Es war ja doch notwendig, dass auch der Jagdleiter ein Gewehr bei sich hatte, zum Beispiel für den Fall, wenn er zufällig mit einer angeschweißten Sau zusammentraf. Niemand nahm nämlich meine alte sechzehner Doppelflinte ernst, obwohl sie das Flintenlaufgeschoss erstklassig schießt. Und zwar beide Läufe.

Als letzte Geschichte dieses Kapitels will ich von einer unvergeßlichen Dublette erzählen.

Wir trieben eine sehr große, aus mehreren Schonungen bestehende Kieferndickung. An einer Schneisenkreuzung, die sehr eng war, stand ein Jagdfreund, der äußerst flink mit seiner Doppelbüchse schoss. Weiter hinten in der Fluchtrichtung der Sauen blieb auf eine sehr große Brombeerdickung kein Schütze mehr übrig. Doch war auch kein Platz für einen guten Stand, von dem aus man etwas Schussfeld gehabt hätte. So stellte ich mich kurzerhand etwa fünfhundert Schritt hinter dem Schützen auf die einzige, etwa dreißig Schritt lange Niederung. Der Platz versprach kaum Chancen, doch hatte ich nichts Besseres.

Ein schneller Doppelschuss bei dem vor mir stehenden Schützen, dann noch ein Schuss aus seiner schweren Büchse. Na, da könnte bei mir auch was vorbeikommen, und schon höre ich halbrechts vor mir in den Kiefern das Rauschen und Aufschlagen der hochflüchtigen Schalen. Das Rauschen nimmt Richtung auf meine Blöße!

Dann überquert hochflüchtig, mit Rauschen und schalenschlagendem Galopp wie der Wirbelwind eine starke schwarze Sau die Blöße. Dahinter ihre Frischlinge im Gänsemarsch. Sie waren ganz langgestreckt wie der Hase, wenn er zwischen den Treibern aus dem Kessel bricht. Ich hielt auch dem ersten Frischling nur so viel vor den Wurf, wie dem Hasen vor den Kopf; er roulierte genauso. Sekunden später erreichte ich auch noch den dritten Frischling mit dem linken Lauf, der ebenfalls Rad schlug wie ein Hase mit Kopfschuss. Es war eine Dublette in gutem Tempo; eben nur die Zeitspanne eines Atemzuges zwischen den Schüssen.

Am Ende der Reihe kamen dann noch zwei gescheckte Frischlinge, die in den Somogyer Waldungen nicht eben selten waren, obwohl wir sie schossen, wo wir nur konnten. Doch war meine Flinte leer, und die Kavalkade ging so rasch vorbei, dass ich nicht mehr laden konnte, so schnell ich auch nach Patronen griff. Diese häßlichen, schwarz-weiß gescheckten Tiere stammten aus Kreuzungen mit Hausschweinen; genauer gesagt waren es Rückschläge auf solche Kreuzungen. Die Schweine der Leute, die im Wald oder am Waldrand wohnten, verbrachten zumindest den Sommer dort stets im Wald, oft auch die Schweine der Bevölkerung der Gemeinden; es waren also viel Möglichkeiten zur Vermischung gegeben.

Es passierte zu meiner Zeit in Lábod, dass die Sau eines im Walde wohnenden Försters von einem Keiler beschlagen wurde. Sie warf auch sechs schöne, gestreifte Ferkel mit langem Kopf. Die wurden aber nicht gescheckt, sondern alle mitsamt saugrau. Sie behielten auch ihre Wildheit, weil sie auf Annäherung von Menschen hochflüchtig im Saustall verschwanden. Die Försterin versuchte, zwei davon zu mästen, doch wurden sie nicht schwerer als hundert Kilo.

Bei unseren Wildsauen hingegen wurde die Urgroßmutter der Gescheckten sicherlich einmal von einem Hausschwein gedeckt, und diese Mesalliance zeitigte dann Rückschläge auf Generationen. Aber nur so viele, dass es in jedem Jahre eine oder zwei Bachen gab, in deren Wurf auch ein oder zwei gescheckte Frischlinge waren. Wir versuchten natürlich, sie zu schießen, wo wir sie bekamen, damit sie unseren Sauenbestand nicht verunstalteten. Doch umsonst! Obwohl bei uns keine von diesen das Überläuferalter überschritt, gab es doch jedes Jahr Nachschub unter den Frischlingen.

Ein Jagdtag mit Waidmannsheil

Eigenartig, dass es im Leben Ereignisse gibt, die unerwartet wieder und wieder vor uns auftauchen, von Zeit zu Zeit in unser Gedächtnis zurückgerufen werden...

Ich blättere im dicken, grünen Trophäenkatalog der Weltjagdausstellung. Ich suche darin ein starkes Hirschgeweih aus Lábod und dessen Punktzahl. Es war die zweitbeste Trophäe meiner dort verbrachten schönen zehn Jahre Dienstzeit. Die Geschichte des Tages seiner Erlegung ist in meiner Erinnerung ganz besonders haftengeblieben. Seit langem schicke ich mich schon an, sie niederzuschreiben; ich dachte sie des öfteren durch und ließ sie immer wieder liegen, bis ich zu guter Letzt damit begann und den Trophäenkatalog vom Bücherregal nahm.

Das Geweih finde ich bei den ungarischen Hirschgeweihen unter der laufenden Nummer einunddreißig, was bedeutet, dass es auch in der Rangliste an dieser Stelle steht. Erlegt in Lábod, Komitat Somogy, im Jahre 1966. Erbringt es 229,99 internationale und 213,12 neue Nadlerpunkte. Auch in diesem nie dagewesenen hervorragenden Feld ist es ein ganz erstklassiger Hirsch.

Doch gleich darunter steht unter Nummer dreiunddreißig ein Geweih, das in mir ebenfalls sehr lebendige Erinnerungen weckt: Erlegt von Päl Rimler in Lenti, Komitat Zala, Südwestungarn, im September 1928. Es hat 229,18 internationale und 211,17 Nadlerpunkte. Die Erinnerung an dieses Geweih stammt aus meiner Kindheit.

Für mich ist dieser Trophäenkatalog eine Sammlung von Erinnerungen. Nicht nur, weil es seinerzeit meine Aufgabe gewesen ist, die ungarische Trophäenschau zu organisieren und aufzubauen, und viele der dort gezeigten Trophäen gute persönliche Bekannte waren, sondern weil ich in dem Katalog Namen von vielen, vielen

Freunden und Bekannten finde, von Revieren, an die mich Erinnerungen binden, Gestalten meiner Berufsjägerkollegen, eigenartige Geschichten von einem besonderen Geweih. Denn Geweihe, genauso wie Gewehre, haben Geschichten! Und diese vergehen, geraten meistens mit dem Tod ihres Besitzers in Vergessenheit. Deswegen werden aus dem stolzen Hirschgeweih Knöpfe und Messergriffe, wird aus dem einstmals so lieben Gewehr ein numerierter Verkaufsgegenstand.

Damals war ich elf Jahre alt und passioniert wie ein junger Jagdhund. Ich fuhr mit meinem Vater im Schnellzug nach Györ in Richtung Heimat. Mein Vater begrüßte einen bedeutend älteren Herrn mit großer Freude. Mich stellte er auch vor, und ich verbeugte mich vorschriftsmäßig und tief, als der Herr mir die Hand reichte. Dann sagte mir mein Vater, dies sei der sehr bekannte Jäger Päl Rimler, von dem er mir schon so viel erzählt habe. Ich wusste, dass Rimler mit meinem Vater vor dem ersten Weltkrieg bei Sopron viel gejagt hatte, dass er der Oberforstrat des Fürsten Esterházy war, riesige Waldungen verwaltete, und dass er es war, der in der vorjährigen Brunft in Lenti den Kapitalhirsch erlegt hatte, von dem damals so viel gesprochen wurde.

Ich hörte damals im Abteil des Zuges der Erlegungsgeschichte mit so viel Andacht zu, dass der alte Herr mir sofort eine kleine Amateuraufnahme vom erlegten Hirsch schenkte. Freilich ging diese mitsamt allen Erinnerungsgegenständen aus meiner Jugendzeit verloren, doch behütete ich sie über fünfzehn Jahre lang mit großer Sorgfalt und kann mich heute noch ganz genau an sie erinnern. Ein Hirsch mit einem langstangigen, vielendigen Geweih mit riesigen Kronen liegt vor einem großen Jagdhaus auf der Strecke, das Geweih von vorne aufgenommen, und hinter dem Hirsch steht der Erleger, ohne Gewehr und ist kaum höher als die Kronen des Geweihes...

Kurz darauf konnte ich mit eigenen Augen das gewaltige Geweih an der jährlichen Trophäenausstellung des Ungarischen Jagdschutzverbandes bewundern. Es überragte mit seiner Stärke bei weitem alle anderen Hirschgeweihe!

Dieser Hirsch trug vielleicht das stärkste Geweih von allen Hirschen, die zwischen den zwei Kriegen in Ungarn zur Strecke kamen. Wahrscheinlich konnte mit ihm bloß eines konkurrieren, das von Iván Rubido-Zichy in Högyész, im Komitat Tolna, Anfang der dreißiger Jahre erbeutete. Dieses Geweih hängt im Nationalmuseum in Budapest und wurde auf der Weltjagdausstellung nicht gezeigt. Deswegen weiß ich auch seine genaue Punktzahl nicht, doch erreichte es 214 Nadlerpunkte.

In dieser Zeit, als Herbert Nadler eigenhändig die Geweihe nach seinen Nadlerpunkten bewertete, waren 210 Punkte eine so hohe Grenze, dass nach meinem Wissen im Laufe der sechsundzwanzig Jahre zwischen den Weltkriegen nur diese zwei ungarischen Hirsche dieses Maß erreicht haben.

Vor dem ersten Weltkrieg erreichten es auch nicht viele. Aus dem Gebiet des heutigen Ungarn vielleicht nur der berühmte Spitzenhirsch, der Montenuovo-Hirsch aus Tolna. Außer ihm noch einige aus Máramaros (heute Maramures) in den Nordost-Karpaten und den südlichen Donau- und Drauwäldern.

Unter den an der Welt-Jagdausstellung 1971 ausgestellten ungarischen Hirschgeweihen belegte dann der Montenouvo-Hirsch den vierten und das Rimler-Geweih sogar nur den dreiunddreißigsten Platz!

Das bedeutet, dass in den fünfundzwanzig Jahren zwischen 1946 und 1971 drei Weltspitzenhirsche (und seitdem noch einer!) in Ungarn erlegt wurden, die stärker als der Montenuovo-Hirsch waren!

Darauf können die Jäger Ungarns mit Recht stolz sein! Denn dieses fast unglaublich anmutende hervorragende Ergebnis ist nicht nur mit der Ausweitung und Verbesserung der Lebensräume des Rotwildes zu erklären, sondern es hatten daran auch die Ausarbeitung zweckmäßiger Richtlinien für die Bewirtschaftung der Bestände und deren Vollführung durch ungarische Heger einen Löwenanteil.

Ich hatte immer große Freude an dem Hantieren mit Geweihen, ihrem Ordnen und An-die-Wand-Hängen. Es ist deshalb verständlich, mit welchem Eifer ich mich in die Veranstaltung der Ungarischen Trophäenschau der Welt-Jagdausstellung stürzte. Um so mehr, als ich mit Freuden sah, dass meine Vorstellungen auf Verständnis trafen, und weil ich hervorragende Mitarbeiter hatte, die sich mit demselben Eifer der Aufgabe widmeten.

Ich möchte es gern als einen der Erfolge meiner Jägerlaufbahn verbuchen, dass die Ungarische Trophäenschau dem Ruhm des ungarischen Wildes gerecht wurde und ungeteilte Anerkennung fand.

Bei der Zusammenstellung der Ungarischen Trophäenschau hielten wir uns streng an die Qualitätsrangliste. In die Mitte der Halle bauten wir einen kreisrunden Innenraum, in dessen Mitte auf einem pyramidenartigen Podest der fünftbeste ungarische Hirsch hing, ein Geweih von seltener Ebenmäßigkeit, und ringsherum an den Wänden standen in Reih und Glied die zweiundzwanzig besten ungarischen Hirsche.

Die obigen zwei meiner „persönlichen Bekannten", der Láboder Zweitbeste und der Rimler-Hirsch, wurden bloß um Zehntelpunkte aus dem „Sanktuarium" – wie wir den runden Innenraum unter uns nannten – verdrängt.

Da ich aber die Ungarische Trophäenschau ein wenig auch zu meiner eigenen Freude aufbaute, hängte ich meine „eigenen Trophäen", die guten Bekannten unter ihnen so auf, dass sie unter den anderen etwas herausspringen, mir ins Auge fallen sollten, sooft ich durch die Halle ging, damit ich mich jedes Mal des Wiedersehens freuen konnte.

Denn wenn ich den Jagdgast begleitete, der das Geweih oder Gehörn erbeutet hatte, so hielt ich es immer für fast so wertvoll, als ob ich selber den Schuss abgegeben hätte.

Deswegen war es eine meiner größten Freuden beim Aufbau der Ausstellung, dass ich eine ganze Reihe „meiner eigenen Trophäen" wiedersehen durfte. Denn wir streckten den Hirsch, Bock oder Keiler, kochten die Trophäen ab, und die Gäste nahmen sie mit. Mir blieb bestenfalls nur ein Foto übrig. Doch jetzt waren sie wieder in ihrer ganzen Wucht vor mir. Ich konnte sie anfassen und mich ihrer nach Herzenslust erfreuen. Ist es ein Wunder, dass ich sie an ausgewählte Wände und Stellen hing? Ich konnte es getrost tun, denn kaum jemand ahnte unser geheimes Verhältnis.

So kam das Geweih mit ungeraden vierundzwanzig Enden des in Lábod am 14. September 1966 erlegten Hirsches allein an die rechte Eingangswand des „Heiligtums", damit ich es während der Ausstellung ständig vor Augen behielt. Der Rimler-Hirsch kam an den Hauptplatz des äußeren Rundganges. Was er auch reichlich verdient hatte!

Im Revier Lábod stand die Brunft 1966 Mitte September auf ihrer Höhe. Zu dieser Zeit hatten wir natürlich viele Gäste, in allen unseren Jagdhäusern hatten wir volles Haus. Für den Berufsjäger ist dies wirklich keine Zeit zum Faulenzen, sondern der Höhepunkt der vielen Freuden des langen Jagdjahres. Wer gerade keinen Jagdgast zu führen hatte, war tags und genauso nachts unterwegs, tags zum Abfährten, nachts aber zum Beobachten und Verhören im Revier, ob nicht irgendwo ein neues Rudel oder am Ende der Reihe des Kahlwildes ein bisher noch nicht gesehener, starker, reifer Hirsch erscheint. Denn mit solchen lohnt es, sich abzugeben, seinen nächtlichen Brunftplatz zu verhören, den Tageseinstand und die Aus- und Einwechsel festzustellen, denn einige Tage lang wird er sicherlich mit dem Rudel verweilen – wenn ihn bloß kein Stärkerer abschlägt, seinen Platz nicht übernimmt. Mit den einzeln ziehenden, suchenden Hirschen lohnt es hingegen nicht, sich zu bemühen, denn solange sie noch nicht beim Rudel stehen, suchen, ziehen und wandern sie weiter über Berg und Tal, wer weiß woher, und wer weiß wohin.

Der Berufsjäger findet zu dieser Zeit wenig Schlaf! Und ich im Besonderen tat kaum ein Auge zu. Hatte ich doch in den vollen vier Wochen der Hirschbrunft nie eine Morgen- oder Abendpirsch versäumt, denn meine Passion, mein Jägerblut trieben mich hinaus. Dann waren die vielen Gäste da, die sich abwechselten; wer seinen

Hirsch erlegt hatte, trank ihn tot – ohne mich, denn dazu reichten meine Kräfte schon nicht mehr aus – und fuhr nach Hause. Da war aber schon der nächste Gast, frisch, ausgeruht, voller Passion und Tatendrang. Dann jagten wir mit diesem weiter. Mir war dies eine Freude, wenn der Gast ein echter Jäger war. Ich ging auch sehr gern, denn es war die Hohe Zeit des Jahres, und ich selber jagte ja auch und erntete, was wir jahrelang mit mühevoller Arbeit gesät hatten.

Tagsüber gab es für mich nur ab und zu mal ein wenig Zeit zum Schlafen. Jeden Tag musste ich im Revier herumfahren, die von anderen Jagdhäusern aus jagenden Gäste besuchen, sie anhören, ob alles in Ordnung war, organisieren und ihnen sehr oft Mut zusprechen.

Jeden Tag bis Mittag kamen die Meldungen per Telefon oder Boten. Demgemäß musste man für die Abend- und Morgenpirsch Anordnungen treffen, sehr oft geschwind transportable Hochsitze umstellen oder erlegtes Wild einfahren lassen.

Und wenn – Gott behüt' – ein Stück angeschweißt war, wurde oft den ganzen Tag lang nachgesucht. Ich und mein Kurzhaar Legény mussten ja unbedingt dabeisein!

Als sich diese Geschichte abspielte, kam Meldung von einem jagdbaren Hirsch aus dem westlichen Teil des riesigen Jagdbannes. Der Revierjäger sprach ihn als alten Zwölfer mit einem Geweihgewicht um neun Kilo an, er hatte drei Tiere dabei und schrie sehr sparsam. Sein Einstand war aber ein günstiger Platz: Der Wald von insgesamt etwa dreihundert Hektar wurde in der Mitte von einer häufig befahrenen Straße durchschnitten, und neben dieser lag eine lange, schmale Dickung, die der Einstand des Rudels war. Östlich der Dickung eine schmale Schneise von kaum vier Meter Breite, über diese führte ihr Wechsel abends und morgens zum oder vom Brunftplatz, der weiter draußen in einem Maisfeld lag.

Durch Einstandsdickung und angrenzenden Wald führte auch eine Querschneise; auf den Schnittpunkt hatten wir einen Schirm gestellt. Freilich ist man in solchem Schirm dem Verrat durch den sich oft plötzlich wendenden Wind mehr ausgesetzt als auf einem

Hochsitz, aber dort, wo an die Schneise ein Hochwald anstößt, kann man vom Hochsitz aus wegen der herabhängenden Zweige die Schneise nicht entlangsehen. Aus einem mitten auf die Schneisenkreuzung gestellten, mit einer schmalen Bank und Geländer zum Auflegen der Büchse versehenen Schirm aus kann man nach allen vier Richtungen die Schneisen bequem beschießen, das an den Schirm gewöhnte Wild gewahrt den Jäger nicht. Und der Schuss vom Boden aus ist sicherer als der von oben herunter.

Wir sitzen also am frühen Morgen noch bei Dunkelheit im Schirm: Jagdgast Sch., ich selber und mein Kurzhaar Legény. Es ist grau in grau, ein nicht enden wollender Schnürlregen fällt auf unsere herabgekrempelten Hüte und die hochgestellten Kragen der Lodenmäntel. Besser gesagt ist meiner nicht einmal ein Mantel, sondern ein Wetterfleck, dieses wunderbar praktische Jagdbekleidungsstück, das leicht, aber warm ist und Platz hat für Glas, Gewehr und sogar noch für den Hund.

Die Wolken müssen sehr tief ziehen, weil es nur langsam hell wird. Nirgends ringsherum ein Ton, völlige Stille, als ob der Wald ausgestorben wäre. Es ist auch sicher, dass wenig Rotwild in ihm steht. Dies ist ein kleines Waldstück inmitten der Felder; auch zur Brunft haben nie mehr als zwei Rudel ihren Einstand darin. Deswegen ist hier nie eine gute Brunft; die ein, zwei Hirsche schreien, wenn sie es überhaupt tun, eher zu ihren eigenen Vergnügen. Doch weil der Wald klein ist, ist es verhältnismäßig leicht, den Hirsch vor die Büchse zu bekommen, wenn ein jagdbarer hier Einstand bezieht, denn es gibt nur wenig Dickungen, und der Wald ist durch Schneisen zerschnitten. Doch gerade deswegen zieht das Rotwild mehr nachts, wechselt spät aus und oft sehr früh bei Dunkelheit ein. So kann es passieren, dass man einen Hirsch tagelang „ersitzen" muss, bis man ihn in Anblick bekommt.

Obwohl der Regen einschläfernd auf uns herniederrauscht, beobachten wir stets gespannt alle vier Schneisen. Es kann ja jeden Augenblick das Leittier auf einer von ihnen erscheinen, und dann ist gleich am Ende des Rudels auch der Hirsch da. Die langweilige Eintönigkeit kann sich im Handumdrehen in höchste Spannung verwandeln. Doch jetzt wandelt sie sich nicht, bloß der Regen fällt. Wir sitzen auf der kleinen Bank nebeneinander, doch so, dass wir die entgegengesetzten Richtungen beobachten. So entdecken wir jede kleinste Bewegung auf den vier Schneisen.

Oh, wenn doch der Hirsch käme! Der Gast ist schon den siebenten Tag hier und ist noch nicht zu Schuss gekommen. Das kommt natürlich vor, in Lábod ziemlich oft, doch der Gast ist zum ersten Mal im Revier, er weiß noch nicht, was los ist. Denn hier ist es nicht leicht, einen guten Hirsch zu bekommen. Selbst dann nicht, wenn wir ihn zufällig bestätigt haben wie diesen hier. Die Zeit des Gastes geht zu Ende, und auch mir wäre es recht, wenn er seinen Hirsch schösse. Dann könnte ich mich einem anderen Gast widmen. Denn wir haben noch einige da, die kein Waidmannsheil hatten. Und mit uns meint es Hubertus sogar ganz stiefmütterlich, auch heute hocken wir umsonst hier, kein Ton, keine Bewegung, nichts, obwohl schon längst Büchsenlicht ist. Vielleicht ist das Rudel doch in einen anderen Tageseinstand gewechselt oder trotz der nassen Witterung schon vor Büchsenlicht eingezogen?

In hoffnungsloser Langeweile trifft mich das Erscheinen einer starken, einzelnen Sau wie ein Blitzschlag! Es war nur ein kurzer Augenblick: Sie zog im Troll über die Schneise in die schmale Dickung, auf mehr als Büchsenschussweite von uns entfernt.

Das ist hier eine unerwartete Überraschung, in diesem Wald, wo ich noch nie zuvor eine Sau gesehen habe! Sogar als Wechselwild kommen Sauen nur höchst selten vor. Anscheinend hat dieser gewaltige Einzelgänger-Keiler seinen Einstand für die Reife des Maises aus den großen Waldungen hierher verlegt.

Mein Plan ist in einem Augenblick fertig, so günstig ist die Lage. Die etwa hundertfünfzig Meter breite Dickung, in die der Keiler eingewechselt ist, wird an der westlichen Seite von der Straße, an der nördlichen aber vom Feld flankiert. In diese beiden Richtungen wird der Keiler kaum ziehen, wenn ich ihn rege mache. Es ist auch nicht wahrscheinlich, dass er dann längs der Dickung flüchtet, sondern eher seinem Gedankengang, seiner Gewitztheit entsprechend über dieselbe lange Schneise herauswechselt, wo er eingezogen war. Der Wind kommt vom Feld, vom Norden, es ist also um so wahrscheinlicher, dass, wenn ich ihn mit schlechtem Wind in der Dickung angehe, er mit „halbem Wind" nach Osten wieder über die Schneise geht. Um so mehr, als er die allernächste Dickung auch in dieser Richtung erreichen kann.

Wir gingen ganz leise die Schneise hinauf, und ich stellte den Gast unter Wind, etwa dreißig Schritt von der Stelle, die zum Hinüberwechseln am geeignetsten erschien. Denn Sau und Fuchs suchen immer Deckung, wechseln da, wo die Dickung am dichtesten, die Lichtung oder Schneise am schmalsten ist. So spekulierte ich also mit dem Gedankengang der Sau, und wie es sich kurz nachher herausstellte, auch nicht schlecht.

Sodann machte ich einen Bogen um die Dickung, mit dem Hund an der Leine, und ging mit schlechtem Wind, ab und zu hustend, in der Dickung hin und her, um die Sau anzurühren. Ich schnallte den Hund nicht, denn der schnelle, hochläufige Vorstehhund hätte die Sau sicherlich sofort so auf Schwung gebracht, dass sie hochflüchtig über die Schneise gegangen wäre – und so ist sie kaum zu treffen. Ich hoffte aber, dass sie in der schmalen, doch patschnassen Dickung angerührt im Ziehen oder Troll vor den Schützen käme.

Nach kurzer Zeit wähnte ich ein Rascheln vor mir zu hören, dann – rumms-rumms – ein Doppelschuss auf der Schneise. Der Gast führte eine Doppelbüchse, die richtige, eine 9,3 x 74 R. Sie knallte wie eine Kanone. Doch hörte ich keinen beruhigenden Kugelschlag.

Es stellte sich heraus, dass der gewaltige Keiler im Troll genau dort kam, wo ich es erwartet hatte, aber Sch. war so überrascht, daß er mit dem ersten Rohr vorbeischoss und mit dem zweiten auf den abspringenden Keiler zu kurz abkam. Der Arme bekam die Kugel in die Keule, was nicht nur viel hellroter Wildbretschweiß, sondern auch Röhrenknochensplitter bezeugten.

Auf die Schüsse hin erschien am Ende der Schneise auch der Revierjäger, der an diesem Morgen woanders beobachtete. Ich selber hatte kein Gewehr bei mir – ich führte nie eins, wenn ich einen

Mein Bruder und ich mit unserem Lehrmeister Laci Csepi nach einer Morgenpirsch an der alten Ulme am Ufer der kleinen Donau (1953, S. 11ff.)

Mein Vater auf seiner letzten Fasanenjagd in seinem 91. Lebensjahr (S. 11 ff.)

Die Brücke im Aurevier (S. 43)

„... dann brach er mit dumpfen Knall zusammen ..." (S. 49)

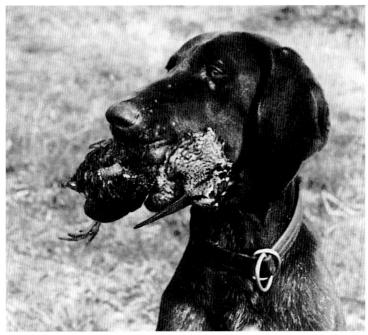

Legény (S. 51 ff.)

Auch diesen Hirsch verdanken wir Legény. (S. 57)

Mit vollem Schwung prallt das Hühnervolk gegen das Hochgarn. (S. 63 ff.)

Dann kommen die eingefangenen Hühner in die Transportkörbe. (S. 63 ff.)

Das Frühjahr brachte die Langschnäbel auch nach Lábod. (S. 85 ff.)

Er hatte kaum Platz auf dem Schlitten! (S. 130)

Ein gewaltiger Keiler zog über die Schneise ... (S. 136 ff.)

Geweihparade vor dem Jagdhaus Petesmalom (Hirschbrunft 1963, S. 136 ff.)

Der Hirsch zog seinem Schmaltier nach. (S. 154)

Der gestreckte König der Wälder (229,99 IP., S. 156)

Der kapitalste Rehbock, der mir jemals begegnete (169,65 IP, S. 168)

Da steht ein Bock in der Luzerne! (S. 157 ff.)

Jagdhaus Bélmegyer inmitten blühenden Flieders (S. 157 ff.)

Trappenbalz in der Weizensaat (S. 175 ff.)

Mit rauschendem Schwingenschlag erheben sich die Hähne. (S. 175 ff.)

Der starke Bock vor dem Schuss (S. 202 f.)

Derselbe Bock auf der Strecke – fünfjährig und falsch geschossen (S. 202 f.)

Seltene Strecke – Waldschnepfe und Baummarder (S. 236)

Hüttenjagd (S. 237)

Saatgänse. Nur ein Teil des Fluges gelangt in den Bildausschnitt des Teleobjektives. (S. 242 ff.)

Wie Schwadronen anstürmender Kavallerie ... (S. 242 ff.)

Das Jagdhaus in der Hanság (S. 263)

Am Ende der Fährte ... (S. 270)

Gast begleitete –, er aber hatte eine Flinte mit einigen Brenneke dabei.

So machten wir uns also unverzüglich an die feuchte Nachsuche, denn der Regen fiel, er verwusch die Fährte, es war sehr dringend. Überhaupt soll man ja mit der Nachsuche eines laufkranken Stückes nicht warten; je schneller man dahinter ist, um so besser für Jäger und Wild.

Legény hielt die Schweißfährte auch an der langen Leine ganz sicher. Später war dann nur so viel Schweiß an Gras und Blättern abgestreift, dass man mit bloßem Auge ohne Hund ihr wohl nur mühsam hätte folgen können. So kamen wir schnell durch die angrenzenden zwei Jagen, lichten, durchforsteten Bestand, in welchem der Keiler sich sowieso nicht gesteckt hätte.

Dann aber wendete er nach Norden, gegen den Wind und wechselte in eine kaum zwei, drei Hektar große Dickung ein, die sich inselartig zwischen die Felder schob.

Hier war er am günstigsten Platz! Von hier aus würde er wieder nur in den Wald einwechseln, und es konnten ihm zwei Schützen an einem tiefen, trockenen Graben den Weg verstellen.

Ich stellte nun beide Schützen an, machte selber einen großen Bogen um die Dickung und drückte sie vom Feld her wieder mit Rückenwind durch. Jetzt aber schnallte ich schon den Hund! Ich wusste, dass er die kranke Sau sofort finden und dann nicht mehr von ihr ablassen würde. Wenn notwendig, so hetzte, stellte und hielt er das angeschweißte Stück den ganzen Tag. Legény brachte fast jedes laufkranke Stück zur Strecke.

Kaum dass der Hund vor mir in der Dickung verschwand, ertönten ein tiefes Grunzen, ein Krach in der Dickung, dann: Hau!-hau!-hau! – hetzte der Hund die Sau genau in Richtung der beiden Schützen. Zwei schnelle Doppelschüsse, die fast gleichzeitig fielen, dann entfernte sich die wilde Hatz im Walde. Die Schützen waren zu aufgeregt – sie schossen mit allen vier Schüssen vorbei!

Als ich zu ihnen herauskam, hörten wir immer noch den Hals des Hundes. Jetzt aber gab er schon mit tiefem, rhythmischem Bellen Standlaut in der weit entfernten Dickung.

Wir eilen hin, so schnell uns unsere Beine tragen und unsere Herzen durchhalten. Helfen wir dem Hund so bald wie möglich, obwohl ihm kaum etwas passieren kann, denn er kennt den Rummel, greift die angeschweißte Sau nicht scharf an. Er stellt sie nur aus gehöriger Entfernung, so dass er jedem Angriff ausweichen kann.

Den Gast schicke ich auf die andere Seite der Dickung, die Schneise abzustellen, ich aber übernehme die Flinte des Jägers. Ich gab immer selber den Fangschuss, wenn Legény ein Stück stellte. Augenscheinlich macht es meinem Kollegen eher Freude, dass er nicht selbst zum angeschweißten Keiler in die Dickung kriechen muss. Denn in solchen Fällen kann leicht Schlimmes passieren. Nicht so sehr deswegen, weil die angeschweißte Sau den Jäger angreift und ihn schlägt, denn der scharfe Hund fällt sie inzwischen von rückwärts sicherlich an und dreht sie ab, vielmehr aber, weil dem Hund etwas zustoßen kann. Der in der Aufregung unsicher werdende erschrockene Schütze kann allzu leicht Schaden beim Hund anrichten!

Ich kroch also in die Dickung und musste auf etwa vier Schritt heran, um sauberes Schussfeld zu haben und dem Keiler das Flintenlaufgeschoss auf den Teller setzen zu können, als der Hund nicht in Schusslinie war.

Legény und ich hatten aber große Lust an der Sache gehabt, auch dann, wenn die Waffen natürlich der Gast mitnahm. Sie gehörten ja mit Fug und Recht ihm, weil er die erste Kugel angebracht hatte und die Sau bei der anschließenden Nachsuche zur Strecke kam.

Es sind wenige stärkere Keiler als dieser im Láboder Revier zur Strecke gekommen!

Später Vormittag war es schon, als wir ins Jagdhaus Petesmalom zurückkamen. Die anderen Jäger hatten schon längst gefrühstückt und holten den Schlaf nach den Ermüdungen der Morgenpirsch und des Frühaufstehens nach.

Bis dahin hatte sich das Wetter schon aufgeklärt. Die liebe Sonne schien, und unsere Sachen, die vom Morgenregen und den nassen Dickungen von Wasser getrieft hatten, waren schon getrocknet. Wir saßen im fahlen Herbstsonnenschein auf der Terrasse und schauten nach einem reichlichen Frühstück den blauen Rauchwolken unserer Zigarren hinterher, als vom Hintergebäude Jäger Józsi Krivarics kam und in lakonischer Kürze – auch sonst ist er nach guter alter Jägerart ein wortkarger Mann – meldete:

„Ein Hirsch schreit hinter dem Haus!"

Das war nun ein ganz besonderer Fall, eine unerwartete Nachricht! Einmal deswegen, weil in Lábod die Hirsche damals fast nur des Nachts schrien, bei Büchsenlicht und besonders am hellen Mittag so selten, dass es die große Ausnahme war. Und von zwei Seiten wurde das Jagdhaus Petesmalom von Fischteichen flankiert und nur von zwei Seiten von Wald; es war ein sehr seltener Fall, dass Rotwild hinter dem Hause seinen Einstand nahm und ein Hirsch dort schrie.

Wir packten die Sache sofort an. Diese Ecke war sehr gut dazu geeignet, den Hirsch einmal ins Auge zu fassen, der soeben vier, fünfmal geschrien hatte. Dies Melden hatte Józsi gehört, der hinter dem Pferdestall mit dem Säubern eines abgekochten Geweihes beschäftigt war.

Das Waldstück hinter dem Hause war von einer Seite von einem großen Fischteich, von der zweiten durch den Gemüsegarten des Jagdhauses flankiert. Die zwei anderen Seiten bildeten jedoch Schneisen, an deren Kreuzung ein Hochsitz stand. Wenn also Józsi die kleine Dickung mit schlechtem Wind von der Seite des Fischteiches aus „anrührt", so muss der Hirsch unbedingt über eine der Schneisen wechseln, und wir konnten ihn mit größter Wahrscheinlichkeit ansprechen. Es lohnte sich nicht, die Zeit mit Ansitzen auf ihn zu vergeuden, da wir ja nicht wussten, ob er nicht zu jung und noch nicht jagdbar war.

Leider aber war er zu jung. Ein sechs-, siebenjähriger, gut veranlagter Vierzehnender mit zwei Tieren. Als Józsi am Fischteich zu husten und mit dem Stock zu schlagen begann, kamen sie auf beste Schussweite über die Schneise, kaum weiter als hundert Schritt. Ich winkte ab, als der Hirsch hinter seinen Tieren erschien, auf meinen abgehackten Brummer im „Habt Acht!" verhoffte und sein Blatt als Zielscheibe präsentierte. Es tat aber keinem von uns leid, dass es nicht geknallt hatte. Wenn wir ihn geschossen hätten, so wären wir nur allzu leicht zu unserem Hirsch gekommen. So aber bleibt seine stolze, hochmütige Haltung in unserer Erinnerung, wie er da so auf der Schneise verhoffte ...

Am frühen Nachmittag waren wir selbstverständlich schon wieder unterwegs. Wir wollten in einem Revierteil eine mit Ansitzen verbundene Pirsch unternehmen, in dem viele hervorragende Einstände und mehrere Brunftplätze waren. Hier standen zu jeder Brunft mehrere Rudel mit ihren Platz- und Beihirschen.

Im Laufe der Jahre haben wir in diesem Revierteil von etwa 1500 Hektar viele Hirsche zur Strecke gebracht. Hier wechselten große Schläge mit Kleinbauernfeldern und sehr dichten Dickungen, Hochwäldern, mit Schilf und Salweiden bestandenen Niederungen ehemaliger Seen und mit unbebauten Brachfeldern. Wir hatten auch zwei schöne Wildäcker inmitten der Einstände.

Doch war es nicht leicht, hier einen Hirsch zu strecken. Im Gegenteil, gerade diese Ecke war die schwierigste im ganzen riesigen Revier. Hier hatte das Wild keine sicheren Wechsel und Einstände, wo es hätte bestätigt werden können und wo man ihm den Wechsell hätte verlegen können. Hier gab es in jeder Richtung wunderbare Einstände, Dickungen und Äsungsflächen. Die Rudel wechselten je nach Windrichtung und dem Gutdünken des Leittiers. Der Jäger wusste selten, wo sie aus- oder einwechselten.

Ich kann mich dort an mehrere Frühpirschen erinnern, als noch weit vor Büchsenlicht in dunkler Nacht auf einem der Felder ein gewaltiger Brunftbetrieb herrschte. Wahrscheinlich kamen sich zwei oder mehr Rudel und ihre Gebieter in die Quere, so dass die Hirsche ganz wild durcheinanderschrien. Und ich pirschte mich im Umhang der Dunkelheit nahe an das Getümmel heran, damit ich bei anbrechendem Morgengrauen der Recken ansichtig werden würde, ohne dass sie mich eräugten oder witterten. Zu meiner tiefsten Enttäuschung machte ich eine Fehlpirsch. Noch in völliger Dunkelheit zogen sie gegen den Wind ein, nach Gewohnheit der

Hirsche in Lábod, ohne einen Ton hören zu lassen, als ob ihre Stimmen abgeschnitten worden wären, als sie sich vom Brunftplatz in Bewegung setzten. Und als das Büchsenlicht kam, war die Bühne leer. Ich hatte nicht nur keinen gesehen, sondern wusste sogar nicht, wohin sie eingezogen waren.

In die Wälder rings um einen Einödhof führte uns die heutige Abendpirsch, denn es war zu hoffen, dass wir hier mit einem gut jagdbaren Hirsch zusammenträfen.

Zwei Tage früher hatten wir dort mit einem anderen Gast schon einen sehr guten, alten, langstangigen Zwölfer mit etwa neun Kilo Geweihgewicht auf einem der Wildäcker erlegt. Die Sonne war bereits untergegangen, und wir pirschten dort in der Nähe, als am Wildacker ein großes Röhren anhob. Wir liefen eilig hin und trafen auf einen Kronenhirsch mit langem und starkem Geweih, der gerade einen Beihirsch, der seinem Rudel im Bestand zu nahe gekommen war, mit wilden Sprengrufen über die freie Fläche abschlug. Wir schossen ihn ohne zu zögern; er brach mitten auf dem Feld zusammen.

Doch am nächsten Morgen trafen wir in der Nähe des gestreckten Hirsches einen viel besseren an, dessen Geweih sicherlich über zehn Kilo wog und in die „Goldklasse" gehörte. Nach Beendigung der Frühpirsch schlenderten wir auf einer Schneise in einem alten, mit Holunderunterwuchs dicht bestandenen Akazienhochwald zu unserem abgestellten Wagen, als in guter Büchsenschussentfernung ein Tier auf der Schneise erschien. Wir verzogen uns flugs in die Deckung der Randbüsche. Ich hieß meinen Gast schussfertig hinknien, und ich selber stellte das Glas scharf. Nach dem dritten Tier erschien auch der Hirsch auf der Schneise – und mir stockte der Herzschlag! Der Hirsch war alt und sehr stark, mehr als kapital. Auf langen und dicken Stangen saßen Kronen mit zumindest je vier Enden, und als besonderes Erkennungszeichen hatte er an der linken Stange über der Mittelsprosse ein dickes, nach hinten ragendes, ellenlanges Ende. Die ungarische Jägersprache bezeichnet so ein nach hinten gerichtetes Ende treffend als „Gastsprosse".

„Schießen!"

Im gleichen Augenblick knallte die Büchse. Doch der Hirsch blieb wie eine Statue unbeweglich stehen, denn die Kugel rauschte durch das Geäst über ihn hinweg. Völlig gesund sprang er dann hinter seinem Kahlwild ab, als er das stählerne Klirren des Verschlusses der Repetierbüchse vernahm. Der Schuss hatte sein Ziel vollständig verfehlt, das war offensichtlich. Worauf wir ihn sofort „Blech-Hirsch" tauften, analog zum „Blech-Hahn", dem Schrote nichts anhaben konnten.

Mit dem Fehlschuss hatten wir ihn überhaupt nicht gestört. Vielleicht wusste er gar nicht, dass es ein Schuss gewesen war und nicht das Grollen des Donners. Wir brauchten gar nicht auf der Fluchtfährte herumzutrampeln, denn offensichtlich war der Hirsch gesund. Nach dem Schuss zog er in eine große Salweidenniederung ein, und ich konnte mit Sicherheit annehmen, dass dies sein Einstand war.

Ich spekulierte daher und plante auch die heutige Abendpirsch so, dass wir vom frühen Nachmittag an in der Nähe dieser Salweidenniederung auf einer langen Schneise ansaßen. Wir konnten hören, wenn der Hirsch im Einstand meldete oder beim Herausziehen knörte. Wenn wir großes Glück hatten, so zog er auch über unsere Schneise.

Wir hatten gewaltiges Waidmannsheil an diesem Tag. Deshalb ist er mir auch so gut im Gedächtnis geblieben. Es war noch nicht einmal fünf Uhr nachmittags, als der Hirsch in der Niederung ein, zwei Mal ganz leise knörte. Wir waren aber in der Nähe und konnten es vernehmen. Es musste der starke Hirsch sein; bestimmt duldete er keinen anderen im Einstand. Wir aber saßen mit gutem Wind am Rande der Schneise auf unseren Lodenmänteln. Ich vorn, unmittelbar hinter mir der Gast. So konnte er auf meiner Schulter auflegen, um sicherer abzukommen.

Dann meldete der Hirsch lange Zeit nicht weiter; man hörte auch keine Bewegung, und die Spannung in der großen Stille war fast unerträglich. Es lag in der Luft, und wir fühlten, dass etwas geschehen würde. So kam es auch! Wie ein Geist erschien das Leittier auf der Schneise, zweihundert Schritte von uns entfernt. Es war noch eben auf Kugelschussdistanz! Nach kurzem Verhoffen zog es über die Schneise. Dann kamen die anderen Stücke des Rudels hinter ihm. Inzwischen hatte ich den Hirschruf in meiner Linken, das Glas in der Rechten, um den Hirsch gebührend erwarten zu können. Wir brauchten auch nicht lange zu warten. Es erschien ein zackiges, vielendiges Geweih am Schneisenrand, dann trat er selber würdevoll ins Freie. Ich erkannte sofort die nach hinten gerichtete „Gastsprosse". „Das ist er!" sagte ich und knörte den Hirsch kurz an. Der stand am Schneisenrand wie eine Bronzestatue und äugte zu uns herüber. Ich fühlte, wie die Doppelbüchse des Gastes auf meiner linken Schulter zitterte. Ich hielt ganz still. Rumms! – der Hirsch stand einen Moment wie verzaubert, dann drehte er, sprang ab, – rumms – donnerte der andere Lauf. Ich konnte diesen zweiten, überflüssigen, in der Hitze des Gefechtes abgegebenen Schuss nicht mehr verhindern.

Der „Blech-Hirsch" zog weiterhin gesund seine Fährte. Wir hatten ihn richtig getauft – anscheinend war er gegen jede Kugel gefeit! Ob dies aber wirklich so war, das konnte ich nie ergründen, weil ich diesen auf den ersten Blick erkennbaren Hirsch niemals wiedergesehen habe. Ob er nun in den darauffolgenden Jahren dieses Erkennungszeichen zurückgesetzt hatte und wir ihn nicht mehr identifizieren konnten, oder ob er vollständig verschwand – ich weiß es nicht! Vorher hatten wir ihn auch noch nie gesehen. Wer weiß, woher er gekommen war, wer weiß, wohin er in diesen endlosen Wald-Feld-Revieren Transdanubiens verschwunden war.

Denn dort birgt die Wanderung des Rotwildes noch viele Geheimnisse!

Legény holte ich zur Fährtensuche aus dem Auto; er pflegte auf dem Hintersitz tief zu schlafen, wenn wir auf Pirsch oder Ansitz waren. Er untersuchte auch den Anschuss auf das genaueste. Der erste Schuss war ganz sicher vorbeigegangen, doch der zweite hätte den Hirsch vielleicht treffen können, obwohl wir weder ein Zeichnen gesehen noch einen Kugelschlag gehört hatten.

Wie ich es nicht anders erwartet hatte: Auch Legény fand weder Schweiß noch Schnitthaar. Nach einigen Schritten hatte er kein

Interesse an der Fährte mehr – wozu hatten wir ihn denn hergeholt – es war ja sicher, dass der Hirsch gesund ist, kein Haar wurde ihm gekrümmt. Hier hatten wir nichts mehr zu suchen!

Es blieb noch eine kurze Stunde Büchsenlicht. Was sollten wir mit dieser Zeit machen, wie sollten wir sie ausnützen? Wir hörten keinen Brunftlaut ringsherum, in dessen Richtung wir hätten pirschen können. Ich fasste also den Entschluss, in Ermangelung eines besseren Planes ganz in die Nähe des Gehöftes hinüberzupirschen – es lag fast drei Kilometer entfernt –, um zu sehen, ob nicht auf einem der dortigen Brunftplätze etwas los war. In der besten Zeit, vor Schwinden des Büchsenlichtes, konnten wir dort sein. Unterwegs sahen und hörten wir nichts. Das Revier war wie ausgestorben.

Südlich des Gehöftes lag ein langgestrecktes, großes Feld zwischen guten Rotwildeinständen. Dahin pirschten wir und kamen von Süden her mit gutem Wind in seine Nähe. Viel Hoffnung hatte ich nicht mehr; ich dachte, wir hätten für den heutigen Tag all unser Waidmannsheil erschöpft. Auch das Büchsenlicht war schon im Schwinden. Es waren nur noch einige Minuten davon übrig.

Wir pirschten im Walde einen Sandweg entlang, der zu einem an der Südwestecke des Feldes stehenden Hochsitz führte. Von ihm aus konnte man das ganze weite Stoppelfeld übersehen. Wir waren noch auf Schrotschussweite entfernt, als irgendwo im Bestand an der anderen Seite des Feldes ein Hirsch mit sehr guter Stimme einen tiefen Grohner ausstieß!

„Jetzt aber schnell zum Hochsitz!" Wir laufen fast, doch hören wir den Hirsch noch zwei, drei Mal melden, bis wir zur Ecke kommen. Vom Ansatz der Leiter aus luge ich vorsichtig durchs Gestrüpp hinaus: Das Feld ist leer! Doch wieder meldet, brummt der Hirsch. Jetzt weiß ich, dass er unmittelbar am gegenseitigen Waldrand steht, kaum dreihundert Schritt von uns entfernt. Nun aber schnell auf den Hochsitz! Dort sind wir in Sicherheit, denn oben eräugt uns das Wild nicht mehr, und guten Wind haben wir auch. Jetzt könnte es noch klappen, wenn der Hirsch in Kürze austritt – und reif für die Kugel ist!

Studie Ungarnhirsch

Ich steige voran die Leiter hinauf – hinter mir der Gast –, und wir sind kaum in der Mitte, als ein Schmaltier aus dem gegenüberliegenden Hochwald auf das Stoppelfeld hinaustritt. O heiliger Hubertus, hilf, dass es uns jetzt hier, ungedeckt zwischen Himmel und Erde, nicht eräugt. Wir erstarren zu Stein, doch heute sind alle Schutzpatrone der Jäger mit uns; das Tier sichert überhaupt nicht, sondern zieht mit tiefem Windfang ohne zu verhoffen mitten aufs Feld hinaus. Wir nützen natürlich diese Chance und sind flugs oben und hinter dem Korbgeflecht des Hochsitzes verschwunden.

Wir hatten uns eben nur geduckt auf die Bank niedergelassen, als uns gegenüber der Hirsch auf das Stoppelfeld hinauszog. Aber was für ein Hirsch! An seinem dicken, schwarzen Geweih riesige, vielendige Kronen, im ganzen Geweih lange Enden mit weißen Spitzen. Die Endenspitzen leuchteten wie Kerzen vor dem dunklen Hintergrund des Hochwaldes! Das Geweih war gewaltig, hochkapital, das sah man auf den ersten Blick. Und mit dem ersten Eindruck fiel es mir auch auf, daran kann ich mich ganz genau erinnern, dass die Stangen nicht nur auffallend dunkel, sondern auch sehr dick waren. Und in solchen, im Jägerleben ganz seltenen Fällen, soll man mit dem Schuss nicht fackeln, sei es beim Hirsch oder Rehbock.

Ich hatte den gewaltigen Hirsch noch niemals gesehen. Er war uns auch nicht bekannt, obwohl dieser Brunftplatz mitten im riesigen Revier lag. Doch der Berufsjäger des Nachbarreviers hatte im Vorjahre einmal einen guten Hirsch mit sehr endenreichen Kronen gesehen, aber nicht ansprechen können. Ich selber glaube, dass es derselbe Hirsch gewesen war, dass er jahrelang bei uns brunftete, doch niemals zu Gesicht kam.

Der Hirsch zog mit tiefem Träger, bei jedem Schritt mit dem Haupte nickend – ein alter Hirsch, der kaum die Last seines Geweihes tragen konnte –, auf der Fährte des Schmaltiers auf uns zu, immer näher hinaus aufs Stoppelfeld. Der Gast verfolgte ihn schon längst durchs Zielfernrohr der auf das Geländer aufgelegten Büchse. Der Hirsch kam uns endlich sogar auf etwa hundertfünfzig Schritt entgegen, doch gab er nie Gelegenheit zum Schuss. Er kam immer spitz auf uns zu, von oben, vom Hochsitz aus verdeckte das Geweih ständig den Wildkörper. Auch sonst hätte ich nicht spitz von vorn schießen lassen. Nein, warten wir nur bis er sich seitlich dreht und sein gewaltiges Blatt uns zum Schuss präsentiert. Wenn bloß das Büchsenlicht nicht so gefährlich abnähme, es dunkelt schon stark, man sieht die Konturen des Hirsches auch im Glas nicht mehr klar. Wir haben noch fünf Minuten zum Schuss. Die müssen wir auf jeden Fall ausnützen, eine einmalige Gelegenheit, dass jetzt dieser Riesenhirsch endlich frei vor uns steht, aber es ist ein Jammer, dass er keine Möglichkeit zum Anbringen der Kugel gibt! Wenn er sich doch endlich breit stellen würde!

Er hat das Schmaltier erreicht, bleibt neben ihm stehen, immer noch spitz von vorn, er zeigt seine Breitseite keinen Augenblick, worauf wir mit der ganzen Spannung unserer Nerven warten! Jetzt verdeckt ihn sogar noch das Schmaltier. Ein Schuss wäre unmöglich. Ihn anschreien? Was käme denn dabei heraus? Nur, dass er dann starr in unsere Richtung äugen würde. Abwarten – es geht nicht anders.

Eine Zeitlang steht der Hirsch bewegungslos – wie gewaltig er ist und wie schnell das Büchsenlicht schwindet –, dann tut er sich nieder! Draußen, mitten auf dem Stoppelfeld, spitz uns zugekehrt. Die gute alte Jägerregel besagt: Schieße nicht auf sitzendes Wild! Doch auf den sitzenden Hirsch spitz von vorn in diesem Licht zu schießen – Gott behüt'! Dann soll er lieber unbeschossen von dannen ziehen! Obwohl es wahrhaftig ein Spitzenhirsch ist! Es wäre unendlich schade!

Doch es muss etwas geschehen, es ist höchste Zeit. Wir laufen schon mit den Sekunden um die Wette, denn das Büchsenlicht schwindet, es ist schon dunkles Zwielicht, der Hirsch nur mehr ganz verschwommen zu sehen! Wir haben höchstens noch wenige Minuten zum Schuss. Aber doch nur auf den breitstehenden Hirsch! Es ist nichts mehr zu verlieren. Durch das Ochsenhorn schreie ich den Hirsch an! Ärgerlich, abgehackt, fast wie ein Schrecklaut. Dann noch einmal. Mit dem lichtstarken Glas beobachte ich ihn: Die Wirkung bleibt nicht aus, er sichert starr zu uns herüber. Dann streckt er sein gekröntes Haupt nach oben, legt das Geweih auf den Rücken, doch kein Ton verlässt seinen Äser. Er bleibt immer noch im Bett sitzen, und es wird unaufhaltsam dunkel. Jetzt ist schon alles gleich, es komme, was will, ich muss das letzte versuchen, um den Hirsch zum Aufstehen zu bringen! Ganz zornig, soviel die Stimmbänder hergeben, schreie ich ihm den Kampfruf entgegen.

Das ist auch ihm zu viel. Wer ist der Nebenbuhler, der sich traut, ihn, den hohen Herrn, anzugreifen?

Er erhebt sich und schleudert, immer noch spitz, uns zugewendet, seine zornige Antwort herüber. Seine Konturen verschwimmen fast schon im Dunkel des hereinbrechenden Abends. Nur vor dem hellen Hintergrund des Stoppelfeldes ist seine Gestalt noch sichtbar. Und jetzt, in der allerletzten Sekunde, dreht das Schmaltier neben ihm ab, er äugt hinterher, dann folgt er ihm nach und dreht uns das linke Blatt zu ...

Das Mündungsfeuer des Schusses blendet, der tiefe Knall der Doppelbüchse betäubt uns ganz und zerreißt fast unsere zum Bersten gespannten Nerven. Wir hören die schwere Kugel auf das Blatt des Hirsches schlagen, und wie weggeweht bricht er zusammen. Ein Bewegen der Läufe noch in einer großen Staubwolke, dann strecken sich die Sehnen.

Er hat in seiner kraftstrotzenden Pracht ein schmerzloses, beneidenswert jähes Ende gefunden.

Ist es ein Wunder, dass ich beim Wiedersehen fünf Jahre später sein gewaltiges Geweih so liebevoll an die Wand der Trophäenschau hängte?

Frühjahrsböcke in der Pußta

Am Vormittag des ersten Maitages eines der spätsechziger Jahre fuhr ich nach einer freudigen Begrüßung auf dem Flugplatz von Budapest mit meinem Freund Hans in Richtung Ost aus der Stadt hinaus in die ungarische Tiefebene jenseits der Theiß, durch Wälder blühender Obstbäume und violetten Flieders.

Mit Hans bin ich menschlich wie jagdlich bestens „eingespielt" jagten wir doch schon seit einem Jahrzehnt in verschiedenen ungarischen Revieren alljährlich auf Hirsch und Bock zusammen. Meine Rolle ist die eines Freundes, Jagdkumpans, eines Wegweisers, Dolmetschers und Jagdführers. Dass er schießt, mindert keinem von uns die Freude. Wir erjagen die Hirsche und Böcke gemeinsam, freuen uns gemeinsam an der guten Trophäe und ärgern uns auch gemeinsam, wenn etwas danebengeht. Freund Hans ist nämlich nicht „Abschussnehmer", sondern Waidmann, mit dem zu Jagen eine Lust ist.

Er jagte lange Jahre auch auf Böcke in dem von mir jagdlich verwalteten Revier Lábod, südlich des Plattensees. Dort gab es richtige Urhirsche, aber auf dem größtenteils bewaldeten Sandboden wenig wirkliche Kapitalböcke, die zu erlegen viel Mühe und Zeit kostete. Und ein Sackerl Dusel brauchte man auch dazu! Freilich schoss Hans im Laufe der Jahre den einen oder anderen Kapitalbock; die meisten, die er bejagte, bekam er allerdings nicht. Nun endlich wollten wir es auf einen Hochkapitalen in den gesegnetsten Rehgefilden Ostungarns versuchen.

Dort, in der tischflachen ungarischen Tiefebene, wo das riesige Gewölbe des Himmels den weiten Horizont umgibt, wo man sich unter Gottes Himmelszelt so klein fühlt wie eine Ameise, dort gibt es schwere, schwarze, fruchtbare Böden. Auf diesen wachsen der stählerne Weizen der Theißgegend, Mais, Zuckerrüben und Luzerne, die den Rehen bis zum Schulterblatt hinaufreicht. Und anstatt der riemenförmig langen Bauernfelder und Tausenden von verstreuten Gehöften gibt es heutzutage nurmehr riesige Schläge des landwirtschaftlichen Großbetriebes, Felder von 50 bis 100 Hektar. Seinerzeit, als es noch die Bauernfelder gab, waren die Reviere für das Rehwild wegen der vielen Störungen nicht geeignet. Man kannte es hier in vielen Gegenden überhaupt nicht. Dann wurde Anfang der sechziger Jahre der Großbetrieb überall eingeführt. Die riesigen Schläge entstanden, der Großteil der Gehöfte verwaiste und wurde nach und nach abgerissen; der Lebensraum änderte sich grundlegend. Es kam Ruhe auf die weiten Flächen allerbester Äsung, und das Rehwild stellte sich nach und nach ein. Es wurde Standwild, da es hier nicht nur vorzügliche Äsung und Ruhe, sondern vom Frühjahr bis zum Herbst in Getreide und Mais auch beste Deckung fand. Wenn aber die weiten Flächen im Herbst kahl werden, tut es sich in Sprünge zusammen und steht auf den Wintersaaten im freien Feld bei kilometerweiter Sicht und Sicherheit vor jeglichen Feinden. Es zieht sich nur bei strenger Winterszeit etwa in deckungbietende Wäldchen und Remisen oder in die nach dem Kriege angepflanzten Windschutzstreifen zurück. In Ermangelung solcher Deckung überwintern die Rehe in großen Sprüngen auch auf dem kahlen Feld.

In den einstmals „rehreinen" Feldrevieren bei einer anfangs noch spärlichen Wilddichte, einem guten Geschlechterverhältnis und unter Schonung der Böcke wuchsen inzwischen Kapitalböcke von kaum dagewesener Stärke und Zahl heran. Sie konnten alt werden, denn sie wurden bei dem anfangs dünnen Bestand kaum bejagt.

In dem von einer etwa 40 Mitglieder zählenden lokalen Jagdgesellschaft gepachteten Revier von gut 15000 Hektar, jenseits der Theiß im mit Weizen, Rehböcken und Fasanen gesegneten Komitat Békés, wollten wir es heute erstmalig versuchen.

Aber wieso? Wie darf und kann man denn am Maianfang die stärksten Böcke eines Reviers in grauem Winterhaar schießen? Vor der Brunft die besten Vererber? Dies fragt der Heger, der die östlichen Verhältnisse nicht kennt, mit Fug und Recht. Doch diese Feldböcke in den schier unendlichen Feldern sind bloß so lange – dann aber mit ziemlicher Sicherheit – überhaupt aufzufinden und zu erlegen, wie es an Deckung in den Feldern mangelt. Wenn etwa nach dem zehnten Maitag Weizen und Gerste in die Halme schießen und die großen Luzernenschläge, wo die Rehe in letzter Zeit Einstand und Äsung fanden, zum ersten Mal im Jahre geschnitten werden, dann verschwinden die Rehe! Wenn der Jäger Glück hat, so kann er höchstens das gekrönte Haupt des einen oder anderen Bockes im wogenden Halmenmeer erblicken. Doch bietet er sein Blatt nicht mehr zum Schuss an! Bis zur Ernte im Juli hat das Rehwild seinen Einstand im Getreide; es sind riesige, unendliche Schläge, und Äsung findet es auch darin. Nach der Getreideernte ist der Mais schon so hoch, dass er wundervolle Deckung bietet. Bis zum Spätherbst sieht man nur zufällig hie und da ein Reh äsend in einem Futterschlag.

Und wenn im Spätherbst die Felder neuerlich kahl werden und die Rehe wieder sichtbar werden, dann hat der Bock Schonzeit.

Kann man einen bestimmten Bock dort überhaupt bekommen, so ist es nur in den ersten Maitagen. Gehörn und Enden sind blank, das Gehörn reif zur Freude des Jägers. Und wenn noch dazu der Bock rot wäre, wie es zur Bockjagd gehört! Leider aber verfärben auch die Böcke der Pußta erst um den 10. Mai herum, wenn sie sich bereits in unsichtbare und unauffindbare Geister verwandelt haben.

Auch wird dem Besatz an guten Böcken durch diese Frühjahrsjagd kaum Abbruch getan, wenn sie vorsichtig gehandhabt wird. Denn man könnte einen guten Rehwildbestand in diesen ersten zehn Maitagen zugrunde schießen, wenn zu viel alte und mittelalte Böcke erlegt würden. Hier in der Ebene noch leichter als anderswo! Doch passen alle auf, dass der Bestand nicht geschädigt wird: die Jagdbehörden, die die Abschusspläne überprüfen und überwachen, die Jagdpächter in den Jagdgesellschaften selbst, damit für die nächsten Jahre auch was übrig bleibt, und nicht zu allerletzt die Jagdgäste, die reife Böcke erbeuten wollen und die in kommenden Jahren noch Böcke erlegen wollen, die sie heuer stehen lassen.

Es werden bei diesen Frühjahrsjagden sehr wenig gute Böcke erlegt: in Revieren von zehn- bis fünfzehntausend Hektar mit einem Rehwildbestand von – nehmen wir als durchschnittliches Beispiel vierhundertfünfzig bis fünfhundert Stück – kaum mehr als drei, vier alte, starke, reife Böcke und höchstens einige abnorme und schlechte dazu. Die gibt es natürlich auch dort immer wieder. Die anderen, die Mehrzahl an noch jüngeren, guten Böcken bleiben für den Bestand.

Die Böcke haben gute Chancen zum Überleben und Altwerden. In den riesigen Revieren gibt es bei der Standorttreue des Rehwildes kaum „Grenzböcke". Später als Anfang Mai werden sie kaum noch bejagt und überleben die meist schneearmen Winter mit größter Wahrscheinlichkeit. In Ungarn kamen wir zur Erkenntnis, dass die meisten Böcke erst mit dem siebenten, achten Kopf richtig kapital werden.

Nach einer Dreistundenfahrt durch den Frühling, wobei es allerlei zu erzählen gab – hatten wir uns doch seit der Hirschbrunft nicht getroffen –, kamen wir beim vereinbarten Treffpunkt im Städtchen Sz. an. Mit dem „Jägermeister" der Jagdgesellschaft, der uns erwartete, zogen wir sogleich in die saubere, kleine Fischerkneipe an der Brücke und setzten uns hinter die mit Paprika gewürzte berühmte scharfe Fischersuppe.

Vorerst spielte ich den Dolmetscher, um gleich Klarheit in die Sache zu schaffen, da ja keiner von uns Revier und Leute kannte. Der „Jägermeister" schien gut im Bilde zu sein und seine Böcke zu kennen. (Es gibt in jeder Jagdgesellschaft einen Präsidenten, einen Zahlmeister und einen Jägermeister, der sich ehrenamtlich mit den jagdfachlichen Angelegenheiten befasst, Abschusspläne ausarbeitet, die Berufsjäger beaufsichtigt usw. Das Bestimmungsrecht in ausschlaggebenden Angelegenheiten hat aber die plenare Sitzung aller Mitglieder der Jagdgesellschaft. Reviere pachten können nur Jagdgesellschaften – keine Einzelpersonen.) Er erzählte uns, dass in einem weitgelegenen Revierteil, den wir bejagen sollten, vier „starke" Böcke stünden, von denen wir zwei, eventuell auch drei erlegen könnten. Was er genau unter „stark" verstand, was die Gehörne wohl schätzungsweise wiegen würden, war nicht aus ihm herauszuziehen. Na, lassen wir uns überraschen!

Sodann quartierten wir uns in zwei Zimmer des reizenden Boots- und Klubhauses an der Alten Körös ein und machten uns unverzüglich zur Abfahrt bereit. Zu dieser Jahreszeit ist dort draußen in den Feldern das Rehwild sogar um die Mittagszeit oft auf den Läufen. Nachmittags um drei ist der Jäger schon im Revier; morgens fährt man auch bis zehn, elf Uhr in den Vormittag hinein. Ja, man fährt, und zwar nach althergebrachter Landessitte immer noch im zweispännigen Jagdwagen. Nicht nur, weil das Wild den Fußgänger nicht aushält (den Pferdewagen heutzutage auch nicht viel besser, weil dieser leider auch hierzulande allmählich eine Seltenheit wird, das Wild gewöhnt sich schon mehr an Traktoren und Maschinen), sondern auch, weil es weite Strecken abzufahren gilt, die man zu Fuß nicht bewältigen könnte. Außerdem hat man auf dem Wagen, höher sitzend, ein viel weiteres und besseres Gesichtsfeld, und beim Schießen ist es oft wichtig, dass der Jäger höher auf dem Wagen sitzend, den Schuss abgibt. So schlägt das Geschoss hinter dem Wild in den Boden und gefährdet das Hinterland nicht mehr kilometerweit.

Wir fuhren eine gute halbe Stunde vor das Städtchen hinaus zu dem wartenden Pirschwagen. Mit diesem ging es dann ins Revier auf einem breiten Feldweg zwischen riesigen Feldern bis zu einer Brücke über einen breiten Kanal, wo uns der zuständige Revierjäger erwartete, der von hier aus seit frühmorgens Ausschau hielt. Auf den angrenzenden Feldern standen nämlich zwei seiner „Starken", die für uns vorgesehen waren.

Vom Auslug des Jägers sahen wir rundherum sowohl in der Luzerne als auch in den Wiesen des Reisfeldes sogleich mehrere Rehe. Nun war für mich die Zeit gekommen, aus der Rolle des Dolmetschers in die des Jägers zu wechseln. Ich war meinem ortsansässigen Kollegen und seinem sechsfachen Glas mit meinem zwanzig bis vierzigfachen variablen Spektiv weit überlegen. Das Spektiv benutze ich auch in Feldrevieren ständig, solange der Pflanzenwuchs eine weite Sicht zuläßt. Man kann damit auf gewaltige

Entfernungen die Rehe ansprechen, ob Bock oder Ricke – auch ob der Bock der Figur nach ein näheres Heranfahren lohnt. Damit spart man viel Zeit und Fahrerei. Auch kann man mit dem Pirschglas das Gehörn des Bockes höchstens auf 150 bis 200 Meter einigermaßen genau ansprechen. Das Spektiv zeigt auf diese und noch größere Entfernung sogar den „Gesichtsausdruck" des Bockes, das Alterszeichen, nach dem ich mich am liebsten und gefühlsmäßig zu richten pflege. Beim Ansprechen des Gehörnes täuscht man sich aber bisweilen auch, wie wir gleich sehen werden.

So legten wir uns denn mit Hans bäuchlings auf den in der Nähe stehenden Strohhaufen und begannen im Kreise zu „spekulieren". Im „Reisfeld" stand ein Bock, der etwas zeigte. Wir waren uns aber einig, dass er zwar hoch und gut vereckt, aber noch nicht alt war und noch dünne Stangen hatte. Zukunftsbock also, und außerdem gelüstete es uns auf einen viel stärkeren Bock – auf den Vater oder noch besser den Großvater dieses „jungen Herrn". Was in der Luzerne vorerst zu sehen war, war „uninteressant". Ricken, Jünglinge, auch ein jüngerer, schwacher Sechser, einzeln und zu zweit und dritt. Die großen Sprünge des Winters hatten sich schon längst aufgelöst, nun standen die Rehe nur mehr höchstens in kleineren, aus einigen wenigen Stücken bestehenden Sprüngen beisammen, die älteren Böcke hatten auch schon ihre Einstände erobert.

Doch da wurde in der Luzerne ein Bock hoch. Entfernung gut 500 Meter. Starke Figur, gedrungener Hals, und das Spektiv zeigte ein gut verecktes, nicht allzu hohes Gehörn. Aber der Bock hatte dunkel zwischen den Lauschern! Nach alter, guter Erfahrung sind die seltenen, die auf weite Entfernung dies zeigen, die kapitalen, bei denen man beim Herantreten an den erlegten Bock die im Jägerleben allzu raren angenehmen Überraschungen erlebt! Wenn man einen Kapitalen erlegen möchte und spekulieren muss, ob der Bock wohl auch stark in den Stangen ist, dann sollte man ihn lieber stehen lassen, denn diese Stangen sind fast immer dünn, und man ist hinterher enttäuscht. Die Böcke aber mit den wirklich dicken Stangen sind leider auch in den gesegneten Rehgefilden Ungarns nicht häufig. Deshalb waren wir uns mit Hans sofort einig: der da ist richtig, packen wir's an!

Doch bis wir unsere Siebensachen zusammenklaubten und den Wagen bestiegen, um ihn anzufahren, war der Bock von der Bildfläche verschwunden. Er hatte sich im Meer der grünen Luzerne nach einigen Happen niedergetan. Die Richtung hatte ich mir ungefähr gemerkt. Anfahren!

Nun ist es freilich so, dass dem Landwirt die Haare zu Berge stehen, wenn in den grünen Schlägen mit dem Wagen berumgefahren wird, aber die Landwirte sind dort meist auch Jäger, Mitglieder der Jagdgesellschaft, und da wird halt ein Auge zugedrückt. Die Böcke sind meistens nicht anders zu kriegen. Drum also los!

Eine Ricke wird hoch, dann noch eine, aber kein Bock. Hier muss er doch gewesen sein, hier in der Gegend, wo die beiden Flecken gelbblühenden wilden Rapses stehen. Wir fahren kreuz und quer – kein Bock rührt sich! Der ist weg! Er hat sich inzwischen aus dem Staub gemacht, behaupten Jäger und Kutscher. Doch ich hatte die Gegend die ganze Zeit gut im Auge behalten, da ist bestimmt kein Bock hoch geworden. Der drückt sich hier irgendwo. Wir bestehen darauf, weiterzusuchen, und nun fahren wir immer quer zur Anfahrtrichtung, rechts und links weit ausholend, das in Frage kommende Stück des Schlages systematisch ab. In der ungefähren Richtung kann ich mich nicht getäuscht haben, wohl aber in der Entfernung.

Plötzlich geht kaum 20 Schritte vor den Pferden wie ein Hase aus der Sasse der Bock hoch und nach rechts hochflüchtig ab. Hans springt vom Wagen, legt auf den Kotflügel auf und ist sofort schussbereit. Ich spreche inzwischen den Bock mit dem Glas an. Er ist es, ein guter Bock, alt, mit starken Stangen. Das genügt, aber der Bock ist noch immer flüchtig, 100 Schritt, 150, dann wird er langsamer. Paß auf, Hans, gleich verhofft er, 180, dann noch zwei kurze Sprünge, ein schriller Pfiff zwischen den Fingern – der Bock steht breit und äugt zum Wagen herüber. Nur eine Handbreit Decke ist unter der Rückenlinie sichtbar. Im gleichen Augenblick knallt es, und raschelnd zieht die Kugel ihre Spur durch die Luzerne – knapp über der Rückenlinie beim Blatt! Der Bock verhofft noch einen Herzschlag lang und saust dann in windender Fahrt ab, Richtung Wäldchen am Horizont. Den sehen wir heute bestimmt nicht wieder!

Na ja, wie das so oft passiert, wenn das Wild in hoher Deckung steht und nur ein Strich Körper unter der Rückenlinie sichtbar ist: Man hält instinktiv hoch und überschießt allzu leicht! Ich habe das oft und vielmals erlebt. Ich habe es gelernt: In solchen Fällen muss man tief halten, herzhaft nur ins Grüne hinein, dahin, hinters Blatt. Dann sitzt die Kugel auch dort, wo sie hin soll.

Die Sonne steht noch hoch über dem Horizont, und drüben im Weizenschlag soll auch ein starker Bock seinen Einstand haben. Versuchen wir es auf den.

Wir umfahren den gewaltigen Schlag. Es dauert eine gute halbe Stunde, aber außer einigen Hasen und vielen Fasanen ist nichts zu sehen. Der Weizen ist ja auch schon hoch; die sitzenden Rehe sind darin kaum sichtbar.

Es ist schon die vierte Seite, an der wir entlangfahren, als wir die hellen Spitzen eines Stangenpaares auf kaum achtzig Gänge im hellen Grün der Saat eräugen. Halt! Der Bock tut uns auch den Gefallen und macht einen langen Hals, denn ruckartig hebt sich das Gehörn bis zu den Rosen aus der Saat. Er präsentiert uns das Gehörn, mehr aber nicht. Die Sonne scheint darauf, beste Beleuchtung, eine jede Perle ist genau zu erkennen. Ich nehme auch noch das auf zwanzigfach gestellte Spektiv zur Hand, um ganz sicher zu sein, denn dieser Bock lohnt es wohl! Dass er kapital ist, daran besteht kein Zweifel! Sehr hohe Stangen – wir schätzen 28 cm – bis oben gleichmäßig dick, auch außen und vorn sehr gut geperlt, die Rosen wie ein dicker Kranz. Wie die Enden sind, können wir vorerst nicht sehen, weil der Bock starr auf uns äugt. Von der Seite zeigt er uns vorerst nicht sein Gehörn. Und jung kann er auch nicht sein mit diesem Gehörn! Ans Schießen ist vorerst nicht zu denken, erst abwarten, was der Bock tut. So rätseln wir, wie schwer wohl das Gehörn sein mag. Wir einigen uns dann auch schnell auf etwa 450 Gramm mit 30 bis 40 Gramm Abweichung nach oben oder unten, je nach spezifischem Gewicht.

Fünf Minuten sind schon vergangen, und der Bock rührt sich nicht. Wir versuchen ihn hochzumachen, indem wir pfeifen, schreien, jaulen und in die Hände klatschen. Nichts. Der Bock äugt starr zu uns herüber. Dann bewegt er endlich das Haupt, dreht es zur Seite, lang blitzen die Enden nach vorn und hinten, er wird ruckartig hoch, wendet im Hochwerden und rast hochflüchtig ohne zu verhoffen mindestens einen Kilometer weit! Als wir im Wenden in das Gehörn sahen, hatten wir beide, Hans und ich, gefühlsmäßig den Eindruck, dass das Gehörn ganz gewaltig war! Wir fuhren nun den inzwischen verhoffenden und langsam weiterziehenden Bock an, ließen den Wagen öfters halten, um den Kapitalen auf Entfernungen noch außer Schussweite genau anzusehen. Ja, er war reif und alt, da bestand kein Zweifel. Kapital war er auch, das war sicher, aber doch nicht so gewaltig, wie er eben aussah!

Auf alle Fälle würden wir ihn gern schießen, aber der Bock hält in dem flachen, freien Gelände den Wagen überhaupt nicht aus. Weit, weit über Schussweite trollt er immer weiter von uns weg, wird dann ohne sichtbaren Grund hochflüchtig, verlässt den Weizenschlag und zieht auf den angrenzenden ebenso großen Kleeschlag. Vielleicht können wir ihm dort zwischen den Gräben näher kommen. Aber er zieht ständig weiter. Ich verfolge ihn auf dem Wagen stehend mit dem Glas, denn er ist schon mehr als einen Kilometer von uns weg. Er wendet dann nach links, und ich verliere ihn aus den Augen. Fahren wir ihm nach!

Im Fahren bemerke ich auf dem Weizenschlag ein einzelnes Reh, das im flotten Tempo nach links zieht. Die Luft flimmert, aber ich kann ein hohes Gehörn – besser gesagt, ein „hohes Haupt" – erkennen. Es muss unser Bock sein, der vor seinen Verfolgern einen Bogen geschlagen hat und nun seinem gewohnten Einstand in der Nordecke des Weizenschlages zustrebt. Nach einigen hundert Metern wird er langsamer, verhofft, zieht weiter, verhofft wieder kurz – und ist schlagartig von der Bildfläche verschwunden! Das ist ein ganz Schlauer, jetzt, nachdem er fast einen Kreis geschlagen hat, tut er sich plötzlich nieder und will uns so entkommen. Nur gut, dass der Wuchs so niedrig und das Weizenfeld so weit ist.

Wir fahren in die Richtung und müssen lange suchen, bevor einer von uns die beiden hellen Gehörnspitzen in der Saat entdeckt. Der Bock duckt sich wie ein Hase, zieht sogar den Hals ein, um nicht gesehen zu werden! Wir fahren seitlich an ihm vorbei auf 60 bis 80 Meter. Er rührt sich nicht. Dann halten wir, und das Manöver von vornhin mit Pfeifen, Rufen und Gebell wiederholt sich. Er hält auch wieder die Reihe der verschiedenen Rufe und Geräusche bis zum Schrecken bewegungslos aus und saust erst ab, als einer von uns vom Wagen steigt und seitlich auf ihn zugeht. Er denkt auch nicht an das obligate Standerl, dazu ist er viel zu gerieben. Und Gott behüte, auf solch einen Bock in der Flucht zu schießen. Er nimmt wieder Richtung auf den Kleeschlag, wo er in weiter Ferne verschwindet.

Bis wir zum Kleeschlag kommen, neigt sich die Sonne schon dem Horizont zu, und wir sehen äsendes Rehwild in mehreren Richtungen. Nun müssen wir aber „unseren" Bock wiederfinden, der nun wahrscheinlich irgendwo im Schlag äsend auf den Läufen ist. Das Spektiv zeigt auch einen unter mehreren Böcken, der es wohl sein könnte. Nach einigen Umfahrmanövern sind wir in guter Schussnähe am Book. Es ist schwierig, das Spektiv vom Wagen aus zu gebrauchen. Wenn nur ein Pferd mit Kopf oder Schweif nach einer Fliege schlägt, gibt es einen solchen Ruck, dass der Bock sofort aus dem sehr begrenzten Blickfeld kommt. Mit dem Spektiv können wir aber dann ohne Zweifel feststellen, dass der tiefer angesetzte Vordersprossen und auch ein niedrigeres, aber doch kapitales Gehörn trägt. Er scheint uns aber etwas schwächer als der Vorbeigeschossene und auch als der Verfolgte zu sein. Auch schätzen wir ihn auf nicht mehr als 5 bis 6 Jahre; er kann also getrost am Leben bleiben.

Wir fahren weiter. Plötzlich wird hinter dem Schilfstreifen eines Grabens ein Bock sichtbar, der sofort abspringt, als wir halten. Wir sehen ihm von hinten in die Stangen und erkennen sofort, dass es „unser" Bock ist. Er holt im Bogen flüchtig aus, um vor unserem Wagen auf die andere Seite zu kommen. Wir fahren im flotten Tempo vor, um ihm den Weg zu verlegen. Vielleicht verhofft er, wenn uns dies gelingt, und gibt Gelegenheit zu einem schnellen Schuss. Doch er kommt uns zuvor, flüchtet noch einige hundert Meter weiter und verhofft dann unschlüssig im Klee. Nun heißt es abwarten. Was wird er wohl jetzt tun?

Der Bock beruhigt sich, zieht noch ein Stück weiter und beginnt dann in aller Ruhe zu äsen. Es ist klar, dass wir mit dem Wagen nicht näher an ihn herankommen. Aber mit dem Anpirschen hinter einem der schilfbewachsenen Gräben könnte es klappen. Wir fahren so weit vor, bis der Bock verdeckt ist, steigen ab und lassen den Wagen dann weiterfahren. Ich nehme den langen Pirschstock mit. Der ist hier im ebenen Gelände äußerst praktisch zum Anstreichen.

Mit gutem Wind kommen wir, geduckt gehend, auch bis zu dem Graben, der uns als Deckung dient. Doch inzwischen ist der Bock äsend vor uns weggezogen und steht wieder sehr weit. Er tut uns aber den Gefallen, den nächsten Graben zu überqueren, und verschwindet hinter dieser Deckung. Die nächsten zweihundert Schritt werden wieder geduckt zurückgelegt. jetzt scheint es endlich zu klappen. Wir richten uns vorsichtig hinter der Deckung auf und sehen sogleich den auf gut 150 Gänge langsam weiterziehenden Bock. Behutsam, uns nur dann bewegend, wenn der Bock das Haupt tief hat, richten wir uns zum Schuss. Hans streicht am Zielstock an. Ich stelle mich rechts etwas hinter ihn und halte ihm die Schulter als Stütze für den rechten Ellbogen hin. Wir trauen uns nicht, ihn anzupfeifen, weil er sofort abspringen könnte, und warten, bis er sich äsend zur Breitseite dreht. Den Atem angehalten, dann knallt es. Doch im Schuss tat der Bock einen Schritt und die Kugel sitzt zu weit hinten. Es war ein dumpfer Kugelschlag, ein krummer Rücken – schade, dieser Bock hätte eine bessere Kugel verdient. Nach schwerfälligem Abspringen wird er sogleich langsamer, fällt mit gespreizten Läufen ins Ziehen und tut sich ruckartig nieder.

Wir wollen ihm die Leiden kürzen und gehen ihn mit abgenommenem Zielfernrohr sofort an. Auf dieser großen Fläche kann er uns nicht mehr entkommen!

Auf nächste Entfernung bekommen wir den sitzenden Bock in Anblick. Mir stockt der Herzschlag, so stark sind die Stangen, so gewaltig das Gehörn. Ein blitzschneller Fangschuss, und mit gezogenem Hut treten wir benommen an den Bock heran. Sein gewaltiges Gehörn verschlägt uns vorerst die Sprache: Wir erleben den seltenen Augenblick eines Höhepunktes im langen Jägerleben! Es ist nicht nur ohne Zweifel der Lebensbock von Hans; auch ich habe nie in meiner vierzigjährigen Jägerlaufbahn, die mich in beste Reviere Ungarns brachte, neben einem solchen Kapitalen gekniet!

Eigenartig, wie das Gehörn uns getäuscht hatte. Nur für einen Augenblick, als der Bock zum ersten Mal in unserer Nähe hoch wurde, ahnten wir seine wirkliche Stärke, obwohl wir ihn ja später aus verschiedenen Entfernungen öfter genau anzusprechen versuchten. Ich kann mir dies nur so erklären, dass die gewaltigen Dimensionen, Höhe und Enden, das wirklich Ausschlaggebende, die Stärke der Stangen und Enden nicht richtig zur Geltung kommen ließen. Die edle Form, die wundervolle Perlung und starken Rosen vervollständigen den Seltenheitswert dieses einmaligen Gehörns.

Nach dem Abkochen überraschte das Gehörn uns auch noch mit seinem Gewicht von 613 Gramm, kurz gekappt und trocken. Es wurde das zweitbeste Gehörn Ungarns in diesem ausnehmend guten Gehörnjahr und belegte auf der Welt-Jagdausstellung den zehnten Platz unter den ungarischen Rehgehörnen. Das soll was heißen! Das Gehörn brachte es auf fast 170 Int. Punkte.

Obwohl wir eigentlich mit unserem Bock völlig genossen gemacht waren, lag es im Interesse unserer Gastgeber, noch einen zweiten Bock zu erlegen. Man soll bekanntlich die Feste feiern, wie sie fallen. Wir hätten es gern noch einmal mit dem Vorbeigeschossenen versucht; der hatte es uns sehr angetan.

Mit diesem Vorsatz fuhren wir dann auch am nächsten Morgen vor Tau und Tag ins Revier, vorerst in einen anderen Revierteil, wo den Jägern auch ein „starker" Bock bekannt war. Auf einem einer kleinen Remise vorgelagerten Luzernenschlag fanden wir unter mehreren Rehen den gesuchten Bock. Er hatte ein sehr hohes, helles, weitausgelegtes, ideal geformtes Gehörn mit ausnehmend langen Enden, das taunaß im flachen Licht der aufgehenden Sonne hell blitzte und Gewaltiges zeigte. Gerade in solchen Fällen muss man aber damit rechnen, dass das Gehörn allzu stark prahlt, besonders was die Stärke der Stangen betrifft. Der Bock war auch nach unserer Schätzung nur mittelalt, höchstens 6 Jahre, auch bester Vererber, also sollte er am Leben bleiben.

Wir fuhren zu unserem Luzernenschlag von gestern; unser dortiger „Bekannter" war gerade das Gegenteil eines Prahlers.

Um es kurz zu machen: Wir fanden den Bock in der Luzerne äsend, fuhren ihn an, er hielt nach dem gestrigen Kugelpfiff den Wagen natürlich nicht aus und ging auf den angrenzenden großen, frischbestellten Erbsenschlag ab, wo er auf weiter Flur völlig ungedeckt verhoffte. Wir konnten nur eines tun, den Wagen weiterfahren lassen und gedeckt zu dem am Rande des Schlages stehenden Strohschober gehen. Mal sehen, wie weit der Bock von da entfernt war.

Ja, er war sehr, sehr weit, am Rande der Reichweite des hochrasenten Geschosses. Aber mit guter Auflage und bei bester Beleuchtung sollte es eigentlich gehen.

Ich warf meine Lodenjoppe als Unterlage aufs Stroh. Wir legten uns bäuchlings hin, der Bock stand dösend breit wie eine Scheibe. Eine gute Unterlage und Stütze für die Arme suchend, legte sich Hans zurecht. Ich hatte freilich nur den Bock im Glas. Hoch angefasst. Der Knall wehte den Bock einfach hinweg. Er rührte kein Glied mehr. Doch war meine Joppe auch zur Strecke gekommen. Der eine Ärmel hatte sich vor die Laufmündung gestülpt, was Hans natürlich im Zielfernrohr nicht sehen konnte, und ein spannenlanger Riß darin zeigte den Weg der Kugel an. Ein handgroßer Hirschlederfleck am Ärmel macht seither die Joppe noch zünftiger.

Der Bock hielt auch gemessen an unseren seit gestern allzu verwöhnten Maßstäben, was er versprochen hatte. Mit einem nach vorwärts gerichteten 3 cm langen Dorn über der linken Rose, der uns beim Ansprechen auf weite Entfernung nicht aufgefallen war, war es tatsächlich ein Achterbock. Die Stangen nicht übermäßig hoch, aber sehr dick, dunkel und gut geperlt; ebenfalls ein hochkapitales Prachtgehörn, das, wenn vom gestrigen nicht übertroffen, auch ein Lebensbock geworden wäre.

Ja, das ging schnell mit den zwei Kapitalböcken, vielleicht zu schnell; aber so kann es manchmal im Jägerleben kommen, wenn man einmal unter einem günstigen Stern steht!

In diesem Revier hatten wir die vorgesehenen starken Böcke zur Strecke gebracht. Doch Hans hatte diese Jagdreise, um sich Zeit lassen zu können, für eine Woche geplant und war auch an diese Zeit gebunden.

So siedelten wir schon am selben Tag um, und zwar in ein reizendes Jagdhaus, umgeben von einem Park mit einem Meer von blühendem Flieder. Im Herzen der Reviere des Komitates Békés. Von da aus konnte man mit dem Auto eine Reihe von Revieren erreichen, die von mehreren, ebenfalls im Hause wohnenden Jagdgästen bejagt wurden. Wir waren verständlicherweise mit unseren beiden Böcken zufrieden. Wir wollten nun schauen, fotografieren, uns an der eigenartigen Stimmung der Landschaft, am vielen Wild ergötzen, kurzum, das Jagen richtig genießen. Um aber doch ein jagdliches Ziel zu haben, wollten wir es auf den einen oder anderen, in vergangenen Jahren von anderen Jägern bejagten, wohlbekannten starken Bock versuchen.

Der eine dieser „Sagenböcke" sollte in einer inmitten des Nachbarreviers liegenden kleinen Remise mit bürstendickem Unterwuchs seinen Einstand haben.

Wir „sondierten" die Lage, fanden aber weder in oder an den Rändern des Wäldchens Anzeichen, dass da ein alter Bock stünde. Weder Plätz- noch Fegestellen. Ansitze abends und Pirschfahrten frühmorgens in den angrenzenden Feldern brachten uns den Bock auch nicht zu Gesicht.

Unter den vielen Böcken, die wir sahen und ansprachen, fanden wir keinen, nach dem unser Sinn stand. Bis auf einen: einen mittelalten, der seinen Einstand in einem Kleefeld allein behauptete und die anderen Böcke in alle Himmelsrichtungen jagte. Er trug ein langes, ungeperltes, helles Spießergehörn, ein selten unschönes – einer der Böcke, bei deren Anblick mich sofort der Teufel packt. Hans hatte Verständnis dafür: "So schieß ihn doch!" – und reichte mir die schnittige Kipplaufbüchse. Der Bock stand brettelbreit auf hundert Gänge. Ich schoss kurzerhand vom Wagensitz, auf die Knie aufgestützt. Der Bock äugte erstaunt zu uns herüber und setzte sich dann widerwillig von uns ab, um eine angemessene Distanz zu wahren. Dann zeigte er kein Interesse mehr für uns und fing an zu äsen. Ich aber legte mich flach auf einen Grabenrand, baute eine Unterlage für die Büchse auf und brachte dann eine abgezirkelte Kugel an – einen Meter hinter dem Bock.

"Eine Patrone kannst du noch haben, die Munition geht uns aus!" teilte mir Hans trocken mit. "Dann fahren wir ihn doch wieder an, zum Teufel, so was gibt's ja nicht!" Nun folgten unübersetzbare, zu solchen Fällen passende Redewendungen, an denen die magyarische Sprache so überaus reich ist. Kutscher und Jäger grinsten, Hans behielt seine gelassene Ruhe. Der dritte Streich war

Studie Brunft

den ersten beiden ähnlich. Der Bock war kugelfest und lebt höchstwahrscheinlich heute noch. Ja freilich: die fremde Büchse, der Stecher stand zu hart, und so weiter, und so fort. Aber wir fanden es angebracht, den Bock nunmehr zu pardonieren.

Dann war unser letzter Pirschmorgen gekommen. Nach dreitägigem Pirschfahren gaben wir nunmehr „unseren Sagenbock" auf und wollten uns an diesem Morgen einem anderen, einem wahrhaftigen „Fabelbock" widmen. Dieser Bock war genauestens bekannt, hatte seinen Einstand in einem etwa 150 Hektar großen, mit einem Netz von Schneisen und Holzabfuhrwegen durchschnittenen Eichen- und Akazienwald inmitten von fruchtbarsten Fluren. Der Bock sollte aber nur ganz, ganz selten auf den angrenzenden Feldern anzutreffen sein. Man musste ihn schon im Walde suchen. Seit Jahren war er als Kapitalbock berühmt, wurde ein jedes Jahr bejagt, ab und zu angetroffen und in vergangenen Jahren sogar von zwei verschiedenen Jagdgästen vorbeigeschossen. Er sollte ein hohes, sehr starkes Gehörn tragen, dessen Kennzeichen die langen Hintersprossen wären, weit über 500 Gramm Gehörngewicht haben und mindestens vom neunten Kopf sein, da er schon seit vier Jahren als reifer Kapitalbock bekannt war. Wir kannten natürlich weder das Revier noch den Bock, aber schon der Versuch machte uns Freude.

Zeitig vor Tagesanbruch erwartete uns der „Jagdmeister" der zuständigen Jagdgesellschaft mit einem Pirschwagen am festgesetzten Treffpunkt.

Der „Jagdmeister" war kein Berufsjäger, sondern arbeitete in der Spinnerei der nahe liegenden Kleinstadt, kannte sich aber mit Revier, Jagd und seinem Wild bestens aus. Der Mann machte Eindruck: Ich habe auch unter den besten Berufsjägern selten einen gekannt, der an jagdlichem Wissen und Einstellung dem Wild gegenüber an ihn herangekommen wäre. Er konnte mir auch den gesuchten Bock und sein Gehörn genauestens beschreiben, obwohl er den Bock in diesem Jahr nur ganz kurz zu Gesicht bekommen hatte. Er sollte schon an Länge der Enden und Stangen zurückgesetzt haben.

Beim ersten Tageslicht fuhren wir die am Walde angrenzenden Schläge ab. Es war sogleich zu merken: Dieses Revier und dieser Rehstand waren von einem richtigen Fachmann gehegt. Fast mehr Böcke als weibliches Wild, beste Altersgliederung der Böcke. Wir sahen in kurzer Zeit eine Reihe von reifen, starken Böcken, darunter auch zwei, drei kapitale, die für die Kugel reif waren, dass uns das Jägerherz im Leibe lachte. Der Büchsenlauf blieb aber blank. Anscheinend verbarg sich der Gesuchte gewohnheitsgemäß im Walde.

Bei den ersten Sonnenstrahlen des erwachenden Maimorgens fuhren wir dann durch Kuckucksruf, Nachtigallensang und das Gurren Tausender von Turteltauben durch den Frühlingswald. Überall da, wo der Bock erfahrungsgemäß erwartet werden konnte. Wir bekamen ihn nicht zu Gesicht. Dann fuhren wir zurück, kreuz und quer, sahen wohl Rehwild, viele Fasanen, auch mehrere Böcke, aber nicht den Gesuchten. Es ist eigenartig, dass man bei einer solchen Pirschfahrt im Walde meistens immer andere Böcke sieht. Selten trifft man denselben Bock zum zweiten Mal an. So ist eine Pirschfahrt im Walde auf den Bock immer schön, stets spannend. Der Jäger kann nie wissen, was ihm vor die Linse oder den Lauf kommt.

Der Jägermeister wollte aufgeben und wieder ins Feld fahren. Doch Hans und ich blieben stur. In der dortigen Gegend mit wenig Wald kennt und praktiziert man viel mehr das Pirschenfahren im Felde. Doch wir hatten da mehr Erfahrung. Wir wussten, dass man einen heimlichen Waldbock mit dem Pirschwagen meistens nur so bekommen kann, wenn man seinen vermuteten Einstand öfter abfährt. Man fährt den Waldweg entlang, dann zurück, wieder hin und dann wieder zurück und sieht kein Haar von ihm. Dann kommt man zum vierten Mal entlang, und plötzlich steht er wie hingezaubert da. Er ist inzwischen hochgeworden, um etwas zu naschen, hat einen Rivalen gesprengt, der es wagte, in seinen Einstand einzudringen, oder er macht einfach nur einen Bummel.

Und genauso kam es auch jetzt! Im Stangenholz mit lichtem Unterwuchs sahen wir einen hellen Spiegel auf kaum 80 Gänge. Halt! Es sind nur Lücken zwischen den Stämmen, durch die man blicken kann. Vorne auf dem Kutscherbock sitzend kann der Jägermeister nichts sehen. Wir aber können vom Hintersitz durch eine Lücke Blattpartie und Halsansatz des uns schräg abgewandt und zu uns heräugenden starken Stückes erspähen. Ich gleite auf der dem Wild abgewandten Seite vom Wagen und versuche, am Boden kniend, das Stück durch eine andere Lücke anzusprechen. Erst sehe ich wieder den Spiegel und kann feststellen, dass es ein Bock ist. Er hat den Spiegel gesträubt, ein Zeichen, dass er im Abspringen begriffen ist. Wahrscheinlich ist er auch alt, da er sehr stark im Wildbret ist!

Dann eine Bewegung des Hauptes. Das Gehörn wird mir einen kurzen Augenblick lang sichtbar. Doch nur ein ganz flüchtiger Eindruck von starken Stangen, dunkel, hoch, fingerlange, nach unten geschwungene Hintersprossen! Mein Gott, das ist ja sicher der Gesuchte! „Schießen!" raune ich zu Hans hinauf, weiß ich doch, dass vom Wagensitz aus seine Kugel freie Bahn zum Trägeransatz des Bockes hat. Er hat auch Vertrauen zu mir und meinem Ansprechen. Ein Schritt, und der Bock kann auf Nimmerwiedersehen verschwinden, kann die einmalige Chance vorbei sein. Der helle Knall der Büchse peitscht durch den Wald, und die Stunde des alten Waldbockes hat geschlagen.

Wir strecken ihn auf einem Eichenstubben der nahen Waldlichtung und genießen eine Stunde heller, ungetrübter, unvergeßlicher Jägerfreuden.

Trappen-Chronik

„Die Trappe jedoch ist der menschenscheue, meilenweit sichernde, wachsame Wildtruthahn der ungarischen Pußta. Wahrlich kein Vogel der Zivilisation; er duldet noch den einsamen Hirten, die im Freien übernachtenden Rinder – er weiß seit jeher, dass ihn die Kuhglocken nicht gefährden – er ist der Vogel der Stille, der Ungestörtheit, der vom Winde gejagten großen runden Disteln, der Vogel der trügerischen Fata Morgana ..."

So schreibt Zsigmond Széchenyi von der Großtrappe in seinem prachtvollen Jagdbuch „Wie es begann ..." Und ich selber glaube, dass treffender, schöner noch niemand diesen größten unserer Vögel charakterisiert hat.

Er hat vollständig recht, wenn er sagt, dass die Trappe ein Zivilisationsflüchter ist. Doch folgt sie irgendwie der landwirtschaftlichen Kultur, weil sie diese nötig hat. Sie könnte nicht ohne diese existieren.

Es sollte auch keiner glauben, dass der beste Lebensraum der Trappen die Grassteppe sei, wie sie in Ungarn hauptsächlich noch in der Pußta Hortobágy vorkommt, oder das weite Wiesengelände Westungarns, die Hanság. Dies stimmt höchstens für den Frühling und Sommer, wenn sich die Vögel dort von Heuschrecken und anderen Insekten ernähren können. Doch zur Winterzeit? Im Winter brauchen die Trappen grünende Saaten oder noch eher – Raps.

So gibt es denn in der eigentlichen Pußta Hortobágy kaum Trappen – ich selber zumindest habe dort nie eine gesehen. Doch es gibt – besser gesagt, es gab noch vor einigen Jahrzehnten – Großtrappen auf den großen, ebenen Ackerflächen der Gegend der Hortobágy, besonders vom Herbst bis zum Frühjahr. Sie besuchten die Grassteppen höchstens vom Frühjahr bis Herbst zu einer kurzen Gastrolle!

Wie ist also der Lebensraum beschaffen, der den Trappen lieb ist, wo sie sich wohl fühlen und gerne stehen?

Die erste und wichtigste Bedingung: Er muss flach und übersichtig sein wie ein Tisch. Möglichst ohne Alleen, Sträucher, Kanäle und Gräben. Den Trappen ist jede Deckung verdächtig. Es könnte sich ein Feind dahinter ducken. Sie sind richtiges, unverfälschtes „Steppenwild", das sich nur in völlig deckungslosem Gelände wohlfühlt.

Sie brauchen landwirtschaftlich bebaute Flächen und leben oft auf großen Ackerflächen. Sie lieben jedoch solche Gebiete am meisten, in denen Weiden und Wiesen mit Ackern abwechseln. Auf ersteren stehen die Trappen im Frühjahr, und dort balzen sie auch meistens, wohingegen sie hauptsächlich in Saaten und Luzerne brüten. Hier finden sie auch ihre Nahrung in Notzeiten.

Freilich sagte ihnen die Landwirtschaft mit Vicrochsenzügen am besten zu. Damals konnten sie großteils ungestört in Saaten und Brachfeldern brüten. Denn die brütende Trapphenne ist ein sehr, sehr heikler Vogel! Es genügt, wenn man sie ein, zwei Mal auf ihrem Gelege stört, und schon verlässt sie es. (Sie legt bloß ein oder zwei große olivgrüne, braun gesprenkelte Eier, ganz selten sind es drei.) Manchmal legt sie nach Verlust des ersten noch ein Zweitgelege, doch fallen aus diesen höchst selten die Küken aus.

Mit der jetzigen intensiven Landwirtschaft kommen die Gelege zur Zeit der Frühjahrsarbeiten überall in Gefahr. Nicht allein, dass sie in der Luzerne bestimmt ausgemäht werden. Auch in der verhältnismäßigen Sicherheit des Halmenmeeres droht ihnen Gefahr: Wenn im Mai das Getreide gespritzt wird – und das wird es fast überall –, so verlässt die Trapphenne ganz sicher ihr Gelege.

Hinzu kommt noch die Aufzucht der nestflüchtenden Jungvögel. In acht Wochen werden sie erst richtig flügge. Tausend Gefahren drohen ihnen während einer so langen Zeit! Sie werden von Mähmaschinen und Mähdreschern zerschnitten, von Raubzeug getötet ...

Die Henne wird erst mit vier Jahren geschlechtsreif. Wie sollen sich die Trappen unter solchen Umständen wieder vermehren?

Leider nehmen sie auch nicht zu, sondern eher ab, besonders nach dem Kriege ging das beängstigend schnell!

Doch nicht nur bei uns, sondern in allen Gebieten Europas, wo sie noch leben. Alle werden von der Zivilisation geschädigt, die meisten so sehr, dass die Trappen dort kaum mehr ihre Lebensbedingungen finden und in nächster Zukunft aussterben werden. So zum Beispiel in den Ebenen Ost- und Südenglands, wo sie schon seit Anfang des vergangenen Jahrhunderts verschwunden sind. Jetzt aber werden große Anstrengungen zu ihrer Wiedereinbürgerung unternommen. Hoffentlich mit Erfolg!

Obwohl die Großtrappen in der frühen Neuzeit in Europas weiten Ebenen noch überall heimisch waren, sind sie aus Westeuropa, und zwar aus Frankreich, Belgien, Holland und der Bundesrepublik Deutschland hauptsächlich wegen der früheren Einführung intensiverer Landwirtschaftskultur schon im vergangenen Jahrhundert ausgestorben. Der einzige dort noch existierende Bestand, der auch heute noch beträchtlich ist, lebt in den großen Ebenen an den Flüssen Südspaniens.

Leider sind heutzutage ihre Lebensräume auch in Mittel- und Osteuropa so sehr zusammen geschmolzen, dass sie leicht aufzuzählen sind. Vielleicht wird dies von Interesse sein.

In der Deutschen Demokratischen Republik leben noch einige Dutzend östlich von Berlin im Wiesengelände entlang der Spree. In Polen, im westlichen Flachland, sind noch einige übriggeblieben. In Österreich, im Marchfeld zwischen Wien und Preßburg nördlich der Donau gibt es noch 50 bis 60 Stück. Etwa ebenso viele leben auch im Burgenland, in der Hanság. In Jugoslawien gibt es noch einige in der Wojwodina, und in der Slowakei im Flachland nördlich der Donau vielleicht noch 100 Stück. Aber auch diese Restpopulationen nehmen ständig ab, so sehr sie auch geschützt und gehegt werden. Rumänien hat noch in den großen Ebenen östlich der Karpaten insgesamt etwa 2200 Stück. Nach dem Bestand Ungarns ist dies der größte. Trappen leben noch in vielen Gebieten des europäischen Südrusslands, doch nirgends in großer Zahl. Von den dortigen Beständen fehlen uns genauere Angaben.

Das ist alles, was ich aufzählen kann.

Und jetzt schauen wir, wie unsere eigenen Trappen, die Bestände Ungarns, abgenommen haben.

Zur Zeit der Jahrhundertwende schätzte man die Trappen des Karpatenbeckens auf etwa 12000. Die Mehrzahl lebte in den großen Ebenen des mittleren Karpatenbeckens, also im heutigen Ungarn. Die erste, von Ornithologen mit der möglichst größten Genauigkeit im Jahre 1941 durchgeführte Bestandsaufnahme erbrachte immerhin noch etwa 6700 Stück. Die starken Verluste traten eigentlich erst mit der Veränderung der Lebensräume nach dem zweiten Weltkrieg ein. Im Jahre 1961 und 1969 wurden die Bestände wieder mit möglichst großer Genauigkeit aufgenommen. Mit dem geradezu niederschmetternden Ergebnis von 2700 bzw. 2400 auf der gesamten Landesfläche.

Dies sind bei weitem keine aus der Luft gegriffenen Schätzungen, denn die Zählung gerade der Großtrappen kann viel genauer vorgenommen werden als die irgendeines anderen Wildes. Der große Vogel bevölkert ja das übersichtliche Flachland, wo außerhalb der Vegetationszeit ein Trappeninventar leicht durchgeführt werden kann. Die Resultate dieser Zählungen zeigten leider, dass unsere Trappenbestände infolge der Einführung der Großraumwirtschaft nicht zugenommen, sondern im Gegenteil abgenommen haben, weil die intensive Agrotechnik den Nachwuchs gefährdet.

Doch nahm in unserem Lande nicht bloß die Zahl der Trappen ab, sondern infolge der Ausbreitung der Zivilisation noch vielmehr ihre Lebensräume. Da diese sich allzu stark veränderten, schrumpften die Besiedlungsgebiete immer mehr zusammen, so dass die Trappenbestände der inselartigen Vorkommen endlich so sehr abnahmen, dass sie nunmehr zur Regeneration unfähige Restbestände wurden. Ihr Los ist meistens schon besiegelt. Aus der Großen Ungarischen Tiefebene östlich der Theiß, wo vormals unser Vogel massenhaft vorkam, ist er bis auf einige wenige Gegenden verschwunden. Auch hier in seiner klassischen Heimat sind seine Lebensräume ganz klein geworden.

Aus meiner frühen Jugend kann ich mich an ein Foto erinnern, auf dem an einer dicken Stange zwischen den Astgabeln zweier großer Bäume elf Trapphähne hingen. Drei Schützen erlegten diese mit der Kugel innerhalb von zwei Tagen beim Pirschenfahren im Komitat Békés, und zwar in der Feldmark der gleichgenannten Gemeinde. Sie veranstalteten ein Scheibenschießen auf die Großvögel. Zu dieser Zeit, es war Ende der zwanziger Jahre, war eine möglichst hohe Strecke der Zweck allen Jagens.

Es war allerhöchste Zeit, dass zur Rettung der Trappen Maßnahmen ergriffen wurden, die, wenn alles gut geht, eine Wiedervermehrung herbeiführen könnten. Heute haben wir noch drei, vier starke, regenerationsfähige Bestände in verschiedenen Gegenden. Diese müssen endgültig gerettet und wieder vermehrt werden. Heute ist es noch nicht zu spät, denn die Zahl unserer Trappen scheint sich, obwohl sehr, sehr langsam, doch wieder zu erhöhen.

Vor allem die vor vier Jahren eingeführte vollständige Schonung auch der Hähne trägt zur langsamen Bestandserhöhung bei. Hennen sind ja seit den dreißiger Jahren vollständig geschont. Die bloße Schonung jedoch führt nicht, wie wir ja leider feststellen konnten, zu einer Wiedervermehrung der Trappen. Wir müssen der Vermehrung der Trappen dadurch helfen, dass in ihren Einstandsgebieten größere Schläge nicht bebaut werden, sondern brach liegenbleiben, um Möglichkeiten zur Aufzucht des Nachwuchses zu schaffen. Die ersten Schritte in dieser Richtung sind schon getan. Hoffentlich folgen noch weitere. Eile tut aber sehr not, um retten zu können, was noch zu retten ist.

Eine nur wenig bekannte Tatsache ist, dass der Trapphahn nicht nur der schwerste Vogel Europas, sondern auch der schwerste flugfähige Vogel überhaupt ist. Ich spreche deshalb mit Nachdruck vom Hahn, weil nur der ausgewachsene, über 6 bis 7 Jahre alte Hahn das Gewicht von 13 bis 14 Kilogramm erreicht. Obwohl von Trapphähnen geschrieben und erzählt wird, dass sie 18 bis 20 Kilogramm auf die Waage gebracht haben sollen, sind diese Gewichte kaum authentisch und eher nur Phantasiegeburten. Ich selber habe nie einen Hahn von mehr als 14 Kilogramm gewogen. Doch einer ist in meinem Jägerleben vorgekommen, der dieses Gewicht überschritten haben könnte. Diesen Hahn habe ich aber weder geschossen noch gewogen. Später wird von ihm noch die Rede sein.

Die Henne wiegt nicht einmal die Hälfte des ausgewachsenen Hahnes, nicht mehr als 5 bis 6 Kilogramm. Auch ihr Hals ist dünner und grauer als der der Hähne, der besonders zur Balzzeit im Hochzeitskleid im April/Mai blendend weiß ist und dann einen seitlich kahlen, blauen Kehlsack hat. Nur im Frühjahrskleid trägt er auch den aus beiderseits je 20 bis 30 spannenlangen, schmalen weißen Federn bestehenden Schnurrbart, der ihm den strengen Blick eines alten Husarenfeldwebels verleiht.

Der Hahn ist also von der Henne trotz des gleichgefärbten Gefieders besonders im Balzkleid sehr leicht zu unterscheiden. Doch genauso wie die Reiherarten mausert auch der Trapphahn zu Sommeranfang seine „Hochzeitsfedern" und unterscheidet sich nachher nur durch seine Größe von den Hennen.

In meiner Kindheit gab es noch sehr viele Trappen in der Hanság. Im Frühjahr und Sommer hielten sie sich auf den schier endlosen weiten Wiesen auf. Dort brüteten sie und zogen auch ihre Küken auf. Damals wurde das Gras noch mit der Sense geschnitten. 10 bis 15 Männer und Burschen in weißen Leinenhemden und weiten Hosen schnitten in einer Reihe hintereinander mit rhythmischen Bewegungen schnurgerade Narben in das saftige Gras. Wenn ein Trappenküken gefunden wurde, so versteckten sie es unter das geschnittene Gras, und seine Mutter kam auf seinen melodisch-orgelartigen Ruf- und Klagelaut zurück und nahm sich seiner wieder an. Die Trappenbestände wurden damals kaum dezimiert. Es gab viele ungestörte Brutstätten. In der Tierwelt hatten sie kaum Feinde, und der Jäger tat ihnen wenig Abbruch. Die Trappen konnten sich also nach Belieben vermehren.

Den Winter verbrachten sie auf den Feldern der weiteren Umgebung, wo sie Rapsfelder oder saftige grüne Saaten fanden. Seit Ende der zwanziger Jahre hatten sie auch im Winter Schonzeit. Bis dahin durften Trappen beiderlei Geschlechts auch im November/Dezember und auch mit Schrot geschossen werden. Da ich selber in dieser Zeit noch nicht gejagt habe, so habe ich auch nie eine Trappe mit Schrot im Fluge geschossen. Unsere Väter, die das noch mitgemacht haben, schwärmten für die Aufregung des Trappentreibens und die Lust des Schrotschießens auf den großen, im Fluge aber sehr schnellen, ausholenden Vogel, der gut getroffen wie ein Mehlsack auf den hartgefrorenen Boden aufschlug. Mir selber hätte der Schrotschuss auch viel mehr Freude gemacht als das „Hinzirkeln" der Kugel auf das allzu entfernte Ziel.

Als ich zum Jäger heranwuchs, begann gerade der Trophäenkult zu blühen. Es durften nur mehr Hähne im April-Mai mit der Kugel geschossen werden.

Doch dies war für mich, zumindest nach dem sehr zeitigen Schwinden des „Schießhungers", keine richtige Freude. Es war vielmehr dem Scheibenschießen ähnlich, wenn man es wie üblich mit dem Pferdewagen versuchte. Denn diesen, besonders wenn es ein zur Heueinfuhr gebrauchter Leiterwagen war, hielten die Trapphähne meist auf weite Büchsenschussentfernung aus, wohingegen ihre Fluchtdistanz zu Fußgängern in der Balzzeit mindestens 500 Schritt betrug. Zum Anfahren mit dem Wagen braucht man aber nur wenig jägerisches Können und Geschicklichkeit. Die Hähne halten ihre Balzplätze ziemlich gut; man braucht bloß die Pferde in diese Gegend zu lenken, und in der kahlen Feldmark „blühen" die balzenden Trapphähne wie riesige weiße Blüten. Man darf sie nie direkt anfahren, sondern immer nur seitlich an ihnen vorbei auf weite Schussdistanz um 200 bis 300 Schritt.

Wenn der Wagen steht und die Trappen nicht sogleich ihre großen Schwingen zum Abflug mit Anlauf gegen den Wind spreizen, so sind zwei Fälle möglich. Entweder trifft der Schütze den Vogel, oder die Kugel verfehlt ihr kleines Ziel. Denn der Trapphahn hat ein weites und lockeres Federkleid. Der Kern, den man treffen muss, ist ziemlich klein. Im letzteren Falle beginnt das Spiel von neuem, mit demselben Hahn, wenn er nicht ins Nachbarrevier hinübergestrichen ist. Oder nach Möglichkeit mit einem anderen, der noch nicht weiß, dass manchmal auch ein Pferdewagen oder Ochsenfuhrwerk „losgeht".

Dies ist eine wenig aufregende Jagdart. Ich selber habe von den drei Trapphähnen, die ich noch fast als Kind erlegte, solange ich auf alles schoss, was gerade keine Schonzeit hatte, bloß einen mit dem Wagen angefahren und erlegt.

Einige Jahre hindurch jedoch, als ich später ausgedehnte Staatsreviere mit teilweise noch guten Trappenbeständen beaufsichtigte, musste ich allfrühjährlich drei, vier, meistens ausländische Jagdgäste auf Trapphähne führen. Freilich jagten wir vom Pferdewagen oder vom mit Maisstroh überdachten Ochsenkarren aus. Ich liebte diese Jagd nicht. Denn so prächtig das Bild des unter dem Frühjahrsblau des weiten Firmaments der Pußta im Grünen majestätisch stolzierenden Vogels, so eintönig, uninteressant ist seine Bejagung. Der riesige, wunderschöne Vogel ist vom zersplitternden Geschoss durchschlagen, und schweißbedeckt wirklich kein ästhetischer Anblick, kein prachtvolles Wild mehr. Er ist ein Naturdenkmal lange versunkener Zeiten und braucht Schutz und Schonung.

Es war mir eine Freude, als er unter Naturschutz kam und wir ihn nicht mehr bejagten.

In der Hanság bin ich unter Trappen aufgewachsen. Bei uns wurden sie schon damals fast vollständig geschont, obwohl ihr Bestand immer noch sehr beträchtlich war. Doch es war schöner, sich an ihrem Anblick zu ergötzen, als sie mit einer groben Kugel zu zerreißen.

Ich war noch ein ganz junger Dachs, steckte fast in Kindesschuhen und dachte anders. Mich schüttelte das Fieber, einen Trapphahn zu schießen.

Eines Frühjahrs war der Kalender richtig; Ostern fiel in die Zeit des Schnepfenstriches Anfang April. Wir hatten in dem Jahr einen kalten Frühling, und die Schnepfen waren noch da. Die Woche Osterferien kam zur allerbesten Zeit. Ich verbrachte sie natürlich vollständig bei Laci Csepi in der Hanság, daheim war ich höchtens zu Besuch. Ottohof, wo mein Freund Laci wohnte, bestand aus drei Wohnhäusern, Stallungen und riesigen Heuscheunen auf einer ganz flachen Erhebung in der Mitte der Hanság. Die nächste menschliche Behausung lag mehrere Kilometer entfernt. Heute, da die riesigen Wiesenflächen aufgeforstet sind, hat der Meierhof keine Daseinsberechtigung mehr, er wurde abgerissen oder vom Zahn der Zeit zernagt, so dass nur noch einige Ziegelsteine, das am Grundriß der Gebäude emporgeschossene Unkraut und einige verkrüppelte Zwetschgenbäume den Ort des Glücks meiner jugendjahre bezeichnen.

Gegenüber der Wohnung von Laci Csepi, auf gute zwei Kugelschüsse entfernt, war der Rand des Erlenwaldes. In den anderen Richtungen aber konnte man im Kreis die endlosen grünenden Wiesen einsehen mit ihren Rehen, Trappen und brütenden Brachvögeln. Noch heute habe ich diese Frühjahrsstimmung vor meinen Augen und das Trillern der balzenden Brachvögel in den Ohren. Wir gingen regelmäßig zum Morgen- und Abendstrich in den Erlenwald. Tagsüber machten wir Hüttenjagd mit dem Uhu oder begingen zu Fuß oder mit Lacis einspännigem Pferdefuhrwerk das Revier. Laci hatte einen Braunen, der im Gehen einen wunderbaren Kragen machte, ein Pferd, das sehr ruhig war, den Schuss glänzend aushielt, absolut verläßlich zog und auch durch Worte zu lenken war.

Insbesondere nach der Schneeschmelze und andauernden Regenfällen kam das Grundwasser an einigen Stellen der Wiesen so hoch, dass die tiefe Torfschicht unter der dünnen Grasnarbe vollständig durchweicht und morastig wurde. Diese hielt freilich an solchen Stellen das Gewicht des Pferdes nicht, sondern brach unter den Pferdehufen. Der Fuß des Gauls fand keinen Halt im Sumpf, und das Pferd sank bis zur Brust hinein. Das nervöse Pferd, das außerdem den Rummel nicht kannte, erschrak in solchen Fällen, schlug mit den noch freien Beinen um sich, bis auch diese durchbrachen und es schließlich auf Bauch oder Seite bewegungsunfähig im braunen Morast lag und in den allermeisten Fällen auch noch das andere Pferd mitzog. Es war noch ein Glück, wenn sie sich nicht gegenseitig verletzten, wenn die Deichsel nicht brach und man die Stränge abnehmen konnte. Sehr oft mussten in solchen Fällen die Stränge durchgeschnitten werden, das Geschirr am

Bauch ebenfalls, damit das geängstigte Tier schön beruhigt zum Aufstehen gebracht und aus dem tückischen Morast herausgeführt werden konnte. Der Wagen musste dann natürlich mit vereinten menschlichen Kräften rückwärts herausgezerrt werden, bis er eine härtere Stelle erreichte, wo man dann die Pferde wieder ins geflickte Geschirr einspannen konnte.

Mit unserem richtigen Hanságer Pferd passierte so etwas nie. Ich kann mich nicht erinnern, dass es jemals versunken wäre! Entweder blieb es stehen und meldete durch Blasen, dass es hier nicht weiterging. Oder wenn es schon an den Rand des Morasts gekommen war, erschrak es nicht, schlug nicht um sich, sondern setzte bedächtig, aber sicher Huf vor Huf und brach so nicht durch, bis es auf kürzestem Weg wieder auf harten Grund kam.

Damals hatte ich an einem strahlenden Frühlingsnachmittag mein erstes Jagderlebnis mit Trappen.

Neben der Schrotflinte hatten wir den Schönauer 91 x 57 auf dem Wagen. Mit dieser riesige Batzen werfenden Büchse hatte ich damals ohne Zielfernrohr meinen ersten Hirsch, Rehbock und anderes Wild, dem die Kugel gebührte, zur Strecke gebracht.

Auf Trappen hatte ich noch nie ein Gewehr gehoben. Jahrzehntelang wurden sie bei uns vollständig geschont. Doch als wir den besonders starken Althahn sichteten, der im Frühlingssonnenschein schon anfing, sein Gefieder zur Balz aufzuplustern, dirigierte mein Meister den „geländegängigen" Gaul so, dass wir den Hahn im Halbkreis umfuhren und immer näher an ihn herankamen.

Laci gab mir diesen Trapphahn frei, weil die Möglichkeit bestand, hinter einem vorjährigen, zusammengesunkenen Heuschober mich auf etwa 100 Schritte an den Hahn heranzupirschen. Wahrscheinlich nahm er an, dass ich in meinem Eifer zu ungeschickt sein würde, und der Hahn sich noch beizeiten in Sicherheit brächte. Oder er sagte sich, wenn ich in solcher Situation den Hahn erlegen könnte, so hätte ich ihn auch verdient! Ich konnte damals schon mit der Büchse so umgehen, dass ich auf diese Distanz auch ohne Glas eine „gerade" Kugel schoss. Doch hätte es mein Lehrmeister nie erlaubt, vom Wagen aus auf Entfernungen von 200 bis

300 Schritt blindlings auf die Trappen zu schießen. Und er hatte auch vollständig recht damit!

Ich rutschte in der Deckung des Heuschobers vom weiterfahrenden Wagen herunter und kroch auf allen Vieren zum Heuhaufen. Ich kam auch an, ohne dass mich das vorsichtige Wild wegbekommen hätte, weil es verhoffend dem weiterfahrenden Wagen nachäugte. Jetzt stand mir das schwerste Manöver bevor, den Büchsenlauf im Anschlag so an der Seite des Heuschobers langsam hinauszuschieben, dass mich keine Bewegung verriet. Und dies gelang auch! Fast zum Greifen nah, auf diese Distanz in unwahrscheinlicher Größe, stand der prächtige Vogel vor mir, in halber Balzstellung, mit gefächertem Stoß und langgestrecktem Hals. Dies ist eine schönere Haltung des Trapphahnes, als wenn er in Balzstellung den Hals aufbläst, sich so sehr nach vorn beugt, dass der Kropf fast den Boden berührt, seine Schulter- und Stoßfedern und Schwingendecken vollständig umstülpt, so dass er von weitem einem formlosen weißen Federball gleicht. Der ziegelrote Federkranz an der unteren Halspartie glänzte im Sonnenschein, sein Schnurrbart glich dem eines ungarischen „Paradekutschers", und aus der nahen Entfernung wähnte ich auch seinen gestrengen Blick zu sehen! Ich richtete Visier und Korn auf seine Seite und hielt meinen Atem an, als ich den gestochenen Abzug berührte. Ich glaube, dass ich den Hahn auch getroffen hätte, wenn es anstatt des erwarteten Knalles nicht bloß geknackt hätte! Der Griff des Verschlusses war nämlich nicht vollständig heruntergedrückt, so dass nicht das Schloss, sondern bloß der Stecher herunterschnappte. Ein großer Fehler der Konstruktion des ansonsten sehr sympathischen Mannlicher-Schönauer-Verschlusses. Diese Achtlosigkeit kam oftmals vor, machte viel Ärger und rettete viel Wild. Sie rettete auch meinen Hahn, weil er mich natürlich spitz bekam, als ich mit dem Gewehr herumfummelte, und sich nach kurzem Anlauf mit sausendem Schwingenschlag in die Luft erhob.

Damals war ich sehr traurig und verärgert, doch heute bedauere ich bei Gott nicht mehr, dass es nicht klappte. So hat er vielleicht eine schönere Erinnerung hinterlassen!

Zwei Jahre später habe ich dann aber doch Trappen geschossen. Nicht nur eine, sondern sogar zwei nacheinander. Die Passion ging mit mir durch wie mit einem jungen Vorstehhund!

Die Osterferien fielen wieder in die Schnepfenzeit, und ich schlug mein Quartier gewohnheitsmäßig in der Hanság auf. Wir fuhren auch wieder zu zweit mit dem Pferdewagen in den Wiesen herum, doch jetzt nicht mehr mit der alten 9,5, sondern mit einer Fernrohbüchse 6,5 × 54, einem wundervoll genau schießenden Gewehr. Die rasanten, weitschießenden 5,6-Kaliber gab es damals noch nicht.

Es wehte ein wirklich scharfer „Fastenzeitwind", der uns fast vom Wagen blies. Mitten in den Wiesen der „Urhany" erhebt sich ein flacher Hügel, dessen Seiten mit Bäumchen und Büschen schütter bestanden waren und in dem auch eine Kiesgrube lag. Er heißt „Wolfshügel" und hatte seinen Namen sicher vor sehr langen Zeiten erhalten, als es in Sumpf und Moor noch Wölfe gab.

Im Windschatten des Hügels entdeckten wir einen großen Flug Trappen. Es waren gewiß 25 Stück, darunter einige dickhalsige, starke, ausgewachsene Hähne. Sie anzupirschen war ein Kinderspiel. Ich musste bloß gedeckt zum Hügel und dann hinein in die Kiesgrube. Die Trappen bekamen mich überhaupt nicht spitz. Ich konnte mich auch leicht über den Rand der Böschung zum Schuss herausheben. Sie waren kaum weiter als 100 Schritte. Ich suchte mir den stärksten Hahn aus. Im Schuss kippte er um und blieb unbeweglich liegen. Der starke Sturm trug den Knall des Schusses fort. Die Trappen hatten mich nicht bemerkt. So öffneten sie eben nur ihre Schwingen und fielen nach einigen hundert Schritten wieder ein. Hier bot sich ein flacher Damm als gute Deckung zur Pirsch an. Nach einigen Minuten lag ich schon wieder auf dem Bauch an der Seite des Dammes. Jetzt aber waren die Trappen schon weiter entfernt, ungefähr 250 Schritt, doch auch dieser Schuss traf ins Leben, und kurz darauf lagen die wundervollen, langbärtigen Hähne im Wagen auf Heu gebettet.

Wir fuhren mit ihnen geradewegs in mein Heimathaus. Diese Beute musste man vorzeigen! Doch mein Vater dämpfte die allzu große Freude über meine beiden ersten Trapphähne mit den Worten: „Das sind keine Rebhühner, auf die man Dubletten schießt, sondern Naturdenkmäler, denen Schonung gebührt!"

Ich habe später nur noch einen Hahn in meinem Leben geschossen. Einen vierten hätte ich liebend gerne erlegt, doch dieser wurde nicht mein.

Einige Jahre später stand ein riesenhafter Althahn in der Hanság. Er war der hohe Herr im Trappenvolk, eine Spanne höher als die anderen Hähne, doch hundertmal vorsichtiger. Er war immer allein, stand nie mit anderen Hähnen beisammen; kein anderer Hahn traute sich in seine Nähe, aber auch den Wagen ließ er nicht näher als einen halben Kilometer heran. Diesen Hahn wollte ich überlisten, den wollte ich schießen. Er hatte sicherlich schon das Summen vieler Kugeln vernommen. Auch ich hatte ihn einige Male aus riesigen Entfernungen mit Schüssen erschreckt, doch auch gegen mein Blei schien er gefeit zu sein. Wenn sich zum Anpirschen die kleinste Deckung bot, versuchte ich es mit Robben. Doch er bekam mich stets weg und empfahl sich aus sicherer Entfernung.

Einmal konnte ich hinter der Böschung an einem Kanal auf Büchsenschussweite heranrobben. Ich lag auf dem Bauch und hatte die Ellenbogen aufgestützt. Das Fadenkreuz des Zielfernrohres zeigte auf seine Brust, doch wirbelte der Schuss bloß eine dunkle Wolke im Zielfernrohr auf. Durchs Zielfernrohr schien der Weg des Geschosses frei zu sein, doch schlug es mit dumpfem Schlag in die Böschung des jenseitigen Ufers ein.

Noch einmal gelang es mir, den gewaltigen Hahn auf Büchsenschussentfernung hinter einem Salweidenbusch anzupirschen. Er war nicht weiter als 200 Schritt entfernt. Er blieb einen Augenblick nach dem Schuss stehen, taumelte ein wenig, und zwei kleine, weiße Federn flatterten aus seinem Kleid. Dann erhob er sich mit plumpem Anlauf und Schwingenschlägen und strich, strich weit weg gen Norden über die Grenze in das Nachbarrevier, bis er endgültig in der sonnenstrahlflirrenden Ferne verschwand. Traurig steckte ich die beiden weißen Federchen an meinen Hut. An einer jeden haftete ein rubinfarbener, winziger Schweißtropfen.

Nach einigen Monaten sah ich ihn dann wieder. Doch nicht in den Wiesen, sondern im Schaufenster eines Geschäftes in unserer Kreisstadt Györ, dessen Eigentümer Jäger und Mitpächter des Nachbarreviers war. Der Hahn stand da, schlecht präpariert wie die meisten Trapphähne, in seiner ganzen „Pracht". Er war im Nachbarrevier einige Tage nach meinem Pech zur Strecke gekommen. Angeblich war er auch krank gewesen. Der Aufschrift nach soll er 18 Kilogramm gewogen haben, und wenn dem so war, ist es der schwerste, jedenfalls aber der stärkste Hahn, den ich jemals zu Gesicht bekam.

Seitdem habe ich keinen Schuss mehr auf Trappen abgegeben.

Damals, als ich angehender Ornithologenlehrling war, habe ich mich auch mit dem Beringen von Jungtrappen befasst.

Das Bezeichnen von Vögeln mit numerierten und Namen und Anschrift des herausgebenden Institutes tragenden Aluminium- und Messingringen hat uns von ihrer geheimnisvollen Wanderung, ihrem erreichbaren Lebensalter, Veränderungen ihres Gefieders und noch vielen anderen Fragen sehr viele wertvolle Erkenntnisse gebracht.

Wir versuchten auch Trappenküken zu beringen. Es war keine leichte Aufgabe in den einförmigen, zusammenhängenden Wiesen von vielen tausend Hektar die führenden Trappenhennen und ihre Küken zu finden. Denn sie fanden überall passende Brut- und Aufzuchtplätze. Wir mussten also mehr oder weniger blindlings suchen. Wir entwickelten unsere Methoden hierzu, doch als größte Schwierigkeit erwies sich nicht das Finden der Küken.

Die Jungtrappen haben schon als Eintagsküken verhältnismäßig dicke Ständer, doch kann man sie nicht eher beringen als unmittelbar bevor sie flügge werden.

Die Ständer der Trappenküken entwickeln sich nämlich im langen Lauf des Wachstums sehr stark, sie werden viel dicker, so dass, wenn wir sie im frühen Alter beringen würden, der Ring ihnen später zu eng wird und den Lauf abschnürt. So konnten wir in mehreren Jahren nur zwei oder drei Jungtrappen finden, die zum Beringen das passende Alter hatten. Zurückgemeldet wurde jedoch keine von ihnen.

Im Jahre 1934, im Alter von sechzehn Jahren, nahm ich am achten Internationalen Ornithologischen Kongreß in Oxford teil. Ich war der Benjamin unter den langbärtigen Wissenschaftlern und war mächtig stolz darauf. Ich hielt dort sogar einen Vortrag von einem wunderschönen Greifvogel, der Wiesenveihe, die damals in der Hanság in verhältnismäßig großer Zahl brütete und mit deren Lebensweise und Ernährung ich mich jahrelang ernstlich befasst hatte. Jetzt, aus dem Abstand von vierzig Jahren auf meinen damaligen Auftritt zurückblickend, kann ich ganz unvoreingenommen mit gesetzter Nüchternheit behaupten, dass ich Erfolg hatte.

Eigentlich ist es schade, dass aus mir doch kein Ornithologe geworden ist. Auch so hätte ich meiner Passion leben können, obwohl mein Lebenslauf dann gewiß weniger holprig, doch auch sicherlich weniger bunt gewesen wäre. Ein Jägerleben, wie ich es hatte, hätte ich bestimmt nicht führen können!

All dies habe ich nur deswegen erzählt, weil ich zwei Jahre nach dem Kongreß vom Direktor des Londoner Zoos einen Brief bekam. Ob ich ihnen einige Trappenküken schicken könnte?

Ich war über den Auftrag erfreut, doch fragte ich zurück, ob sie wohl mit gutem Gewissen die Hoffnung hätten, die Küken aufziehen zu können.

Sie sagten ja.

Na gut, sie müssen es besser wissen.

Damals machte ich gerade meinen Militärdienst, doch hatten wir an Wochenenden schon Urlaub. In der zweiten Junihälfte bin ich dann an zwei Sonnabenden schnurstracks in die Hanság zu Laci Csepi gefahren, um den Sonntagmorgen auf Trappensuche zu verbringen.

Unsere Sache wurde dadurch erleichtert, dass zu dieser Zeit, wenn die Jungtrappen schon ungefähr die Größe von Haushennen haben, mit dem Schnitt der Wiesen begonnen wurde. Das heißt, dass viele Streifen schon geschnitten waren, auf denen die Trappenmütter mit ihren taunassen Küken in der Morgensonne herumstolzierten. Denn bei der Nahrungssuche im hohen Gras wurden sie vom kalten Tau auf den Gräsern vollständig durchnäßt.

Wenn wir sie vom Wagen aus von weitem auf der geschnittenen Fläche entdeckten, so fuhren wir so schnell wie möglich hin und behielten das oder die Küken ständig im Auge, um festzustellen, wo sie sich im Bewusstsein ihrer vorzüglichen Schutzfarbe vor unserem Wagen geduckt hatten.

An Ort und Stelle suchte und stand die prächtige braun-weiße Drahthaarhündin „Miss" von Laci Csepi wie eine Statue die Küken vor. Wir hatten nichts weiter zu tun, als sie aufzusammeln.

Wenn wir aber die führende Trapphenne noch im morgentaubedeckten hohen Gras fanden, so „folgten wir den Fährten". Im nassen Gras wurde nämlich der Tau an der Spur der Trappen abgestreift. Wir mussten nur der gut sichtbaren Fährte folgen, und der Hund stand dann die sich drückenden Küken vor.

So sammelten wir an zwei Sonntagmorgen je drei gut entwickelte Trappenküken. Mit dem Abendschnellzug nahm ich sie in einer großen Schachtel nach Budapest mit. Ihre melodische Klagestimme erregte natürlich großes Aufsehen im Zug. Dann fütterte ich sie mit Mehlwürmern, und am nächsten Tag flogen sie nach London. Nachmittags wurden sie schon dort erwartet. In der damaligen Zeit war solche Eile der Technik noch sehr ungewohnt.

Doch mit der Aufzucht wurde es leider nichts. In Kürze bekam ich die traurige Nachricht, dass alle Küken eingegangen waren.

Damals wusste ich schon, dass die Aufzucht der Trappenküken besonders schwierig ist.

Seitdem wurde auch die Lösung dieses Problems gefunden. Ich selber habe öfters erlebt, wie aus ausgemähten Gelegen erbrütete Küken aufgezogen wurden.

Das junge Trappenküken ist ein ungeschickter, dummer Jungvogel, der selbst keine Nahrung aufnimmt. Offensichtlich erhält er die Insekten, weiche Schnecken und ähnliche Nahrung anfangs aus dem Schnabel des Muttervogels. Deswegen muss man ihm auch in Gefangenschaft diese mit der Pinzette reichen. Und zwar mindestens zwei Wochen lang. In dieser Zeit gewöhnen sich die Jungvögel so sehr an ihre Menschenamme, dass sie auf ihr ganzes Leben die Scheu vor ihm verlieren. Leider verwildern sie auch nie wieder.

Die Jungtrappen dürfen vor allem nicht überfüttert werden. Denn sie sind sehr gefräßig, und wenn sie immer so viel gereicht bekommen, wie sie zu sich zu nehmen imstande sind, entwickelt sich ihr von Natur aus schon schwerer, behäbiger Körper allzu schnell, und die sich langsam verstärkenden Ständer können das Gewicht nicht mehr tragen. Bald kommt der Jungvogel dann nicht mehr auf die Beine.

Schwierige jagdliche Aufgaben hatten immer eine besondere Anziehungskraft für mich. Ein schweigsamer alter Hirsch, dem ich nachstellte, das Gespenst eines Waldbockes, den man belauern musste, die Erlegung des unsteten, seinen Einstand immer wechselnden alten Keilers, vom Otter, vom Marder überhaupt nicht zu reden, denn ich brachte es fertig, auf dem Otteransitz viele Nächte zu verbringen oder tagelang einer Marderspur in den Bergen zu folgen. Was dies bedeutet, weiß nur einer, der es selber versucht hat!

Doch der balzende Trapphahn ist das allervorsichtigste Wild! Ich glaube, dass ihm in dieser Hinsicht kein anderes Wild gleichkommt. Wenn man behauptet, der Birkhahn hätte auf jeder Feder ein Auge, so gilt dies in noch viel größerem Maße für den Trapphahn! Sein Gesichtsvermögen ist schärfer als das des ebenfalls sehr wachsamen Rottieres. Meiner Erfahrung nach äugt er schärfer als die großen Greifvögel, wie Adler, Habicht und Bussard.

Es ist häufig leicht, anderes Wild anzupirschen. Rot- und Rehwild haben oft beim Äsen das Haupt tief und können den anpirschenden Jäger nicht eräugen. Hingegen ist der Hals des Trapphahnes fast ständig hochgestreckt. Er krümmt ihn bloß auf kurze Zeit zum Boden, wenn er etwa ein Insekt oder grünes Blatt aufnimmt; seine scharfen Augen spähen ständig in die Runde.

Wenn in seiner Nähe zufällig eine winzige Deckung, ein dichter Busch oder alter Heuhaufen, zu finden ist, so kann man vielleicht noch bis auf Büchsenschussentfernung in seine Nähe kriechen, wenn die niedrig stehende Sonne keinen langen Schatten wirft, der aus der Deckung „heraushängt". Im tieferen Graben muss der Jäger robben, im Wasser des Kanals waten oder tief geduckt heranpirschen.

Kritisch wird jedoch die Lage dann, wenn man sich aus der Deckung erheben muss, damit man auch etwas vom Vogel sieht. Dann, so wie er die kleinste Bewegung hinter oder über der Deckung wahnimmt, deines Skalps ansichtig wird, ist er sogleich fort, und du hast das Nachsehen.

Sei es als Jäger oder sei es als Ornithologe, ich war an den Trappen stets überaus interessiert. Ich wollte immer möglichst viel von ihren interessanten Lebensgewohnheiten und insbesondere von ihrer Fortpflanzungsbiologie wissen. Besonders letztere ist höchst interessant und teilweise vielleicht auch heute noch nicht vollständig geklärt.

Es gibt Ornithologen – besonders aus älteren Zeiten –, die behaupten, Trappen seien monogame Vögel und lebten zur Fortpflanzungszeit paarweise. Dies glaube ich nicht, weil ich es nie habe beobachten können. Es gibt auch Beobachter, deren Aussagen gemäß der Trapphahn polygam sei, mehrere Hennen gleichzeitig beherrsche – genauso wie z.B. der Fasanenhahn, wo das Geschlechterverhältnis zugunsten der Hennen gut ist. Dem kann ich aus eigener Erfahrung auch nicht beipflichten.

Ich habe Trappen in mehreren Gegenden Ungarns beobachten können, nicht nur in der Hanság, sondern auch in der nördlichen Theißebene und im großen Flachland im Osten, im Komitat Békés. Überall habe ich gleichfalls festgestellt, dass sich die Hähne einzeln oder in Trupps auf dem Balzplatz aufhielten, und Hennen sich nur von Zeit zu Zeit hinzugesellten. Auch in größeren Trupps vertragen sich die Hähne friedlich untereinander – nur hie und da fallen sich zwei in die Federn; dies ist aber eher eine Art ritterliches Turnier als ein ernster Kampf, denn kurz darauf ist der Frieden unter ihnen wiederhergestellt.

Ich habe die Birkhahnbalz auch erlebt und glaube, dass die Balz und Paarung der Trappen viel Ähnlichkeit mit ihr hat.

Ich halte es auch nicht für unmöglich, dass unter solchen Umständen die Hennen sich den Hahn auserwählen, von welchem sie getreten werden.

Die geschlechtsreifen, fortpflanzungsfähigen Hennen (sie werden in ihrem vierten Lebensjahr, die Hähne aber im fünften, sechsten geschlechtsreif) legen dann ihre ein, zwei, selten drei Eier (in letzterem Fall ist fast stets eines unbefruchtet) in eine flach ausgescharrte Mulde, die vollständig bar von Nestmaterial ist. Die Henne bebrütet natürlich das Gelege allein und zieht auch die Küken selber auf. Der Hahn kümmert sich nicht um Henne und Küken – genauso wie der Fasanenhahn.

Der werfe den ersten Stein ...

Ich habe eine Abneigung gegen Jagdgeschichten, in denen der Erzähler kam, sah und siegte. Und weil man deren so viele hört, möchte ich jetzt von Erlebnissen erzählen, bei denen es schiefging. Und solche kommen immer wieder vor, denn keiner von uns ist gegen einen Schabernack des Schicksals gefeit.

Die heutige Jagd ist längst nicht mehr das Beutemachen unserer Vorfahren. Denn mehr noch als wir jagen, betreiben wir Hege, „Wahlabschuss", sogar – horribile dictu – „Wildstandsbewirtschaftung". Das ist heutzutage in unseren zivilisierten Jagdgefilden nötig.

Eigentlich ist es zu bedauern, dass es so ist, denn die Jagd verliert viel von ihrer Poesie. Wir sehen uns genötigt, unser Jagen in Regeln und Richtlinien einzuordnen, sie zwischen von uns selber gesetzten Schranken einzuengen. Wir müssen uns fügen, sonst wäre die Hege der Wildbestände in unseren überkultivierten Wildbahnen undenkbar.

Doch nimmt es endgültig die Poesie, wenn der Jäger, anstatt mit der Freude seiner Vorfahren an das erlegte Wild heranzutreten, sich ihm mit Furcht und Hemmung nähert: Ob das Stück wohl alt genug ist, ob er wohl „nicht einen Fehlabschuss getätigt hat?"

Daher kommt es auch, dass die Schulter des führenden Berufsjägers von so großer Verantwortung gedrückt wird. Denn der Gast, der mit der Gunst der Götter (sprich wegen seines Ranges oder seiner dicken Brieftasche) „den Abschuss tätigt", jagt nicht auf eigene Verantwortung. Höchstens auf eigene Brieftasche, ein Umstand, der vom führenden Berufsjäger besonders berücksichtigt werden muss. Die Verantwortung trägt der begleitende Berufsjäger, wenn der Jagdgast ein von ihm falsch angesprochenes Stück erlegt. Das Odium für die „Minuspunkte", für falsch geschossene Böcke oder Hirsche lastet auf ihm.

Von welchem Gesichtswinkel wir sie auch betrachten, es ist in jedem Fall eine verantwortungsvolle Sache, ein oft schwieriger, schwerwiegender Entschluss, den Finger krumm zu machen oder das Todesurteil: „Bitte schießen" zu fällen. Ein Entschluss, zu dem man oft in Eile, in der Aufregung vor dem Wild, manchmal bei ungünstigen Lichtverhältnissen und sehr oft nicht ohne Zweifel, nach blitzschnellem Abwägen der Merkmale und Umstände kommen muss.

All dies bezieht sich nicht so sehr auf solche Reviere, in denen man das Rot- und Rehwild wintersüber an den Fütterungen hat, Serien von Abwurfstangen der älteren Hirsche besitzt und die meisten dieser einen Namen tragen. Dort ist das Ansprechen leichter als in den weitläufigen, noch „wilden" Jagdgefilden östlicher Länder, wo auch der Berufsjäger nur einen Bruchteil seines Wildbestandes kennt.

Um dies zu veranschaulichen, genügt ein Beispiel. Obwohl mir als Jagdleiter im Revier Lábod (50000 Hektar) eine teilweise hervorragend gute Berufsjägergarde von fünfzehn Mann beistand, kannten wir nur einen kleinen Teil des Wildbestandes. Das Rotwild ist dort nirgends richtig „Standwild". Überall ist Deckung und Äsung, und es zieht weit umher. Man weiß nie, welchen Hirsch man vor sich hat, es sei denn einen schon angesprochenen Platzhirsch, solange er das Brunftrudel nicht verlässt. Und viel Zeit hat man meistens auch nicht zum Ansprechen. Es ist schon gut, wenn der Hirsch hinter dem Rudel bei Büchsenlicht aus der Dickung über die Schneise zieht. Da muss der Entschluss blitzschnell gefasst werden. Und die Böcke waren in der hohen Deckung wie die Gespenster und uns nur zum geringen Teil richtig bekannt.

Unter diesen Umständen kann es dann vorkommen, dass auch dem erfahrensten Waidmann und sogar dem Berufsjäger, der ja mit dem Wild lebt, ein „Druckfehler" unterläuft. Je mehr er schießt oder Gäste führt, um so öfter! Denn nur der fällt nicht aus dem Sattel, der nicht aufsitzt!

Ich habe selber einige hundert Stück Schalenwild erlegt, allerdings größtenteils Kahlwild, habe aber Gäste auf mehrere hundert, im Laufe der vielen Jahre sogar sicherlich über tausend Böcke und Hirsche geführt. Es kam vor, dass ich mich irrte, das eine oder andere Stück falsch ansprach, mich übereilte, weil es zu schnell gehen musste oder der Zufall mir einen Streich spielte.

Der werfe den ersten Stein auf mich, dem so etwas noch nie passiert ist! Es sind keine „schönen" Jagdgeschichten, dafür aber lehrreiche. Die besten des bunten Straußes will ich erzählen.

Wir hatten im Láboder Revier zur Brunft auch einen Schweizer Jagdgast. Er war auf einen Kapitalen sehr scharf, doch diese waren dort nicht angebunden. Dennoch hatte er Waidmannsheil, konnte es aber nicht nützen: Im Laufe einer Woche schoss er drei Hirsche vorbei. Und ich war scharf darauf, dass er endlich seinen Hirsch auf die Decke legte und ich keine weiteren Sorgen mehr mit ihm hätte!

Noch vor Büchsenlicht wechselte ein Hirsch mit guter Stimme mitsamt Rudel in eine Akaziendickung ein, in deren Mitte sich eine Schneise entlangzog. Da stand auch ein Hochsitz. Den Hirsch kannten wir nicht, genausowenig wie den Großteil der Brunfthirsche. Das Rotwild war fast zum Nachtwild geworden, es zog meistens spät aus und morgens noch bei Dunkelheit in die Dickung ein. Dieser Hirsch hatte aber eine gute Stimme und breite Trittsiegel. Auch hatte er Kahlwild bei sich; so war es anzunehmen, dass er, wie die meisten dortigen Platzhirsche, reif für die Kugel war.

Nachmittags saßen wir zeitig auf dem Hochsitz. Die Akaziendickung ragte wie eine Wand beiderseits der vier Meter breiten Schneise empor.

Gegen Sonnenuntergang zog ein Tier vorsichtig auf die Schneise und sicherte lange am Rand. Wir saßen unbeweglich wie Salzsäulen. Dann zog es hinüber, das Kalb folgte ihm. Inzwischen sagte ich dem Gast, er solle sich fertigmachen. In solchen Situationen kann man nicht zögern, nicht fackeln. Man muss schießen, wenn ein reifer, jagdbarer Hirsch am Ende des Rudels erscheint, solange er verhofft. Ich selber kann aber auch nicht vor dem Kommando zum Schuss lange spekulieren, ich muss schnell die Entscheidung treffen, der Hirsch zieht in allzu kurzer Zeit über die Schneise. Er beeilt sich, seinem Kahlwild nachzuziehen.

Der Jagdgast erwartete den Hirsch am Ende des Rudels mit aufgelegter, gestochener Büchse, ich mit dem Glas in der Rechten und dem Hirschruf in der Linken. Erst kam ein sehr langes, vielendiges Geweih aus der Dickung, mit starken und breiten Kronen, und als ich auch das Haupt des Hirsches mit der Ramsnase (ich habe später dann die Erfahrung gesammelt, dass die Ramsnase bei Ungarnhirschen im allgemeinen kein charakteristisches Altersmerkmal für wirklich alte, sondern für mittelalte Hirsche ist) von der Seite sah, rutschte es mir übereilt heraus: „Schießen!"

Doch der Hirsch war in Eile. Er verhoffte nicht einmal am Schneisenrand, sondern zog über die Schneise seinem Wild nach. Er war aber kaum über die Mitte, als ich ihm aus meinem Ochsenhorn einen abgehackten Trenser entgegenwarf. Sofort stand er stramm und warf das Haupt auf. Ich riß das Glas an den Kopf und sah den „unschuldig-jugendlichen" Gesichtsausdruck des Hirsches. Jedenfalls war es kein reifer, kein alter. Der Hilferuf eines Ertrinkenden: „Nicht!" Doch im selben Augenblick knallte es, Kugelschlag, Zeichnen.

Diesen Hirsch hatte der Gast natürlich mitten aufs Blatt getroffen; er flüchtete keine 50 Gänge mehr.

Es war ein langstangiger, doch noch dünner, sieben-, achtjähriger Sechzehnender. Ich hätte am liebsten geweint!

Der häufigste Irrtum des wenig erfahrenen Hirschjägers ist, dass er anstatt des von seinem Kahlwild geschützten Platzhirsches, an den schwer heranzukommen ist, dem durch seinen Brunfttrieb unvorsichtigen, unachtsamen Beihirsch die Kugel anträgt.

Schon als angehender Hirschjäger lernte ich, dass zur Zeit der Brunft mit Ausnahme der selten anzutreffenden wandernden alten, starken Hirsche die einzelgehenden zumeist einem Rudel folgen. Dessen Herr und Gebieter ist der stärkere Hirsch – zumindest was die Körperkraft anbelangt. Meistens trägt er auch das stärkere Geweih. Er ist der ältere Hirsch. Ich habe aber auch schon zwei während der ganzen Brunft einzelgehende alte Hirsche mit über 9 bzw. 11 Kilogramm Geweihgewicht gekannt, die auch zur Strecke kamen.

Das Pech mit dem Beihirsch hat mich bislang verschont. Weder ich selber noch später einer meiner Gäste haben versehentlich anstatt des Platzhirsches den Beihirsch erlegt.

Doch ist es passiert, dass bei winterlicher Pirschfahrt im hohen Holz mit viel Sträucherunterwuchs der Jagdgast nicht den ausgewählten Eissprossenzehner mit langen Gabeln schoss, als das Hirschrudel, um den Pirschwagen einen Bogen schlagend, nach hinten zog. Als das Blatt des Hirsches für kurze Augenblicke zwischen zwei Baumstämmen in einer breiten Lücke frei war und ich „schießen" sagte, knallte die Büchse neben mir. Der Hirsch brach auch zusammen, aber es war ein anderer, der auf der Nebenlücke erschienen war. Freilich war dieser kein zum Abschuss freigegebener Gabelhirsch, sondern ein Vierzehnender mit guten Kronen. Der Jagdgast schwor hoch und heilig, dass er sich in der Hitze des Gefechtes geirrt habe (er war ein sehr erfahrener Jäger), aber ich ahnte und bin bis zum heutigen Tage fest davon überzeugt, dass er für dieselbe Schussprämie lieber ein Kronengeweih heimbringen wollte. (In Ungarn werden die Abschussprämien nach dem Geweihgewicht berechnet, gleich, ob Kronenhirsch oder nicht.) Denn dies war sein erster Ungarnhirsch. Doch wer kann in jedem Fall die komplizierte Gedankenwelt der Jagdgäste durchschauen?

Ein einigermaßen ähnliches, doch richtiges Pech widerfuhr einmal einem lieben Jagdkameraden. Er schlich in einem Akazienbestand mit viel Holunderwuchs in hügligem Gelände einem Brunftrudel nach. Der Hirsch knörte nur ab und zu, trieb und sprengte sein Wild. Mal hier, mal dort schien ein roter Fleck durch das Grün des Laubes. Er musste nahe dran bleiben, um überhaupt etwas erkennen zu können. Die Gefechtslage war aufregend. Er konnte auch das Geweih erblicken und sah, dass der Hirsch gut und reif für die Kugel war, denn Haupt, Träger und Blatt waren für kurze Zeit in einer Lücke zu sehen. Es reichte gerade zum richtigen Ansprechen. Der Hirsch war gleich wieder von den Blättern verdeckt. Jetzt knörte er ein paar Schritte weiter, eine Bewegung, Glas hoch – ja es ist der Hirsch, schnell die Büchse –, der rote Fleck ist noch dort! Das Fadenkreuz steht auf der Rippenpartie, als die Büchse spricht. Rauschende Blätter, knackende Äste, dann Stille. Am Anschuss viel Lungenschweiß, nach einer kurzen Schweißfährte liegt – ein Schmaltier. Es hatte den Platz mit dem Hirsch gewechselt, während der Jäger Glas mit Büchse tauschte.

Ein ähnliches Pech stieß mir mit einem Rehbock zu. Mit einem jungen, sehr passionierten Jagdgast, der in seiner Heimat Forstmann war, pirschten wir zu Fuß zur Blattzeit in dem Erlen- und Wiesengelände der Hanság in Westungarn. Ein Bock, der die Kugel verdiente, trieb seine Ricke auf einer Wiese. Wir konnten uns hinter der Baumreihe, welche die Wiese begrenzte, gedeckt anpirschen. Als wir in die Höhe der Rehe kamen, lugte ich links und der Gast rechts von einem Busch auf die Wiese hinaus. Aber nur sehr gedeckt und durch schmale Lücken, weil die Rehe nahe waren. Ich sehe den Bock und nicke dem Gast zu, er könne ihn schießen. Die Büchse knallt, der Bock bleibt noch einen Augenblick stehen, äugt um sich und springt ab. „Vorbeigeschossen!" sage ich. „Keine Spur, er hat einen Blattschuss und zeichnete gut!"

Ich konnte das Geschehene nicht klar deuten, bis wir den Anschuss und den blasigen Lungenschweiß einige Schritte vom Platz entfernt fanden, wo der Bock gestanden hatte. Wie erwartet, lag am Ende der kurzen Todesflucht das Schmalreh!

Dem Gast war die Angelegenheit natürlich sehr peinlich. Er entschuldigte sich damit, dass ihm das Haupt des Bockes verdeckt war, und als ich ihm das Zeichen gab, hatte er geschossen. Freilich: „schieße nur dann, wenn du einwandfrei angesprochen hast". Aber ich tröstete ihn noch damit, dass nur der aus dem Sattel fällt usw.

Meinem Bruder ist einmal etwas sehr Seltsames passiert. Ich habe Ähnliches nur äußerst selten und auch nur vor vielen Jahren in Jagdzeitschriften gelesen. Eben deshalb glaube ich, dass man ihn nicht mit großen Steinen bewerfen sollte, sondern höchstens mit Kieselsteinen, da seine Jägerseele von keiner Todsünde belastet wird.

Vor vielen Jahren – er war noch ein angehender Jüngling – pirschte er eines Abends einen Waldrand entlang, zur Zeit, als die

Rehe schon austraten. Er erblickte auch einen reifen, jagdbaren Bock, der etwa 40 Schritt vom Waldrand entfernt in einem Kartoffelschlag äste. Er schoss auf den Bock ohne Auflage oder eine Möglichkeit zum Anstreichen, kniend freihändig. Kein Zeichnen, der Bock wendete nur und verschwand hochflüchtig, doch mehrmals laut schreckend im Wald. Mein Bruder hörte nicht nur das Schrecken, sondern konnte auch sehen, wie der Bock beim Schrecken den Äser öffnete. Es war also sicherlich der Bock, der schreckte. Mit Recht wähnte er den Bock als vorbeigeschossen, da ja ein angeschweißter Bock nicht schreckt. Er fand es überflüssig, sich Anschuss und Fluchtfährte anzusehen. Er sagte bloß etwas Unziemliches, drehte sich um und verließ auch schon den Schauplatz seiner Schmach.

Nicht zu Unrecht ist eine der Grundregeln unseres Waidwerks, dass der Anschuss und die Fluchtfährte unter allen Umständen untersucht werden muss. Der Teufel schläft nämlich nicht, wie er auch in diesem Fall nicht schlief!

Drei Tage danach kam die Nachricht, dass ein Hirte, dem Verwesungsgeruch nachgehend, den verendeten Bock einige Schritte vom Waldrand entfernt gefunden hatte. Als Strafe für die Nachlässigkeit meines Bruders schlug er das Gehörn des Bockes ab – doch mit der Axt. Ein Glück, dass er nicht jede Stange gesondert vom Rosenstock abschlug, doch blieb bloß ein winziger Stirnknochen am Gehörn. Es konnte nur mit Hilfe eines breiten Messingbandes auf das schräg geschnittene Birkenschild montiert werden und bekam den Namen „Sündenbock".

In meinen Jugendjahren behaupteten die alten Jäger noch viel öfter schier unglaubliche Dinge aus der Natur- und Wildkunde als heutzutage. So hörte ich oft Erzählungen von Böcken mit vollständig altersgrauem, fast weißem Gesicht und starkem Gehörn. Freilich glaubt ein Junge solche Sachen allzu leicht und vergißt sie auch nicht.

Viele Jahre später, es sind fast zwanzig Jahre her, führte ich den allerersten ausländischen Jagdgast zur Hirschbrunft in der Bruchlandschaft der Hanság in Westungarn. Es war schon heller Morgen mit strahlendem Sonnenschein. An Hirsche war kaum mehr zu denken, als wir mit einem Rehbock zusammentrafen. Er hatte ein „altersgraues" Gesicht; auch die Stirn war vorn und beiderseits bis zu den Lauschern grau, fast weiß. Wir schossen ihn sofort, ohne zu zögern – es war ein Dreijähriger.

Seitdem habe ich noch vier oder fünf von dieser Sorte angetroffen, sie sind sehr selten. Ich war aber schon gewitzt, sprach genau an – und ließ sie leben, außer zweien, die wirklich uralt waren. Die hatten aber auch eine breite Stirn und ein altes, müdes Gesicht.

Ich empfehle besondere Aufmerksamkeit für die Böcke mit gescheckem Gesicht. Sie sind – zumindest in unseren Rehbeständen – fast immer jung. Sie haben auch einen den Windfang ringartig umgebenden, scharf abgegrenzten, hellen Muffelfleck. Insbesondere bei unseren Feldrehen kommt es aber oft vor, dass auch alte und uralte Böcke einen hellen Muffelfleck haben; der zieht sich jedoch im Gegensatz zu dem junger Böcke den Nasenrücken hoch hinauf und ist nicht scharf abgegrenzt.

Die Seiten des Hauptes sind bei alten Böcken meist eintönig braungrau. Ich kenne einige wenige Gegenden und ihre Rehbestände in Ungarn, bei denen die alten Böcke eine sehr auffallende Brille tragen. Die hat als Altersmerkmal noch nie getrogen. Bei den allermeisten Rehbeständen fehlt aber die Brille als Altersmerkmal vollständig, und es bleibt der Gesichtsausdruck als untrüglichstes Zeichen. Beim Ansprechen des Alters richte ich mich auch gefühlsmäßig nach ihm; der trügt am wenigsten. Dabei benutze ich auch in weiten Feldrevieren immer das Spektiv des Hochgebirgsjägers, das mir hervorragende Dienste leistet.

Mit Böcken, die auffallend stark im Wildbret sind, muss man besonders vorsichtig sein. Hauptsächlich im Feldrevier, und bevor sie verfärbt haben und noch die Winterdecke tragen!

Mit solchen habe ich mir auch schon zwei, drei Mal die Finger arg verbrannt. In Ungarn geht die Bockjagd am ersten Mai auf. Die Rehe verfärben aber erst etwa Mitte Mai, doch fällt besonders in

Feldrevieren die Hauptjagdzeit unmittelbar in die ersten Maitage wenn das Getreide nicht zu hoch steht und die Rehe nicht vollständig verdeckt. Man kann dann neben den schlechten auch einige starke Böcke auf die Decke legen, wenn man die mittelalten als Nachwuchs leben läßt. Es ist heute schon allgemeine Ansicht sowohl der Wildbiologen als auch der erfahrenen Jäger und eine Richtlinie bei der pflichtmäßigen Bewertung der Trophäen, dass das Reifealter der Böcke nicht unter dem 6. bis 7. Kopf liegt, weshalb ein mit 4 bis 5 Jahren erlegter starker Bock mit Minuspunkten bedacht wird.

Das Winterhaar verdickt den Träger des starken Bockes noch mehr, und wenn wir bei einem in Gebäude und Knochengerüst starken Bock nur auf Hals und Gehörn achten, und nicht das Verhältnis zwischen Körper und Träger und das Gesicht berücksichtigen, kann allzu leicht ein Fehler unterlaufen. Im Glauben, einen alten, kapitalen Bock vor uns zu haben, fällen wir das Urteil und schießen den im Gebäude stämmigen, von Gesundheit und Kraft strotzenden, allerbesten „Zuchtbock" im Alter von 4 bis 5 Jahren. In 3 bis 4 Jahren würde er es bestimmt zu einem noch stärkeren, unbedingt aber reiferen Kopfschmuck gebracht haben und hätte sich auch noch vielmals vererben können. Denn ob wir an den Erfolg des Wahlabschusses und der Auslese bei unserem Schalenwild glauben oder nicht (ich selber messe ihm keine allzu große Bedeutung bei), fest steht doch sicherlich, dass man die im Wildbret stärksten Stücke dem Wildbestand zur Vermehrung belassen soll.

Anläßlich der Frühjahrsjagd auf Rehböcke begleitete ich einen ausländischen Jagdgast in einem Feldrevier Ostungarns. Im Revier war ein starker Bock für uns zum Abschuss frei. Der führende Jagdleiter zeigte uns den Bock als Kapitalen, den ich erst vom Jagdwagen aus fotografierte, weil wir uns Zeit lassen und ihn ganz genau ansehen wollten. Obwohl er ein sehr starkes Gehörn hatte und sehr stark und gedrungen im „Gestell" war, schätzten wir ihn nur auf mittelalt – gewitzigt durch vorhergegangene obige Erfahrungen. Der Jagdleiter jedoch drängte uns zu schießen, weil er den Bock für kapital und alt hielt. Mein Freund schoss ihn dann endlich; so konnte ich ihn auch auf der Strecke fotografieren. Befund nach Zahnabschliff, Rosenstöcken, Naht am Stirnbein: höchstens 5 Jahre. Er erhielt auch bei der Bewertung als zu jung geschossen drei Minuspunkte – und die Jagdgesellschaft keine Abschussprämie für den Bock.

Die sehr alten Böcke, besonders die, welche einen schwächeren Knochenbau haben, werden bekanntlich oft wieder schwach im Wildbret mit einem dünnen Träger. Die bulligen, kraftstrotzenden Böcke sind meistens nicht die ältesten, und wir handeln in jedem Fall im Interesse unseres Bestandes, wenn wir sie länger leben lassen.

Leider genießen die Bachen in unserem Lande keine Schonzeit. Dies ist auch erklärlich, denn der Sauenbestand nimmt trotz scharfer Bejagung ständig überhand. Die Schwarzkittel breiten sich immer weiter aus und sind allmählich auch im Herzen der fast waldleeren ungarischen Tiefebene, im Schilf der großen Fischteiche und in den schmalen Theißauen zum Standwild geworden. Doch wenn sie auch überall und ständig verfolgt werden, so gebietet doch die Ethik unseres Waidwerkes, aber auch unser menschliches Mitgefühl, dass führende Bachen geschont werden, und das ganz besonders in Frühlings- und Sommermonaten.

Damit möglichst viele führende Bachen der Kugel entgehen und keine Frischlinge verwaisen, erzähle ich zwei Erlebnisse mit führenden Bachen, die mir selbst zugestoßen sind.

An einem sonnigen Maimorgen saß ich auf meinem „Auslugbaum" an der Ecke einer großen Schilfdickung im Bruchrevier der Hanság südöstlich des Neusiedlersees. In Ermangelung von Hochständen hatte ich damals meine Aussichtsbäume an strategisch wichtigen Punkten. Von diesen aus konnte ich das mit einzelnen Wiesenflächen durchsetzte, mit Salweiden, Erlen- und Weidenanflug, mannshohen Nesseln und Goldraute bestandene weite, flache Land übersehen. Ich hatte damals noch wenig Erfahrung mit Sauen. Ich möchte dies nicht als Entschuldigung sagen, aber es war der Grund, warum ich den groben Fehler beging.

Ich sah weit draußen auf der Wiese in der Nähe eines mit Schilf und Binsen bewachsenen Grabens vier Sauen im hohen Gras. Besser gesagt, nur ihre Rücken. Ich hatte guten Wind, kletterte also flugs vom Baum und pirschte sie direkt an. Das war nicht schwierig; im Handumdrehen war ich auf etwa 80 Schritt an die vier Sauen im Deckung bietenden hohen Gras heran. Ihre Rücken waren gut sichtbar, und ich hätte einem jeden Stück die Kugel leicht antragen können. Doch im Hinblick auf die Jahreszeit und die zusammengerotteten vier starken Sauen hatte ich Verdacht, dass eine oder auch mehrere führen könnten. Im hohen Gras jedoch konnte ich weder Frischlinge erblicken noch ihr charakteristisches grunzendes „Gespräch" vernehmen.

Ich wartete unentschlossen einige Minuten, bis endlich ein Stück Richtung auf eine zimmergroße, mit niedrigerem Graswuchs bestandene Fläche nahm, wo vormals ein Fahrweg entlangführte, und die ich von meinem Stand gut einsehen konnte. Gut so, hier werde ich feststellen können, ob ihr Frischlinge folgen. Die Sau trat auch aus, verhoffte in der Mitte der freien Fläche. Das Gras war doch so hoch, dass es das Gesäuge verdeckte, doch ich wartete auf die Frischlinge, die nicht kamen. Ich schoss immer noch nicht, sondern wartete, bis sie weiterzog und setzte ihr die Kugel, ehe sie verschwand, aufs Blatt.

Zu meinem großen Schreck und Leidwesen hatte die Bache ein Gesäuge! Wie war das denn möglich? Was ich damals noch nicht wusste, doch später sehr oft zu beobachten die Möglichkeit hatte, bietet eine Erklärung. Die Frischlinge der Bachen, die sich in eine Rotte zusammengetan haben, bilden sehr oft auch eine „Rotte der Jugend", mischen sich, nicht jede Bache führt ihre eigenen Frischlinge, wie dies zum Beispiel bei zum Rudel zusammengetanenen Rottieren im Sommer und in geringerem Maße bis in den Winter hinein der Fall ist. Die Frischlinge sind alle mal hinter der einen, mal hinter der anderen Bache. Sie sind in der Rotte, nicht bei ihren Müttern!

Ich kann mich damit trösten, weil ich dessen sicher bin, dass die anderen Bachen die Waisen weiterhin führen und auch säugen.

Ich pirschte in einer klaren, fast taghellen Vollmondnacht im November im südlichsten Revierteil von Làbod in den Waldungen um das Dorf Csokonya. Das war eines unserer besten Sauenreviere. Obwohl weder das Jagdpersonal noch ich als Jagdleiter sonst Sauen schossen – und Keiler erst recht nicht, da diese für Gäste „aufgehoben" wurden –, hatte ich die Absicht, einen oder zwei Überläufer zu schießen, da das Wildbret gebraucht wurde.

Ich pirschte eben auf einem Weg mit alten Akazien von Baum zu Baum, als rechts von mir auf ungefähr 150 Schritt zwei schwache Sauen aus dem Schatten eines bewaldeten Grabenrandes auf die helle, mondbeschienene Fläche kamen und mal ziehend, mal in Troll fallend sich schnell näherten.

Ich nahm Deckung hinter einem dicken Akazienstamm und sprach die Sauen durch mein Nachtglas an. Beide gleich schwache Stücke, Überläufer, wahrscheinlich verspätete Frischlinge vom Vorjahr, keine ausgewachsenen, schweren Sauen. Möglich aber, dass sie schon führten. Die Sauen waren bereits nahe heran, und ich beobachtete noch immer das Gelände hinter ihnen, obwohl Frischlinge folgten. Doch war weit und breit nichts zu sehen, obgleich ich ihren Wechsel bis zum Graben einsehen konnte.

Ich machte mich also hinterm Baum fertig. Kommt nur, ihr lauft mir schön in die Büchse!

Sie kreuzten den Weg in Schrotschussentfernung vor mir. Ein letzter Blick, keine Frischlinge dahinter. Ich schoss die vordere aufs Blatt; die Kugel riß sie um. Die hintere sprang auf den Schuss so blitzschnell mit einer Wendung ab, dass sie, als ich flugs repetiert hatte, mir den Pürzel zeigend flüchtete. Zum Glück konnte ich nicht mehr schießen.

Denn als ich mit eben nach der Aufregung die Zigarette ansteckte, mehr als eine Minute war sicherlich vergangen, kamen – alle Heiligen im Himmel! – fünf kleine, fast noch gestreifte Frischlinge auf demselben Wechsel, leise grunzend nach Art der Frischlinge. Ich wurde fast starr vor Schreck! Sie verhofften einen Augenblick bei der gestreckten Sau, dann setzten sie ihren Weg fort und folgten der zweiten Überläuferbache.

Ich glaube, ich kann mir wirklich keinen Vorwurf machen! Ich habe mit aller gebotenen Umsicht gehandelt, und doch ist das Unglück passiert. Ich könnte nicht einmal schwören, dass ich das nächste Mal besser achtgeben werde.

Das sind die traurigen, gottlob seltenen Ereignisse, nach denen einem die Lust an der Jagd vergeht.

Es ist bekannt, wie fest der Bock seinen Einstand hält.

In diesem Zusammenhang möchte ich eine lehrreiche Geschichte erzählen, in der, wie es sich für dieses Kapitel ziemt, auch Jagdsünden eine Rolle spielen.

Wir jagten mit einem der allerersten deutschen Jagdgäste im riesigen Revier um Magyaróvár in Westungarn auf Frühjahrsböcke. Der Gast führte einen gewaltig langen und schweren Repetierer, aus dem er die Patrone „vom Hofe" 5,6 x 61 verschoss. Eine riesige Hülse mit einem ganz dünnen und spitzen Geschoss, ein ballistisches Wunderstück, das natürlich nur für schwaches Schalenwild gedacht war. Es hat eine so gestreckte Flugbahn, dass man praktisch mit einem Haltepunkt schießen kann.

Die Büchse war im Felde wunderbar. Man konnte mit ihr phantastische, fast schon an Zauberei grenzende Schüsse tun. Doch war sie im Wald kaum zu gebrauchen, denn wie die meisten Hochrasanzgeschosse zerlegt sich auch dieses bei der Berührung des dünnsten Zweiges oder Unkrautstängels.

Aber nicht nur, dass die Büchse gut schoss, auch ihr Besitzer konnte hervorragend schießen. Er erlegte damit mehrere Böcke auf Entfernung von 200 bis 300 Schritt, alle sauber aufs Blatt.

Mir war solch eine Hochrasanzbüchse damals (wir schrieben das Jahr 1958) völlig neu, und ich lobte sie gebührend und aufrichtig, ebenso die Schießkunst ihres Meisters.

Dann bekamen wir einen älteren, doch schwachen Gabelbock auf einer weiten Saatfläche in der Nähe einer größeren Fasanenremise in Anblick. Ich will keine Entfernung erwähnen. Es soll genügen, dass er sehr, sehr weit stand. So weit, dass ich an Schießen überhaupt nicht dachte.

Der Gast wollte mich aber offensichtlich völlig in Staunen versetzen, denn er zielte mit entsicherter, auf die Lehne des Wagensitzes aufgelegter Büchse nach dem Bock.

„Sie wollen doch nicht schießen?" fragte ich.

„Doch, und ich treffe ihn auch aufs Blatt!"

Er sagte dies mit solcher Selbstsicherheit, dass ich ihn gewähren ließ, obwohl der Bock zwei lange Kugelschüsse entfernt war. Ich habe es hinterher sehr bereut, dass ich ihm nachgegeben hatte.

Wir mussten sogar einige Augenblicke nach dem Knall warten, bis die Kugel den Bock erreichte. Dann zeichnete er mit einer hohen Flucht, genauso wie bei einer Kugel aufs Schulterblatt, und wurde zum Wald hin flüchtig. Der linke Vorderlauf schlenkerte hoch oben. Das wäre an sich nicht schlimm. Bei einem tiefen Blattschuss schlenkert er auch. Doch während er in letzterem Fall immer niedriger wird und nach einigen Fluchten verendet zusammenbricht, wird er bei einem Laufschuss immer flüchtiger.

Zu unserer großen Bestürzung geschah das in diesem Fall. Der Bock verschwand im Wald. Der Gast versuchte nicht einmal, den lahmen Bock flüchtig zu schießen. Ich selber hätte ihm bestimmt einige Kugeln nachgesandt. Die Chance zu treffen ist klein, aber man muss es versuchen.

Meinen Deutsch-Kurzhaar Legény hatte ich damals noch nicht. In Ermangelung eines auf Schweiß arbeitenden Hundes mussten wir versuchen, der Schweißfährte zu folgen. Den Gast stellten wir mit seiner langen Büchse auf die Schneisen vor. So ist es freilich sehr schwierig, fast aussichtslos, eines laufkranken Bockes habhaft zu werden. Man braucht schon gewaltigen Dusel dazu. Wir gingen auch jetzt leer aus. Aus dem einen Jagen ging er zu früh heraus, aus dem anderen seitlich; dann wurde er auf der schmalen Schneise vorbeigeschossen, als er flüchtig kam. Am Ende verloren wir nach etwa drei Kilometern die Fährte. Der Bock war verloren – zumindest vorläufig.

Der Schütze beging nicht nur den Leichtsinn, dass er auf riesige Entfernung schoss, sondern noch einen Fehler: Er hätte nicht auf das Blatt, sondern auf die Rippen zielen sollen! Dies hat mir schon als Junge mein Lehrmeister beigebracht, so dass ich seitdem immer hinter das Blatt direkt in die Kammer schieße. Insbesondere und in jedem Fall aber dann, wenn ich aus irgendeinem Grund genötigt bin so extrem weit zu schießen, dass ich höher halten muss und so nicht ganz genau weiß, wieviel das Geschoss fällt. Wenn man dahin hält, schweißt man das Wild nicht an, wenn die Kugel zu tief fällt. Sie geht unter dem Wildkörper durch, ohne den Lauf zu verletzen.

Doch kam der arme dreiläufige Bock am dritten Tag doch noch zur Strecke.

Wir versammelten alle Berufsjäger des großen Reviers mit ihren nur auf Niederwild arbeitenden Hunden und kämmten den Wald durch: Wir begannen mit dem Jagen, in das der Bock nach dem Schuss eingewechselt war, denn dort war offensichtlich sein Einstand. Wir fanden ihn auch gleich, und es gelang uns jetzt, ihn von seinen Leiden zu erlösen.

Nach meinen Erfahrungen würde ich Gift darauf nehmen, dass der mit Laufschuss oder bloß reinem anderweitigen Wildbretschuss angeschweißte Bock spätestens in zwei, drei Tagen nach der erfolglosen Nachsuche in seinen alten Einstand zurückkehrt. Dies könnte ich noch mit mehreren ähnlichen Begebenheiten beweisen, doch sollte es genügen zu sagen, dass in jedem Fall, wenn die Nachsuche auf einen laufkranken Bock erfolglos verlief, wir ihn zwei, drei Tage später unbedingt in seinem Einstand wiederfanden und mit Hunden zur Strecke bringen konnten.

Ich war im Dezember mit dem Rickenabschuss in einem ostungarischen Feldrevier beschäftigt. Wir gehen fehl, wenn wir dies als „Wahlabschuss" im genauen Sinn des Wortes bezeichnen. In dem Revier von 20000 Hektar Fläche sollten gemäß Abschussplan 250 Stück weibliches Wild erlegt werden. Wie kann man den notwendigen Abschuss erfüllen, wenn man nur kranke, schwache Stücke schießt? Es muss in solchen Fällen „Strecke gemacht werden"; nur das Stärkste leben lassen und die schwächeren Stücke schießen. So sieht es jedenfalls in der Praxis aus.

Es war ein schwieriges Unternehmen, denn die Rehe, die alle schon „Pulver gerochen hatten", sprangen auf sehr weite Entfernungen ab, und man musste oft auf 250 bis 300 Meter Entfernung schießen. In meiner Berufsjägerzeit hatte ich dieses Handwerk viel betrieben und bin daraufgekommen, das Zielfernrohr, auf maximale Vergrößerung gestellt, beim Ansprechen zu benützen. Mit dem kann ich ansprechen, welches das Rickenkitz ist, kann es im Glas verfolgen, und wenn die Bahn für die Kugel frei ist, auch sofort schießen. Wenn ich aber Glas gegen Büchse tauschen muss, finde ich oft das Stück nicht wieder, das ich vorher angesprochen habe.

Es waren schon fünf Stück in der Kelle des Wagens verstaut, als wir auf einem kleinen Hügel inmitten eines großen Luzernenschlages am Rande eines kleinen Weingartens ein einzelnes Reh erblickten. Es hielt auf Schussentfernung aus, war auch eine Ricke, aber als ich schießen wollte, wendete sie und trat zwischen die Weinstöcke. Im selben Augenblick wurde vom Fuße eines Nußbaumes noch ein Stück hoch, und beide verschwanden hinter dem Hügel. Als wir mit dem Pirschwagen den Hügel umfuhren, erblickten wir in der Senke dahinter die zwei Stücke sofort wieder. Das eine war ein schwaches Rickenkitz. Sie schickten sich schon an abzuspringen, als ich schoss. Es brach zusammen. Das andere Stück konnte nur die Mutter des Kitzes sein. Ich musste es also schießen. Vorhin hatte ich genau gesehen, dass es eine Ricke war, und was konnte es anders sein als die Mutter des Kitzes? Es sprang nach dem Schuss ab und flüchtete quer vor dem Wagen nach rechts, so dass ich es eine Zeitlang hinter dem Rücken des Kutschers nicht sehen konnte. Dann wurden seine Fluchten kürzer. Es blieb stehen, um auf das Kitz zu warten, als ich ihm auf die Rippen schoss. Bei der Todesflucht konnten wir den Pinsel schon sehen; es war aber zu spät.

Seitdem zerbreche ich mir immer noch den Kopf, wie das passieren konnte. Freilich hätte man noch vor dem Schuss genau ansprechen sollen.

Der Zufall hat mir einen bösen Schabernack gespielt, doch ist es wahr, dass ich den großen Fehler beging, in der Eile nicht genau angesprochen zu haben. Es war ein im Gebäude schwaches, zweijähriges Böckchen, in dieser Zeit vollständig kahl, was aber mein übereiltes Handeln nicht entschuldigt.

Zum Abschluß noch eine „Blitzgeschichte".

Seit langer Zeit ist es mein Prinzip, nicht über einen, der sonst ein guter Jäger ist, den Stab zu brechen, wenn er selber oder der Gast, den er führt, ein noch nicht reifes Stück schießt, einen jagdlichen „Druckfehler" begeht. Weil dies ja immer und überall, mit jedem vorkommen kann. Keiner ist vor einem Irrtum oder dem Spiel des Zufalls gefeit.

Es passierte in der Frühjahrsjagdzeit der Böcke in Lábod. Wir waren voller Gäste und „arbeiteten im Großbetrieb". Abends und morgens fuhr jeder Gast mit seinem Berufsjäger in getrennte Reviere pirschen. Eines Morgens kommt ein Gast mit einem der tüchtigsten und im Ansprechen firmsten Berufsjäger zurück, und sie bringen nicht einen, sondern gleich zwei Zukunftsböcke. Bei diesem Anblick verließ auch mich mein Gleichmut, und ich erkundigte mich bei dem Kollegen nicht gerade sehr höflich, „wie so was überhaupt möglich wäre?" usw.

Doch die Strafe ließ nicht lange auf sich warten. Am Abend des selben Tages fuhr ich mit einem anderen Jagdgast pirschen. In einer Akazienremise trafen wir mit einem lang-, aber dünnstangigen Sechserbock mit nicht allzu langen Enden zusammen. Es stimmt wohl, dass er weit war, doch kann ich mich damit nicht entschuldigen. Ich hatte ihn genau mit dem Spektiv angesprochen, ihn auf fünfjährig geschätzt, also nicht viel dran, ein ewig Mittelmäßiger. „Bitte schießen!" Doch der Bock war dreijährig.

Abends kamen wir beim Jagdhaus an, mein Kollege vom Morgen beschaute sich den Bock wortlos, dann kniete er nieder, guckte in den Äser und sagte bloß: „Na, Herr Chef?"

Es war wieder eine gute Lehre, ganz gewiß!

Fuchs!

Im Spätherbst trieben wir ein großes Maisfeld auf Fasanen. Das Treiben war gut ein Kilometer lang, Fasanen gingen noch nicht hoch, den vorstehenden Schützen wurde es langweilig, drei hatten ihre Stände noch nicht eingenommen und standen zu einem kleinen Gedankenaustausch beisammen. Ich war an der Ecke postiert, rechts und hinter mir ein riesiger Acker. Sehr weit vor den Treibern, etwa in der Mitte des Maisfeldes, stand ein Hahn auf. Er ging aber nicht hoch, fiel sofort wieder ein und gab gleich das Signal: „kot-kot". Wenn er dies nicht länger macht, nur eine oder zwei Silben nacheinander, so bedeutet das in der Fasanensprache: „Achtung, Feind!" Er zeigt den Fuchs, die Katze, aber auch den gefährlichsten seiner gefiederten Feinde, den Hühnerhabicht an. Es nützt dem Jäger, wenn er diese Sprache versteht. Er kann sich dann zur richtigen Zeit fertigmachen.

Doch meine Mitjäger waren selber zu laut und überhörten das Melden des Hahnes. Ich stand um so mehr laut- und regungslos und stellte mich, um Deckung zu haben, in den Rand des Maisfeldes, damit mich Reineke ja nicht vorzeitig eräuge. Wer nämlich einen Fuchs im Treiben schießen will, der soll nach Deckung suchen und sich ganz still verhalten. Ich hatte guten Wind, er kam vom Treiben auf mich zu, was beim Fuchstreiben Vorbedingung ist.

Eine Bewegung, ein Laut im trockenen Mais, ein leiser Aufschlag der weichen Sohlen im Galopp auf dem flach gewalzten Boden des Maisfeldes. Dann flüchtete er neben mir vorbei, lang, gestreckt, aber so nahe, dass ich ihn mit der Mündung des Flintenlaufes hätte erreichen können. Es war ein riesiger Fuchs, das fiel sofort auf. Er sprang aus dem Maisfeld auf den breiten, glattgefahrenen Weg heraus, eräugte mich natürlich und wollte nun mit allen Kräften das Weite suchen. Das Korn meiner Flinte stand an der

Spitze seines Windfanges, als ich den Schuss hinwarf. Aus nächster Entfernung bekam er fast die ganze Schrotladung in den Kopf. Er schlug ein Rad und kam mit dumpfem Fall auf der Fahrspur zu liegen.

Eine altbekannte Tatsache: Der Fuchs benützt im Treiben jede sich bietende Deckung und geht nach Möglichkeit nur dort hinaus, wo er sie findet. Die einzige unserer Wildarten, die es ähnlich rnacht, ist das Schwarzwild.

Die Sommerferien hatten soeben begonnen, als eine Nachricht von Jäger Laci Csepi kam, der mein Freund und Lehrmeister war. Die Regeln der Jagd und des Waidwerks, das Führen der Waffe hatte ich von meinem Vater gelernt; hingegen wurde ich in die praktische, hohe Kunst des Waidwerks von Laci Csepi eingeführt. Ich ging in eine gute Schule bei ihm. Er war ein hervorragender Jagdpraktiker und kannte und liebte alles, was kreucht und fleucht, Wild und Getier.

In ganz jungen Jahren wurde er von der tückischen Lungenseuche dahingerafft. Ich bewahre ein dankbares Andenken an ihn, denn meine frühe Jugend war ganz mit ihm verbunden.

„Eine Fuchsfamilie ist im Hanság!" besagte die Nachricht. Das war damals eine große Aufregung, eine seltene Sache!

An einem jeden frühen Morgen, bevor noch die großen Gespanne zur Heuabfuhr die Wege entlanggefahren waren, spürten wir ab, und abends setzten wir uns an, fütterten Mücken und Gelsen. Denn die Füchse mussten unbedingt geschossen werden; sie durften sich auf keinen Fall im Revier zur großen Gefahr von Junghasen und Fasanenküken und den Jägern zum Spott unbehelligt tummeln. Doch konnten wir die erfahrenen Altfüchse nicht vors Rohr bekommen. Nur zwei Jungfüchse schoss Laci Csepi. Der Rest der Familie hatte Verdacht gewittert, dass ihnen nachgestellt wurde, und stellte sich ständig um. Jeden Morgen mussten wir erneut abspüren, ihren Tageseinstand feststellen und den Abendansitz danach richten.

Eines Morgens standen ihre Spuren im Staub des Weges, der über einen kleinen Hügel führte. Es gibt dort mehrere, und ein jeder war als „Insel" benannt, eine Überlieferung aus alten Zeiten, als diese noch von Wasser und Sumpf umgeben waren. Daneben ein großer Erlenbruchwald, der beste Einstand für eine Fuchsfamilie. Denn der Hügel war auch jetzt noch ein trockenes Asyl für Junghasen, Fasanen und Mäuse – ein reichgedeckter Tisch, ein wundervolles Jagdrevier der Füchse.

Zwischen Wald und Hügel ein Wiesenstreifen, da stand eine einzelne Weide am Rande eines „blinden", verwachsenen Grabens. Auf diese Weide kletterte ich vor Sonnenuntergang mit der von Laci Csepi ausgeliehenen Hahnenflinte, die zur Zeit der Monarchie vom weitberühmten Wiener Büchsenmacher Springer gebaut worden war. Diese war Laci Csepis „Sonntagsflinte"; er schonte sie und gebrauchte sie nur zu seltenen besonderen Anlässen.

Die Dämmerung war bereits stark vorgeschritten, als mir gegenüber aus dem Wald der eine Altfuchs auf die Wiese herausschnürte; allerdings noch weit außer Schussweite! Nach kurzem Sichern – mich hatte er nicht eräugt, weil ich regungslos zwischen den Ästen der Weide hockte – begann er auf der Wiese hin und her zu suchen. Dann nahm er im Trab Richtung auf den Hügel. Und ich war halbtot vor Aufregung, denn er kam immer näher zur richtigen Seite „über dem Wind". Ich konnte mich aber schon beherrschen, machte keine schnellen, nervösen Bewegungen, sondern nahm die Flinte im Zeitlupentempo in Anschlag und wartete, bis er, ohne Argwohn geschöpft zu haben, auf beste Schussdistanz zum Graben kam. Ich traf ihn auch, wie sichs gehört, als er mit elegantem Sprung über den Graben setzte. Es war die Altfähe, mein erster Fuchs, ich zählte damals zwölf Jahre.

Die übrigen drei Jungfüchse konnten wir dann leicht erlegen. Das war damals noch die Zeit der alten Jägerschule, da Füchse nicht im Niederwildrevier geduldet wurden. Wild aber gab es in Hülle und Fülle, wozu die Kurzhaltung des Raubwildes und Raubzeuges sicherlich beträchtlich beigetragen hat.

Fast zwei Jahrzehnte später, kurz nach Kriegsende, war ich selber in die Spuren von Laci Csepi getreten: Ich war der Berufsjäger in der Hanság von Lébény geworden. Es gab jetzt massenhaft Füchse, denn einige Jahre hindurch waren sie fast ganz unbehelligt geblieben. Ich bejagte sie mit großer Passion, denn Nutzwild gab es nur noch sehr spärlich. Das Jägergehalt war äußerst knapp, und Fuchsbälge brachten gutes Geld ein: Ein Fuchsbalg den Preis von zwei Doppelzentnern Kolbenmais in der Inflationszeit.

Besonders im Bruch- und Wiesengelände der Hanság gab es viele Füchse. Wir machten dort in den Brüchen manchmal auch Treibjagd auf sie. Ich kann mich an eine erinnern, an der wir mit fünf Schützen und etwa acht Treibern an einem idealen Jagdtag mit leichter Schneedecke sage und schreibe 14 Rotröcke auf die Strecke legten.

Brachten die Fuchsbälge noch so hohen Erlös, mit dem Fallenstellen habe ich mich nie beschäftigt. Schwanenhälse waren nicht zu haben, und das Tellereisen ist ein schreckliches Marterzeug.

Nur gut, dass sich bei uns so wenig Jäger auf das Fallenstellen verstehen, das langsam, aber sicher in Vergessenheit gerät. (Ich spreche hier vom Eisenstellen auf Raubwild, besonders auf den Fuchs, nicht von Kasten-, Knüppel- und Wieselfallen, die man in gutgehegten Niederwildrevieren auch heute nicht missen möchte!) Der Fuchsfang mit dem Eisen ist nicht leicht, macht viel Umstände und Mühe und braucht viel Zeit. Denn man muss die Eisen jeden Tag frühmorgens revidieren, sonst balgt oft ein anderer den Fuchs ab.

Ich selber habe nie einen fallenstellenden Jäger kennengelernt, obwohl in meiner Jugend unter den „alten Semestern" sich noch einige fanden. Doch auch diese stammten meistens aus bergigen Revieren. So hatte ich auch keinen Meister, von dem ich dieses Handwerk hätte lernen können und der mir sein „Geheimnis" weitergegeben hätte. Es hat nämlich ein jeder Fallensteller seine eigene, besondere Witterung, mit der er den Rotrock in das Eisen lockt. Denn ihn zu fangen ist die richtige Kunst. Der Fang des Fischotters ist eine Aufgabe für Lehrlinge, man braucht das Eisen bloß am Ausstieg fängisch zu stellen. Katzen, Iltisse und Wiesel spazieren von selber blindlings in die Kastenfalle. Dies ist eines der leichtesten Dinge. Aber den schlauen Fuchs im Eisen zu fangen? Vom Blaseninhalt der Fuchsfähe bis zum gerösteten Katzenfleisch gibt es die verschiedensten „leckeren" Witterungen in Rezepten. Die Mischungen muss man dann zwei Wochen lang im Dunghaufen vergraben und darf sie womöglich nur beim Licht des abnehmenden Mondes ausgraben. Ich habe sehr viel darüber gelesen, viele Anweisungen und viel Wissenswertes, besonders in alten deutschen Jagdbüchern. Und ich sah viele interessante Abbildungen in alten, vergilbten Blättern von „Wild und Hund" und der „Deutschen Jägerzeitung", auf welchen viele Fuchsbälge auf einer Kordel aufgereiht sind. Daneben steht pfeiferauchend ein bärtiger Grünrock, sein Drahthaar sitzt neben ihm, und sie sind mächtig stolz auf ihre Strecke beim Fallenstellen.

In diesen Jahren gab es Winter, in denen ich auch getrost meine Fuchsstrecke in Form von erbeuteten Bälgen hätte an der Kordel aufreihen können. Doch diese waren alle mit Schrot geschossene Füchse. Ein Foto der Strecke hätte ich aber nie zusammenbringen können, weil ich die Bälge, wie sie vom Spannbrett gezogen wurden, sofort in Kleingeld umtauschen musste. Wir lebten damals mehr von Fuchsbälgen als vom Gehalt.

In der damaligen ungarischen Jagdzeitschrift „Nimród" schrieb einmal jemand, dass in einigen Kantonen der Schweiz das Wildbret des Fuchses als Delikatesse angesehen würde. Es entzog – und entzieht sich heute noch – meines Wissens, ob dem auch so sei, aber ich fand die Sache wert, sie selber auszuprobieren. Mit Essbarem waren wir damals nicht verwöhnt. Ist es da nicht schade, diese appetitlichen Fuchskerne zu vergraben? Meine Ehehälfte wollte erst überhaupt nichts davon wissen, doch schließlich ließ sie sich überzeugen: Es sollte ein „Fuchspörkölt" zubereitet werden. Ich ging selbstverständlich aus dem Hause. Als ich abends nach dem Reviergang gut verfroren und ausgehungert heimkam und die Küchentüre aufstieß, wankte ich sofort wieder ins Freie. Drinnen war eine Witterung wie im Zoo beim Hyänenkäfig!

Doch unseren Hunden mundete das Fuchswildbret köstlich. Von nun an bekamen sie es als Delikatesse gereicht; doch wurde es nicht in der Küche, sondern draußen im Kessel gekocht!

Ich denke, dass schon Äsop in seinen Tierfabeln den Fuchs als Schlaumeier ehrte. Wahrscheinlich deswegen, weil sein Gesicht wahrlich Tücke und Schlauheit spiegelt. Er wird auch seitdem weit und breit als Verkörperung der Schlauheit hingestellt, sowohl bei der Jugend als auch bei Erwachsenen.

Ich möchte hierzu eine Gegenmeinung riskieren, dass nämlich der alte Keiler, das Leittier eines Rotwildrudels viel schlauer, gewitzigter und vorsichtiger als sogar ein Altfuchs sind. Schon deshalb, weil von allen unseren Wildarten gerade der Fuchs sich am leichtesten und sichersten treiben und drücken läßt. Er benützt nicht seinen Verstand, sondern handelt meist nur instinktmäßig.

Damals drückten wir zwischen Donau und Raab oft auf Füchse. In den Nachkriegsjahren gab es viele, und wir hielten sie so kurz, wie wir nur konnten. Doch es gab ständig Zuzug. Es war spannendes, aufregendes Jagen, und der Erlös aus den Fuchsbälgen kam in eine gemeinsame Kasse und wurde bei Wintersende verteilt. Wir kauften dafür Pulver, Schrot, Pfropfen und Zündhütchen zum Nachladen von Patronen. So waren sie billiger und verläßlicher.

An einem strahlenden Februartag drückten wir in der Nähe der „Alten Donau", wie der Hauptstrom dortzulande im Volksmund heißt, auf Füchse. Neben dem Hauptdamm gab es in den ausgehobenen Gruben langgestreckte Schilfpartien; Lieblingseinstände Reinekes. Ich weiß schon nicht mehr warum, aber ich bekam vom Revierjäger Lachmann einige selbstgeladene Patronen. „Sie haben einen guten Brand", sagte er, „ich habe die Pfropfen fest hineingepreßt."

Das Treiben fing von sehr weitem an. Es war eine mit Schilf, Röhricht, Weiden und Brombeeren verfilzte Dickung. Ich stand an ihrer Ecke an eine Altweide geschmiegt. Vor mir hatte ich eine trockene Niederung, in der das lange zurückgebliebene Hochwasser jeglichen Pflanzenwuchs vernichtet hatte. Dann wieder hinter meinem Rücken in der Grube die sich fortsetzende Schilfdickung. Freilich hatte ich guten Wind.

Mitten im Treiben meldete ein Fasanenhahn: „Kot". Dann wieder nach einer kurzen Weile: „Kot-kot". Mehr sagte er nicht. Doch ist dies das sicherste Zeichen, dass ein Fuchs im Treiben herumschleicht. Im Halbanschlag stand ich gut gedeckt hinter meiner Weide. Ein Schilfhalm bewegte sich ruckartig. Dann näher noch einer – die Flinte hatte ich schon im Anschlag –, ein roter Streifen an der anderen Schilfecke am Grabenrand, der Fuchs stahl sich neben dem kleinen Damm des jenseitigen Grabenrandes heraus. Ohne Verdacht geschöpft zu haben schnürte er herüber und wollte gleich wieder in der jenseitigen Deckung verschwinden. Rums! Er lag im Feuer und schwenkte zum Abschied nur zweimal seine Fahne.

Das Treiben kam näher. Plötzlich „Njiff-njiff" im Schilf: Einer der Hunde kam offensichtlich an einen sich duckenden Rotrock. Der zweite Hund war auch schon da, sie drückten den Fuchs aus dem Schilf – auf mich zu! Komm nur, Freundchen! Heraus springt Rotrock auf den trockenen Schlammboden der Niederung; mit einem Stock könnte ich ihn totschmeißen. Ich sehe am Blitz in seinen Sehern, dass er mich erkannt hat. Doch hinter ihm sind die Hunde, es gibt keinen andern Weg als den nach vorne. Er streckt sich lang in seiner Flucht, ein riesenhafter Fuchs, die vordere Partie im Strahl der Sonne ein fast funkelndes Rot, die Hinterhand silbrig, seine dicke, buschige Lunte zieht er nach. Wenn er so langgestreckt hochflüchtig ist, ist es ein Hochgenuß, ihn Rad schlagen zu lassen. Schuss! Doch nur ein schwaches Pusten. Wie beim Nachbrenner. Immer noch zeitig, der linke Lauf wird's schon noch schaffen. Doch dieser pustete auch nur. Dass doch diesen Lachmann … ! Hätte er doch wenigstens Minenwerferpulver in die Patronen getan! Möglich, dass der gewaltige Fuchsrüde heute immer noch flüchtig ist, so sehr hatte er sich erschrocken!

Vielleicht ist der Fuchs das einzige Wild, das in die Höhe, auf Bäume oder Hochsitze hinaufäugt.

Hierzu folgende Begebenheit. In einem Waldtreiben saß ich inmitten einer Dickung auf einem Hochsitz, zu dem von beiden Seiten ein Pirschsteig heranführte. Plötzlich bemerkte ich schon unmittelbar unter mir, wo der Steig um einen großen Busch einen Bogen machte, einen heranschnürenden Fuchs. Er war so plötzlich und unerwartet unter mir, dass ich eine schnelle Bewegung, vielleicht auch ein Geräusch machte. Der Fuchs verhoffte, äugte fast senkrecht zu mir herauf. Dann wendete er im Augenblick und war verschwunden, bevor ich mich gefasst hatte.

Im Laufe meines Jägerlebens habe ich mehrere hundert Füchse geschossen. Doch niemals gelang es mir, zwei oder sogar drei in einem Treiben zu erlegen, von der Fuchs-Dublette überhaupt ganz zu schweigen; ich hatte auch nie die Chance dazu.

Hingegen kamen mir öfters – vielleicht insgesamt drei, vier Mal zwei Füchse nacheinander im selben Treiben, doch wegen irgendwelcher misslichen Umstände konnte ich nie beide erlegen. Selbstverständlich habe ich sehr oft je einen Fuchs in aufeinanderfolgenden Treiben geschossen – vier an einem Jagdtag war meine Höchststrecke. Fuchs-Fasanenhahn-Dublette gelang mir öfters – eine Fuchs-Schnepfen-Dublette leider nie. Ich habe auch nie im freien Feld auf der Hasenjagd, ob in Kessel oder Streife, einen Rotrock erlegt. Es ist gewiß ein hoher jagdlicher Genuss, den, seinen roten Balg zwischen den Treibern im langgestreckten Galopp retten wollenden Reineke, mit gutem Schuss roulieren zu lassen.

Denn gerade solche Episoden verleihen dem Jägerleben die Würze. Vielleicht kommt es noch. Obwohl die Chancen jetzt schon rnehr auf seiten der Füchse stehen.

Das Sprengen des Fuchses aus dem Bau zur Winterzeit haben meine Jäger und ich immer mit Passion betrieben. Scharfe Bauhunde hatten wir stets. In Lábed, im hervorragenden Sauenrevier, waren dieselben Hunde auch erstklassige Sauhunde. Der erste war ein Drahthaar-Foxterrier, den ich als Althund bekam. Es war ein nach Foxerlart lieber, anhänglicher Hund, aber unglaublich scharf.

Ein jedes Tier, auf das er gehetzt wurde, nahm er sofort unbedenklich an und hängte sich womöglich an seine Kehle, gleich ob es ein Hund war, eine Ziege oder ein Schaf. Seine Kiefer bekamen dann einen Starrkrampf, und man konnte ihn kaum von seinem Opfer loslösen. Sauen hatten wir damals nicht in diesem Revier: Ein Glück für den Hund, denn er war als Sauhund zu scharf und wäre bestimmt in Kürze zu Schanden geschlagen worden. Er arbeitete im Bau ganz hervorragend, ob auf Fuchs oder Dachs, und leistete uns hervorragende Dienste. Doch auch hier war er ein zu scharfer Draufgänger, verbiss sich ständig in seinen Gegnern, Maul und Windfang waren stets voller Schmisse und Wunden, sogar Zähne herausgebissen. Dabei wurde er immer schärfer. Doch auch er konnte den ausgewachsenen Fuchs im Bau nicht abwürgen, vom Dachs gar nicht zu reden, wie man das so oft und schön erzählen hört. Ich kann es mir nicht vorstellen, wie der Hund im Bau an die Drossel des Fuchses kommt. Denn nur so kann er ihn abwürgen. Fuchs und Dachs jedoch wehren sich, stellen sich gegen den Hund, und fast immer hängen sie sich dann gegenseitig im Gebiss. Es werden dabei schwere Bisswunden verteilt; aber nach meiner Erfahrung ist solch ein Duell für keinen der Gegner tödlich.

Das Schicksal meines Foxerls wurde das vieler guter Dorfhunde. Er verschwand eines Tages spurlos. Entweder wurde er gestohlen oder von einem „Wohlgesinnten" vergiftet.

Mein zweiter Bauhund, der es verdient erwähnt zu werden, war ein schwarz-roter Kurzhaarteckel namens „Tapi". Er war einer unserer allerliebsten Hunde und ging im Alter von zwölf Jahren an Altersschwäche ein. Er war ein sehniger, starker, robuster Dackel mit schönen krummen Beinen. Ein richtiger „Jagdteckel". Denn im süddeutschen Sprachraum gibt oder gab es noch zwei Varianten des Dackels: Den breitrückigen „Bierdackel" mit dickem Hintern und den kleinen, schwächlichen, feinknochigen „Salondackel".

Den Tapi brauchte man gar nicht als Jagdteckel vorzustellen. Dies verrieten nicht bloß seine äußere Erscheinung, sondern auch seine hervorragend feine Nase und seine erstklassige Stöberarbeit sowie seine Arbeit im Bau. Denn hier war er Meister. Nur schade, dass er in ein Niederwildrevier zu mir kam, wo es damals noch keine Sauen gab und wir das wenige Reh- und Rotwild gänzlich schonten. So arbeitete er nur im Bau, doch wäre er sicherlich auch ein hervorragender Gebrauchshund auf der Wundfährte geworden. Da er für den Fuchsbau etwas zu stark war und ihm deshalb viele Röhren zu eng waren, musste er sich diese erweitern, um an den Fuchs zu kommen. Er kam aber immer sofort aus dem Bau heraus, wenn dieser leer war. Wenn es eine Fähe mit Jungfüchsen war – die springt bekanntlich nur, wenn sie arg bedrängt wird –, verfolgte er sie so weit, bis er sie in den Kessel der Endröhre drängte und verbellte sie aus gebührender Entfernung. Er griff nicht so kopflos an wie der Terrier. Wir konnten, sobald er Standlaut gab, einen Einschlag machen und zu der Fähe und ihren Jungen gelangen.

Das Sprengen des Fuchses verspricht zur Ranzzeit im Januar und Februar bei Schnee den größten Erfolg. Zu dieser Zeit steckt er tagsüber gerne im Bau, oft mit einer Fähe sogar mehrere Rüden.

So sehr mir das Fuchssprengen Spass machte, um so weniger gern nahm ich am Ausgraben der Jungfüchse im Frühjahr teil. Ich weiß genau, dass dies im Niederwildrevier notwendig ist, weil es die beste Methode zum Kurzhalten des Fuchses ist, besonders, solange die Jungfüchse noch blind sind und die Fähe sich ständig bei ihnen aufhält.

Sehr oft fanden wir schon Ende März Baue mit Jungfüchsen. Bis Mitte April haben bei uns schon alle Fähen geworfen. Bis zu diesem Zeitpunkt gruben wir immer alle bewohnten Baue aus, denn eine Fuchsfamilie verursacht im Laufe der Aufzucht des Nachwuchses den größten Schaden am Niederwild.

Ich habe Fuchsfähen gefunden, die elf, sogar zwölf Embryonen innehatten. Einmal fand ich im selben Bau sage und schreibe vierzehn Jungfüchse. Diese begannen sich schon rötlich zu verfärben; sechs befanden sich in einem Kessel der Burg Malepartus, acht im anderen. Sie waren genau gleich stark und gleich weit entwickelt, so dass ich glaube, dass sie aus einem Wurf stammten. Freilich könnten sie auch zwei Fähen zur Mutter haben. Der Jäger erfährt draußen in der freien Wildbahn manchmal solche Begebenheiten, die fast unglaublich erscheinen. In der Natur lernt man nie aus!

„Au-Au! – Au-Au!" höre ich im schneebedeckten Winterwald unter frostglitzernden Sternen den Ruf des suchenden Fuchsrüden. Er bellt immer im Abstand von einigen Minuten. Ich kann seinen nächtlichen Wechsel mit dem Ohr verfolgen. Dies ist für mich ein ergreifender, fast geheimnisvoller Ton, der „Ruf der Wildnis", der Natur, das Sinnbild des freien Tieres, wie das röchelnde Stöhnen des Hirsches oder der zum erdgebundenen Menschen herabklingende Ruf der ziehenden Wildgans.

In Schneehemd und Kapuze gehüllt ducke ich mich hinter dem Damm des Fischteiches. Vor mir der weite Eisspiegel des zugefrorenen Teiches, hinter mir das stille Glucksen des Wassers im Abflußgraben. Rechts vom Teich die dunkle Kulisse des Hochwaldes. Aus ihr kommt schemenhaft ein schwarzer Strich auf die Eisfläche heraus. Lang, niedrig als wenn er im Grauweiß des Eises schwimmen würde. Ein Fuchs!

Scharf schneidet der Klageschrei des Hasen in die Winternacht. Zweimal, dreimal, bis er endlich in einem versterbenden Ton endet. Der Fuchs dreht blitzschnell, steht nun spitz und sichert herüber. Er zögert eine Weile, dann beginnt er auf mich zuzuschnüren. Er kommt mit tiefer Nase, dann im gemächlichen Trab, als wenn ich ihn an der Schnur zu mir herüberziehen würde. Aus einer Entfernung von mehreren hundert Metern. Erstaunlich, wie er die Richtung beibehält! Er verhofft, sichert, dann setzt er seinen Weg fort und kommt immer näher heran. Ich schmiege mich an den Damm. Die Flinte habe ich schon längst im Anschlag. Komm nur, Freund, ich habe besten Wind, jetzt kannst du mich nicht mehr wittern, auch nicht unter Wind umschlagen. Er ist zwanzig Schritt heran, als der Schuss blitzt. Die Wälder werfen das Echo hin und her, doch der Fuchs vernimmt es nicht mehr. Es war ihm ein schönes, plötzliches Ende beschieden.

Mit der Hasenquäke habe ich viele Füchse geschossen. Einmal sprangen mir an einem Wintertag mit tiefem Schnee fünf Rotröcke, aber nur zweien konnte ich den Balg abziehen. Es gab im Láboder Revier viele schier undurchdringliche Kieferndickungen, die ich abpirschte, die Lieblingseinstände von Sauen und Füchsen. Ich suchte meine Stände sehr sorgfältig aus, so dass ich Deckung, guten Wind und genügend Schussfeld hatte. Überall verbrachte ich eine halbe Stunde und quäkte zwei, drei „Verse". Scharf, laut, markerschütternd wie der bedrängte, in Todesangst klagende Löffelmann. Dieser Klage kann kein Raubwild widerstehen, solange es keine schlechten Erfahrungen mit ihr gesammelt hat.

Ich halte das Erlegen des Fuchses mit der Hasenquäke für einen Probestein der hohen Schule der Jägerei – wenn man vom Erdboden aus quäkt. Denn vom Hochsitz aus ist es viel leichter, da man ein viel größeres Blick- und Schussfeld hat und der Fuchs den Jäger doch nicht so leicht wahrnimmt. Auch äugt er nur in Ausnahmefällen nach oben. Wenn er das Quäken vernimmt, das aus weiterer Entfernung vom Hochsitz aus kommt, so hält er ganz genau die Richtung, blickt jedoch in solchen Fällen nicht nach oben.

Freilich habe ich die meisten meiner mit der Hasenquäke geschossenen Füchse vom Hochsitz aus erlegt. Viele auch mit der Kugel, wenn sie überhaupt nicht auf Schrotschussdistanz herankommen wollten. Aber noch viel mehr habe ich vergrämt, besonders dann, wenn kein Hochsitz da war und ich vom Boden aus quäkte. Entweder kam er unter Wind oder pirschte sich in solch dichter Deckung nahe an mich heran, dass er mich erkannte. Oder aber er gewahrte meine Bewegung, wenn er plötzlich seitlich oder hinter meinem Rücken erschien und ich, um die Situation vielleicht noch retten zu können, ruckartig in Anschlag gehen musste.

Man sollte jedoch nicht glauben, dass man Reineke nur in Winternächten übertölpeln kann! Er steht auch im Sommer zu.

Auf das Quäken stand Verschiedenes zu. Hunde, Katzen, sehr viele Nebelkrähen und Elstern. Oft kam auch ein Hase kopflos herangestürzt und sogar auch – Menschen! Diese kamen axt- oder spatenschwingend, und ich schrie sie dann aus meiner Deckung sehr zornig an und ergötzte mich an ihrer Bestürzung.

Auch mit der Kugel habe ich eine Anzahl von Füchsen erlegt. Doch hätte ich noch viel mehr schießen können, wenn ich sie getroffen hätte! Denn für so leicht ich den Schrotschuss auch auf den Fuchs halte (auch hochflüchtig ist er viel langsamer als der Hase, so dass es vorkam, dass ich Füchse vorn vorbeischoss, weil ich gefühlsmäßig so vorhielt, wie ich es bei Hasen gewohnt bin), die Kugel hat so sehr viel Platz neben ihm. Besonders, wenn er in Sautreiben flüchtig kommt.

Groß ist die Freude über einen mit guter Kugel roulierenden Rotrock. Nur schade, dass der schöne, ansehnliche Balg so sehr von der groben Kugel zerrissen wird!

Wenn wir nun schon von der Schießkunst sprechen, muss ich sagen: Ich habe einige Meister getroffen, die die höchste Kunst des Flüchtigschießens mit der Kugel fast bis zur Vollkommenheit beherrschten. Mit schier tödlicher Sicherheit ließen sie den über die schmale Schneise flüchtenden Rotrock roulieren, mit der Büchse, mit speziell zum Flüchtigschießen konstruierten, wundervoll balancierten und nach Maß geschäfteten Doppelbüchsen mit weichen Flintenabzügen. Selbstverständlich schossen sie durchweg ohne Zielfernrohr, einige der Büchsen hatten überhaupt keine Kimme, nur ein grobes Flintenkorn. Die Büchsen und ihre Besitzer waren Belgier, die daheim jegliches Hochwild, Rehwild inbegriffen, im Treiben flüchtig schießen. Andere Länder – andere Sitten. Mit der Kugel auf flüchtiges Wild schießen, das konnten sie!

Einmal traf ich bei sommerlichem Pirschgang auf einer Waldschneise mit einem abgekommenen, kantigen, fast haarlosen Fuchs zusammen. Er war für den Schrotschuss zu weit. Deswegen beschoss ich ihn mit dem Kugellauf 8 x 60 R des Drillings. Auf den Schuss sprang er mit allen vier Läufen zugleich hoch und verschwand von der Schneise. Ich glaubte, ich hätte ihn unterschossen, weil er erschrocken hochschnellte. Nichtsdestoweniger ging ich pflichtgemäß zum Anschuss. Ich fand viel blasigen Schweiß und Lungenstücke am Anschuss, und an der etwa zwanzig Schritt langen Fluchtfährte lag der längst verendete Fuchs mit Blattschuss.

An einem Herbsttag mit Schnürlregen durchquerte ich eine ganz junge Kieferschonung. Mein Drilling mit Zielfernrohr war unter dem Wetterfleck geschultert, an den Läufen steckte der Mündungsschoner, damit kein Regenwasser in die Läufe käme. Plötzlich sprang ein Fuchs vor mir auf etwa hundert Schritt ab und flüchtete schräg vor mir weg. Es eilte sehr mit dem Schuss. Ich wurde nervös; solch ein Drilling ist ein kompliziertes Ding, erst muss man auf Kugel stellen, dann entsichern. Wer denkt in solchen Fällen an den Mündungsschoner? Durch das Zielfernrohr kam ich etwas vor dem Windfang des flüchtigen Fuchses ab. Er hatte kein Glück, denn er traf mit der Kugel zusammen. Doch war durch das Zielfernrohr der Mündungsschoner freilich unsichtbar, ich hatte auch ihn durchschossen. Die Kugel schlug ihn aber nicht durch, sondern noch bevor sie ihn ereichte, zerriß vom Druck der Explosion ringsherum die Naht und das Deckelstück war weggeflogen.

Später habe ich dann noch zwei weitere Mündungsschoner zerschossen und gab es dann endgültig auf. Nicht das Fuchsschießen, sondern den Gebrauch des Mündungsschoners!

Ich habe nun einige meiner Fuchserlebnisse und Erinnerungen zu einem Strauß zusammengebunden. Ist er nicht farbig, bunt und abwechslungsreich? Genauso wie der liebe, sympathische Kerl, Reineke Rotrock selber. Es ist schade, dass ihm mit Pulver und Gift nachgestellt wird. Aber nicht nur wegen der Tollwut müssen wir ihn kurzhalten. Er vermehrt sich sehr schnell, sein Bestand wächst im Handumdrehen beträchtlich an, wenn ihm nicht nachgestellt wird. Doch der „schädliche" Fuchs wird trotz aller Nachstellungen erhalten bleiben – zu unserer Freude, denn er gehört genauso in unsere Wälder und Fluren wie Hirschbrunft und Kuckucksruf. Er bietet uns vielseitige Jagdfreuden, und unser aller Herzen schlagen höher, wenn im Treiben der Ruf „Fuchs!" ertönt.

Was da kreucht und fleucht

Der Großteil meines Jägerlebens fiel in die Zeit, als der Naturschutz noch in den Kinderschuhen steckte und die Verordnung über Jagd- und Schonzeiten nur ganz wenige Arten, Edelreiher und einige andere Vögel, in ihren Schutz nahm. Heute ist es umgekehrt, denn es werden bloß die wenigen jagdbaren Wildarten aufgezählt, und alles andere ist geschont! Das ist auch sehr richtig und erfreulich, denn in meinem eigenen Jägerleben hat die Zahl vieler Raubwild- und Vogelarten, die in meiner Jugend nicht selten waren, in einem fast unglaublichen Maß abgenommen. Freilich ist dies bloß in kleinstem Grad dem Jäger anzulasten. Zumindest auf dem europäischen Kontinent haben die Jäger kaum eine Tierart je vernichtet; auf anderen sind es meist auch nicht die Jäger, die dafür verantwortlich sind. Nein, ganz im Gegenteil, sind wir Jäger es, die dafür sorgen, dass so manche Art erhalten bleibt.

Was aber die zahlenmäßige gewaltige Verminderung der allermeisten Tierarten verursacht, ist in erster Linie die weitgehende Veränderung der Lebensräume und noch viele andere Faktoren, wie zum Beispiel die Aufspeicherung von Giftstoffen im letzten Glied der Ernährungskette.

So kann man naturschützlerische Bemühungen nur außerordentlich begrüßen, deren Ziel der Schutz der Umwelt, des Lebensraumes ist, denn dadurch wird die Erhaltung einzelner Tierarten ermöglicht.

In meinem Jägerleben hat sich der Begriff des „Nutzwildes" und des Raubwildes und Raubzeuges und so auch der jagdbaren Tiere grundlegend verändert. So wird auch in diesem Kapitel von mehreren Wildarten die Rede sein, die heute unter völligem Schutz stehen, seinerzeit jedoch zum jagdbaren Wild und teilweise zum Raubwild zählten.

Da ich als ornithologisch sehr interessierter Berufsjäger sicherlich mehr Möglichkeit als „normale" Waidgesellen zum Sammeln diesbezüglicher Erfahrungen gehabt habe, wird es sicherlich interessieren, wenn ich einiges in bunter Reihenfolge erzähle.

Ich fange mit denen an, die ich niemals geschossen habe: Wildkatze, Steinmarder, Haselhuhn, Kranich. Ich spreche hier nicht von den nur in den Karpaten rund um meine Heimat vorkommenden Wildarten, denn diese gehören nicht in den Rahmen dieses Buches. Von ihnen möchte ich hier bloß so viel erwähnen, dass ich leider niemals einen ausgewachsenen Bären gesehen habe, freilich auch nie einen Luchs. Einmal hatte ich ein Zusammentreffen mit einem Wolf und nutzte auch meine Chance. Außerdem schoss ich auch Auer- und Spielhahn und einige Gemsen, doch nicht in den Südkarpaten, wo es die stärksten Gemsen gibt und die Jagd besonders schön und schwierig sein soll, sondern in den Alpen, was aber für mich als Flachlandjäger ein ganz besonderes Erlebnis war. Nicht zu allerletzt durfte ich auch einen besonders guten Muffelwidder in der Bundesrepublik als das fürstliche Geschenk eines sehr lieben Freundes erlegen.

Wildkatzen gab es dort, wo ich lebte und arbeitete, nicht, und ich habe wenig in Revieren gejagt, wo sie vorkamen. In meiner engeren Heimat in Westungarn waren sie unbekannt, und in meiner „Wahlheimat" Somogy äußerst selten. Ich möchte jedoch erwähnen, dass in den zehn Jahren meines dortigen jagdlichen Wirkens insgesamt zwei Wildkatzen erlegt wurden, und durch doppelten eigenartigen Zufall beide nicht von Berufsjägern, sondern von Fischermeistern. Diese Betreuer der vielen dortigen Teichwirtschaften hatten nämlich Begehungsrecht im Umkreis der Fischteiche und durften Raubzeug und Raubwild erlegen. Von der einen Katze weiß ich auch bestimmt, dass diese der Fischermeister neben seiner Wohnung zufällig auf einer Waldschneise schoss.

Ich selber habe niemals eine lebende Wildkatze in Schussweite gesehen, obwohl ich ab und zu jagend in die Ostkarpaten und die Mittelgebirge Nordungarns, Börzsöny, Mátra und Pilis, gekommen bin, wo diese Wildart heimisch ist. An der Theiß, wo sie in Auwäldern und manchmal auch in Fasanenremisen vorkommt und nicht gerade selten ist, hatte ich auch niemals Waidmannsheil auf sie.

Doch war ich bei einer Fasanenjagd in Südostungarn an der rumänischen Grenze nahe daran, eine Chance zu haben. Dort kamen ein, zwei Stück in fast jedem Jahr vor, die aus den etwa 40 Kilometer entfernten Bergen hinter Arad von dem vielen Niederwild hier im Flachland gelockt wurden.

Wir trieben einen Akazienwald, auf dessen breiter Schneise die Schützenlinie stand. Am Schneisenrand war Gesträuch als Deckung angepflanzt worden, durch das man jedoch hie und da Durchblick hatte. Ich war der dritte oder vierte Schütze von der Ecke; rechts neben mir stand ein Berufsjäger, der sehr „gerade schoss". Als das Treiben anging, fingen die Fasanen an, aus dem Maisfeld hochzugehen. Ich äugte natürlich schussfertig nach links, obwohl einer von den Hähnen auf mich zudrehte. Hasen wurden auch geschossen, doch ich guckte natürlich nicht auf den Boden, wenn getriebene Fasanen in der Luft waren. Die Flinten knallten lustig, zwei, drei Hähne hatte ich selber schon geschossen, als ich meinen rechten Nachbarn schießen hörte. In der Hitze des Gefechtes hatte ich bloß registriert, dass er in die Büsche vor mir, an den Rand der Schneise, geschossen hatte.

Als wir nach dem Treiben das Wild sammelten, ging mein Nachbar etwa zwanzig Schritte von mir entfernt in die Büsche. Und was brachte er heraus? Einen kapitalen Wildkuder! Er war mir näher gewesen, war eigentlich „meine Katze". Ich hätte ihn leicht schießen können, wenn ich nicht in der anderen Richtung beschäftigt gewesen wäre und ihn rechzeitig gesehen hätte.

Vor einigen Jahren hatte ich in der Nähe von Gödöllö, 30 Kilometer östlich von Budapest, auf einer Saujagd fast wieder Waidmannsheil. Es wurde eine große Kieferndickung getrieben und die Schützen standen auf einer schmalen Schneise davor.

Kaum dass das Treiben angeblasen war, meldete der Fasanenhahn: „Ko-koko-ko". Er sagte nur diese Strophe langgezogen, mit großen Pausen. „Fuchs!" sagte ich zu meiner Tochter, die hinter mir stand. Wer hätte denn an etwas anderes gedacht? Nach einigen Augenblicken jedoch sah ich, dass eine starke Wildkatze auf der anderen Seite meines Nachbarschützen über die Schneise huschte. Der Nachbar war Ausländer, kein routinierter, flinker Schütze und er war so verdattert, dass er nicht einmal das Gewehr hochbrachte.

Ich selber bin nicht sicher, ob ich sie getroffen hätte, wenn sie zwischen uns gekommen wäre; doch hätte ich sie dann jedenfalls beschießen können.

Ich habe wenig in Revieren gejagt, wo Haselwild heimisch war. In den Revieren, die ich verwaltete, gab es keins, doch habe ich sehr viel im Revier des Rodna-Gebirges in den Ostkarpaten, das wir seinerzeit leider nur drei kurze Jahre in Pacht hatten, gesehen. Dort war es besonders in den Buchen-Fichten-Mischwäldern der unteren Hälften der Südhänge so häufig, dass man bei einem Pirschgang im Durchschnitt bestimmt drei, vier Stück zu sehen bekam. Meistens gab es auch dichten Haselnuss-Unterwuchs in diesen Beständen, so dass meiner Meinung nach der Name dieses Wildes sehr treffend ist, weil es die mit Haselsträuchern unterwachsenen Bestände besonders zu lieben scheint.

Ich habe nie ein Haselhuhn geschossen, obwohl ich es sehr gerne getan hätte. Doch hatte ich dort stets die Büchse auf der Schulter. Mit Kleinkaliber- oder Einstecklaufchen, das wir damals noch nicht kannten, wäre dies eine Kleinigkeit gewesen, denn sehr oft sah ich den niedlichen kleinen Hahn mit Schopf und schwarzem Kehlfleck auf den Stämmen umgestürzter Bäume sitzen. Scheu waren sie nicht, denn sie machten sich meistens nichts aus der Gegenwart des Menschen. Jedoch blieb ihr reizender Anblick vor meinem seelischen Auge haften, und schließlich und endlich ist es nicht schade, dass ich keinen Haselhahn geschossen habe.

Genauso geht es mir mit dem Kranich. Heute würde ich keinen mehr schießen, selbst wenn es gestattet wäre und sie mir über Kopf streichen würden. Doch in meiner Jugend war ich sehr erpicht darauf, weil er bei uns in Westungarn eine besondere Rarität war und ich an den Fingern einer Hand aufzählen könnte, wie oft ich ihn in Pannonien südlich und westlich der Donau gesehen habe.

Man muss wissen, dass in meiner Heimat der Kranichvogel seit der Entwässerung der großen Sümpfe im vorigen Jahrhundert nicht mehr brütet. Nur im Herbst und Frühjahr zieht er durch unser Land; zum größten Teil nur durch die Große Ungarische Tiefebene östlich der Theiß. Die östlichen Komitate werden von den meisten durchziehenden Kranichen besucht. Hier habe ich nicht selten hoch in den Lüften in Keilformation ziehende, laut rufende Kraniche gesehen, doch nie am Boden ruhende, geschweige denn den berühmten Kranichtanz aufführende Vögel.

Den ersten Kranich meines Lebens sah ich in der Hanság bei einer Pirschfahrt Anfang September 1929. Im Gegenlicht des untergehenden Sonnenballes strich ein einzelner Kranich auf Schrotschussentfernung gegen Süden über die Wiesen. Ich kann mich genau erinnern, dass seine Prachtfedern sich über dem Stoß wölbten. Freilich hatte ich keine Flinte bei mir, weil unsere Jagd dem Hirsch galt.

Dann habe ich daheim lange Jahre lang keinen Kranich mehr gesehen. Inzwischen machte ich aber als Soldat langen Sommerurlaub in den Pripjat-Sümpfen des damaligen Ostpolens. Dort brütete der große Vogel noch in den unendlichen Sümpfen und Wiesen; hie und da kamen mir einige Kraniche bei den Märschen auf den endlosen Sandwegen auch zu Gesicht, als sie aufgescheucht den Weg überflogen.

Daheim sah ich ihn zum ersten Mal im April 1951 in Westungarn auf der kleinen Schüttinsel wieder. Sieben Stück hielten sich damals auf den flachen, deckungslosen Feldern der Gemeindefeldmark von Dunaszeg drei, vier Tage lang auf und ästen auf den Wintersaaten. Sieben große, graue, wunderbare Vögel in ihrem Prachtkleid. Es wäre ein Kinderspiel gewesen, einen von ihnen mit einer genau schießenden Büchse zu erlegen, denn sie hielten den Wagen bis auf 150 Schritt aus. Sie gaben mir genügend Gelegenheit, mich an ihrem Anblick zu ergötzen. Doch eine Büchse war damals bloß ein Wunschtraum.

So versuchten wir halt, sie zu drücken. Drei Flinten gingen in Gräben und hinter Maisstrohhaufen in Deckung, doch gelang es uns nie, sie schussgerecht zu bekommen. Sie waren immer schlauer als wir, obwohl wir das Treiben sogar dreimal haben versuchen können, denn am nächsten Tag waren sie wieder auf ihrem gewohnten Feld.

Bis sie dessen zu guter Letzt überdrüssig wurden, beim vierten Mal hochgingen, mit lautem Trompeten sich kreisend in den Himmel schraubten und Richtung Norden uns erdgebundene Menschlein verließen.

Den Dachs habe ich nie als bejagbares Wild, als ersehnte Beute angesehen und habe auf ihn nie Jagd gemacht, außer in meinen Jugendjahren. In der Hanság kam er nicht vor, denn dort konnte er sich wegen des hohen Grundwassers keine Burg mit vielen Röhren graben, und in den höher gelegenen Feldmarken gab es wenig Wald, mit Ausnahme der berühmten Fasanerie von Bormász, die aus etwa 200 Hektar Wald bestand.

Dorthin verirrte sich einstmals ein Dachs. Das war eine große Aufregung! Es war Mitte Sommer und wir fanden seine Spuren auf mehreren Fahrwegen öfters im Staub. Eine charakteristische Spur, vorn fünf Zehen und davor sind die Abdrücke der Krallen stets sichtbar. Dies unterscheidet sie von den Fährten aller anderen Tiere mit Ausnahme des Bären.

Wir wussten auch, in welchem Bau er wohnte. Im Gegensatz zum Fuchs verbringt der Dachs die Tage immer im Bau. Deswegen kann man dem Dachs beim Bau mit mehr Aussicht auf Erfolg auflauern oder ihn mit Bauhunden ausgraben.

Doch solche hatten wir damals nicht, weil sie sich jahraus, jahrein nur gelangweilt hätten. Denn Sauen hatten wir auch keine. Wir mussten also auf den Dachs ansitzen, mussten seiner unbedingt habhaft werden, denn man konnte den Eierdieb doch nicht in dieser berühmten Fasanerie dulden! Doch war ihm an seinem Bau nicht beizukommen, denn dieser lag in einer Dickung, wo keine Möglichkeit zum Ansitzen war. Und da der Dachs ein ausgesprochenes Nachttier ist, seine Burg meistens nach Dunkelwerden verlässt und schon vor der Dämmerung wieder einschläft, blieb uns als einzige Methode der Nachtansitz bei Mondschein.

Sándor Czank hieß der damalige Revierjäger des Bormászer Waldes. Er war schon ein älterer Mann und stand vor seiner Pensionierung. Sein Revier war deswegen auch sehr klein; eigentlich bestand es nur aus dem Wäldchen, und seine Aufgabe war es, dieses von Raubwild und Raubzeug freizuhalten und vornehmlich dafür zu sorgen, dass von keinen Unbefugten die Ruhe des Wildes gestört wurde. Ich aber – ein Bengel von 13 Jahren – wohnte bei Oberjäger Józsi Csepi in Bormász, einem Gehöft am Rande des Waldes.

Die erste Nachricht vom Auftauchen des Dachses kam von Sándor. Wir sollten zum Ansitz in die Fasanerie kommen, denn der Dachs wechselt gern die Fahrwege entlang, genauso wie der Fuchs. Es war abnehmender Mond, also war die zweite Nachthälfte günstig, wir sollten uns um zwei Uhr nach Mitternacht bei der Schranke vom „Kárhozó" treffen.

Fuchs mit Fasan

„Kárhozó" bedeutet auf deutsch so etwas wie „Unheilbringer" und war eine mit Erlenwald bewachsene Senke von etwa 20 Hektar, die an einer Ecke mit den größeren Waldkomplex zusammenstieß. Ende der zwanziger Jahre wurde dies – seinem Namen entsprechend – der Ort einer doppelten Tragödie. Im November, nach Laubfall, wurden die Fasanen von Raubschützen dezimiert. Berufsjäger und Gendarmen waren ständig in Bereitschaft, um sie auf frischer Tat zu ertappen. Eines Nachts kamen sie wieder, und die Jäger baten um Hilfe der Gendarmen. Vier Mann gingen sofort hinaus und stellten die aus dem Wald herausführenden Wege mit der Jägerei ab.

Der Kommandeur des Postens, ein Feldwebel, kam spät nachts nach, doch fand er die den Wilderern auflauernden Bewaffneten nicht, und da er infolge der großen Schießerei auf die vielen aufgebaumten Fasanen im Walde des Glaubens war, drinnen sei ein Feuergefecht im Gange, drang er bei Mondlicht allein mutig in die Richtung der Schüsse in den Wald ein, bis er auf die Raubschützen stieß. Jetzt entwickelte sich ein richtiges Feuergefecht, im Laufe dessen der Gendarm einen Raubschützen erschoss, selber einen Schuss mit gehacktem Blei erhielt und dann noch aus nächster Nähe erschossen wurde. Morgens wurden die beiden Opfer nahe beieinanderliegend tot aufgefunden.

Jahrelang konnte nicht ermittelt werden, wer die Raubschützen und wer der Getötete war. Bis dann eine im Stich gelassene Liebschaft zehn Jahre später Rache nahm und die Täter anzeigte. Es war ein Vater mit seinen beiden Söhnen, die aus einer etwa 60 Kilometer entfernten Ortschaft per Bahn in das Revier fuhren, um Fasanen zu wildern. Der Vater, damals schon ein alter und kranker Mann, nahm den Mord auf sich.

Der Ort der zweifachen Tragödie wurde damals mit einem Gedenkstein gezeichnet. Ich weiß nicht, ob der Stein heute noch im „Unheilbringer"-Wald steht.

Sándor war um zwei Uhr nachts nicht an der bezeichneten Schranke. Józsi, der ein großer Spaßmacher war und andere immer nur allzu gern zum Narren hielt, schnitt nach Sitte der Jäger eine lange Kerbe auf einen Stecken, benetzte die Schnittfläche mit Speichel, schrieb seine Mitteilung mit Tintenstift darauf und stach den Stecken in die Mitte des Weges.

Die Mitteilung hatte folgenden Wortlaut: „Sándor, der Dachsjäger, amüsiert sich des Nachts um zwei mit seiner Frau!"

Hernach verzogen wir uns schmunzelnd ins Dunkle hinter die Randbäume. Sándor kam dann auch in Kürze, sah den Stecken, zog ihn aus dem Boden, kramte sein riesiges kupfernes Radfeuerzeug heraus, und beim Schein der Flamme entzifferte er umständlich die Mitteilung.

Nachdem Sándor das Schreiben enträtselt hatte, sagte er etwas ganz Unschönes was dem Durchschnittsungarn nicht schwerfällt, und warf den Stecken zwischen die Bäume. Wir platzten vor Lachen.

So endete der erste Dachsansitz meines Lebens.

Dann saßen wir noch einige Male auf den Dachs an, der jedoch niemals kam. Dabei hätte ich ihn so gern geschossen! Dann bekam ihn Sándor doch endlich durch puren Zufall. Nachdem der Dachs aus seinem Winterschlaf erwacht war, traf Sándor mit ihm eines Märzabends auf einer Schneise zusammen. Doch bis er seine Flinte von der Schulter gebracht und den Hahn gespannt hatte, konnte er nur schräg auf den runden Hintern des wegflüchtenden Dachses schießen.

Als wir wenige Tage später auf Schnepfen eine „Klopfjagd" machten und nach einem Treiben ein Junge sagte: „Ich habe drinnen in der Dickung einen toten Hund mit einem gestreiften Kopf gefunden!", suchten wir ihn natürlich sofort. Es war der erste Dachs, den ich in meinem Leben gesehen habe.

Zweimal traf ich einen im Bakonywald und in Somogy an Mondscheinabenden in der Hirschbrunft. Wir benützten denselben Pirschsteig, doch in entgegengesetzter Richtung. Das eine Mal kam er mir laut schnaufend und pustend näher, und da ich ihn wegen einer Biegung des Steiges nicht sehen konnte, wusste ich nicht, was es war und trat einen Schritt beiseite. Wir stießen fast zusammen. Er erschrak fürchterlich, tat einen lauten Grunzer, machte kurzerhand kehrt und suchte das Weite, so schnell er konnte!

Zwei habe ich in meinem Leben geschossen, beide bei zufälligen Begegnungen. Jedoch erst in den fünfziger Jahren, und beide in Westungarn. Eine Duplizität der Fälle, denn beide rumorten schon bei hellem Nachmittag am Waldrand, was äußerst selten vorkommt. Doch war ich damals nicht mehr stolz auf meine Beute und hatte auch keine besondere Freude an ihrer Erlegung. In Lábod gab es ziemlich viele Dachse, und im Interesse der Fasanenhege hielt ihn die Jägerei durch Ausgraben kurz. Ich selber fand an dieser Jagdart jedoch nie Gefallen, besonders, seitdem ich einmal dabei war, als, nachdem das Muttertier in der Röhre gestellt, ausgegraben und totgeschossen wurde, noch zwei niedliche Jungdachse zum Vorschein kamen. Dies geschah Anfang April, und die Jungdachse waren spannenlang und schon regelrechte Dachse. Das heißt, dass ihr Kopf gestreift, der Fang spitz und der Rücken silbergrau war. Altdachse „en miniature", was bei Jungfüchsen nicht der Fall ist.

Der Eingang der Dachsröhre ist weiter als der der Fuchsröhre und es liegt auch mehr Sand davor, der beim Graben ans Tageslicht befördert wurde. Doch da der Fuchs sehr häufig Dachsbaue bewohnt, läßt es sich oft erst nach dem ersten Einschlag feststellen, ob Dachs oder Fuchs den Bau bewohnen. Der Dachs „füttert" die Gänge und Kessel, seines Baues immer mit trockenen Blättern aus, der Fuchs jedoch niemals.

Oft ergeben sich eigenartige Zufälle. Ich befasste mich Anfang August mit dem Niederschreiben des „Dachskapitels", als ich, einer lieben Einladung auf einen Bock folgend, ins nördliche Somogy in die Nähe des Balaton fuhr.

Am Nachmittag meiner Ankunft gab es ein gewaltiges Gewitter, doch ließ es gegen Abend nach, so dass die Strahlen der untergehenden Sonne die liebliche, hüglige, bewaldete Landschaft vergoldeten. Natürlich versprach dies eine wundervolle Abendpirsch. Mit dem Jagdmeister der Jagdgesellschaft pirschten wir lautlos und behutsam eine zimmerbreite Wiese in einer Talsohle entlang. Rechter Hand Hochwald, links mannshohes Gestrüpp. In den Spuren des Fahrweges auf der Wiese rann das Regenwasser wie in kleinen Gebirgsbächen, und an den Blättern hingen große Tropfen.

Ein junger, noch nicht reifer Sechserbock war eben im Hochwald verschwunden, als kaum weiter als 80 Schritte vor uns ein Dachs über den Weg watschelte. Der erste Eindruck von seiner Figur waren der im Verhältnis zum starken Körper auffallend dünne Hals und Kopf. Kaum dass der Dachs in der Dickung verschwunden war, kam der zweite nach! Der verhielt sogar kurz bei einer Pfütze, suchte mit tiefer Nase, offensichtlich nach der Fährte des ersten, der Fähe, und dann watschelte auch er von dannen. Ich hatte ganz den Eindruck, dass der Rüde in der Ranzzeit der Fähe folgte, um so mehr, als es auch in den „großen Büchern" geschrieben steht, dass die Ranzzeit des Dachses in den August fällt.

Anfang der fünfziger Jahre hatte sich der Rotwildbestand der Donau-Auen der Schüttinsel so vermehrt, dass wir einige Stücke Kahlwild und Schneider schießen mussten. Doch sparten wir die damals noch seltenen Jagdmöglichkeiten meistens für Gäste auf.

An einem Januartag veranstalteten wir für einige Jagdgäste der Budapester „Obrigkeit" ein Riegeln auf Kahlwild.

Wir drückten die „Hufeisen-Insel" durch. So genannt nach dem toten Donauarm, der sie wie eine Schleife umrandete. Auf der Insel gab es eine ganze Menge uralter Korbweiden mit vielen Höhlen und Wülsten und auch alte Weidenbestände. Sie war landschaftlich außergewöhnlich reizvoll. Ich selber ging mit den Treibern durch. Ich hatte sogar eine „Büchse" in der Hand, ein seltenes Ding in dieser Zeit, doch muss ich sie in Anführungsstriche setzen, denn es war ein nicht umgebauter italienischer Militärkarabiner Kal. 6,5, der bei der Forstbehörde zum „persönlichen Schutz" irgendeines Forstbeamten lagerte. Zu einem anderen Zweck war er ja auch kaum zu gebrauchen! Er trug ein ganz robustes Visier und ebensolches Korn, und niemand wusste, wohin er die jahrzehntealten, ausgegrabenen, verrosteten Kugeln spuckte. Es war wirklich keine „Jagdwaffe", doch besser als nichts, und in dieser Zeit waren wir wirklich nicht verwöhnt.

Wir hatten zur Hälfte durchgetrieben, als mir der linksgehende Treiber zurief: „Schauen Sie mal, ein Eichkater, er läuft dort den hohen Weidenstamm hinauf!"

Ein Eichhörnchen? Ich stutzte. Das lebt ja überhaupt nicht in diesen Auwäldern mit Weiden und Pappeln! Muß mal schauen, was es ist! Ich ging zum Treiber hinüber, und er zeigte mir auch sogleich den an der gebogenen Spitze der Weide sich duckenden Baummarder. Ich konnte sogar seinen gelben Kehlfleck sehen. Was konnte ich anderes tun, als mit dem Püster hinaufzielen? Freilich nur gefühlsmäßig, denn anders ging's nicht. Ich schoss hinauf, und, o Wunder, der Marder kam herunter. Das Vollmantelgeschoss riß nicht einmal große Löcher in seinen seidenweichen Balg.

Dies war der erste Marder meines Lebens, den ich sah.

Um so mehr gab es in Lábod. Einen dunkelbraunen starken Rüden jagte einmal beim Anmarsch zum Schnepfenstrich mein Hund Legény auf eine hohe Erle hinauf. Mein Bruder schoss ihn herunter wie eine aufgebaumte Katze.

Ich selber habe in Lábod den Marder kaum auf der Spur bejagt, nicht deshalb, weil dies für mich kein Jagdvergnügen gewesen wäre, sondern weil ich als Oberjäger kein eigenes Revier hatte und nicht die Marder meiner Kollegen schießen wollte.

Denn jeder Berufsjäger betrachtete die in seinem Revier lebenden Marder als seine eigenen, und es wäre nicht schicklich gewesen, wenn sie der Chef selber gezehntet hätte. Es ist etwas anderes, wenn er zufällig vor das Rohr kommt! Die allwinterlich mit Flinte oder Falle erbeuteten Marderbälge brachten den Revierjägern einen guten Nebenerwerb. Einige meiner Kollegen bauten Knüppelfallen, meistens zwischen Kiefern in der Höhe von anderthalb Metern über den Boden und beköderten sie mit Drosseln oder Türkentauben. Es kam vor, dass ein Berufsjäger im Winter vier, fünf Marder in diesen Fallen fing.

Wer sein Revier gut kannte, der wusste auch die ausgehöhlten Bäume darin zu finden, es waren meistens Stein- oder Zerreichen, wo vor allem Marder mit Vorliebe hausten. Aber auch in Eichhornkobeln in den Spitzen der Bäume. Doch hatte ich selber nie das Waidmannsheil, dass auf mein Klopfen ein Marder gesprungen wäre, obwohl ich wirklich unzählige Bäume mit Eichhornkobeln angestoßen habe!

Der Mensch gebraucht bei der Jagd seit Urzeit einen Tiergehilfen. Der Uhu, die größte unserer Eulen, ist ein solcher Helfer des Jägers, den er nicht direkt zum Beutemachen, sondern zum Anlocken seiner Beute benützt. Die große Eule wird von vielen unserer Greifvögel und den Feinden unseres Niederwildes, den Krähen, Elstern und auch vom Eichelhäher, den größten Eiervertilgern, gehässig angegriffen. Der Jäger bindet die Eule weit sichtbar an der Jule an und verbirgt sich in Schussweite in einem Versteck der Krähenhütte, um die den Uhu attackierenden Krähenvögel beschießen zu können.

Die Gehässigkeit der Greif- und Krähenvögel gegen den Uhu war schon unseren Altvorderen bestens bekannt. Die alten jagdlichen Fachbücher vergangener Jahrhunderte befassen sich eingehend mit der Hüttenjagd, der Haltung und Verwendung des Uhus.

Als ich Jungjäger war, gab es freilich noch viel mehr Uhus in den meisten Ländern Europas, auch viel mehr Greifvögel. Die Auffassung der Jäger war aber auch anders, indem sie in jedem Raubvogel den Erzfeind des Niederwildes sahen. Heute hat leider die Zahl der Uhus in Mitteleuropa nur allzu sehr abgenommen, in unserem Lande brüten nur mehr einige wenige Paare, doch auch die Zahl der Greifvögel schrumpft so zusammen, dass unser Naturschutzgesetz endlich alle Arten unter Schutz gestellt hat.

Mein Lebtag oblag ich der Hüttenjagd mit großem Eifer und viel Passion. Als Junge hatte ich schon in der Hanság einen lebenden Uhu, dann auch einen in Lábod, doch als kein lebender da war, jagte ich mit einem präparierten Uhu, später auch mit einem aufblasbaren aus Gummi, doch diese unbeweglichen Locken ziehen die Aufmerksamkeit weniger auf sich und freilich zeigen sie den Angriff nicht an! Denn eines der interessantesten Erlebnisse bei der Hüttenjagd mit dem lebenden Uhu ist, sein Benehmen bei den Angriffen verschiedener Feinde zu beobachten.

In der Hanság jagten wir damals auf die verschiedenen im Durchwandern begriffenen Greifvögel, da Krähen und Elstern dort eine Seltenheit waren. Wir hatten kreisrunde, spitze Hütten aus

Schilf mit einer Schießluke von etwa 30 x 30 Zentimeter. Das war auch eine gute Übung im Schrotschießen, denn es war gar nicht so leicht, den im Sturzflug auf die Eule hassenden Vogel durch die kleine Luke auch zu treffen. Wenn man aber größere Luken machte und nur seinen Kopf darin zeigte, so hatten die Angreifer den Menschen sofort weg.

Damals saß ich viel in der Hütte, doch erlegte ich meistens nur Bussarde und Kornweihen. Die Weihen überwinterten dort geradezu massenhaft und stellten den Winterhühnern mit Vorliebe und Erfolg nach. Seltene Greife habe ich dabei jedoch niemals geschossen. So weiß ich auch mit Bestimmtheit, dass Wander- oder Würgfalke niemals auf meinen Uhu hassten, ein Habicht auch nur einmal, obwohl er ein besonders scharfer Feind des „Aufs" ist. Und diesen einen habe ich vorbeigeschossen; er war zu schnell und wendig.

Doch kann man die Hüttenjagd nicht nur mit dem Uhu betreiben! Der Hass des Krähenvolkes richtet sich nicht allein gegen die große Eule. Sie stürzen sich und hassen auf alle anderen Tag- und Nachtgreifvögel, vor denen sie ihre Jungen oder ihre Beute glauben beschützen zu müssen.

Welcher meiner Waidgefährten hätte nicht ihr gehässiges Gezeter gehört, womit Krähen und Elstern Habicht und Fuchs anzeigen und verfolgen? Anstatt des Uhus lockt sie auch der Waldkauz an, sogar ein dem Fuchs ähnlicher rötlicher Hund; Katzen haben ebenfalls auf die neugierigen Krähen und Elstern eine Anziehungskraft.

Nachdem ich das Láboder Revier übernommen hatte, schaffte ich sofort einen lebenden Uhu an. Von unserer Direktion wurden einige ausgewachsene Nestlinge aus Rumänien bestellt, und einer von ihnen kam nach Lábod. Er war dort auch überaus nötig, denn es gab Legionen von Nebelkrähen und Elstern, und wir mussten ihrer mit allen Mitteln Herr werden, denn dies ist die Grundlage einer erfolgreichen Niederwildhege.

Hier kam ich auf eine andere Technik der Hüttenjagd: Wenn man nämlich mit Schrot auf die in Trupps hassenden Krähenvögel über dem Uhu schießt, so „beerdigen" sie zuerst ihre gefallenen

Gefährten, das heißt, sie ziehen mit großem Gekrächze „Ehrenkreise" über ihnen. Doch eräugen sie den Jäger in der Schießluke nur allzu schnell und suchen das Weite. Ich hatte jedoch damals zu meinem Drilling, den ich als Dienstwaffe benützen konnte, ein Einsteckläufchen Kal. 22. So konnte ich damit durchs Zielfernrohr und mit Stecher, den Gewehrlauf nur ein wenig durch einen schmalen Spalt hinausgeschoben, die auf den trockenen Ästen des „Einfallsbaumes" krächzenden Krähen eine nach der anderen mit der kleinen Kugel in die Brust schießen. Der Knall war so schwach, dass sie manchmal nicht einmal abstrichen oder gleich wieder einfielen.

Damals hatten wir nicht einmal ständige Hütten, sie wären sowieso mutwillig zerstört worden, sondern gruben tiefe, längliche Gruben in den Sand in der Nähe eines beliebten „Einfallsbaumes". Er musste bloß einzeln stehen und oben trockene Äste haben. Wir bedeckten die Grube dicht mit Zweigen, gruben die Jule tief ein und banden den Uhu mit einer langen, leichten Kette daran, so dass er nach Belieben auch zu Boden gehen konnte. Der gute „Jagduhu" jedoch saß gern oben auf der Jule, äugte ständig in alle Richtungen und klappte oft mit den Schwingen.

Es war eine große Freude und Genugtuung, schlauer als die so gerissenen Nebelkrähen und Elstern zu sein! Einige Male machte ich auch gute Beute!

Vom Gesichtspunkt der Verhaltensforschung ist es eine interessante, jedoch ungeklärte Erscheinung, warum die Tag-Greifvögel auf den Uhu und auch auf andere größere Eulen hassen. Dies ist auch zu einem bestimmten Grad eine artspezifische Eigenschaft, denn die verschiedenen Arten der Greifvögel reagieren meistens unterschiedlich auf den Uhu.

Ob sie wohl aus „Brotneid" auf die große Eule hassen, wie die alten Jäger behaupteten? Man kann nicht selten beobachten, dass ein kleinerer Greifvogel, zum Beispiel ein Turmfalke, auf einen viel größeren Verwandten, etwa einen Bussard, oder noch viel mehr ein Bussard oder Habicht auf einen kreisenden oder aufgeblockten Adler hasst und stößt. Ich denke jedoch, nicht mit dem Ziel, ihm die Beute abzunehmen, sondern, zumindest hatte ich beim Anblick solcher Angriffe stets das Gefühl, dass der Kleinere, Schnellere und Flinkere seine Freude daran findet, den größeren und plumperen Gegner zu ärgern.

Die meisten Greife und Krähenvögel haben ihr Leben lang niemals einen Uhu gesehen. Denn dieser ist nirgends ein häufiger Vogel, lebt in großen, zusammenhängenden Waldungen der Gebirge und ist tagsüber kaum unterwegs. Doch wenn wir den Uhu auf seine Jule aufblocken lassen, greifen sie ihn sogleich an, denn der atavistische Hass erwacht in ihnen. Und zwar jeder nach seiner Art. Die großen Adler, so auch der Seeadler, kreisen meistens nur zwei, drei Mal über ihm, eher aus Neugier; dann pflegen sie zusammen mit den sie begleitenden Nebelkrähen auf einen trockenen Ast in der Nähe aufzublocken. Die Falken nehmen, außer den Turmfalken, der beständig über ihm zu rütteln pflegt und mit Vehemenz angreift, im allgemeinen wenig Notiz vom Uhu. Höchstens, daß sie mit einem schwungvollen Sturzflug eine Scheinattacke machen und dann unbekümmert ihrem Luftwechsel folgen. Demgegenüber greift der Habicht scharf, öfters und andauernd an; manchmal soll er sogar mit ausgestreckten Krallen auf den Uhu schlagen, was dieser damit pariert, dass er zu Boden geht und rücklings seine gewaltigen bekrallten Fänge dem Angreifer entgegenstreckt. Kreischende Töne ausstoßend attackieren ihn Bussarde, Turmfalken und auch Weihen, doch richtig vehement greifen letztere nur im Frühjahr an. Demgegenüber kreisen der Rote und Schwarze Milan meistens nur über dem Uhu, ohne ihn richtig anzunehmen.

Die Nebel- und Saatkrähen und auch die Elstern, denen heutzutage die Hüttenjagd fast ausschließlich gilt, benehmen sich jedoch beim Anblick des Uhus völlig anders. Die Nebelkrähen werden von ihm am meisten angezogen, denn sie sind es, die die meisten größeren Greife, so auch vor allem den Habicht, belästigen und begleiten. Wenn sie des Uhus gewahr werden, krächzen sie schon von weitem und alarmieren damit ihresgleichen der Umgebung, auch die Saatkrähen und Elstern, die dann krächzend in ganzen Scharen über dem Uhu kreisen und ihn von Zeit zu Zeit mit Sturzflügen attackieren. Die Elster kommt eher aus Neugier, schakert um die große Eule herum und ruft damit alle Elstern der Gegend zum Tatort. Doch habe ich mehrmals gesehen, dass der Kleine Raubwürger und sogar der Pirol den Uhu angriff. Freilich reagiert auch dieser verschieden auf die Angriffe seiner Feinde. Wenn sich Adler, Großfalke oder Habicht nähern, bläst er sich auf, spreizt seine Schwingen, stellt sich in „Abschreckstellung", knappt mit dem starken Schnabel; er „imponiert" seinem Gegner. Wenn dieser ihn aber dennoch angreift, so geht er zu Boden und streckt ihm die bekrallten Fänge entgegen. Er nimmt aber vom Bussard, Turmfalk und anderen Greifen, ebenso von Krähen und Elstern kaum Notiz; er verfolgt ihr Annähern nur mit seinem ungemein wendigen Kopf und den wundervollen großen gelben Augen. Woher der als Jungvogel aus dem Horst genommene Uhu weiß, wie gefährlich ihm die verschiedenen Feinde sind?

Ein in der Praxis des Hüttenjägers, Tierfotografen und Wildbeobachters sich stets bewährender tierpsychologischer Kunstgriff: Zwei Mann gehen zusammen zur Hütte, dort kommen und gehen sie beide herum und setzen den Uhu auf die Jule. Dann verschwindet der Jäger im Versteck, während sich sein Helfer nach getaner Arbeit in voller Sicht entfernt. Die Krähen und Elstern verfolgen natürlich mit gespanntem Interesse, was da vor sich geht. Wenn sie nur einen Mann sehen, der verschwindet, „als ob ihn der Boden verschluckt hätte", so sind sie vorsichtig und werden sich nur mit Argwohn nähern.

Es gehört zu meinen schönsten jagdlichen und ornithologischen Erinnerungen, als ich mich an einem strahlenden Aprilmorgen am Ufer eines Somagyer Fischteiches am Anblick von zwei über dem Uhu in nächster Nähe aufgeblockten Seeadlern mit schwefelgelbem Schnabel und blendendweißem Stoß sowie einem weißbrüstigen, dunkelrückigen Fischadler mit leuchtendblauen Fängen ergötzen konnte.

Wanderer der Himmelsstraßen

Wenn ich auf die Keile der hoch im Himmel ziehenden Wildgänse hinaufschaue, ergreift mich immer die atavistische Sehnsucht des an den Boden gebundenen Geschöpfes. Denn für mich sind Wildgänse das Symbol der schrankenlosen Freiheit. Der Stimme der Natur folgend, machen sie sich auf den Weg, formieren sich und reisen in unerreichbaren Höhen, wer weiß woher, und wer weiß wohin, frei, ungebunden über Länder und Meere, Gebirge und Ebenen. Doch sie wissen genau, wo ihr Ziel ist. An nebligen, dunklen Herbstabenden hören wir manchmal sogar über den Lichtern der Großstädte den Ruf der ziehenden Gänse. Als ob sie den Weg verloren hätten und nun im Banne des Lichtermeeres kreisen würden. Doch sie wissen auch dann ganz genau, wohin sie ihr Weg führt; ihr Instinkt sagt ihnen dies sicherer als jede Kompassnadel. Es ist bloß ihre Stimme, die zu uns herunterdringt und dem Menschen der Erde Botschaft aus dem hohen Norden zuträgt.

Denn die bei uns vorkommenden Arten von Wildgänsen brüten mit einer Ausnahme alle im hohen Norden und sind bloß unsere Wintergäste, solange die Gewässer, die ihnen als Übernachtungsplätze dienen, nicht zufrieren und ihre Äsungsplätze nicht von tiefem Schnee bedeckt werden. Dann ziehen sie weiter gegen Süden und wandern am Frühlingsanfang wieder nach Norden zu ihren weit entfernten Brutplätzen.

Die Ausnahme ist die auch bei uns brütende Graugans (*Anser anser*), die der ungarische Volksmund treffend „Blonde Gans" nennt. Beide Namen beziehen sich auf die auffallend hellgrauen Flügeldecken dieser Art, wodurch sie bedeutend heller erscheint als ihre Verwandten. Sie ist die Urahne unserer Hausgans, die ihren melodischen Ruf der Wildgans bis zum heutigen Tage beibehalten hat. Solange es in der ostungarischen Großen Tiefebene unermeßliche Sumpfgebiete gab, brütete die Graugans zu Tausenden hier und war so häufig, dass ihre Flüge mit den vielen Wildenten zusammen regelmäßig von den Gewässern auf die Stoppelfelder zur Äsung zogen. Mit dem Verschwinden der großen Gewässer schwand auch ihre Zahl dahin, bis sie vor einigen Jahrzehnten bereits auf der Liste der aussterbenden Arten stand. Nur ganz wenige Paare brüteten noch in den Schilfgewässern dreier großer Teiche. Im damaligen Naturschutzgebiet Kisbalaton, am Velence-See südwestlich von Budapest und am Neusiedlersee. Denn sie braucht als Brutplatz weite Schilfflächen, wo sie ihr Nest auf abgebrochenen Schilfstengeln baut.

Der richtig erkannte, moderne Naturschutz hat jedoch nicht nur den großen Vogel selbst, sondern auch die Unberührtheit seiner Brutplätze bewahrt. Die Graugans nimmt in den letzten Jahren nicht nur zahlenmäßig an Brutpaaren stark zu, sondern erobert an vielen Stellen immer neue und neue Brutplätze, wo das Schilf nicht mehr abgeerntet und abgebrannt wird und wo die Gänse nicht nur zum Nisten genügend breite und ungestörte Schilfgürtel, sondern daneben auch ruhige Wasserflächen finden.

Die Graugans ist unsere größte Gans. Aber nicht bloß ihren Ruf, sondern auch ihren Körperbau, den fleischfarbenen Schnabel und die Ständer hat unsere Hausgans geerbt. Sie hält sich nur vom Frühjahr bis zum Herbst in der Brut- und Aufzuchtzeit der Jungen bei uns auf, zieht im Herbst zum Überwintern in südlichere Gegenden, hauptsächlich an die Gestade des Mittelmeeres, und trifft im Frühjahr erst dann bei uns ein, wenn die nordischen Gänse schon im Abwandern begriffen sind. Sie lösen sich geradezu ab.

Das Gros unserer Wildgänse gibt aber doch die im Herbst ankommende „Wintergans" ab. Bei uns kommen gewöhnlich drei Arten vor: Die Saatgans (*Anser fabalis*), die Große Bläßgans (*Anser albilrons*) und die Kleine Bläßgans (*Anser erytropus*). Auf all diese ist die Jagd gestattet, weil ihre Zahl zum Glück noch nicht so sehr abgenommen hat wie die der Graugans.

Die beiden ersteren gibt es bei uns noch in großer Zahl. Meistens kommt die Saatgans zuerst an; schon gegen Ende September,

Anfang Oktober. Es ist sehr viele Jahre her, als daheim in Westungarn mein Lehrmeister sagte, ich solle nur aufpassen, am 30. September kämen die ersten Saatgänse an. Ich habe dies viele Jahre lang beobachten können, und es stimmte in den meisten Jahren. Wenn ich mich richtig erinnere, kamen sie nie auch nur einen Tag früher. Doch hörte ich den Gänseruf und sah ihren Keil am Himmel ziehen, wenn dieser Tag kam, oder höchstens einige Tage später: Denn die Gänse „unterhalten sich", ob sie ziehen, sitzen oder weiden, und man hört ihre Stimmen von weitem. Dadurch verraten sie sich am ehesten.

Auch mit dem Ohr können wir die Saatgans von den Bläßgänsen unterscheiden, denn sie hat einen viel tieferen Ruf. (Der Ungar nennt die Bläßgänse „lilik" – eine Nachahmung ihres hohen, lauten Rufes, der sich ganz wie „li-lik" anhört.) Wenn man sie in der Hand hat, so unterscheidet sich die Saatgans auf den ersten Blick von allen anderen Gänsen durch ihren orangefarbenen Schnabelring, während Basis und Spitze des Schnabels schwarz sind.

Diese Gans brütet in Skandinavien und in der Sowjetunion am Polarkreis in verkümmerten Buschwäldern, Tundren mit Büschen, entlang von Flussläufen und an Seegestaden. Nicht nur, dass sie beim Herbstzug früher eintrifft, sie zieht vor dem Frost auch eher weiter nach Süden als die Bläßgans, die öfter bei uns überwintert.

Es ist eine interessante Beobachtung, dass in meiner Heimat die Saatgans viel zahlreicher an den Gewässern der Donau und an den westlich gelegenen großen Seen vorkommt. Entlang der Theiß und östlich von ihr in der Großen Tiefebene überwiegt jedoch die Bläßgans bei weitem. Am Anfang der Zugzeit gibt es dort auch vereinzelt Flüge von Saatgänsen; doch werden diese wenigen von dem später im Herbst eintreffendem Gros der Bläßgänse verdrängt.

Die Bläßgans ist viel mehr der Vogel der Steppen-Weidegelände und der sich hier sammelnden „wilden Wasser" der Großen Tiefebene Ostungarns. Im Gebiet jenseits der Theiß liegen ihre klassischen Ruheplätze. Und auch die viel seltenere Kleine Bläßgans wird hier angetroffen, sie kommt nur äußerst selten, sozusagen als Rarität westlich der Theiß vor.

Beide Arten der Bläßgänse haben als gemeinsames Erkennungszeichen den fleischfarbenen Schnabel. Die älter als einjährigen Exemplare zeigen die weit leuchtende weiße „Blässe" an der Stirn und die dunklen Querstreifen an Brust und Bauch, die man bei guter Beleuchtung auch an den hoch in der Luft ziehenden Gänsen erkennen kann.

Das Federkleid der Kleinen Bläßgans, die kaum größer als eine Stockente ist, gleicht dem, ihrer größeren Verwandten fast vollständig. Doch sobald man sie in der Hand hat, fällt der leuchtendgelbe Augenring, ihr sicheres Bestimmungszeichen, sofort auf.

Die Große Bläßgans brütet in den nördlichsten Regionen, noch über dem Polarkreis in feuchten Tundrengebieten, wohingegen die Brutplätze der Kleinen Bläßgans um den Polarkreis liegen.

Ich muss noch kurz die berühmte Gänserarität der Pußta Hortobágy, die Rothalsgans (*Branta ruficollis*), erwähnen, die vom fernen Osten, von den sibirischen Gebieten nördlich des Kaspischen Meeres sehr selten bei uns eine Gastrolle gibt. Diese zierliche kleine Gans mit ihrem dunkelziegelroten Hals und Kopf und dunklen Rücken überwintert hauptsächlich an den südlichen Gestaden des Kaspischen Meeres. Auf den riesigen Grasflächen der alten unangetasteten Pußta Hortobágy kamen unter den Hunderttausenden von rastenden Bläßgänsen fast jährlich einige ganz wenige „Rothälse" vor. Meines Wissens sind sie jedoch nie westlicher verstrichen. Die Rothalsgans war seinerzeit die heißersehnte Beute der Gänsejäger der Hortobágy. Fast so selten wie der legendäre weiße Rabe. Leider habe ich sie selber niemals gesehen.

Unser Land ist die verdiente Raststätte der aus dem hohen Norden gegen Süden wandernden Wildgänse. Im Herbst machen sie Station bei uns, ruhen sich von dem weiten Flug aus, manchmal sogar einige Monate lang. Des Öfteren überwintern auch viele von ihnen bei uns, wenn es nicht allzu starke Fröste und hohe Schneelagen gibt. Auf ihrer Rückreise kommen sie wieder bei uns vorbei, doch bloß für kurze Zeit, denn der Fortpflanzungstrieb veranlasst sie, ihre Brutplätze im hohen Norden noch zur richtigen Zeit zu erreichen.

Meine Heimat liegt in einer der Hauptzugrichtungen der europäischen Wildgänse und Wildenten. Die andere führt in Westeuropa an den Gestaden der Nordsee und des Atlantischen Ozeans entlang, die dritte am Lauf der Wolga und den Gestaden des Schwarzen Meeres entlang über den Bosporus.

Die wandernden Wasservögel umfliegen die breiten uud hohen Bergketten der Alpen; doch überfliegen sie die Karpatenkette leicht und finden diesseits eine an Gewässern reiche, fruchtbare Ebene, eine bevorzugte Raststätte.

Nicht jede Gegend ist jedoch als Raststätte der Wildgänse geeignet. Sie brauchen unbedingt einen breiten, ruhigen Wasserspiegel, einen ungestörten Übernachtungsplatz und in dessen Nähe gute Äsungsflächen, grünende Weiden, dichte Saaten oder Maisstoppeln.

Wo finden die Gänse noch solche Plätze in unserem Lande?

Leider nicht mehr vielerorts! Auf unseren großen natürlichen Seen, dem Balaton und dem Velence-See, dem Neusiedlersee, dessen bessere „Gänsezonen" jedoch jenseits der Grenze in Österreich liegen, entlang des Laufes der Donau, vornehmlich jedoch in der Gegend von Györ und im Süden bei Baja, wo sie auf den Spiegeln von trägfließenden Altwässern übernachten können. In Ostungarn aber hauptsächlich auf den größten Fischteich-Komplexen: der Hortobágy, des „Weißen Sees" bei Szeged und in Biharugra und auch noch auf den „wilden Wässern", den Ansammlungen des herbstlichen Regenwassers auf den undurchlässigen Grassteppen. Unter diesen ist an erster Stelle das Naturschutzgebiet von Kardoskút in der Nähe von Orosháza zu erwähnen, wo in den seichten „wilden Teichen" von beträchtlicher Größe Zehntausende von Wildgänsen ungestört übernachten können.

Sie übernachten meistens auch in geschlossenen Scharen auf dem Wasser. Von weitem zeigen sie im Mondlicht einen zusammenhängenden dunklen Strich. Auch nachts „palavern" die Gänse, man hört von fern ein ständiges Geschnatter. Bei Tagesanbruch, wenn den kommenden Tag ein heller Streifen am östlichen Horizont ankündigt, wird ihr Gespräch immer lauter. Es erheben sich die ersten Scharen, dann folgen mit dem Getöse eines über eine Eisenbrücke fahrenden Schnellzuges und mit ohrenbetäubendem Geschnatter die anderen; Flug nach Flug, Ketten von Gänsen ziehen eine nach der anderen auf die Weideflächen.

Tagsüber äsen sie verstreut in größeren oder kleineren Flügen, stets bedacht darauf, dass sie auf flachem, völlig deckungslosem Gelände bleiben. Mit langen Hälsen wachende Beobachterposten gibt es immer im Flug, meist sogar mehrere. Sie haben die Köpfe hoch, solange die anderen äsen. Nichts entgeht ihren scharfen Augen!

In den Mittagsstunden bekommen sie Durst, besonders bei windigem Wetter, wenn der Wind ihre Kehlen ausdörrt. Dann gehen sie Flug nach Flug gesondert hoch, ziehen zum Wasser und wieder zurück zum gedeckten Tisch; manchmal wiederholen sie dies öfters am Tage. Nach Sonnenuntergang erheben sie sich wie auf Kommando geschlossen und ziehen mit lebhaftem Geschnatter Kette nach Kette zum Wasser, zu ihren nächtlichen Ruheplätzen.

Der Ruheplatz der Wildgänse ist der Übernachtungsort auf dem ruhigen Wasserspiegel. Zu diesem müssen sie allabendlich zurückkehren, sie sind an ihn gebunden. Und das, solange er nicht zufriert. Dann werden sie gezwungen, sich südlichere Zufluchtsstätten zu suchen.

Unsere „Wintergänse" verdienen Schonung, auch wenn sie bloß im Herbst und Winter bei uns zu Gast sind. Freilich kann man sie deswegen noch bejagen, denn zum Glück sind sie noch bei weitem nicht auf der Liste der bedrohten Arten. Zur Herbstzeit kommen sie oft zu Zehntausenden, wenn auch leider nicht mehr zu vielen Hunderttausenden wie noch vor einem halben Jahrhundert.

Auf den zur Übernachtung dienenden großen Seen, dem Balaton, dem Neusiedlersee, wo auf den weiten Wasserflächen den Gänsen nicht beizukommen ist, werden sie in Ruhe gelassen. Zu Zehntausenden, manchmal auch immer noch zu Hunderttausenden, halten sie sich hier oft monatelang auf. Vom Balaton ziehen allmorgendlich viele, viele Ketten von Gänsen in allen Richtungen auf die umliegenden Wiesen und Felder zur Äsung.

Schon als kleiner Junge war ich mit der Wildgans engstens verbunden. Sie übt bis zum heutigen Tag einen besonderen Zauber auf mich aus.

Daheim in Westungarn strichen die Gänse oft über unser Haus und unseren Garten und fielen in den Feldern ein, wo wir sie vom Fenster aus beobachten konnten. Die an der Donau und am Neusiedlersee übernachtenden Gänse ästen oft in großen Schwärmen auf den Saaten und herbstlich abgeernteten Maisfeldern.

Eine meiner allerersten schemenhaften Kindheitserinnerungen – ich konnte damals 3 bis 4 Jahre alt gewesen sein – sind mit den Wildgänsen verknüpft. Mein Vater, der mich zum Jägersmann erziehen wollte, hatte mir von frühester Jugend an schon viel Jagdliches beigebracht, unter anderem auch, dass nach Waidmannsregeln Wildgänse als einziges Wild aus der Grube bejagt werden dürfen. Darauf hatte ich mir im Garten eine „Gänsegrube" gegraben, von der aus ich mit selbstfabriziertem Pfeil und Bogen Gänse zu erlegen hoffte.

Ich war damals schon so passioniert, dass man mich, der ich vor Einnahme einer besonders gräßlichen Medizin, ich glaube, es war Rizinusöl, unters Bett geflüchtet war und mich dort verklüftet hatte, so herauslockte, dass jemand mit der Nachricht geschickt wurde, es seien Wildgänse im Garten neben meiner Grube eingefallen, worauf ich meinen Zufluchtsort sofort verließ, um nachzusehen.

Die allererste Wildgans meines Lebens schoss ich an unserem Gartenzaun. Als elfjähriger angehender Jungjäger kam ich aus der Schule zu den Weihnachtsferien heim, nahm das Gewehr und schlug mich sofort in die Büsche.

Denn ich war damals schon stolzer Besitzer einer oft besungenen Ejektorflinte Kal. 28, eines federleichten, überaus führigen und engschießenden Gewehrs.

Am selben Abend revidierte ich den Zaun des Obstgartens, in dessen Löcher gern Schlingen gestellt wurden, als ein Flug Gänse hoch am Himmel zu den Schlafplätzen Richtung Donau zog. Der Keil kam genau auf mich zu, sehr, sehr hoch, an der Grenze der Schrotschussentfernung, aber ich duckte mich doch an einem Pfosten des Zaunes. Als sie über meinem Kopf waren, schoss ich mit der „Spielzeugflinte" hinauf. Wer könnte mein Erstaunen und meine Freude beschreiben, als eine Gans aus der Reihe die Schwingen zusammen- und Kopf und Hals über den Rücken klappte und wie ein Stein in großem Bogen heruntersauste und mit dumpfem Prall auf dem angrenzenden Acker aufschlug. Es war eine Saatgans, meine erste Gans, ein Zufallstreffer ersten Ranges. Ich kann mich nicht erinnern, mit dieser „Bubenflinte" noch mehr Gänse geschossen zu haben.

Das lag allerdings nicht so sehr an der Flinte, sondern eher daran, daß ich bis auf die Zeit der Weihnachtsferien in die Stadtschule verbannt war und dass in dem uns damals zur Verfügung stehenden riesigen Jagdbann die Gänse nur tagsüber zur Äsung einfielen. Leider eigentlich nie an bestimmten Plätzen, so dass wir sie nie beim Einfall bejagen konnten; die Feldmarken waren zu weitläufig. Nur durch großen Zufall konnte man dann und wann eine schussgerecht bekommen.

Auf den großen Schlägen des Gutes, wo die Sicht frei, weit und unbehindert war, fielen, von ihren Übernachtungsplätzen kommend, die Gänse tagsüber ein. Da damals überall nur Ochsen- oder Pferdegespanne arbeiteten, scheuten sich die Gänse vor diesen weniger, und man konnte manchmal sogar auf Schrotschussnähe herankommen. Doch nicht mit dem Sandläufer, denn Kutschierwagen waren ihnen ungewohnt, sondern mit niedrigen Bauernwagen, deren Seiten mit Maisstroh verblendet wurden. Wenn es auch ab und zu gelang, so an die Gänse auf Schrotschussdistanz heranzukommen, war es doch eine Ausnahme und zu wenig ergiebig.

Ich griff deshalb zur Büchse, denn mit ihr konnte man viel weiter „hinlangen", und es schien mir nicht nur erfolgreicher, sondern auch waidgerechter zu sein, als mit Schrothagel aus weiter Entfernung auf die Gänse zu schießen. Es machte wenig Freude, da man dabei sehr viele krank schoss.

Ich habe mit der guten alten 9,5 ohne Zielfernrohr trotz der naturgemäß sehr gekrümmten Flugbahn einige Dutzend Gänse erlegt. Als ob einer mit der Kanone auf Spatzen schießen würde, könnte man mit Recht sagen. Freilich wäre dafür eine moderne Kleinkaliberbüchse mit gestreckter Flugbahn das Richtige gewesen.

Ich schoss also mit diesen riesigen Batzen mit Stahlmantel und Bleispitze auf die in den Feldmarken äsenden Gänsescharen. Angeschweißte Gänse gab es keine; was die Kugel fasste, das lag oder strich mit Waidwundschuss eventuell kürzere oder längere Strecke über die kahle Feldmark, um dann niederzugehen, was man mit dem Glas immer genau beobachten konnte. Die meisten blieben am Anschuss, und zwar auch nicht allzusehr zerschossen, da sich das schwere Geschoss ohne genügend Widerstand kaum stauchte und wenig Zerstörung im Wildkörper verursachte.

Das spielte aber auch sonst keine Rolle, denn aus meinen Gänsen wurde daheim stets Fleischbrühe zubereitet. Ich kann verraten, dass aus dem Wildbret der Wildgans die vorzüglichste „Bouillon" gekocht werden kann.

Die Sicherheit des „Hinterlandes" musste man aber ständig im Auge behalten. Das Terrain ist dort flach wie ein Tisch, so dass ich meistens vom Wagen aus schoss, um doch einen Einschlagswinkel des Geschosses hinter den Gänsen zu bekommen. Geschossen wurde nur, wenn die Schussrichtung völlig frei war, kein Dorf, keine Straße, kein Gehöft dahinter in der Ferne lag.

Vor allem in der Herbst- und Frühjahrszeit hatten wir viele durchziehende Gänse. Im Winter verließen sie uns meistens. Damals durfte man auch im Frühjahr die Zuggänse bejagen. Die Gans war für mich mehr Hochwild als Niederwild, diese seltene Art der Gänsejagd war eine aufregende Sache und machte mir sehr viel Freude. Ich führte genau Schussbuch, das leider in den Kriegswirren verlorenging, und so kann ich keine Zahl nennen. An die hundert sind es aber sicherlich gewesen.

Auf 120 bis 150 Gänge hielten die Gänse meistens aus, wenn man sie geschickt anfuhr, die Pferde nie direkt auf sie zusteuerte und im richtigen Augenblick hielt, wenn sich die Hälse schon reckten. Dann musste es aber schnell knallen. Meistens schoss ich nicht auf einzelne Gänse, sondern fasste Ziel, wo mehrere in einer Linie sich deckend hintereinander standen. Man konnte dies bedenkenlos tun, da ja die Gans, welche von der Kugel gefasst wurde, immer zur Strecke kam, auch wenn der Schuss waidwund saß. Zwei Gänse mit einer Kugel habe ich oft geschossen, mehrere Male sogar drei. Es ist aber kein Jägerlatein, dass ich einmal, als der Gänseflug mit gestreckten Hälsen zum Abstreichen bereit war, mit einem schnellen Kugelschuss sage und schreibe vier zur Strecke brachte. Zweien waren die Hälse durchschossen, den hinteren beiden der Brustkern ... Natürlich ein reiner Zufallstreffer, aber doch eine jagdliche Rarität.

Es war Anfang der vierziger Jahre, als Vater sich eine Doppelbüchse 9,3 x 74 R zulegte. Mit nebeneinanderliegenden Läufen natürlich, denn in unserer Familie gab es nur solche Gewehre. Die Doppelbüchse war zum Flüchtigschießen auf Sauen gedacht, weswegen sie einen maßgeschnittenen englischen Flintenschaft hatte. Denn „die Läufe schießen, der Schaft trifft", sagt der wahre Spruch. Über Kimme und Korn konnte man genauso gefühlsmäßig mit ihr schießen wie mit einer Flinte.

Eines Novembertages versuchte ich Ricken mit der neuen Büchse zu schießen und war gerade dabei, in der Deckung mehrerer zusammengestellter Bündel Maisstroh einen Sprung Rehe anzupirschen, als von einer Saat hinter den Rehen ein Flug Gänse vor einem nahenden, niedrig fliegenden Flugzeug hoch wurde. (Flugzeuge gab es damals noch wenige, die Gänse hielten sie für Großraubvögel und flüchteten oft Hals über Kopf vor ihnen.) In windender Fahrt in guter Schrotschusshöhe steuerten sie direkt auf mich zu, der ich schon hinter dem Maisstroh stand. Als sie auf gute Schrotschussnähe heran waren, „zeigte" ich auf die Nächste wie auf einen Kopffasan. Ich staunte bloß, als sie mit der Kugel durch die Brust die Schwingen zusammenklappte und in großem Bogen einige Meter hinter mir auf den Boden schlug! Es packte mich aber schnell der Hochmut: Ich wollte eine Dublette schießen! Natürlich ging die Kugel des linken Laufes in die Lüfte.

Eines Spätherbsttages war ich früh losgezogen, um es vom Wagen aus in den Feldern auf Gänse zu versuchen. Mein Bruder kam nicht mit, denn er sagte, es lohne sich nicht, den ganzen lieben Tag durchgerüttelt zu werden. Ich bin immer gutgläubig gewesen, auch schon damals: Ich glaubte ihm seine listige Ausrede.

Es kam dicker Nebel, bis zum Abend sahen wir überhaupt nichts und kehrten ohne Beute heim. Mein Bruder war noch nicht zu Hause. Er war angeblich zum Entenstrich zur Weide neben dem Altwasser der Raab gegangen.

Es war schon Abend, als er mit seinem Jagdgefährten heimkam. Die beiden konnten die vielen erlegten Gänse kaum schleppen! Sie hatten schon vorher ausgekundschaftet, dass die Gänse auch tagsüber zur Tränke an die seichten Wasserlachen der Weidefläche kamen. Im Nebel hatten sie dort reiche Ernte.

Das war das einzige Mal, dass es einem von uns gelang, daheim einen guten Gänsestrich zu erwischen.

Als ich in meiner ersten Dienststelle als Berufsjäger nördlich der Stadt Györ im Revier, das sich von der Staatsgrenze der „Alten Donau" westwärts bis zum Raab-Fluss dehnte, Oberjäger war, hatte ich die Möglichkeit zum Gänsestrich in den Altwässern der Donau in der Inselwelt des Überschwemmungsgebietes. So eine von Menschen kaum betretene Urlandschaft wie diese gibt es in unserem Lande heutzutage nicht mehr. Sie ist viel wilder als der berühmte Wald von Gemenc am südlichen Lauf der Donau, weil es hier viel mehr Wasserläufe und Inseln gibt, und die meisten Waldungen auf Inseln liegend nur mit dem Boot zu erreichen sind. Deswegen sind sie auch forstlich schwierig zu bewirtschaften. Die Gewässer werden meistens nur von Fischern und Sportanglern aufgesucht, und in die Wälder kommt nur ab und zu ein Mensch. Zur Sommerzeit ist dies ohne Mückenschutz auch kaum zu empfehlen, denn Legionen von Blutsaugern stürzen sich sofort auf das Opfer.

Mit den Regulierungsarbeiten der Donau wurde das Hauptstrombett durch steinerne Dämme abgegrenzt. Vor den Ausfluß eines jeden Nebenarmes kam ein solcher Damm, der die Strömung dämpft.

Im Herbst und in lauen Winterszeiten übernachten Tausende von Wildgänsen auf den Wassern zwischen den Inseln, dort hauptsächlich auf dem breiten, stillen Spiegel des Donauarmes von Bagamér. Zu diesem Donauarm kam ich damals dann und wann zum Gänsestrich, hatte einige Male auch guten Anflug und schoss den Kahn halb voll mit Gänsen.

Doch liebte ich diese Jagdart im Finstern nicht. Die Gänse kamen sehr spät, manchmal nur bei Mondschein, und man konnte nur aufs Geratewohl zur Kette der Gänse hinaufschießen. Auch wurde man vom Mündungsfeuer vollständig geblendet und sah die Gans nur später fallen, wenn man überhaupt getroffen hatte. Und dann verlor man auch viele Gänse, die geflügelten tauchten sofort, und die weich geschossenen wurden von der Finsternis verschluckt.

Deswegen jagte ich an der Bagamérer Donau nur selten auf Gänse. Und vor allem, weil es mir leid tat, die sich zur Nachtruhe begebenden Gänse mit meiner Schießerei zu stören. Dort habe ich nämlich zum ersten Mal die Beobachtung machen können, wie sehr sie dies stört.

Wie recht hat das kanadische Jagdgesetz, das die Gänsejagd nur vormittags auf den Äsungsflächen gestattet, doch ist es verboten, sie abends an den Gewässern, ihren Übernachtungsplätzen, zu stören!

Später hatte ich öfters die Möglichkeit, am Balaton auf Gänse zu jagen. Dieses herrliche Gewässer zog mich wieder und wieder in seinen Bann. Auf dem großen Binnensee übernachten auch jetzt noch oft mehrere zehntausend und manchmal auch hunderttausend Gänse, die am Morgen auf die Felder der Umgebung streichen und dort tagsüber äsen. Wenn kein Schnee liegt, bleiben die Gänse sogar bei Frost, wenn der See schon vollständig zugefroren ist, und übernachten auf der Eisfläche. Ihr Großteil sind Saatgänse, doch einige Flüge Großer Bläßgänse gibt es auch vornehmlich bei fortgeschrittener Jahreszeit.

Die Gänse bleiben hier, um auszuruhen, denn auf der riesigen Wasserfläche stört sie beim Einfall und des Nachts nichts, und es macht ihnen nur sehr wenig aus, wenn sie draußen auf den Feldern beschossen werden. Meistens jedoch bejagt man sie am Ufer des Sees beim Abend- und Morgenstrich, was aber fast aussichtslos ist, denn die Gänse wissen genau, dass sie dort beschossen werden, und steigen stets weit über Schussdistanz hoch, es sei denn, dass sie ein sehr starker Gegenwind oder dichter Nebel niederdrückt. Nur dann haben die „Uferjäger" eine Chance.

Deswegen wurden meines Wissens auch am Plattensee niemals so große Strecken gemacht wie beispielsweise in der Hortobágy, an den Fischteichen von Biharugra und am Neusiedlersee.

Die Gänsejagd am Balaton ist auch sehr schön, wenn man die Möglichkeit hat, weiter draußen in den Feldern auf sie zu passen. In der Nähe der Südwestecke des Sees konnte ich öfters zum Morgenstrich in die Felder gehen, einige Kilometer vom See entfernt, wo die Gänse auf Maisstoppeln oder auf grünen Saaten ästen.

Meistens kamen sie erst bei vollem Schusslicht an; man musste also in Baumreihen oder in Gräben gute Deckung finden. Freilich strichen sie fast immer hoch, selten nur konnte man ihre Ständer sehen, was bekanntlich ein sicheres Zeichen dafür ist, dass die Gans in Schrotschusshöhe streicht.

Sehr viele Gänse habe ich hier nie auf einem Strich geschossen, weil ich mich einfach nur dem Gefühl nach anzustellen pflegte, in der Hoffnung, dass dort einige Flüge in erreichbarer Höhe über mich streichen werden. Mit Lockgänsen habe ich dort leider nie gejagt, doch glaube ich, dass man mit dieser Methode viel erfolgreicher und vor allem reizvoller jagen könnte, wenn der Jäger vor seinem Versteck lebende oder künstliche Lockgänse anbindet bzw. aufstellt. Oft streichen die Gänse da den ganzen Tag, besonders bei steifem Wind, wenn ihnen „die Kehle austrocknet" und sie auch tagsüber öfters das Wasser aufsuchen. Überdies habe ich die Beobachtung gemacht, dass sie bestimmte Äsungsplätze bevorzugen. Mit dieser Methode könnte man hier gute Strecke machen, weil es viel leichter ist, die über den Lockvögeln kreisenden Gänse zu schießen als die in Keilformation ziehenden. Denn diese fliegen meistens nicht nur vorwärts, in die Richtung, in welche ihr Hals zeigt, sondern auch seitwärts, besonders wenn sie vom Seitenwind geschoben werden.

Die Jagd mit Lockgänsen ist meines Erachtens nicht bloß die schönste und aufregendste, sondern auch die ergiebigste. Denn sie wird bei Tageslicht ausgeübt, man sieht ständig die rufenden Gänse von weitem heranstreichen, dann ziehen sie einen Kreis über den Locken. Der Jäger duckt sich, damit er in seiner Deckung ungesehen bleibt, und beobachtet nur aus den Augenwinkeln, verfolgt mit seinem Gehör den Kurs der Gänse, und wenn sie dann mit gut hörbarem Schwingensausen in Schussentfernung sind, erhebt er sich plötzlich. Endlich sind sie schussgerecht, die vorsichtigen, scharfäugigen Gänse!

An einem Morgen, als der steife Südwind sie in Bodennähe drückte, konnte ich beim Strich elf Gänse schießen. Ein andermal acht Stück an einem Vormittag, als es mir gelang, zwischen zwei weit voneinander äsenden großen Flügen Deckung zu nehmen und die manchmal niedrig von einem zum anderen hinüberstreichenden Gänse zu zehnten.

Hier am Balaton schoss ich nicht mehr mit der Kugel auf die äsenden Gänse, denn es ist doch viel schöner, die hoch oben im Blau des Himmels streichende Gans mit gut vorgehaltener Flinte zu treffen ...

Zuletzt, sozusagen als Schlußakkord, will ich noch von der Pußta Hortobágy erzählen, der allerbesten der damaligen Gänsejagden. Damals war die Hortobágy für einen in Westungarn wohnenden Jäger schwer zu erreichen. Wir lasen und hörten sehnsüchtig Berichte über die riesigen Scharen der dort rastenden Gänse und über die sagenhaften Strecken.

Ich kann es meinem guten Los verdanken, dass ich noch den märchenhaften, schier unglaublichen Gänsereichtum der alten Hortobágy kennenlernen und die völlige Besonderheit der Gänsejagd in der Pußta erleben durfte.

Auch dies war dem Zusammenspiel glücklicher Umstände zu verdanken, wie so vieles im Leben. Bei irgendeiner Hasenjagd in der Großen Tiefebene lernten wir Jagdkumpane aus der Gegend der Hortobágy kennen, die sehr erfahren in der Organisation von Gänsejagden waren; sie luden uns sogleich für den nächsten Herbst ein und bereiteten auch alles trefflich vor.

Eigentlich war es eine Leichtigkeit, damals in die Hortabägy zur Jagd zu gehen. Fast die ganze Grassteppe von etwa 30000 Hektar gehörte der Stadt Debrecen, und jeder konnte bei dem Fremdenverkehrsamt für fünfzig Pengö eine Jagdkarte für die ganze Jagdzeit erwerben. Damit bekam er das Recht, auf der Grassteppe und allen „wilden Wassern" der Hortobágy mit Ausnahme einer Schutzzone von 200 Metern um den Komplex der „großen Fischteiche" auf Wasserwild zu jagen. Das erlegte Wild gehörte dem Schützen. Eine geschossene Gans brachte fünf Pengö beim Wildhändler ein; aus dem Gegenwert von zehn Gänsen war die Jagderlaubnis bezahlt.

Die Schwierigkeiten lagen jedoch anderswo. Außer der Jagdkarte brauchte man noch Unterkunft, Gruben, die von den Einheimischen, die den Gänsestrich ständig beobachteten, vor der Jagd gegraben wurden, ein Gespann, welches den Jäger in der Finsternis lange vor Tagesgrauen mit seinen Patronen und anderen Siebensachen zur Grube und mittags mitsamt den geschossenen Gänsen zurück brachte. Schließlich brauchte man einen Einheimischen, der mit dem bewundernswerten Instinkt des Pußtamenschen in der Dunkelheit der endlosen Weite oder im Nebel genau den Ort der Grube zu finden imstande war.

All dies konnte der Jäger in der berühmten Hortobágy-Csárda inmitten der Pußta am gleichnamigen Fluss erhalten. Selbstverständlich auch Pußtaromantik mit Zigeunermusik. Freilich geschäftsmäßig für eine schöne Stange Geld, denn auch damals kamen schon ausländische Jäger; das Gänsejagen von der „Csárda" aus war sehr „fashionable" geworden und so auch nichts für junge Jäger mit einer mageren Brieftasche.

Unsere Freunde jedoch, einheimische, routinierte Gänsejäger, kannten andere Möglichkeiten der Gänsejagd.

Es stand am nordwestlichen Rande der gewaltigen Grassteppe einsam in der unendlichen Weite eine jahrhundertealte, schilfbedeckte Csárda. Ihr damaliger Besitzer Józsi Czinege hatte wohl eine Erlaubnis zum Ausschank, und abends kamen auch einige Pußtabewohner, Rinder- oder Pferdehirten, um ein Glas Wein oder einen hausgebrannten Schnaps zu trinken, doch genügte dies nicht zum Leben. Auch die paar Morgen schweren, alkalischen Bodens nicht, die zum Haus gehörten. Zur Ergänzung seiner Einkünfte war Jószi in der Gänsesaison „Grubengräber", eine Spezialität der alten Hortobágy.

Der „Grubengräber" kannte die Pußta wie seine eigene Tasche, er kannte Luftwege und Wechsel des Wasserwildes und freilich auch die Witterungsverhältnisse, denn beides hängt eng zusammen. Im Herbst und im Frühjahr beobachtete er ständig den Strich der Gänse und ihre Luftwechsel. Wo man sie brauchte, grub er dann Gruben, freilich nicht bloß eine, sondern mehrere, verstreut in der schier endlosen Pußta. Jeder Grubengräber brachte nur seine eigenen Gäste in seine Gruben, mit eigenem Pferd und Wagen, die zu dieser Zeit in der Landwirtschaft sowieso unbeschäftigt waren, und er verdiente auch gutes Fuhrgeld. Doch war er auch verantwortlich dafür, dass bis zum Frühjahr, wenn das Vieh in die Pußta hinausgetrieben wurde, die Gruben zugeschüttet waren, damit das Vieh nicht die Läufe darin brach.

Beim Eigentumsrecht der Gruben bestand eine harte Ordnung. Mir ist es passiert, dass wir eines Morgens etwas verspätet zur Grube kamen, in der schon ein fremder Jäger mit seinem „Vizsla" (ungarische Vorstehhundrasse) saß. Er war ein Jäger aus dieser Gegend, schoss auch sauber, denn ich konnte zwei seiner Dubletten sehen, als wir im Heranfahren waren. Er wusste natürlich, dass dies Józsis Grube war und ich sein Gast. Wir stellten uns gegenseitig vor, und dann kramte er seine Klamotten zusammen und zog mit Hund und Gänsen in der Pußta los, ohne ein Wort der Empörung verlauten zu lassen. Für den Tag hatte er schon ausgespielt, jedoch hatte ich das Recht auf die Grube. Die Macht des Gewohnheitsrechtes!

Bei unserem ersten Besuch im Herbst 1943 kamen alle Gänse der Hortobágy zu den Fischteichen, weil andere Gewässer ausgetrocknet waren, und man konnte sie nur aus den ringsherum in angemessener Entfernung von den Dämmen ausgehobenen Gruben bejagen. So konnten wir auch nicht in der zu weit entfernten alten Csárda wohnen, sondern mussten mit einer Notunterkunft vorlieb nehmen, die nur eine Stunde Wagenfahrt von unseren Gruben entfemt war.

An diesem ersten Ausflug schossen wir nur wenig Gänse. Es waren wundervolle Oktobertage mit klarer Luft, strahlendem Sonnenschein, und im windstillen Wetter strichen die Gänse nur allzu hoch.

Wir waren jedoch nicht traurig, dass wir keine große Beute machen konnten. Denn alle Gänse der Hortobágy – es müssen Millionen gewesen sein – zogen allabendlich in endlosen Ketten zu den Teichen. Morgens erhob sich aber mit ohrenbetäubendem Rauschen und Geschnatter eine Welle von Gänsen nach der anderen vom Wasser, und sie zogen in allen Richtungen auf die Steppe hinaus.

Eine wundervolle, nie gesehene Naturerscheinung, die man sich überhaupt nicht vorstellen kann!

Im Frühjahr des nächsten, schicksalsschweren Jahres 1944 konnten wir noch einen zweiten Ausflug in die Hortobágy machen. Der Lenz kam spät in diesem Jahr, der März war ausgesprochen kalt und sehr windig, der Vogelzug ebenfalls deutlich verspätet. Mitte März bedeckten ungezählte Schwärme von rufenden Gänsen, die weiten Grasflächen und Gewässer der Hortobágy. „Die Gänse ziehen wie der Rauch!" sagte Józsi Czinege, als die riesigen Schwärme sich am Horizont erhoben. In diesen wirren Zeiten gab es wenige Jäger in der Hortobágy. Wir sind dort steckengeblieben, denn eine Woche lang gab es überhaupt keinen Zugverkehr. Was konnten wir Besseres tun, als auf Gänse zu jagen? Patronennachschub kam von den lieben Freunden in Tiszafüred, solange der Vorrat noch reichte.

Diesmal wohnten wir in der alten Csárda, denn es gab nach der Schneeschmelze überall Gewässer, und wir konnten auch in ihrer Nachbarschaft gut jagen. Wir wohnten im großen Schankraum, in dessen Ecke ein riesiger Backofen Wärme spendete und schliefen auf den Eichenbänken, die sich an der Wand entlangzogen. Die ganze Einrichtung des Raumes hatte sich seit mindestens hundert Jahren bestimmt nicht geändert. Es war ein Holzgitter vor der Schenke, und vor den Bänken standen schwere Eichenholztische mit Kreuzbeinen.

Stunden vor Tagesanbruch fuhren wir mit dem Pferdefuhrwerk los, und meistens war Mittag schon gut vorüber, wenn wir heimkamen. Der Wagen war mehr oder weniger mit Gänsen vollbeladen. Je nachdem der Strich gut oder schlecht gewesen war, wie die Witterung passte, und ob wir an den richtigen Stellen saßen.

Nachmittags kamen dann einige Hirten und andere Pußtamenschen auf einen Umtrunk. Wir saßen unter der Petroleumlampe und sangen mit Zitherbegleitung; die Klänge alter Weisen drangen durch die blinzelnden Augen der kleinen Fenster hinaus in das Dunkel der Nacht.

Nicht nur die Millionen der Wildgänse, sondern auch der besondere Zauber des Lebens und der Menschen in der Pußta haben in meine Seele unauslöschbare Spuren geschrieben ...

Es vergingen zehn, zwölf Jahre, bis ich wieder in die Hortobágy kam. In den darauffolgenden Jahren habe ich sie noch viele Male besucht. Es war nämlich eine meiner Aufgaben zu versuchen, dort jagdliche Ordnung zu schaffen und die vorhandenen Jagdmöglichkeiten zu organisieren. Ich habe wenig Erfolg gehabt! Es gab damals zu viele Jäger und schon sehr wenige Gänse.

Denn es hatte sich inzwischen allzu vieles in der Urlandschaft der Hortobágy geändert; am meisten das Bild der Pußta und der Lebensraum der Zugvögel. Die „wilden Wasser" wurden reguliert, indem die größeren Senken in Fischteiche umgewandelt wurden, die Grasflächen mit alkalischen Böden wurden umgepflügt, um aus ihnen wenig fruchtbare Ackerflächen, und zum Teil Reisfelder zu machen. Wo die Steppe noch erhalten blieb, wurden kreuz und quer Kanäle und Gräben gestochen, Leitungen gebaut, anstelle der Schilfhütten des Hirtenvolkes traten häßliche Vorwerke aus Beton.

Den Enten blieben noch ihre Wasserflächen auf den Fischteichen erhalten; doch die Lieblingsplätze der Gänse waren vernichtet. Die Steppe mit ihren Weideflächen und seichten Gewässern war zum größten Teil verschwunden, und die neuen Fischteiche waren als Übernachtungsplätze nicht großflächig genug. Es blieben ihnen nur ihre einstmaligen Zufluchtsstätten, die „großen Fischteiche", übrig.

Die Gänse hatten jedoch auch hier keine Ruhe mehr. Draußen auf den Resten der Grasflächen lohnte es sich nicht mehr zu jagen, auch war es zu umständlich geworden, die Gruben auszuheben, vor Morgengrauen lange Strecken mit dem Pferdefuhrwerk zu fahren, einen halben Tag lang in der Grube zu sitzen, wenn die Gänse konzentriert an den Fischteichen zu bejagen waren. Die Jäger gingen lieber zum abendlichen Einfall und morgendlichen Strich, wenn die Gänse zur Äsung zogen.

Dahin konnte man bequem mit dem Auto hinausfahren und zwischen den Teichen dann mit der Pferdebahn; man brauchte nur einige Schritte bis zum Stand zu gehen. In der Deckung des Schilfes stehend konnte man leicht die Gänse und Enten beschießen, wenn ein Flug oder Schof ausnahmsweise in Schusshöhe strich. Denn sie wussten stets sehr schnell Bescheid und erhoben sich unerreichbar hoch in den Himmel, bevor sie über die Dämme kamen.

Vorerst gelang es mir nicht, diese Jagdmethode abzuschaffen. Der Andrang war zu groß, und ich traf nicht auf das nötige Verständnis. Die Gänse hatten sozusagen nie Ruhe, sie wurden ringsherum, zwischen und auf den Teichen fast ständig beschossen, Sowohl von inländischen als auch später von ausländischen Jägern, die alle an der berühmten Gänsejagd in der Hortobágy teilnehmen wollten. Wenn es noch erfahrene Gänsejäger gewesen wären! Doch die allermeisten beschossen das Wild bis zum hohen Himmel hinauf und verschossen Hunderte von Patronen. Freilich tat dies den

Gänsen kaum Abbruch, doch das Geballer störte sie ungemein und zwang sie, in anderen Gegenden Zuflucht zu suchen.

Wenn ich mich richtig erinnere, war es im Jahre 1957, als ein deutscher Jagdgast an einem Abendeinfall die beste Nachkriegsstrecke, nämlich 33 Stück, erzielte. Er war aber auch ein hervorragender Schrotschütze. Vor dem Kriege waren solche Strecken bei der Grubenjagd kaum erwähnenswert gewesen.

In den folgenden Jahren wuchs die Zahl der Jäger noch an, die der Gänse nahm jedoch ständig ab. Zu guter Letzt hörte die Schießerei ganz von allein auf, weil es kaum mehr Gänse gab! Seit langem bin ich selber nicht mehr dort gewesen, doch wie ich hörte, gab es vor einigen Jahren kaum mehr Gänse.

Wie kann die Zahl der Gänse so abgenommen haben? Sicher ist, dass sie durch die häufige Störung an ihren Übernachtungsplätzen vergrämt wurden. Dort wohnende Jäger und Ornithologen, die etwas von Gänsen verstehen und in den letzten Jahrzehnten die Möglichkeit hatten, den Gänsezug von Jahr zu Jahr zu beobachten, sagten mir, dass es unter den Großen Bläßgänsen kaum Jungvögel gibt. Dies ist auch bei hoch streichenden Gänseflügen bei guter Sicht leicht festzustellen, denn die Altvögel haben sehr auffallende dunkle Brust- und Bauchstreifen, während die Unterseite der Jungvögel hell ist. Man sagt, dass infolge irgendwelcher Naturkatastrophen im Brutgebiet der Nachwuchs zugrunde gehen soll.

Ich habe jedoch auch aus ornithologischen Berichten erfahren, dass in der Ukrainischen Ebene riesige Fischteichsysteme erbaut worden sind. Der Wanderweg der Gänse hat sich dadurch geändert; sie machen eher dort Station als in der wenig gastfreundlichen Pußta Hortobágy.

Zu untermauern scheint dies auch die ornithologische Meldung, dass sich auf der Wandervogel-Zugstraße der westeuropäischen Meeresküste die Zahl der Großen Bläßgänse auffallend erhöht hätte.

Ob es uns gelingen wird, die Pußta Hortobágy für die wandernden Wasservögel zurückzuerobern, darauf erhalten wir in Kürze Antwort.

Vor einigen Jahren wurde nämlich die Hortobágy in der letzten Minute zum Nationalpark erklärt. Die riesige Fläche mit ihren Fischteichen, den wenigen noch übriggebliebenen unberührten Grassteppen und Wildwassertümpeln, der letzten Herde des grauen ungarischen Viehs mit den gewaltigen Hörnern und den zottigen Schafen mit gewundenen Hörnern; mit den vor der Peitsche des „Csikós" über die Pußta galoppierenden Pferdeherden und den letzten Überbleibseln der alten, ungefälschten Pußtaromantik. Man will dies alles wieder beleben und möglichst viel wiederherstellen, was unbeachtet und unbedacht zerstört wurde.

Das Knallen der Flinten dort hat aufgehört, die durchziehenden Gänseschwärme haben ihre notwendige Ruhe. In der Nähe wurde an der Theiß ein gewaltiger Stausee gebaut, wo die Gänsescharen auch werden übernachten können. Es ist zu hoffen, dass die Wanderer der Himmelsstraßen zu ihren jahrhundertealten Ruheplätzen zurückkehren werden, wenn sie dort Ruhe und Sicherheit erwarten.

Das Ende der Fährte

Wie die Fährte des Wildes, so windet sich der Wandel und Wechsel des Menschenlebens dahin, im Zickzack, in ständigern Auf und Ab. Jeder deiner Schritte hinterläßt eine Spur auf deinem Lebenswechsel, die Spuren verbinden sich wie die Glieder einer Kette, und die Kette läuft und läuft, wird immerfort länger, von Tag zu Tag, von Jahr zu Jahr, von der Kindheit zur Jugend, über die vielen Freuden und Sorgen des Lebens hinweg, bis sie einmal plötzlich reißt und bei deinem letzten Schritt vom Tode jäh abgeschnitten wird.

In einer stillen Winternacht fing es sachte zu schneien an, und der Neuschnee breitete ein weißes Tuch über das schier endlose Moorland. Nach kaum einer Stunde hörte der Schneefall auf. Als ich bei der ersten Dämmerung aus der Jagdhütte trat, empfing mich ein Bild wie aus einem Märchen. Die Zweige, Sträucher, Schilfhalme trugen alle eine dicke weiße Haube, und es gab keine andere Farbe im Moor als weiß und schwarz.

Am Rande einer kleinen Dickung stand die gewaltige Fährte einer einzelnen Sau, so stark, wie ich sie während des Pirschens durch viele Reviere bis zu den Ostkarpaten nie in Anblick bekommen habe. So breit wie die eines starken Hirsches, die Länge des Schrittes für eine Sau nahezu unglaublich!

Diesen Keiler, den Urgroßvater der Sauen des Moor- und Bruchgebietes, der vielleicht als erster seiner Sippe hier vor Jahren einwechselte, um ein neues Einstandsgebiet zu erobern und seinen zahlreichen Nachkommen neue Heimatreviere zu gründen, hatte ich schon einmal in Anblick bekommen und als ein unwirkliches Phantom mit Ehrfurcht bewundert.

Fast taghell hatte der Vollmond damals in einer Julinacht den blonden, reifen Weizenschlag am Waldrand beleuchtet, in welchem eine einzelne Sau stand, die so stark war, dass ich kaum meinen

Augen traute. Im wallenden Bodennebel der windstillen, lauen Sommernacht konnte ich auch die Gestalten zweier Rottiere in ihrer Nähe ausmachen, die sich ebenfalls am leckeren, milchigreifen Weizen gütlich taten. Die dunkle Gestalt der Sau war so lang wie das vom Mondlicht hell beschienene Kahlwild, vielleicht eine Spanne niedriger, aber zu weit für eine sichere, saubere Kugel.

Und jetzt führt die riesige Fährte des unwahrscheinlich starken Keilers in die kleine Dickung! Aber wahrscheinlich steckt er nicht hier, denn dahinter breitet sich weit ausgedehnt das große Bruch des „Brandwaldes" aus, einer der besten, ungestörtesten Einstände, der für Menschen nur jetzt bei Frost zu begehen ist. Aber wer würde denn in dieser menschenleeren Gegend etwas zu suchen haben?

Es wäre unnütz, diese Dickung zum Abfährten zu umschlagen. Ich bin allein, könnte die Sau ja nicht drücken lassen, ich muss ihr selber auf die Schwarte rücken!

Mit schussfertiger Büchse folgte ich der Fährte in die Dickung. Obwohl das Halten der Fährte ein Kinderspiel ist, sind doch fast alle Chancen auf der Seite des Wildes.

In dem mit Salweidensträuchern dicht bewachsenen Schilf ist es unmöglich, leise vorwärts zu kommen; bei dem windstillen Wetter vernimmt das Wild das Geräusch schon von weitem. Die Sicht ist in der schneebehangenen Dickung auf wenige Schritte beschränkt. Nichtsdestoweniger versuche ich das höchst spannende Ausgehen der Fährte.

Kaum winde ich mich einige Minuten durch die Dickung, sehe ich einen dunklen Fleck vor mir im Wirrwarr des Gestrüpps! Doch nicht der Keiler im Kessel? Nein, das wäre ein viel zu leichter Erfolg, ein unverdientes Waidmannsheil! Es ist der noch dampfende warme Kessel des Keilers, der, als er mein Brechen vernahm, rechtzeitig und lautlos sein Lager verließ. Freilich ist er ein alter, durch viele Gefahren und Erfahrungen gewitzter Schlaumeier, der sich nicht durch die vielmals bewährte Praktik übertölpeln läßt, dass der auf der Fährte folgende Jäger langsamen, gezogenen Schrittes das Knacken des ziehenden, anwechselnden Wildes nachahmt.

Ich hatte guten Wind, ein Zufall, da man sich ja beim Ausgehen der Fährte nur nach dieser und nicht nach dem Wind richten kann. Doch hatte ich den Fehler begangen, der Fährte morgens zu zeitig zu folgen. Es wäre klüger gewesen, in der warmen Hütte ausgiebig zu frühstücken, mich in aller Ruhe mit Tee zu stärken und etwa um zehn Uhr vormittags mit dem Ausgehen zu beginnen. Bekanntlich haben Sauen am späten Vormittag ihren tiefsten Schlaf, wobei sie leichter im Kessel überrascht werden können. Doch ich hatte mit einer längeren Verfolgung gerechnet und nicht damit, dass sich der alte Keiler in dieser kleinen Dickung außerhalb der beliebten Einstände einschob, wo sonst Sauen selten liegen.

Ich hänge der Fährte nach in der Hoffnung, dass es mir gelingt, den Keiler irgendwo zu erreichen und in Anblick zu bekommen. Er konnte ja nicht viel Verdacht geschöpft haben, ich habe auch weiterhin guten Wind, er zieht auch nur, so konnte es wohl möglich sein, dass er sich in der Nähe wieder einschiebt. Doch zu meiner Überraschung nimmt der Keiler nicht den gut belaufenen Wechsel an, der vom Felde her in die große Dickung des „Brandwaldes" führt, sondern überfällt einen Wassergraben und zieht in Richtung einer kleinen Dickung ganz in der Nähe der Jagdhütte. Drinnen zieht er hin und her, er kann keine hundert Gänge vor mir sein, aber ich kann weder das kleinste Geräusch hören noch ein Haar sehen. Jetzt erreicht die Fährte fast den Dickungsrand, biegt dann scharf rechts ab und führt wieder im Bogen in die Dickung hinein. Dann stoße ich auf die Stelle, wo der Keiler seine frühere Fährte und meine Spur kreuzt. Wenn ich bis jetzt daran gezweifelt hatte, so bin ich nun sicher, dass er sich darüber im klaren ist, von einem Menschen verfolgt zu werden.

Nun weiß ich selber auch schon: er wird mir nicht leicht zur Beute, wenn ich ihn überhaupt erblicken kann. Könnte ich ihn doch bloß in Anblick bekommen!

Dann aber zieht er wieder in Richtung des „Brandwaldes", überquert erneut den Wassergraben und wechselt in dieselbe Dickung zurück, in der er im Kessel war. Wenn jetzt nur einer vorne am Wechsel stünde, der fast schon ein Zwangswechsel ist, weil die beiden Dickungen sich fast berühren. Die Sauen ziehen immer hier in Deckung durch und nicht über die breite Wiesenschlenke auf beiden Seiten.

Doch wäre der Jäger erfolglos an diesem gewohnten Wechsel gestanden! Der alte Keiler war vorsichtiger als der schlaueste Fuchs. Er schlug die Richtung ein, wo zwischen den Dickungen die Wiese etwa steinwurfbreit war. Dort verhoffte er, bevor er die Deckung verließ, trat hin und her, schöpfte Wind, spekulierte lange. All dies war aus dem Fährtenbild deutlich zu erkennen. Dann stahl er sich am Rande der Dickung gut 100 Schritt weiter, und wo die Wiese sich auf etwa 10 Schritt verengt, wo aber sonst Sauen fast nie durchwechseln, ging er hinüber. Nein, er ging nicht, er flog! In drei großen Fluchten hatte er die Wiese überquert, dann fiel er sogleich wieder in Schritt und wechselte in den „Brandwald" ein.

Ich aber folgte ihm unverzagt, obwohl ich schon an die zwei Stunden der Fährte nachgegangen war und vom Naßschnee keinen trockenen Faden mehr am Leibe hatte.

In den Dickungen des „Brandwaldes" konnte ich nur wenig Hoffnung auf Erfolg haben, weil im feuchten Bruch anstelle des ausgebrannten einstigen Hochwaldes jetzt größtenteils schon dichter Erlen-, Birken- und Salweidenjungwuchs stand. Mein Ziel war vielmehr den Keiler zu veranlassen, in die jenseits liegenden Schilf- und Salweidenpartien mit eingestreuten Wiesenflecken auszuwechseln, wo man stellenweise weitere Sicht hatte. Auch das war nicht leicht. Der Keiler zog ständig vor mir her, in weitausholenden großen Bögen, schlug zwischendurch Haken auf Haken, aber lange Zeit verhoffte er nicht mal, geschweige denn, dass er sich eingeschoben hätte. Er kreuzte dabei auch seine eigene und meine Spur des öfteren und trachtete ständig, unter meinen Wind zu kommen. Ich aber hing immerfort der Fährte nach, sie war von anderen Sau- und Rotwildfährten spielend leicht zu unterscheiden. Ich schob mich oft auf allen vieren oder bäuchlings durch schneebehangenes Buschwerk, turnte über morsche, verbrannte Stämme und die Wurzeln der vom Torfbrand gestürzten Bäume, schwitzend, atemlos, schon fast ohne Hoffnung, da ich ja nicht einmal ein Geräusch des Keilers hatte vernehmen können. Seine Fährte führte mich auch zu einem eingegangenen, von den Sauen stark angeschnittenen Stück Kahlwild. Freilich war er auch hier ohne zu verhoffen vorbei gezogen.

In einer kleineren, dichten Dickungspartie zog er hin und her, und ich folgte der Fährte mit schärfer angespannten Sinnen, da dies die Sau dann tut, wenn sie sich anschickt, ins Lager zu, gehen. Zum Schluß kam ich zu einem dicken, morschen gestürzten Baumstamm, wo der Keiler endlich einen Kessel angenommen hatte. Aber wie? Nicht so, wie ich es erwartet hätte, neben dem Stamm, sondern zwischen den beiden Seiten des inwendig morschen Baumes. Er hatte hier wie in einem Trog gelegen.

Ich wäre wohl äußerst überrascht gewesen, wenn der Keiler aus dem Baumstamm vor mir flüchtig geworden wäre; doch kam es freilich nicht dazu. Er hatte sich wieder viel zu zeitig aus dem Staube gemacht.

Ich hatte aber so viel erreicht, dass er der langwährenden Verfolgung überdrüssig wurde, die Dickung des „Brandwaldes" endlich verließ und auf die jenseitige, mit Schilf und Salweiden bestandene Fläche auswechselte. Hier zog er ebenfalls von Dickung zu Dickung weiter, doch hatte ich schon mehr Hoffnung, ihn in einer der Lücken erblicken zu können, und hing der Fährte durch Dick und Dünn weiter nach. Manchmal schwanden schon meine Kräfte, und ich war drauf und dran, die aussichtslos scheinende Verfolgung aufzugeben. Doch war die Mittagszeit kaum vorüber, und ich beschloß, der Fährte bis zum Schwinden des Büchsenlichtes zu folgen.

Den Keiler zur Strecke zu bringen hatte ich kaum mehr Hoffnung, doch wollte ich zumindest sehen, mit welchen Finessen er mir zu entweichen trachtete.

Kaum war ich einige hundert Gänge weitergekommen, als ich zu meiner Überraschung wieder auf einen noch warmen Kessel stieß. Er hatte sich in einem Gestrüpp eingeschoben, wo keine fünf Schritt Sicht waren. Natürlich hatte er sich kein Lager aus abgerissenen Zweigen und Stengeln der Goldrute gerichtet, wie Sauen es bei Schnee mit Vorliebe tun und wie der Keiler heute morgen es auch getan hatte, sondern hatte bloß eine seiner Körperlänge entsprechende Furche mit dem starken Gebräch aufgeworfen und sich da hineingelegt, selbstredend mit dem Haupt in Richtung des Verfolgers. Im Laufe der Verfolgung hatte er immer wieder jede sich bietende Deckung benützt, zog ständig durch die dichtesten Dickungen: er schien genau zu wissen, dass er hier in größter Sicherheit war.

Nun hörten aber die Dickungen auf und es kam ein Gelände, wo in weiten Flächen hohen Riedgrases einzelne, kleinere Schilfpartien eingestreut lagen. Meine Hoffnungen wuchsen wieder. Vielleicht könnte ich ihn hier erreichen, weil ich teilweise bis zu zweihundert Gänge weit Sicht hatte. Doch auf diesem Terrain, das weite Sicht und Schussfeld bot, fühlte er sich nicht in Sicherheit und war langen Schrittes in einen Dauertroll gefallen. Hier schlug er schon die Richtung auf eine riesige, gut 100 Hektar große Salweidendickung ein.

Im Laufe von mehr als zwei Stunden, in denen ich hier seiner Fährte nachgegangen war, konnte ich immer wieder feststellen, dass er dauernd im Kreise ging, zwischendurch öfters kehrtmachte, um mehrere hundert Gänge auf seiner eigenen Spur zurückzuziehen und dann von ihr unerwartet im rechten Winkel mit einem großen Satz abzubiegen. Offensichtlich versuchte er, mich mit allen seinen Finessen zu narren und abzuschütteln. Denn er war sich natürlich genau im klaren, dass ich ihm folgte.

Das Folgen der Fährte wurde auch deswegen schwierig, weil es schon später Nachmittag und viel Wild auf den Läufen war, so dass seine Fährte sich vielmals mit denen anderer Sauen und Rotwild vermengte und ich manchmal nur durch öfteres Bogenschlagen seine Fährte wieder ausmachen konnte. Und der nasse Schnee fiel dauernd von den Zweigen in meinen Nacken, was aber schon längst keine Rolle spielte, da ich ja bereits seit Stunden völlig durchnäßt war. Er fiel auch auf meine ständig schussfertig gehaltene Büchse und bedeckte Mündung, Visier und Korn, so dass ich sie fortwährend abwischen und säubern musste.

Die Sonne sank immer tiefer, und die Aussichten, den Keiler auch nur erblicken zu können, wurden immer geringer. Ich konnte nur noch eine Hoffnung haben: dass er, der ständigen Verfolgung überdrüssig, sich wieder irgendwo einschieben würde, um so mehr, als ich wegen des ewigen Rätselns an seiner Fährte nun schon weit zurückgeblieben sein musste. Gut möglich, dass er auch ermüdet war oder sich mit einer neuen List drückte und ich so doch noch an ihn herankommen konnte.

Ich rätselte also weiter an der Fährte, aber – es wurde immer schwieriger. Zum Schluß kam das Fährtengewirr ganz durcheinander, und ich verlor auch die Orientierung inmitten der Dickung. Es war nichts mehr zu machen, ich musste aufgeben. Aufs Geradewohl schlug ich eine Richtung ein und hielt sie so lange, bis ich schließlich an den Rand der Dickung kam. Da hatte ich nun wieder weite Sicht in der eintönigen, endlosen Bruchlandschaft und konnte feststellen, dass ich mich am westlichen Rand der großen Dickung befand. Die Jagdhütte lag aber in der entgegengesetzten

Halber Wind

Richtung; ich musste also auf dem Heimweg die Dickung im großen Bogen weit ausholend umgehen.

Obwohl ich ziemlich am Ende meiner Kräfte war, und auch der kurze Wintertag zur Neige ging, entschloß ich mich zu einem letzten Versuch, um so mehr, als ich damit auch den langen Heimwechsel abkürzen konnte. So kroch ich denn ziemlich verzagt und entmutigt wieder in die Dickung.

Als Lohn meiner Ausdauer erlebte ich eine freudige Überraschung. Ich kam unerwartet wieder auf die nagelfrische Fährte des Keilers! Mit einem neuen, letzten Schimmer der Hoffnung nahm ich sie nochmals auf.

Ich winde mich gerade durch das Ästegewirr einer besonders dichten Stelle, als – heiliger Himmel! – kaum zehn Schritt vor mir hinter einem niedergebogenen Busch eine riesige schwarze Masse flüchtig wird. Eine Sau, so groß wie ein Esel, die im Gestäube des von den Zweigen herabfallenden Schnees breitseits neben mir zurückstürmt. Im Anschlagen klemmt sich die Büchse zwischen Zweigen fest. Ich kann sie irgendwie freimachen, es soll doch wenigstens knallen! Mit einem Ruck ist der Kolben an der Schulter, und, mein Gott, die Laufschiene ist voller Schnee! Ich kann die Sau kaum sehen, Visier und Korn schon überhaupt nicht. Den Schuss werfe ich gefühlsmäßig hin, eine gewaltige Schneewolke kommt herab, überall um mich stäubt der Schnee. Ich springe beiseite, um mehr sehen zu können, die Sau flüchtet nicht weiter. Auf derselben Stelle stößt sie den Schnee von den Zweigen – sie liegt, es kann ja nicht wahr sein!

Als ich ihr gegenüberstehe, ist sie noch nicht verendet, bläst schaumigen Schweiß um sich und wetzt drohend das Gewaff. Ein schneller Fangschuss, ein heraufbrechendes Röcheln, ein Zittern über dern gewaltigen Wildkörper, dann strecken sich die Läufe ... Den Hut in der Hand, fast erschüttert stehe ich vor dem Keiler. Er ist am Ende seiner langen, gewundenen Fährte angekommen.

Unbändige Jagdpassion

Ganz Ungarn war mein Revier

*Gewidmet den vielen lieben Freunden,
mit denen zu jagen ich Lust und Freude hatte*

Inhalt

Ein ganz kurzes Vorwort 275

Láboder Sautreibjagden 277

Drei Hirsche 293

Getriebene Fasanen 307

„Man steht am Bock" 331

Frühjahrsjagd auf Gänse 343

Sauhatz 364

Winterliche Pürschfahrten in Somogy 375

Dubletten 403

Vom Hasen 422

Sauen in der Bruchwildnis 440

Viel Glück – sonst nichts! 461

Ein ganz kurzes Vorwort

Im ersten Kapitel meines ersten Jagdbuches: „Mit heißem Jägerherzen – Ein Leben der Jagd in Ungarn" habe ich schon meinen jagdlichen Lebenslauf geschildert. Er fällt ziemlich aus dem Rahmen, nicht nur aus dem normaler Menschen, sondern sogar aus dem der Jäger. Der Leitstern meines Lebens ist stets die Jagd gewesen; ich habe dies jedoch nie bereut!

Die unbändige Passion trieb mich seinerzeit nach Kriegsende zum kargen und damals besonders schweren Leben des Berufsjägers in schwierigsten Zeiten, und das war gut so, denn mein Leben war nie Arbeit, sondern eine sich ständig erneuernde und fortsetzende Reihe von größeren und kleineren Jagdfreuden. Freilich war auch manch bitterer Tropfen dabei, der von Zeiten und Umständen geprägt wurde, doch rückblickend ist es eine große Genugtuung, dass zusammen mit einigen Gleichgesinnten es uns gelang, die altehrwürdige jagdliche Tradition in einer vollständig anderen Epoche aufrecht zu erhalten, sogar wieder in ungeahnter Weise aufblühen lassen.

Und es erfüllt mich mit großer Freude, dass auch heute, nach meinem Eintritt in das siebente Jahrzehnt, diese glühende Passion für Wild und Waidwerk immer noch nicht nachgelassen hat! Freilich ändert sich auch der Jäger mit stark zunehmendem Alter: Man wird gesetzt, um nicht zu sagen wählerisch, man schätzt die besonderen jagdlichen Leckerbissen – ich nicht so sehr die Stärke der Trophäe, sondern mehr die Geschehnisse rund um die Jagd. Außerdem macht es große Freude, die Erfahrungen eines langen Jägerlebens niederzuschreiben, Freud und Leid der Jagd.

Zum zunehmenden Alter gesellen sich leider auch körperliche Gebrechen: Doch wenn der Hirsch mit seinem Rudel schreiend einzieht, versuche ich ihm immer noch mit fliegendem Pulse und pfeifendem Atem den Wechsel abzuschneiden. Immer noch treibt sie mich, die unbändige Passion!

Láboder Sautreibjagden

Auch wenn die Sauen oft schwer zu Schaden gehen, wenn sie auch weit und breit, im Sommer und Winter, Tag und Nacht bejagt werden, so wurden sie von den Láboder Jägern doch als begehrenswertes, gehegtes Wild behandelt. Und sie erwiesen sich auch dankbar dafür; sie machten unser Revier neben den starken Hirschen durch die winterlichen Sautreibjagden berühmt.

Ende der fünfziger Jahre, als das Revier in staatliche jagdliche Verwaltung kam, mich mein gutes Los dahin brachte, gab es dort schon große, zusammenhängende Kiefern- und Eichendickungen, mit denen nach dem Kriege brach liegende Ackerflächen und Klein-Weingärten auf schlechten Sandböden aufgeforstet wurden. Als diese Dickungen heranwuchsen, kamen auch die Sauen wieder!

Sie vermehrten sich schlagartig; denn es gab damals wenig Büchsen und keine Jäger, die mit den Sauen Erfahrung gehabt hätten. So wurde ihnen wenig Abbruch getan. Hier fanden sie eine wunderbare neue Heimat, im Sommer in den feuchten, kühlen Erlenniederungen, im Winter hingegen in den bürstendicken Eichen- und Kieferndickungen auf den Sandrücken, in dem undurchdringlichen Brombeergestrüpp, das sich auf den ehemaligen Viehweiden im Walde, die schon lange nicht mehr vom Vieh beweidet waren, ausgebreitet hatte. Das Wild hatte hier wundervolle Einstände, aber auch Äsungsmöglichkeiten. Die Waldungen waren nicht zusammenhängend. Das Wild fand in einer Entfernung von höchstens zwei, drei Kilometern überall Felder, auf denen es sich nachts den Pansen mit Kukuruz und Kartoffeln voll schlagen konnte. Denn es blieb damals im Winter genügend für das Wild auf den Feldern liegen.

Das Schwarzwild war in dieser Waldgegend natürlich Ureinwohner gewesen. Es musste aber im vorigen Jahrhundert nach den großen Waldrodungen weichen und besiedelte diese Gegend dann wieder Anfang der fünfziger Jahre, zur Zeit der großen Ausbreitung der Lebensräume des Schwarzwildes in Ungarn.

Als ich die Jagdleitung der zusammenhängenden Jagdfläche von etwa 50.000 Hektar übernahm, war unsere erste Aufgabe, Ruhe in den Revieren zu schaffen. Die hier sehr spärlichen Wildbestände waren bisher von sehr undisziplinierten Jagdgesellschaften ständig beunruhigt worden. Ich ging aber noch weiter. Wir schossen die Sauen nicht, wo sie uns vors Rohr kamen, weder die Berufsjäger, noch natürlich ich als Chef. Nur, wenn sie irgendwo arg zu Schaden gingen, gab ich den Abschuss eines Frischlings oder Überläufers frei. Wir mussten ja die starken, älteren Stücke hegen. Vor allem die Keiler, um sie noch älter werden zu lassen, damit sie, wenn sie zu einem reifen Bassen herangewachsen waren, einem Jagdgast Freude bereiteten. Die Hege galt auch den Bachen, damit sie uns einen starken, gesunden Nachwuchs brachten.

Das war in den damaligen Zeiten in der entlegenen Ecke eine neuartige, unbegreifliche Einstellung. Man verstand nicht, weshalb ich die Sauen „züchtete". Doch meine Berufsjägerkollegen waren zur Hege erzogen worden. Denen konnte ich es leicht verständlich machen, dass wir alles zum Heranhegen guter Wildbestände tun müssten.

Und wir schnitten nicht schlecht ab!

Nach zwei Jahren der Revierübernahme veranstalteten wir im Januar 1961 die erste Sautreibjagd. Wir hatten es nicht schwer. Das Gros der Sauen hatte damals die Haupteinstände in zwei weit voneinander in verschiedenen Revierteilen hegenden großen Dickungskomplexen von je 4600 Hektar. Diese wurden von breiten Schneisen durchschnitten. Noch nicht durchforstete Pflanzungen von Kiefer, Eiche, Pappel und Erle waren groß genug, um je einen winterlichen Treibjagdtag mit je vier Treiben abzugeben.

Mit einigen Kukuruz-Kirrungen inmitten der Dickungen hatten wir auch noch die Sauen dort festgehalten, obwohl dies wegen der hervorragenden, ungestörten Einstände nicht unbedingt nötig gewesen wäre. An diesen Schütten schossen wir nur in den seltensten

Fällen eine Sau. Die Schütten hatten nur den Zweck, die Sauen noch besser im Einstand zu halten. Wenn sie den Mais täglich annahmen, konnten wir sicher gehen, dass sie neben den Kirrungen auch am Tage der Jagd „daheim" sein würden.

Auf dieser ersten großen Treibjagd schossen wir mit sehr mittelmäßigen Schützen am ersten Jagdtag sieben, am zweiten elf Sauen. Es bewahrheitete sich wieder, dass die Mühe der Jagdleitung umsonst ist, wenn die Schützen schwach sind. Es gibt keine gute Strecke. Aber dennoch versetzten wir die Jäger der Gegend in Staunen: Damals hatte man dort niemals von solcher Strecke gehört!

Freilich hatten wir Wildschaden. Dazu trug auch der sich ständig vermehrende Rotwildbestand bei, doch verursachten die Sauen die Schäden zum größten Teil in den Feldern. Die durch das Rotwild entstehenden Wildschäden sind in diesen ungemein günstigen Lebensräumen immer noch minimal zu nennen. Wir versuchten, das Wild von den Feldern durch Wildäcker im Walde, durch Bewachen der Feldfrüchte fernzuhalten. Dies kann aber nur bis zu einem bestimmten Grad erfolgreich sein. Gänzlich ausschalten kann man Wildschaden nie.

Wir versuchten also den Wildschaden zu vermindern, anstatt den Sauen mit Pulver und Blei zu Leibe zu gehen. Letztere Methode besitzt zwar viel Anziehungskraft, weil man auf die Sauen schießen kann, ist aber wenig erfolgreich. Mit ihr vergrämen wir nur das Wild, vertreiben es aus seinen gewohnten Einständen in immer neuere der weiten Umgebung. Damit erreichen wir unser Ziel nicht; denn es bleiben stets immer noch zu viele übrig, es kommen auch fremde Sauen, die ebenfalls aus ihren gewohnten Einständen vertrieben wurden. Man erreicht mit der ständigen Verfolgung nur, dass die Sauen so unstet, so vergrämt und vagabundierend werden, dass, wenn eine richtige Treibjagd auf sie angesetzt wird, man fast leer ausgeht.

Das Wild dankte uns aber reichlich für diese kleine Sorge und Hege! Im Laufe von vielen Jahren deckten stets die Einnahmen des Jagdbetriebes nur aus dem Sauenabschuss die ganze Summe der zu bezahlenden Wildschäden, auch die Rotwildschäden. Die Einnahmen des Rotwildabschusses waren schon Reinertrag. Und das soll was heißen; denn Ende der sechziger Jahre ging der Wildschaden schon in die Millionen Forint. Und das nur, weil die Rotwildbestände ständig zunahmen und immer neuere Revierteile eroberten, doch nicht das Schwarzwild! Dieses konnten wir in solchem Bestand halten, dass wir im Jahresdurchschnitt im ganzen Revier 150 bis 180 Stück schossen. Sauen waren nur etwa in einem Drittel des Revieres heimisch, der Rest war überwiegend Feld- und Niederwildrevier. Hier duldeten wir sie nicht.

Ich will gerne verraten, nach welchem Rezept wir verfuhren, um das Schwarzwild im gleichen, tragbaren Bestand zu halten. Das Personal schoss, wie ich schon gesagt habe, nur ausnahmsweise Sauen, wenn sie zu Schaden gingen und in den Revierteilen, wo wir sie nicht ansiedeln wollten. Auf Pirsch und Ansitz erlegten unsere Gäste einige Keiler und Überläufer im April nach der Kartoffel- und Kukuruzsaat, im Mai auf den Süßlupinen, im Juli in den Weizenschlägen, auch einige in der Rauschzeit im Herbst bei Mondscheinpirsch und Ansitz. Die so erzielte Strecke machte im Jahresdurchschnitt kaum mehr als 40 bis 50 Stück aus.

Nach der Maisernte im Spätherbst wurden dann Kirrungen in den Haupteinständen angelegt und die Sauen dort vollständig in Ruhe gelassen.

In späteren Jahren waren dann so viele Dickungen aufgewachsen, dass wir fünf Jagdtage benötigten, um die Haupteinstände alle bejagen zu können. Die erste große Treibjagd hielten wir meistens Ende November ab, freilich mit zahlenden ausländischen Jagdgästen. Sonst hätten natürlich „die Einnahmen der Sauen" den Wildschaden nicht gedeckt.

Nach dieser Jagd wurde das Revier einige Wochen lang in Ruhe gelassen, die Schütten freilich weiterhin beschickt, um die Sauen in ihren beliebten Einständen wieder ansässig zu machen. Inzwischen bejagten wir sie in kleineren Dickungen, unsicheren Einständen auf Riegeljagden mit einigen Schützen, Treibern und Hunden. Manchmal machten wir auch gute Strecke, denn wir gingen den Sauen an die Schwarte; oft gingen wir auch leer aus. Alles hatte den Zweck, die Sauen zu veranlassen, die Haupteinstände zu beziehen, um sie dort bis zur nächsten Jagd festzuhalten.

Mitte Januar machten wir die zweite „große", mehrtägige Treibjagd, deren Strecke meistens kaum hinter der der ersten zurückblieb. Die Einnahmen aus den Teilnehmergebühren und aus der Verwertung des Wildbrets ergaben dann eine sehr beträchtliche Summe für den Jagdbetrieb, die Saujagden in Lábod errangen einen weiten Ruf. Vielen Jägern, die daran teilnehmen konnten, sind sie eine einmalige jagdliche Erinnerung geblieben.

In Lábod hatten wir von Anfang an nicht diese herkömmlichen Sautreibjagden organisiert, die leider in unseren Flach- und Hügellandrevieren die Regel sind. Dort werden die Schützen in eine Reihe auf einer Schneise aufgestellt, wie beim Fasanentreiben, höchstens etwas weiter auseinander. Vielleicht postiert man noch ein, zwei Schützen an den Flanken, doch nach hinten, auf den Rückwechsel, kommt schon keiner mehr, meistens deswegen nicht, weil die Jagdleitung die Mühe scheut, die Schützen weiter auseinander zu stellen. Denn dann muss man sie nach den Treiben wieder aufsammeln, was angeblich zu viel Umstände und Schererei verursacht.

Was geschieht in solchen „Fasanentreiben"? Die ganze Gesellschaft der Schützen zieht auf der Schneise neben der Dickung zu ihren Ständen entlang. Meistens geht dies nicht lautlos vor sich, auch wenn der Jagdleiter zur Ruhe ermahnt. Die Sauen, die im Kessel in der Dickung liegen, vernehmen dies natürlich, kennen auch den Rummel, dass es bald auf der Schneise knallen wird, drücken sich im Treiben, lassen die Treiber passieren und verlassen ganz „komod" das Treiben auf dem Rückwechsel!

Falls ein unerfahrener Überläufer doch von den Hunden über die Schneise gesprengt wird, so „fliegt" er über die Schneise, dass kaum ein Lauf den Boden berührt. Es muss schon ein Meisterschütze sein, der ihn trifft!

In Lábod wandten wir andere Methoden an, um die Sauen im Treiben vor die Büchsen zu bringen. Wir trieben bei den großen Jagden mit zehn bis zwölf Schützen niemals einzelne kleinere

Dickungen, sondern fassten größere Waldkomplexe in den jeweiligen Treiben zusammen, in denen verteilt kleinere Dickungen lagen. Auch wenn sich Treiben auf Flächen bis zu zwei Hektar beliefen, konnten wir mindestens drei, normalerweise aber vier Treiben am Tage nehmen.

Erleichtert wurde die Jagd auch dadurch, dass unsere Waldpartien überall kreuz und quer von Schneisen durchzogen wurden. Freilich hatten wir, die Jagdleitung, auch die Aufgabe, diese Schneisen rein zu halten, da die Forstwirtschaft, die leider hier von der Jagd getrennt war, sich nicht darum kümmerte. So konnten wir auf den Schneisen ein, wenn auch nicht allzu breites, Schussfeld schaffen.

Die Wechsel der Sauen kannten wir natürlich auch, je mehr wir sie trieben und nachsuchten, um so besser. Und dies war dann die Hauptgrundlage unserer Weisheit! Wir stellten die Schützen ringsherum ums Treiben an die herausführenden Wechsel, natürlich stets 40 bis 60 Schritte neben sie. Selbstverständlich auch auf die Rückwechsel. Die übrigen Schützen kamen auf Schneisen inmitten der Treiben neben die Hauptwechsel. Wenn es ging, so wurde nur ein einziger Schütze auf ein auch etwa kilometerlanges Gestell postiert, damit er ungehindert vom Nachbar schießen konnte. Kein Unglück, wenn ihm die Sau zu weit kam, den Schützen auf der nächsten Schneise oder auf dem Auswechsel würde sie sicherlich günstiger anlaufen. Wenn zwei Schützen auf das gleiche Gestell kamen, wurden sie möglichst so angestellt, dass zwischen ihnen ein Hügel als Kugelfang lag.

Der größte Vorteil dieser Methode ist, dass die Sauen nicht hochflüchtig über die Schneise wischen, sondern meistens im Troll ankommen und sehr oft am Gestellrand verhoffen. Der Schütze, von Nachbarn nicht gehindert, kann ruhig schießen und meistens trifft er dann auch. Natürlich ist dies noch viel mehr bei denjenigen Schützen der Fall, die an den Seiten der Treiben stehen.

Solche Organisation bedingte jedoch nicht nur genaue Geländekenntnis und das Wissen um die Wechsel, sondern sie musste auch genauestens vorbereitet werden. Wichtig war, dass von dem zu treibenden Revierteil eine möglichst genaue Skizze angefertigt wurde, in die alle Schneisen, Hochsitze, im Gelände auffallende Objekte eingezeichnet wurden. Dann setzte sich Wochen vor der Jagd der „Generalstab" zusammen, um zu besprechen, wie und in welcher Richtung die einzelnen Treiben getrieben werden sollten und wie die Folge sein sollte. Bei der Richtung der Treiben spielte der Verlauf der Wechsel die Hauptrolle. Es ist nämlich eine grundlegende Regel, die man nie vergessen darf, gleich ob es sich um Sau-, Fasan-, Hühner- oder Fuchstreiben handelt: „Das Wild muss in die Richtung getrieben werden, wohin es auch von selber gerne zieht!" Denn nur dann kann ein Treiben erfolgreich sein. Doch konnten wir bei der Planung – Wochen vorher – die Windrichtung natürlich nicht berücksichtigen, auch nicht uns dieser anpassen, indem wir die Richtung des Treibens in letzter Minute geändert hätten. Doch ist dies auch nicht notwendig, falls die Schützen ringsherum an den Wechseln stehen. Höchstens, dass die Schützen an den Wechseln von dem anstellenden Jäger unter Wind platziert werden.

Die Folge der einzelnen Treiben und sogar auch die der einzelnen Jagdtage wurde so bestimmt, dass die größten, zusammenhängenden Dickungen, Einstände, zuletzt genommen wurden. Doch sollte man nicht denken, dass man die Sauen „zusammentreiben" könnte. Denn, wenn sie in ihrem Kessel gestört werden, noch auf sie geschossen wird, so ziehen sie meistens „in die blaue Ferne". Wenn man die größte Dickung zuletzt nimmt, kann man hoffen, dass aus ihr die Sauen nicht vor Beginn des Treibens auswechseln, sogar einige, vielleicht auch angeschweißte, einwechseln.

Nachdem die Planung festgesetzt war, gingen wir zusammen mit dem Oberjäger und dem zuständigen Revierjäger jedes Treiben und einen jeden Stand ab. Neben den schon bekannten Wechseln stellten wir die günstigste Position für jeden Stand genauestens fest und markierten die Stände mit Nummern an angeschalmten Bäumen. Dabei arbeiteten wir mit größter Umsicht und Präzision. Im Falle, dass der Nachbarschütze gefährdet werden konnte, wurden in dieser Richtung die Bäume angeschalmt, um dem Schützen vor

Augen zu halten, wohin er nicht schießen durfte. Die drei Helfer, deren Aufgabe es war, die Schützen an die Stände zu führen, kannten also jeden Stand, ein Irrtum war ausgeschlossen.

Wenn dies alles getan war, kam für mich die „Schwarze Suppe": die Büroarbeit. Die schwierigste war die genaue, auch zeitliche Einteilung, wahrlich eine Generalstabsarbeit. Sorge bereitete auch das Durchführen der Nachsuchen. Selbstverständlich durften die Schützen den Schweißfährten ihrer beschossenen Stücke höchstens nur einige Schritte nachgehen. Das Anschweißen musste dem nächsten Berufsjäger mitgeteilt werden, der den Anschuss verbrach. Wenn es angebracht erschien, so schickte ich einen Berufsjäger mit einem die warme Fährte arbeitenden Vorstehhund noch am gleichen Tag zur Nachsuche. Oder aber es musste am nächsten Tag nachgesucht werden, was immer schwierig wegen der weiten Entfernungen war. Anfangs besaßen wir auch noch keinen brauchbaren Schweißhund. Gelegentlich brachte eine deutsche Jagdgesellschaft, die die „große Saujagd" jährlich mitmachte, bekannte Schweißhundführer mit ihren Hunden aus Deutschland mit. Diese machten dann am nächsten Tag die Nachsuchen. Wir bekamen später Schweißhunde aus guten Zuchten, Führer wurden aus den Berufsjägerlehrlingen ausgebildet.

Am Vorabend der Jagd zog jeder Schütze eine Nummer, die er dann für den ganzen nächsten Jagdtag beibehielt. Da wir meistens mit zahlenden Jagdgästen jagten, konnte ich die Stände der einzelnen Schützen nicht nach meinem Wunsch und der Schießkunst der Jäger bestimmen. Denn es war schlecht, wenn ein langsamer Schütze auf einen Stand mit geringem Schussfeld kam, auf dem man sich sehr beeilen musste. Er gehörte dort nicht hin. Diesem etwas vorzubeugen, verteilte ich die Stände an einzelnen Jagdtagen stets so, dass jeder Schütze bei den verschiedenen Treiben des Jagdtages auf verschieden gearteten Ständen zu stehen kam: so zum Beispiel Nr. 3 im ersten Treiben mitten auf einer schmalen Schneise, und im zweiten und dritten außerhalb dieser auf Fernwechseln.

Meistens jagten wir mit zehn Schützen, jedoch nie mit mehr als zwölf. Hinzu kam das Berufsjägerpersonal mit 35 bis 40 Treibern.

Da die Sauen zur Winterzeit meistens in den dichtesten Kieferndickungen steckten, aus denen sie sehr schwer herauszukriegen waren, spielten bei diesen Treiben die Hunde die Hauptrolle. Wir ließen an diesen Jagdtagen die verschiedensten Vierbeiner antreten: vom „Magyar Vizsla" bis zum Puli, der ungarischen Schäferhundrasse, vom Terrier bis zur „Promenadenmischung", alles Hunde, die an Sauen jagten. Die meisten unserer Berufsjäger führten Bauhunde, hauptsächlich Foxterrier und ihre Mischungen, die alle an Sauen hetzten. Auch einige Vorstehhunde waren dabei, insbesondere der Vizsla „Ali" des alten Hegers Varga, dann auch mein DK „Legény" und zwei Drahthaare „Gabi" und „Pajti". Doch diese beiden Hunde waren zu rabiat und wurden oft geschlagen. Wenn ein „Außenseiter" scharfe Hunde besaß, ein Hirte oder Zigeuner, so wurde er für die Jagdtage mit seinen Hunden engagiert. So hatten wir manchmal zwei Dutzend Hunde dabei, die in den Treiben die Sauen hetzten und sprengten.

Bei der ersten großen Treibjagd besaßen wir noch nicht genügend Hunde und rechneten damit, dass wir die Sauen nicht aus den Kieferndickungen herausbekommen würden. Deswegen wandten wir eine Methode an, die wir „Harmonika-Treiben" nannten.

Das „Harmonika-Treiben" bestand darin, dass die in zwei Partien geteilte Treiberwehr mit den dazugehörigen Hunden von beiden entgegengesetzten Enden des Treibens gleichzeitig antrieb. Ich forderte von ihnen, dass sie während des ganzen Triebes ständig mit den traditionellen „Hopp-hopp"-Rufen der Treiber sich signalisierten, nicht nur um die Treiberlinie möglichst gerade zu halten, was sehr wichtig war, sondern auch, um die Schützen stets wissen zu lassen, wo sich die Treiberlinien befanden. Wenn es viele Sauen im Trieb gab und nicht genügend Schüsse gefallen waren, wurde auf ein Hornsignal das Treiben wiederholt, so dass jede der beiden Treibergruppen den Dickungskomplex zweimal durchging. Diese gut organisierten Jagden mit viel Sauen und starken Keilern erlangten schnell einen guten Ruf.

Im Januar 1962 kam eine Gruppe von zehn belgischen Jägern zur Saujagd. Leider hatten wir damals noch keine starken Sauenbestände im Revier. Doch mit Hilfe der oben beschriebenen Methode betrug die Strecke in drei Jagdtagen 18 Stück. Dies war vielleicht die kleinste Strecke der „Großen Saujagdtage". Später betrug sie in 4 bis 5 Tagen stets um die 50 oder 60 Sauen. Diesmal lagen sieben Keiler dabei, deren Gewaff sich überall zeigen ließ.

Die Gäste waren sehr zufrieden. Sie hatten daheim in den Ardennen genügend Sauen, jedoch viel schwächer. Hier hatten sie es auf starke Sauen abgesehen. Sie bekamen auch, was sie sich gewünscht hatten.

Mit dieser Gruppe belgischer Jäger hätte man eine Spitzenstrecke erzielen können! Denn ich habe nie auch nur annähernd so fabelhafte Kugelschützen gesehen! Freilich besaßen sie eine seltene Übung im Flüchtigschießen; daheim schossen sie alles Schalenwild, auch Rehe, flüchtig in Treiben. Sie führten zu diesem Zweck speziell gebaute Doppelbüchsen. Keine hatte ein Zielfernrohr, nicht einmal eine Montage. Man schoss wie mit Schrot, gefühlsmäßig über Kimme und Korn, einige Büchsen hatten nicht einmal eine Kimme, sondern nur ein grobes Korn! Keine hatte einen Stecher, sondern so weiche Abzüge wie eine feine Flinte. Diese Büchsen zum Flüchtigschießen hatten alle ohne Ausnahme das Kaliber 9,3 x 74 R. Sie führten kein anderes Kaliber und hatten auch Recht damit. Diese Kugel lieferte auch bei schlechteren Schüssen Schweiß, das angeschweißte Wild flüchtete meistens nicht allzu weit.

Später hatten wir einen ständigen deutschen Gast bei den Treibjagden, der eine Doppelbüchse Kaliber 7 x 57 R führte. Er schwor auf sie. Er war ein hervorragender Schütze, aber wir mussten ständig seine Sauen nachsuchen. Wenn er sagte: „Die Sau hat die Kugel!", konnte man Gift darauf nehmen. Doch gab es meistens nirgends Schnitthaare oder Schweiß, die Sau lag selten in der Nähe. Wir verloren viele seiner Sauen, nicht aber die der Belgier.

Nach einem letzten Treiben des Jagdtages mit den Belgiern, es war noch früh am Nachmittag, wurde mir gemeldet, dass in einer kleinen Kieferndickung neben dem Trieb eine offensichtlich angeschweißte Sau stark röchele. Darauf nahm ich schnell einige Schützen und Treiber, die in der Nähe waren, zusammen, stellte zwei Büchsen auf die Schneise nach vorn, eine an die Flanke, während ich mit einem der belgischen Jäger die Schneise nach dem Rückwechsel abstellte. Diese war kaum vier Meter breit, wir standen etwa 150 Schritt voneinander entfernt.

Kurz nachdem angetrieben war, riefen die Treiber „Sau zurück!" Ich machte mich fertig, ging in Halbanschlag, der Nachbar verstand wohl nicht, was gerufen wurde, machte sich aber auch schussbereit. Plötzlich hochflüchtig, ein ganz schwacher Frischling über die Schneise, genau zwischen uns. Ich riss die Büchse hoch und wollte ganz schnell schießen, nur ein Gedankenblitz. Die Sau war erst in der Mitte der Schneise, als mein Nachbar schon schoss und sie wie ein Hase mit Blattschuss roulierte!

Der eine Belgier, der eine Büchse ohne Kimme führte, vollbrachte folgende Spitzenleistung: Der Schütze stand an einem Fernwechsel in einem Eichenaltholz ohne Unterwuchs, weitab von der getriebenen Dickung. Es kam ihm eine einzelne Sau, ein mittlerer, etwa vierjähriger Keiler im „Schweinsgalopp" auf etwa 150 Schritt breit im Hochwald. Er schoss zweimal. Dann zog er blitzschnell zwei Patronen aus seiner links oben an seiner Joppe angebrachten Tasche, die zum Halten von sechs Patronen konstruiert war. Er lud seine Ejektorbüchse und doppelte nochmals auf den flüchtigen Keiler, worauf dieser zusammenbrach. Ich habe dann festgestellt, die Entfernung beim vierten Schuss betrug 180 Schritte und drei von den vier Kugeln saßen in der Kammer des Keilers.

Doch nicht nur die Belgier waren Meister des Flüchtigschießens. Es gab auch einige unter den deutschen Jagdgästen, besonders solche, die noch die Möglichkeit hatten, vor dem Kriege in den Ostgebieten zu jagen, wo auch seinerzeit die Mehrzahl der Sauen und des Kahlwildes auf Drückjagden erlegt wurde.

Einer der allerbesten dieser Schützen der alten Zeit nahm öfters an unseren Jagden teil. Einmal lief ihn eine Rotte in einem Stangenholz an. Er stand auf einer Schneise. Er schoss ein Stück der anlaufenden Rotte im durchforsteten Bestand mit einem Lauf seiner Doppelbüchse. Doch nur mit einer Patrone. Dann hatte er noch

Zeit, den abgeschossenen Lauf zu laden und eine Dublette aus der über das Gestell flüchtenden Rotte herauszuschießen. Er hatte alles genau berechnet. Nur so konnte er drei Stück erlegen. Wenn er nämlich beide Schüsse in den Bestand abgab, so musste er genau dann wieder laden, wenn die Rotte über die Schneise flüchtete und sich für den besten Schuss präsentierte.

Eine andere, besondere Spitzenleistung: Wir stellten einen Schützen auf einen Wechsel etwas weit ab von der getriebenen Dickung in ein sichtiges Akazienholz. Er führte eine Kipplaufbüchse 9,3 x 74 R. Diese elegante, leichte kleine Waffe ist ideal für die Pirsch, doch nicht für die Treibjagd. Und doch streckte er fünf Sauen in diesem einen Treiben. Er hatte ein gutes Schussfeld, einen leichten Stand, die Sauen kamen ihm weitab vom Lärm des Treibens bequem im Troll oder ziehend. Dennoch ist es eine besondere jagdliche Leistung, fünf Sauen in einem Treiben zu strecken.

Die größte persönliche Strecke wurde aber in einem Treiben im Köblöser Revier erzielt. Zwei auf derselben Schneise stehende Schützen erlegten in einem Treiben insgesamt zwölf Sauen!

Dieses Treiben war vor dem Kriege ein Weinberg gewesen, der in den fünfziger Jahren mit Kiefern aufgeforstet wurde, in den sechziger Jahren zu einer großen zusammenhängenden Dickung aufgewachsen war. Sie wurde etwa in der Mitte von einer etwa 10 Meter breiten Schneise geteilt, doch zog sich an der nördlichen Seite noch ein Streifen Akazienhochwald entlang, in den man gute Einsicht hatte. Man hatte also ein breites Schussfeld, die Stände waren nicht schwierig.

Das Los hatte bestimmt, dass zwei recht gute Schützen auf diese breite Schneise mitten im Trieb kamen. Beide führten Doppelbüchsen. Zwischen ihnen ein Sandhügel, sie konnten einander nicht sehen und durften getrost die ganze Schneise beschießen. Die anderen Schützen standen an den Wechseln am Rande des Triebes.

Es wurde von Süden her getrieben. Ich ging mit den Treibern durch. Es gab Sauen genug, die Hunde waren scharf daran und sprengten die Rotten, ringsherum knallte es. Ist das eine Freude für den Jagdleiter!

Der erste Teil des Treibens dauerte fast eine Stunde, bis wir an der breiten Mittelschneise ankamen. Da lagen schon je zwei Sauen an beiden Ständen. Zwei starke Rotten seien in den anderen Teil der Dickung hinübergewechselt. Diese trieben wir dann weiter, so dass die beiden Schützen nunmehr auf dem Rückwechsel standen.

Ich ging weiter mit den Treibern. Sauen wurden in der dichten Dickung vor uns öfters flüchtig, die Hunde hetzten und sprengten sie, viele gingen zurück, es knallte wiederholt auf dem Rückwechsel.

Nach dem Abblasen des Treibens beeilte ich mich hinzukommen. Die Sauen, die nicht auf dem Gestell zusammengebrochen waren, wurden gerade herausgezogen. Es wurde provisorische Strecke an den Ständen gelegt, bei dem älteren Jäger sieben, beim jüngeren fünf Sauen.

Der stärkste Keiler spielte auch noch einen Schabernack mit dem alten Herrn. Sechs Sauen lagen schon um ihn herum, das Treiben ging seinem Ende entgegen, als seine Frau, die hinter ihm stand, ihm die Schnapsflasche reichte. Zur Freude nach diesem Erfolg sollte er einen Zug tun. Das tat er auch. Niemand hatte es bemerkt, nur der starke Basse, der sich der Gefahr nach hinten lautlos entziehen wollte. Der alte Herr warf die Flasche sofort weg und setzte dem Keiler die Kugel auf die Rippen. Es war die siebente Sau. Im ganzen Treiben fielen insgesamt siebzehn Sauen. Das Gros der Strecke hatten die beiden Schützen kassiert.

In der Jagdzeit 1965/66 konnte aus irgendwelchem Grunde die „Große Saujagd" im November nicht abgehalten werden. Dennoch bejagten wir sie des Öfteren in Rieglern in den kleineren Einständen, die an der geplanten fünftägigen Drückjagd nicht genommen werden sollten; denn bis dann verblieben uns nicht nur die vormaligen beiden großen Dickungskomplexe zum Treiben, sondern es waren auch inzwischen andere große Dickungen zu Saueneinständen herangewachsen. Die Sauen hatten sich auseinander gezogen, wir mussten mehr Revierteile bejagen. Und dann hatten wir auch vielleicht mehr Sauen, es sollten auch auf der größeren Fläche mehr sein, doch konnten wir sie bezüglich der Bestandesdichte und des Wildschadens stets in angemessener Zahl halten, denn in jedem Winter lichteten wir ihren Bestand beträchtlich.

Schon im Herbst, am Anfang des Winters, hatten wir ausspekuliert, wie die Jagd besser arrangiert sein sollte, wie wir die verschiedenen Treiben nehmen und die Schützen an günstigen Ständen postieren sollten. Es war dies ein ständig wiederkehrendes Thema unter uns Berufsjägern. Wir kannten damals die Wechsel der Sauen so gut, dass wir im Aussuchen der Stände selten grobe Fehler machten. Der genaue Jagdplan war also fertig, Skizzen für jeden Tag und jedes Treiben angefertigt, die Stände im Walde markiert. Jetzt brauchten wir nur noch günstiges Wetter und gute Schützen.

Die Gruppe unserer deutschen Jagdgäste war inzwischen organisiert. Sie kamen schon seit mehreren Jahren, kannten den Rummel, es war leichter, mit ihnen zu jagen. Die Jagd wurde in den ersten Januartagen abgehalten, fünf Jagdtage ohne Unterbrechung. Wenn die Witterung kalt blieb, verschickten wir zwischendurch kein Wild, um am sechsten Tage Strecke zu legen.

Wir waren durchs Wetter besonders begünstigt. Ein gelinder Frost, nicht so stark, dass die Finger der Schützen klamm wurden, der Waldboden war hart gefroren, die Sauen konnten sich mit Leichtigkeit bewegen. Fünf Tage lang hatten wir das gleiche Wetter mit etwas bedecktem Himmel, windstill. Man konnte das Annähern des Wildes im raschelnden Laub gut vernehmen.

Wir hatten einen Revierteil mit etwa siebenhundert Hektar Wald. Ein gewelltes, leicht hügeliges Terrain, auf den trockenen, sandigen Rücken Kiefern- und Eichendickungen, in den Niederungen Wiesen und Erlenbrüche. Der ganze Wald, wie dort in der Gegend üblich, kreuz und quer durch Gestelle durchzogen.

Nie konnten wir hier der Sauen richtig habhaft werden. Mit kleineren Treiben normaler Größe kamen wir nicht zum Erfolg; denn die Dickungen waren klein und lagen ziemlich nahe aneinander, so dass die Sauen meistens schon beim Anstellen oder während des Treibens der benachbarten Dickung den Einstand verließen.

Dieser Revierteil wurde vom Jäger János Farkas verwaltet, der dort aufgewachsen und nicht nur ein hervorragender Kenner des

Waldes, sondern auch seines Wildbestandes war. Eines Tages nach der Brunft, als wir gemeinsam eine Schneise entlanggingen, sagt er plötzlich zu mir:

„Herr Chef, wie wär's, wenn wir den ganzen Waldkomplex in einem Treiben nehmen würden? An zwei Seiten grenzen Felder an, da geht bestimmt nichts hinaus. Dazwischen liegt eine Ecke, wo zwei Waldungen aneinander grenzen, das ist ein guter Fernwechsel, von einem Schützen zu verteidigen. Westlich hegt die große eingegatterte Kiefernpflanzung; was in dieser Richtung heraus will, kommt an den beiden Ecken des Zaunes vorbei. Drei Büchsen können also die drei Zwangswechsel belegen. Die anderen verteilen wir auf die Wechsel in nördlicher Richtung im angrenzenden Hochwald und auf die besten Wechsel im Treiben."

Kollege Farkas brauchte dies nicht zweimal zu sagen, ich biss zu, wie der Hecht auf den Blinker. Dann überdachten wir wochenlang den Plan, drehten ihn hierhin und dorthin. Wo sollten die zwölf Stände sein und wie getrieben werden? Schließlich nahm der Plan die endgültige Form an. Demnach standen sechs Schützen auf den Fernwechseln, sechs neben den am besten belaufenen Wechseln im Treiben. Die Treiber und Hunde wurden in drei Trupps, aber auch der ganze zu treibende Revierteil in drei, etwa gleiche rechteckige Partien aufgeteilt. Jeder der drei Treibertrupps drückte seine Partie „bogenförmig", also die eine Seite hin, die andere daneben zurück, und zwar unabhängig voneinander. Dann wurde dies wiederholt.

Alle drei Treibertrupps trieben um 10 Uhr an, abgeblasen wurde um 15 Uhr. In dieser Zeit musste jeder Trupp seinen Revierteil zweimal abgetrieben haben. Nach dem Abblasen musste noch Zeit zum Sammeln, dem Versorgen des Wildes und für eventuelle Nachsuchen bleiben.

Mit einem einzigen Treiben nahmen wir den ersten Tag. Es herrschten nur -2 Grad, die Schützen konnten das fünfstündige Stehen gut aushalten. Die Treiber gingen alle Dickungen durch, und die Sauen trafen überall, wo sie sich auch verdrückten, auf Hundegebell, Menschenlaute und die verhasste Witterung. Sie blieben auch in keiner der Dickungen stecken. Früher oder später – es hatte die ganze Zeit des Treibens mal hier, mal dort geknallt – verließen sie ihre Einstände. Doch meistens langsam, vorsichtig, auf den Fernwechseln im „Reisetempo", günstig für den Schuss.

Ich kann mich nicht mehr daran erinnern, wie viele Schüsse gefallen waren, obwohl wir sie damals gezählt hatten. Das Verhältnis zu den Treffern lag um 3:1, denn es wurde gut geschossen, die Sauen waren meistens nicht allzu flüchtig. Es waren Fuchs, Hase und auch schwache Kitze frei, auf die auch viele Schüsse abgegeben wurden.

Genau um drei Uhr nachmittags ertönten wieder die Hörner. Langsam kamen alle zusammen. Der eine Jäger hatte zwei, der andere vier, der dritte – nichts. Ein einziger Schütze, der die Nummer 1 gezogen hatte und auf dem Hauptwechsel zu den großen Hochwaldpartien gestanden hatte, war leer ausgegangen. Er musste sich furchtbar gelangweilt haben; denn während des fünfstündigen Stehens hatte er keine Borste einer Sau gesehen, keinen Schuss auch auf anderes Wild abgegeben.

Es wurden 23 Sauen zur Strecke gelegt. Es war nichts angeschweißt worden, keine Nachsuche erforderlich. Während meiner zehnjährigen Dienstzeit dort die größte Tagesstrecke.

Dies war der Anfang, die Fortsetzung auch nicht viel schlechter. Zehn der Schützen schossen eine „gerade" Kugel, zwei aber taugten leider sehr wenig. Wenn diese auch gute Schützen gewesen wären, so hätten wir wahrscheinlich die Strecke von 100 Sauen erreicht, so waren es „nur" 81, davon allerdings 14 gute Keiler.

Worauf ich aber besonders stolz war: An den fünf Jagdtagen hatten wir insgesamt fünfzehn Treiben genommen und keines war leer! In jedem waren Sauen. Am sechsten Tage wurde Strecke gelegt und feierlich verblasen. Sie blieb die beste meiner zehnjährigen Dienstzeit in Lábod.

Drei Hirsche

Keinen von ihnen habe ich selber erlegt. Doch war ich ein sehr aktiver Teilnehmer ihrer Erlegung, habe das ganze Drum und Dran mit allen Nerven miterlebt, nur dass nicht ich derjenige war, der den gestochenen Abzug berührte. Doch ist dies auch nicht das Wichtigste – zumindest nicht für mich! Wenn der Jagdgast, den ich begleitete, den Hirsch sauber erlegte, das seltene, besondere Erleben, die Erlegung eines Brunfthirsches gebührend zu schätzen wusste, ich hatte genauso meine Freude daran. Denn die Leidenschaft des Trophäensammelns verfolgt mich schon lange nicht mehr. Ich jage gottlob nur mehr des Erlebens willen. Deswegen bedeutet auch für mich die Erinnerung an das Erleben wahrscheinlich viel mehr, da ich ja selber im Revier lebte und hegte und bei der Erlegung der Hirsche ohne Büchse sicherlich auch eben so jagte, wie der von mir geführte Jagdgast – auch dann, wenn nicht ich die Geweihe der Hirsche an die Wand hing.

Die Geschichte dieser drei Hirsche, die ich erzählen will, fällt in eine Brunft, in die des Jahres 1962. Noch dazu wurden alle drei im selben Revierteil des gewaltigen Jagdrevieres von Lábod, im „Hirschkomitat" Somogy, in Südungarn erlegt. Sie fielen alle im Verlauf von kaum zwei Wochen auf kaum Büchsenschussweite voneinander.

Und doch war dieser Revierteil kein besonders bekannter Brunftplatz, noch viel weniger zu dieser Zeit!

Es gab damals noch wenig Rotwild, in den späteren Jahren auch nicht viel, aber zur Brunft kam das Wild meistens in dieser Gegend zusammen. Vorhanden waren da viele gute Einstände, Dickungen mit gemischten Beständen von Akazien, Eichen, in den Niederungen Erlen, auf den Sandrücken Kiefern, diese alle charakteristisch für die dortige Gegend, im Hochwald dichter Unterwuchs, mannshohe Nesseln und Goldrute. Alles nur kleinere Waldpartien, dazwischen sandige Äcker, große Schläge von Kukuruz und Kartoffeln, meistens aber Roggen. Zur Brunft waren die Stoppeln schon umgepflügt. Die neue Roggensaat spross wieder, oder die Äcker waren als Gründüngung mit Sonnenblumen bestellt. Diese sind, solange sie noch jung sind, auch eine Lieblingsäsung des Rotwildes.

Es war aber überhaupt nicht leicht, hier einen Hirsch zu erlegen, wie auch nirgends in diesem Revier! Das Revier war riesig weit, wenig Rotwild, viele kleine Waldpartien, dazwischen überall Äcker und damit verbundene Störung. Das Wild wechselte meistens nur nachts auf die Felder und wenn auch der Hirsch nachts draußen schrie, zog das Wild schon vor Tagesanbruch ein, und er verstummte dann meistens. Es wechselte mal hier ein, mal in die andere Dickung, wie der Wind ging oder wo es keine Störung gab. Und drinnen im Wald hatte das Pirschen nur dann Sinn, wenn der Hirsch so gut schrie, dass man ihm dem Melden nach den Wechsel verlegen konnte, oder sein Anpirschen an einer lichteren Stelle möglich war. Doch hatte man höchst selten eine solche Möglichkeit, weil die Hirsche nur ausnahmsweise bei Büchsenlicht röhrten.

In jenem Jahre schrien sie besonders gut, so gab es auch viel zu erleben. An diese drei Hirsche aber knüpft sich die Erinnerung guten, spannenden Jagens.

Wie meistens, so meldeten auch in jenem Jahr die Hirsche schon in den letzten Augusttagen. Einige waren schon zum Kahlwild getreten. Diese schrien, doch bloß flau, unregelmäßig. Die Jägerei war dann schon am Verhören. Wir beobachteten, fährteten und versuchten, die Hirsche zu bestätigen, wenn möglich auch in Anblick zu bekommen. Wenn einem die Kugel gebührte, wollten wir einen Gast auf ihn führen. Meistens hatten wir in dieser Zeit schon einen oder zwei Gäste, um eine sich ergebende günstige Chance nicht zu verpassen.

Der erste Gast kam am 1. September an, wir hatten auch einen Hirsch bestätigt, der hätte geschossen werden können.

Der Oberjäger hatte den Hirsch gesehen. Er sprach ihn als alten, starken Achter an, mit einem Geweihgewicht um 9 Kilo. Der

Hirsch stand bei einem sehr starken Rudel. Der Oberjäger sah ihn früh morgens noch draußen im Felde, als er aus dem Kukuruzfeld, in welchem er nachts gut geschrien hatte, in eine angrenzende Dickung einwechselte. Sein dickstangiges, kronenloses Geweih war nach dem Geschmack unseres Jagdgastes nach eine Trophäe, die der Mühe lohnte. Und wir trachteten natürlich danach, diesen Hirsch vom Rudel möglichst zeitig wegzuschießen. Er kam uns also sehr gelegen, um so mehr, als seine Erlegung fast sicher zu sein schien.

Der erste Abend brachte eine Enttäuschung. Der Jagdgast saß mit dem Oberjäger am Rande jener Dickung an, wohin das Rudel morgens eingewechselt war. Es rührte sich nichts, sie hörten keinen Ton. Der im Revier unerfahrene Gast schien etwas enttäuscht: Offenbar dachte er, wir hätten ihn zum besten gehalten. Wie oft kam es aber vor – sogar auch in den Tagen der Hochbrunft – dass das Wild sich bis zur späten Nacht nicht rührte, der Hirsch nicht meldete! Es schien dann alles wie tot zu sein.

Für den nächsten Morgen hatten wir schon eine Stunde vor Büchsenlicht das Treffen in der Nähe des Brunftplatzes mit dem Gast und dem Oberjäger verabredet. Es war eine stille, warme Nacht ohne Bodennebel. In der Nähe des Maierhofes schrie der Hirsch im Kukuruzfeld! Wir besprachen den Plan, waren uns auch gleich einig. Er war ziemlich einfach. Am Südrande des großen Maisschlages führte ein Feldweg entlang, auf dem wir im Sande lautlos zu der anderen Ecke des Schlages pirschen konnten. Ein großes Stoppelfeld schloss sich hier an, an dessen anderer Seite ein Akaziengehölz lag. Dort war das Rudel am vergangenen Morgen eingewechselt. Wir hatten guten Wind, der Luftzug kam von Norden, also eine günstige Position und Chance auf den Hirsch, wenn … ja, wenn der Wind nicht küselt, was er bei Morgengrauen oft macht, das Wild nicht noch im Dunkeln einwechselt (das Akaziengehölz war so dicht, dass drinnen nichts mehr zu unternehmen gewesen wäre), und wenn das Rudel wieder in den Einstand von gestern wechselte. Ringsherum gab es nämlich gute Einstände in Hülle und Fülle in allen Richtungen.

Der erste Teil unseres Schlachtplanes gelang auch ohne Schwierigkeiten; als wir an der Ecke des Stoppelfeldes ankamen, meldete der Hirsch noch im Kukuruz. Es begann schon zu dämmern. Diese Augenblicke sind die aufregendsten, spannendsten Minuten des Hirschjägers! Würde er doch am liebsten Zauberer sein: die Dämmerung am östlichen Himmel hochziehen und den Hirsch im Kukuruz festhalten. Es ist ein Wettlauf mit dem Büchsenlicht, eine jede Minute ist wertvoll. Und während dieser höchst spannenden Minuten kontrolliert er ständig und besorgt, in welche Richtung wohl der Luftzug den Rauch der in seiner eingekrümmten Hand verdeckt glimmenden Zigarette trägt. Wenn kein starker Wind geht, so ist der Luftzug doch sehr unbeständig; denn zieht er falsch, bleibt dem Jäger nichts anderes übrig, als sofort den Rückzug anzutreten, die günstige Position und somit die einzige Chance des Morgens aufzugeben. Bekommt das Rudel von ihm Wind, so kann es sich umstellen und der Hirsch ist für mehrere Tage, sogar auch auf Nimmerwiedersehen verloren.

Jetzt aber stimmte alles, sogar der Wind. Und als ob er ausgerechnet für uns dahingefahren worden wäre, fanden wir an der Ecke des Stoppelfeldes einen Komposthaufen. Diesen bestiegen wir sofort, legten uns oben hin und bauten aus unseren Mänteln eine Unterlage für die Büchse. Von hier aus konnte man mit der Büchse das vor uns liegende, sanft gewellte Stoppelfeld beherrschen.

Bei Anbruch der Dämmerung verstummte der Hirsch. Wir wussten, was dies bedeutet: Das Rudel wird in Kürze einwechseln und dann schon verschweigt der Hirsch nach alter Regel der Láboder Hirsche. Er wechselt stumm in seinen Tageseinstand. Wenn es dem Jäger nicht gelingt, ihn in Anblick zu bekommen oder zu fährten, so weiß er dann nicht, wohin er eingewechselt war, und wo er ihn abends erwarten könnte.

Dann standen plötzlich Tiere schemenhaft am Rande des Kukuruz. Aber sie waren weit entfernt, weiter als ein langer Kugelschuss. Es war noch so dunkel, dass auch durchs Glas nur die verschwommenen Gestalten anzusprechen waren. Langsam zogen sie über das Stoppelfeld, ihre Reihe wurde länger und länger. Wir zählten siebzehn Stück: Tiere und Kälber, für den Bestand des Reviers ein riesiges Rudel. Das gab es höchstens nur zum Anfang der Brunft. Später, wenn immer mehr Tiere brunftig werden, lösen sich solche starken Rudel auf, werden von den stärkeren Hirschen gesprengt und jeder nimmt sich seinen Anteil vom Kahlwild.

Als Letzter zog dann auch der Hirsch mit tief getragenem Haupt auf starkem Träger aus. Ohne zu verhoffen zog er dem Rudel nach. Ein gewaltiger Körper, fast doppelt so stark wie das Kahlwild, dunkel, gedrungen. Ein alter Hirsch, darüber konnte kein Zweifel sein; dies verrieten Figur und Bewegung. Aber von dem Geweih war bei dieser Beleuchtung und Entfernung nur so viel zu sehen, eher zu ahnen, dass es im Vergleich zum Wildkörper auffallend „klein", kurz wirkte und dass es oben irgendwie „leer" – also kronenlos – war oder nur sehr schwache Kronen trug. Wir konnten also sicher sein, dass es der uns schon bekannte Hirsch sei und somit zu erlegen wäre. Doch es war unmöglich zu schießen. Die Entfernung betrug weit über 300 Meter. Auch bei der bequemsten Auflage der Büchse wäre der Schuss unverantwortbar gewesen.

Das Rudel zog schräg vor uns fort und verschwand in einer Senke in der Mitte des Stoppelfeldes. Vom Hirsch war nur das Geweih zu sehen. Er verhoffte hier länger, das Geweih wandte sich mal rechts, mal links. Anscheinend stand hier das Rudel, um von dem frischen Grün der feuchten Senke noch kurz vor dem Einziehen zu äsen.

Jetzt war das Büchsenlicht schon so weit, dass wir das Geweih ansprechen konnten. Es zeigte nicht allzu viel! Dunkle, kurze – obwohl dick wirkende – Stangen, beiderseits kurze, schwache Gabeln.

Kronenloser alter Abschusshirsch! Der war unserem Jagdgast – und natürlich uns auch – gerade recht.

Doch bestand kaum eine Chance, des Hirsches habhaft zu werden. Wenn er aus der Senke in Richtung seines gestrigen Einstandes weiter zog, so blieb er weit außerhalb der Schussentfernung. Auch würde das Rudel sicherlich nicht in der Mulde so lange äsen, bis wir es hinter dem Rand der Senke kriechend anpirschen könnten. Dies schien auch mit dem Gast ein allzu langwieriges und gewagtes Unternehmen.

Ich nahm mein Ochsenhorn – den Hirschruf, den ich ständig benützte – und knörrte den Hirsch kurz, gelangweilt an. Ich wollte nur sehen, wie er reagierte. Das Geweih wandte sich sofort in unsere Richtung und verweilte regungslos, dann senkte er sich, als ob sein Träger sich zum Röhren anschickte. Er gab aber keinen Ton von sich. Aber anscheinend erweckte der Nebenbuhler sein Interesse. Nun machte ich einen kurzen, gereizten Trenser. Nur einen. Und es geschah das Wunder, das ich weder vorher, noch später erlebt habe: Der Platzhirsch verließ auf einen Ruf aus solcher Entfernung sein Rudel, um seinen Rivalen zu suchen! Es war offensichtlich auch nicht nötig gewesen, ihn in Wut zu versetzen! Sicherlich war er einer der seltenen, tapferen Raufer.

Auf meinen zweiten Ruf wendete er sofort, ohne ihn beantwortet zu haben, und zog seinen Wechsel zurück, immer noch überriegelt, so dass wir nur das Geweih sehen konnten. Er hatte sich schon gut hundert Schritte vom Rudel entfernt, als er zum diesseitigen Rand der Mulde kam; dort machte er eine Wendung und zog – immer noch überriegelt – schräg auf uns zu. Aha, jetzt wollte er in den Wind seines Nebenbuhlers kommen! Er verhoffte keinen Augenblick, kam uns ständig näher, doch wir konnten außer dem Geweih immer noch nichts von ihm sehen. Aber weiter durfte ich ihn nicht mehr ziehen lassen, sonst hätte er von uns Wind bekommen.

Was war anderes zu tun? Ich schrie ihn nochmals an. Er machte sogleich eine Wendung auf uns zu, zog auf die Kuppe herauf und verhoffte breit stehend, um Ausschau zu halten.

Es war ein dumpfer, weicher Kugelschlag, ein Zeichnen mit einem kurzen, plumpen Satz mit gekrümmtem Rücken des gewaltigen Wildkörpers; all dies waren Zeichen dafür, dass die Kugel zu weit hinten, im Pansen oder noch schlechter saß. Der Hirsch verschwand aber sogleich hinter der Kuppe, bevor noch ein zweiter Schuss anzubringen gewesen wäre. Wir konnten jetzt wieder nur das Geweih sehen.

Nach einigen Fluchten fiel er in Troll – auch meistens ein Zeichen eines schlechten Schusses. Doch als er in die Richtung des Einstandes ziehend aus der Mulde herauskam, war es schon viel zu weit für einen Schuss. Mit hoch getragenem Haupt verschwand er, anscheinend gesund, am Rande der Dickung unseren Augen.

Weder am Anschuss, noch auf der Fährte, der im Tau des Stoppelfeldes leicht zu folgen war, fanden wir einen Tropfen Schweiß. Das leichte Geschoss hatte offenbar den starken Wildkörper nicht durchschlagen. Es gab keinen Ausschuss und somit auch keinen Schweiß auf der Fährte. Wir waren aber sicher, dass der Hirsch, wenn er nicht aufgemüdet wird, nicht weit ziehen würde. Deshalb folgten wir der Fährte nur bis zum Rande der Dickung, um den Einwechsel für die spätere Nachsuche zu verbrechen.

Doch es kam nicht so weit! Am Waldrand nach auf den Blättern abgestreiftem Schweiß suchend, erblickten wir den wenige Schritte weit liegenden verendeten Hirsch! Das Geschoss hatte tatsächlich den Pansen durchschlagen. Die seit dem Schuss vergangene Stunde genügte zum Verenden des Hirsches.

Wir hatten richtig angesprochen. Es war ein alter, reifer Hirsch, geradezu gewaltig im Wildbret! Zwar wurde er ganz zu Anfang der Brunft erlegt und hatte noch nichts von seinem Feistzeitgewicht verloren, aber es war der schwerste Hirsch von allen, die im Revier erlegt wurden. Er wog aufgebrochen ohne Haupt 210 Kilo!

Zu guter Letzt brachte uns auch das Geweih eine angenehme Überraschung. Es zählte zwar unter den Geweihen dieser Gegend zu den Kurzstangigen, nur 108 cm Stangenlänge. Doch waren die gut geperlten, dunklen Stangen fast armdick und dazu noch eisenschwer. Obwohl es einen Tag nach dem Abkochen mit großem Schädel 10 1/2 Kilo wog, erreichte es die Goldmedaille nicht. Mit den beiden kurzen Eissprossen, welche uns am lebenden Hirsch nicht aufgefallen waren, wurde aus dem „Achter" ein Eissprossenzehner.

Mit seinen kurzen Gabeln ist das Geweih wohl nicht „edel". Aber ich persönlich empfinde immer eine große Freude bei starkstangigen Geweihen, besonders, wenn sie endenarm sind. Solche sind meinem Jägerherzen viel lieber als dünne Kronenhirsche oder die „Schönen". Geschmackssache! Jedenfalls teilte der Gast unsere Freude am Hirsch und dem seltenen, aufregenden Erlebnis – und dies war die Hauptsache!

Es waren zehn Tage vergangen, als ich wieder ins gleiche Revierteil kam, jetzt mit einem anderen Jagdgast. Es waren dies die Tage der Hochbrunft. Die Hirsche schrien gut an allen Ecken und Enden. In dem an die andere Seite des Maierhofes angrenzenden Waldstück hatte ein Hirsch mit guter Stimme seinen Einstand. Der Revierjäger hatte ihn in dem dichten Buschwerk und hohen Unterwuchs von Goldrute und Brennnessel noch nicht in Anblick bekommen können, doch schrie der Hirsch hier seit Tagen regelmäßig.

Auf diesen Hirsch setzten wir uns am Nachmittag des 10. September auf einer durch das Waldstück führenden Schneise an. Ganz ungewöhnlich zeitig, noch eine gute Stunde vor Schwinden des Büchsenlichtes, meldete der Hirsch in seinem dichten Einstand auf der Südseite der Schneise. Dann begann auf der anderen Seite in der Nähe einer gut begangenen Suhle ein zweiter mit ebenfalls guter Stimme zu melden. Letzterer hatte, seinem Röhren nach zu urteilen, kein Kahlwild bei sich, zog aber in der Nähe der Suhle gereizt schreiend hin und her, während der andere, der Platzhirsch, von derselben Stelle der Dickung nur ab und zu einen gelangweilten Brummer tat.

Im Halbkreis um die Suhle herum war dichtes Gestrüpp von Schlehdorn und Brombeeren, in dem man den Hirsch nicht hätte zu Gesicht bekommen können. Doch stieß an die andere Seite ein durchforsteter, sichtiger Eichenbestand ohne Unterwuchs an, in den er wohl hinüberwechseln und dann weiterziehen konnte. Da hierfür eine gute Chance bestand, entschloss ich mich, erst diesen Hirsch anzugehen, ob er nicht auch etwa jagdbar wäre.

Ausholend pürschten wir mit günstigem Wind auf einem verwachsenen Holzabfuhrweg vorsichtig näher. Als wir den Rand des Eichenbestandes erreichten, schrie der Hirsch gut hundert Schritt jenseits von uns in dem dichten Gestrüpp.

Beide nahmen wir Deckung hinter Bäumen. Ich schrie den Hirsch erst lang gezogen, fragend an, um zu erkennen, wie er auf meinen Ruf reagieren würde. Mein Gegner antwortete sofort, gereizt, zornig! Der Jäger hat das Spiel schon halbwegs gewonnen, falls es ihm gelingt, den Hirsch am Melden zu halten oder gar zu reizen! Dies gelang jetzt auf Anhieb. Nach einem kurzen Zweikampf von Ruf und Gegenruf, in dem mein Gegner immer wütender antwortete, warf ich ihm schon den kurzen, abgehackten Kampfruf des sich seinem Rivalen nähernden Hirsches entgegen. Auf den Schlag antwortete er mit einem dröhnenden Kampfruf. Dann war es, als ob sich der Wald bewegte! Der Hirsch stand krachend und polternd zu, die Äste brechend, mit dem Geweih an die Stämme schlagend. Plötzlich verhoffte er. Ein Schrei, sofort Antwort, gewaltiges Krachen – alle Nerven zum Bersten gespannt, unser Atem stand still – dann erblickte ich auf kaum Steinwurfentfernung am Rande der Büsche ein starkes Geweih, oben lange Gabeln, dann unter den Eichen spitz von vorne auch den zustehenden Hirsch. Er war ganz nahe, ich winkte nur mit Kopf und Augen.

Der Schuss dröhnte dumpf durch den Wald. Wie vom Blitz getroffen brach der Hirsch zusammen.

Mit gezogenem Hut traten wir zu ihm.

Noch am späten Abend desselben Tages, so gegen elf Uhr, war ich wieder unterwegs. Nur so, ohne Büchse, wie immer in der Hirschbrunft, nur mit Glas, Hirschruf und Zielstock.

Als wir nämlich nach dem Aufbrechen des erlegten Hirsches in der lauen, windstillen Mondnacht zum Jagdhaus gingen, schrie ein Hirsch in den Feldern, die an den Maierhof angrenzten, mit guter Stimme. Zwar hörten wir ihn von weitem, doch konnte man der Richtung nach genau feststellen, dass er auf einem, von zwei Seiten von Wald begrenzten Stoppelfeld brunftete, auch dass er Kahlwild bei sich hatte, weil er von Zeit zu Zeit den Sprengruf ausstieß.

Ich wusste, dass dieses Stoppelfeld mit dem frischen Grün der sprießenden, verstreuten Roggenkörner beste Äsung bot, und hoffte deshalb, dass das Wild zumindest einen Teil der Nacht dort verbringen würde. Es war eine prachtvolle Mondnacht, eine, in der der

Hirschjäger nicht ins Bett geht. Ich zumindest tue dies in solchen Nächten nie. Es zieht mich hinaus ins Revier, an den Rand der Felder, wo im fahlen Mondlicht die Schleier der Bodennebel schwimmen, in denen sich die Wildkörper schemenhaft bewegen, während ringsherum die Wälder von Brunftschreien der Geweihten widerhallen.

Es war schon um Mitternacht, als ich mich dem Brunftplatz näherte. Der Hirsch meldete von derselben Stelle. In meinen Leinwandschuhen mit Gummisohlen konnte ich den Sandweg bis zur Ecke des Stoppelfeldes lautlos entlangpürschen. Vor mir lag nun das weite Feld mit vier sich bewegenden, verschwommenen Gestalten darauf. Die eine bedeutend größer, stärker: der Hirsch. Er streckte den Träger, neigte das Geweih, blieb aber stumm. Ich konnte es eher nur ahnen als sehen, es war weit, so zweihundert Schritt. Der Mond stand hinter ihm, in seinem Licht zeichneten sich die Wildgestalten dunkel ab. Ich zog mich unter die herabhängenden Zweige der Randbäume zurück, damit mein Glas nicht in den Strahlen des Mondlichts glänzte.

Der Hirsch stieß einen Trenser aus, sprengte das Schmaltier. Das sprang vor ihm ab, er trieb und sprengte es hin und her, dabei kamen beide endlich schräg auf mich zu. Kaum weiter als achtzig Schritt von mir dehnte sich eine Senke, in der vom Mondschein bestrahlter, milchweißer Bodennebel lag. Ich nahm das Ochsenhorn und schrie lang gezogen, sehnsuchtsvoll, wie ein Jüngling, den die Brunftwitterung des Kahlwildes unwiderstehlich herangezogen hatte. Der Hirsch verhoffte auch sogleich, warf auf und äugte bewegungslos in meine Richtung. Vor dem Hintergrund der weißen Nebelwand zeichneten er und sein Geweih sich im Gegenlicht so klar ab, als ob es Tageslicht wäre.

Ein starker Träger, eine herab fallende Hinterhand. Ohne jeden Zweifel ein alter, reifer Hirsch! Das Geweih nur mittelmäßig hoch, schön geschwungen, ich hatte das Gefühl, dass die Stangen dick sein müssten. Acht Kilo hatte es ganz sicher, vielleicht sogar auch neun. Auf der rechten Stange eine auseinander gezogene Dreierkrone, vielleicht nicht einmal eine Krone, sondern Wolfssprosse und darüber Gabel. Aber links über der Mittelsprosse nur ein langer, dicker Dolch, endenlos!

Dies war der richtige Hirsch nach meinem Geschmack! Einer unserer Jagdgäste, echter, guter Hirschjäger, der seinen Kronenhirsch schon erlegt hatte, war seit einer Woche hinter einem solchen Hirsch her.

Natürlich waren wir schon eine Stunde vor Büchsenlicht des nächsten Morgens da. Aber kein Ton, kein Haar, keine Bewegung. Nachmittags, als die Schatten länger wurden, saßen wir wieder an der Ecke des Stoppelfeldes. Bei Büchsenlicht war weder etwas zu sehen noch zu hören. Es versprach aber wieder eine stille, klare Mondnacht zu werden. Darum blieben wir sitzen, um auf den Hirsch zu warten, zumindest seine Stimme zu hören, um festzustellen, ob er überhaupt noch da wäre.

Nachdem der Vollmond gegen neun Uhr aufgegangen war, meldete der Hirsch. Aber nicht in dem Einstand, wo wir ihn vermutet hatten, sondern von der entgegengesetzten Seite. Er musste frühmorgens, noch vor Anbruch der Dämmerung, lautlos mit seinem Rudel dahin eingewechselt sein. Deshalb wussten wir nicht, wohin er verschwunden war.

Ungefähr eine halbe Stunde später wechselte das Rudel vor uns aus, doch nicht auf den Schalag, auf dem es am Vorabend gewesen war, sondern auf das angrenzende andere Stoppelfeld. Tier, Kalb, Schmaltier. Dasselbe Kahlwildrudel, dahinter der mächtige Hirsch. Doch war nun der Mond hinter uns. Vor dem dunklen Hintergrund konnten wir die fahl beleuchteten Wildkörper nur noch schemenhaft sehen. Das Geweih war überhaupt nicht anzusprechen. Höchstwahrscheinlich derselbe Hirsch, doch war das nicht sicher. Auch in dieser Hinsicht hatten wir schon viel erlebt. Da wir keine Mondscheinschießerei erleben wollten, sprach halt unsere Büchse nicht.

In der Hoffnung, den Hirsch doch noch ansprechen zu können, pürschten wir im Schatten des Waldrandes dem langsam weiterziehenden Rudel nach. Es wechselte in weitem Bogen durch einen schmalen Waldstreifen auf ein großes Kartoffelfeld. Wir pürschten hinterher, weil wir hofften, dass es dort länger verweilen und uns vielleicht die Möglichkeit zum Ansprechen geben würde. Doch bis wir ganz behutsam durch den Waldstreifen geschlichen waren, war das Rudel schon weiter gezogen. Die Lage war aber insofern günstig, weil wir jetzt das Geweih im Gegenlicht hätten ansprechen können. Da das Wild aber schon wieder zu weit war, pürschten wir ihm im Schatten des Waldes nach.

Links vor uns in den Kartoffeln – zweihundert Schritte weit – das Rudel. Jetz sahen wir schon, dass es „unser" Hirsch war. Rechter Hand dehnte sich der riesige Kartoffelschlag aus. Darin, weit draußen im Feld, entdeckten wir einen dunklen Wildkörper. Das Stück zog, öfter verhoffend, langsam auf uns zu, aber wir konnten es noch nicht ansprechen. Dann verschwand es in der Deckung eines mit Buschwerk bewachsenen Grabens.

Nach einigen Minuten kam es aus dem Graben und wechselte über das Feld auf den Waldstreifen zu. Sau! Jäh durchzuckte uns Aufregung, Jagdfieber. Ein riesiges Stück, einzelner grober Keiler! Ein höchst seltenes Zusammentreffen, eine wundervolle Gelegenheit, unverhofftes Waidmannsheil!

Der Keiler zog langsam auf kaum Steinwurfweite breit vor uns. Wie ein ..., wie ein ... – na, so groß wie ein richtiges Hauptschwein. Nicht vorbeischießen! Aber auf gute Büchsenschussentfernung stand auch der lang gesuchte, seit zwei Tagen verfolgte starke Hirsch vor uns. Wenn wir den Keiler schießen würden, ging der Hirsch sehr wahrscheinlich über alle Berge – wir würden ihn vermutlich nicht mehr wiedersehen.

Es blieben nun nur Sekunden zum Handeln; sogleich würde die Sau in den Wald ziehen. Ich schielte auf den Gast hinter mir. Er hatte die Büchse geschultert, die Aufregung hatte ihn gepackt. Am Aufblitzen seiner Augen erkannte ich, dass er sehr gerne schießen würde. Eine Handbewegung: bitte! Er aber fühlte, dass ich ihm die Wahl nur aus Höflichkeit überlassen hatte. Die Büchse blieb geschultert! Wie oft haben wir später dieses Erlebnis, diesen Keiler, diese Mondnacht in der Erinnerung wieder aufleben lassen!

Inzwischen war auch das Rotwild wieder weiter gezogen, hatte den Kartoffelschlag verlassen und war lautlos verschwunden.

Lange bevor der Morgen graute, waren wir schon wieder draußen. Das Rudel stand auf dem Roggen, im Dunkel meldete der Hirsch ab und zu, faul, gelangweilt. Er hatte keinen Beihirsch von Format, warum sollte er sich aufregen? Er beherrschte seine zwei Stück ganz alleine und meldete deswegen nach Art der alten Herren nur selten, mehr nur so vor sich hin.

Das Wild zog schon in der ersten Dämmerung ein. Da die Entfernung zu groß und das Büchsenlicht unzureichend waren, blieb der Lauf wieder blank. Doch wir wussten, dass es unser Hirsch war, und wussten nun auch, wo er den Tageseinstand gewählt hatte. Aber nicht in der großen Dickung, sondern in dem schmalen Waldstreifen im Felde, in einer kleinen Akaziendickung.

Der Nachmittag brachte Regenwetter, kalten Schnürlregen, tief ziehende graue Wolken, unfreundlichen, feuchten Herbst. Schön wäre es gewesen, in Petesmalom, dem trauten Jagdhaus am Teichufer zu bleiben und nach den Strapazen der letzten Wochen in der Wärme des im Kachelofen flackernden Feuers neben einer Tasse duftenden Tees vor den starken Geweihen zu sitzen, die frisch abgekocht an der Wand des Speisezimmers lehnten. Die Anderen, die Klügeren taten dies auch, doch wir „wussten" unseren Hirsch, wussten, dass er dort war im dichten, kleinen Akazienstück neben dem Stoppelfeld. Morgens hatten wir schon auf gute Büchsenschussentfernung an der gegenüberliegenden Waldkante aus einigen Zweigen einen Schirm für den Abendansitz gebaut.

So saßen wir hinter diesen Zweigen auf unseren dreibeinigen Jagdstühlen mit aufgestelltem Kragen, mit heruntergezogenen Hutkrempen, die Gläser unter den Kotzen und die Schutzkappe auf dem Zielfernrohr. Es regnete ununterbrochen. Große Tropfen fielen von den Blättern über uns. Grau war die Welt um uns, einfarbig, dunstig, neblig. Nirgends ein Ton zu hören, keine Bewegung zu sehen!

Es wurde früh schummrig. Da, im letzten Schusslicht standen plötzlich verschwommene, graue Wildgestalten am Waldrand, zwei von ihnen stärker, eine kleinere. Sie traten etwas hinaus ins Feld. Plötzlich war auch der Hirsch dabei! Es eilte mit dem Schießen, denn die Dunkelheit würde ihn sogleich einhüllen. Noch stand er aber schlecht, spitz von hinten. Dann wendete er endlich und stellte sich breit. Im blendenden Blitz des Mündungsfeuers konnten wir nicht sehen, ob der Hirsch zeichnete. Doch hatten wir den Kugelschlag klar vernommen, keinen hellen, auch keinen sehr dumpfen, sondern diesen wohlbekannten, guten, wenn die Kugel auf die Seite des schweren Wildkörpers aufschlägt, hinter dem Schulterblatt, auf die Rippen.

Das Kahlwild sprang in die Dickung ab. Der Hirsch aber wendete und flüchtete schwerfällig auf der Stoppel auf uns zu. Dann wurde er langsamer, verhoffte mit tief gesenktem Haupt. Noch konnte ich ihn im Glas ausmachen, sehr, sehr verschwommen.

„Schießen!", zischte ich. „Sicher ist sicher."

„Es geht nicht, kann nichts mehr sehen!", sagte der Gast vor Aufregung zitternd. Er reichte mir die Fernrohrbüchse. „Versuchen Sie, ob Sie noch sehen können!" Doch auch ich sah nur alles grau in grau.

Rasch griff ich wieder zum Glas. Ich konnte noch etwas sehen, aber nur eine schemenhafte graue Gestalt. Sie knickte zusammen und wurde von der Dunkelheit verschlungen.

Die ersten Sonnenstrahlen des tautriefenden Herbstmorgens vergoldeten Wälder und Fluren, als wir an den gestreckten Recken herantraten.

Getriebene Fasanen

Es mag ketzerisch anzuhören sein, und ich spüre schon den Regen der Steine auf mich herniederprasseln, ich will es aber dennoch ganz offen gestehen: Für mich ist Niederwildjagd in erster Linie Freude am guten Schrotschuss!

Den Hirsch zu bestätigen, ihn mit dem Ruf zum Zustehen zu bringen, die Fährte des Keilers im Neuschnee auszugehen, den Urhahn anzuspringen, den Fuchs zu reizen, aber auch eine Saujagd nach allen Regeln der Kunst zu organisieren, eine böhmische Streife oder auch einen Kesseljagdtag abzustecken und vorzubereiten, auch einen gurrenden Ringeltauber anzupürschen und – last but not least – eine Fasanentreibjagd in jeder Beziehung durchzuorganisieren und zu leiten, ist Waidwerk, ist Können, ist für den Berufsjäger großartiges Handwerk. So steht es auch um das gerechte Führen der Hunde und die Jagd mit ihnen auf Niederwild. Das ist aber wieder eine ganz andere Sache! Da erfreut man sich an der guten Arbeit der edlen Hunde, am Wild, am goldgelben Herbst – aber kaum am Schuss selber.

Für meine Begriffe aber – und ich denke, ich bleibe damit nicht ganz allein auf einsamer Flur – ist eine Niederwildjagd nur dann eine richtige Niederwildjagd, wenn es reichlich Wild zu schießen gibt und – vor allem – das Schießen selbst schwierig, also sportlich ist.

Das Hochwild hat viele Chancen, der Kugel zu entkommen. Dem Niederwild soll man diese Chancen dadurch geben, dass man es den Schützen möglichst schwierig zu schießen präsentiert. Damit ehrt man auch die Schützen, als Jagdherr seine Gäste. Natürlich muss aber bei diesen das Mindestmaß an Schießfertigkeit vorhanden sein. Wer es nicht besitzt, soll es sich auf dem Schießstand aneignen, bevor er zu einer solcher Jagd geht.

In meiner ungarischen Heimat wurde Schrotschießen immer sehr groß geschrieben, besonders in der alten Zeit vor dem Kriege. Feine Schwesterflinten waren ständige Gebrauchsgegenstände. Bis zum Krieg jagten wir auf Gesellschaftsjagden immer mit „Schwestern", die auch notwendig waren. Freilich ist es im ungarischen Flachland nicht leicht, das Wild so zu treiben, dass es hoch fliegt. Dies ist im Hügelland durch die Gestaltung des Terrains naturgemäß gegeben. Aber in Ungarn musste man da verschiedene Tricks anwenden. Auf diese komme ich noch später zu sprechen.

Ich denke, es wird interessieren, wenn ich der Geschichte des Fasanenbesatzes in Ungarn einige Absätze widme. Es ist höchst wahrscheinlich, dass den aus Kleinasien stammenden Fasan mit seinem prachtvollen, bunt gefiederten Gockel schon die Römer, die Pannonien (das heutige Westungarn) und Dacien (Siebenbürgen) in den ersten Jahrhunderten unserer Zeitrechnung besetzt hielten, eingeführt haben. Er scheint sich auch im Sturme der fast zwanzig Jahrhunderte fast überall gehalten zu haben. Wie dem auch sei, das erste geschriebene Dokument seines Vorkommens in unserem Lande stammt aus dem fünfzehnten Jahrhundert. Freilich konnten nur hier und da einige Stücke überleben. Im späten Mittelalter fing man schon an, Fasanerien einzurichten, gegen Ende des siebzehnten Jahrhunderts noch sehr vereinzelt auf einigen großen Domänen. Dann verschwand der Fasan fast vollständig während des Freiheitskrieges 1848/49 und in der jagdlichen Anarchie der darauf folgenden Zeiten.

Das erste „neuzeitliche" Jagdgesetz des Jahres 1883 brachte wieder Ordnung in das Jagdrecht und schuf überhaupt die Voraussetzung für die Hege und Pflege des Wildes, eine Tätigkeit, die heute oft mit dem Modewort „Jagdwirtschaft" bezeichnet wird. In die Jahre des vorigen Jahrhunderts fällt auch die zunehmende Vermehrung des Fasans. Nach ausländischem Muster wurden auf vielen Großdomänen vornehmlich mit englischen und böhmischen Fasanenmeistern Fasanerien eingerichtet. Erst wurden die Eier hauptsächlich nur von Truthennen bebrütet. Die führten auch die Jungfasanen. Truthennen sind vorzügliche, und in erster Linie sehr vorsichtige Mütter. Es kommt trotz ihrer Größe kaum vor, dass sie Küken zu Tode treten. Als aber Fasaneneier in immer größerer Zahl erbrütet wurden, gab es nicht mehr genügend Truthennen, so dass man zu Hühnerhennen überging. Heute sind auch sie schon aus der Mode, die Fasanenzucht wird „en gros" ebenso maschinell betrieben wie die Geflügelzucht. So ist sie billiger, sicherer und erfolgreicher – wenn wir den Jungfasanen dann auch das Fliegen beibringen.

Man wusste auch schon zu dieser Zeit sehr gut, dass zum Fasanenbesatz auch Remisen und Wäldchen gehören. Auf vielen Großgrundbesitzen der tischflachen Ebenen wurden anstelle der seit Jahrhunderten schon gerodeten Eichenwälder Aufforstungen vorgenommen, nunmehr aber systematisch zum Zwecke der Fasanenjagden. Nicht geschlossene Waldungen auf großen Flächen, sondern eher verstreute kleine Remisen, Deckungen und Dickungen, wo die Fasanen von einer in die andere getrieben und die Schützen dazwischen auf die freie Fläche postiert werden konnten. Es war die Hauptmethode, schön hoch streichende Vögel über die Schützen bringen zu können. So fanden die Fasanen an mehreren Orten Winterdeckung, wo sie sich zusammenzogen, gefüttert, aber auch bejagt wurden. Es wurden aber auch so genannte „Fasanerien" (das Wort bedeutete nicht nur die künstliche Aufzucht, sondern auch zu Jagdzwecken angepflanzte größere Wälder von meist etwa zwei- bis dreihundert Hektar) mit einem rechteckigen Schneisennetz geschaffen. Die Schneisen dienten einesteils als Wildäcker zum Anbau von Pflanzen, die dem Fasan besonders zusagten (Mais, Besenhirse, Markstammkohl), andererseits konnten beim Treiben die Schützen hier aufgestellt werden. Bei der Anlage dieser Wälder war man darauf bedacht, dass das Schneisensystem auch für Jagdzwecke geschaffen sein musste: Die Breite eines Rechtecks durfte nicht mehr als drei-, vierhundert Meter betragen, um hier sieben bis zehn Schützen in passenden Abständen abstellen zu können. Seine Länge umfasste aber höchstens nur einen Kilometer, denn der Fasan lässt sich nicht gut auf längere Entfernung treiben. An die Schneisenränder wurden schnell- und hochwüchsige Bäume (sehr oft Pyramidenpappeln) nahe nebeneinander gesteckt, die dann von den getriebenen Fasanen überflogen wurden und so das gute, sportliche Schießen ermöglichten.

Außerdem wurde genügend Unterwuchs im Bestand angepflanzt oder stehen gelassen. An die Schneisenränder kam dann noch ein „Spalier" sehr dichter Sträucher. Der Unterwuchs war notwendig, damit die Fasanen sich im Walde wohl fühlten. In den letzten Jahrzehnten wurden aber die großflächigen Aufforstungen nicht nach diesen Gesichtspunkten vollzogen. Die meisten eignen sich, nachdem sie aus dem Dickungsalter herauswuchsen, wegen Fehlens des Unterwuchses kaum mehr als Wildeinstände. Fasanen überwintern hier nur vereinzelt. Zu Jagdzwecken sind diese „leeren" Wälder auch wenig geeignet, weil die Fasanen im Treiben erst nach vorne laufen, dann, wenn sie die Schützen eräugen, umdrehen und zurückstreichen. Leider wurden während der Wirren der ersten Nachkriegsjahre auch viele Fasanenremisen gerodet, viele jahrelang beweidet und der Unterwuchs ausgerottet. Darum besteht heute die paradoxe Situation bei uns, dass wir schon wieder viele Fasanen, jedoch noch nicht genügend „Fasanerien" haben. Denn es ist nur möglich, Fasanenjagden mit hohen Strecken zu veranstalten, wenn auch zu diesem Zweck angepflanzte Remisen oder zumindest forstlich in erster Linie zu Jagdzwecken bewirtschaftete Waldflächen vorhanden sind.

Denn dazu, um an einem Jagdtag viele, mehrere Hundert oder auch Tausend Fasanen zur Strecke bringen zu können, und dies kommt nicht nur in der Tschechoslowakei, sondern neuerdings auch bei uns wieder vor, braucht man nicht nur viele Fasanen, nicht nur eine hervorragende, gründliche Jagdleitung und Schützen, die die Vögel auch treffen, sondern vor allem auch Reviergegebenheiten, in denen man an einem winterlichen Treibjagdtag 12 bis 14 Treiben mit kürzesten Zwischenpausen abrollen lassen kann. Selbstverständlich braucht man dafür zwei Treibergruppen. Bis die eine Gruppe am Treiben ist, stellt sich die andere schon am Ende des „Kontratreibens" auf, damit einerseits die Fasanen nicht aus dem nächsten Treiben hinauslaufen, andererseits das nächste Treiben ohne Zeitverlust angefangen werden kann. Die Schützen drehen sich dabei nur auf den Ständen, gehen auf die andere Seite der Schneise hinüber und der nächste Trieb kann beginnen.

Ein Wintertag ist sehr kurz. Es liegt auf der Hand, dass eine große Strecke nur erzielt werden kann, wenn das etwa sieben Stunden anhaltende Licht des Novembertages auch gut ausgenützt wird, und zwar mit Jagen, nicht aber mit dem Transport von einem Treiben zum anderen.

Die altehrwürdigen Jägersleute wussten sehr genau, wie man es machen musste. Der Erfolg zeigte sich rasch: schon Anfang dieses Jahrhunderts noch nie da gewesene Wildmengen, unter den günstigen klimatischen Verhältnissen weltberühmte Wildbestände, viele Tagesstrecken mit hohen und höchsten Wildmengen. Auch heute ist es nur möglich, solche Tagesstrecken zu erreichen, wo es an fachkundig angelegten Fasanenremisen nicht fehlt, sei es in den drei, vier Revieren der Tschechoslowakei, den fünf, sechs in Ungarn oder denen in der Bundesrepublik. Soviel ich weiß, gibt es dort auch einzelne.

Man kann mit Recht fragen: wozu sind Rekord-Tagesstrecken? Dies ist ja keine Jagd mehr. Natürlich hat diese Frage ihre Berechtigung, insbesondere, wenn auf künstlich in Bruthäusern gezogene, ganz zahm gewordene Vögel gejagt wird, die überhaupt nicht gerne fliegen, auch dann nicht, wenn sie getrieben werden.

Dennoch: Mag aus der Jagd noch so sehr ein „Wirtschaftszweig" geworden sein, so muss der Leiter der Fasanenjagd immer mehr mit allen Mitteln danach trachten, dass vor der Zahl die Qualität kommt, dass er möglichst hoch fliegende, sportliche Vögel über die Schützen bringt. Die Ansprüche der Jäger, seien es Ausländer oder Einheimische, zeigen immer mehr diese Tendenz. Es ist aber das Ziel der Jagd, dass möglichst viele hohe Fasanen die Schützenlinie anfliegen.

Denn die Niederwildjagd ist Ernte. Je größer die Strecke, desto kleiner die Unkosten pro Stück. Eine gute Strecke bereitet nicht nur größere Freude, man ist auch weniger gezwungen, durch mehrere Treibjagden viele Störungen ins Revier zu bringen. Denn dem Wildbestand macht es nicht wenig aus, ob die Anzahl der Hähne, die geschossen werden müssen, an zwei oder sechs Jagden erlegt werden!

Es lohnt sich aber, noch auf die Historie unserer Fasanen zurückzukommen, besonders auf die der letzten Jahre, denn sie hat mit einigen Überraschungen aufgewartet. Die Chronisten unserer Jagdgeschichte pflegen die dreißiger Jahre als die „Glanzzeit" des Niederwildes zu bezeichnen, als eine Periode der Wildmengen, die nie wiederkehren kann. Vorläufig hat uns jedoch schon der Fasan, und ich halte es nicht für ausgeschlossen, dass sich der Hase in dieser Beziehung in Kürze zu ihm gesellen wird, bewiesen, dass dem nicht so ist. Solange es in den wirren Zeiten nach dem Krieg noch Unmengen von Raubzeug gab und auch die Hennen nicht immer und überall geschont wurden, vermehrte der Fasan sich naturgemäß vorerst kaum. Es ist ja eine allgemein bekannte Tatsache, dass von allen unseren Niederwildarten gerade der Fasan die Hege, Pflege und raubzeugfreien Einstände am meisten beansprucht. Andererseits ist er aber dafür auch dankbar, denn sein Besatz kann am leichtesten gehoben werden. Er ist unsere einzige Wildart, die – und das ist ihrer weit gehenden Domestizierungsmöglichkeit zu verdanken – mit künstlicher Aufzucht sicher zu vermehren ist. Es ist sogar die Wahrheit, dass ein starker Fasanenbesatz eigentlich immer und überall nur mit einer künstlichen Aufzucht begründet werden kann. Wenn man im Laufe von mehreren Jahren jährlich eine größere Anzahl von Fasanenküken aufzieht und freilässt und dann eine sehr gewissenhafte Hege im Revier betreibt, die Fasanen gut füttert, das Revier von Raubzeug und Eierdieben freihält und – was wichtig ist – immer für genügend Hennen sorgt, dann gelingt die Vermehrung in genügendem Maße auch auf natürlichem Wege.

Bis zum Ende der fünfziger und Anfang der sechziger Jahre hatte das Niederwild in unserem Lande sehr stark abgenommen, auch die Fasanen. Wir hegten es nur ungenügend, ließen ihm nicht so viel Sorge zukommen, wie es beansprucht; wir hatten wenig Fasanerien und die wir hatten, waren unmodern. Doch dann endlich, so gegen Mitte der sechziger Jahre, wurden finanzielle Möglichkeiten zur Einführung und Verbreitung der neuzeitlichen Fasanenzucht geschaffen. Es wurden genügend Fasanenmeister und Berufsjäger herangebildet, die jagdliche Moral im ganzen Lande immer mehr gestärkt. Der Fasan brachte den Jägern viele Jagdfreuden, den Jagdgesellschaften gutes Geld, es lohnte sich, ihn auch mit künstlicher Aufzucht zu vermehren! Das „Fasanenprogramm" des Jagdschutzverbandes und einiger staatlicher Großreviere hatte einen durchschlagenden Erfolg, vorläufig jedoch noch nicht im ganzen Lande, denn in den bewaldeteren Gegenden Westungarns könnte der Fasan noch viel mehr vermehrt werden. Die finanziellen Möglichkeiten hierzu sind aber schon im „Zweiten Fasanenprogramm" gegeben, so dass mit gutem Grund erwartet werden kann, dass in einigen Jahren auch dort der Besatz beträchtlich angehoben wird. Doch schon heute, da erst die östlichen Landesteile der Großen Tiefebene einen maximal tragbaren Besatz aufweisen, gibt es insgesamt beträchtlich mehr Fasanen im Lande, als es jemals gewesen sind. Der Stammbesatz beträgt schon an die zwei Millionen!

Mit seiner unerwarteten Vermehrung in der östlichen Tiefebene bot uns der Fasan die größte Überraschung: Bislang hatte man gemeint, er wäre ein an Waldungen gebundener Vogel, insoweit, dass er allabendlich einen Schlafbaum und in Winterzeiten Wäldchen und Dickungen als Schutz benötigte. Doch was geschah?

Genau in den östlichen Landesteilen, wo es die wenigste Deckung gibt, wo landwirtschaftliche Monokulturen ringsherum bis an den Horizont reichen, dort in der Nähe und östlich der Theiß vermehrte sich der Fasan nach einigen Jahren der intensiven Hege ganz ungemein, und zwar nicht in Nähe der wenigen Waldungen und Feldgehölze, sondern allgemein in der ganzen Gegend. In fünf, sechs Jahren gab es dort schier unglaubliche Mengen von Fasanen. Niemand hätte sich getraut, dies vorauszusagen.

Freilich wurden nicht nur die Reviere betreut und raubzeugfrei gehalten. Mit den nötigen langfristigen Krediten versehen, richteten viele Jagdgesellschaften – auf Reviereinheiten von im Allgemeinen 10 bis 15.000 Hektar – Fasanenaufzuchten mit durchschnittlichen Legehennenbeständen von 250 bis 300 Stück ein. Die Eier dieser Hennen wurden zusammen mit der immer größeren Zahl der ausgemähten Eier maschinell ausgebrütet, die Küken in der Fasanerie großgezogen und dann im Revier ausgesetzt. Aber auch bei Jagdgesellschaften, die selber keine großen Fasanerien haben, werden die ausgemähten Eier systematisch gesammelt und an Brutstationen gegeben oder durch Glucken ausgebrütet. Wenn aber schon eine Aufzucht in Betrieb genommen ist, lohnt es sich, sie in größerem Maße zu betreiben. Deswegen werden von diesen Jagdgesellschaften alljährlich noch größere Mengen von Bruteiern oder Eintagsküken dazugekauft. Denn es wurden auch einige große Fasanerien mit mehreren Tausend Legehennen geschaffen, um die Reviere mit den nötigen Bruteiern und Eintagsküken versorgen zu können. Alles ist ein Schulbeispiel für gute Organisation und Zusammenarbeit der Jäger und hat auch bis jetzt nie da gewesene Erfolge gezeitigt.

Mit der allgemeinen Vermehrung des Fasanenbesatzes und der Veränderung ihrer Lebensräume durch die Einführung der großräumigen Landwirtschaft wurden jedoch auch die Jäger vor neue Probleme gestellt. Es gab zwar überall sehr viele Fasanen, aber wie sollten sie bejagt, die zur Besatzregulierung auch unbedingt notwendige Anzahl der Hähne erlegt werden? Solange die Maisfelder stehen, also neuerlich auch noch im Oktober, können diese zweimannshohen Dickungen von oft hundert oder mehr Hektar Flächenmaß überhaupt nicht bejagt werden. Es verlieren sich hier nicht nur die geschossenen Hähne, sondern auch die Linie der Jäger und Treiber bleibt keine Linie! Der Fasan hält sich aber hauptsächlich hier auf, solange der Mais nicht geschnitten ist. Hier findet er beste Äsung und Deckung. Wenn aber dann im November die Felder kahl werden, gibt es kaum eine Deckung im Revier, seien es Wäldchen, Schilfniederungen oder Unkrautfelder, wo man den Fasan bejagen könnte. Der Großteil überwintert draußen auf offener Flur, in umgeackerten Maisfeldern und auf Saaten, natürlich auch mit Vorliebe auf Maisstoppeln, sofern es die noch gibt, in den

Büschen neben Gehöften oder deren Ruinen. Viele Bauernhöfe wurden in letzter Zeit aufgegeben und verlassen; denn die Bevölkerung zieht sich in Städten und Dörfern zusammen. Dort baumt der Fasan auch auf den verstreut stehenden Akazien auf, wenn er nicht, was die Mehrzahl tut, in den Ackerfurchen nächtigt.

Wie kann man diese vielen „Feldfasanen" erfolgreich bejagen? In diesen Revieren der Tiefebene wurde zwangsläufig eine neue, ganz spezielle Methode der Fasanenjagd entwickelt: das Kesseltreiben auf Fasanen!

Wer hat schon jemals davon gehört? Ein Kesseltreiben auf Flugwild? Wie kann man es zusammentreiben? Es streicht doch so hoch aus dem Treiben, wie es ihm nur gefällt. Doch das ist es gerade. Es sind die höchsten „Paradefasanen", die ich jemals gesehen habe! Es ist in der Tat so, dass in den meisten Revieren der Tiefebene das Kesseltreiben die vorrangige, oft auch die einzige Methode der Fasanenjagd ist. Bei diesen hohen Fasanen ist es sehr selten, dass eine große Strecke gemacht wird. Es gehen meistens viele Fasanen zur gleichen Zeit im „Bukett" hoch, sehen, dass sie ringsherum umzingelt sind, gewinnen Höhe als einzige Rettung. Nur der eine oder andere fällt, dann sind die meisten schon in Sicherheit hinter der „Feuerlinie".

Doch animieren diese Fasanen die Jäger zumindest den ganzen Winter hindurch zu guten Schießleistungen. Denn jeder Revierteil muss mehrfach bejagt werden, weil stets viele Hähne entkommen. Aber je öfter man sie bejagt, desto höher fliegen sie! Ausgenommen allerdings bei feuchtem, warmem Wetter, wenn sie „Pantoffeln" tragen, wenn Erde an ihren Ständern klebt. Dann tragen sie schwer am Gewicht, streichen langsamer, niedriger, die Strecke ist größer, das Schießen jedoch weniger sportlich.

Meistens fliegen aber die Hähne wie die Raketen, ihr dunkler Kopf und Bauch leuchten rötlich vor dem Blau des Himmels. Heute ziehe ich schon den hohen, schnellen, getriebenen Fasan allen anderen Wildarten vor! Er ist sogar oft vor meinen seelischen Augen, fast täglich. Ich schließe die Augen und sehe ihn ganz klar: Der Hahn streicht mich an, sehr hoch. Ob es mir wohl gelingen wird, ihn zu treffen, ihn im Fluge zu brechen? Ich glaube, dass der Schuss auf den hohen und schnellen, getriebenen Fasan sicher auch eine Spitzenleistung der hohen Kunst des Schrotschießens ist!

Freilich muss der getriebene Vogel spitz nach vorne geschossen werden. Deswegen ist es selbstverständlich, dass die Schützen im Walde immer an dem dem Treiben entgegen gesetzten Rand der Schneise stehen, wenn vornehmlich Fasanen geschossen werden sollen. Wenn das Treiben aber auf Sau, Hase oder Fuchs geht, stehen die Schützen am diesseitigen Schneisenrand, um das durch die Schützenkette flüchtende Wild nach hinten auf der Schneise beschießen zu können. Beim Flugwild müssen die Schützen das Wild anstreichen sehen, ansprechen können und möglicherweise spitz von vorn „im Stich" schießen. Das ist beim Schießen von getriebenem Flugwild der gute und auch einzige richtige Stil, möglichst weit nach vorne zu schießen. Wenn es nur wenige Fasanen gibt, der Nachbar hat seinen Hahn vorbeigeschossen, so darf und kann man noch „hinlangen", wenn man ihn in vernünftiger Entfernung auch erreicht. Aber wenn die Fasanen im Bukett und dazu noch ständig ankommen, so ist es ein sehr schlechter Stil, sich umzudrehen und sie nach hinten zu befunken: Erstens, man schießt viele weich, die dann trotz bester Nachsuche verludern, zweitens, man kommt aus dem Konzept, aus dem Rhythmus. Und drittens ergibt sich so kein ästhetisches Bild eines eleganten Flugwildschützen.

Flugwild in gutem Stil zu schießen ist eine Harmonie der Bewegungen von vollendeter Eleganz, genauso wie die ineinander fließenden Bewegungen des Turnierreiters und seines Pferdes. Der gute Flugwildschütze schießt nämlich mit seinem ganzen Körper, nicht nur mit seiner Schulter, seinen beiden offenen Augen und den Armen, sondern auch mit weichen, losen Gelenken, genauso, wie der Reiter auf dem Pferd sitzt. Er dreht sich in den Hüften, geht auch ganz weich in die Knie, wenn er anstreichendes Flugwild schießt. Damit zieht er die Flinte vor das schnelle Wild, bringt seinen Schuss genügend nach vorne. Ich habe es oft beobachten können: Wer mit steifen Knien oder Hüften auf Fasanen schießt, trifft sie nur ausnahmsweise. Wer die Flinte nur mit seinem Arm führt, der schießt bestimmt hinten weg!

Der leider viel zu früh verstorbene Zsigmond Széchenyi, der sein Leben der Jagd verschrieben hatte und sich durch seine hervorragenden Jagdbücher in aller Welt einen Namen machte, war einer der allerbesten, aber sicherlich der eleganteste Flugwildschütze, den ich jemals gesehen habe. Und ich habe viele gesehen, nicht nur im alten Ungarn, auch viele der besten Ausländer, die neuerlich in Ungarn jagten. Széchenyi war ein hoher Mann mit langen Armen und Beinen, sonst langsam und bedächtig, aber ungeheuer flink mit Flinte und Büchse, die er ebenfalls hervorragend handhabte. Er schoss mit vollständig gestrecktem Arm, fasste also die Läufe ganz vorne, sehr weit vor dem Vorderschaft an.

Mit ihm habe ich oft gejagt, allerdings schon in seinen älteren Jahren, als es vorkam, dass er mal vorbeischoss. Dann sagte er in seiner langsamen Sprache und im Dialekt eines alten Bauern aus Somogy: „Wenn man alt wird, soll man hinterm Ofen sitzen und Westen stricken, nicht mit der Flinte umgehen!" Ich sah ihn aber auch in seinen besten Jahren schießen, sowohl auf getriebene Fasanen als auch beim Taubenschießen. Er war wirklich einer der ganz hohen Klasse, und bestechend war sein Stil im Umgang mit der Flinte.

Széchenyi habe ich oft ausgefragt, insbesondere über das Schrotschießen. Ob er jemals einen Schützen gesehen habe, der wirklich hohe Turmfasanen mit Sicherheit schießen konnte? Er verneinte die Frage, obwohl er noch mit den allerbesten „Großen" der Donaumonarchie und auch Ungarns zwischen den Kriegen gejagt hatte. Es war auch seine Meinung, dass die schwierigsten „Paradeschüsse" die auf die wirklich hohen Fasanen seien. Die getriebenen hohen Fasanen streichen den Schützen sozusagen auf jedem Stand anders an. Mit Gegenwind sind sie manchmal ausgesprochen langsam, oder er stößt sie hin und her, dass man das Vorhaltemaß überhaupt nicht herausbekommt, und bei starkem Rückenwind kommen sie sturmschnell an. Am schwersten ist der hohe Fasan mit

Seitenwind zu schießen, wenn er nicht in seiner Hauptflugrichtung getrieben wird, seitlich „im Kreis" fliegt und nicht „in Richtung seines Schnabels". Dann genügt das reine Vorhalten nicht, man muss seitlich vorhalten. Ein solcher Vogel ist kaum zu treffen. Die Engländer haben sogar einen Fachausdruck dafür und nennen solche Fasanen treffend „curling birds" – vielleicht mit „drehende Vögel" zu übersetzen.

Ich habe auch eine ganze Reihe von Schützen verschiedener Nationalitäten gesehen, die „normale", getriebene Fasanen – sagen wir bis zur Höhe der Krone einer alten Eiche – in Kropf und Brust trafen, einen nach dem anderen. Aber die Fasanen, die vom Wind getrieben in doppelter Höhe heransegeln, die sind – so meine ich – von allem Flugwild am schwersten zu treffen. Ich glaube nicht, dass ein Fasan so hoch fliegt, dass ihn die Schrote nicht erreichen, es sei denn etwa über ein tiefes Tal. Doch das kommt bei uns kaum vor. Aber ihn zu treffen, ist allerhöchste Kunst, keine Routinesache mehr und fast schon Zufall.

Denn wer kann schon das Vorhaltemaß abschätzen? Sind es fünf Fasanenlängen (mit Stoß!) oder zehn? Wer weiß das? Aber ich kann mich entsinnen, bei derart sehr hohen Fasanen instinktiv sehr viel, mit dem rechten Lauf etwa vier bis fünf Längen, vorgehalten zu haben, worauf überhaupt nichts passierte! Und mit dem linken Lauf dann noch viel mehr, kopfüber nach hinten – und der Hahn klappte zusammen. Ich hatte den Schuss viele Meter vorgezogen, das weiß ich, aber wie viel, könnte ich nie sagen.

In den letzten Jahren konnte ich viel in der östlichen Tiefebene jagen, insbesondere im Winter 1973/74, als dort auch nach einem sehr günstigen Frühjahr so viele Fasanen vorkamen wie noch nie. Es gab viel zu schießen, auch eine Menge in den Kesseln himmelhoch streichender Turmhähne. Wie ich schon zugegeben habe, fällt von diesen nur ab und zu einer auf meine Schüsse. Auf die meisten doppelte ich umsonst, weil sie sich meines Erachtens nie über, sondern vielleicht bis an die Grenze der Schussentfernung befanden. Aber sie fielen nicht, höchstens dass dem einen oder anderen einige Federn herausflatterten. Ob diese Fasanen wohl für Dreimillimeterschrot doch zu hoch fliegen, und wohin ich wohl schieße, wenn der Hahn den Schuss überhaupt nicht quittiert und auch keine Federn lässt?

Von englischen Jägern hörte ich, dass in England die Schützen bei den Fasanentreiben fast ständig einige Leuchtpatronen in der Westentasche haben. Wenn der hohe, schnelle und drehende Fasan auf die ersten Schüsse überhaupt nicht reagiert, so lädt der Schütze Leuchtpatronen und schießt die Leuchtkugeln dem nächsten Fasan hinauf. Er kann ihrer Bahn folgen und so erfahren, wohin er denn schießt, wie weit sein Schuss hinter oder neben oder manchmal vielleicht auch vor dem Wind getriebenen Hahn hegt. Dann kann er sich daran halten, sein Vorhaltemaß demgemäß korrigieren.

Ich gab nun keine Ruhe, bis ich zwanzig solcher Leuchtspurpatronen bekam. Leicht war es nicht. Von England ging es über Deutschland, weil sie nur auf diesem Umwege zu besorgen waren. Sie werden nur in England hergestellt. Bei einer Kesseljagd auf Fasanen lud ich also eine in den linken Lauf. Doch in der Hitze des Gefechtes vergaß ich es und feuerte sie auf einen mit dem ersten Schuss, vorbeigeschossenen „normalen" Fasan ab. Meine Rakete traf ihn in die Brust. Daraus hatte ich kaum etwas gelernt!

Die anderen Patronen erwiesen sich aber als überaus nützlich! Ich verfeuerte mehrere auf sehr hohe Hähne, und es zeigte sich, dass, wenn ich sehr viel vorgehalten hatte, so ungefähr fünf, sechs Hahnenlängen, die Leuchtkugel auch in die gute Richtung flog. Dennoch fielen diese Hähne beim Schrotschuss nur selten, höchstens, dass sie mal einen Rucker machten oder Federchen ließen. Daraus konnte ich zwei wichtige Dinge folgern: dass das Vorhaltemaß doch mehr oder weniger in den meisten Fällen ungefähr richtig war, doch dass viele dieser wirklichen „Turmhähne" (ich meine aber nicht solche in Baumhöhe) an der Grenze der Schussentfernung für Fasanenschrot streichen, dass man auf sie besser „Hasenschrot", also dreieinhalb Millimeter verwenden sollte. Diese Schrote haben in dieser Höhe eine noch bessere Durchschlagskraft.

Mitte des Winters, als die Hähne schon mehrfach beschossen und auch weniger feist waren, deshalb höher strichen, nahm ich

Patronen mit dreieinhalb Schrot. Ich muss sagen, es war eine gute Idee! Den nahen, niedrigen, normal streichenden Hahn tötete es genauso, doch den wirklich hohen, den „Turmfasan", noch viel besser! Seitdem ich mit Hasenschrot auf sie schieße, fallen viel mehr vom Himmel!

Es werden übrigens wenige wissen, ich erfuhr es auch nur von Zsigmond Széchenyi, dass es ein Buch gibt, das nichts anderes als wirklich hohe Fasanen behandelt. Es wurde von dem Engländer Sir Ralph Payne-Gallway geschrieben: „High Pheasants in Theory and Practice" betitelt. Es erschien im Jahre 1912. Es wurde auf der Grundlage von mit minutiöser Pünktlichkeit und Genauigkeit durchgeführter Versuche verfasst. Ich bin kein Ballistiker, aber es steht da gedruckt, dass in 30 Meter Höhe gezogene Fasanenattrappen aus der Streuung der Schrotgarben nur ganz wenige Schrote abbekommen, deren Durchschlagskraft schon recht gering war.

Einer meiner Bekannten, der von Ballistik etwas versteht, erklärte mir, dass dies ganz natürlich sei; denn auf die senkrecht in die Luft hinauf geschossene Schrotgarbe wirkt die Anziehungskraft der Erde viel stärker als auf eine im flachen Winkel verschossene. Deswegen sei die Streuung auch viel größer, die Durchschlagskraft jedoch viel kleiner als bei waagerechtem Schuss auf dreißig Meter. Eine Reihe von geschossenen, wirklich hoch – also in Höhen von über 30 Metern – streichenden Fasanen wurde gewissenhaft seziert und dabei festgestellt, dass die Vögel nur ein bis zwei Schrote abbekamen und sie daher nicht die Schockwirkung tötete, sondern die Schrote so saßen, dass der Fasan gelähmt oder betäubt herunterfiel und ihn der Aufprall auf den harten Boden tötete.

Wie merkwürdig dies alles auch klingt, es ist seriös und wäre vielleicht dennoch der Mühe wert, von Jägern und Ballistikern nachgeprüft zu werden. Inzwischen hat sich ja einiges beim Schrotschießen und bei der Durchschlagskraft der Munition geändert, obwohl sich – eigenartigerweise – gerade am System der Flinten, Patronen und der Schrotschuss in dieser Zeitspanne, in der die Menschen Fernsehen, Raumschifffahrt und neue Errungenschaften der Technik entwickelt haben, wenig umwälzend Neues getan hat. Das ist aber sicher kein Unglück. Wäre es noch Sport oder eine Freude, das Niederwild auf weite Entfernung schießen zu können? Mit der Entwicklung des Büchsenschießens sind wir nach meinem Geschmack sowieso schon zu weit gegangen.

Ich habe auch das ausgezeichnete Buch von Robert Churchill, „Das Flintenschießen" (Verlag Paul Parey, Hamburg), eingehend studiert, weil ich ja auch ein Narr des Schrotschießens bin. Es leuchtet ein, dass sein System gewaltige Vorteile hat: dass man nicht bewusst vorhält, sondern sein Auge aufs Wild richtet und mit der Flinte – mit dem linken Arm – auf das Wild deutet und instinktiv vorschwingt. Aber ich muss gestehen: Ich habe den Dreh der Sache nicht herausbekommen. Gut, gut, einen normalen quer reitenden Fasan oder ein Kopfhuhn kann ich auch mit mehr oder weniger Sicherheit treffen, da weiß ich auch immer im Schuss, ob ich „drauf" war bzw. wie weit ich vorn abkam, aber bei den weiten und hohen, da hört es auf! Da weiß ich nicht, wie viel ich vorhalten muss. Wenn man auch da nur so instinktiv „hinzeigen" könnte, die Hähne und Enten würden steintot aus dem Blau des Himmels fallen – das wär' was!

Einmal hoffte ich, dahinterzukommen. Ich habe einen Freund, Hans v. Aulock, der seit mehreren Jahrzehnten in der Türkei lebt und alljährlich seine 2000 bis 3000 Enten, Tauben, Schnepfen und Wachteln schießt. Er soll ein Flintenschütze von absoluter Weltklasse sein, was mir viele Jäger bestätigt haben. Leider und eigenartigerweise habe ich ihn praktisch nie als Schrotschützen gesehen, weil wir immer nur gemeinsam auf Schalenwild jagten. H. v. Aulock erzählte mir nun, dass er mit dem erwähnten Buchautor Churchill in der Türkei zusammen gejagt, Churchill ihm sein System beigebracht habe. Seitdem halte er – auf normale Distanz – nie bewusst vor, und sein Schuss sei viel sicherer geworden. Allerdings gab er zu, auf sehr hohe und schnelle Enten auch vorzuhalten – wie viel, dass konnte er nicht sagen. Ich bin also nicht gescheiter geworden!

Ich habe mich vielleicht viel zu sehr mit dem Lob der hohen, sportlichen Fasanen befasst. In den tischflachen Fasanerien Ungarns, in diesen werden die großen Jagden mit den reichen Strecken abgehalten, ist es meistens nicht leicht, die Fasanen zum Höherfliegen zu veranlassen. Mit dem Fasan kann man zwar verhältnismäßig leicht manövrieren, nur muss man wissen, wo seine Lieblingseinstände sind, wohin er gerne streicht. Man kann ihn von einer kleinen Remise oder guten Deckung im Feld in die andere treiben, nur dürfen diese nicht weiter als 300 bis 400 Schritt voneinander entfernt hegen, die Schützenlinie darf dabei nicht an die getriebene Deckung, sondern zwischen beiden aufs freie Feld gestellt werden. Dann werden die Hähne schon „turmen", wenn sie merken, dass sie über die Schützen müssen.

Man kann sogar das Revier ein bisschen dafür einrichten, wenn man hierzu die Möglichkeit hat. Man sollte Wildäcker für Fasanen nicht unmittelbar am Wald- oder Remisenrand anlegen, sondern etliche hundert Meter weg davon, dazwischen freies Feld, auf dem man die Schützen postiert. Die Fasanen werden, wenn richtig getrieben und die nötigen Flankenabwehrer an richtiger Stelle stehen, den kürzesten Verbindungsflug über die Schützen zur nächsten Deckung wählen, hoch am Himmel, doch nie außer Schussweite.

Als Leiter von vielen Jagden habe ich mir immer zum Grundsatz gemacht, das Schießen möglichst sportlich zu gestalten. Ich stelle deshalb die Schützen immer weit ab von der getriebenen Deckung ins Feld. Ich selber nahm als Jagdleiter die Flanke (möglichst unter Wind), und schnelle, zurückdrehende Hähne, die ich, allein auf weiter Flur stehend, schoss, machten mir besondere Freude.

Wenn ich viele Schützen hatte, die „Flugroute" der Fasanen nur schmal war, dann stellte ich die Schützen in zwei Reihen hintereinander auf. Die besseren Schützen natürlich in die hintere Reihe, so mit 50 bis 60 Meter Abstand. Hasen konnte man dann natürlich wegen der Gefahr des Anschießens nicht freigeben, aber welcher Flugwildschütze interessiert sich schon für Hasen, wenn es schnelle und hohe Fasanen zu schießen gibt?

In den letzten Jahrzehnten musste ich als Revierleiter sehr viel mit nicht von mir eingeladenen Gästen jagen. Mit mehreren von diesen, die die gleiche jagdliche Passion besaßen, entwickelte sich eine Freundschaft, die über viele Jahre dauerte und mit denen, alles gute Schützen, das Jagen auf Niederwild eine Lust war. Hingegen habe ich es vielen Gästen gegenüber als unfair empfunden, sie vor eine jagdliche Aufgabe zu stellen, die sie einfach nicht meistern konnten, weil ihnen diese Art des Schrotschießens völlig fremd war. Besonders unter deutschen Jägern gab es nur wenige, die eine Treibjagd auf Flugwild überhaupt kannten. Es ist verständlich, dass sie sich ziemlich unbeholfen vorkamen. Ich habe ihnen den guten Rat gegeben, auf dem Skeetstand fleißig zu üben, weil ich viele hervorragende Wurftaubenschützen auf der Fasanenjagd gesehen habe, darunter auch einige deutsche Meister. Alle schossen auch auf der Jagd ohne Ausnahme gut. Das Wurftaubenschießen erzieht zwangsläufig zum schnellen, gefühlsmäßigen Schießen. Auf dieser festen Grundlage trifft dann der Taubenschütze auch die getriebenen Fasanen oder Hühner überdurchschnittlich gut. Es fehlt ihm nur die jagdliche Routine. Die meisten Wurftaubenschützen ohne genügend jagdliche Routine sind zu schnell im Schießen, übereilen sich und fehlen deswegen, schießen das Wild oft zu nah und zu Brei. Oder, was nicht weniger schlimm ist, sie schießen es dem Nachbarn vor die Füße, nicht immer aus Schussneid, sondern aus Übereile.

Vor vielen Jahren leitete ich einmal eine Fasanenjagd in einem der besten, unter meiner Aufsicht stehenden Fasanenreviere „jenseits – also östlich – der Theiß", wie der Ungar sagt. Es war eine deutsche Jagdgesellschaft, alles wohl erlesene Flugwildschützen. Es waren deutsche Meister im Wurftaubenschießen dabei und mehrere Jäger, die auf dem Schießstand immer ganz vorn rangierten. Ich war sehr gespannt, was ich zu sehen bekommen würde. Beim angeregten Abendessen vor dem Jagdtag, als wir schon Batterien des Plattenseer Riesling vertilgt hatten, behauptete ein Jäger, der im Vorjahr die Meisterschaft gewonnen hatte, er würde von zehn getriebenen Hähnen alle treffen.

Ich stellte ihn – und mich – an die rechte Flanke eines Treibens, dessen bessere Deckung in der linken Partie war. Das Gros der Fasanen ging dort hoch, und ein guter Teil mit Rückenwind und Dreh strebte nach hinten über die rechte Flanke. Es gab Hähne nach Herzenslust! Er traf auch sieben von zehn. Die meisten fielen mausetot in großem Bogen nach hinten, aber bei dreien war halt doch kein Schrot in den Patronen.

Vor dem Mittagessen kam das „Treiben des Tages". Ich hatte einen Wildacker, so von 5 ha Größe, mit Sorghum (Besenhirse) bestellen lassen, die die beste Winterdeckung und Äsung gibt und Fasanen wie ein Magnet anzieht. Er war auch voller Fasanen, sicherlich an die 600 bis 700 Stück. Zudem war der Wildacker so angelegt, dass zwischen seinem schmalen Ende und der Remise etwa 300 Meter freier Acker lag. Hierher kamen die Schützen in zwei Reihen, und zwar so, dass die Jäger, die beim Taubenschießen Preise gewonnen hatten, in 60 Meter Abstand hinter der ersten Reihe, die aber auch 100 Meter entfernt vor der Deckung postiert war, standen. Wenn es viele Fasanen gibt und nur mit einer Flinte, und insbesondere, wenn in der ersten Reihe nicht gut geschossen wird, so bekommt die zweite Reihe, die von der ersten schon beträchtlich „erhöhten" Fasanen in genügender Anzahl. Es ist wirklich eine Freude, diese zu erlegen, stets eine Spannung in der zweiten Reihe zu erwarten, welcher Hahn wohl die erste Schützenreihe passiert und ob es dann gelingt, ihn doch noch herunterzuholen.

Die Treiberwehr rückte ganz langsam vor. Einige Männer gingen noch so 50 Meter vor der Treiberlinie. Es wurde sofort Halt gemacht, wenn ein Bukett Fasanen hochging. Ich selber stand weit weg an der Flanke, als Abwehrer, natürlich ebenfalls ganz frei. Das war damals für mich noch die „waffenlose, die schreckliche Zeit", und der vorerwähnte Jäger hatte mir, liebenswürdigerweise, für den Tag seine Merkel-Bock angeboten, mit der er die Meisterschaft gewonnen hatte. Er selber schoss eine Browning.

Ich kann mich noch genau – nach fast 20 Jahren – erinnern. Am Anfang des Treibens gingen nacheinander drei einzelne Hähne hoch, die, als sie sahen, dass sie „umzingelt" waren, sich in den Himmel schraubten und dann über mich Richtung zur Remise strichen. Ich nahm mich sehr zusammen, schon deswegen, weil alle

Jäger noch nichts anderes zu tun hatten, als zu schauen, was der Ungar mit seinen Turmfasanen macht. Ich versuchte, das Prestige zu retten, und hielt sehr weit vor, beim zweiten Schuss noch mehr. Aber nur einzelne kleine Federn aus dem Stoßansatz der Hähne flatterten zu Boden. Als ich dann endlich den dritten Hahn anständig traf, war ich doch erleichtert!

Später kam dann besagter Jäger mit leichtem Grinsen zu mir und sagte: „Na, mein lieber Doktor, bei ihnen fallen sie auch nicht alle vom Himmel!" Was ich auch nie behauptet hatte. Worauf ich prompt auf seine, noch mit vielen Vignetten beklebte Wunderflinte zeigte: „Freilich für so hohe Hähne müsste man schon eine engschießende Flinte haben!" Ob so gewaltiger Frechheit war er platt erstaunt.

Das Treiben wurde dann eine „hochkapitale" Sache, an die ich mich immer erinnern werde. Nicht nur, weil es so viele Fasanen gab, dass die vordere Schützenreihe viele auch unbeschossen oder gefehlt durchließ, sondern auch weil ich von der Flanke aus, wo ich dann nichts mehr zu tun hatte, das ganze Treiben und auch die Schützenlinie überblicken konnte. Die Fasanen schraubten sich buchstäblich in den Himmel hinauf. Es gab eine gewaltige Ballerei, aber es wurde auch gut geschossen, besonders in der zweiten Reihe. Daran kann ich mich genau erinnern, dass am Ende des Treibens nur dreiunddreißig Hähne auf der Strecke lagen, aber ausnahmslos „Paradehähne". Die Gäste waren hell begeistert. Denn das schwierige Schießen macht ja schließlich und endlich die Freude am Schrotschießen aus.

Übrigens war dies der einzige Fall in meinem Leben, in dem ich nicht mit der guten alten Doppelflinte, sondern mit einer Bock geschossen habe. Sowohl die Bock als auch die Querflinte haben ihre Vorteile. Letztere hat, zumindest nach meinem Geschmack, eine elegantere Linie und ist bedeutend flinker zu laden. Der Vorteil der Bock-Konstruktion, dass dazu mit Leichtigkeit Wechselläufe zu bauen sind. Außerdem behaupten meine Tontaubenschützen-Freunde, dass man beim Schießen mit der Bock-Flinte neben den schmalen Läufen mehr Gegend sieht und das Ziel leichter erfasst.

Doch schießen wir viele hohe, getriebene Fasanen dennoch vorbei, sie mit der Bock- und ich mit der Querflinte!

Ich finde, dass es immer schwierig bleibt, die hochfliegenden Fasanen unter dem hohen freien Himmel zu schießen! Weshalb, kann ich nicht klar beantworten. Vielleicht ist es so, dass man auf die über Baumkronen streichenden Fasanen eher gefühlsmäßig, also mit hingeworfenem Schnappschuss, schießt, daher naturgemäß besser trifft, als wenn man auf die frei anstreichenden Fasanen, die man unbedingt treffen möchte, zum Zielen verleitet wird und dann freilich meistens vorbeischießt. Ich habe auch das Gegenteil erlebt: Ein mir bekannter Jäger machte immer den Eindruck, dass er auf die Fasanen zielte und sie doch immer mit verblüffender Sicherheit, auch die ganz hohen, herunterholte. Ich kann mir auch denken, dass man, wenn man unter Bäumen steht, beim anstreichenden Fasan an Zweigen, Baumkronen usw. Anhaltspunkte für dessen Höhe und Richtung hat, was unter dem Blau des hohen, endlosen Firmamentes völlig fehlt. Jedenfalls ist es eine Erfahrungssache, dass bei völlig offenem Himmel allgemein schlechter geschossen wird.

Vor einigen Jahren hatte ich Gelegenheit, an der großen Jagd in Palarikovo (= Tótmegyer/Slowakei) als Zuschauer teilzunehmen. Es war dies der Besitz des Grafen Louis Károlyi, zwischen den beiden Kriegen mit weitem Abstand das beste Niederwildrevier Europas.

Ich wollte dieses Revier sehen und auch, wie die Jagd organisiert wurde. Im Voraus sei bemerkt: Seitens der Jagdleitung wurde in puncto Hege und Organisation eine Höchstleistung gezeigt. Der Waldbestand der Fasanerie unberührt, in forstlicher Hinsicht jagdlich bewirtschaftet, also nicht kahl durchgeforstet, die Alleebäume nicht geschlägert usw. Mindestens zwei Drittel der Fasanen waren Wildfasanen, kaum Volierenfasanen. Die Jagd lief wie am Schnürchen, von zwei Truppen von Treibern wurde hervorragend getrieben, auf allen Schneisen im noch unbejagten Teil standen Abwehrer, damit die Fasanen nicht aus den einzelnen Treiben hinausliefen und sich irgendwo massierten, während andere Partien „leer" wurden. Das ist eine komplizierte Strategie, mit der man mit viel Können ein Fasanentreiben arrangieren muss. Der Jagdleitung musste das höchste Lob uneingeschränkt gezollt werden. Alles war absolut mustergültig, einschließlich Streckelegen und Verblasen.

Eine internationale Gesellschaft von zwölf Schützen nahm an der Jagd teil. Automaten waren nicht zugelassen, aber englische Schwesterflinten habe ich nicht wenige gesehen. Die Schützen waren gut, teils sehr gut. Es lagen abends 3300 Fasanen zur Strecke, die beste seit Kriegsende. Es wurden am Anfang der Treiben, solange die Fasanen noch hoch herangestrichen kamen, jeweils auch Hennen freigegeben – es fielen etwa 800. Ich finde es allerdings viel schöner und aufregender, nur Hähne zu schießen. Man muss sich dann die Rotbrüstigen herauspicken, man schießt nicht wild um sich auf alles, was kommt.

Die Fasanen strichen gut und hoch. Schon wegen des im Allgemeinen etwa 80-jährigen Waldbestandes gab es außerordentlich viel Unterwuchs und Deckung im Bestand. Das Gros der Fasanen lief nicht „zu Fuß" vor die Schützen, sondern wurde vor den Treibern hoch und kam in guter Fahrt angestrichen. Richtige Turmfasanen gab es nur vereinzelt, wenn ein erfahrener, oft schon beschossener Hahn so zu entkommen suchte. Er entkam auch immer.

Was mir an dieser Jagd ausgesprochen missfiel, war die Tatsache, dass die Schützen viel zu nahe aneinander standen. Die Flanken wurden nie besetzt. Die Treiben waren fast genauso angelegt wie früher, nur „verteidigten" damals ein Treiben derselben Breite nicht zwölf, wie jetzt, sondern nur sieben Schützen. Das bedeutet, dass sie damals 40 bis 50 Meter voneinander entfernt standen, jetzt betrug aber die Entfernung zwischen den Nachbarn meistens nur etwa 20 Meter, oft auch noch weniger. Meistens wusste man in den wenigsten Fällen, „wessen Vogel" der anstreichende Fasan war, so dass – obwohl ständig Fasanen über den Schützen waren – es doch sehr viele „Kompanie-Hähne" und zerschossene Fasanen gab.

Beim Abrechnen wurde die ganze Strecke unter den Teilnehmern gleichermaßen verteilt. Also es ging nicht nach der Einzelstrecke, was ja auch kaum verlässlich festzustellen gewesen wäre.

So konnte man einige Schützen sehen, die die Fasanen vor die Füße des dritten oder vierten Nachbarn schossen. Das leider schon unvermeidliche Geschäft produziert bei der Jagd oft die seltsamsten Haken und Auswüchse!

Bewundernswert war bei dieser Jagd die Arbeit der Flintenspanner. Weil diese Kunst schon fast überall vergessen ist, war sie besonders eindrucksvoll. Mit dem Schwinden der Niederwildbesätze sind zwei Flinten heute nur noch für wenige Jagden erforderlich. Wenn es uns aber in Ungarn gelingt, die Fasanenbesätze weiterhin noch zu heben, so ist es durchaus möglich, dass es mehr Jagden geben wird, die zwei Flinten erfordern. Denn die sind auf der Jagd mit viel Wild kein Luxus, sondern eine absolute Notwendigkeit! Große Strecken können nur so erreicht werden: Je ein Schütze schießt sicherlich um dreißig, vierzig Prozent mehr Fasanen, wenn er mit zwei Flinten jagt! Nicht nur deswegen, weil seine „Feuerstärke" größer ist, sondern vor allem deswegen, weil er so die Augen ständig auf den anstreichenden Fasan halten kann, das Wechseln der Flinten geschieht ganz automatisch, stets mit denselben routinierten Griffen. Wenn er aber die eine Flinte selber laden muss, so schaut er notgedrungen zwischendurch immer nach unten und kann nicht sehen, was über seinem Kopf geschieht. Mit einem Wort, er fällt aus dem Konzept, aus dem automatischen Fluss der Bewegungen.

Natürlich sind es bei großen Jagden in Tótmegyer seit Jahrzehnten immer dieselben Spanner, selber auch Jäger. Sie sind aber nicht mehr mit ihren Schützen eingespielt, weil diese wechseln. Früher war es – zumindest wo ich jagte – so üblich, dass der Spanner die Patronen in einer Tasche bei sich führte und selber lud. Bei dieser Methode kam es öfters vor, wenn viele Fasanen kamen, dass die zweite Flinte noch nicht fertig geladen war, wenn der Schütze die leer geschossene Flinte nach hinten reichte. Hier in Palarikovo lernte ich eine viel bessere Methode kennen. Halbrechts hinter dem Spanner stand noch ein Mann, jeweils zwei Patronen in der Hand bereit zum Laden. Der Spanner klappte die Flinte nur auf und wieder zu und wechselte sie mit dem Schützen.

Der Tausch der Flinten und das Neuladen gehen folgendermaßen vor sich: Der Schütze reicht die leer geschossene Flinte mit seiner Rechten am Kolbenhals gehalten, dem halbrechts hinter ihm stehenden Spanner. Dieser übernimmt sie mit seiner Linken, die Läufe hoch anfassend und reicht die geladene und gesicherte Flinte mit seiner Rechten dem Schützen, der sie mit der Linken vorn an den Läufen, ebenfalls so wie beim Schießen angefasst, übernimmt. Der Spanner dreht sich mit der übernommenen leeren Flinte um, steht dann gegenüber dem Lader, öffnet die natürlich mit Ejektor versehene Flinte, jedoch so, dass die Läufe stets seitlich auf den Boden zeigen. Der Lader lädt zwei Patronen, worauf der Spanner, sich immer noch wegdrehend, die Flinte zuklappt und nunmehr mit gesicherter, in die Luft zeigender Flinte sich dem Schützen wieder zuwendet. Ein guter Spanner ist, der die Sicherheitsvorschriften stets genauestens einhält, dessen Auge immer nur den Schützen und die Flinten beobachtet und nicht die Fasanen. Am ganzen Jagdtag habe ich nicht ein einziges Mal gesehen, dass die zweite Flinte nicht zum Wechseln fertig war, als der Schütze die abgeschossene nach hinten reichte. Ich möchte den verehrten Leser für diese trockene Fachsimpelei um Nachsicht bitten, doch hoffe ich, dass er auch eines Tages mit Schwesterflinten auf getriebene Fasanen schießen kann, ihm das Geschilderte von Nutzen sein wird.

Übrigens, wenn wir von Massenstrecken sprechen: Seinerzeit hatte ich das Glück, viele Jagden mit Tagesstrecken von über 1000 Stück Niederwild bei sieben bis zehn Schützen mitzumachen. Das ist niemals „Massenmord" gewesen, sondern die Ernte einer ganzjährigen Hege und eines streng geregelten Jagdbetriebes.

Zum Abschluss möchte ich noch meine liebste Fasanengeschichte erzählen. Als sie sich ereignete, stand mein Vater in seinem einundneunzigsten Lebensjahr. Früher war er ein hervorragender Flintenschütze gewesen, erstklassig im Fasanenschießen. Er ging mit der Flinte in sehr gutem Stil und blitzschnell um, doch nie sich übereilend.

Als wir seinen neunzigsten Geburtstag feierten, sagte er zu meinem Bruder und mir: „Ich möchte noch einmal eine Flinte in die

Hand nehmen! Als Geburtstagsgeschenk erbitte ich mir, dass Ihr mich zu einer Fasanentreibjagd mitnehmt!" Seit langen Jahrzehnten hatte er nicht mehr gejagt. Wir nahmen ihn dann in einer lieben Freundesrunde auf eine schöne, bequeme Jagd mit. Wir gaben ihm eine leichte, schnittige Sechzehnerflinte, keine schwere Zwölfer mit starkem Rückstoß. Es wurde ein langer Waldstreifen getrieben, an dessen einer Flanke sich ein breiter Abflussgraben mit einem Damm entlangzog. An dieser Flanke stand die Hälfte der Schützen, denn hinter dem Graben dehnte sich ein großes Schilfdickicht aus und das war daher ein bevorzugtes Flugziel der Fasanen. Mein Bruder und ich flankierten hier, während der Vater an der Ecke der Schützenlinie vor uns oben auf dem Damm stand. Wir konnten alle seine Bewegungen genauestens beobachten.

Ein Hahn strich mitten im Treiben vorwärts, wurde der Schützenlinie gewahr und schraubte in die Höhe, gleichzeitig aber auch seitlich, Richtung Ecke und Schilf. Hoch und schnell kam er im Bogen an die Ecke gestrichen. Zwei Schützen, die in der Front standen, konnten auf ihn doppeln – ohne Erfolg.

Der alte Herr zeigte mit derselben schnellen, leichten Bewegung wie vor vierzig Jahren mit der Flinte auf den sich mit dem Winde drehenden Turmhahn, traf ihn mit dem linken Lauf so sauber, dass er in großem Bogen jenseits des Grabens tot landete.

So mag wohl sein, dass der Mensch nicht nur das Schwimmen und das Reiten, auch das Flintenschießen nie wieder vergisst, wenn er es einmal erlernt hat.

„Man steht am Bock"

Der Fremdenverkehr zeitigt oft übertriebene, stillose „Blüten". Genauso auch der „jagdliche Fremdenverkehr". Und dieser leider oft vielleicht noch viel mehr! In dem von mir verwalteten Láboder Revier versuchten die Berufsjäger nach Möglichkeit, die Hirsche, Böcke und Keiler zu bestätigen. Sehr oft stellten wir auch transportable Hochsitze an die Wechsel, damit der von weither angereiste Gast, der mit Revierverhältnissen und Wild nicht vertraut war, zu Schuss kam. So viel soll das Jagdpersonal für den Erfolg der Jagd tun. Doch musste der Jagdgast selber auch jagen: zumindest öfter ansitzen, bis Hirsch oder Bock schussgerecht kommen. Er muss den außer Schussdistanz ausgetretenen Bock anpirschen oder sich beeilen, um dem Rotwildrudel den Wechsel abzuschneiden.

Am ersten Mai des auf das Ende meiner Láboder Dienstzeit folgenden Jahres fuhr ich als Jagdbegleiter und Dolmetscher meines Freundes H. mit ihm in eines der wegen ihrer kapitalen Rehböcke bekannten Komitate östlich der Theiß in das große Ungarische Tiefland. Seit sehr langer Zeit wieder zum ersten Mal, zur frühjährlichen Bockjagd.

Man muss wissen, dass in der sozusagen waldlosen dortigen Kultursteppe die Rehbockjagd anders ausgeübt wird als in mehr bewaldeten Revieren. Denn im Walde, oder in Revieren mit Deckung von Remisen, Gehölzen, Büschen und Gräben gibt es immer Blößen und Stellen, wo die Rehe auch in vorgeschrittenem Sommer austreten und zu erlegen sind. Doch in Feldrevieren mit den heutigen riesigen Monokulturen ist die Bockjagd, zumindest bis zur Blattzeit, völlig aussichtslos. Sobald nach dem zehnten Maitag die Luzernenschläge zum ersten Mal gemäht werden, in denen die Rehe ausschließlich ästen, ziehen sie nun in die inzwischen hoch gewachsenen und völlige Deckung spendenden unendlichen Getreideschläge.

Deswegen fällt die Hauptzeit der Bockjagd zwischen den 1. und 10. Mai. Dann ist noch jeglicher Pflanzenwuchs niedrig, man sieht meistens sogar auch noch die Gehörnspitzen des sitzenden Bockes aus Luzerne oder Getreide leuchten. Zu dieser Zeit kann man sie mustern, sie nach Alter und Gehörn ansprechen und die, welche wir für die Kugel als reif halten und zum Erlegen bestimmten, vom Wagen aus oder auf diesem aufgelegt, leicht schießen. Es ist höchstens nur die Frage, auf welche Distanz der Bock den Wagen aushält, auf hundertfünfzig oder auch nur auf dreihundert. Das hängt davon ab, wie viel auf die Rehe beim Rickenabschuss im vergangenen Winter geschossen wurde! Doch ist das Treffen des Bockes mit einer auf dem unbeweglich stehenden Kraftwagen aufgelegten Weitschuss-Hochrasanz-Zielfernrohrbüchse auch auf diese Entfernung keine besondere „jagdliche" Schießleistung. Falls er eventuell auf Anhieb vorbei geschossen wurde, so ist er selten imstande, von der Bildfläche zu verschwinden. Man kann ihm nachfahren, mit dem Kraftwagen sogar auch ermüden und früher oder später erhält er dann die „saubere Kugel". Der Jagderfolg hängt also hauptsächlich davon ab, ob man den zum Abschuss bestimmten Kapitalbock findet oder nicht. Da wir jedoch wissen, dass ältere Böcke stets ein bestimmtes, meistens auch nicht großes Einstandsgebiet beibehalten, Deckung jedoch in der Kultursteppe zu dieser Zeit kaum existiert, können sich die Rehböcke mit den Kapitalgehörnen, die von den Jagdgesellschaften zum Abschuss für ausländische „Abschussnehmer" bestimmt sind, nicht verstecken. Sie sind dort im Felde mit der niedrigen Deckung zur Schau gestellt!

Dies alles wusste ich auch schon, bevor ich meinen Fuß in das berühmte Rehbock-Komitat setzte. Es war mir auch klar, dass die Erlegung unserer Böcke unser Wissen und unsere Erfahrung um die Bockjagd nicht überaus in Anspruch nehmen würde. Höchstens nur soweit, dass wir die Qualität des Gehörns und die Gefahr des „Minuspunktes" in Betracht ziehend selber die Sentenz über die uns vorgeführten Böcke fällten.

Ich wurde äußerst überrascht, als wir in unserer fast einem Jagdschlösschen gleichenden Unterkunft ankamen. Das Haus steht einsam in einem Meer von zu dieser Zeit blühendem Flieder. In seinen fast fünfzehn Zimmern hausten zu dieser Zeit nur Jagdgäste. Der Jagdinspektor, der alle Reviere des Komitates und ihre Wildbestände hervorragend kennt, dirigierte von hier aus die vielen Gäste. Jeder Gast bejagte das Revier einer Jagdgesellschaft, das von hier aus erreicht werden konnte. Hierher wurden auch die meisten Gehörne gebracht. Der für das Abkochen und für das Wiegen verwendete Raum glich einem Museum, einer kleinen Trophäenschau. So konnte im Laufe der Jahre die Entwicklung der Rehböcke der einzelnen Reviere gut verfolgt werden.

Doch es wurde noch viel mehr für den „jagdlichen Tourismus" getan: Wo ein Bock bekannt war, dessen Stangen nicht nur im Bast, sondern auch blank gefegt stark waren, wurde diesem große Aufmerksamkeit zuteil, um ihn dann kurz nach dem Aufgang der Bockjagd dem ersten guten ausländischen Gast, der die gewichtige Summe seines Abschusses zu bezahlen bereit war, vor die Büchse zu stellen. Mein Freund, der Jagdinspektor des Komitates, hielt die Zügel straff in der Hand. Nach Möglichkeit musterte er die starken Böcke noch vor der Jagdzeit selber mit seinem Spektiv. Meines Wissens war er damals außer mir der einzige Jäger, der bei uns dieses kaum zu entbehrende optische Werkzeug zum Ansprechen des Alters und Gehörnes von Rehböcken benutzte. Wenn er sagte, er habe den Bock angesprochen und sein Gehörn sei über fünfhundert Gramm schwer, dann konnte man sich darauf verlassen.

Erwartete er einen Gast, von dem er sicher wusste, dass er ein „guter" Jagdgast war, also mit viel Geld und wenig Zeit, der Kapitalböcke zu schießen gedachte, so ließ er es die „glücklichen Besitzer", die Jagdgesellschaft mit Kapitalböcken, wissen. Man müsste die betreffenden Böcke im Auge behalten.

Zum besseren Verständnis der Situation muss ich erklären, dass es nicht gleichgültig ist, welchen Gast man auf welchen Bock führt! Denn die Abschussgebühr des erlegten Rehbockes wächst progressiv mit dem Gewicht des Gehörnes. Das Wiegen des Gehörnes zwecks Verrechnung ist vierundzwanzig Stunden nach dem Abkochen fällig. Von diesem Gewicht verliert die Trophäe im Laufe des späteren Eintrocknens etwa zehn Prozent. Das Wiegen des abgekochten Gehörns muss jedoch in der Praxis zum vorgeschriebenen Zeitpunkt erfolgen. Deswegen ist der Abschuss von Kapitalböcken keineswegs billig. Abgesehen davon haben Kapitalböcke auch einen Seltenheitswert.

Ich hatte einen lieben deutschen Jagdfreund, der nicht nur hervorragende Jagdbücher schrieb, sondern auch von der Jagd viel verstand: Hubert Behr. Wir haben viele schöne gemeinsame Jagdtage erlebt. Er schrieb einmal in einer deutschen Jagdzeitschrift, dass das „gefährlichste" Wild auf Erden der ungarische Rehbock sei. Das war vor mindestens fünfzehn Jahren, als die Abschussgebühren noch viel niedriger waren als heute. Er meinte damit, dass bei uns die Abschussgebühren des Rehbockes nach Gehörngewicht festgesetzt sind und man beim Schätzen des Gehörngewichts des lebenden Rehbockes draußen im Revier sehr wohl hereinfallen kann. Nicht nur, dass man sich beim Ansprechen der Stangenstärke, die den überwiegenden Anteil des Gehörngewichtes ausmacht, allzu leicht irren kann, sondern auch bedenken muss, dass das spezifische Gewicht der Knochenmasse der Gehörne verschiedener Böcke sehr unterschiedlich ist. Das Gehörn eines Bockes, das wir auf fünfhundert Gramm schätzten, kann wegen seines leichten spezifischen Gewichtes beispielsweise nur vierhundert Gramm wiegen. In diesem Fall freut sich der „Abschussnehmer". Doch auch der umgekehrte Fall kann eintreten!

Der Jagdinspektor erwog alle Gesichtspunkte immer gründlich und wählte demgemäß Gäste und Böcke aus. Er berücksichtigte auch, wie viel der Jagdgast vom Ansprechen der Böcke verstand. Die „Auchjäger" schickte er grundsätzlich auf solche Böcke, die er selber angesprochen hatte, damit Fehler möglichst vermieden werden sollten. Denn es ist keine leichte Aufgabe, Alter und Gehörn des Rehbockes richtig anzusprechen. Bei Kapitalböcken ist das meistens noch schwieriger. Denn sie erhalten gewiss den „Minuspunkt" bei der Trophäenbewertungsstelle, wenn sie keine 7 bis 8

Jahre aufweisen. Dann ist die Abschussprämie der Jagdgesellschaft dahin, das viele Geld geht in den Wildbewirtschaftungsfond. Doch in diesen Revieren, in denen überwiegend das Rehwild erst vor kurzem heimisch wurde, besaßen die Jäger und damals sogar auch die Berufsjäger noch wenig Erfahrung im Ansprechen und meistens auch nicht die dazu notwendigen optischen Hilfsmittel.

Ich verzeichnete es also als große Ehre und Anerkennung unserer jagdlichen Erfahrungen, als uns der Inspektor die Anweisung gab: „Fahrt heute nachmittag ins Revier X. Um 16 Uhr erwartet Euch der Jagdmeister der Jagdgesellschaft bei der Schranke der Bahnlinie, bevor ihr in die Ortschaft kommt. Er organisiert alles. Man steht an zwei Kapitalböcken, schaut sie euch an. Wenn sie passen, schießt sie."

Das war klare Sprache, mit Ausnahme von „man steht an zwei Böcken".

„Was bedeutet denn dies? Bei uns stehen nur die Hunde das Wild vor!"

„Bei uns steht man auch an Böcken! Noch dazu sind es Menschen! Fahrt nur, Ihr werdet schon sehen!"

Tatsächlich erwartete uns der Jägermeister nachmittags um vier Uhr an der bezeichneten Stelle. Er stieg in unseren Wagen; denn man konnte auch in diesem in den Revierteil fahren, wo man an einem der Böcke stand. Es sollte ein überaus starker Bock sein. Das Gehörn sei abnorm, hätte oben irgendeine riesige Verdickung. Nie hatten die Jäger einen solchen Bock vorher gesehen. Niemand hatte eine Ahnung, wie schwer wohl dieses Wundergehörn sein könnte. Das Gesicht des Jägermeisters erheiterte sich sichtlich, als ich ihm sagte, dass unser Gast den allerschwersten Bock zu schießen gewillt sei, wenn er auch alt genug sei.

Die Entfernung in den Revieren der Tiefebene sind sehr groß. Das Revier scheint endlos zu sein. Wir fahren zwischen riesigen Luzerne- und Getreideschlägen. Hie und da ein mit Mais frisch bestelltes, glatt gewalzenes kahles Feld. Darin, wie schwimmende Schiffswracks, eine Ruine eines ehemaligen Gehöftes mit einigen Akazien, manchmal sogar ein noch bewohntes Gehöft, dessen

Besitzer das nach der Einführung der großflächigen Landwirtschaft sinkende Schiff seiner gewesenen Existenz noch nicht verlassen hatte. Und überall Rehe, die sich hier nach dem Schwinden der Kleinfelderwirtschaft angesiedelt hatten, einzelne Böcke und kleinere Sprünge. Doch wir halten nicht. „Die sind nicht interessant", sagt der Jägermeister, „schade, mit ihnen die Zeit zu vertrödeln – den Bock mit dem dicken Gehörn sollen wir uns ansehen, der lohnt es! Den, an welchem man steht!"

Wir fahren also auf dem ausgefahrenen, jetzt trockenen und glatten Feldweg immer weiter ins Revier, wo man außer den Rehen auch überall rammelnde Hasen und inmitten ihres Harems einher stolzierende Fasanenhähne mit roten Rosen und Federbüscheln am Kopf sieht. Dies ist eine nicht nur mit Rehwild, sondern auch mit Niederwild besonders gesegnete Gegend.

„Jetzt kommen wir schon in die Nähe!", sagt der Jägermeister, als wir einen auf der verfallenden Ruine eines Gehöftes sitzenden Jäger erblickten. Als er uns sieht, steht er auf und gibt uns mit nach unten gerichteten Händen ein Zeichen. „Es ist in Ordnung! Der Bock ist nieder getan!", übersetzt uns der Jägermeister.

„Wieso? Wer ist denn das?"

„Das ist eines der fünf Mitglieder der Jagdgesellschaft, die heute früh mit dem Revierjäger mitkamen, um am Bock zu stehen. Schauen Sie nur, dort auf dem Strohschober sitzt ein zweiter, die anderen ringsherum um dieses große Gerstenfeld, den Einstand des Bockes. Sie müssen ihn ständig im Auge behalten, wenn er hoch wird. Dann weiß man, wo er sich befindet, wenn der Gast ankommt."

Der „Jagdgenosse" auf dem Heuschober machte dieselben beruhigenden Handbewegungen. Die Gerste war schon so hoch gewachsen, dass man den sitzenden Bock auch von hoher Warte nicht mehr sehen konnte, doch präsentierte er sich sofort, wenn er hoch wurde. Wir armen „Abschussnehmer" hätten also lange warten müssen, bis der Bock hoch zu werden geruhte! Doch hier denkt man, und vielleicht auch mit Recht, dass die ausländischen Jäger nicht so sehr um des Jagens willen zur Jagd kommen, sondern um möglichst starke Gehörne in möglichst kurzer Zeit einzusammeln. Deswegen wurde diese überaus nützliche, auch hervorragend organisierte Methode entwickelt.

Unter der Akazienallee, welche das Gerstenfeld begrenzte, erwartete uns ein Gespann mit einem gelben Sandläufer (ungarischer Kutschwagen) und zwei Braunen. Es war das Gespann der benachbarten Landwirtschaftsgenossenschaft, das zu diesem Anlass ausgeliehen worden war. In diesem Augenblick steigt der Berufsjäger im Jägerrock mit grünem Aufschlag und Glas von der nächsten Akazie und meldet dem Jägermeister:

„Da drüben in Richtung des Gehöftes mit der einzelnen Pyramidenpappel sitzt der Bock in der Senke, etwa vierhundert Schritt von hier entfernt. Vor einer halben Stunde wurde er hoch und äste ein wenig, dann tat er sich wieder nieder. Es ist sicher, dass es der Bock mit dem großen Knubbel im Gehörn ist.

Alle Wächter haben ihn gesehen. Schon bei Sonnenaufgang bummelte er im Gerstenfeld und verließ es den ganzen Tag nicht! Das Gehörn ist sehr stark, besonders eigenartig ist der große Klumpen. Ich kann nicht klug daraus werden, nicht einmal durchs Glas!"

Wir besteigen den Wagen. Der Jägermeister sitzt neben dem Kutscher auf dem Kutschbock, um bessere Rundsicht zu haben, wir beide auf dem Hintersitz, H. mit seiner Kipplaufbüchse, ich aber mit Kamera und Teleobjektiv und meinem nie fehlenden Spektiv. Der Jäger aber steigt zurück auf seine Akazie, um uns von da aus dirigieren zu können und den Bock im Auge zu behalten, sollte er das Weite suchen.

Nun haben wir den Rehbock richtig umzingelt und uns gesichert! Er wird uns kaum entkommen, es sei, wir pardonieren ihn. Wir nahmen uns streng vor, dass wir ihn vor dem Schuss genau ansprechen würden. Wir wollen uns nicht übereilen, es ist ja auch nicht notwendig. Nur sehr bedacht, langsam, langsam!

Wir sind noch kaum fünf Minuten im Gerstenfeld gefahren, dessen Halme laut hörbar unter den Wagenrädern knacken, als der Jäger auf dem Baum wild mit den Armen fuchtelt. Dann wird halbrechts, kaum zwanzig Schritt vor den Pferden entfernt, der Bock hoch. Wie ein Hase aus der Sasse und flüchtet schräg von uns weg. Zwischen seinen Stangen ein zweifaustgroßer Klumpen.

Zunächst schieße ich ihn hochflüchtig mit dem Tele auf eine Entfernung von etwa 50 Schritt. Ihn zu begutachten werden wir sicherlich noch Zeit haben, wenn er sich beruhigt hat. Das tat er auch. Auf hundertfünfzig Schritt verhofft er und bummelt vertraut im Getreide. Nun fixieren wir ihn mit den optischen Instrumenten. Im Körperbau zeigt er einen jüngeren Bock, vier, fünf Jahre alt, darüber waren wir uns mit Hans sofort einig. Dies schien auch der Gesichtsausdruck zu bestätigen. Nun wollen wir uns das Gehörn ansehen. Was könnte denn diese komische Wucherung daran sein? Was war es? Unsere stark vergrößernden Gläser zeigten sofort sein gutes, weit ausgelegtes, jedoch nicht kapitales Sechsergehörn und darauf oben einen zusammengeballten Sackstreifen, in den er sich wahrscheinlich beim Fegen irgendwo verwickelt hatte! Dies bestätigt auch das Foto ganz genau. Mittels unserer Gläser überzeugten wir auch den Jägermeister und ließen dann lachend den Bock stehen. Der andere, „vor dem man steht", der wird bestimmt ein „Richtiger" sein!

Inzwischen wurde auf der anderen Seite des großen Schlages auch ein Bock hoch, der mit dem Spektiv auf mehrere hundert Meter angesprochen, alt, stark im Wildbret war und ein hohes, gutes Gehörn zeigte. – Fahren wir hin, sehen ihn uns näher an!

Der Bock zeigte sich außerordentlich vertraut, obwohl er reif und alt war und die Gefahr des „Minuspunktes" bestimmt schon hinter sich gebracht hatte. Er ließ uns mit der Kutsche auf kaum achtzig Schritt heranfahren und bummelte in der Gerste. Wir aber kritisierten ihn lauthals. Alter? Wir waren uns einig, eher sechs, als fünf, könnte auch im Glücksfall sieben haben. Also wäre er eigentlich jagdbar. Das Gehörn? Hoch genug, fünfundzwanzig, sechsundzwanzig Zentimeter. Die Enden verhältnismäßig kurz, doch ein regelrechter Sechser, aber Stangen und Rosen sind gut. Das Gehörn hat ganz bestimmt vierhundert Gramm, kann aber auch vierhundertfünfzig haben, mehr aber kaum! Bis wir uns geeinigt hatten, machte ich von ihm einige Aufnahmen.

„Darf er geschossen werden?", fragte ich den Jägermeister.

„Bitte, wenn er passt!"

Ich sehe fragend auf H. Doch war er an stärkeren Böcken interessiert. „Nein!", sagte er bestimmt.

„Fahren wir", trieb der Jägermeister an. „Gleich schwindet das Büchsenlicht. Man steht auch vor dem anderen Bock!"

Wir fuhren also Trab zum Auto, schüttelten den Jägern die Hände und brachten unser Bedauern zum Ausdruck, dass der „vorgestandene" Bock nicht alt und stark genug war, bedankten uns für ihre Hilfe und fuhren zum nächsten Bock.

Nach etwa fünfzehn Kilometern Fahrt kamen wir beim auf uns wartenden Gefährt an. Doch dies war nicht mehr der traditionelle Kutschwagen, sondern ein der Jagdgesellschaft gehörender sehr praktischer Geländewagen mit Vierrad-Antrieb. Dieser Kraftwagen war für den Transport geschossenen Wildes ein viel eher brauchbarer Geländewagen, als zum Pürschenfahren auf Rehböcke. Denn er war ein hinten geschlossener, so genannter „Fourgon", zum Transport von Häftlingen und Leichen gebräuchlich. Zu meinem Glück bin ich noch nie in solch' einem Wagen gereist, die Not zwang mich jetzt erst dazu. Mein Freund, der „Abschussnehmer", und der Jägermeister als Hauptakteure des Schauspiels, bekamen Plätze vorn neben dem Führersitz, ich als „Mitfahrer" hinten im Kasten mit meinen photographischen und optischen Klamotten. Der Wagen hatte einen einzigen Vorteil: Durch die sich nach hinten zweiseitig öffnenden Türen konnte ich bequem einsteigen. Dann wurden sie geschlossen, ich war wie gefangen. Ich hatte gerade noch Zeit, mich über die „Gefechtslage" zu orientieren, bevor ich in mein Gefängnis einstieg.

„Wo steht man denn am Bock?", fragte ich den Jägermeister.

Er zeigte in westlicher Richtung, wo hinter einem großen, mit Kukuruz frisch bestellten Feld sich mehrere gewaltige Weizenschläge ausbreiteten.

„Sie sind dort ringsum der Weizenfelder. Da hat der Kapitale seinen Einstand. Der Berufsjäger wartet an der nächstliegenden Ecke des Weizenfeldes auf uns. Jetzt fahren wir direkt zu ihm!"

Wir staubten hin, in fünf Minuten waren wir beim Jäger. Der fuchtelte mit den Armen, als er uns kommen sah.

„Da drüben steht der Bock im Weizen, auf etwa fünfhundert Schritt Entfernung. Sehen Sie ihn denn nicht?" Die Frage war an uns gerichtet und nicht besonders schmeichelhaft; denn die untergehende Sonne bestrahlte den im grünen Halmenmeer breitstehenden, im Gebäude sehr starken, hellgrauen Bock, der wundervoll vom Hintergrund abstach. Sein Gehörn: eine wahrhaftige Krone im flachen Sonnenlicht mit langen, weißen Enden. Wir griffen zu unseren Gläsern.

„Er sieht nicht gerade sehr alt aus!", sagte ich zu H. auf deutsch, denn erst wollten wir die Sache unter uns besprechen. „Ich denke, er ist alt genug, um geschossen werden zu können. Ein Bengel ist er ja bestimmt nicht mehr! Doch scheint mir das Gehörn eher verdächtig: So ein helles Gehörn mit den sehr langen Enden zeigt im flachen Licht vor dem grünen Hintergrund meistens mehr, als was es dann hält!"

„Von hier sieht er sehr gut aus, doch sehen wir ihn uns noch von näher an! Eigentlich dürften wir auch schon aus Rücksicht auf unsere Gastgeber bei diesem Bock nicht passen!", sagte H. Der Bock mit dem hohen Gehörn und seinen langen Enden gefiel ihm offensichtlich.

Der Jägermeister und der Revierjäger beteuerten, dass der Bock sicherlich hochkapital sei, das Gehörn weit über fünfhundert Gramm.

„Erst wollen wir ihn aus der Nähe sehen!" Wir fuhren den Bock an, wieder ins Getreide, quer durch. Doch der Bock war nervös und wenig vertraut, auf zweihundertfünfzig Schritte sprang er schon ab. Dieses Geschehen wurde dem Revierjäger und mir, die wir hinten in dem Kasten saßen, vom Fahrer konferiert, da wir dort nur hin und her geschleudert wurden, ohne irgend etwas sehen zu können.

Nach einer Flucht von einigen hundert Metern verhoffte der Bock und ließ uns auf hundertfünfzig Meter heranfahren. Ich stieg hinten aus, fotografierte erst den Bock, dann nahm ich ihn durch das Spektiv eingehend unter die Lupe.

„Die Stangen und Enden sind nicht dick. Er hat bestimmt keine fünfhundert Gramm!"

„Wir können unseren Gastgebern nicht antun, auch diesen nicht zu schießen!", sagte H. in seiner Muttersprache. Die prahlende Krone hatte es ihm angetan.

„Dann schieß ihn doch!", sagte ich. „Doch nicht jetzt, denn weit hinten ist ein Gehöft in Schussrichtung."

Der Bock schien aber schlechte Erfahrungen mit dem Fourgon gesammelt zu haben. Er löste die Situation in Kürze, sprang wieder ab und flüchtete im Halbkreis weit an die westliche Seite des Weizenschlages. Wir alle kletterten wieder in den Wagen und versuchten, ihm den Weg abzuschneiden.

Dann bremste plötzlich der Wagen und blieb stehen. Ich stieß die Tür auf und sprang hinaus, um zu sehen, was passiert war; da stand der Bock im Weizen breitseits, allerdings sehr weit, auf etwa 300 Schritt, H. zielte vom Sitz aus auf ihn.

„Du wirst doch nicht auf diese Entfernung schießen?" Doch kam die Frage zu spät. Auch der sonst sehr gesetzte H. wurde vom Jagdfieber gepackt. Schon brach der Schuss, der Bock zeichnete mit einer langen Flucht nach vorne und ging hochflüchtig ab. Er brach jedoch nicht, wie erwartet, zusammen, sondern suchte hinkend, mit schlenkerndem Vorderlauf das Weite.

Heiliger Hubertus! Er hat einen Laufschuss! Fahren wir zu, um ihn ja nicht aus dem Auge zu verlieren, sonst kommt er nie zur Strecke! Nach zehn Minuten rasender Fahrt stoppte der Wagen wieder plötzlich: Der Bock war von der Verfolgung müde geworden und verhoffte auf einen Augenblick. Dann fiel ein Schuss, wieder windende Fahrt über den holprigen Acker. Der Bock war schon wieder flüchtig, als der Schuss fiel. Die Kugel ging daneben, die Fahrt weiter!

Dann stand der Wagen wieder, auch der Motor wurde abgestellt. Die Hetze war zu Ende: Wir hatten den Bock verloren! Er war in nördlicher Richtung in einer Senke verschwunden. Und wo waren wir jetzt? Schon im vierten riesigen Weizenfeld vom Anschuss weg! Der feuerrote Sonnenball war schon an den Horizont gesunken, wir hatten höchstens noch eine Viertelstunde Büchsenlicht! Vermutlich hatte sich der ermüdete Bock niedergetan. Dadurch verloren wir ihn aus den Augen.

Schnell, suchen wir ihn, vielleicht finden wir ihn noch, bevor es dunkel wird. Wer weiß, wohin er in der Nacht zieht, wir finden ihn dann nie in diesem Weizenmeer! Schweißhunde gibt es nämlich in diesen reinen Feldrevieren überhaupt nicht.

Wir hinten im Fahrzeug können nur registrieren, dass der Wagen in großen Schleifen herumfährt. Dann bleibt er plötzlich stehen. Ich springe heraus, um etwas zu sehen. Etwa zweihundert Schritt vor uns hinkt der Verwundete auf drei Läufen vor uns weg. Wir hatten das Glück ihn wieder zu finden, er wurde vor dem Wagen hoch. Doch ist schon kaum mehr Licht. Jetzt oder nie! H. verfolgt seine Flucht vom Vordersitz aus mit aufgelegter Büchse, so dass er sofort schießen kann, sobald der Bock verhofft. Dies tat er dann auch, weil er sehr ermüdet war. Die erlösende Kugel warf ihn in die Weizensaat. Wir waren froh, dass sein Leiden ein Ende genommen hatte. Das Gehörn hatte tatsächlich viel mehr gezeigt, als es später hielt.

So jagten wir auf „starke" Böcke, „an welchen man stand"!

Frühjahrsjagd auf Gänse

Die Tage der Frühjahrsjagd auf Wildgänse liegen schon sehr lange zurück, als die urwüchsige Puszta noch nicht von Maschinenungeheuern zum Graben von Kanälen und Bauen von Dämmen durch und durch zerrissen wurde, um aus den flachen, „wilden Wässern" hässliche, quadratische Fischteiche zu bauen, um aus den tiefer gelegenen Binsen-Niederungen Reisfelder und um die endlose Grassteppe mit ihren nur auf dem alkalischen Boden gedeihenden Gräsern in bewässerte Kulturwiesen und Ackerflächen umzuwandeln.

Damals war die Hortobágy noch die richtige magyarische Puszta! Man konnte mit dem pferdebespannten Wagen kreuz und quer, von Nord nach Süd und von Ost nach West durch sie fahren und sah kaum anderes, als die dem Meer ähnliche, endlose Grassteppe und darüber den riesengroßen, hohen Himmel. Der Mensch fühlte sich nirgends so winzig, so klein wie ein Staubkörnchen, als in der Puszta der Hortobágy! Die endlose Weite der flachen Ebene wirkt schier erdrückend. Der Wagen kroch sichtlich ziellos, wie eine einzelne, verlorene Ameise durch diese Welt und wurde nur vom Stand der Sonne oder der Sterne, aber vor allem vom sich nie täuschenden Orientierungsvermögen des in der Puszta heimischen Kutschers geleitet. Denn dem Fremden ist die Puszta überall gleich, ihm fielen nur Straße und Bahnlinie auf, die, von Debrecen nach Tiszafüred führend, die Puszta durchschneiden. Es gab dort nirgends ein Hindernis vor den Pferden, man musste nur die Niederungen und Binsenflächen umfahren, sonst konnte man geradewegs die Pferde lenken, wie man wollte.

Hier und da sah man am Horizont einen „Wald", auf einer hutgroßen Fläche gewachsene verkrüppelte Akazien, deren Stämme von den Rindern, die in ihrem Schatten der Hitze der Mittagssonne entwichen, blank gescheuert wurden. Anderswo ein einzelner, schilfbedeckter Stall oder ein nur aus Schilfwänden gebauter Windschutz für das Vieh, daneben die kleine Hütte der Hirten, ebenfalls aus Schilf errichtet. Und sonst noch Ziehbrunnen, einige auch mit doppeltem Gestell. Das Hirten- und Reitervolk der Magyaren hatte diese schon in uralten, nebelverhüllten Zeiten in den Steppen Asiens benützt, bei der Landnahme vor tausend Jahren mitgebracht und bis zum heutigen Tag beibehalten. Was man in der Puszta in der Sommerzeit überall sah, waren Pferde-, Rinder und Schafherden, im Herbst und Frühjahr bei ihrem Durchzug hier rastende Millionen von Wildgänsen und Wasservögeln.

So war die Hortobágy auch noch vor kaum dreißig, vierzig Jahren. Seitdem hat die sich überstürzende, gefräßige Zivilisation diese letzte Scholle des vieltausendjährigen Hirtenlebens, das vielleicht letzte Stück unverfälschter magyarischer Erde in ihren Griff bekommen und zu ihrem eigenen, hässlichen Bild geformt. Wer damals die Hortobágy noch gesehen hat, erkennt sie jetzt kaum wieder: Man findet nicht mehr die Seele der Puszta! Unsere letzte Hoffnung: dass die zum Nationalpark erklärte Hortobágy ein Stück ihrer Seele noch zurückbringen kann ...

Inzwischen ist die Vogelwelt in der Hortobágy beträchtlich ärmer geworden, insbesondere die nordischen Gänse, hauptsächlich die Blässgänse. Besonders in der Herbstzeit gibt es noch welche, doch die Grassteppe, die Weidefläche der Gänse, schrumpfte auf ein Minimum zusammen. Anstelle der „Wilden Wässer" gibt es jetzt kleinere Fischteiche, wo die Gänse kaum mehr nächtigen, weil sie sich zwischen den Dämmen auf den kleinen Wasserflächen nicht in Sicherheit fühlen. Die Hortobágy wurde geändert, damit änderten sich auch die Jagdmethoden auf sie, solange man sie überhaupt noch bejagen konnte. Im Herbst äst der Großteil der Gänse heute auf den weit entfernten Saaten und nicht mehr auf den noch gebliebenen kleinen Grasflächen. Die Gänse kommen tagsüber zur Tränke und verbringen die Nächte auf den „großen Fischteichen", die mitten in der Hortobágy gelegen eine Riesenfläche von etwa fünftausend Hektar einnehmen. Dahin ziehen sie abends in unerreichbaren Höhen und morgens wieder so hoch hinaus, wenn nicht der Jäger besonderes Glück hat, dass es Nebel gibt, der die ziehenden Gänse in Schussnähe hinunter zwingt.

Alle Gänse der Hortobágy massieren sich also jetzt hier, ihnen folgten auch die Jäger. Doch konnten sie der klugen Gänse nicht Herr werden. Denn sie flogen in unerreichbarer Höhe über Dämme und Schilfpartien, so dass sie der Schrothagel kaum erreichte, und sie setzen nur über der großen Wasserfläche zum Landen an. Vielleicht fällt eine von hundert beschossenen Gänsen geflügelt herunter. Sie flüchtet ins Schilf oder auf die offene Wasserfläche. Auch der beste Hund kann wenige der geflügelten Gänse apportieren, der Großteil wird die Beute von Fuchs und Seeadler.

Ich bin nie ein Freund solcher Jagden gewesen! Mir machte die mit großem Patronenaufwand geschossene Gans keine Freude, um so weniger, als der Großteil verloren ging. Warum soll ich sie schießen, nur vernichten, wenn ich kaum Hoffnung habe, sie auch zur Strecke zu bringen? Und dann kamen sie meistens nur spät abends auf die Fischteiche gezogen.

Man hörte sie eher, als dass man die Keile der Gänse schwingenrauschend über sich hinwegziehen sah. Man schoss nur gefühlsmäßig hinauf. Wenn man etwas von ihnen in dieser Finsternis noch sehen konnte, dann waren sie auch meist in Schussentfernung. Und wenn der Schuss zufällig Leben fasste, dann sah der Jäger von seinem Auge blendenden Mündungsfeuer erst überhaupt nichts, und eräugte nur später die aus der Finsternis herabfallende Gans. Diese fiel aber oft ins Schilf oder noch lebend ins Wasser. Er schickte ihr den schon müden Hund umsonst nach; auch diese Gans ging verloren.

Anscheinend meiden die im Frühjahr gen Norden zurückziehenden Gänse die Hortobágy in letzter Zeit fast vollständig. Sie finden die weiten Grasflächen mit den vielen größeren und kleineren Tümpeln nicht mehr. Dennoch kommen in jedem Frühjahr einige Flüge an, vielleicht sogar einige Tausend, doch diese halten nur kurze Rast, ruhen kaum aus und ziehen in Kürze weiter gen Norden, zu ihren Brutstätten.

So gibt es keine Möglichkeit, keine Gelegenheit mehr, für eine der schönsten Jagdarten, zur frühjährlichen Gänsejagd in der Hortobágy, abgesehen davon, dass heute das Wasserwild im Frühjahr glücklicherweise schon Schonzeit genießt. Früher gab es noch viele, viele durchziehende Gänse – ihre Zahl ging in die Millionen nur in der Hortobágy – und die wenigen, die die Jäger erlegten, machten überhaupt nichts aus, wie auch das Verschwinden keiner einzigen Wildart aufs Konto der Jäger geschrieben werden kann! Den sagenhaften Reichtum des Wasserwildes Europas hat nicht der Jäger, sondern die sich immer mehr ausbreitende Zivilisation zerstört ...

Der heutige Jäger kennt die Gänsegrube nurmehr vom Hörensagen. Die alten Jäger sind ausgestorben, jene, die in der Hortobágy geboren wurden und in der Puszta lebten. Sie verfolgten den ständigen Wechsel des Zuges der Gänse und wussten, wann, wohin und wie die Grube gegraben werden musste. Mit ihnen und mit dem Wandel der Hortobágy starb auch die besondere Methode der Gänsejagd aus.

Es war gegen Mitte März, als der „Hortobágyer Express" mit viel Pfeifen und Blasen an einer kleinen Station inmitten der Hortobágy mit uns endlich hielt. Die Station, ein Wächterhaus mit der Aufschrift „Gyökérkut" auf einer großen Tafel, wurde von den ungarischen Staatsbahnen sehr wahrscheinlich nur wegen der Gänsejäger unterhalten, die als Reiseziel das Pusztawirtshaus „Meggyes" hatten. Denn andere Sterbliche stiegen ja kaum hier inmitten der Puszta in das Züglein ein oder aus.

Der Zug wartete auch, wie es schicklich ist, bis wir den Berg des Gepäcks dreier Gänsejäger aus ihm herausgezerrt hatten. Erst dann setzte er seinen Weg mit vielem Pfeifen in Richtung Debrecen fort.

Als wir ausstiegen, mussten wir uns gleich gegen den Nordwind stemmen. Er kam vom nördlichen Hochland und ging durch Mark und Bein, weil der vielleicht nur in der Hortobágy ohne irgendwelche Hindernisse nach Belieben blasen konnte. Er trieb auch dickbäuchige, graue Wolken vor sich her, aus welchen winzige Regentropfen gegen unsere Gesichter peitschten. Eine nicht eben freundliche Begrüßung. Sie aber ist dem uns erwartenden „Bátschi", Józsi Czinege, nur recht. Eine große gegenseitige Freude mit vielem Händeschütteln, Auf-die-Schulter-schlagen begann. Hatten wir doch viele gemeinsame Jagdtage erlebt, zusammen gehaust, uns seit dem Herbst nicht mehr gesehen. Wir konnten aber auch stolz auf die Freundschaft mit Józsi Bátschi sein, mit der er durchaus nicht jeden Besucher auszeichnete. Józsi Czinege war ein richtiger, uriger Sohn des magyarischen Steppenlandes! Seine Brüder, sein Vater, Großvater und sicherlich auch schon sein Urgroßvater waren Hirten in der Hortobágy gewesen. Auch er, bis er sein Domizil in der Meggyes-Csárda aufschlug. Csárda, „ein Gasthaus an der Straße". Es wurde auf der Kuppe einer flachen Erhebung inmitten der Puszta vor sehr langer Zeit erbaut. Denn bevor die feste Straße durch die Hortobágy Ende vorigen Jahrhunderts gebaut wurde, führte der Weg, die Hauptverbindung zwischen Debrecen und Füred an der Theiß, hier vorbei. Der große Dichter Petöfi, Mitte vorigen Jahrhunderts, kam auch mal hier vorbei. Sein Andenken bewahrt heute noch eine Steintafel, die in die Wand der Csárda eingelassen ist. Die breite Fahrbahn vor der Csárda existiert heute noch, zur Regenzeit im Frühjahr und Herbst versinken die Wagenräder bis zu den Achsen im tiefen Dreck des alkalischen Bodens. Doch heute ziehen Wagen und Wanderer dort nicht mehr entlang, kehren nicht mehr in den Meggyes ein. Nur ein Hirte ist es manchmal, der auf ein Glas Wein oder einen Schnaps und ein paar Worte über die Schwelle tritt. Auch die Post, wenn es zufällig welche gibt, kommt nur wöchentlich zweimal hierher. Vom weit gelegenen Tiszafüred bringt sie ein berittener Bote durch Schnee und Schlamm.

Was seine Beschäftigung betraf, war Józsi Czinege also Wirt in der Meggyes-Csárda. Da er aber davon kaum existieren konnte, bebaute er ein kleines Feld von einigen Morgen mit einem Paar Füchsen und einem Bauernwagen. Vor allem verstand er sich auf etwas Besonderes: das Grubengraben. Das war jedoch nicht nur, dass er eine Gänsegrube vorschriftsmäßig ausgraben konnte.

Dies konnte auch ein „Laie", dem es gezeigt wurde, wie man's macht. Sein besonderes Wissen war jedoch, wohin man in dieser, dem Meere ähnlichen Puszta die Gruben graben musste, gerade dahin, wo eben die Gänse zogen!

Sobald diese in der Hortobágy angekommen waren, war Jozsi Bátschi Tag für Tag auf den Beinen. Er beobachtete das Verhalten der Gänse, auf welchem Tümpel sie in großer Zahl übernachteten, wo sie auf der Grassteppe am liebsten ästen, wo und bei welcher Witterung ihre Luftwechsel entlang führten. Nur dann, wenn er all dies festgestellt hatte, machte er sich ans Ausgraben der Gruben. Gemäß der ungeschriebenen Gesetze der Hortobágy waren diese seine Gruben. Dahin durften nur seine Gäste. Es gab viele Jäger in der Hortobágy, auch einige Grubengräber, doch keiner brachte seinen Gast in die Grube des anderen. Wenn irgendein Jäger in eine fremde Grube ging, der Gast des „Grubenbesitzers" erschien, so übergab er sie wortlos und machte sich auf den Weg, um eine andere Grube zu suchen. Doch er fand selten eine. Er konnte an dem Tag getrost heimgehen; denn es war wirklich nicht leicht, eine Grube zu finden und ohne diese, ohne jegliche Deckung, kam er sicherlich nicht zu Schuss!

Nachdem die Gänse angekommen sind, erscheinen auch immer wieder die Gäste von Józsi Bátschi. Viele sind es nicht, aber Stammgäste, passionierte Gänsejäger, die sich nur in der urwüchsigen, wirklichen Einfachheit der Meggyes-Csárda wohl fühlen.

Jeden Morgen, sehr früh vor Tagesanbruch, bringt sie Józsi Bátschi zu den weit entfernten Gruben mit seinem Wagen und den zwei Füchsen. Im Morgengrauen hört man den dumpfen Schall der Schüsse, am Abend die schönen alten ungarischen Lieder in der Trinkstube der Csárda.

Wir besteigen den Pferdewagen. Józsi Bátschi in seiner hohen Pelzmütze, in dem umgedrehten, mit dem Lammfell nach außen getragenen Schäferpelz der „Guba", sieht wie ein dicker Backofen aus und nimmt den ersten Sitz fast völlig ein, so dass neben ihm nur einer von uns noch Platz hat. Unser Gepäck türmt sich in der Mitte des Wagens zwischen den zwei Sitzen und hinten in der Kelle. Man braucht schon viel Gepäck für eine mehrtägige Gänsejagd! Außer den Gewehren pro Kopf mindestens 800 Patronen, in Patronenkoffern und Rucksäcken, die auch sonst mit den verschiedensten Sachen bepackt sind, Gummistiefel, Glas, Kamera, Sturmjacke und warme Kleidung. Wenn uns in der Csárda die Frau von József nicht mit kulinarischen Genüssen der magyarischen Küche verwöhnen würde, wir auch noch Verpflegung mitzuschleppen hätten, so wäre sicherlich nicht genug Platz auf dem Wagen!

Endlich ziehen wir los. Zunächst die Bahnlinie entlang, dann verliert sich der Weg in der Grassteppe, wir fahren quer durch die Puszta Richtung West. Soweit das Auge reicht, erstreckt sich die kaum noch grünende, brauntrockene Grassteppe, überall Tümpel, kleine Teiche darin. Weit vor uns einige windzerzauste verkrüppelte Akazien, unter ihnen eine Lehmhütte mit Schilfdach, auf die wir Richtung nehmen. Wind und Regen schlägt in unsere Gesichter. Man kann kaum sehen, ein ekelhaftes, unfreundliches Wetter, eine unangenehme Fahrt.

Es dauert fast eine Stunde, bis wir die unbewohnte, tür- und fensterlose Hütte erreichen, die nur zur Sommerzeit den Hirten als Unterschlupf dient. Jetzt stellen wir den Wagen an die windgeschützte Seite, damit die Pferde in der Geborgenheit etwas ausruhen.

Die Hütte steht auf einem kleinen Hügel. Von hier hat das Auge auch in diesem diesigen Wetter einen weiten Blick. Wohin wir schauen, sehen wir Gänse! Überall sitzen sie verstreut in verschiedenen starken Flügen auf dem Gras, aber es gibt auch Flüge, die ständig in der Luft ziehen. Es geht mal dieser, mal jener Flug hoch, formiert sich zur Kette, zum Keil und streicht gegen den Wind, kämpft mit dessen Macht einem unbekannten Ziel entgegen. Doch warum streichen sie, für den menschlichen Verstand ziel- und zwecklos, wenn kein Mensch und auch sonst nichts sie stört?

Der Strich der Gänse ist völlig unberechenbar! Bei windstillem, sonnigem Wetter ziehen sie tagsüber meist sehr wenig und äsen längere Zeit. Manchmal streichen sie jedoch auch häufiger; wenn sie einen Wetterumschlag spüren, erfasst sie die Unrast schon Tage vorher. Deswegen kann es der Gänsejäger nie erahnen, wann ihm ein guter Strich zuteil wird. Doch wenn der Wind über die Puszta tobt, Regen und Schlack vor sich her treibt, muss der Gänsejäger draußen in der Grube sein. Bei dem Wetter sind die Gänse unruhig, bewegen sich ständig, ziehen niedrig über dem Boden gegen den Wind. Der Jäger hat Aussicht auf gute Strecke!

Heute ist besonders viel Bewegung unter den Gänsen! Wenn man da drüben am Rande des Tümpels in der Grube säße, hätte man überreiche Ernte! Es sieht so aus, als ob die Flüge der Gänse nacheinander in bester Schusshöhe über den gleichen Platz zögen. Dem ist aber nicht so; denn wenn man dort säße, würden viele Flüge rechts und links außer Schussweite vorbeiziehen. Doch ist es eigenartig, dass die Gänse über dieser unendlichen, gleichen Weite genau solche „Wechsel" halten, wie Rotwild oder Sauen in den Gebirgswäldern. Nur dass „Luftwechsel" breiter sind. Und noch viel unberechenbarer!

Das ist gerade die Kunst des Grubengräbers, dass er diese, gemäß der Witterung und Windrichtung ständig wechselnden, sich auch nach dem Wasserstand und den Äsungsverhältnissen richtenden Luftwechsel kennt und beobachtet, um dann seine Gruben an den richtigen Stellen zu graben.

Die Dämmerung beginnt. Wir fahren nach kurzer Rast weiter zu der noch weit entfernten Meggyes-Csárda.

Als wir am nächsten Morgen geweckt werden, bläst der Wind nicht mehr. Es regnet aber, es ist empfindlich kalt. Wir bepacken wieder den Pferdewagen, nunmehr mit weniger Zeug, aber man braucht auch allerhand in der Grube! In pechschwarzer Nacht fährt unser Gefährt wieder in die Puszta hinaus. Außer den Pferden und Józsi Bátschi weiß keiner, wohin wir eine Stunde lang fahren, über weichen Grasboden, in den die Räder tief einschneiden, ohne Weg, ohne eine Wagenspur, durch Tümpel und Gewässer, die manchmal den Pferden bis zum Bauch reichen. Keine Dämmerung zeigt den Osten an, keine Sterne, es gibt rundum nichts als Finsternis und Regen.

Plötzlich hält der Alte die Rösser an und sagt uns im natürlichsten Ton der Welt, in stoischer Ruhe: „Hier ist die Grube!" Wie er den Weg hierher gefunden hat, weiß außer ihm niemand. Ich erkenne sie nur, als ich schon fast in sie hereingefallen wäre. Denn ich bin an der Reihe, ich bleibe in der ersten Grube. Der Wagen aber klappert mit den anderen weiter und ist sofort von der Finsternis verschlungen. Wenn der Strich um die Mittagszeit beendet ist, wird er mich abholen.

Es ist immer noch vollständig Nacht, überhaupt nichts zu sehen. Ich weiß nur, dass auf kaum drei, vier Schritte von der Grube entfernt ein größeres Gewässer liegt: die „Helle See", eine jetzt mit Wasser gefüllte weite Niederung. Und weit draußen auf der Wasserfläche ist der Chor des Geschnatters von ungezählten Gänsen zu hören.

Doch die Zeit des Striches ist noch längst nicht da, darum mache ich es mir in der Grube bequem. Die gute Gänsegrube muss auf dem Erdboden eng, drinnen und unten jedoch weit sein. Die obere Öffnung darf nicht breiter als Schulterbreite, etwa 70 cm haben und nicht länger als höchstens einen Meter sein. Denn wenn die Öffnung größer wäre, würden die Gänse sie von oben eräugen. Doch wenn die Öffnung auch noch mit Rasenplatten belegt wird, gleicht sie sich so ihrer Umgebung an, dass man sie nur aus nächster Nähe sieht. Die Gänse erst, wenn sie schon über der Grube sind.

Freilich muss der Rasen in der Umgebung der Grube genauso aussehen wie anderswo. Das heißt, dass das Erdreich, welches aus der Grube herausgeschaufelt wird, nicht ringsherum verstreut werden darf! Auf keinen Fall bleibe dort auch nur ein Erdklumpen! Was macht der Grubengräber mit der Erde, wie lässt er sie verschwinden? Sehr einfach: Wenn es irgend möglich ist, so gräbt er die Grube direkt am Wasserrand und schaufelt das Erdreich mit einem Schwung hinein ins Wasser! Doch sickert dann das nahe Wasser oder das Grundwasser nicht in die Grube? Bestimmt nicht, denn diese harte, alkalische Erde ist so wasserundurchlässig wie ein Fels. Sie lässt das Wasser bestimmt nicht durch. Doch wenn es regnet, dann reicht der Dreck dem sitzenden Jäger bis Knöchel oder Waden. Viel mehr Arbeit gibt es, wenn kein Wasser in der Nähe ist. Da bleibt nichts anderes übrig, als die auf eine Zeltplane geschaufelte Erde mit dem Wagen oder mit einem Korb fortzubringen. Die

Grube weitet sich nach unten aus. Man hat genügend Platz, den wasserdichten Patronenbeutel, den Rucksack mit Verpflegung, Glas, Kamera und andere Sachen so zu ordnen, dass man nicht ständig darauf herumtritt, und besitzt auch genügend Bewegungsfreiheit.

Auf einer schmalen Seite der Grube, gegenüber der Richtung, woher das Gros des Striches erwartet wird, belässt der Grubengräber eine treppenartige Sitzgelegenheit. Mit deren Hilfe kann man in der Grube von Schulterhöhe bequem ein- und aussteigen. Der Sitz ist so hoch, dass das Auge des Jägers von mittlerer Größe der Erde gleichkommt. Es ist wirklich wahr, es sieht der Gänsejäger die Welt aus der „Froschperspektive"!

Stroh wird auf den Erdsitz und auf den Boden der Grube getan, damit es vor Nässe und Dreck schützt. Doch bald ist das Stroh unten und der Dreck oben!

In die rechte Ecke gegenüber dem Sitz stecke ich einen mitgebrachten Stecken mit gegabeltem Ende und lehne die Läufe meiner guten alten, engschießenden Sauer Cal. 12 gegen die Astgabel. Denn wenn ich sie einfach in die Ecke lehnen würde, so könnte Dreck von den Wänden der Grube in die Läufe hineinfallen und Unheil stiften. Ebenso kommt die Kleinkaliberbüchse mit dem kleinen Zielfernrohr in die linke Ecke. Diese ist sehr nützlich, um die geflügelten Gänse zur Strecke zu bringen. Einen Apportierhund mit in die Grube zu nehmen, wäre eine Quälerei für den vierbeinigen Helfer. Er wäre auch beim Schießen in der engen Grube im Wege.

Es regnet und regnet. Endlich wandelt sich das Schwarz der Nacht, ein heller Strich zeigt sich am östlichen Horizont. Das Schnattern der Gänse auf der Wasserfläche vor mir verstärkt sich, doch gehen sie noch nicht hoch. Nur das Sausen von Entenschwingen über mir wird immer häufiger. Doch ist vorläufig noch nichts von ihnen zu sehen. Dann sind sie schemenhaft zu erkennen, doch kommen sie von Westen her, wo der Himmel noch vollständig schwarz ist. Nach Osten zu könnte ich schon schießen, doch bin ich in der engen Grube nicht wendig genug dazu. Und außerdem ziehen besonders die Stockenten schon paarweise. Obwohl sie noch Jagdzeit haben (im Jahre 1944!), möchte ich zur Frühjahrszeit nur Erpel schießen. Doch diese kann ich im schlechten Licht noch nicht ansprechen.

Dann versuche ich es doch mit den pfeilschnell heranstreichenden Kricken. Bei zwei Enten liegen meine Schrote dahinter, erst die dritte fällt mausetot in großem Bogen weit hinter mich. Ich weiß es nicht, wie viel ich vorgehalten hatte, aber sehr viel war es, drei, vier Meter sicherlich.

Doch jetzt kommen die Gänse. Man hört sie in weiter Front rufen, rechts und links ziehen die Flüge außer Schussweite vorbei. In der Ferne höre ich die Schüsse der beiden Freunde.

Endlich nimmt ein Flug Richtung auf mich, doch ziemlich hoch. Ich ziehe auch meinen Kopf in die Grube und verfolge mit dem Gehör ihr Näherkommen. Als sie über mir sind, stehe ich ruckartig auf und schieße auf die erschrockenen hochsteilenden Gänse. Die erste fällt mit lautem Klatschen in meiner Nähe ins Wasser.

Es ist schon ziemlich hell, als ich aus weiter Entfernung ein Getöse vernehme, das dem Dröhnen eines Sturmes gleicht. Wer nie das rauschende Schwingenschlagen der vielen, wie auf ein Kommando hochgehenden Gänse gehört hat, wie sie mit den Flügeln auf die Wasserfläche schlagen, der würde glauben, dass ein Schnellzug über eine Eisenbrücke fährt. Genau so hört es sich an! Dann ist die Luft mit ohrenbetäubendem Geschnatter erfüllt, einem zusammenfließenden Geschrei, das ständig stärker wird, wenn sich die Flüge der Gänse nähern. Ringsherum, soweit das Auge reicht, ist der Himmel von zehntausenden, nein, vielleicht von hunderttausenden von Gänsen voll! Wenn sie hoch gehen, scheint es ein fürchterliches Durcheinander zu sein, doch die Scharen ordnen sich in Minuten. Sie ziehen hinaus auf die Grassteppen zur Äsung.

Von dieser gewaltigen Menge kommen viele Keile auch über meine Grube gezogen, doch die meisten viel zu hoch, dass es schade um Pulver und Blei wäre. Auf solche, die in der Grenze der Schusshöhe zu sein scheinen, schieße ich mit großem Patronenverbrauch, doch nur wenige Gänse fallen. Einige schlagen doch die Schwingen zusammen. Zwei fallen mit gebrochenen Schwingen. Die erste Geflügelte erreicht das Kleinkalibergeschoss, die andere verliert sich in der Dämmerung, bevor sie zu Boden kommt. Drei werden von den Schüssen aus der Kette geschleudert. Ich verfolge sie mit dem Glas und versuche, die Richtung zu merken, wo sie zu Boden kamen, um sie später finden zu können.

Es wurde eine riesige Menge Gänse hoch, dass ich zunächst glaube, es sind keine mehr auf dem Wasser, der erste Morgenstrich sei zu Ende. Doch es verbleiben immer noch Gänse; denn noch zwei, der ersten Welle ähnlich stark, ziehen vom Wasser. Es ist schon viel heller. Sie ziehen noch höher als ihre Vorgänger, als sie meine Grube erreichen. Auf einige, die niedriger zu sein scheinen, versuche ich es. Aber nur eine kommt wie ein Stein herunter.

Die Gänse sind zu den Weideflächen gezogen. Es gibt nun meistens eine Pause verschiedener Länge. Der Strich wird in den Vormittagsstunden meistens wieder lebhafter. Die Pause benutze ich zum Einsammeln der Gänse. Doch bevor ich die Grube verlasse, stelle ich meinen großen Patronenbeutel, der 150 Stück Munition fasst, auf den Rand der Grube. Ich kann ihn dann aus jeder Entfernung sehen und so zur Grube zurückfinden. Die Gänse, die in der Umgebung der Grube liegen, auch die mit dem Kleinkaliber geschossenen, finde ich leicht. Doch kann ich die zweite Geflügelte nirgends entdecken.

Die, welche angeschossen weit entfernt zu Boden gingen, suche ich mit dem Glas. Man kann sie dann auf sehr weite Entfernung sehen, wenn sie auf dem Rücken liegen. Die eine finde ich besonders leicht; denn dort sitzt ein großer Vogel auf dem Boden. Das Glas zeigt mir den riesigen alten Seeadler mit strohgelbem Schnabel und schneeweißem Stoß. Er rupft etwas, das ist meine angeschossene Gans, an der er sich gütlich tut! Die Hauptnahrung der hier zur Zugzeit in der Hortobágy häufigen Seeadler sind die angeschossenen oder verendeten Gänse. Die Adler finden sie eher als der Jäger. So auch mein Adler! Er hatte die Brust der Gans schon verzehrt, darum belasse ich ihm auch den Rest. Die zweite Gans finde ich auch. Die dritte entdecke ich, als sie außer Schussweite abstreicht, offensichtlich krank, doch mit schnellem Flug.

Die Federn der Gänse werden an der Grube schön geordnet, glattgestrichen. Dann werden sie rund um die Grube aufgestellt. In guter Voraussicht habe ich nämlich in die Hortobágy einige gegabelte Stecken mitgebracht. Man setzt die geschossene Gans auf den Boden und drückt ihren Hals in die in den Boden gestochene Astgabel. So sieht sie mit erhobenem Kopf aus, als ob sie Wache hielte. Es wird dann noch ein Wachposten aufgestellt. Den anderen Gänsen drücke ich den Schnabel so in den Boden, als ob sie äsen. Nun sieht die kleine Schar sehr natürlich aus. Sie werden die vorbeikommenden Gänse, insbesondere die einzelnen und die Paare anziehen. Man muss nur darauf achten, dass sie gegen den Wind sitzen. Es ist bekannt, dass dies ihre Gewohnheit ist, damit ihnen der Wind nicht das Gefieder zerzaust. Ich werde schnell mit meiner Arbeit fertig, dann beeile ich mich, in der Grube zu verschwinden.

Es regnet immer noch. Windstill ist es auch, die Gänse fliegen vormittags kaum. Doch sieht man rundherum stets einige in der Luft, aber kein Flug kommt schussgerecht. Auch die Flinten meiner Freunde sind still. Außer den Gänsen sieht man viele Entenarten streichen, vor allem Stock-, Krick- und Knäkenten, aber auch Löffel-, Spieß- und Tafelenten. Besonders die Erpel sind wundervoll in ihren prächtigen Brautkleidern! Es gibt auch Unmengen anderer Vögel, besonders Kampfläufer, Kiebitze, Brachvögel mit ihrem melancholischem Flöten, das so gut in die Stimmung der Puszta passt.

Plötzlich höre ich ein sausendes Zischen von Schwingen hinter mir: Ein kleiner Wanderfalkenterzel, der eleganteste aller Greifvögel, verfolgt eine Krickente in unheimlicher Fahrt. Ein Schauspiel, das einem den Atem verschlägt! Der Falke versucht immerfort, Höhe zu gewinnen und über die kleine Ente zu kommen, um sie im Sturzflug herunterzustoßen, doch weiß dies auch die Ente und strebt nach oben. Als sie ein wenig Vorsprung hat, stürzt sie sich aufs Wasser, schlägt mit großem Klatschen auf die Oberfläche und ist sofort getaucht. Peregrinus, der Wanderer, jedoch steht in die Höhe, zieht elegant einen Halbkreis, streicht flach über den Boden mit schnellen Schwingenschlägen und sitzt schon steil aufgerichtet, als ob nichts geschehen wäre, auf einem Maulwurfshügel.

Drüben verfolgen sich zwei Hasen, sie spüren schon den Frühling. Ich bin so in das Beobachten der Hasen vertieft, dass ich auf zwei sich mir nähernde Gänse nur auf ihr leises „Gespräch" hin aufmerksam werde. Ich ziehe den Kopf ruckartig in die Grube und greife zur Flinte. Als sie über mir sind, stehe ich blitzschnell auf und schieße auf die erste. Ich sehe nur im Winkel meines Auges, dass sie fällt und suche sofort die zweite, die in die Höhe steilt. Doch es ist zu spät, ich bin schneller, der linke Lauf bringt auch diese herunter. Ich ziehe mich instinktiv zusammen, weil sie direkt auf mich zufällt, doch klatscht sie dann neben mich auf den Boden.

Ich freue mich über die gut gelungene Dublette, den Höhepunkt des heutigen Striches. Damit ist er auch zu Ende. Stundenlang kommt keine Gans mehr schussgerecht. Nur der Regen fällt pausenlos und verwandelt meine Grube in ein regelrechtes Schlammbad, ich bin bis zu den Ohren dreckig und durchnässt. Meine Patronen sind geschwollen (damals waren Plastikhülsen noch weit unbekannt), ich kann sie kaum in meine Flinte hineinbekommen. Es wäre gut, diese nasse Grube zu verlassen. Doch bin ich bis zur Rückkehr des Wagens ihr Gefangener.

Endlich, es ist schon gegen Mittag, sehe ich unseren Wagen am Horizont. Am Rande der Erde sieht er wie ein wandernder Käfer aus. Dann nimmt er meine Freunde auf, schließlich kommt er zu mir. Józsi Bátschi grüßt vom Bock des Wagens aus dem Schafspelz: „Anzig-manzig!"

„Was soll denn das bedeuten?", frage ich ihn überrascht, denn das ist der magyarischen Sprache vollkommen fremd.

„Ich weiß es auch nicht, aber ich habe es von deutschen Jägern gelernt, die vor drei Jahren hier jagten. Die begrüßten sich so irgendwie!" Damit habe auch ich die hortobágyer Version von „Waidmannsheil" gelernt!

Auch die Strecke meiner Freunde war nicht größer, dennoch hatten wir den Wagen voller Gänse und kamen durchgefroren und nass im Meggyes an, um uns zu trocknen und zu wärmen.

Am nächsten Tag versuchten wir es wieder in der Gegend des „Fényestó", doch schossen wir auch nicht mehr Gänse. Der Regen fiel ununterbrochen, der Wind blies scharf; es war ein Wetter, bei dem man keinen Wachhund hinausgeschickt hätte. Doch Gänse waren viele da, „wie der Rauch", wie der in der Hortobágy Geborene zu sagen pflegt. Und zwar deswegen sagt er dies, weil, wenn am Rande des Horizontes ein Schwarm von Gänsen hochgeht, es aussieht, als ob Rauch aufstiege.

Zur Mittagszeit, als wir die heiße Gulaschsuppe löffelten, sagte Józsi Bátschi, dass die Gänse jetzt auf den „See des Kun György" viel besser zögen. Er hatte dies den ganzen Vormittag lang beobachtet, da wäre viel mehr los. Wir sollten unser Quartier in das Haus des Straßenwächters verlegen, von da wäre der Gänsestrich bequemer zu erreichen. Wir machten uns auch sofort auf den Weg, als wir den letzten Happen geschluckt hatten. Wir waren schon öfters dort, da hatten die Gäste und die Pferde von Józsi Bátschi stets ein Quartier.

Am Abend kamen wir an, vor Morgengrauen saßen wir schon an diesem großen Wasser, wo Józsi vorher Gruben gegraben hatte. Es gab Frost, die kleinen Tümpel waren von einer dünnen Eisschicht überzogen. Der schneidende Nordwind peitschte Wellen auf dem Wasser des großen Teiches. Ich habe in meinem Leben selten so viel und so lange gefroren wie an den beiden Morgen und Vormittagen, die wir in den dortigen Gruben verbrachten. Es gab viele Gänse; wir waren mitten in der Zugzeit, vielleicht wurden es auch von Tag zu Tag mehr. Wir schossen Gänse, der eine vier, der andere sogar zwölf an einem Morgen und Vormittag. Aber es gelang uns nicht, einen guten Strich zu erwischen. Nun ist es so, dass je schlechter der Strich und je höher die Gänse ziehen, man zu viele Patronen verschwendet. Unser Patronenvorrat ging ziemlich zur Neige, der Schnapsvorrat war gänzlich hin! Deswegen entschlossen wir uns nach zwei Tagen, in die Csárda im Meggyes zurückzukehren. Dort gab es auch nicht weniger Gänse, aber viel Schnaps, die feine Kost der Frau von Józsi fehlte uns auch sehr ...

Vor Dämmerung des fünften Morgens glänzen die Sterne im riesigen Himmelszelt. Der Windhauch vom Süden bringt warmes

Frühlingswetter und Schnepfenstrich-Stimmung. Doch wo sind heuer noch die Langschnäbel, obwohl der Kalender schon den 20. März anzeigt? Jedenfalls ist das Wetter zum Schnepfen- und nicht zum Gänsestrich geeignet!

Wir besetzen wieder unsere alten Gruben rings um den „Hellen See" und erleben den Strich der Gänse, wie sie bei Tagesanbruch vom Wasser zur Äsung ziehen. Doch auch heute machen wir keine bessere Strecke als unlängst; ich selber gebe nur vier, fünf Schüsse in große Höhen ganz ohne Erfolg ab.

Dann erlebe ich eine der prächtigsten Farbenspiele der Natur, den Sonnenaufgang in der Puszta.

Doch die Lerche steigt jetzt trillernd in den Himmel und versetzt mich im Nu zurück in die Wirklichkeit. Denn drüben, aus östlicher Richtung, also aus der entgegen gesetzten, als frühmorgens, kommt ein Flug Gänse nach dem anderen niedrig über den flachen Damm des Arkus-Kanals in südwestliche Richtung gestrichen. Diese unerwartete Chance muss genutzt werden, nur schnell hin, damit ich nicht zu spät komme.

Ich fülle meine Taschen mit Patronen, lasse alle Sachen in der Grube, vergesse jedoch nicht, den Patronenbeutel auf den Grubenrand zu stellen, und renne, so schnell ich kann, zum flachen Damm des Kanals. Die Gänse streichen immerfort, ein Flug nach dem anderen, doch einige hundert Schritte seitlich von mir. Ich laufe geduckt in der spärlichen Deckung des Dammes, um ihren Wechsel abzuschneiden. Plötzlich höre ich deutlicher das Geschnatter heranziehender Gänse. Ich werfe mich auf den Bauch, sie sind schon über mir. Ich springe auf, sie steilen erschrocken empor, beng-beng! Doch keine fällt, als wenn die Patronen nicht mit Schroten geladen gewesen wären.

Doch kommt schon der nächste Flug, etwas seitlich, ich laufe vor und erwarte sie knieend. Bei der ersten halte ich eine Ganslänge vor. Auf den Schuss wirft sie den Kopf auf den Rücken und fällt. Die erschrockenen Gänse schwenken nach oben und seitlich. Also mit dem linken Lauf weniger vorhalten und mehr nach der Seite hin. Die zweite Gans fällt im Schuss.

Dann kommen neue Flüge, einer nach dem anderen. Ich laufe ihrem sich nähernden Geschnatter gemäß hin und her. Ducke mich dann plötzlich, schieße, dann wieder rennen. Da ist der nächste Flug schon über meinem Kopf, ich treffe eine mit dem linken Lauf, der rechte Schuss lag dahinter. Aus dem nächsten Flug fallen zwei, dann wieder nur eine – auf Gänse ist eine Dublette keine so sehr einfache Sache!

Dieser unerwartete Strich dauert kaum eine halbe Stunde. Ich weiß nicht, wie viel Gänse ich geschossen, nur, dass ich diesmal keine geflügelt oder angebleit habe. Überall liegen sie auf dem Gras herum, die eine auf dem Bauch, die andere auf dem Rücken: Ihre hellen Brüste leuchten weithin im Sonnenschein. Auf einer Strecke entlang des Dammes von etwa fünfhundert Schritt sammle ich elf Gänse auf und trage sie zusammen.

Es kommen keine Gänse mehr, so habe ich Muße, in der wärmenden Frühlingssonne sitzend eine Zigarette zu rauchen. Es war ein wunderbares Erlebnis! Die Gänse kamen heran gestrichen, als ob sie auf ein Kommando losgelassen worden wären! Ich beobachte nun mit meinem Glas die Weite der Puszta, den Strich der Gänse. Sie ist flach wie die See, man sieht in dieser klaren Luft sehr weit. Überall sind Gänse in der Luft. Kleinere und größere Flüge, in Keilformation oder Kette. Dann wird ein großer Flug hoch. Es scheint wahrlich, als ob am Horizont eine riesige Rauchfahne aufsteigt. Dann gehen sie wieder auf der Steppe nieder. Wer könnte sagen, wie viele es in solcher Schar sind?

Ein großer Flug ruht südlich von mir um einen Hügel herum, einer von den vielen, die vor einem Jahrtausend von den Nomadenhirten im Tiefland östlich der Theiß als Wachhügel erbaut wurden. Scheinbar ist dort das Gras saftiger, die Weide besser. Jetzt wird westlich von mir eine gewaltigen Schar hoch, doch sehr weit. Erst in einem anscheinend ungeordneten Haufen, dann sich formierend, ziehen sie näher, um endlich einzufallen. Die Entfernung zwischen den beiden Scharen könnte kaum drei Kilometer betragen.

Nun beginnt ein emsiges Kommen und Gehen zwischen den beiden Scharen. Da weiß ich ja eine Grube, unter ihrem Luftwechsel! Dieser Tage bin ich in ihr gesessen, kann sie auch finden, denn sie ist auf einer kleinen Erhebung neben einem Tümpel. Józsi Bátschi hatte mir sein „Zeichen", eine umgedrehte Erdscholle vierzig Schritt in östlicher Richtung gezeigt. Außerdem führt auch unsere damalige Wagenspur daneben vorbei. Ich packe meine erlegten Gänse mit beiden Händen an den Hälsen und beeile mich, in die Grube zu kommen. Die elf Gänse sind verdammt schwer, mehr als dreißig Kilo. Wie schlecht es ist, sie so zu tragen! Mal rutscht die eine weg, mal die andere. Ich habe weder einen Galgen, noch einen Bindfaden; denn ich war ja nicht auf das Schleppen der Gänse vorbereitet. Doch komme ich endlich dort an. Die Grube liegt gerade unter ihrer Fluglinie. Ich habe das Glück, sie sofort zu finden, – wie gut, dass ich mir alles genau eingeprägt habe – werfe die Gänse hinein und verschwinde selber auch von der Oberfläche der Erde, denn es kommen schon Gänse auf mich zu.

In meinen Taschen habe ich nur noch einige Patronen, die anderen sind im Patronenbeutel bei der anderen Grube. Die Gänse streichen niedrig. Zwar streichen viele seitlich, außer Schussweite vorbei, doch kommen auch viele über die Grube. In kaum einer Viertelstunde sind meine Taschen leer, acht Gänse liegen um die Grube herum. Die andere Grube mit meinen Patronen ist etwa einen Kilometer entfernt. Es nützt nichts, ich muss hin! Ich springe heraus, sammle schnell die Gänse, werfe sie auch in die Grube und laufe los.

Endlich bin ich wieder da. Ich nehme alle Gänse aus der Grube, ordne mit Hilfe der gegabelten Stöckchen die Gänse schnell um die Grube herum. Dann schnell zurück. Mit einem Sprung bin ich vom Erdboden verschwunden, als hätte mich die Erde verschluckt!

Neue Gänseflüge kommen. Ich muss mich ständig in der engen Grube drehen, mich ducken und drücken. Die meisten streichen niedrig, sie kommen ja nicht von weit her, weshalb sollten sie hoch streichen, wenn kein Hindernis, keine Deckung, keine Gefahr vor ihnen ist. Nur, wenn sie über die Grube kommen, das dunkle Loch eräugen, stieben sie erschrocken zur Seite, doch dann ist es schon zu spät! Die größeren Flüge kümmern sich kaum um meine Lockgänse. Jedoch die kleineren Flüge, besonders die einzelnen, Anschluss suchenden Gänse werden angezogen. Doch wenn mehrere kommen, ist es schon fast eine Kunst, aus der Grube eine Dublette zu schießen. Meistens kommen die Gänse seitlich, man muss sich in der Grube ducken, die so eng ist, dass sie den Schützen in seinen Bewegungen arg behindert. Wenn man geduckt den ersten Schuss abgibt, so ist dieser leicht und meistens auch sicher; denn die Gänse haben den Jäger noch nicht eräugt und die Flugrichtung nicht gewechselt. Auf den Schuss werfen sie sich so blitzschnell zur Seite und in die Höhe, dass die Wand der Grube ihn beim zweiten Schuss behindert. Man muss also aufspringen und mit dem linken Lauf schnell und flink schießen, aber mit gänzlich anderem Vorhaltemaß. Die Gänse steilen und drehen zu gleicher Zeit. Vor allem ist es besonders schwierig, aus dieser ungewohnten Perspektive unter dem riesigen Himmelsgewölbe, wo man keinen Stützpunkt hat, die Entfernung und Fluggeschwindigkeit der Gans, und damit das Vorhaltemaß, zu schätzen. Wenn sie mit dem Wind kommt, fegt sie über den Jäger hin, er muss viele, viele Meter vorhalten. Wenn sie aber gegen den Wind ankämpft, dann scheint sie in der Luft zu stehen, und dann hält man viel zu viel vor und schießt vorne vorbei. Der allerschwerste Schuss ist, wenn der Wind die Gans seitlich drückt, weil man dann nicht nur vor-, sondern auch zur Seite vorhalten muss! Wenn der Jäger vor dem Schuss in der Grube aufsteht, damit er sich frei bewegen kann, werfen sich die Gänse sogleich zur Seite, oft geht dann auch schon der erste Schuss vorbei. Wer es noch nicht versucht hat, wird es mir kaum glauben: Ich halte das Schießen der Gänse aus der Grube für die hohe Schule des Schrotschießens!

Mittag ist vorüber, der Strich der Gänse lässt nach. Weit am Horizont kriecht der Wagen und klaubt meine Freunde auf. Ich zähle die Gänse, nachdem ich einige in der Nähe gefunden habe. Achtundvierzig Gänse sind meine heutige Strecke, fast alle Blässgänse, doch sind auch einige kleine Zwerggänse dabei. Das Gefieder gleicht fast genau dem ihrer größeren Verwandten. Auffallend für die Zwerggans ist der leuchtendgelbe Augenring, ein zitronengelber Hautring, der die Augen umgibt. Es lag keine Saatgans zur Strecke, ich habe auch keine einzige hier in diesen Tagen gesehen. Meine Freunde machten auch gute Beute, der eine schoss fünfzehn, der andere sogar zwanzig, ich hatte wohl den besten Anflug bei diesem großen Gänsestrich.

Vor der Abfahrt zum Strich am nächsten Morgen teilen wir noch brüderlich den Rest unseres Patronenvorrates. Es sind genau fünfundsiebzig Stück pro Jäger. Alles Schrot Nummer fünf, drei Millimeter. Diese Patronen benutzen wir meistens nur auf Gänse. Wenn man damit nicht sehr hoch schießt, so sind sie am besten. Sie verursachen einen größeren Schock. Mit dickerem Schrot schießt man auch bei näheren Schüssen viel zu Holze. Die angebliche Jägerweisheit, dass man die Gans nicht von vorn beschießen darf, denn die Schrote dringen nicht durch den dichten Federpanzer, ist ein Irrtum. Ganz im Gegenteil! Man muss die anstreichende Gans im Stich, in die Brust schießen. Dann treffen die Schrote eher lebenswichtige Organe. Die von hinten beschossenen Gänse, wenn sie nicht ganz nahe waren, streichen meist angebleit ab und verludern.

Das Wetter hat sich heute wieder gründlich geändert, es bläst wie am Tage unserer Ankunft. Es geht ein fast stürmischer, durch die Knochen dringender Nordwind. Vielleicht schon ein Hauch des Frühlings, wir haben Ende März.

Heute sitzen wir alle in den Gruben am Rande des „Hellen Sees", in guter Sichtweite voneinander, was hier jetzt 400 bis 500 Schritt bedeutet. Der Frühmorgenstrich vom See heraus ist gleich Null. Es waren kaum Gänse auf dem See, was nicht verwunderlich ist, da ja der Sturm einen ständigen Wellengang auf der Wasseroberfläche verursacht. Die Gänse jedoch übernachten nur auf stillen Gewässern gern.

Wir denken schon, dass der heutige Strich beutelos vergeht und unsere letzten Patronen übrig bleiben, als gegen sechs Uhr früh aus südlicher Richtung, gegen den Sturm, die Gänse ziehen! Ein Keil nach dem anderen kommt, soweit der Blick reicht. Auf unsere Schüsse steilen sie hoch, geraten durcheinander, ordnen sich wieder und setzen ihren Weg fort, den anderen Flügen nach.

Die Läufe meiner Flinte werden in einigen Minuten heiß. Meine beiden Freunde schießen auch, ich sehe ihre Gänse fallen, weit vorher, bevor ich den Knall ihrer Flinten vernehme.

Der erste Schuss ist leicht auf die gegen den Sturm ankämpfenden Gänse. Fast muss man darauf bedacht sein, dass man nicht gewohnheitsmäßig vorhält. Man muss ihr nur auf den Kopf halten, und sie fällt wie ein Stein. Doch der zweite Schuss! Wenn sie im Schreck nach oben steilen und ihre Bäuche dem Wind von zugewandt sind, dann drückt er sie gleich nach hinten zurück. In diesem Augenblick erreichen sie die Schrote schon nicht mehr! Man muss sich sehr mit dem zweiten Schuss beeilen und gut über und hinter die Gans halten! So verschieße ich auch eine Menge Patronen erfolglos, bis mir die eine oder andere Dublette gelingt. Dann geht es besser, ich weiß nun, wohin ich mit dem linken Lauf halten muss.

Der Patronenvorrat nimmt erschreckend ab, die Gänse kommen unentwegt. Ich habe nicht einmal Zeit, die geschossenen zu sammeln, sie liegen rings um die Grube. Das scheint heute die anderen nicht zu stören!

Es ist kurz vor acht Uhr, ich habe alle meine Patronen verschossen! Meinen Freunden scheint es auch so gegangen zu sein. Sie schießen nicht mehr, ich sehe sie aus der Grube steigen und ihre Gänse einsammeln. Ich tue es auch. Zweiunddreißig beträgt meine Strecke.

Dann gehe ich hinüber zu den Freunden. Der eine hat dreiunddreißig, der andere ebenfalls zweiunddreißig wie ich.

Wir sitzen dann gemeinsam am Rand der einen Grube auf den Wagen wartend und beobachten erstaunt den gewaltigen Gänsestrich. Ungefähr bis zehn Uhr, also vier Stunden lang, zogen die Gänse ohne Unterlass. Dieses einmalige faszinierende Schauspiel der Natur wird uns immer in der Erinnerung bleiben!

Sauhatz

Ich möchte der Geschichte dieses Keilers diese Überschrift geben, obwohl weder Sauhunde noch blanke Waffen zum Einsatz kamen, diese Jagd dennoch eine einmalige wilde Hetze wurde, die mir unvergessen geblieben ist.

Ich habe immer viel Freude und Spaß am Folgen von Fährten gehabt. Jagdlich kann man dadurch ein Revier bestens kennen lernen, sei es bei dem Folgen von Schweißfährten oder auch der Gesundfährten, wenn man beispielsweise irgendwo einen starken Keiler in seinem Lager geweckt hat, der aber schlauer war als die vorgestellten Schützen, und man nun versucht, im Schnee seiner Fährte zu folgen, um ihn wieder irgendwo einkreisen zu können. Vorweg möchte ich bemerken, dass dies in den seltensten Fällen gelingt. Denn wenn hoch gemachte oder gar beschossene Sauen, insbesondere alte Keiler, dann auf Reisen gehen, dann hängt einem die Zunge abends zum Hals heraus, die Sau aber ist noch immer unterwegs.

Man lernt aber die Wechsel und insbesondere die Fernwechsel im Revier kennen. Und schließlich weiß man dann erst Bescheid, wo bei Nachsuchen oder Treibjagden die Schützen anzustellen sind, oft mit verblüffendem Erfolg. Verblüffend für jene, die von diesen Dingen wenig Ahnung haben.

Insbesondere die Fernwechsel sind ein mysteriöses Phänomen: oft seit Jahrhunderten oder Jahrzehnten benutzt, von vielen Generationen der betretenden Wildart. Woher kennen oder wissen dies die einzelnen Stücke, zumal inzwischen oft Wälder gerodet, Straßen, Bahnlinien gebaut wurden? Aber solche Fernwechsel werden doch immer wieder angenommen.

Als ich die Verwaltung des großen Reviers übernahm, gab es nur östlich einer Straße, die etwa in der Mitte die Nord-Süd-Achse bildete, in dem sandigeren, mehr mit zusammenhängenden Waldungen bedeckten Revierteil Schwarzwild. Im westlichen Teil mit überwiegend Lehmboden und kleinen, verstreuten Wäldern war es nicht Standwild. Ich hatte auch die feste Absicht, es dort nicht heimisch werden zu lassen. Erstens wegen des Wildschadens, den das hier überall stehende Rotwild schon verursachte, und zweitens, weil diese Revierteile geradezu ideal für Niederwild waren. Bekanntlich aber verträgt sich Niederwild nicht mit Schwarzwild, weil es jedes Fasanengelege und jeden Junghasen als besondere Delikatesse frisst.

Es war Winterzeit, ich weiß nicht mehr in welchem Jahr. Aber damals hatte ich noch gewiss keine grauen Haare im Schnurrbart. Der Revierjäger eines dieser „Lehmbodenreviere", ein hagerer, ungemein zäher alter Mann, meldete, dass ein einzelner Keiler mit sehr starker Fährte in seinem Revier öfters eine Gastrolle gäbe.

Das Revier hatte eine größere Waldpartie mit mehreren schon durchforsteten Eichendickungen, die aus in Reihen gesetzten Pflanzungen hervorgegangen waren, viel Hochwald und darin verstreut einige Dickungen. Diese Waldpartie verband eine zwischen Feldern verlaufende schmale Waldzunge, die in etwa 200 Meter Länge nur von einem Streifen von Buschwerk – ich glaube, das ist dasselbe, was man in Holstein „Knick" nennt – gebildet wurde mit einem kleineren Wald, in dessen einer Ecke eine noch sehr dichte Fichtenpflanzung stand.

Wir kannten die Sauenwechsel in diesem Revier nicht, zumal wir ja noch nie hier eine Sau bejagt hatten.

An einem schönen Januarmorgen mit nur 2 bis 3 Zentimetern Neuschnee, der auf eine dickere Schicht älteren Schnees gefallen war, fuhren wir mit dem von zwei Braunen gezogenen und dem passionierten Jagdkutscher Pista gefahrenen Schlitten und dem Revierjäger in die besagte Ecke. Eigentlich hatten wir nicht die Absicht, den Einzelgänger-Keiler zu bejagen, sondern überhaupt nur zu sehen, was im Revier los war. Denn gelbkehlige Baummarder gab es in diesem gesegneten Jagdbann auch, und bei diesen lohnt es sich schon, auch nur einen Blick auf sie zu werfen.

Aber es kam anders: Plötzlich und unerwartet kreuzten wir die nagelfrische Morgenfährte des Keilers über eine Schneise. Ihre Richtung zeigte zu der größten Eichenpflanzung, etwa 20 Hektar im Rechteck, die schon ziemlich hoch, doch noch nicht durchforstet, somit einigermaßen Deckung bot, aber auch teilweise schon sichtig war. Wir umfuhren sie: Die Sau steckte drin. Nun postierte ich den Jäger auf den vermutlichen Wechsel, den Schlitten auf die längsseitige Schneise zum Beobachten. Ich selber ging die Fährte aus.

Damals führte ich als Dienstwaffe einen Drilling. Zum ersten und sicherlich auch zum letzten Mal in meinem langen Jägerleben. Gewehre mit verschiedenen Läufen sind natürlich sehr praktisch, besonders für einen Berufsjäger, der ein Hoch- und Niederwildrevier betreut, sie bleiben aber zwangsläufig ein Mittelding. Ich konnte mich jedenfalls nie mit ihm richtig befreunden. Es war ein Vorkriegsgewehr aus bester Hand, in Ferlach gebaut, jedoch noch nicht Leichtmetall und deswegen sehr schwer, ein hervorragend schießender 8 x 60 R. Büchsenlauf und zwei Schrotläufe Kal. 16. Ich hatte ein kleines 2 1/2-faches Zielfernrohr montieren lassen und muss zugeben, dass ich mit dem Kugellauf mit oder ohne Glas sehr sicher schoss. Auch die Wirkung des Geschosses mit Kupfermantel und Bleispitze war hervorragend. Als ich dann von meinem Freund seligen Gedenkens, Hubert Behr, einen Einstecklauf Kal. .22 l.f.B. bekam, hatte ich die richtige Universalwaffe, wenn ich auch zwei Schachteln Patronen dazu brauchte, bis das Läufchen erst einmal auf 75 Meter eingeschossen war. Aber es schoss dann Kugel auf Kugel. Besonders über dem Uhu habe ich dann geradezu Hekatomben von Nebelkrähen und Elstern damit ins Jenseits befördert.

Dies waren die Vorzüge des Drillings. Die Nachteile: zunächst, dass ich Sicherung und Umschaltung des öfteren durcheinander brachte, besonders wenn es schnell gehen musste. Schlimmer war es, als ich das Kleinkalibergeschoss einem geringen Hirsch zwischen die Rippen schickte. Er nahm überhaupt keine Notiz davon. Einige Baumreihen weiter konnte ich ihm dann die richtige Kugel antragen.

Was mich aber am meisten ärgerte: Mit den Schrotläufen traf ich überhaupt nichts, nicht einmal vor mir hochgehende Fasanen, die man ansonsten mit dem Hut herunterschmeißen kann. Die Flinte war schwer und kurzläufig – vollständig aus der Balance meiner sonst langläufigen und kopfschweren Flinten. Nach einigen Versuchen auf gemeinsamen Niederwildjagden, wobei alle meine Mitjäger nur schmunzelten, gab ich es dann auf und führte den Drilling nie mehr auf Jagden.

Doch zurück zur Saufährte. Der Drilling ist ja Nebensache, aber auch nicht unwichtig, wie wir sehen werden.

Wenn man eine Saufährte ausgeht mit der Hoffnung, die aus ihrem Lager hochwerdende Sau beschießen zu können, so ist man vollständig auf den Dusel angewiesen. Schon deswegen, weil man ja der Fährte folgen muss und so auch auf den Wind keine Rücksicht nehmen kann. Wenn man zufälligerweise beim Folgen der Fährte guten Wind hat, so kann man die tagsüber fest schlafenden Sauen im Kessel im Schlaf überraschen, das kommt nicht selten vor. Oder aber, wenn man langsam geht und versucht, das von einem ziehenden Stück Hochwild verursachte Geräusch nachzuahmen, die im Lager liegende einzelne Sau nicht abspringt, sich nur auf die Vorderläufe stellt oder hochwerdend neben dem Kessel bleibt, und dem Jäger nun die Gelegenheit zu einem schnellen Schuss gibt. Das sind die Chancen für den Jäger. Kommt man aber mit schlechtem Wind, so findet man nichts als das dampfende Lager.

Ich schob mich also sehr vorsichtig der Fährte nach durch die Reihen der noch belaubten Eichenpflanzung. Alle Nerven waren zum Bersten gespannt, weil man ja nie weiß, wann und wie schnell es knallen muss. Es kamen einige Widergänge des Keilers. Jetzt wurde es ernst, der Kessel konnte nicht mehr weit sein. Die Augen schweiften ständig in der Dickung umher. Da – eine schwarze Masse – verschwommen zwischen Laub und Schnee, kaum zehn Schritt weit! Es konnte nur die Sau sein. Ich wusste nicht, wo vorn und hinten war, jedenfalls den blanken Drilling hoch. Schon sprang sie ab, schon knallte es. Aber im Knall spürte ich schon, zu weit hinten. Es ging zu verteufelt schnell, von Vorhalten war keine Rede, außerdem drehte der Keiler im Schuss.

Am Anschuss Schnittborsten, auch Wollhaar und schon roter Wildbretschweiß. Aber wenig, nur ab und zu ein Tropfen. Ich wusste genau, dass die Sau einen reinen Keulenschuss hatte. Sie ging auch hochflüchtig ab, ja freilich, ich bin zu weit hinten abgekommen.

An der Längsschneise verließ sie die Dickung. Kutscher Pista sah sie auf weite Entfernung. „Herr Chef, diese Sau ist so gesund wie ich!", sagte er.

Als die verstreute Mannschaft von insgesamt drei Mann auf dem Schlitten zusammengeklaubt war, machten wir uns an die Verfolgung der Fährte. Mit dem Schlitten ist dies in einem von einem Schneisensystem durchkreuzten Wald eine Leichtigkeit. Man muss nur in Richtung der Fährte immer eine Schneise vorgreifen. Da es hier keine anderen Sauen gab, war dies ein Kinderspiel, um so mehr, als auf der Fährte des Keilers jede 10 bis 15 Schritt ein kleiner Spritzer von Wildbretschweiß war. Meine Kugel hatte offensichtlich nur die eine Keule hinten gefasst.

Der Keiler zog durch eine große Partie Hochwald, ohne sich zu stecken, was wir ja von ihm auch nicht erwarteten. Er nahm aber Richtung auf eine kleine, allerdings sehr verfilzte Dickung, die unmittelbar neben einer kleinen Jagdhütte lag.

Diese Hütte hatten wir an ein wunderschönes Platzerl, auf einen kleinen Hügel gebaut, nur ein 3 x 3 Meter großes Zimmer mit zwei Betten und daneben eine kleine Küche. Die Hütte lag mitten im Revier, in der Brunft konnte man ringsherum die Hirsche schreien hören. Die Hütte wurde eigentlich nur als Unterkunft für uns diensttuende Berufsjäger gebaut. Aber mein lieber Freund und ständiger Jagdgast, Walter Keilberg, fand solchen Gefallen an ihr, dass er jede Hirschbrunft dort verbrachte. Sie wurde deshalb auch nach ihm „Keilberg-Hütte" benannt.

Der Keiler hatte sich neben der Keilberg-Hütte eingeschoben. Wir kreisten ihn da in großem Bogen ein und machten nun den Schlachtplan: Ich sollte mit dem Schlitten zur Hütte fahren, mich

Die Nachsuchegespanne

Auf der Schneise gut anzusprechen: Ein junger Hirsch

Wer sieht wen?

Freies Schussfeld?

Schnelle und einwandfreie Versorgung gehört zum Handwerk

Pfeilschnelle Fasanen

„Tire haut"

Nach dem Treiben ...

Begehrte Objekte des Wasserwildjägers

Hier kann man sich wärmen und Kräfte sammeln.

Am frühen Morgen ist die Suhle noch verlassen.

Maisfeld nach unerwünschtem Besuch!

Den hab ich!

Hinein in die Kiste.

dort an die Ecke stellen, von der ich die Schneise in Richtung Hochwald und Dickung, vermutlich die Fluchtrichtung der Sau, aber auch die Feldkante beschießen konnte.

Die Dickung war klein, kaum 300 Meter im Durchmesser, zwei Treiber genügten, um den Keiler – auch wenn sie nicht der Fährte folgten – herauszudrücken. Ich fuhr mit dem Schlitten zur Hütte, nahm die Stränge ab, um unbedingt sicher zu gehen. Eine alte Regel, auch wenn die Pferde noch so ruhig sind, und warf ihnen einen Armvoll Heu vor. Dann postierte ich mich vor der Hütte auf dem Buckel, von wo aus ich die Senke neben der Dickung, aber auch das freie Feld gut überblicken konnte.

Kaum waren die Treiber angegangen, als, ohne dass ich vorher etwas gehört oder gesehen hätte, die Sau hochflüchtig schon mitten auf der Schneise war. Es war ein Keiler des kurzen „runden" Typs. Sie sind schwächer im Wildbret als die „langen". Ich kann mich noch genau daran erinnern, dass mir dies auffiel.

Die „Schrecksekunde", bis ich das Gewehr hoch hatte, es ging sehr schnell, aber der Keiler war doch schon am anderen Schneisenrand. Durchs Zielfernrohr war ich gut „drauf", die Höhe war richtig, aber viel, viel zu weit hinten! Entfernung gute 100 Schritt. Es gab Schnitthaar, auch etwas Wolle und Wildbretschweiß am Anschuss, aber wieder sehr wenig. Die Diagnose: Keule, aber ganz weit hinten, vielleicht nur gestreift. Die Sau fiel auch nach wenigen Fluchten wieder in Troll. Hatte sie lange Schritte! Jedenfalls hatte sie schon zwei Keulenschüsse, so eine riesenhafte Schlamperei! Schaden würden die ihr bestimmt sehr wenig. Wir hatten von jetzt an nur den Vorteil, dass sie doch etwas mehr schweißte, es war leichter, ihr zu folgen.

Kein Wunder, dass sie jetzt weit reiste. Etwa drei Kilometer ging es durch Hochwald, in dem es auch keine Chance gab, dass sie sich hier eingeschoben hätte, dann in Richtung auf eine mit Schilfniederungen durchzogene Pappelschonung am Nordrand des Waldes. Wir umschlugen sie: Der Keiler steckte wieder. Er konnte einfach nicht weiter, größere Waldungen lagen in dieser Richtung vieler Kilometer weit.

Jetzt mussten wir dieselbe Sache machen. Aber wo sollte ich mich anstellen? Die Schneise, die diese Schonung begrenzte, war etwa tausend Meter lang, sehr schmal. Es hätte kaum Sinn gehabt, mich hier anzustellen. Wir kannten keine Wechsel, auch das Gelände war so, dass die Sau praktisch überall hätte kommen können. Aber dahinter war gut sichtiger Eichenhochwald ohne Unterwuchs mit einem regulären Netz von Schneisen.

Ich machte nun folgenden Plan. Der Jäger und der Kutscher gehen die Schonung durch. Sie dürfen schießen, wenn sie die Chance dazu haben. Ich würde mich an die Schneisenkreuzung am Rückwechsel postieren, und zwar „hoch zu Schlitten", die Pferde fahrbereit. Wenn die Sau schussgerecht käme, konnte ich ihr von oben gut die Kugel antragen. Käme sie aber zu weit, was anzunehmen war, musste ich mit dem Schlitten ohne Zeitverlust vorgreifen und den Keiler eventuell auf irgendeiner der nächsten Schneisen abfassen.

Dies war ein sehr schlauer, sicher auch guter Plan, aber die Ereignisse kamen anders. Kaum hatte ich den dritten Zigarettenstummel weggeworfen, als mein Keiler im „Schweinsgalopp" weit drinnen, einige hundert Gänge von mir entfernt die Schneise überquerte.

Ich schlug mit der Peitsche zwischen die Pferde, die sofort auf vierten Gang schalteten und die mit der Fluchtrichtung der Sau parallel verlaufende Schneise in gestrecktem Galopp hinunterrasten. Der Schlitten pendelte dahinter wie ein Lämmerschwanz. Der Drilling hing mir jederzeit griffbereit am Hals vor der Brust.

Wir waren schon so einige hundert Schritte wie beim Wagenrennen in einer römischen Arena gefahren, mit dem rechten Auge schielte ich auf die Sau, die ich hin und wieder zwischen den Stämmen schwarz aufblitzen sah. Dann kam sie in eine Senke, die sich schräg zu meiner Schneise hinzog. Aha, jetzt nutzt sie natürlich diese Deckung aus und kommt in der Senke vor mir durch! Ich muss nur eher da sein!

Aber es gelang nicht. Wir fuhren noch immer in gestrecktem Galopp, was die Pferde hergeben konnten, als wir über den Buckel an der Senke kamen und ich sie einsehen konnte. Der Keiler war kaum mehr als dreißig Schritte rechts und schickte sich an, die Schneise vor mir in windender Fahrt zu überqueren. Ich musste halten, um schießen zu können. Aber wie? Ich versuchte die Pferde durchzuparieren, indem ich mich mit aller Kraft in die Zügel legte. Aber das war mit dem rutschenden Schlitten noch viel schwieriger als mit dem Wagen. Ich lag fast waagrecht nach hinten gebeugt in den Zügeln, als der eine aus meiner rechten Hand rutschte, ich mit der linken Hand noch eine Schrecksekunde lang krampfhaft zog, dadurch die Pferde nach links ins Altholz drehten. Sie beruhigten sich und galoppierten mit gemäßigterem Tempo zwischen die Bäume. Weit ging die Fahrt nicht!

Am ersten Baum brach die Deichsel mit großem Krach, aber sie war aus gutem Birkenholz, das nicht splittert und die Pferde nicht verletzt. Gott sei Dank passierte den Pferden auch jetzt nichts. Nur ich fiel durch den gewaltigen Ruck fast vorn zwischen die Pferde, konnte mich aber noch festhalten und sogar noch das Gewehr vom Halse reißen, eine Patrone hineinstecken und dem jetzt schon im diesseitigen Hochwald flüchtenden Keiler, der es natürlich sehr eilig hatte, einen Salutschuss nachschicken.

Das war eine schöne Bescherung! Als Kutscher Pista angestampft kam und sie, aber nicht den Keiler sah, ließ er eine Litanei seiner ausgewähltesten magyarischen Redewendungen los. Er nahm dann die Axt aus den Ringen, die an der einen Schlittenseite zu diesem Zweck als Axthalter angebracht waren (weil man ja ohne Axt nie in den Wald fahren darf). In kürzester Zeit fabrizierte er eine neue, wenn auch nicht strichgerade Deichsel und andere Ersatzteile. In solchen „Improvisationen" sind nicht bloß ungarische Fahrer und Monteure, sondern auch Kutscher wahre Meister.

Da es schon Mittagszeit war, hatten wir inzwischen auch ein Feuerchen im Gange und rösteten unsere Speckstücke über der Glut. Der Sau konnten wir nunmehr einen kleinen Vorsprung geben, die würde jetzt sicherlich eine weite Reise unternehmen.

Und das tat sie auch. So oft wir an den Schneisen mit dem Schlitten vorgriffen, war sie schon immer durch. Das Fährtenbild zeigte, dass sie in gestrecktem Trab mit langen Schritten Richtung nach Osten nahm, also aus diesem großen Waldteil heraus, hinüber in den so genannten „Roten Wald", in dem große Kieferndickungen lagen und der durch den schmalen Waldstreifen und dazwischen dem „Knick" mit dem größeren Wald verbunden war.

Wo würde sie hinüberwechseln? Sicherlich entlang des Knicks in Deckung, doch nicht auf freiem Feld? So war es auch! Wo der Feldrand an den Knick stieß, in der Ackerfurche war der Keiler neben den Büschen entlang gewechselt, hinein – natürlich – in die große Kieferndickung.

Die Fährte auszugehen versprach uns kaum Erfolg. Denn die Dickung war zu dicht und zu wenig sichtig. Darum stellte ich mich vor. Aber nicht auf den Rückwechsel, weil ich vermutete, dass die Sau, nun auch hier wieder angerührt, in die großen Waldungen und Haupt-Sauenreviere, die weiter in östlicher Richtung lagen, hinüberwechseln würde.

Aber das tat sie nicht! Als es ihr zu dumm wurde, dass ein Jäger sie ständig in der Dickung verfolgte, wechselte sie schließlich aus. Doch natürlich nicht da, wo wir sie erwartet hatten, sondern sie nahm den Rückwechsel in ihren ersten Einstand von heute früh und zog selbstverständlich in ihrer eigenen Fährte in der Furche am Knick zurück!

So dumm sind wir drei uns selten vorgekommen. Es ist doch dies der reinste „Musswechsel", und wir postierten uns irgendwo abseits! Aber wir hatten nicht damit gerechnet, dass der Keiler dahin zurückwechselt, wo er einen ganzen Tag lang so viel belästigt wurde und wo man ihn sogar mit zwei Kugeln in die Keule gzwickt hatte.

Es war Abend geworden. Wir mussten für heute die Hatz aufgeben. Wenn es aber über Nacht nicht schneit oder taut, wir die einzelnen Saufährten mit einem verwaschenen Tröpfchen Wildbretschweiß auf jede 10 bis 12 Schritt noch verfolgen können, so sind wir in der Früh des nächsten Tages wieder dahinter.

Der Wettergott hatte ein Einsehen! Die Fährte stand am Morgen genauso im Schnee wie gestern. Der Keiler war aber in der Nacht viel herumgezogen, offensichtlich kaum krank, da er nach Eicheln gebrochen und draußen im Kukuruzfeld nach zurückgebliebenen Kolben gesucht hatte. Wir konnten seine Fährte nur mit Müh' und Not halten, denn oft vermischte sie sich auch noch mit der gestrigen. Endlich schien er in einem mit viel Unterwuchs unterstandenem Hochwald fest zu sein. Aber als wir uns anstellten, war er schon heraus. Er kannte jetzt den Rummel zu gut. Natürlich ging er wieder auf Reisen, und wohin? Wieder in die große Fichtendickung des „Roten Waldes" und benutzte seinen Wechsel entlang des Knicks.

Warte, Alter, jetzt werde ich der Schlauere sein, wenn du hier wieder zurückkommst! Da musst du mir ja schnurgerade in die Büchse laufen! Nur war dieser Platz, wo der Knick so locker mit Büschen bestanden war, dass man hindurch sehen konnte, gute zwei Kilometer von der Fichtendickung entfernt, in der sich die Sau eingeschoben hatte. Ich kam mir irgendwie zu schlau vor!

Heute hatten wir allerdings mehr Hilfskräfte dabei, noch einen Berufsjäger und zwei scharfe Foxterrier, mit deren Hilfe wir hofften, die Sau aus der schon gestern zertrampelten Kieferndickung herauszubekommen.

Und so geschah es auch! Ich blieb im Knick hinter einem Baum stehen, zwei Jäger stellten sich auf die Schneisen am Dickungsrand, Kutscher Pista wirkte mit den Hunden als Treiber.

Ich hatte meinen Stand auch schon wegen der mir bevorstehenden langen Wartezeit mit aller Sorgfalt ausgesucht und auch gut eingerichtet, den Schnee unter meinen Füßen weggescharrt, damit man „wärmer" steht und sich, wenn nötig, geräuschlos bewegen kann. Ich stand hinter einer dicken einzelnen Eiche in der Mitte des Knicks, vor und hinter mir lockeres Strauchwerk. Aber rechts und links wuchs nur Gras, und ich hatte auf zwei, drei Meter Schussfeld. Da der ganze Knick keine fünf Meter breit war, der „Musswechsel" an deren Rand in der Furche vorbeiführte, musste ich, wenn der Keiler tatsächlich kam, auf nächste Nähe, aber schnell schießen. Vor mir – auf keine zwanzig Schritt – fing der Hochwaldstreifen an, den ich etwas einsehen konnte.

Es dauerte sehr, sehr lange, bis ich in weiter Ferne, Richtung Kieferndickung, verschwommen das wütende Kläffen der die Sau hetzenden Hunde hörte. Dann ein schneller Doppelschuss aus der Flinte, der eine Jäger schoss mit Flintenlaufgeschoss. Aber ich traute ihm kaum zu, auf der engen Schneise die flüchtige Sau auch zu treffen. Also aufgepasst, jetzt wird's feierlich.

Ich nahm den Drilling, den ich an einen Baum gelehnt hatte, schussfertig in die Hand – schnell nochmals die Läufe heruntergeklappt, ob sie auch geladen sind – und horchte bewegungslos. Lange Zeit Stille, eine ganze Ewigkeit. Dann das Knacken eines Astes im Hochwald. Aha, jetzt kommt er angereist! Und er kam auch! Ich sah seine dunkle Figur von vorne, sehr verschwommen im Hochwald mit starkem Unterwuchs. An Schießen war gar nicht zu denken. Aber wozu auch, er würde mir ja in die Büchse laufen.

Dann war er plötzlich da, in seinem gestreckten Troll, eine runde, mausgraue Sau, ein dicker Kasten, so nah rechts von mir, dass ich ihn fast mit den Läufen des Drillings hätte berühren können. Ich war natürlich im Anschlag hinter dem Baum, als er erschien. Er eräugte mich auch nicht, ich war am Teller drauf und zog und zog am vorderen Abzug des Kugellaufes, aber nichts geschah. Bevor er noch auf Nimmerwiedersehen verschwand, setzte ich ihm das Flintenlaufgeschoss aus dem linken Schrotlauf hinter den Teller. Er war keine drei Schritt von mir, als er zusammensackte.

Damit hatten wir ihn endlich nach fast zwei Tagen Hatz zur Strecke gebracht. Meine ersten beiden Schüsse saßen tatsächlich ganz hinten auf den Keulen, waren mehr Streifschüsse als Wildbretschüsse und schweißten am zweiten Tag kaum mehr. Der Keiler war aber über und über mit vernarbten und auch noch eiternden Schmissen bedeckt. Nicht nur beide Waffen waren an der Austrittstelle aus dem Unterkiefer abgebrochen, sondern auch die beiden Haderer beschädigt. Weil er sich in seiner Sippe nicht mehr hatte durchsetzen können, war er wahrscheinlich in dieses sauenfreie Neuland abgewandert. Wenn mich auch keine Trophäe an der Wand an diese „Sauhatz" erinnert, so sind die Geschehnisse dieser beiden ereignisreichen Jagdtage doch tief in der Erinnerung verwurzelt.

Winterliche Pürschfahrten in Somogy

Somogy ist das größte der Hirschkomitate im Südwesten Ungarns, im Balaton-Donau-Drau-Dreieck. Achtzig Prozent der in Ungarn alljährlich zur Strecke gebrachten starken Hirsche kommen aus dieser Gegend. Ebenso die jeweiligen Weltspitzenhirsche altvergangener und jetziger Zeiten. Es ist mit Ausnahme des Mecsek-Gebirges nördlich von Pécs eine gewellte Landschaft mit mehr Feld- als Waldanteil. Nicht bloß die Felder bieten dem Wild hier überall hervorragende Äsung, sondern auch die üppigen Laubwälder mit viel Unterwuchs.

Vier Komitate hegen in diesem Dreieck: Tolna, Baranya, Somogy. In der Südwestecke, an Österreich und Slowenien zu Zala. Heute ist auch schon fast jede Feldmark Rot- und Schwarzwildgebiet, wenn vielleicht auch nicht alle als Einstand, weil der Wald fehlt, sondern als Äsungsgebiet. Das Rotwild insbesondere wandert und wechselt hier viel. Man trifft ständig neue, ungesehene und unbekannte Hirsche. Eine Ausnahme ist es daher, wenn derselbe starke Hirsch in irgendeinem Revier jahrelang bekannt ist.

Das Komitat Somogy erstreckt sich vom Südufer des Balaton nach Süden bis zur Drau. Der nördliche, größere Teil ist hügelig bis hinunter zum Hügelland und den großen Waldungen südlich von Kaposvár, der Hauptstadt des Komitates. Nach Süden und Südwesten folgten sanft gewellte, sandige Gebiete, einst der Boden des Pannonischen Meeres. Auch hier gibt es seit jeher hervorragende Rotwildgebiete mit starken Hirschen, große Wälder, in denen das auch schon vor dem Kriege sorgsam gehegte Rotwild die Kriegswirren zu gutem Teil überstehen konnte. Sie wurden später dann Kerngebiete seiner großflächigen Verbreitung.

Somogyszob, Kaszópuszta, Szenta, Berzencze, Zsitfa sind für den Rotwildjäger, der sich in Ungarn auskennt, wohlklingende

Namen. Das Ende des „Landes Somogy", wie der Einheimische seine ausgedehnte Heimat nennt, ist, was das Rotwild betrifft, sein Herz: ein einmaliges Rotwildgebiet. Große zusammenhängende, fast unbewohnte Waldungen, deren wenige Ortschaften weit weg von den Waldrändern liegen, mit einer Ausnahme, Kaszópuszta, einer Förster- und Jägersiedlung ohne andere Bewohner. Es ist dies ein gewaltiger Waldkomplex, der sich in verschiedener Breite auch heute noch sozusagen ununterbrochen vom Balaton im Norden bis zur Drau im Süden hinunterzieht. Hier ist genügend Platz für das Wild; es gibt vor allem einen großen Rotwildbestand, weniger Sauen und seltener Rehe, wie das in guten Rotwildrevieren meistens der Fall ist.

Schon als Kind war mir Somogyszob ein Begriff. Denn zu dieser Zeit wurde in Budapest im Landwirtschafts- und Jagdmuseum in jedem Frühjahr vom früheren Ungarischen Jagdschutzverband eine Trophäenausstellung veranstaltet. Herbert Nadler vermaß und bewertete die Geweihe höchst eigenhändig. Er war der erste, der zur Bewertung der Trophäen absolute Werte suchte und hierzu die ersten brauchbaren Formeln schuf. Seine Hirschgeweih-Bewertungsformel ist die Grundlage der heute überall angewandten Internationalen Formel. Der Unterschied besteht im Wesentlichen darin, dass die Nadler-Formel den östlichen, lang- und dickstangigen Typ des Hirschgeweihes bevorzugt, während ihre „verbesserte Ausgabe", die Internationale, der starken und vielendigen Kronenbildung den Vorrang gibt.

Seine Formel war jedoch bedeutend strenger als die heute verbreitete Internationale, so dass seinerzeit immer nur zwei, drei Goldmedaillenhirsche die alljährlichen Ausstellungen zierten. Wahr ist aber auch, dass es damals viel weniger Rotwild in Ungarn gab als heute, denn von dem allgemeinen Altwerdenlassen der Hirsche konnte in jener Zeit noch keine Rede sein. Doch unter den mit der Goldmedaille prämiierten wenigen Hirschgeweihen von über zweihundert Nadlerpunkten stammten in jedem Jahr mit einer naturgegebenen Regelmäßigkeit Geweihe von Somogyszob, Kaszópuszta und Szenta.

Dieses Jagdrevier, das dem Fürsten Hohenlohe-Ohringen gehörte, war zur damaligen Zeit ein Begriff, seine Hirsche waren unschlagbare Spitzenklasse.

Wir wissen so wenig von der Geschichte unserer Jagd, weil uns so wenig Überlieferungen und Dokumente erhalten geblieben sind. Es ist auch schon zur Jagdgeschichte geworden, was ich erzählen möchte.

Noch zur Zeit der Jahrhundertwende waren diese Waldungen gewaltigen Flächenausmaßes im geschlossenen Komplex Besitz der Familie Festetics von Keszthely. In meiner Kindeszeit habe ich es von den Alten gehört, dass damals der Graf (erst später, Ende des vorigen Jahrhunderts erhielt dieser Zweig der Familie den Fürstentitel) von Keszthely, an der Südecke des Balaton, bis hinunter zur Drau auf einer Strecke von fast hundert Kilometern auf eigenem Grundbesitz fahren konnte, hauptsächlich durch Waldungen. Vor der Einführung der intensiven Forstkultur und der großen Aufforstungen gegen Ende des vorigen Jahrhunderts, bestanden diese Somogyer Waldungen hauptsächlich aus Frucht tragenden alten Eichen und wurden als Waldweide genutzt. Denn der Haupterwerb der Bevölkerung dieser Gegend war Schweine- und Schafzucht. Die letzten Reste dieser Waldweiden sind heute auch noch vorhanden: In dieser Gegend besteht jede Gemeindeweide aus wundervollen alten Eichen, wie ein riesiger englischer Park. Leider fallen ständig einige andere alte Eichen der Axt zum Opfer oder vergehen mit der Zeit.

Als die neuen, geordneten Wälder angepflanzt wurden – auch diese bestehen zum großen Teil aus Eichen – kam einem Ingenieur eine gescheite Idee: Das ganze Schneisensystem wurde so angelegt, dass von Nord nach Süd eine etwa zwanzig Meter breite Hauptschneise durch die Waldungen läuft, die „Rabenbaumschneise". Jeder Waldläufer der Gegend kennt sie. Auch heute noch besteht ein Stück von mindestens vierzig Kilometern Länge: ein pfeilgerader Weg, den man bis zur Drau hinunter entlangblicken kann. Als die Schneise diesen klangvollen Namen erhielt, horsteten sicherlich Kolkraben auf einer der an seiner Seite stehengelassenen alten

Überhältereiche. Seitdem vergingen die Eichen, es vergingen auch die Raben, nur der Name blieb erhalten.

Vor sehr langer Zeit kam mir ein alter Kupferstich in die Hände. Das Original wurde von Franz von Pausinger, dem sehr bekannten österreichischen Jagdmaler der zweiten Hälfte des vorigen Jahrhunderts, gezeichnet. Dieses Bild war ein Stück einer Serie von zehn Stichen, die viel besprochene jagdliche Geschehen der damaligen Zeiten verewigten. Unter jedem Bild eine Miniaturzeichnung, Kopf eines Auerhahnes, Bild eines Jägers oder ein Wappen mit Straußenfedern. Ein kurzer deutschsprachiger Text erläutert das Geschehen auf dem Bild.

Auf dem Stich, der meine Fantasie so erfasst und sich unauslöschlich meinem Gedächtnis eingeprägt hatte, stehen im Vordergrund im Morast ein Rehbock mit einem starken Achtergehörn und zwei Ricken. Im Hintergrund macht sich ein vollbärtiger Jäger neben einer knorrigen Weide zum Schuss bereit, während sich rechts im Hintergrund ein mit zwei leichten Pferden bespannter Jagdwagen entfernt. Ich konnte mich auch daran erinnern, dass dieser Stich eine Rehbockjagd in Berzencze verewigte. Unlängst habe ich dann zufälligerweise diesen Stich wiedergesehen. Die Zeichnung war mir ganz genau im Gedächtnis geblieben, den Text habe ich abgeschrieben. „Vom Morgen des 27. bis zum Abend des 30. April 1887 erlegte Weiland Kronprinz Rudolf von Österreich im Revier Berzencze des Grafen Tassilo Festetics 53 Rehböcke auf der Pirsch."

Freilich ist heute bei dieser Sache in erster Linie nicht interessant, dass ein Jäger, auch wenn er der Thronfolger einer mächtigen Monarchie gewesen ist, auf viertägiger Jagd dreiundfünfzig Rehböcke hat erlegen können. Zur damaligen Zeit war die Zahl in erster Linie wichtig, nicht die Qualität! Heute könnte man in fast allen Revieren der Ebenen Ungarns mit Leichtigkeit diese Anzahl von Rehböcken in vier Tagen erlegen. Man könnte dabei auch noch sogar eine gewisse Auswahl treffen. Doch in Berzencze? Beim heutigen Rehwildbestand sicherlich nicht mehr! Der Grund dafür, dass es in diesen Waldungen heute viel weniger Rehwild gibt, dürfte der wesentlich stärkere Rotwildbestand sein!

In der damaligen Zeit gab es viel weniger Rotwild als in unseren Tagen. In vielen Gegenden fehlte es ganz oder es war nur in sehr geringer Stückzahl vorhanden, wo heute hervorragende Rotwildreviere entstanden sind. Seine Zunahme ist der verständnisvollen, intensiven Hege zu verdanken. Die Schwankungen seiner Bestände fallen mit den Besatzschwankungen der Fasanen zusammen; denn diese vermehrten sich ungefähr in der gleichen Epoche, um die Jahrhundertwende, und erweiterten ihre Lebensräume.

Von den Rotwildbeständen dieser Waldungen hörte ich durch den vor einigen Jahren leider verstorbenen Altmeister, Wildmeister Heinrich Vogl. Er war hierzu berufen; denn er verbrachte die größte Zeit seines Lebens, sicherlich dreißig Jahre, in jenen Revieren. Mit seinem Namen verband sich der damalige Ruf von Somogyszob. Er war es, der diesen hervorragenden Rotwildbestand heranhegte.

Der Brotherr von Heinrich Vogl, Christian Fürst zu Hohenlohe-Oehringen, hatte die Waldungen im Gebiet um Somogyszob-Kaszópuszta – ungefähr zehntausend Hektar – in den Jahren unmittelbar nach dem ersten Weltkrieg vom Fürsten Festetics käuflich erworben, weil er diesen Komplex für das Heranhegen eines hervorragenden Rotwildbestandes für geeignet hielt. Wildmeister Vogl übernahm die jagdlichen Belange. Jahrzehntelang durften in den Revieren nur Hirsche erlegt werden, die er reif für die Kugel oder für abschussnotwendig hielt. Er hatte jagdlich vollständig freie Hand und nutzte sie auch.

Unter anderem erzählte er mir, dass zur Zeit seiner Revierübernahme die wirren Zeiten nach dem Ersten Weltkrieg im Wildbestand solche Breschen geschlagen hatten, dass er zur ersten Brunft insgesamt nur zwei Platzhirsche vorfand. Von diesen schoss er auch den einen, damit er sein unerwünschtes Geweih nicht seinen Nachkommen vererben könne. Es war einer jener enggestellten, ewigen Eissprossenzehner, die wahrscheinlich nie eine Krone schieben.

Der Wildmeister, wir Berufsjäger nannten ihn unter uns nur „Onkel Heino", war des Glaubens, dass er den kronenlosen Urahnen schießen müsse, damit der andere, der Kronenhirsch, dann seine gute Anlage mehr Nachkommen weiter vererben würde.

Es ist möglich, dass der alte Heino schon damals, als bei uns noch kein Mensch den Begriff des „Wahlabschusses" kannte, eine gute Hege mit der Büchse betrieb. Doch blieb entweder auch noch ein anderer Eissprossenzehner in den Revieren am Leben, oder aber, was Gott behüte, vererbt auch das Mutterwild unerwünschte Geweihformen seinen Nachkommen. Ich möchte mich beileibe nicht in die Materie der Vererbungslehre in Verbindung mit den Geweihformen unserer Hirscharten verstricken. Auch gelehrte Männer, Professoren der Vererbungslehre, trauten sich nicht an dieses heikle Thema heran. Ich möchte bloß feststellen, dass wir, obgleich Wildmeister Vogl seinerzeit in den Anfängen der jetzigen Rotwildbestände den kronenlosen Urahnen schoss, seitdem in diesen Wäldern und ihrer Nachbarschaft viele, viele mittelalte und alte Achter und Zehner zur Strecke gebracht haben. Dennoch sind sie nicht verschwunden. Im Gegenteil! Ich traue mich sogar festzustellen, dass es in den Rotwildrevieren des südlichen Somogy immer viele Hirsche vom ewig kronenlosen Geweihtyp gab und heute noch, nach vielen Jahrzehnten „Hege mit der Büchse", genauso gibt. Und dasselbe gilt, wenn auch vielleicht in kleinerem Maße, für die anderen Wildbahnen Ungarns. Ich behaupte sogar, dass in den Südsomogyer Hirschrevieren heute noch ungefähr zehn Prozent der Hirsche ewig kronenlose Geweihträger sind. Es ist uns im Laufe von fünfzig Jahren Wahlabschuss nicht gelungen, diesen Geweihtyp auszurotten; wir konnten ihn nicht einmal vermindern.

Messen wir nicht etwa immer noch dem auf vererbungstheoretischen Hypothesen fußenden, so genannten Wahlabschuss ein zu schweres Gewicht zu? Ist es denn jemals gelungen, allein durch ihn einen Rot- oder Rehwildbestand grundlegend zu verbessern? Ich glaubte, niemals! Wenn ein Bestand sich gleich wo wirklich verbessert hat, so spielten sehr viele andere Gründe mit: Äsung, günstige Lebensräume, ein schwacher Bestand, viel Platz für das Einzeltier, das genügende Altwerdenlassen der Trophäenträger und anderes mehr. Jedenfalls ist die qualitätsmäßige Besserung immer schon in kürzerer Zeit eingetreten, bevor sich die Auswirkungen des „Wahlabschusses" in frühestens der zweiten, dritten Generation hätten zeigen können.

Der übertriebene Trophäenkult hat den Begriff des „Ausmerzens unerwünschter Vererber" geboren. Damit sind wir nicht zum Ziel gekommen. Es gibt in jedem Bestand schwache, kranke, zurückgebliebene Stücke, sogar auch solche, deren Geweihe oder Gehörne nicht unserem Geschmack entsprechen. Diese schießen wir nach Möglichkeit, damit sie den Gesunden nicht Platz und Äsung wegnehmen, dass sie Parasiten und Krankheiten nicht auf die anderen übertragen, dass die Gesunden alt werden können. Das nenne ich praktischen Wahlabschuss!

Doch kehren wir lieber zu Heinrich Vogl zurück. Ich konnte mich viel mit ihm unterhalten. Er verriet mir vieles, was heute überhaupt kein Geheimnis ist. Es waren allbekannte Tatsachen, die in der alltäglichen Jagdpraxis nicht genügend zur Geltung kamen. Das Allerwichtigste war die Erkenntnis über das Altwerdenlassen der guten, erwünschten Geweihträger. Was ihm nicht gefiel, schoss der Jagdherr, ein Gast, oder er selber. Sie ließen die lang- und dickstangigen, die damals für die Gegend typischen Hirsche mit einer geraden Geweihstellung wie ein großes V und meistens nicht vielendigen Kronen, alt und schwer werden. Wenn das Geweih ganz ausgetrocknet und mit kleinem Schädel seine zehn Kilo wog, der Hirsch zwölf Jahre oder noch mehr hatte, dann erst wurde er erlegt.

Aus den Zeiten zwischen den Kriegen kann ich mich an keinen einzigen der damals prämiierten Hirsche erinnern, der verhältnismäßig kurze Stangen und so starke, vielendige, verzweigte Kronen gehabt hätte, wie die Mehrzahl der Láboder Kapitalhirsche dreißig Jahre später. Dabei hegen die beiden Reviere unmittelbar nebeneinander! Vielleicht ist dies ein Einschlag des vielendigeren Drauhirsches oder jenes aus dem westlich gelegenen Komitat Zala. Wer kann das wissen? Fest steht aber, dass wir nur allzu wenig vom Wandern und Wechseln der Rudel und einzelnen Stücke gerade unseres mit Abstand besten Rotwildschlages der südwestlichen Komitate wissen.

Der damals dort sehr verbreitete Typ des langstangigen und endenarmen „Urhirsches" scheint aber aus den Wäldern dieser Gegend zu verschwinden. Es ist sehr schade um ihn!

Im Reiche Vogls war die Bewirtschaftung der Wildäcker besonders hervorragend. Jede Lichtung und Senke ließ er umpflügen und sie mit Weißklee-Gräsermischung, Markstammkohl, Rüben, doch vor allem mit Mais bestellen. Freilich nur in eingegatterten Äckern. Sonst hätte sie das Wild schon vorzeitig abgeäst und kaputtgetreten. Zur Brunftzeit wurden dann diese Wildäcker geöffnet. Besonders der Mais übte zu dieser Zeit eine magische Anziehungskraft auf das Rotwild aus.

Auf diese Wildäcker zogen dann die Rudel heraus, mit ihnen auch die Platzhirsche. Hier konnte man sie und ihre Beihirsche genau ansprechen und bestätigen. Hier unterkam dem Hirschjäger fast nie ein „Druckfehler". Freilich brauchte man dazu im großen Revier auch ein dichtes Beobachternetz. Auch das organisierte Vogl vorbildlich.

Ich erzähle das alles, weil wir von dem, was man seinerzeit gut gemacht hat, noch manches lernen können. Wir wissen zwar, dass Frucht tragende Wildäcker in Hochwildrevieren unbedingt notwendig sind, und wir wissen auch, dass sie nicht nur zur Verminderung der Wildschäden beitragen, sondern auch die Jagdausübung erleichtern, wenn sie sachgerecht bestellt sind, doch daran hapert es eben in vielen Fällen. Viele Wildäcker sind nicht richtig bewirtschaftet, nicht ausreichend und den Bodenverhältnissen entsprechend gedüngt und erfüllen so nicht ihren Zweck.

Somogy wurde meine Wahlheimat. Die Wald-Feld-Gegend, das herrliche Flachland mit viel Wasser und Grün boten Abwechslung. Seele und Auge ergötzen sich daran, ob im Sommer oder Winter. Es wurde mir auch später ermöglicht, jeden Winter in meine Wahlheimat jagend zurückzukehren. Das war einer meiner bleibenden Erfolge der Welt-Jagdausstellung. Ich werde jetzt noch jährlich eingeladen, in den Wäldern um Kaszópuszta und Berzencze zu jagen, zu fotografieren, einige Stück Kahlwild zu erlegen. Wenn ich besonderes Waidmannsheil und ein wenig Schnee habe, jage ich auch Sauen oder einen Hirsch, den auch die Berufsjäger erlegen dürfen. Ich habe im Laufe der Jahre zwei Hirsche dort geschossen, jedoch nicht die Stärkeren ausgewählt, sondern von den Schlechten die Schwachen, an denen ich Freude habe. Man soll das Gastrecht nicht zu sehr ausnutzen, außerdem bin ich längst kein Trophäenjäger mehr. Ich freue mich über ein mit gerader Kugel erlegtes schwaches Kalb genauso wie über einen aus einem winterlichen Hirschrudel ausgesuchten schlechten Sechser.

So komme ich in der Winterzeit besonders nach Szenta, schon zum vierten Male. Dieser Revierteil liegt etwa in der Mitte des riesigen Waldkomplexes. Denn ein alter Freund und Berufskollege lebt dort in dem etwa viertausend Hektar großen Waldteil als Revierjäger. Meine alljährlichen Besuche haben mehrfache Ziele: Kreuz- und Querfahrten in den wundervollen Wäldern, der Anblick vielen und starken Wildes, das Aussuchen einiger geeigneter Stücke, das Fotographieren, aber nicht zuletzt auch die Pflege der Freundschaft.

Am Abend des 16. Januar 1974 schreibe ich diese Zeilen im Szentaer Wald, in der kleinen Jagdhütte, die an der „Oberen Filagorie" steht. Zum besseren Verständnis will ich aber vorerst erklären, was das Wort „Obere Filagorie" bedeutet. Dies weiß jeder Waldläufer im ganzen Südsomogy. Es ist auch ein Stück Tradition; die „Obere", weil nördliche, liegt im Szentaer Forst, die „Untere" acht Kilometer weiter südlich im Wald von Berzencze. Eigentlich sind beide große Hochstände, ein Auslug. Sie liegen im Schnittpunkt von sternförmigen Schneisenkreuzungen, doch nicht von vier, sondern von acht Schneisen. Das heißt, wenn man am Kreuzungspunkt steht, so sieht man acht schnurgerade breite Schneisen entlang, im Winkel von fünfundvierzig Grad beginnt je eine. Da diese „Sterne" inmitten der Waldungen liegen, hat man von hier weite und gute Einsicht und kann das Wild beobachten, das notgedrungen irgendeine Schneise kreuzt.

Ich glaube, dass diese runden, filagorienähnlichen Hochstände schon vor sehr langer Zeit gebaut wurden (Filagorie = um die Jahrhundertwende sehr modisches, aus Holz gebautes rundes Gartenhaus, kleines Lusthaus nur mit einem Dach aus Brettern oder Schilf und keinen Wänden, nur mit einem Lattengeländer versehen). Diese Hochsitze sind auf dicken Pflöcken stehende achteckige Gebäude, von deren Geländer man ringsum alle acht Schneisen entlang blicken kann. Die „Untere" im Wald von Berzencze steht heute noch, eine neue, doch nach dem Muster der alten gebaut. Es standen neben ihnen auch kleine Jagdhütten mit Küche und Schlafraum, ferner auf Säulen stehende Scheunendächer als Lagerplatz für das Wildfutter. Die Hütten wurden in letzter Zeit jedoch neu errichtet. Es stehen heute bequeme, moderne kleine Jagdhütten auf altem Fundament.

Hier wohne ich also bei der „Oberen Filagorie" im Szentaer Wald in der Jagdhütte. Hier gibt es die Filagorie nicht mehr, nur die dicke Mittelsäule und das Dach sind geblieben. Sie ist aber jagdlich auch nicht mehr notwendig; denn den „Schneisenstern" gibt es eigentlich auch nicht mehr. In der letzten Zeit wurde nämlich der Hochwald hier zwischen vier Schneisen geschlagen, so dass eine große Lichtung mit Jungwuchs entstand. Dort stehen jetzt mehrere Hochsitze. Doch der Name ist nicht in Vergessenheit geraten. Er wird sehr wahrscheinlich noch viele Jahrzehnte lang von Förstern und Waldmenschen im Munde geführt, wie bei den Namen für Waldteile im Allgemeinen üblich. Sie bleiben viele Generationen lang bestehen.

Das Hausen hier gefällt mir ganz besonders: Ich bin mutterseelenallein im Walde, das ist die Hauptsache. Die Hütte ist bequem, trocken und warm, wenn man den Blechofen ständig nachlegt. Und das muss man besonders oft tun; denn hier, inmitten des gewaltigen Waldes mit bestem Holz, ist ausgerechnet Birkenholz zum Heizen aufgestapelt. Der Ofen also spendet nur dann Wärme, wenn ich ständig nachlege. Ich habe kalte Verpflegung, einige Konserven und Tee, auch einen guten Tropfen Plattenseewein. Denn ohne diesen jagt und schreibt es sich nicht gut!

Mein Freund Sándor, der Revierjäger, wohnt in der weit entfernten Ortschaft. Von da kommt er morgens mit dem Jagdwagen zur Hütte, einem mit zwei schweren Pferden bespannten Pürschwagen, um mich abzuholen. Bis zum Abend fahren wir dann kreuz und quer im Wald umher.

Nach dem Frühstück fahren wir heute zunächst in die nördlichen Waldteile. Dort ist Ruhe, es wird nicht gearbeitet. In dieser Gegend, in der Gemeindefeldmark von Szenta, gibt es noch ein großes Maisstoppelfeld. Nachts wechselt das Wild dorthin aus. Deswegen hat es sich in dieser Gegend zusammengezogen.

Wir haben kein Glück mit dem Wetter! Nicht nur, dass kein bisschen Schnee liegt, sondern es hatte abends auch noch geregnet, er fror an Strauch, Zweig und Blatt fest, es ist niesig, neblig. So kann vom Fotographieren keine Rede sein, ich habe die Ausrüstung nicht mit herausgebracht.

Es regnet zwar nicht mehr, aber der Nebel wird immer dicker, fast undurchdringlich. Nirgends sieht man weiter als hundertfünfzig, zweihundert Schritte.

Wir fahren durch den Wald, drehen an Schneisenkreuzungen mal nach rechts, mal nach links. Ich muss gestehen, ich weiß nicht, wo wir sind, wo das traute Heim, die Jagdhütte liegt, im Norden, im Süden? Ich kann mich sonst immer gut orientieren. Während meiner langen Jägerlaufbahn konnte und musste ich einen Sinn dafür entwickeln. Doch jetzt, in diesem eintönigen Hochwald, im Nebel, wo alles gleich ist oder sich zu wiederholen scheint, weiß ich nicht mehr, in welche Richtung wir fahren. Ich wäre ratlos, wohin ich mich wenden müsste, wenn ich jetzt alleine heimgehen sollte.

Doch mein Freund Sándor betreut schon seit sechs Jahren dieses Revier, und Kutscher János ist hier geboren. Sie kennen den Wald, jeden Strauch, jede Suhle und viele Wildwechsel.

Nach eineinhalb Stunden Kreuzfahrt, ohne Wild gesehen zu haben, kommen wir auf einen Hügelrücken, auf dem Kiefernhochwald mit Brombeerenunterwuchs steht. Hier sehen wir das erste Wild: Weit drinnen im Hochwald stehen Hirsche beiderseits der Querschneise. Auch mit bloßem Auge kann man erkennen, dass sie jüngeren Jahrgangs sind.

„Wir wollen sie umfahren. Von der anderen Schneise aus werden sie näher sein, direkt können wir sie nicht anfahren!", sagt Sándor. Doch er hatte den Satz noch nicht beendet, als halblinks vor uns einige Stück Kahlwild abspringen.

Wir fahren, nun parallel mit ihnen, die Schneise entlang. Dann erblicken wir sie wieder, sie stehen kaum hundertfünfzig Schritte entfernt zwischen den Baumstämmen. Sie ziehen weiter, doch jetzt nur langsam und sind fast ständig verdeckt. Lediglich für kurze Augenblicke sind sie zwischen den Stämmen sichtbar. Ich schaue schon nicht mehr durchs Fernglas, sondern durch das auf sechsfache Vergrößerung gestellte variable Zielfernrohr. Beiden von uns fällt auf, dass das mittlere Stück mit krummem Rücken zieht. Dieses sollten wir schießen! Jetzt sind sie aber viel zu weit entfernt, und je weiter sie sind, um so mehr Baumstämme sind im Wege. Sie erreichen den Kiefernhochwald, wir müssen näher heranfahren. Hier verhoffen sie, und wir kommen in ihre Nähe. Doch sie ziehen schon wieder weiter, ihnen behagt die Nähe des Wagens nicht. Jetzt ist das letzte Stück das Krumme! Sie verhoffen, es sind so etwa hundertzwanzig Schritt bis dahin. Mit schussfertiger Büchse passe ich auf das letzte Stück. Es steht halbspitz von vorne und sichert auf uns zu; wenn ich mich auf dem Wagensitz etwas nach vorn beuge, kann ich es durch einen schmalen Abstand zwischen zwei Stämmen sehen. Doch nur ein kleines Stück seines Halsansatzes. Ich lasse die Kugel ruhig fliegen.

Auf den Knall wirft sich das Stück rücklings nach hinten, dann schlegelt es einige Male, bis es Fuß fasst und wieder auf einen Moment wankend auf die Läufe kommt. Doch bricht es gleich wieder zusammen. Als wir herantreten, ist es schon verendet. Einschuss links am Halsansatz, Ausschuss andererseits auf dem Blatt. Die Kugel saß genau dort, wo ich abgekommen war, sonst hätte sie ja nur einen Baum treffen können!

Sándor ist ein Meister des Aufbrechens, jeder Griff ist berechnet, die Arbeit ist schnell getan. Inzwischen lässt Kutscher János die Kelle des Wagens hinten herunter, macht mit einer kleinen Hacke zwei spannentiefe Gruben vor die Hinterräder, dann gibt er den Pferden das Kommando zum Anziehen, und die Räder rollen in die Gruben. Dadurch steht nun der Wagen viel tiefer. Wir müssen das

Wild, das aufgebrochen immerhin fast neunzig Kilo wiegt, nicht so hoch auf den Wagen heben. Ein Strang mit einer Schlinge kommt über die Hinterläufe, János steigt mit dem anderen Ende in der Hand auf den Wagen hinauf, er zieht an, wir heben unten den Rücken an, „Hau-ruck!", und das Stück ist schon oben in der Kelle.

Das Stück war wahrhaftig ein Schmaltier, es wechselte gerade die seitlichen Schneidezähne. Zu dieser Zeit ist dies das sicherste Merkmal des Schmaltieres. Obwohl es das Stück mit dem krummen Rücken war, fanden wir beim Aufbrechen keinerlei Veränderungen. Es war auch in guter Kondition, doch verhältnismäßig schwach im Wildbret und hatte auch nicht inne, was in Ungarn bei Schmaltieren selten vorkommt. Wenn wir beim Verminderungsabschuss des Kahlwildes immer das schwächste Stück des Rudels wegschießen, so können wir keinen großen Fehler begehen.

In der grünen Praxis kann man bei uns ja auch kaum anders einen „Wahlabschuss" betreiben. Zur Winterzeit erfüllt man ihn eigentlich nur durch Pürschenfahren, sei es beim Rotwild von Somogy oder beim Rehwild in den Feldern der weiten Puszta. Man hat fast niemals die Möglichkeit, das Wild vom Ansitz aus ruhig unter die Lupe zu nehmen und genau anzusprechen, um das Stück auszusuchen, das die Kugel verdient. Bei Büchsenlicht steht das Wild meistens im Bestand und zieht höchstens im Dunklen der sehr langen Nächte auf freie Flächen zur Äsung. Doch sowohl das Rot- als auch das Rehwild ist zu dieser Zeit wenig vertraut, „roglig" wie der Gebirgsjäger sagt, es hält den Wagen schlecht aus. Insbesondere das Kahlwild – Hirsche sind meist vertrauter. Es ist auch äußerst schwierig, das sich im Bestand bewegende Wild auf große Entfernung mit dem Glas anzusprechen, das richtige Stück, das schwächste, auszuwählen und dann mit sauberer Kugel zur Strecke zu bringen. Meistens muss man sich sehr beeilen. Es steht nur für einen Augenblick frei, wird dann wieder von Baumstämmen oder den anderen Stücken des Rudels verdeckt.

In den Flachlandrevieren erfüllt man den Abschuss fast ausschließlich mit der Wagenpürsch. Die Fußpürsch im raschelnden Fallraub führt kaum zum Erfolg. Es gibt zur Winterzeit nur selten

Äsungsflächen, auf die das Wild austritt, wo man es am Ansitz erwarten könnte. Es ist außerdem auch praktisch, mit dem Pürschwagen zu jagen, weil man das erlegte Wild gleich auflädt und mitnimmt. So hat man keine Last mit dem Abtransport. Es gab Winter in meiner Berufsjägerzeit, in denen ich auf diese Art zweihundertfünfzig bis dreihundert Ricken, Kitze und Kahlwild erlegte.

Das Erlegen von Kahlwild macht mir immer noch große Freude, doch kann ich nicht behaupten, dass ich Ricken und Kitze mit Begeisterung schieße. Dies ist aber auch eine der Aufgaben des Berufsjägers, denn dafür bekommt er kaum Gäste.

Bei unseren jetzigen, teils optimalen, zum größten Teil jedoch schon überhegten Wildbeständen dürfen wir beim Abschuss nicht zu wählerisch sein. Denn wir müssen, um den jährlichen Kahlwildabschuss erfüllen zu können, eine meistens viel größere Anzahl schießen als lediglich schwache, „abschussnotwendige" Stücke sich finden lassen. Wir müssen uns zufrieden geben, wenn wir immer die schwachen Stücke auswählen, mehr können wir kaum tun.

Doch zurück zu unserer Pürschfahrt. Wir fuhren an diesem Tage noch viel kreuz und quer durch den Wald. Wir sahen viele Hirsche, insgesamt etwa achtzig, deren größter Teil jedoch der jüngeren Altersklasse angehörte. Mit einem großen Rudel von etwa vierzig Stück trafen wir auch zusammen. Es sah aus, als ob sich der Wald selbst bewegt hätte, als sie weiter zogen. Sie waren sehr unruhig und gaben uns kaum Gelegenheit zum Ansprechen.

Der Rotwildschlag des südlichen Somogy ist etwas Besonderes! Sehr stark, nicht nur im Geweih, sondern auch im Körperbau. Es rangiert deshalb mit vollem Recht an erster Stelle unter den allerbesten Beständen. Jetzt spreche ich allerdings nicht von den „Kapitalhirschen"; denn wir sahen heute bloß einen, dessen Geweih etwa zehn Kilo auf die Waage gebracht hätte, er zog immer noch am Ende eines Kahlwildrudels. Er hatte keine allzu starken Kronen, jedoch dicke, schwarze Stangen.

Ich spreche vielmehr jetzt von den jüngeren Jahrgängen, vom Jährlingsspießer bis zum mittelalten Hirsch! Diese sind hier sozusagen der eine besser als der andere. Für ihr Alter haben sie fast ohne Ausnahme Geweihe mit starken und langen Stangen. Fast alle Jährlingshirsche tragen vierzig bis sechzig Zentimeter lange Spieße, Spießer von zweitem Kopf und Augsprossengabler sind fast unbekannt. Sechser sind auch nicht allzu häufig.

Die Kraft haben sie oben, in den Gabeln und Krönchen. Dies ist aber sicherlich ein Zeichen guter Veranlagung. Eng gestellte, schlecht veranlagte sahen wir kaum unter den Hirschen, die wir uns heute ansehen konnten. Im Ansprechen sind wir schnell, mein Freund Sándor und auch ich. Wenn wir das Glas am Kopf haben, der Hirsch zwischen zwei Baumstämmen durch die Lücken zieht, erfassen wir blitzschnell, gefühlsmäßig, wenn mit dem Geweih etwas nicht in Ordnung ist, wenn es aus dem Rahmen fällt, gerade Augsprossen hat, eine schwache Krone oder Gabel, oder wenn es, seitlich gesehen, in das berühmte Dreieck passt. Zwei derartige mittelalte Hirsche sahen wir auch heute. Der eine war ein Zehnender mit sehr schlechten Gabeln, der andere ein gleicher Achter. Auch dieser hatte oben keine Wucht. So übel waren sie aber doch nicht, dass man ihnen nicht noch zwei, drei Jahre hätte gönnen können, um zu sehen, wozu sie es noch bringen.

Im vorigen Jahr fanden wir einmal auch einen ähnlichen, der uns als Abschusshirsch äußerst gefiel. In einem sumpfigen Erlenjungwuchs hatten wir damals ein Hirschrudel angetroffen. Es war ein starkes Rudel, sicherlich fünfundzwanzig, dreißig Hirsche. Doch war der Bestand so dicht, ein Ansprechen unmöglich. So viel war jedoch zu sehen, dass es durchweg stärkere mittelalte Hirsche mit dunklen Geweihen waren. Die jungen, zwei- bis vierjährigen Hirsche kann man dort im Winter auf den ersten Blick an ihren hellen, strohgelben Stangen erkennen. Es ist nämlich bei den Hirschen dieses Gebietes die Regel, dass die Geweihe der jungen Hirsche vom zweiten bis vierten Kopf schon bis zum Beginn des Winters von Witterungseinflüssen ausgelaugt oder vielleicht auch an Strauch und Ast glatt abgeschabt werden, weil die Stangen noch porös und weich sind. Hingegen werden die Geweihe mittelalter Hirsche im Winter nicht mehr hell. Es wäre deshalb ein gewaltiger

Fehler, wenn wir diese gut veranlagten jungen Hirsche nur deshalb schießen würden, weil ihre Geweihe glatt und hell sind!

Da die Hirsche älteren Semesters waren, interessierte es uns um so mehr, sie anzusprechen. Dies ist hier, in diesen von Schneisen kreuz und quer zerschnittenen Wäldern am leichtesten, wenn das Hirschrudel über eine Schneise zieht. Wenn man dann auch jeweils nur kurze Zeit zur Verfügung hat, so kann man doch ein flüchtiges Inventar des Rudels aufnehmen. Wir manövrierten auch jetzt so, umfuhren das ganze Jagen und näherten uns dem Rudel auf der Schneise der anderen Seite. Der Wind spielt ja beim Pürschenfahren überhaupt keine Rolle, das Wild ist des Gefährtes, der Pferde und Menschen gewahr. Wenn man jedoch mal von dieser, mal von der anderen Seite kommt, so wird es unruhig, und man veranlasst es dadurch, den Standort zu wechseln. Auch in diesem Falle zog das Rudel weiter, als wir von der anderen Seite kamen. Wir beeilten uns, ihm auf der nächsten Querschneise zuvorzukommen. Dies gelang! Als unser Wagen an der Kreuzung ankam, standen die ersten Hirsche des Rudels auf der breiten Schneise, ungefähr zweihundert Schritte entfernt.

Schnell die Gläser hoch! Die ersten fünf, sechs Hirsche sind vom vierten, fünften Kopf, mit noch schwachen Kronen. Nur einer ist Eissprossenzehner. Dann kommen, als sich die ersten in Bewegung setzen, die anderen hinter ihnen über die Schneise, jedoch nun schon im Troll. Die meisten Hirsche sind Kronenhirsche verschiedener Stärke, doch kein alter und wirklich starker ist dabei. Es wechselt aber zwischendurch auch einer hinüber, bei dessen Anblick wir beide im gleichen Moment in Aufregung geraten. Lange Augsprossen, darüber kurze Eis- und Mittelsprossen und dann nichts anderes, als lange, blanke, helle Dolche.

Ich gebrauche das Wort „Mörder" höchst ungern. Man ist nur allzu leicht geneigt, auch einen jungen Hirsch oder Rehbock mit fehlenden Enden als Mörder zu bezeichnen, in dem noch kaum ein Geschlechtstrieb, geschweige denn eine Mordlust lebt. Dieser Hirsch, den wir ansprechen, ist bestimmt kein Mörder, sondern nur ein Achter, der anstatt oben einer Gabel eine Eissprosse geschoben hat. Es ist ein Hirsch vom fünften, sechsten Kopf, einer also, der auch dann nicht in diesen Bestand guter Kronenhirsche passen würde, wenn er nur dreijährig wäre. Es liegt auf der Hand, dass ein Hirsch, der es nicht einmal zur Gabel gebracht hat, niemals ein Kronenhirsch wird. Er soll also seinen Platz den besseren Artgenossen überlassen, er ist reif für die Kugel.

Wir wollen ihn erlegen, aber wie? Das Rudel ist auf der anderen Seite in einen Alteichenbestand eingezogen, in dessen Mitte sich ein Hügelrücken mit dichtem Unterholz entlang zieht. Hier stellen sich die Hirsche ein. Als wir mit dem Wagen in dieselbe Höhe mit ihnen kamen, stehen sie so dicht gedrängt auf der Kuppe, dass wir, obwohl die Entfernung gepasst hätte, beim Vorüberfahren den ausgewählten nicht in Anblick bekommen. Die Hirsche ziehen dann weiter, wir ihnen ständig nach. Wir können die Hirsche noch dreimal anfahren, sehen auch den Achter, doch immer gedeckt oder in Bewegung, oft auch zu weit. Dann ziehen sie in eine Niederung mit hohem Schmielengras, in der viele Salweidenbüsche und am Rande Erlen stehen. Hier aber teilt sich das Rudel, der größere Trupp zieht zum oberen Ende der Senke weiter.

Wir fahren erst die näher stehenden Hirsche an, um zu sehen, ob unser Hirsch dabei ist. Diese halten nunmehr bestens, äsen und ziehen unbekümmert im Erlenhochwald hin und her, obwohl unser Wagen kaum weiter als achtzig Schritt von ihnen steht. Wenn man sie nämlich öfters in kurzen Abständen mit dem Pürschwagen anfährt, so beruhigen sie sich meistens und halten besser aus als bei den ersten Versuchen. Mit dem langen Tele kann ich sogar eine Serie von Aufnahmen machen. Unsere Anwesenheit kümmert sie nicht im Geringsten!

Doch unser Hirsch ist nicht in diesem Rudel. Versuchen wir also die anderen Hirsche anzufahren! Wir haben Glück; denn es schlängelt sich ein schmaler Holzabfuhrweg den Hügelrücken entlang. Auf beste Büchsenschussentfernung, so etwa hundertzwanzig, hundertfünfzig Schritt sehen wir dann auch die Hirsche unter uns zwischen den Salweidenbüschen stehen. Es sind mehr als zehn Stück. Es ist nicht einfach, den Gesuchten herauszufinden.

Sie kommen aber in Bewegung, ordnen sich in eine Reihe und ziehen vorwärts, schön langsam, gemächlich. Auf einen Augenblick werde ich zwischen zwei Salweidenbüschen des Eissprossenachters im Glas gewahr. Nach der Form seines Geweihes, dem Mangel an Enden fällt er schon auf den ersten Blick auf.

Jetzt richte ich aber die Fernrohrbüchse auf die nächste Lücke zwischen zwei Büschen, die jedoch nicht breiter als ein Meter ist. Der Hirsch tritt auch hinein, doch neben ihm noch ein anderer, der ihn verdeckt. Ich kann nicht schießen. In der dritten Lücke gelingt es, den ziehenden Hirsch freizubekommen: Er tritt eine halbe Körperlänge vor dem anderen hier aus, ich kann ihm die Kugel auf den Trägeransatz setzen.

Wie vom Blitz getroffen bricht er zusammen, ein sieben-, achtjähriger Hirsch, älter, als wir ihn geschätzt hatten.

Wir waren schon auf dem Heimweg, als ein Kahlwildrudel in einem Eichenaltholz von uns absprang. Wir sahen, dass sie gleich langsamer wurden und bei der nächsten Schneise verhofften. Als unser Wagen die Kreuzung erreichte, standen sie auf der Schneise, auf der Anhöhe einer Kuppe, etwa hundertachtzig Schritt von uns entfernt. Etwa zwanzig Stück dicht gedrängt in einem Pulk, links am Schneisenrand aber, am Ende des Rudels zwei Kälber frei. Das eine bedeutend schwächer, die Keulenpartie vom anderen verdeckt, doch waren Blatt und Rippen frei. Dahin konnte ich die Kugel mit ruhigem Gewissen setzen.

Auf den Schuss ein Satz in die Höhe und nach vorne, es zeichnete vorschriftsmäßig. Dann wendete es und ging zusammen mit dem Rudel ab. Ich wusste nicht nur vom Zeichnen, sondern auch aus meinem Gefühl des Abkommens, dass das Stück einen Kammerschuss hatte. Am Anschuss fanden wir blasigen Lungenschweiß. Wir warteten nicht, wir konnten der Wundfährte sofort nachgehen. Das Kalb schweißte jedoch kaum und war immer weiter gezogen. Wir mussten mit Mühe und Not immer den nächsten Schweißspritzer einige Schritte entfernt suchen und dachten schon daran, die Nachsuche abzubrechen, um den Schweißhund auf die kalte Fährte zu setzen.

Doch gab es dann wieder etwas mehr Schweiß. Wir konnten nun leichter folgen und fanden dann nach gut zweihundertfünfzig Metern das schon verendete Kalb. Ich hatte mit der 7 x 64, dem leichten Geschoss von 9 Gramm geschossen. Wenngleich es mehr ein Rehwildgeschoss ist, hätte es auch auf das Rotwildkalb eigentlich eine bessere Wirkung haben sollen. Das Geschoss war jedoch beim Einschuss zwischen zwei Rippen durchgerutscht und hatte so undeformiert die beiden Lungenflügel durchschlagen. Der Ausschuss war auch fast nur kalibergroß, ein Hauptgrund dafür, dass die Schweißfährte so schwach war.

Obwohl ein Hirschkalb, war es nicht schade darum, weil es außerordentlich schwach im Wildbret war. Freilich hatte auch keiner von uns es als Hirschkalb ansprechen können. Um so mehr als es nicht einmal ein Anzeichen des dunkleren Bauchfleckes hatte, mit Hilfe dessen Hirschkälber mitunter angesprochen werden können. Bei uns fehlt nämlich einem guten Teil der Hirschkälber dieser dunkle Bauchfleck, „an dem kürzeren, gedrungenen Kopf" sind sie in der Praxis des Wahlabschusses auch nicht anzusprechen.

Als ich am nächsten Tag erwache, regnet es! Und das Mitte Januar! Jedoch nicht irgendein schwacher, fadelnder, sondern ein waschechter Schnürlregen. Schnee sollte zu dieser Jahreszeit fallen, nicht der verflixte Regen. Das wäre herrlich, wenn wir Neuschnee hätten. Dann könnten wir sehen, was im Walde seine Fährte zieht, könnten abfährten, wo sich etwa Sauen eingeschoben haben. Besonders diesem Wild kann man in den riesigen Waldungen mit wenigen Dickungen im Schnee sehr gut folgen, wenn man Glück hat, sie im Kessel erlegen. Eigentlich habe ich bei meinen Jagdausflügen in diese Reviere nicht ein einziges Mal richtigen Spurschnee gehabt. Ich habe auch nicht mehr als insgesamt zwei Sauen hier geschossen. Die Erlegung beider Sauen ist nicht uninteressant. In diesem Kapitel war von Sauen noch nicht die Rede. Sie sind ein wichtiger Bestandteil der Somogyer Waldungen.

Früher wurden Sauen hier überhaupt nicht geduldet, was zur Folge hatte, dass nur vereinzelt mal hier, mal da eine auftauchte. Wenn das passierte, wurde sie so lange gespürt, gekreist, verfolgt, bis sie zur Strecke kam. Der Grund dafür war, dass man der Überzeugung war, dass die Sauen das Rot- und Rehwild störten. Das ist auch richtig. Das Rotwild stören sie nur mit ihrer Gegenwart, mit ihren vielen Bewegungen in den gemeinsamen Einständen. Die Sauen sind meistens auch gezwungen, die nächtlichen Fraßplätze mit dem Rotwild zu teilen. Die Sauen sind aber ausgesprochene Feinde des Rehwildes. Mit ihrem hervorragend scharfen Geruchssinn spüren und finden sie die jungen Rehkitze, die ihnen nicht entkommen können. Wo es viele Sauen gibt, da nimmt das Rehwild ab.

In den Jahren nach dem Kriege, in denen den Sauen kaum nachgestellt wurde, hat sich das Verhältnis geändert. Die Sauen nahmen beträchtlich zu, das Rehwild jedoch ab. Freilich spielte der Umstand auch eine Rolle, dass es vormals viele Wiesenlichtungen im Walde gab, die auch ständig zur Heugewinnung gemäht wurden, ebenso die Schneisen. Das Rehwild fand im Walde damals viel mehr ihm zusagende Äsung als heute. Jetzt aber wird nirgends Waldheu gewonnen. Die Lichtungen sind zum größten Teil aufgeforstet, das Gras altert auf den Schneisen.

Die Sauen jedoch fanden hier ein Paradies vor. Sie vermehrten sich auch nicht nur in den großen Waldungen, sondern verbreiteten sich überall in Somogy, auch in den gemischten Wald-Feldrevieren, wo sie vormals gänzlich unbekannt waren. Hier in den großen Waldungen hat ihr Bestand in letzter Zeit abgenommen. Möglich, dass dies die Folge der ständigen starken Bejagung war, jedoch glaube ich, dass der Großteil in die mit Wäldern bestückten Feldgemarkungen der weiten Gegend ausgewandert ist. Dort gibt es nämlich heute mehr Schwarzwild als noch vor einigen Jahren. Sie finden dort auch einen besser gedeckten Tisch. Ihre Zahl nimmt kaum ab, so sehr sie auch verfolgt werden.

Vor zwei Jahren fuhren wir Ende Januar im Walde pürschen. Wir wollten den Kahlwildabschuss erfüllen, auch freilich Sauen schießen, wenn sie uns vor die Büchse kämen. Schnee hatten wir auch damals keinen.

Wir kamen an eine, einen guten Büchsenschuss breite Niederung, die sich links neben der Schneise entlang zog. An der gegenüberliegenden Böschung standen zwei große Schlehdornbüsche. Kutscher János hielt die Pferde an, zeigte mit der Peitsche in die ungefähre Richtung der Büsche und sagte nur das eine Wort:

„Sau!"

Auch ich sah den länglichen, schmalen, schwarzen Fleck in einem Busch, doch nur durch die Vergrößerung des Pürschglases. Ich konnte die Borsten am Kamm ausmachen. Kutscher János hingegen kannte sich im Revier so genau aus, dass er wusste, dass der schwarze Fleck sonst nicht unter dem Busch zu sehen war! Wenn die Sau sich nicht bewegt, kann man sie auf Entfernung nur an den Borsten des Kammes ansprechen. Doch hatte ich jetzt noch größeres Glück: Ich sah auch die Teller. Dies war deshalb mein Glück, weil ich jetzt wusste, wo das Haupt der Sau war. Mit aufgestütztem Ellbogen kann man sehr ruhig vom Wagensitz aus schießen. Auf den Schuss rollte die Sau aus dem Lager, schlegelte einige Male und war verendet! Leider war es nur ein dreijähriger angehender Keiler.

Im gleichen Winter, jedoch einige Wochen später, hatte ich noch ein interessantes Sauenerlebnis. Auch jetzt hatten wir keine zusammenhängende Schneedecke, sondern nur wenig Altschnee, der zum Spüren zwar nicht mehr, zum Folgen einer Schweißfährte aber genügte.

Dies scheint mir deswegen wert, es so ausführlich zu erzählen, weil ich damals eine Sau anschweißte. Wir fuhren eine Schneise in einem Mischwald von Kiefern und Eichen entlang, als wir weit rechts im Bestand Sauen sahen, eine gemischte Rotte mit vielen Frischlingen und Überläufern. Wahrscheinlich waren sie irgendwo rege gemacht, denn sie zogen im Gänsemarsch und scharfem Troll vormittags um zehn Uhr quer durch den Bestand. Wenn sie ihre Richtung beibehielten, so würden sie etwa hundertzwanzig Schritt von uns entfernt die Schneise überqueren.

Ich sprang vom Wagen, denn vom Boden aus schießt man auf Wild in Bewegung besser, drehte mein variables Zielglas auf die kleinste Vergrößerung von 1 1/2-fach, kniete mich aufs rechte Knie und wartete, die Büchse auf die Schneise gerichtet.

Die Sauen kamen auch, jedoch so flink, dass ich, nachdem ich die starken Bachen durchgelassen hatte, auf das „Fußvolk" nur zwei Kugeln repetieren konnte. Ich hatte gemerkt, dass die erste Kugel in der Hast in die Gegend ging. Ich hatte den gestochenen Abzug zu zeitig berührt. Mit der anderen traf ich einen grauflankigen Überläufer. Der Kugelschlag war klar zu hören, nur etwas zu dumpf.

Am Anschuss fanden wir Schnitthaar und wässerigen Schweiß mit Darminhalt. Wir mussten ihm also Zeit lassen, dann geht er mit diesem Schuss ins Wundbett und verendet dort auch, wenn er nicht gestört wird. Wenn wir ihm jedoch gleich nachgingen, ging er über alle Berge!

Doch tat dies dieser schwache Überläufer auch, ohne gestört zu werden. Gegen jede Regel sogar! Wir stiegen am Anschuss auf den Wagen und setzten unsere Pürschfahrt fort, mit der Absicht, später zurückzukommen, um der Wundfährte nachzugehen. Auf der dritten Querschneise, bestimmt zwei Kilometer vom Anschuss entfernt, kreuzte die Schweißfährte unseren Weg! Als wir diesen quadratischen Bestand umfuhren, fanden wir auch die hier herausführende Schweißfährte.

Es war schon Nachmittag, als wir auf die Schneise zurückkamen, auf der wir die Fährte zuletzt gekreuzt hatten. Hier stieg ich vom Wagen, um ihr zu Fuß zu folgen. Der Überläufer konnte von hier, nachdem er sicherlich schon drei Kilometer gezogen war, nicht mehr weit sein.

Zum Glück konnte man auf den großen Schneeflecken der Schweißfährte ohne Schwierigkeit folgen. Freilich hatte der Überläufer, wie es schwer angeschweißtes Wild immer tut, die Rotte schon längst verlassen und zog nun einsam seine Fährte. Ich folgte der Fährte noch über zwei Schneisenkreuzungen, auf etwa einein- halb Kilometer Entfernung, bis sie in eine kleine inselartige Kieferndickung hereinführte. In dieser wurde aber die Sau noch vor mir aus dem Wundbett hoch und zog weiter, ziemlich langsam, vier Stunden nach dem Anschweißen! Ich musste ihr noch den Fangschuss geben. Ich hatte damals mit der 8 x 60 „Magnum" mit dem schweren Hochwildgeschoss von 12,8 Gramm geschossen, dessen

Wirkung sonst sehr verlässlich war. Und doch war dieser schwache Überläufer mit Pansen- und Waidwundschuss fast fünf Kilometer weit, ohne verfolgt zu werden, gezogen und wurde nach vier Stunden noch aus dem Wundbett hoch.

Es ist manchmal unglaublich, wie zäh angeschweißte Sauen sein können!

Um die Mittagszeit hörte es auf zu regnen. Wir konnten hinaus, Luft zu schnappen, eine Runde im Wald zu fahren. Der Nebel saß noch zwischen den Bäumen, man konnte auch heute nicht weiter als kaum zweihundert Schritt sehen. Stundenlang sahen wir überhaupt nichts, nur viel frisches Gebräch von Sauen. Obwohl es heuer keine Eicheln gab, durchsuchten sie ständig das Falllaub unter den Eichen. Wir fanden aber endlich doch Rotwild. Auf einer mit Altkiefern bestandenen Hügelkuppe bewegten sich einige Stücke. In gewelltem Gelände hält sich das Wild im Bestand fast immer auf den Hügelkuppen auf, weil es von dort eine bessere Sicht hat. Nur ihre gelben Spiegel waren zwischen den Kiefern zu sehen, sie zogen vom Wagengeklapper weg. Dann verhofften sie. In der Mitte des Rudels war durch eine enge Spalte zwischen zwei Stämmen ein Träger zu sehen, das kahle Haupt erblickte ich auch: Schmaltier oder Kalb? Sicherlich aber ist es ein schwächeres Stück. Doch wer kann hier mit Sicherheit ansprechen, ob schwaches Schmaltier oder starkes Hirschkalb? Das Stück schien aber für ein Schmaltier zu schwach zu sein, sogar vielleicht auch für ein starkes Kalb. Ich wollte den präzisen Schuss versuchen, musste ein Stück wie eine Handfläche groß treffen, den Träger. Nach dem Schuss war das Stück verschwunden.

Wir gingen zum Anschuss. Es war ein Glückstreffer, das Stück lag in den Brombeeren. Es war tatsächlich ein Wildkalb, auch in dieser Beziehung hatte ich Glück gehabt.

Etwas weiter trafen wir dann mit einem Hirschrudel zusammen. Wir konnten jedoch bloß zwei von ihnen genau ansprechen, die beide im besten „Mannesalter" waren, und ungefähr neun Kilo schwere Geweihe trugen. Die anderen standen gedrängt im dichten Unterholz, dann setzten sie sich in Bewegung, für einen Augenblick war nur ein Wald von Geweihen sichtbar, dann sahen wir sie nicht mehr.

Am Heimweg erlegte ich noch ein Tier. Wir fuhren wie immer eine Schneise entlang, als hochflüchtig vom Hang des Hügels ein Tier oder Schmaltier vor dem Wagen auf die linke Seite hinüberpreschte. Jedenfalls war es ein stärkeres Stück. Ich hatte den Eindruck, als ob es verfolgt worden wäre. Doch unerwartet erblickten wir dort, woher das Stück gekommen war, am Hang ein breit stehendes anderes Stück Kahlwild. Es war nicht weiter weg als hundert Schritt. Von meinem Sitz aus sah ich auch die Flanke, doch nur die Partie von den letzten Rippen nach hinten. Wenn ich dicht neben dem Baum die Kugel hinsetzte, so würde sie wohl etwas hinten sitzen, doch auch noch die Lunge fassen.

Das Stück zeichnete den Schuss, machte einen schwerfälligen Satz nach vorn, ging hochflüchtig ab, wurde dann schnell langsamer, verhoffte nach etwa achtzig Schritten und – wir sahen es nicht mehr. Es lag dann dort verendet. Das Geschoss hatte den einen Lungenflügel und die Leber durchschlagen, auf der Wundfährte lag sehr viel Schweiß. Sowohl Geschosswirkung als auch Menge des Schweißes waren völlig anders als bei dem Kalb von gestern, obwohl ich aus der 7 x 64 dasselbe leichte Geschoss von 9 Gramm verschoss.

Im Jahr zuvor hatte ich im selben Revier mit der gleichen Büchse, jedoch mit dem schweren Geschoss von 11,2 Gramm einen Hirsch erlegt. Einen jungen Hirsch vom vierten Kopf mit einem noch strohgelben Geweih, ein Eissprossenachter. Ihn darf man nicht laufen lassen, aus diesem Hirsch wird mit größter Wahrscheinlichkeit niemals ein guter Kronenhirsch. Er stand so auf hundert Schritte im Kiefernbestand. Ich setzte ihm vom Wagen aus die Kugel aufs Blatt. Der Hirsch stand etwas schräg, so dass der Anschuss, wenn es ihn überhaupt geben sollte, hinten an den letzten Rippen sein musste, denn er zeichnete gut, ging aber hochflüchtig ab.

Mein Freund Sándor ist nicht nur Berufsjäger, sondern auch Schweißhundführer. Leider sind solche Berufsjäger immer noch eine Seltenheit bei uns! Hunde hätten wir schon genügend, aber nur wenige Jäger, die sich die Mühe mit ihnen machen. Auch der Hochwildjäger ohne Hund ist ein halber Jäger, nicht nur der Niederwildjäger.

Wir brachten also „Panni", die dreijährige Hannoveranerin Sándors auf die Wundfährte, nachdem vier Stunden vergangen waren. Der Hirsch sollte krank werden, aber man darf auch den Hund nie an die warme Fährte setzen; denn dann wird er die kalte, die des vorigen Tages nicht mehr sicher halten, leicht auf die sie kreuzende, frische, warme Gesundfährte „changieren".

Wir hatten sehr gut daran getan, den Hirsch krank werden zu lassen. „Panni" hatte leichte Arbeit, der Fährte mit ziemlich viel Schweiß etwa vierhundert Meter weit zu folgen, doch der Hirsch lebte noch im Wundbett. Hochkommen konnte er jedoch nicht mehr und erhielt den Fangschuss. Das Geschoss hatte einen Durchschuss durch beide Lungenflügel mit Ausschuss ergeben: ein typisches Beispiel schlechter Geschosswirkung.

Für den letzten Jagdtag hatte der Wettergott endlich Einsicht mit uns. Aus Wolkenlücken schien die Sonne auf uns hernieder und ließ auch den Morgennebel verschwinden. Wir stiegen mit großer Freude auf den Jagdwagen, ich nahm auch die Fotoausrüstung mit.

Rotwild fanden wir nach kurzem Fahren. Weit drinnen im Hochwald sahen wir linker Hand einen jungen Hirsch und den Spiegel eines anderen Stückes. Schon am Spiegel konnte ich ansprechen, dass dies kein Hirsch war. Als sie dann einige Schritte weiter zogen, sahen wir noch einige Stücke Kahlwild im Rudel. Wir fuhren auf die nächste Querschneise vor, um ihren Wechsel abzuschneiden und erblickten sie. Sie verhofften plötzlich, als sie unseren Jagdwagen eräugten. Wir versuchten, sie in den Lücken zwischen den Stämmen anzusprechen. Nach einigen Sekunden zogen sie aber weiter durch einen dichten Erlenjungwald. Weit hinten verhofften sie wieder. Die Flanke eines Kalbes war von meinem Wagensitz aus zwischen einem wohl sehr schmalen, doch klaren Spalt zwischen zwei Jungstämmen frei zu sehen. Schnell hin mit der Kugel, bevor das Stück wieder unsichtbar wurde. Es war ein

Glückstreffer: Die Kugel rutschte tatsächlich durch die schmale Lücke und traf das Stück an der richtigen Stelle. Es lag kaum dreißig Schritte vom Anschuss. Auch dieses Stück war ein Wildkalb, doch mehr ein purer Zufall!

Als wir anschließend auf eine breite Schneise einbogen, sahen wir ein Rudel Hirsche. Es waren junge und mittelalte Hirsche, einige mit schwachen Kronen. Sie verhofften in gutem Licht, bis ich die Kamera mit dem Teleobjektiv eingestellt hatte. Das Glück war uns an diesem Tage noch einmal hold: Als wir an eine andere Kreuzung kamen, stand auf der Querschneise auf Büchsenschussentfernung ein Kahlwildrudel, ganz hinten am Rande aber alleine, ein schwaches Schmaltier. Ich beeilte mich, die günstige Situation zu nutzen. Das Schmaltier zeichnete auf den Schuss mit einer hohen Flucht. Als es zu Boden kam, konnte es wegen des gebrochenen Schulterblattes nicht mehr auf die Läufe kommen, es rutschte, kam zu Fall, schlegelte einige Male und war verendet. Hier hatte das schwache Geschoss eine hervorragende Wirkung gezeigt.

Es lohnt sich zu erwähnen, dass das Schmaltier auf der Ausschussseite lag. Es ist eine bekannte Erfahrung der Hochwildjäger, dass das Wild, gleich ob es im Feuer oder nach einer Todesflucht zusammenbricht, oder nach längerer Zeit im Wundbett verendet, fast ohne Ausnahme immer auf der Einschussseite liegt. Warum dies so ist? – ich weiß es nicht! Meines Wissens konnte dafür noch niemand eine plausible Erklärung geben. Doch die Tatsache besteht ohne Zweifel!

Interessant ist noch, dass weder dieses, noch das vorgestern erlegte Schmaltier beschlagen war. Dies fällt auf; denn in Ungarn wird die überwiegende Mehrzahl der Schmaltiere, also der „Schmalkälber" von fünfzehn, sechzehn Monaten Lebensalter in der zweiten Brunft seines Lebens brunftig und setzt im nächsten Frühjahr, also im Alter von zwei Jahren zum ersten Mal. Doch ist dies nicht die Regel.

Ich habe das Jagen beendet. Mein Aufenthalt hier ist abgelaufen. Ich habe mit sieben Kugeln sechs Stück erlegt, die siebente Kugel war ein Fangschuss. Das sage ich beileibe nicht deswegen, weil ich stolz darauf bin. Ich habe auch schon viele meiner Fehlschüsse beschrieben. Aber ich habe mich über dieses saubere Schießen gefreut, weil ich „gerade Kugeln" verschoss, nichts anschweißte, das erlegte Wild keine Qualen zu leiden hatte. Alles ist so beschrieben, wie es sich ereignet hat. So ist das winterliche Pürschenfahren im weiten „Somogyer Land".

Dubletten

Ich bin der Meinung und möchte hoffen, dass ich mit ihr nicht alleine bleibe, dass die Spitze der hohen Schule der Schießkunst eine schnelle, in gutem Tempo geschossene Dublette ist! Denn hierzu muss man schon schießen können, dies kann kaum ein Spiel des blinden Zufalls sein!

Ich meine, dass eine richtige Dublette nur mit einer Doppelläufigen Flinte oder Büchse geschossen werden kann. Von Automaten will ich gar nicht reden! Denn bis der Schütze die neue Patrone im Lauf seiner Repetierbüchse hat, hat er schon an Tempo verloren, der zweite Schuss kommt einen Atemzug später, die beiden Schüsse fallen nicht in der „gleitenden" Folge – Rums-Rums! Denn das ist das richtige Tempo der Dublette der Meister: Auf beide Schüsse fallen die hohen, getriebenen Hähne, die ziehenden Enten oder zwei Hühner aus dem im Winde drehenden Volk – vielleicht roulieren auch zwei Überläufer aus der hochflüchtigen Rotte.

Mit vielen wirklichen Sauen-Dubletten kann ich mich leider nicht brüsten, vielleicht nur mit drei, die ich insgesamt in Sauentreiben mit meiner vom Großvater geerbten eleganten Sechzehnerflinte fertig brachte, welche das Brenneke-Flintenlaufgeschoss sehr gerade schoss, mit beiden Läufen.

Da ich der Jagdleiter war, nahm ich aus Prinzip zu den großen Jagden nie eine Büchse mit, nur die Flinte mit Brenneke – „falls im Notfall ein Fangschuss notwendig wäre". Wenn ich vor dem Trieb meine Schützen abgestellt hatte, stellte ich mich oft weit hinten an irgendeinen „langen Wechsel", denn bei unseren Treiben waren die Fernwechsel stets von Schützen besetzt. In den meisten Fällen kam mir allerdings nichts, doch hin und wieder verirrte sich ein Stück auch zu mir, oder es kam auch eine versprengte Rotte, ich konnte auch noch – in aller Stille und ohne aufzufallen – meinen Teil herauzwicken. Nur eine von diesen drei gelungenen war eine „Paradedublette"; denn nur bei dieser einen roulierten richtig beide Sauen wie Hasen, während bei den zwei anderen die Sauen mit Kammerschüssen noch weiter flüchteten. Die roulierenden Sauen schoss ich auch wie Hasen, nur so dem Gefühl nach auf eine Entfernung von kaum dreißig Schritt, die beste für die Brenneke. Sie hatten auch beide Kopfschüsse.

Ich bin kein Freund von Halbautomaten. Ich habe nie eine derartige Jagdwaffe geführt. Zwei Schuss müssen genügen, mit ihnen sollten wir sauber und sicher schießen. Was wir mit zwei Schuss fehlen, soll sich seines Lebens weiter freuen!

Ich habe nie eine Dublette auf trophäentragendes Wild geschossen, hatte auch keine Chance dafür. Einesteils, weil ich es schon als angehender Jungjäger gelernt hatte, dass es sich nicht ziemt, auf solches Wild flüchtig zu schießen. Dann hauptsächlich auch deshalb, weil wir auch schon in meiner Jugend Hirsche und Böcke vor dem Schuss genauestens ansprachen. Es wäre uns zum Beispiel nicht eingefallen, zwei kämpfende Böcke als Dublette auf die Decke zu legen. Auch damals wollten wir schon wissen, welcher für die Kugel reif sei. Bei Hirschen ist es teils anders, da ja diese über Winter meist in Rudeln stehen, zumindest die jüngeren. Es kam vor, dass sich in starken Rudeln eine Reihe von abschussnotwendigen Hirschen fanden. Dann habe ich auch öfters mehrere „Geweihträger für Messergriffe" nacheinander herausgeschossen. Doch nie als Dublette. Und zwar deswegen nicht, weil das Rudel allermeistens nach dem Schuss abspringt, das Ansprechen ist dann schwierig. Gelingt es doch, so ist der Auserwählte meistens von anderen Hirschen gedeckt, man kann nicht schießen. Man muss ihnen dann ruhig nachpürschen oder nachfahren. Oft beruhigen sich die Hirsche schon bald nach dem Schuss. Dann sucht man den mit dem schlechtesten Geweih oder schwachem Wildbret wieder aus, und wenn er frei steht, schnell mit der Kugel hin. Ich habe einmal im Winter sogar vier ganz schlechte Hirsche aus einem Rudel herausgeschossen; zwei des Öfteren, doch erfordert dies nie eine besondere Schießkunst.

Beim Verminderungsabschuss des Kahlwildes sieht die Sache schon anders aus, weil wir hier schneller die Wahl treffen. Es ist doch wohl Angabe, wenn wir hochtrabend von einem „Wahlabschuss" des Kahlwildes sprechen! Freilich bemüht man sich ständig, das Schwache, Minderwertige zu schießen, aber es ist zumindest in unseren weitläufigen Revieren so, würden wir hier nur immer diese wählen, könnten wir niemals so viel weibliches Wild erlegen, wie uns der Abschussplan vorschreibt. Deswegen pflegte ich, wenn ich schon das schwächste Kalb oder Schmaltier des Rudels geschossen hatte, nun ein Stück auszusuchen, welches nicht führte. Damit habe ich mehrfach zwei, auch mehrere Stücke aus einem Rudel herausgeschossen, manchmal auch Gelegenheit zu einer schnellen Dublette gehabt.

An einem Wintertag fuhren wir in den weitläufigen, nur sanft gewellten Waldungen des südlichen Somogy auf Kahlwild pirschen. In einer Reihen-Kiefernpflanzung stand ein Kahlwildrudel auf beste Distanz für die Büchse. Ich stieg vom weiterfahrenden Wagen ab, denn in dieser Pflanzung ohne Unterwuchs war vom Boden aus der Kugel eine freiere Flugbahn gegeben, als von oben vom Wagen aus wegen der herabhängenden Zweige. In einer Reihe stand ein Schmaltier breit. Ich konnte das Blatt gut sehen, obwohl einige dünne Zweige auch jetzt davor waren. Ich schoss auch sofort, denn selten bekommt man in unseren Wäldern das Wild noch besser frei. Ich „war auch gut drauf", aber das Schmaltier sprang ohne Zeichnen ab. Es gab keinen Schnee, der Boden war in der Gegend des Anschusses von Fährten übersät, so dass es nicht leicht war, den Anschuss zu finden. Schließlich entdeckten wir Eingriffe, doch weder Schweiß noch Schnitthaar am Anschuss. Das passiert sehr oft beim Geschoss 7 x 64. Deswegen liebe ich auch dieses Kaliber nicht besonders!

Es blieb uns nichts anderes übrig, als mit meinem Freund Sándor, dem Oberjäger, eine „Schwarmlinie" zu bilden und im übersichtlichen Fichtenstangenholz in Fluchtrichtung zu suchen. Das Stück musste nach kurzer Todesflucht verendet liegen. Doch wir fanden nichts, obwohl Sándor auch seinen Schweißhund am Anschuss ansetzte. Sicher hatte ein winziger Zweig die Kugel aus ihrer Flugbahn gelenkt.

Wir waren im Fichtenstangenholz schon etwa dreihundert Schritt vom Anschuss entfernt und wollten die Nachsuche abbrechen, als ich vor mir den Aufschlag von schweren Schalen hörte. Ein Rudel Kahlwild wurde vor uns flüchtig und brach nach hinten durch, etwa vierzig, fünfzig Schritt von mir entfernt, mit vorgestrecktem Träger, hochflüchtig in langen, gestreckten Sätzen. Zum Glück nicht in einem Pulk, sondern nach Art des richtig hochflüchtigen Rotwildes hintereinander. Ich hatte nicht einmal Zeit, das Zielfemrohr abzunehmen oder auf kleinere Vergrößerung zu stellen. Ich konnte es bloß gefühlsmäßig mit fünffacher Vergrößerung in schnellem Anschlag vor das Blatt eines breitflüchtenden Stückes richten. Im Schuss zeichnete es nicht, flüchtete weiter, ich repetierte blitzschnell. Jetzt hatte ich das Gefühl, so schnell geschossen zu haben, als wenn ich aus einer Doppelbüchse geschossen hätte. Es war sicherlich „Tempo" in den Schüssen, denn das nächste Tier, oder war es schon das dritte, zeigte wieder in hoher Flucht die Breitseite. Auf dieses schoss ich auch gefühlsmäßig, es flüchtete weiter. Beide lagen dann auch fast nebeneinander ungefähr achtzig Schritte vom Anschuss, beide mit Blattschuss. Dies war auch mit einem Repetierer eine richtige Dublette, weil ich mich sehr beeilt hatte und bei Abgabe der Schüsse sehr ruhig war.

Gemäß der Duplizität der Fälle gelang mir am nächsten Tag wieder ein Doppelschuss. Doch war dies keine richtige, dem flinken Schützen zur Ehre gereichende Dublette, sondern eine, die wir gerne als „Stümperdublette" bezeichnen.

Wir stießen in einem richtigen „Weidewald" mit jahrhundertealten, einzel stehenden Eichen- und Buchenüberhältern, darunter inselartig verstreute Dickungen aus Hainbuchen-Anflug und stacheligen, immergrünen Brombeersträuchern auf ein großes Kahlwildrudel. Ein schwächeres Stück stand etwas abseits unter einer alten Buche auf hundertfünfzig Schritt Entfernung. „Schieß das Stück, das passt!", sagte Sándor hinter seinem Glas. Ich dachte dasselbe, fackelte also nicht lange und setze ihm die Kugel hinters

Blatt. Dann, ohne es weiterhin viel zu beobachten, richteten wir unsere Aufmerksamkeit auf die anderen Stücke. Vielleicht gelang es, noch ein Stück aus dem Rudel herauszuschießen. Doch sie sprangen ab, wir konnten nur ihre Spiegel sehen.

Wir gingen zum Anschuss! Nach links führte eine breite Schweißfährte mit schaumigem Lungenschweiß. Gleich darauf sahen wir auch das etwa fünfzig Schritt weiter liegende verendete Stück. Fast zur selben Zeit bemerkten wir jedoch ein vom ersten etwas seitlich liegendes anderes verendetes Stück! Zunächst konnten wir die Sache überhaupt nicht begreifen. Denn das beschossene Stück hatte ganz alleine frei gestanden, es war kein anderes in der Nähe, das auch hätte getroffen werden können. Dann fanden wir des Rätsels Lösung! Das erste Stück war ein schwaches Tier, das zweite ein ebenfalls schwaches Wildkalb. Das Kalb stand so unmittelbar hinter dem Tier, dass sich sogar die Läufe deckten. Drei Jäger mit geschulten Augen, der Oberjäger, der Kutscher und ich, keiner hatte das Kalb hinter der Mutter entdeckt. Die Kugel hatte die Kammer des Tieres durchschlagen, höchstens eine Rippe gefasst und das Kalb erhielt ebenfalls einen Kammerschuss. Das Geschoss durchschlug den Wildkörper jedoch nicht mehr, ergab aber eine ausgiebige Schweißfährte.

Sauentreiben bieten die meisten Möglichkeiten zu Dubletten, schon deswegen, weil man – zumindest im Winter – meistens wenig darauf achten muss, welches Stück man schießt. Heute ist es üblich, jedenfalls bei Jägern mit waidmännischer Auffassung, die führenden Bachen nicht von ihren Frischlingen wegzuschießen. Denn diese haben die Mutter sehr nötig, um durch die Unbilden des Winters gebracht zu werden. Ich möchte hoffen, dass wir alle einmal den Grad der ethischen Jagdauffassung erreichen, auch im Treiben nicht die zwei- oder dreijährigen angehenden Keiler zu schießen und sie wie unsere Hirsche und Böcke heranreifen zu lassen. Auch diese schießen wir ja nicht im Alter von zwei, drei Jahren, weil sie dann noch zu jung sind und eine Chance haben, viel stärker zu werden. Genauso dumm ist es, die jungen männlichen Sauen tot zu schießen, denn wie sollten sich sonst die starken alten

Keiler, der Wunschtraum jeden Jägers, entwickeln? Im Láboder Revier, in dem ich als Jagdleiter tätig war, schossen wir kaum jemals Sauen an Schütten, bei Pürsch und Ansitz ließen wir auch die jungen Keiler laufen, es gab auch starke Keiler in stattlicher Zahl. Doch bei Treibjagden konnte ich nicht verlangen, dass außer den führenden Bachen auch die angehenden Keiler geschont wurden.

Heute sind auch dort, wie überall in unserem Lande, die starken Keiler eine Seltenheit geworden! Vielleicht kommt auch bei uns noch die Zeit, in der die Sauen nicht mehr mit allen Mitteln kurz zu haltendes Schadwild sind, sondern wir sie rationell hegen müssen, wie unsere anderen Wildarten. Denn wenn wir sie nur schießen, wie sie vor unser Rohr kommen, so muss dies in der heutigen bei uns bestehenden Situation resultieren: Alte, richtig starke Keiler sind zur Rarität geworden, frischende junge Bachen gibt es so viele, dass sie laufend für reichen Nachwuchs sorgen. Und weshalb ist es so? Weil unsere Sauen immer noch vogelfrei sind, Schadwild, welches man ohne jeglichen Wahlabschuss zu dezimieren versucht! In der Jagdpraxis werden noch dazu immer die stärksten Stücke geschossen! Denn vielleicht ist das der lang ersehnte urige Basse, und vor allem ist die „dicke" Sau leichter zu treffen als Frischlinge oder Überläufer. So werden, weil es keine stärkeren gibt, auch die jungen Keiler tot geschossen, zusammen mit ihnen die starken Altbachen. Es bleibt ständig die Jugend, das „Geraffel" übrig, welches einen beträchtlichen, doch nicht erstklassigen Zuwachs bringt!

Wir müssen genau das Gegenteil tun, um auch unsere Sauenbestände rationell hegen zu können: In erster Linie die jungen Jahrgänge vermindern, damit würden wir die Bestände niedriger halten können. Die alten Bachen schonen, von denen wir die stärksten Frischlinge erwarten können und die sie auch am besten führen. Schonen hauptsächlich die jungen männlichen Stücke, denn wir wollen nicht schlechthin nur "Sauen", sondern auch starke, alte Keiler erlegen! Ich hoffe sicher, dass einmal auch dies verwirklicht wird, es wird bestimmt beträchtlich zum guten Ruf des ungarischen Jagdwesens beitragen.

Wir haben bislang beim Schwarzwild keinen Wahlabschuss betrieben, obwohl es bei der Treibjagd, bei der Pürsch und beim Ansitz als Grundregel gelten sollte, stets nur das „Geraffel" zu schießen. Und dann natürlich auch, als Frucht unserer Entsagung, die alten, grimmigen Keiler, wenn sie uns vor das Rohr kommen!

Es besteht oft die Chance, auch wenn man nur die schwachen Stücke schießt, zu Dubletten oder sogar auch zu mehreren Stücken aus einer Rotte zu kommen. Obwohl ich selber unzählige Saujagden geleitet habe, stand ich in dieser Eigenschaft fast immer auf „verlorenem Posten", Diana lächelte mir nur äußerst selten zu. Es gelang mir auch nicht, mehr „richtige" Dubletten zu schießen, obwohl ich zwei- oder dreimal drei Stück aus einer Rotte schoss, einmal sogar vier. Jedoch waren nicht alle flüchtig.

Als ich dann alterte und immer „satter" an Sauen wurde, wurde ich auch immer wählerischer. Zum Anfang war es mir egal, ob ich die Sauen am Ansitz oder im Treiben schoss, sogar auch an der Schütte, es sollte nur mehr Schwarzwild sein! Später hielt ich dann sehr wenig vom Ansitz auf Sauen. Es machte mir keine Freude, viele Stunden lang auf dem Ansitz zu hocken und zu warten, ob eine Sau kommt. Man sieht sie meistens nur mit verschwommenen Umrissen im Mondschein, nur eine schwarze Masse, und man muss froh sein, wenn man sehen kann, wo vorne und hinten ist. Ist sie weit, kann man nicht schießen, weil man nicht deutlich Ziel fassen kann. Wenn es klar ist, so ist die Sau nahe und fast nicht vorbeizuschießen. Ich halte diese Form der Jagd für wenig sportlich.

Noch viel weniger Waidmannsfreude bietet das Erlegen von Sauen an der Schütte. Obwohl unsere waidmännische Auffassung das Erlegen von Hoch- und Rehwild an Salzlecken und an Fütterungen strengstens verbietet, ist dies im Falle der Sauen merkwürdigerweise erlaubt, weil die Sauen „Schadwild" sind. Ist es nicht fast immer nur ein reines „Totschießen", wenn der Jäger in einem gut getarnten Ansitzschirm, oder noch viel öfter in einer vom Wind und Wetter, und auch vor dem Verrat des Windes schützenden Kanzel, genau weiß, auf welche Stelle die Sauen austreten werden, wohin schon vielleicht seit Monaten zu ihrer Kirrung Mais oder andere

Leckerbissen geschüttet wurden? Sehr oft wird dem Jäger auf unser letztes wehrhaftes Wild auch noch gemeldet, zu welcher Uhrzeit nachmittags die Sauen anwechseln, um den leeren Pansen zu füllen.

Nach all dem – wie Hochwürden, der Wasser predigt und Wein trinkt – muss ich nun gestehen, dass auch ich Sauen an der Schütte geschossen habe. Doch nicht viele. Ich könnte sie an den Fingern der einen Hand aufzählen. Es war in jenen „Pionierjahren" in der Hanság in Westungarn, als Mitte der fünfziger Jahre die Sauen dort so unerwartet ankamen und sich so schlagartig vermehrten. Die dortigen Jäger verstanden nichts von ihrer Bejagung, auch hatten sie eine starke „Achtung" von ihnen. Zu dieser Zeit verzeichnete ich auch noch keine beträchtliche Strecke von Schwarzkitteln, doch wusste ich, wie man sie bejagt. Darum ließ ich auch einige Schütten anlegen.

Ich hatte noch kein halbes Dutzend Sauen erlegt, als ich an einem schönen, hellen Mondscheinabend einen Hochsitz an einer kleinen Lichtung im Dschungel von Schilf und Salweiden bezog, wohin wir, da ringsherum beste Saueneinstände waren, seit einiger Zeit Kolbenmais gebracht hatten. So gegen neun Uhr kamen dann auch in der mondhellen, doch schneefreien Winternacht zwei starke Überläufer zum Mais. Ich ließ sie auf die Lichtung herauswechseln. Sie waren nicht weiter als fünfzig Schritt entfernt, als sie sich schon schmatzend am Mais gütlich taten, wobei der eine die Breitseite zeigte. Er bekam die Kugel, die ihn im Knall zusammenbrechen ließ. In Windeseile repetiert. Der andere war abgesprungen, verhoffte jedoch auf einen Augenblick am Dickungsrand, um auf den anderen zu warten. Dies genügte, um auch ihm die Kugel auf die Rippen zu setzen. Ich war damals sehr stolz auf diese „jagdliche Spitzenleistung", doch bin ich dann sehr schnell der Bejagung von Sauen an der Schütte überdrüssig geworden.

Meine letzte Sauendublette ist mir unlängst geglückt. Ich erzähle sie, weil sie viel jagdlich Lehrreiches enthält.

An einem wunderbar sonnigen Wintertag fuhren wir in einem riesigen, zusammenhängenden Waldrevier des südlichen Somogy im Flachland auf Kahlwild. Wenn wir großen Dusel hätten, wollten wir auch auf Sauen pürschen. Es galt in diesem mit Hochwild reich gesegneten Revier als keine besondere Strecke, dass wir bis zur Mittagszeit schon vier Stück Kahlwild, schwache Kälber und Schmaltiere, erlegt und versorgt hatten. Auch eine starke Rotte Sauen war auf lange Büchsenschussweite vor unserem Pferdewagen über die Schneise gewechselt. Ich war auch sofort vom Wagen gesprungen; denn über die Köpfe der Pferde hinweg darf man nicht schießen. Die Sauen waren aber weit und kamen auch im Pulk, so dass ich nur auf den letzten Überläufer eine Kugel los wurde, mit der ich mich auch verspätet hatte. Sie streifte nur hinten die Keulen. Es lag nur Wildbretschweiß, auch der nur wenig und hörte nach einigen hundert Schritten völlig auf. Diese Sau hatte wenig abbekommen!

Am späten Nachmittag, als wir an einer vier bis fünf Meter hohen Kieferndickung vorbeifuhren, in der die unteren Zweige schon abgestorben waren, so dass man mindestens auf Schrotschussweite Sicht in sie hatte, ließ der neben dem Kutscher auf dem Bock sitzende Berufsjäger plötzlich halten, zeigte in die Dickung und sagte: „Sau!" Ich sah eine dunkle Masse, die Konturen einer Sau in der Dickung auf etwa vierzig Schritt Entfernung. Es war nicht festzustellen, wo Haupt und wo Keulen sich befanden, doch konnte ich einwandfrei sehen, dass die Sau breit stand. Darum entschloss ich mich im Augenblick zum Schuss und schoss mitten drauf, dann fasst die Kugel bestimmt Leben! Nach dem Schuss konnte ich nur sehen, dass die Sau nicht im Feuer zusammenbrach, sondern absprang. Kurz darauf, ich konnte gerade repetieren, erschien eine Sau auf einer kleinen Lichtung mit niedrigerem Kiefernwuchs auf einem flachen Abhang vor uns und verhoffte halb gedeckt schräg von uns. Gemäß der altbewährten Grundregel, dass man ein krankes Stück beschießen soll, so lange es sich noch bewegt, schoss ich die sehr verdeckte Sau. Auf den Schuss hin wurde sie flüchtig in Richtung auf die Schneise, auf der unser Fuhrwerk stand. Ich sprang vom Wagen, machte mich fertig. Als die Sau auf etwa sechzig Schritt die Schneise flüchtig überquerte, gelang es mir, sie mit einer „geraden" Kugel roulieren zu lassen. Sie hatte aber nur zwei Kugeln: eine schräg von hinten hinter die Rippen, die zweite, der Fangschuss, hinter dem Teller. Wie war denn das möglich? War dies vielleicht eine zweite Sau? Also zurück zum ersten Anschuss! Dort erhielten wir sofort Antwort: Es lag Schweiß, auf kaum dreißig Schritt die erste Sau mit der Kugel mittendrauf.

Und die Moral von der Geschichte: Versäume niemals, lieber Waidkamerad, jeden Anschuss gewissenhaft und sorgfältig zu untersuchen!

Die wirklich wildernd jagenden Hunde tun dies nicht einzeln, sondern stets zu zweit. Tagsüber bewachen sie treu Haus und Hof, nachts aber schlagen sie sich zusammen, durchstreifen Wald und Flur, bis sie an ein Stück Wild kommen, das so nahe vor ihnen flüchtig wurde, dass sich eine Hetze lohnt, besonders am Rehwild. Von zwei Seiten bestürmen sie dann lange das vor Müdigkeit immer langsamer werdende Wild, bis sie es endlich einholen und einer von ihnen sich an die Keule hängt. Der andere fasst nun an die Gurgel, und die Tragödie ist beendet ...

Das unbändigste Jägerblut haben deutsche Schäferhunde und insbesonders ihre im Körper meistens leichteren Bastarde, die in unseren Dörfern leider immer mehr überhand nehmen; besonders gefährlich sind sie nicht nur deshalb, weil sie ausdauernder im Hetzen sind, sondern auch hauptsächlich dadurch, dass sie im Gegensatz zu anderen Hunden infolge des Wolf-Erbgutes nicht lauthals, sondern vollständig stumm hetzen. Deshalb ist ihr nächtliches Handwerk viel schwieriger zu entdecken, sie sind gar nicht leicht zur Strecke zu bringen.

Ich muss vorausschicken, dass ich ein großer Hundeliebhaber bin und es stets als eine mir sehr contre coeur gehende Pflicht des Berufsjägers hielt, die in der Feldmark streunenden und auch jagenden Hunde abzuschießen.

Die nächtlicherweise und im Morgengrauen zu zweit jagenden Schäferhund-Bastarde allerdings verfolgte ich mit großem Eifer, denn sie verursachten nicht nur gewaltigen Schaden im Wildbestand, sondern störten das Wild ungemein. Es wurde scheu, unstet, vergrämt.

Es gelang mir öfters, zwei nahe anwechselnde wilde Hunde mit Schrot ins jenseits zu befördern. Jedoch war dies mehr die Pflicht des Berufsjägers als eine Leistung im Schießen. In meinen jagdlichen Erinnerungen haben jene beiden Schäferhund-Bastarde einen bleibenden Platz gefunden, die an einem sonnigen Maimorgen eine hochbeschlagene Rehgeiß in der kniehohen Weizensaat hetzten. Ich konnte in einem Graben geduckt vorwärtslaufen und ihnen den Weg abschneiden, so dass sie dann auf etwa sechzig Schritt die schon mit offenem Äser flüchtende, immer langsamer werdende Ricke breit an mir vorbei hetzten. Zum Glück hatte ich den Repetierer dabei, für Schrot wäre es zu weit gewesen. Ich konnte mit zwei schnellen Schüssen beide Hunde in die Saat legen.

Mit Füchsen jedoch hatte ich kaum solches Waidmannsheil. Ich konnte niemals eine Dublette auf sie schießen, hatte auch nie die Chance dazu. Es war stets der größte Wunsch in meinem Jägerleben, in einem winterlichen Treiben aus einer Dickung oder Schilfpartie gleichzeitig flüchtende Rotröcke mit einer ruhigen, bedachten Dublette beide hintereinander Rad schlagen lassen! Doch der Fuchs kommt meistens alleine.

Ich habe zahlreiche Füchse erlegt, besonders in den zwei Jahrzehnten nach dem Krieg, als sich noch kaum jemand um die Verminderung der plötzlich überhand genommenen Füchse kümmerte, der Balg brachte auch jahrelang keinen guten Erlös. Nur die Berufsjäger in einigen gut verwalteten Niederwildrevieren bemühten sich um den Fuchs. Wir konnten ihrer damals kaum Herr werden, der Nachschub kam ständig aus allen Nachbarrevieren.

Fuchs und Sau sind die beiden Wildarten, deren Bejagung mit den verschiedensten Methoden möglich und deswegen auch am abwechslungsreichsten ist. Wir bejagten den Fuchs auch deshalb, weil aus den Erlösen der Bälge die Patronenkosten gedeckt werden konnten. Unsere Methoden: Sprengen aus dem Bau mit Erdhunden bis zum Locken mit der Hasenklage, zur Winterzeit Bejagung im Treiben. Im Laufe der Jahre habe ich viel Erfahrung im Organisieren von Fuchstreiben gesammelt, der Grundsatz, immer mit dem Wind zu treiben. Der Fuchs ist gerade das Wild, welches mit schlechtem Wind am besten zu treiben ist. Ich habe mich auch auf das Fuchs-Verhalten einstellen können und damit den Stand des Jägers im Treiben dementsprechend ausgewählt. Man muss sich nämlich immer dahin stellen, wo die Verbindung zwischen getriebener und benachbarter Deckung am kürzesten ist, wo der Fuchs womöglich in Deckung, ob Graben, Waldzunge oder Unkrautfeld, hinüberkommen kann.

Ich habe sicherlich bedeutend mehr als zweihundert Füchse erlegt. Es wäre interessant, zusammenzustellen, wie viele ich je mit der Quäke, beim Sprengen, auf der Pürsch und auf dem Ansitz erbeutete. Aber mein Schussbuch ging verloren. Ich bin jedoch sicher, dass ich die meisten Füchse im Treiben geschossen habe. Nie hatte ich eine Chance auf eine Dublette, auch zwei Füchse in einem Treiben kamen mir nur insgesamt dreimal in meinem fast fünfzigjährigen Jägerleben. Die zwei ersten Male kam der zweite Fuchs so ungünstig, dass ich ihn nicht schießen konnte. Nur auf den dritten Anhieb gelang mir dies und zwar, als wir eine kleine Dickung neben einem Flusslauf in Kleinasien trieben. So habe ich ziemlich weit reisen müssen, um endlich doch zwei Füchse in einem Treiben erlegen zu können!

Auch von „gemischten" Dubletten kann ich nicht viel erzählen. Vielleicht war die „gemischteste", die mir gelungen ist, eine auf Schnepfe und Fasan, die freilich auf herbstlichen Fasanenjagden keine große Seltenheit war. Und Hase-Rebhuhn-, Fasan-Ente- und Fasan-Rebhuhn-Dubletten sind, oder besser gesagt: waren so häufig, dass sie kaum erwähnenswert sind. Genauso wie Dubletten auf zwei aus dem Kessel flüchtende Hasen oder bei der Suche auf Hühner oder Fasanen.

Ich bin ein Leben lang viel mehr Schrot- als Kugelschütze gewesen, obwohl ich natürlich immer eine große Freude und Passion beim Bejagen und insbesondere im Anpürschen von Schalenwild fand. Das Jagdfieber schüttelte mich vorschriftsmäßig oft auch dann vor dem Schuss, wenn der Gast, den ich begleitete, schießen sollte und nicht ich! Beim Hochwild war mir nicht der Schuss selber wichtig, sondern das Drum und Dran, die Spannung, die Jagd!

Anders jedoch beim Niederwild. Hier bot mir stets der Schießsport, der Genuss am Schuss, die Entwicklung der Technik des Schießens auf das höchste Maß die größte Freude. Ausgenommen natürlich, wenn ich mit Hunden buschierte und ihre Arbeit bewunderte. Denn die Leistung des feinnasigen und gut geführten Hundes ist wundervoll.

Ich bin zwischen hervorragenden Schrotschützen aufgewachsen und hatte auch später die Möglichkeit, sie zu erleben. Vor vielen Jahrzehnten las ich in „Wild und Hund" eine Abhandlung über das Schrotschießen. Der eine Satz ist fest in meinem Gedächtnis haften geblieben: „Schrotschießen ist eine große Kunst, die nur ganz wenige wirklich beherrschen!" Wie recht der Autor hatte!

Drei Spitzenkönner zu treffen und sie viel schießen zu sehen, habe ich im Leben das Glück gehabt. Béla Gáspárdy in den alten Tagen, den unlängst verstorbenen Zsigmond Széchenyi und den in der Türkei lebenden und jagenden deutschen Freund Hans von Aulock. Diese schossen bzw. schießen mit einer fast unglaublichen, tödlichen Sicherheit. Denn der eminente Schrotschütze zeichnet sich auch dadurch aus, dass sein beschossenes Wild im Schuss „gebrochen wird" und nicht mit hängenden Ständern oder Schwingen weiterzieht oder flüchtet.

Freilich gab es nicht nur unter den „Alten", sondern es gibt auch unter den jungen Schützen heute hervorragende Könner. Doch das, was die Alten ihnen aus der Natur der Sache voraus haben, ihre große Routine im jagdlichen Schießen, das besitzen die Schützen der jüngeren Generation kaum, weil sie überwiegend nur die Möglichkeit haben, sich als Tontaubenschützen zu üben. Eben deshalb sind sie zwar meistens unglaublich schnell im Schießen, doch übereilen sie sich bei Wild sehr oft, weil ihnen die Routine fehlt, die günstigste Position des Wildes zu einem ruhig hingesetzten Schuss auszunutzen. Ich habe keine fünfzig Tontauben in meinem Leben geschossen. In meiner Jugend war dies auch noch nicht Mode.

Es ist mir nur dreimal gelungen, eine Schnepfendublette zu schießen, auch noch eine „Stümperdublette", als auf meinen ersten Schuss beide Schnepfen herunterfielen. Zweimal ist es mir passiert, dass eine Schnepfe der Dublette wieder vor meinem Hund hochging und auf Nimmerwiedersehen abstrich. Ein Schrotkorn hatte sie offensichtlich nur am Kopf gestreift. Mein Bruder hat es auf noch weniger gebracht. Es ist ihm nur unlängst gelungen, beide Schnepfen eines Zwick zu erlegen. Darüber hinaus kenne ich eine ganze Reihe von Schnepfenjägern, gute Schützen, denen dies niemals gelungen ist. Doch weshalb eigentlich nicht? Ist denn dies eine so große Schießleistung? Ich glaube ja, obwohl in der Balzzeit – in diese Periode fällt der Durchzug der Schnepfen bei uns – sich beim Strich oft zwei, manchmal auch mehr Schnepfen verfolgen. Diese sind, wie ich durch Bestimmung des Geschlechtes von vielen geschossenen Schnepfen durch Öffnen der Bauchhöhle feststellen konnte, fast immer Männchen. Es kommt selten vor, dass ein Weibchen von einem Hahn verfolgt wird.

Die Schnepfen streichen während der Morgen- und Abenddämmerung, immer nur bei schlechtem Licht. Wenn sie sich gegenseitig verfolgen, so machen sie sehr oft unberechenbare Sturzflüge. Man kann sie nur gegen das Licht des hellen Himmels beschießen. Wenn der Vogel vor den dunklen Hintergrund eines Berges oder von Bäumen kommt, so verschwindet er sofort aus dem Gesichtsfeld, ein Schuss ist nicht mehr anzubringen. Vor allem ist der Jäger meistens, ich immer, so aufgeregt, dass er sich zumindest mit einem, oft sogar mit beiden Schüssen übereilt.

Schießt man eine Dublette auf ein sich verfolgendes Zwick, gehört außer der unumgänglich notwendigen Schießfertigkeit auch noch ein sehr großer Sack Dusel dazu. In erster Linie, dass die Schnepfen günstig schussgerecht kommen. Wenn nun, lieber Waidkamerad, Dir alle Jagdgötter so hold gewesen sind, dann sollst Du auch Deine Chance nutzen: Du musst immer den hinteren Vogel erst beschießen! Wenn Du nämlich erst den vorderen Vogel herunterholst, wird sich der hintere todsicher mit einem eleganten „Kopfsprung" in der Hitze der Verfolgung ihm nachstürzen, Du hast dann über ihn weggeschossen, oder aber er verschwindet vor dem dunklen Hintergrund, bevor Du hättest doppeln können. Wenn Du hingegen erst den hinteren Vogel schießt, so kannst Du berechtigte Hoffnung haben, dass der erste seine Flugrichtung beibehält und sich zum Schuss mit dem zweiten Lauf anbietet. Mir sind meine Schnepfendubletten mit Hilfe dieser Beobachtung gelungen.

Bei Gänsen und Enten habe ich viele Dubletten geschossen, insbesondere, wenn ich die auf hochgehende oder getriebene Enten mitrechne. Dies ist keine besondere Schießleistung. Es gehört sich auch für den mittelmäßigen Flintenschützen, von hochgehenden Enten Dubletten zu schießen, was keineswegs schwieriger ist als der Schuss auf den vor dem Hund im Feld aufsteigenden Fasan.

Doch anders die Situation bei streichenden Gänsen und Enten! Sie haben die gemeinsame Eigenschaft, dass sie auf den ersten Schuss hin auseinander stieben, plötzlich Höhe gewinnen, blitzschnell die Flugrichtung ändern. Der Jäger muss jetzt seine Schussrichtung ändern, ganz anders vorhalten.

Besonders augenfällig war das, wenn man beim Gänsestrich aus der Grube schoss. Wenn der Jäger die Gänse in Schusshöhe die Ansitzgrube anfliegen sah, so musste er sich in der oben engen, nach unten sich erweiternden Grube in diese Richtung wenden, allerdings ganz geduckt, damit er nicht auf der endlosen Fläche der Puszta aus der Grube „heraushing". Wenn dann die Gänse in Schussnähe herangestrichen waren, so gab es bei dem erfahrenen Gänsejäger zwei Methoden. Entweder schoss er zunächst geduckt, mit gebogenem Rückgrat aus unbequemer Stellung. Dieser Schuss war dennoch fast sicher auf die vertraut in gerader Richtung anstreichenden Gänse. Natürlich stoben die Gänse auf diesen Schuss hin auseinander, änderten die Flugrichtung, der Jäger konnte sie aus seiner geduckten Stellung nicht mehr beschießen. Deswegen musste er nun in der Grube blitzschnell aufspringen, um den zweiten Schuss abzugeben. Ich selber bediente mich dieser letzteren Methode. Aber auch so glückte oft die Dublette nicht, manchmal ging sogar auch schon der erste Schuss vorbei!

Es gab aber auch Jäger, die darauf schworen, nicht mit einer unsicheren, verschränkten Haltung aus der Grube zu schießen, sondern in dieser unmittelbar vor dem Schuss aufzustehen. So bewegt man sich leichter, führt die Flinte ungehindert ins Ziel. Aber im Augenblick seiner Bewegung haben ihn die Gänse auch weg und werfen sich blitzschnell seitwärts und in die Höhe, so dass auch schon der erste Schuss ziemlich unsicher ist.

Eine Dublette auf Krickenten des von mir als den erstklassigsten Schützen erwähnten Zsigmond Széchenyi wird mir mein Lebtag in Erinnerung bleiben. Wir trieben einen großen Fischteich mit einigen Kähnen auf Enten und Blässhühner. Die Schützen standen auf dem mit Schilf umsäumten Deich, der zwei Teiche trennte. Széchenyi war mein Nachbar, ich konnte also gut sehen, was er anstellte. Zunächst flog ihn ein kleiner Schof von Haubentauchern, damals waren sie bei uns als Fischereischädlinge noch nicht geschützt, niedrig an, jedoch mit windschnellem Flug. Er schoss mit schneller Dublette zwei heraus. Dann strich ihn ein Schof Krickenten sehr, sehr hoch an. Er umfasste mit vollständig gestrecktem linken Arm die Läufe ganz vorn, schoss die erste mit dem rechten Lauf steintot, dann mit dem linken, als die kleinen Enten auseinander und noch höher stoben, auch die zweite.

Ich möchte noch eine eigene Entendublette einflechten, die mir sehr in der Erinnerung haften blieb, nicht um mich selber zu beweihräuchern, im Gegenteil.

Es passierte ebenfalls in Lábod, dass wir an einem warmen Augusttag mit einigen sehr gut stöbernden Vorstehhunden einen kleinen Fischteich bejagten. Dies war ein mit Schilf und Binsen dicht bewachsener seichter Teich von etwa fünf Hektar Größe, doch mit nur ganz kleinen freien Wasserflächen. Ein wundervoller Platz für Breitschnäbel, die sich vor der Hitze des Sommertages verziehen wollen. Für die Jagd ist er auch hervorragend geeignet. Die Enten wurden vor den stöbernden zwei, drei Hunden meist nur einzeln oder in kleinen Schofen hoch und konnten nur in zwei Richtungen das Weite suchen, nach vorne und nach links; denn in den beiden anderen Richtungen wurde der Teich von Hochwald gesäumt. Zwei, drei Gäste stellte ich vorne an, meinen Bruder an die Ecke, und ich flankierte auf dem Damm, der den Teich nach links hin säumte.

Nun, es gehört zur guten jagdlichen Kinderstube, und das sage ich deswegen mit solcher Betonung, weil es heute schon von den meisten Jägern nicht befolgt wird, dass der seitlich flankierende Schütze nur auf solches Wild schießt, das auf ihn gerade zustreicht, also seitlich aus dem Trieb heraus will. Es ist eine jagdliche Ungezogenheit, ja Schießwut, Wild, das in das Treiben hineinstreicht, also vor die vorn stehenden Schützen zu schießen.

Es wurden drei dicke Stockenten im Treiben hoch und nahmen schräg Richtung zwischen mir an der Flanke und meinem Bruder an der Ecke. Ich glaubte zu sehen, dass sie die Flanke anfliegen wollten, mein Bruder hingegen, dass sie Richtung auf die Ecke nahmen. Nun weiß ich nicht, ob ich dachte, dass auch ihm noch Enten kommen würden, oder ob mich im entscheidenden Augenblick die jagdliche Kinderstube verließ. Jedenfalls schoss ich auf die mir in bester Distanz breit streichenden Enten, worauf gleich zwei von ihnen herunterfielen, die gebliebene dritte jedoch emporsteilte, bis mein linker Lauf auch sie erreichte. In der Hitze des Gefechtes war die Passion mit mir durchgegangen, die Dublette war gut gelungen! Mein Bruder beglückwünschte mich etwas sauer und sagte nur: „Wenn Du zumindest nur eine zu mir weitergelassen hättest!" Vor allem ist mir diese Dublette wegen des kleinen Gewissensbisses so gut in Erinnerung geblieben!

Zum Abschluss möchte ich noch vom Fasan plaudern. In erster Linie deswegen, weil er heute unser zahlreichstes Niederwild in Ungarn geworden ist, aber auch, weil er zu den besten „Paradeschüssen" Gelegenheit gibt. Hasen werden bei uns schon kaum bejagt, meistens lebend gefangen, die Hühner gehen seit der Einführung der großflächigen Landwirtschaft beträchtlich zurück. So bleiben für den ungarischen Jäger vornehmlich Fasanenhähne. Wenn man bei seiner eigenen Jagdgesellschaft jagt, so bekommen die Mitglieder sogar drei Patronen pro erlegten Hahn, und außerdem pro Jagdtag einige Hahnen als Jägerrecht, die man als gerne angenommene Gabe an seine „Gläubiger" verschenken kann.

Der Schuss auf den hohen, schnell fliegenden getriebenen Fasan ist schwierig, da jeder Fasan anders fliegt! Nicht so sehr im

Waldtreiben, wo die Bäume meistens doch den Wind auffangen und die Fasanen die auf den Schneisen stehenden Schützen meistens nicht sehen können. Hier ist das Fasanenschießen leichter, weil sie gleichmäßiger fliegen und über den Bäumen auch in der gleichen Höhe.

Doch ist es ganz anders draußen auf der freien Fläche, wenn die Fasanen aus kleineren Remisen, Schilfpartien, Unkrautflecken getrieben werden, was bei uns heute meistens der Fall ist. Wenn er hier hochgeht, so fasst ihn sofort der auf der weiten Ebene wehende Wind, der in seiner Richtung den verhältnismäßig großen Vogel nach vorne beschleunigt oder aber in seiner Fluggeschwindigkeit hemmt, meistens jedoch seitlich drückt. Auch eräugt der Fasan sofort die im Freien stehende Schützenlinie, die der Jagdleiter weitab von der Deckung ins Feld gestellt hat, beileibe nicht unmittelbar neben die Deckung, damit sich die Vögel hoch erheben und eine möglichst gute Schießleistung verlangen. Doch sie erheben sich nicht bloß hoch in die Lüfte, wenn sie die Schützen sehen, sondern sie drehen auch! Es ist eine Lust zu beobachten, wie diese hoch getriebenen Fasanen den Schroten auszuweichen suchen: Höhe gewinnend, vom Winde getrieben seitlich fliegend.

Von den vielen Erinnerungen möchte ich jetzt nur zwei Fasanengeschichten erzählen. An einem windigen Wintertag jagten wir mit fünf Freunden, gut schießende Schützen, in einem Flachlandrevier Südungarns, um die Hähne zu dezimieren. Unser dortiger Freund, der Jagdleiter, besitzt die lobenswerte Gewohnheit, seine Freunde ab und zu zu solchen jagdlichen Veranstaltungen einzuladen.

Wir trieben eine kleine Dickung im Felde mit Seitenwind. Das Treiben war wegen der „Fluchtrichtung" der Fasanen zur nächsten Deckung nur nach dieser Seite möglich. Vier Schützen standen vorn frei auf einer Weide. Die Fasanen kamen nicht allzu hoch, jedoch stieß sie der Wind unberechenbar hin und her. Manchmal schienen sie in der Luft still zu stehen, wenn sie einen Gegenwindstoß bekamen. Dann wieder wurde der nächste Fasan seitwärts geschoben. Insgesamt kam ich auf acht Hähne in diesem Treiben zu Schuss und konnte nur drei davon mit Ach und Krach treffen. Bei den anderen schien es so, als ob keine Schrote in den Patronen gewesen wären. Sie knallten nur ohne jegliche Wirkung!

Die zweite Geschichte ist erquicklicher. Wir jagten im Osten in der Tiefebene in einem fast deckungslosen Feldrevier. Es gab nur hier und da ein Reisfeld oder ein verfallenes, mit Unkraut umgebenes Gehöft als Deckung und doch so viele Fasanen, wie ich es nie zuvor erlebt habe! Es war das Revier einer Jagdgesellschaft. Wir waren also über dreißig Schützen und nur einige Treiber.

Die einzige erfolgreiche Jagdmethode unter diesen Umständen: kreisen, wie auf der Hasenjagd. Nur liefen die Schützen in größeren Abständen von 150 bis 200 Schritten zu beiden Seiten aus. Diese Menschenkette bewegte die Fasanen möglichst in Richtung irgendeiner kleinen Dickung, doch wenn es solche nicht gab, wurde der Kessel auf blankem Feld geschlossen. Man sah dann die zusammengetriebenen vielen Fasanen in der Mitte zusammengedrängt. Dann ging einer der alten Hähne hoch, drehte eine Runde im weiten Ring der Jäger und Treiber, dann erhob sich die ganze Menge mit hörbarem Schwingenschlagen, nur einige blieben zurück, und verließ, sich hoch in die Lüfte hinaufschraubend, dem „Leithahn" folgend den Kessel. Freilich kam meistens das Gros über nur drei, vier Schützen, die anderen, denen nur zufällig ein oder zwei Hähne kamen, hatten nur den Anblick, wie Schützen nicht mit der Fasanenmenge fertig wurden. Allerdings war diese Methode nicht besonders ergiebig; denn zur Strecke kam immer nur ein Bruchteil der Hähne.

Wir liefen den letzten Kessel des Jagdtages aus, es war deckungsloses Feld mit verhältnismäßig wenigen Fasanen. Schließlich kam in der Mitte doch eine ganz hübsche Menge zusammen. Ich hatte Glück, denn ein Teil nahm Richtung auf mich, als sie hochgingen. Obwohl der Wind sie eben jetzt nicht trieb, erhoben sie sich in solche Höhe, dass auch die Hähne wie kleine Vögelchen erschienen. Ich musste nach links schießen, was ein Vorteil war, da ich bei den auf mich gerade anstreichenden richtig hohen Kopfhähnen viel unsicherer im Schießen bin. Auf den ersten schnellen Doppelschuss fielen alle beide. Noch heute steht es mir genau vor Augen, dass sie im Fallen die Köpfe hoch hielten. Dann lud ich wieder, die Wolke der Fasanen strich immer noch über meinen Kopf. Die Flinte wieder geladen, schaute ich hinauf und sah genauso halblinks zwei Hähne sehr hoch, ganz oben im Himmel segeln. Es gelang mir auch die zweite Dublette auf sie. Es ist eigenartig, dass im Fallen auch die Köpfe von diesen hoch gehalten waren, doch keiner von ihnen war geflügelt, alle vier tot, als sie zu Boden kamen.

Vom Hasen

Ich begann meine Augen in hervorragenden Hasenrevieren zu öffnen, wurde dort zum Jäger erzogen, hatte dort die Möglichkeit, viele große Hasenjagden mitzumachen. Dann wurde ich im gleichen erstklassigen Hasenrevier Berufsjäger, verdiente jahrelang den Großteil meines täglichen Brotes mit dem Lebendfang von Hasen. Schließlich beaufsichtigte ich die besten staatlichen Niederwildreviere des Landes und war auch als Wildbiologe mit der Lösung der „Hasen-Frage" beschäftigt. Ich fing mit dem Hasen an, er verließ mich in meiner ganzen jagdlichen Laufbahn nicht.

Als ich in den dreißiger Jahren noch Jungjäger war, gab es in meiner Heimat, der Kleinen Ungarischen Tiefebene in Westungarn, Unmengen von Hasen. Allerdings nur dort, wo sie gehegt und nicht ständig bejagt wurden. Obwohl nach dem damaligen Jagdrecht ein Besitz von mindestens 200 Katastraljoch (etwa 110 Hektar) als Eigenjagd erklärt werden konnte, wurden von den meisten Domänen auch die angrenzenden Gemeindefeldmarken zugepachtet, um auf größeren Revierflächen das Wild besser hegen zu können.

So hatte das Gut von Lébény mit den angepachteten Gemeindefeldmarken eine Jagdfläche von etwa fünfundzwanzigtausend Hektar, nach den damaligen Maßstäben ein gewaltiges Revier. Heute haben auch die von den Jagdgesellschaften gepachteten Reviere oft eine ähnliche Ausdehnung – zum Nutzen des Wildbestandes!

Schon in den Vorkriegsjahren dienten das Wild und die Jagd nicht mehr ausschließlich der Passion des Grundherrn, sondern war zur wichtigen Einnahmequelle des Landwirtschaftsbetriebes geworden. Hier war es der Hase, der den Großteil der Einnahmen lieferte, auch dann, wenn er geschossen wurde. Denn der Lebendwildfang und der Export der lebenden Hasen lief damals erst an und steckte noch in Kinderschuhen. Heute werden schon fast zweihunderttausend lebende Hasen alljährlich nach Frankreich und Italien geliefert. So ist der Lebendfang von Hasen dort, wo der Besatz gut ist und der Fang sich lohnt, die Haupt-Einnahmequelle des Jagdbetriebes geworden. Hasen werden in Ungarn in den letzten Jahren in den meisten Revieren kaum mehr bejagt, abgesehen von den obligaten „Küchenhasen". In Revieren, in denen es viele gibt, werden sie lebend gefangen, und ein guter Besatz belassen, in den anderen geschont, bis sich der Besatz hebt. Die Rolle des Hasen als „Hauptwildart" der Jagdausübung hat immer mehr der Fasan übernommen, dessen Hege und Aufzucht mit allen Mitteln gefördert wird.

Damals war also der Hase noch viel mehr die Grundlage des Jagdbetriebes als heute. Er deckte zumindest teilweise die Unkosten. Das Erhalten eines guten Hasenbesatzes blieb erstrangiges Interesse sowohl für die Großgrundbesitzer als auch die Pächter von Gemeindejagden. Ich habe es damals so gesehen und gelernt, dass die Grundlagen einer rationellen Hege des Hasenbesatzes zwei Hauptpunkte bedingen: die Reduzierung des Raubwildes im Revier und das Belassen eines zahlreichen Stammbesatzes.

Das Kurzhalten des Raubwildes und des Raubzeuges wurde zur damaligen Zeit viel intensiver betrieben, zumindest in den zum Großgrundbesitz gehörenden Revieren als heute. Der Zeit entsprechend wurde manches in gewisser Beziehung auch weit übertrieben: Damals gab es kaum Naturschutz, geschützte Greifvögel und Haarraubwild. Nach der alten österreichisch-böhmischen Jägerschule, die zu uns nach der Einführung des modernen Jagdrechtes (1883) gebracht wurde, galt jedes Säugetier mit scharfen Krallen, jeder Vogel mit „krummem Schnabel" als ein Erzfeind des Niederwildes, der mit allen Mitteln bekämpft werden musste. Ende der zwanziger Jahre, als ich in die erste jagdliche Lehre ging, wurden bei uns auch für Turm- und Rotfußfalken noch Schussprämien bezahlt.

Es war mein Verdienst, und hauptsächlich das des Ungarischen Instituts für Vogelkunde, wo ich zum Ornithologen erzogen wurde, dass Anfang der dreißiger Jahre in unseren Revieren Schussprämien für die kleinen Falken nicht mehr bezahlt wurden. Bald danach wurden sie auch unter Naturschutz gestellt.

Doch es waren viel weniger die Greife, die ihre Beute aus dem Niederwildbesatz nahmen, sondern vielmehr die Krähenvögel, der Fuchs und streunende Katzen und Hunde. Dies wusste man auch und führte einen erbitterten Krieg gegen sie. In den meisten jagdlichen Großbetrieben gab es damals eine stramme, disziplinierte Jägerei, die auf Raubzeug und Raubwild schärfer war als ihre Kollegen von heute, da es einen beachtlichen Teil ihrer Einnahmen in Form von Schussgeldern und Rauchwaren lieferte. In den Nachkriegsjahren wurde in dieser Hinsicht wenig getan, was auch zur beträchtlichen Abnahme des Niederwildes beitrug. Heute ist die Jägerei wieder fast allgemein auf der Höhe. Sie erkennt die Wichtigkeit der Kurzhaltung des Raubzeuges und handelt danach. Demgemäß heben sich die Hasenbesätze trotz Mechanisierung und Chemisierung in der modernen, großflächigen Landwirtschaft. Mit dem Fasan ist uns dies schon restlos gelungen. Nach einigen weiteren Jahren intensiverer Raubzeugbekämpfung, weit gehender Schonung des Stammbesatzes und mit Hilfe günstiger Witterung geht es mit dem Hasen weiter stark bergauf. Die „Hasenfrage" der sechziger Jahre, als der Besatz am Tiefpunkt war, man mehr Vermutungen als Gründe dafür anführen konnte, scheint durch gute Hegemaßnahmen gelöst zu sein.

In den gut gehegten Revieren wurde auf Hasen jährlich nur einmal gejagt. Das war eine Regel, die als selbstverständlich galt. In herbstlichen Feldern und Fluren schossen wir beim Buschieren nicht auf Hasen, die ja meistens auch weit vor den Schützen hoch wurden, um dann von hinten befunkt zu werden. Es ist mit das Schlimmste, was man seinem Hasenbesatz antun kann, sie beim Buschieren zu bejagen. Wir nutzten den Anfang der Schusszeit nie aus, höchstens, dass mal ein Dreiläufer für die Küche geschossen wurde. Er liefert ein wundervolles „Pörkölt" (auf deutsch nennt man es meistens unrichtig „Gulasch") mit wenig Sauce, viel Zwiebeln und Paprika.

Die eigentliche Zeit der Hasenjagden fiel zwischen Mitte November und Mitte Januar, als die Fluren schon kahl waren, die Hasen aber noch nicht rammelten. Es wurde in den weiten Revieren des Großgrundbesitzes in „böhmischer Streife" gejagt. Kesseljagden wurden nur in solchen Gemeindefeldmarken abgehalten, die nicht groß genug fürs Streifen waren. Denn für eine Streife brauchte man ein Revier, das mindestens fünf, sechs Kilometer lang war.

Die böhmische Streife war eine sehr feudale Sache, erfolgreich, zugleich aber schonend für den Hasenbesatz. Es blieb genügend Stammbesatz übrig. Man benötigte sehr viele Treiber und nur wenige Schützen. Die „Streife" erfordert außer einem Revier von geeigneter Länge mindestens zweihundert Treiber, aber höchstens zehn bis zwölf Schützen. Und dann noch Meldereiter, Bläser, viele Wildwagen. Die Schützen aber brauchten Schwesterflinten. Denn wenn die Hasen „angriffen", waren die Jäger mit einer Flinte hilflos. Erforderlich war auch ein geschickter Flintenspanner und genügende Schießfertigkeit. Die Streifenjagd war Ernte, der Ertrag des Jahres musste in einem Tag geborgen werden. Die wenigen Schützen mussten also die Hasen gut treffen, um Strecke machen zu können.

Die Heimat der Streifenjagd war Böhmen und Mähren, deshalb nennt man sie „böhmische Streife". Wie ich hörte, wird dort und in der Süd-Slowakei noch heute bei Gelegenheiten in der Streife gejagt. Ich habe damals die goldene Regel der Streife so gelernt, dass die Flanken jeweils doppelt so lang sein müssen wie die Breite der „Front". Man muss sich die Form der Streife wie ein riesiges offenes Rechteck vorstellen, das sich in Richtung der offenen Seite fortbewegt. Die beiden Seiten bilden die Flanken oder Flügel, die waagerechte Seite die Front.

Nun kann man mit Leichtigkeit berechnen, wie viel Treiber zu solcher Jagd benötigt werden. Wenn die Breite der Front 1500 Meter beträgt und die Zahl der Schützen zehn ist, so beträgt die Entfernung zwischen je zwei Schützen je 150 Meter, und man braucht je 5 Treiber zwischen zwei Schützen. In die Front also 45 Mann zwischen die zehn Schützen (zwei gehen an den Ecken, es gibt also neun Abstände zwischen den Schützen). In den Flügeln müssen mindestens 50 Treiber gehen, denn wenn sie einen Abstand von 60 Metern halten, so wird die Länge jedes Flügels 3000 Meter betragen. So lang muss sie unbedingt sein! Hinter jedem Schützen gingen vier Mann mit Stangen als Hasenträger und je ein Junge, der die Hasen einbrachte und die Läufe zusammenband. Das sind wieder 50 Mann. Ein Wildwagen folgte einem jeden Schützen in gewissem Abstand. Auch einige Jäger, Hunde und Treiber folgten der Front, die etwaige angeflickte Hasen zur Strecke brachten.

Insgesamt also ein Mindestaufwand von 195 bis 200 Treibern, die bei einer Streife von normaler Breite und Schützenzahl benötigt wurden. Selbstverständlich kamen dazu noch ein Flintenspanner und ein Patronenträger je Schütze. Es war ohne Zweifel ein Riesenhaufen. Für den Jagdleiter aber war das eine Generalstabsarbeit, da alles ganz genau geplant und organisiert werden musste.

Es hing von der Länge des zu bejagenden Revierteiles ab, ob für einen winterlichen Jagdtag nur eine oder höchstens zwei Streifen vorgesehen wurden. An einem Wintertag konnte man kaum eine längere Streife als zehn bis zwölf Kilometer machen. Aber eine so lange Streife war auch eine Seltenheit. Meistens wurden an einem Jagdtag zwei Streifen veranstaltet, eine von der Länge von fünf bis sieben Kilometern vormittags, dann Mittag, nachmittags wurde der angrenzende Revierteil zurück getrieben.

Bei uns waren die Revierverhältnisse so, dass meistens nur eine Streife am Tage abgehalten wurde. Dann fiel das Mittagessen aus, das sehr viel Zeit des kurzen Wintertages in Anspruch nimmt, man schießt danach auch erfahrungsgemäß schlechter, auch sparten wir so den Zeitverlust des langwierigen Aufstellens der Streife, die Schützen kamen um neun Uhr an ihren Ständen an. Für eine kurze Mittagspause hielt die ganze Streife neben irgendeinem quer verlaufenden Weg, jeder nahm das mitgebrachte Essen aus der Jagdtasche ein, dann wurde das Treiben auf Hornsignal fortgesetzt.

Die Grundlage der Streifenjagd besteht darin, dass der Hase sich nicht allzu weit von seiner „Heimat", aus seinem Revier vertreiben lässt. Gleich, ob er vor den Flanken, der sich vorwärts bewegenden Front oder nur deshalb aus seiner Sasse fährt, weil er sich einem vorbeiflüchtenden Artgenossen anschließt, die meisten bleiben innerhalb der Rechteck-Formation und flüchten nicht so weit nach vorn, dass sie durch die offene Seite entkommen. Im Gegenteil, man konnte es gut beobachten, dass sich die Hasen vor einem Geländehindernis – Graben, Baumreihe oder Remise – scharten und dann umdrehend die Front der Schützen zu durchbrechen versuchten, Richtung Heimat! Bekanntlich kann man den Hasen kaum länger als zwei, höchstens drei Kilometer weit treiben. Manchmal flüchteten aber auch eine Anzahl vorne hinaus, viele brachen durch die Flanken. Da ging nie ein Schütze, weil das im Interesse des Hasenbesatzes verpönt war. Doch die Hasen, die vor die Schützen kamen, oder die Front der Schützen durchbrachen, mussten geschossen werden, damit die erwartete Strecke erreicht wurde. Ein Großteil der Hasen, die in der Streife lagen, konnte auch unversehrt, ohne beschossen zu werden, entkommen. Es gab außerdem viele Revierteile, Ecken oder schmale Streifen, die Jahr für Jahr nicht bejagt wurden und als Schongebiet verblieben.

Den Hasenbesatz des ganzen Reviers gerechnet, wurde auf keinen Fall mehr als die Hälfte geschossen, mindestens die Hälfte verblieb immer als Stammbesatz. Und wenn aus irgendeinem Grunde – strenger Winter, sehr regnerisches Frühjahr oder Seuchen – der Herbstbesatz nicht zufriedenstellend war, so hatten die damaligen Heger das Verständnis, nur etwa eine jede zweite Streife zu bejagen oder den Hasenbesatz überhaupt für ein Jahr zu schonen.

Ich kann mich an derartige Jahre erinnern. Zum Beispiel an den Winter 1928/29 und – noch schlimmer – Februar 1940, der unseren wundervollen Hühnerbesatz fast bis zum letzten Stück dahinraffte. Der Hasenbesatz litt in diesen Wintern auch sehr stark. Die Hasen wurden geschont.

Mitte der dreißiger Jahre beobachteten wir in einem Sommer viele Verluste durch Fallwild. Eine Seuche, die Tularaemie, war der Grund. Damals hörte ich von ihr zum ersten Mal. Im nächsten Jahr war der Besatz wieder auf der alten Höhe und hielt sich fortan so.

Es wurde also, wie schon erwähnt, in gut gehegten Revieren auf keinen Fall mehr als die Hälfte des Besatzes jährlich geschossen, die andere Hälfte blieb als Stammbesatz übrig. Damals, als die Landwirtschaft noch kaum mechanisiert war und höchstens auf dem Großgrundbesitz mit Dampfpflug oder Traktor gepflügt wurde, sonst arbeiteten nur Pferde und Ochsen, konnte man im Durchschnitt mindestens zwei ausgewachsene Junghasen als Nachwuchs pro Häsin rechnen, auch bei ungünstiger Witterung im raubzeugfreien Revier. Das bedeutete, beließ man die Hälfte des Besatzes, konnte man mindestens mit dessen Verdoppelung, also dem Bestand des Vorjahres rechnen. In Jahren mit günstiger Witterung natürlich mit mehr.

Nach dem Kriege wurden von den neu entstandenen Jagdgesellschaften die Hasen viel stärker bejagt, meistens auf der Suche oder in Kesseln mit wenigen Treibern und vielen Schützen. Leider wurden sogar mit dem Fangnetz gute Hasenreviere heruntergewirtschaftet; denn die Preise für lebende Hasen sind hoch.

Als der Hasenbesatz allmählich schwand, was gerade mit dem Zeitpunkt der Intensivierung der großflächigen Landwirtschaft zusammenfiel, wurde weit und breit geglaubt, dass man bei derartiger intensiver Landwirtschaft mit der mit ihr Hand in Hand gehenden Mechanisierung und dem Spritzen von Giftmitteln keinen guten Hasenbesatz mehr halten könnte. Dem aber widersprach der gute Hasenbesatz in einigen gut gehegten Revieren.

Als Jagdpraktiker und Heger wies ich immer wieder darauf hin, dass der Hauptfehler bei unserer damals erfolglosen Hege der Hasen im Belassen einer ungenügenden Zahl von Häsinnen im Stammbesatz liege. Ich denke, in Deutschland sind die Verhältnisse ähnlich, nur muss man dort im feuchteren Klima mit noch mehr Verlusten an Junghasen rechnen. Unter den jetzigen Verhältnissen bei uns ist es nämlich im Allgemeinen so, dass man wegen der hohen Verluste im Durchschnitt mit nicht mehr als einen aufgewachsenen Junghasen pro Häsin rechnen kann. Das bedeutet andererseits, dass man heute nicht mehr als ein Drittel dem Besatz entnehmen darf.

Im Laufe der Jahre und Jahrzehnte verringerte sich der Hasenbesatz bei uns so stark, dass von einer notwendigen Lösung der „Hasenfrage" gesprochen wurde. Das Institut für Wildbiologie wurde beauftragt, sich mit dieser Frage zu beschäftigen, die Leitung dieses Projektes wurde mir übertragen. Wir organisierten acht Versuchsreviere in verschiedenen Landesteilen und beobachteten dort die Veränderungen im Hasenbesatz. Im Frühjahr und Herbst erfolgten Durchschnittszählungen auf denselben Probestreifen, wir untersuchten aus jedem Revier in jedem Monat fünf Hasen gründlichst auf Seuchen, Parasitenbefall, Trächtigkeit, Rückstände von DDT und HCH. Es stellte sich heraus, dass Rückstände in minimalen Mengen in jedem Stück gefunden wurden, obwohl in Ungarn die Benutzung dieser Gifte schon seit 1967 verboten ist. Es gab auch Seuchen- und Parasitenbefall, doch eigentlich nie in solcher Höhe, dass sie den Besatz ernstlich hätten gefährden können.

Daraufhin wurden endlich die Schuss- und Fangzeiten radikal auf zwei Monate gekürzt, in einigen Jahren sogar so weit, dass nur an fünf Tagen innerhalb der Schusszeit die Hasenjagd gestattet wurde. Dies fiel glücklicherweise mit einer Reihe von Jahren mit günstiger Frühjahrswitterung zusammen, und siehe da – der Hasenbesatz nahm wieder so schnell zu, dass man die „Hasenfrage" schon als gelöst betrachten konnte.

Wie schon erwähnt, interessierte in früherer Zeit den Gutsbesitzer in Lébény das Pferd viel mehr als Jagd und Hasen. Er übte selber die Jagd immer seltener aus, so dass er nicht einmal Jagden für seine Gäste mehr arrangierte. Es zahlte sich damals auch nicht aus, die Jagdtage an zahlende Gäste zu vergeben, weil diese Schützen – gleich ob Ungarn oder Ausländer – die Hasen meistens nicht gut schießen konnten, darum gab es keine guten Strecken. Ein Jagdtag mit „organisierten" Schützen war nur dann streckenmäßig ein Erfolg für den Jagdherrn, wenn die Gäste auch treffsicher schossen. Gute Schützen in dieser Klasse waren aber auch damals schon „Mangelware", beziehungsweise fehlte es den meisten beim Jagen und Schießen an Routine, die für solche Jagden unbedingt notwendig für den Erfolg ist.

Aus diesen Gründen jagten bei uns außer Vater und uns beiden Söhnen stets dieselben Schützen. Die Jagden begannen allwinterlich am Tage nach Weihnachten und dauerten, mit Ausnahme des Neujahrstages, der ein Ruhetag war, bis zum Dreikönigstag, also dem sechsten Januar. Es wurden in diesen Tagen der „großen Jagd" um die zehntausend Stück Wild – die Hälfte Hasen, drei- bis viertausend Fasanen und an die tausend Hühner – geschossen. Da die Schusszeit der Hühner nur bis zum 31. Dezember dauerte, wurden die Feldstreifen mit vielen Hühnern in den letzten Dezembertagen abgehalten, da ohne Hühner die Hasenstreife nur eine halbe Sache war. Derartige Strecken sind heute schier unglaublich, doch ist bestimmt nichts daran vergrößert oder verschönert. Es war die Ernte des Jahres, einer jahrelangen Hegearbeit. Auf den großen, jagdlich gepflegten Domänen der damaligen Zeit waren solche Strecken möglich. Heute gibt es schon wieder so viel Niederwild – mit Ausnahme von Hühnern – in Ungarn, dass man mit entsprechendem Aufwand, natürlich auch mit routinierten Schützen dieselben hohen Strecken vielerorts wieder leicht erreichen könnte.

Fasanen gab es früher übrigens nicht mehr als heute, im Lande im Ganzen gesehen sogar bedeutend weniger. Der Fasan war damals eine Wildart des Großgrundbesitzes. Dort wurde er oft in großen Mengen gehalten und gehegt. Die Jagden konnten hervorragend organisiert werden, die Schützen waren treffsicher und machten hohe Strecken.

Hasen gab es in diesen guten Revieren auch nicht mehr als heute in gepflegten Hasenrevieren, in denen man im Tagesdurchschnitt einen Lebensfang von 180 bis 200 Stück erreichen kann. Wo auf einer verhältnismäßig kleinen Fläche so viele Hasen gefangen werden, könnten auch in einer eintägigen Feldstreife zehn gute Schützen eine Strecke um tausend Stück erreichen!

Mein gutes Geschick und das Zusammenspiel vieler günstiger Umstände ermöglichten es mir, schon als Bengel von Jahr zu Jahr an solchen hervorragenden Jagden teilzunehmen. Wir waren niemals mehr als zehn Schützen. Mein Vater, Bruder und ich, drei alte Freunde meines Vaters, darunter Béla Gáspárdy, der bekannte Taubenschütze der damaligen Zeit, und sein mit mir fast gleichalter Sohn. Das waren schon sieben Schützen als Stamm-Teilnehmer. Die übrigen drei waren verschiedene Gäste, bei deren Auswahl das Können im Schießen viel mehr zählte als ihr Rang. Denn es musste vor allem darauf geachtet werden, dass die Ernte des Jahres eingebracht wurde! Ich muss hier einige Zeilen Béla Gáspárdy, dem sichersten Schützen widmen, den ich jemals gesehen habe. Er war einer der so selten Begabten, die mit Schrot oder Kugel gleich sicher schießen. Er war wahrlich ein Fanatiker des Schießsportes, hatte das Schießen in Jugendjahren ständig geübt, aber nie auf Tontauben! Den Grand Prix von Monte Carlo – das größte Schießen der damaligen Zeit – konnte er zwar nie gewinnen, wurde jedoch zweimal Zweiter.

Und wie er auf der Jagd schießen konnte! Immer gelassen, mit größter Ruhe und Sicherheit. Er brauchte für den Hasen nur selten den linken Lauf, wenn der erste Schuss etwa zu weit rückwärts gerutscht war. Denn seine Hasen roulierten einer nach dem anderen mit Kopfschuss, gleich wie weit sie waren und in welchem Winkel sie der Schuss erreichte.

Ich kann mich genau erinnern, dass er in einer Streife, wohl am Eckstand, an dem die Hasen gleichmäßig auf fast gleiche Entfernung kamen, 103 Hasen mit 105 Patronen schoss und 18 Hühner mit neun Dubletten. Alle aus schnellen, von vorne heranstreichenden, über der Treiberlinie höher drehenden neun Ketten von Hühnern. Er schoss nie auf unwaidmännisch weite Entfernungen, flickte das Wild nicht an. Was er mit seinen belgischen Jagdflinten beschoss, das lag oder fiel voll getroffen. Ich habe nur einmal an einem Jagdtag über hundert Hasen geschossen, auch an einem Eckstand. Die Eckstände waren meist die ergiebigsten. Sie erhielten meistens die älteren Herren, weil die zwei Ecken die Paradestände für „Exzellenzen" waren, andererseits, weil man hier bequemer ging, weil vorher schon fünfzig, sechzig Treiber der Flanke einen Fußpfad im Acker ausgetreten hatten.

Es gab aber auch solche Eckstände, die nicht gut waren. Denn die Hasen liefen die Ecken nur ungern an, wenn die Flanke und

Ecke neben einem Fluss, einem breiten Kanal, einer Eisenbahnlinie oder Landstraße entlangging. Wir hatten damals eine „schmale Streife" zwischen der Eisenbahnlinie und Verkehrsstraße Budapest-Wien. Sie war nur sechs-, achthundert Meter breit, zehn Schützen hatten keinen Platz, höchstens fünf. Deswegen passte diese Jagd nicht in die „großen Jagdtage", wir hielten sie „außer Programm" meistens im November ab. Man konnte aber die Streife auch mit drei Schützen mit gutem Erfolg arrangieren. Da die eine Ecke an der Bahn, die andere aber an der Straße ging, waren dort immer der oder die mittleren Stände die besten, und so mussten ausnahmsweise wir jungen uns mit den Ecken begnügen. Ich kam damals an die Ecke neben der Straße.

Wir zogen die Streife von Süd nach Nord mit dem Ausgangspunkt an der Ortschaft Öttevény, und als nach etwa zwölf Kilometern der Eindruck gemacht wurde, da dort die Grenze unserer Jagd verlief, hatte ich 103 Hasen und 22 Hühner zur Strecke. Ich kann mich genau an die Zahlen erinnern, weil ich sie später nie überflügelt habe. Doch verspüre ich dies heute nicht mehr als Verlust! Damals jagten wir aus dem Vollen, ich war achtzehn, neunzehn Jahre alt ...

Die Plätze in der Front versprachen jedoch ein bewegtes, abwechslungsreiches Jagen. Nicht wegen der vor dem Schützen ab und zu – besonders bei feuchtem, warmen Wetter – auf Schussdistanz aus der Sasse fahrenden Hasen, die zu schießen keine hohe Kunst verlangte, sondern weil man da neben den die Front durchbrechenden Hasen auch die vor ihr „defilierenden" beschießen konnte, also solche, die in voller Fahrt vor der Menschenkette, öfters an der Grenze der Schussdistanz, entlangliefen. Bei uns war es gestattet, dass der Schütze diese weiten Hasen „anlief", keinesfalls mehr als zehn, fünfzehn Schritte. Er musste dann wieder in der Linie weitergehen, nicht vor ihr. Dies hatte zum Beispiel in dem Fall einen großen Vorteil, wenn der Hase um die sechzig Schritt vor der Front lief und wenn der Schütze zehn Schritte „kürzte". Dann hatte er ihn auf fünfzig schon in sicherer Schussentfernung. Aber meistens traf man die Hasen besser, sicherer in den Kopf, wenn man nach kurzem Anlauf ruckartig stehenblieb und dann ohne zu zielen aus schnellem Anschlag den Schuss hinwarf.

Die Front hatte noch einen Vorteil vor den Ecken: Hier kam mehr Flugwild über die Schützen als dort. Denn die in voller Fahrt zurückstreichenden Winterhühner und die die Treiberkette im freien Feld turmhoch überfliegenden Fasanen boten ein viel schwereres Ziel als die Hasen. Deswegen schossen wir lieber mit Schrot 3 mm, solange man auch Hühner schießen durfte, nicht mit Hasenschrot 3 1/2 mm

Beim Schießen selber waren Gewandtheit und Kunst nicht nur vonnöten, um die Hasen sauber roulieren zu lassen, sondern erst recht, um sich, wenn mehrere Hasen auf einmal kamen, mit gewechselten Flinten so zu „verteidigen", dass man keinen durchließ. Wenn mehrere kamen, so war es das Gebot, möglichst viele „nach innen", vor den Treibern zu schießen. Dann teilten sich die „Trupps" oft, der Nachbar bekam auch etwas vom Segen ab. Sehr oft liefen acht bis zehn Hasen in solchen Trupps an, manchmal auch noch mehr. Die musste man mit einer „Einteilung" schießen, gut berechnet, möglichst viele spitz von vorne vor der Treiberlinie und möglichst wenige durchlassen, um sie nicht hinter den Treibern von rückwärts befunken zu müssen. Ein flinker, gewandter und sicherer Schütze konnte mit einem geschickten Spanner fast einer jeden Anzahl von Hasen Herr werden, wenn er möglichst weit nach vorne schoss. Einmal gelang es mir, mit einem Schuss zwei Hasen zu schießen. Doch nicht aus Zufall, sondern berechnet. Von rechts und von links kam je ein „defilierender" Hase vor der Treiberkette in derselben breiten Furche. Sie mussten sich ungefähr vor mir treffen. Ich wartete den Moment ab und schoss dann zwischen die beiden, sie roulierten aufeinander zu.

In damaligen Zeiten war die Kesseljagd die Jagdart in den Gemeinde-Feldmarken von kleinerer Fläche. Man brauchte weniger Treiber, etwa 75 bis 80, aber mehr Schützen, um 25 bis 30. Gegenüber der Streife hatte der Kessel gewaltige Nachteile: Es war kaum möglich, die kreisrunde Form zu behalten, meistens blieb eine der Seiten zurück, es bildeten sich so zwei gewaltige Säcke, das

Treiben nahm die längliche Form eines „Zigarrentriebes" an. Nicht nur wegen seiner Gestalt, sondern auch deshalb, weil je ein, zwei Schützen an den beiden Enden der Zigarre „zogen", die anderen nur zusahen.

Große Nachteile des Kessels sind weiterhin, dass man viel Zeit und Gehen benötigt, bis die beiden Flanken ausgelaufen sind, und das Zusammenziehen des Kessels, wenn die Hasen anlaufen, nur kurze Zeit dauert. Der größte Nachteil: Die Kesseljagd vermindert radikal den Hasenbesatz. Wenn zwischen zwei Schützen je zwei, drei Treiber kommen, geht unbeschossen kaum ein Hase durch. Es bleibt kaum etwas für den Stammbesatz übrig.

Vom Jahr 1948 an wurden in demselben Revier, das wir vor dem Krieg bejagt hatten, die Hasen nun ausschließlich lebend gefangen. In den Jahren ohne Hege hatten sich Füchse, Nebelkrähen und Elstern unglaublich vermehrt, doch als wir dann wieder Jäger und Heger organisieren konnten, gelang es uns, in den deckungsarmen Revieren ihrer verhältnismäßig schnell Herr zu werden.

Die Hasen nahmen zu. Die Hühner, deren Besatz nach den Verheerungen des Winters 1940 wieder allmählich im Ansteigen war, erlitten in harten Wintern mit Harsch-Schnee immer wieder starke Verluste. Fasanen und Rehwild blieben nach den Kriegswirren kaum übrig, man musste sogar den Stammbesatz neu begründen.

In den Revieren von insgesamt etwa 17.000 Hektar fingen wir im Winter 1948/49 2.000 Hasen, in der nächsten Fangzeit 3.500, in den nachfolgenden Jahren im Durchschnitt zwischen 5.000 bis 6.000 Stück. Infolge der Hege und Belassens eines hohen Stammbesatzes gelang es uns, einen Hasenbesatz zu schaffen, der viel höher war als der der Vorkriegszeit. Ich bin fest davon überzeugt, dass dies auch trotz moderner, großflächiger Landwirtschaft, Maschinen und Chemikalien überall wieder erreicht werden kann, wenn auf den Stammbesatz geachtet wird, nicht zu viel Hasen gefangen oder geschossen werden. Man muss das Revier möglichst raubzeugfrei halten, den Hasen hegen.

Was ich hier beschreibe, bezieht sich natürlich in erster Linie auf Ungarn, wo ich meine Erfahrungen sammeln konnte, wo ein kontinentaleres Klima mit meistens trockeneren Sommern vorherrscht als in Deutschland. Doch glaube ich, dass manches auch auf deutsche Reviere übertragen werden könnte, wo es auch gut gehegte Reviere gibt, deren Hasenbesatz an den unsrigen herankommt. Wurde dort nicht oft derselbe Fehler gemacht, wie bei uns in Ungarn nach dem Krieg: Überbejagung der Hasenbesätze?

Der Lebendfang des Hasen ist nicht nur in Ungarn, sondern auch in anderen östlichen Ländern mit gutem Hasenbesatz, so vor allem in Polen und der Tschechoslowakei, eine sich bis jetzt immer mehr ausbreitende wirtschaftliche Nutzung der Hasenbesätze. Lebende Zuchthasen kaufen vor allem laufend jährlich Frankreich und Italien. Ungarn ist der größte Lieferant. Ob das Aussetzen der Hasen in den Importländern unter dortigen klimatischen und jagdlichen Umständen zu einer Zunahme der Besätze führt, darüber möchte ich mich nicht näher äußern. Fest steht aber aus der Sicht des Verkäufers, dass der lebende Hase fünfmal so viel in die Jagdkasse der Jagdberechtigten bringt als der geschossene, ergo: dass man, um dieselbe Einnahme zu erzielen, nur ein Fünftel dem Hasenbesatz entnehmen muss, wenn man sie lebend fängt und nicht schießt. Und außerdem bleiben keine angebleiten Hasen im Revier.

In den letzten Jahren hat der Export Ungarns an lebenden Hasen noch beträchtlich zugenommen. Man führte in den siebziger Jahren im Jahresdurchschnitt etwa 150.000 lebende Hasen aus. Da meistens im Geschlechtsverhältnis von 1 Rammler : 2 Häsinnen gekauft wird, bedeutet dies, dass in den Revieren allwinterlich etwa 200.000 Hasen lebend gefangen werden, in Revieren von vielen Jagdgesellschaften mit gepflegtem Hasenbestand etwa 1000 bis 3000 Stück. Dies ist ein beträchtliches Fundament der Einnahmen solcher Jagdgesellschaften, die jedoch nicht unter den Mitgliedern verteilt werden dürfen, sondern die zweckgebunden ausschließlich der Hege im Revier und der „Jagdwirtschaft" (Fasanenaufzucht, Jagdhäuser, Fahrzeuge usw.) dienen. Heute verzichten die Jäger in Ungarn lieber auf die Hasenjagden, fangen die Hasen lebend und legen die Einnahmen in Fasanerien an. So ist der Fasan nun das

Hauptniederwild Ungarns geworden, doch bleibt immer noch der Hase derjenige, der die größten Einnahmen bringt.

Das Einfangen der Hasen geschieht mit viel Aufwand, Teilnehmern und Tross. Je dreißig Meter lange, dreiteilige Netze, die an Pflöcken mit Eisenspitzen zum Einrammen in den frostharten Boden festgebunden sind, werden mit Treckern zusammengerollt transportiert. Eine Fang-Garnitur besteht aus fünfzig Rollen je dreißig Meter, hat also insgesamt eine Länge von 1500 Metern. Diese Netze werden wie ein Zaun aufgeschlagen, dies dauert etwa eine Stunde, an den zwei Enden werden rechtwinklige Ecken mit Flügeln von etwa 120 bis 150 Meter Länge gestellt. Nun kann von rechts und links getrieben werden, da die Netze von beiden Seiten fangen, doch müssen naturgemäß die beiden Flügel jeweils in die andere Richtung umgestellt werden.

Man braucht einen „Fänger" für je zwei Rollen, das sind sechzig Meter des Garns, der zehn, fünfzehn Schritte vor dem Netz im Treiben flach am Boden liegt. Wenn dann ein Hase neben ihm Richtung Netz vorbeiflüchtet, so springt er auf und erschreckt ihn, damit er mit größerem Schwung in das Garn springt und sich dadurch besser verfängt. Dann läuft der „Fänger" sofort hin und befreit den verstrickten Hasen, erst die Hinterläufe, sonst gelingt dies nicht, und steckt ihn in ein Fach einer Versandkiste. Die Einzelfächer der Transportkiste sind so eng, dass sich der Hase weder drehen noch verletzen kann.

Nach dem Treiben werden die Hasen einzeln untersucht, das Geschlecht festgestellt und kommen wieder einzeln in die Fächer der Transportkisten, in denen auch schon Futter für die Zeit des Transportes liegt. Sie werden noch am selben Abend zur Sammelstelle gebracht und kommen dort in anderen Kisten mit mehr Futter zum Versand ins Ausland, meistens per Bahn. Es ist festgestellt worden, dass die meisten Hasen schon während des nächtlichen Transportes das Futter annehmen. Es werden für ein Fanggarn von 1500 m Länge 25 „Fänger" benötigt und außerdem mindestens 40, besser noch 50 Treiber und zwei, drei Trecker. In den einzelnen Treiben laufen die Treiber wie in Kesseln von den zwei Flügelenden aus. Wenn die Vordermänner sich getroffen haben, wird auf das Netz zugetrieben. Gemäß des Grundsatzes der böhmischen Streife, dass sich der Hase nicht weiter als höchstens zwei Kilometer von seiner „Heimat" wegtreiben lässt, ist es auch beim Fangen nicht richtig, längere Treiben zu machen. Es wird von rechts und links auf die Front des Netzes zugetrieben, dann alles zusammengepackt, aufgeladen und zum nächsten Aufstellungsplatz des Netzes gefahren.

So ein „Fangtag" ist eine große Veranstaltung, die mit viel Kosten verbunden ist. Außer den Tagelöhnen bekommen Fänger und Treiber pro Hase eine Prämie. Ich hatte damals eine hervorragende, ständige Garde von Fängern, die im ganzen Revier arbeiteten. Sie brachten meistens auch ihre Treiber mit. Sie waren alle ungemein passioniert. Mit ihnen stellten wir das Garn täglich an drei Stellen fängisch und machten sechs Treiben. Ich plante stets das Tagesprogramm, ferner jeden Ort des Garnstellens anhand von Landkarten mit großem Maßstab genau ein. So wusste ich stets, wenn wir an einem gegebenen Punkt mit dem Stellen begannen, bis wie weit das andere Ende des Netzes reichen würde. Mir ist damals die Lust am Hasenschießen vielleicht für mein ganzes Leben vergangen. Für mich ist der Hase kaum mehr eine Wildart, die man mit der Flinte zur Strecke bringt. Ich bin auch auf meine „Fangstrecken" stolz. Im Januar 1951 gingen uns auf der kleinen Schüttinsel nördlich Győr an einem Tag 365 Hasen in die Netze! In diesem Winter erreichten wir mit zwei Garn-Garnituren an 28 Fangtagen ein Durchschnittsergebnis von 202 lebenden Hasen pro Tag, und zwar in hasenreicheren und -ärmeren Revierteilen, bei günstigem und schlechtem Wetter. Der Durchschnitt der „Tagesstrecken" zeigt die Quantität des Hasenbesatzes am besten an!

Damals wollte ich eine besondere Leistung im Hasenfangen vollbringen. Ich brachte in einem dafür geeignet scheinenden Gelände beide Garnituren von Netzen mit den dazugehörenden Fängern und Treibern zusammen. Ich glaube nicht, dass es jemals versucht wurde, mit einem 3000 Meter langen Netz Hasen zu fangen. Ich wollte aber eine Spitzenleistung aufstellen und nebenbei ausprobieren, ob so der Fang noch rationeller zu betreiben wäre, man noch mehr Hasen fangen könnte. Zur Verfügung stand ein Revierteil mit großen freien Ackerflächen, der von einer Straße, die einen rechten Winkel machte, halbiert wurde. Der eine Flügel des Netzes konnte leicht neben die Straße gestellt werden, ich ließ das Netz aber nicht in Form eines offenen Rechtecks, sondern in einem riesigen rechtwinkeligen Dreieck stellen, und zum Kontratreiben kam auch der andere Flügel neben die Straße.

Wir „umzingelten" so die halbe Feldmark mit dem Garn – es schien endlos zu sein. Hundertundfünfzig Treiber trieben die Hasen aufs Netz zu, erst mit dem Wind die südliche Seite. In diesem Treiben stand nur die eine Hälfte des Netzes neben der Straße. Hasen gab es massenhaft. Das Stellen des Garnes und das erste Treiben dauerten einen halben Tag – das Kontratreiben den Nachmittag.

Im ersten Trieb kamen 314 Hasen in die Kisten! Wir rieben uns die Hände, das würde einen Rekordfang geben. Doch im Kontratreiben konnten wir gegen den Wind die Hasen nicht an die Straße bekommen. Die überwältigende Mehrzahl ging zurück durch die Treiberketten. Jetzt fingen wir nur an die hundert Hasen und schlossen mit einer Gesamtstrecke von etwas über 400 Stück am Abend. So brachte der Tag nicht mehr ein, als wenn wir mit beiden Garnen getrennt gearbeitet hätten.

Von 1952 an war ich in drei Wintern „Fangmeister" und ging mit den Netzen von einer Jagdgesellschaft zur anderen. Hauptsächlich „jenseits der Theiß", wie wir Ungarn die Große Tiefebene nennen. Die Jagdgesellschaften befanden sich damals noch jagdlich in Kinderschuhen. Es gab in einigen der Reviere wirklich sehr viel Hasen. Es war die Zeit vor dem Übergang zur großflächigen, modernen Landwirtschaft. Es gab aber auch wenig Flinten – und viele Hasen. Die Jagdgenossen verstanden damals wenig vom Hasenfang. Deshalb war ein „Fangmeister" notwendig, der Ratschläge gab, die Hasen übernahm und sich um den Transport kümmerte.

Vom November bis Anfang März war ich mit den Netzen unterwegs, von der einen Jagdgesellschaft zur anderen. Der Fangmeister bekam laut Vertrag Unterkunft und Verpflegung von der Jagdgesellschaft. Doch wir alle waren damals sehr, sehr arm. Ich fror nicht nur jeden Tag draußen bei der Arbeit, sondern auch abends im Zimmer, in dem der Backofen, der im Raum als Ofen stand, mit wenig Stroh geheizt wurde. In einem Winter nahm ich zehn Kilo ab.

Mir sind in dieser Zeit, von 1948 bis 1954, als Jagdleiter und Fangmeister bestimmt um fünfzigtausend Hasen durch die Hände gegangen, da ich mich jeden Winter mit dem Hasenfang beschäftigte: eine sonderbare Spitzenleistung. Auch habe ich dabei viel Erfahrungen gesammelt. Im Revier nördlich von Györ in Westungarn, wo wir einen hervorragenden Hasenbesatz heranhegten und die Hasen ausschließlich nur fingen, war das Geschlechtsverhältnis, das stets festgestellt wurde, in jeder Fangsaison von Jahr zu Jahr ständig um 49 Prozent Rammler und 51 Prozent Häsinnen. Das natürliche Geschlechtsverhältnis liegt also auch beim Hasen um 1:1, doch überwiegen die Häsinnen immer um eine Kleinigkeit in gut gehegten Hasenrevieren.

Dasselbe Geschlechtsverhältnis habe ich auch in Revieren von verschiedenen Jagdgesellschaften gefunden. Dort, wo die Hasen gehegt wurden, wo man genügend Stammbesatz beließ und es viele Hasen gab, waren die Häsinnen immer in geringer Überzahl von etwa 49:51 von Hundert. Hingegen wo der Besatz überbejagt war und es infolgedessen wenig Hasen gab, waren die Rammler stets in beträchtlicher Überzahl, oft bis 55 oder 60 Prozent.

Eigentlich habe ich seit meiner Jugend – bestimmt aber seit dreißig Jahren – nicht mehr auf Hasen gejagt, abgesehen von einigen „Küchenhasen". Ich habe dies nie bedauert, und heute insbesondere empfinde ich es längst nicht mehr als jagdlichen Verlust. Ich bin durch die große Freude, die mit seiner Hege und Beobachtung verbunden waren und die Jagdpassion bei seinem Fang reichlich entschädigt worden.

Sauen in der Bruchwildnis

Die gewaltige Niederung, die sich vom Becken des Neusiedlersees in südöstlicher Richtung erstreckt, wird von den Ungarn und auch den Burgenländern „Hanság" genannt. Sie reicht in einer Länge von etwa hundert Kilometern fast bis zur Donau ins Ungarland hinein und hat pechschwarzen, mit Pflanzenfasern durchsetzten Torfboden; offensichtlich ist sie einstmals, wie auch der flache Boden des Neusiedlersees, eine moorige Sumpflandschaft gewesen.

Ich bin in dieser Gegend aufgewachsen, zum Jäger erzogen worden und hatte in meinem späteren Jägerleben das Glück, in diese einmalige Landschaft immer wieder zurückkehren zu können. So konnte ich auch die hochinteressanten Wandlungen verfolgen, die gerade in diesen Jahrzehnten hier eingetreten waren.

Wie dieses Land vor der Wasserregulierung in der zweiten Hälfte des vorigen Jahrhunderts aussah, was für Wild und Getier es damals beherbergte, konnte ich weder aus Aufzeichnungen noch von den ältesten Einwohnern erfahren. Sicherlich ist dieses riesige Sumpfgebiet die Heimat von Rotwild, Sauen, Wölfen und ungezählten Wasservögeln gewesen.

Doch das Wasserwild verschwand zum größten Teil, als der Abfluss des Sumpfes, der sich in großen Schleifen schlängelnde Bach Rábca, begradigt und zwei breite Abflusskanäle und viele kleinere Abflussgräben kreuz und quer gegraben wurden, die das Wasser in die Donau brachten.

Wenn auch die an der Urnatur nagende menschliche Kultur die Sümpfe verschwinden ließ, so wurde die Hanság doch nicht vollständig besiegt. Hier konnte der Pflug nicht wirken, weil er anstelle eines fruchtbaren, morastigen Humusbodens nur eine metertiefe, stellenweise auch noch tiefere Torfschicht gefunden hätte. Und auch das Grundwasser konnte nicht richtig abgelassen werden.

Offene Wasserflächen, Teiche blieben keine übrig. Das Gelände der Niederung aber wurde auf den damals gebräuchlichen K. u. K. Spezialkarten weiterhin mit „im Hochsommer trocken" bezeichnet. Mit dem Pferdefuhrwerk konnte man die Hanság nur im wirklich trockenen Hochsommer und bei starkem Frost befahren. Anstelle des ausgetrockneten Sumpfes erstreckten sich jetzt schier unendliche Wiesen, auf denen das Gras geschnitten werden musste, denn das weidende Vieh wäre im Morast versunken. Sie lieferten Heu in großen Mengen, das aus sauren Gräsern bestand, Süßgräser und Schmetterlingsblüher gedeihen nicht auf Torfboden. Dieses Heu war nur als Pferdefutter geeignet. Doch in der alten Zeit wurde auch daran die ganze Gegend reich. Es wurde mittels Pferdefuhrwerk nach Wien und Pressburg gefahren, wo es vom Militär und den „Fiakern", wie dort die Droschken hießen, für einen guten Preis aufgekauft wurde.

Es wurden auch Erlenwälder gepflanzt, vielerorts Torf gestochen, der dann auf den Kanälen in großen Kähnen verfrachtet wurde, um in Dampfmühlen und kleinen Industrieanlagen als billiges Heizmittel verwendet zu werden. Diese Torfgruben waren dann mit Schilf und Binsen, Salweiden und Birken bewachsen, wurden vielfach mit Weiden aufgeforstet und ergaben hervorragende Wildeinstände. Doch bestand der weitaus größere Teil der Hanság immer noch aus Wiesen, auf denen lange Reihen von Schnittern das üppige Gras im Juni und August mit Sensen mähten.

So lernte ich die Hanság als kleiner Junge, nunmehr schon vor fünfzig Jahren kennen. Es war damals auch ein Wildparadies. Große Sprünge Rehe ästen mit den Flügen vieler Großtrappen auf den Wiesen. Hier brüteten der große Brachvogel, Uferschnepfe und Sumpfohreule. In den Erlenwäldern, wo der Schreiadler seinen Horst hatte, schrien zur Brunftzeit die Hirsche, die damals bei uns im östlichen Becken der Hanság eher nur Wechselwild waren. Durch intensive Hege gab es auch große Mengen Niederwild. Wir schossen 500 bis 600 Fasanenhähne am Tag. In den Erlenwäldern und auf den Feldern am Rande der Hanság kamen Hasen und Rebhühner vor.

Der damalige Wildbestand war wirklich artenreich. Es fehlte eine Wildart besonders: die Sauen! Sie waren auch nirgends in der weiten Umgebung heimisch. Es gab dort damals keine großen zusammenhängenden Waldungen, auch keine Früchte tragenden Eichen und Buchen, ohne die wir uns das Schwarzwild nicht vorstellen konnten.

Im Jahre 1948 änderte sich das Bild der Hanság abermals vollständig. Der Sommer war sehr trocken gewesen und irgendwo fing der Torf Feuer. Die unterirdische Glut verbreitete sich unaufhaltsam in der Torfschicht unmittelbar unter der Oberfläche. Die Hanság verwandelte sich nicht in ein Meer von Flammen, sondern von Rauch und Asche. Vom unterirdischen Feuer wurden die Wurzeln des Grases, der Sträucher und Bäume versengt. Die Bäume fielen übereinander, die Waldungen brannten aus. Der Rauch quoll aus den weiten Rissen, der Wind trug Rauch und Asche über die ganze Gegend.

Auf den heißen, trockenen Sommer folgte ein ebenso dürrer, langer Herbst. Die Glut versengte den Torf weiter und weiter. Einige nasse Stellen blieben verschont, hier blieben die Wiesen unversehrt. Doch der Brand hatte inzwischen mehrere zehntausend Hektar, fast das ganze Gebiet der Hanság verwüstet.

Endlich fiel dann im Januar die Schneedecke und löschte mit ihrem Schmelzwasser das Feuer endgültig aus. Im folgenden Frühjahr bot die verödete Landschaft ein trostloses Bild. In den ausgebrannten Flächen hatte sich die dicke Torfschicht in Asche verwandelt, es entstanden metertiefe Senken, in denen sich das Grundwasser gesammelt hatte.

Doch der Kreislauf des Lebens stand nicht still. Alle ausgebrannten Flächen wurden schon im ersten Jahr von einem undurchdringlichen Dschungel von Erlen- und Birkenanflug, Salweiden, Goldrute und Brennnesseln überwuchert. Andernorts, wo der Wasserstand tiefer war, entstanden weite Schilfdickungen.

Jetzt war das Bruchgebiet erst recht unpassierbar geworden! Die Natur hatte zurückerobert, was der Mensch mit seiner Kultur ihr genommen hatte. In zwei, drei Jahren wuchsen weite Dickungen;

wer in sie eindrang, ging verloren. Weder ein Motorfahrzeug noch ein Pferdewagen konnte die Wege und Stege, die nicht ausgebrannt waren, außer im Hochsommer oder bei starkem Frost passieren. So traf der Jäger dort außer zur Zeit des Schnittes und der Heueinfuhr tagelang kein menschliches Wesen an.

Mit Veränderung der Flora änderte sich auch die Tierwelt; denn der neue Lebensraum war für bestimmte Arten nicht mehr geeignet, andere jedoch siedelten sich an. Von den nunmehr mit Gestrüpp überwucherten ehemaligen Wiesen verschwanden die vormals charakteristischen Arten, die Großtrappe und der Brachvogel, schlagartig. Doch wenn auch die Vogelwelt beträchtliches einbüßte, wog dagegen die Bereicherung des Wildbestandes dies auf. Das riesige Bruchgebiet wurde ein idealer Lebensraum für alles Hochwild! Einerseits waren die Einstände völlig ungestört, andererseits aber konnte das Wild allnächtlich doch die Felder der Umgebung erreichen.

Der nach den Kriegs- und Nachkriegswirren übrig gebliebene Restbestand von nur einigen Stück Rotwild vermehrte sich schnell, die einstmals wegen ihrer schlechten Geweihe „berühmten" Hanság-Hirsche nahmen rapide an Geweihstärke zu. Auch das Rehwild und Fasanen vermehrten sich gut. Als sich das Bruchgelände in ein schier unendliches Meer von zusammenhängenden Dickungen und Schilfpartien verwandelt hatte, erschienen im Jahre 1952 die Sauen!

Schon vor einigen Jahren war die Nachricht verbreitet worden, dass sich in der Schilfwildnis des Neusiedlersees Sauen angesiedelt hätten. Hier hatte es früher auch keine gegeben, doch diese seien durch Kriegseinwirkungen aus dem in der Nähe liegenden Saugatter bei Eisenstadt entwichen. Sie lebten nicht nur in den Schilfpartien des Sees, sondern auch in den Waldungen des Burgenlandes. Vom See aus verbreiteten sie sich jedoch nicht nur in östlicher Richtung in der Hanság, sondern auch in den Eichenwäldern südlich von Sopron, wo Sauen vorher unbekannt waren.

Es waren bestimmt nur einzelne wenige Stücke, die 1952 im östlichen Becken der Hanság auftauchten. Denn zunächst wurden nur ganz vereinzelt Sauen gesehen, jeder hatte Angst vor dem unbekannten „gefährlichen" Wild. Sie verrieten ihre Gegenwart durch die umgepflügten Stellen auf den verbliebenen Wiesenstücken, auf denen sie gebrochen hatten. Hier fanden sie Raupen und Mäuse. Überall war ihnen der Tisch überreichlich, vor allem mit den so sehr beliebten, süßen Schilfwurzeln gedeckt. Im Sommer und Herbst zogen sie allnächtlich auf die Felder, im Winter ernährten sie sich fast ausschließlich von Wurzeln des Schilfes.

Zwei Jahre lang wurde kaum eine Sau erlegt; es waren noch wenige im Revier, sie blieben außerordentlich heimlich. Im Sommer 1954 richteten sie schon beträchtlichen Schaden an. Es wurden in den darauf folgenden zwei Jahren einige beim Nachtansitz an den Feldern erlegt. Doch tat dies den sich inzwischen stark vermehrten Schwarzkitteln kaum Abbruch. Im Winter wurden sie so gut wie gar nicht bejagt, weil sie die Einstände überhaupt nicht verließen. Man kannte die Sauen und die Methoden ihrer Bejagung nicht, das Gebiet mit den unendlichen Dickungen ohne Schneisen war zum Drücken nicht geeignet.

Ich übernahm die Aufsicht auch über dieses Großrevier im Jahre 1955. Die Sauen hatten sich stark vermehrt. Keiner wusste auch nur annähernd eine Bestandesschätzung anzugeben. Sie gingen im Sommer in den angrenzenden Feldern sehr stark zu Schaden. Bei einem Mondscheinansitz konnte ich dann auch meine erste Sau in der Hanság erlegen. Ein Jugendtraum war in Erfüllung gegangen!

Der Januar und Februar des Jahres 1956 brachte anhaltende Kälte und tiefen Schnee. Ich hatte damals keine Möglichkeit, das Revier aufzusuchen, mich erreichten Meldungen, dass Sauen kaum zu spüren wären. Einige glaubten an große Verluste, andere, dass die Sauen abgewandert seien. Doch der folgende Sommer brachte die Gewissheit, dass sich unsere lieben Sauen noch beträchtlich vermehrt hatten. Nun mussten wir aber unbedingt daran gehen, ihre Zahl zu vermindern. Die Sommeransitze brachten natürlich keinen durchschlagenden Erfolg. Ich sah aber dem kommenden Winter mit Spannung entgegen.

Anfang Januar des Jahres 1957 kam ich zur allerbesten Zeit in die Hanság. Seit den frühen Morgenstunden war der Schnee in dicken Flocken auf den gefrorenen Boden und auf das Eis gefallen. Es war der erste Schnee in diesem Winter. Jetzt war endlich die Gelegenheit gekommen, um bei Spurschnee in die Wildnis einzudringen, die Einstände und Wechsel zu finden und über die unbekannten Gewohnheiten der dortigen Sauen Erfahrungen zu sammeln.

Gegen Mittag hörte der Schneefall auf, eine spannenhohe Schneedecke verdeckte die stille, einsame Welt. Der Rest des Tages war zum Abspüren nicht geeignet, doch machte ich einen Pürschgang. Vor Dämmerung stellte ich mich am Rande einer großen Schilfpartie an, die ein guter Einstand zu sein schien. Nach der Meldung des Revierjägers wechselten Sauen hier gerne in die angrenzende junge Pflanzung. Es gab leider keinen Mond, doch hätte ich mit dem Zielfernrohr vor dem weißen Hintergrund auf nahe Entfernung schießen können. Es kam überhaupt nichts während der zwei Stunden meines Anstandes.

Es war noch finster am nächsten Morgen, als ich schon auf einem in einem Baum gebauten Hochsitz am Rande des „Brandwaldes" saß. Dieser war vor dem großen Feuer ein Erlenwald von etwa 150 Hektar, in dem nur einzelne kleine Inseln vom Feuer verschont geblieben waren. Weit und breit einer der besten Wildeinstände; denn die ausgebrannten Flächen wurden von Schilf, Salweiden und Brennnesseln überwuchert, die ein undurchdringliches Gestrüpp bildeten. Kein Weg und Steg führte durch diese Wildnis. Wir hüteten uns, hier ein Gestell oder auch nur einen Pürschweg zu schneiden. Es sollte dies ein ungestörter Einstand bleiben! Östlich des „Brandwaldes" erstreckte sich eine ebenfalls ausgebrannte Wiese, die auch mit allerlei Pflanzenwuchs schütter bestanden war, hinter ihr in weiterer Entfernung Ackerböden.

Die Wiese, durch die stark benutzte Wechsel führten und wo die Sauen auch gerne brachen, war von meiner hohen Warte aus gut zu übersehen. Es dämmerte nur allmählich am östlichen Himmel an diesem bewölkten, doch völlig windstillen Morgen. Als das Büchsenlicht endlich gekommen war, konnte ich einige Rehe auf der weiten, doch sehr unübersichtlichen Fläche ausmachen, dabei auch zwei Böcke, von welchen einer der vom Sommer her gut bekannte starke Altbock wohl hätte sein können. Es gab auch auf den wenigen offenen Grasflächen im Schnee schwarz leuchtende umgebrochene Stellen, die nächtliche Arbeit der Sauen, die offensichtlich schon in der Dunkelheit in die schützende Dickung eingewechselt waren.

Die Sonne stand unsichtbar sicherlich schon hoch oben über den Wolken, als weit draußen die gedrungenen, dunklen Gestalten einiger Stücke Rotwild erschienen. Sie zogen langsam auf die Dickung zu: zwei Stück mit Kälbern und ein Schmaltier. Das letztere wäre gerade passend gewesen, denn einige Stücke Kahlwild standen noch auf dem Abschussplan. Doch das Rudel wechselte in eine Schilfpartie, die sich bis zum Rande der Dickung erstreckte und aus der der Wechsel weit über Schussdistanz von meinem Hochsitz herausführte.

Ich turnte also schnellstens vom Sitz herunter und machte mich auf den Weg, um dem Rudel den Wechsel auf einer schmalen Wiesenschlenke, die am Dickungsrand neben einem verwachsenen Abflusskanal entlangführte, abzuschneiden. Dabei kreuzte ich die Einwechselspur eines starken einzelnen Keilers und einer starken Rotte, die aus der Richtung der umgebrochenen Wiesenstücke gekommen waren. „Abends stelle ich mich hier an!", tröstete ich mich angesichts der Fährten. „Vielleicht laufen sie mir in die Büchse!"

Ich pürschte in Eile, jedoch vorsichtig am Kanal entlang, als ich plötzlich auf etwa 120 Schritt vor mir das hohe Schilf sich bewegen sah. Das kann wohl kaum das Rotwild sein, das ist noch viel weiter weg, überlegte ich, als ich schon der dunklen Gestalt einer Sau am Rande zwischen Schilfhalmen hindurch gewahr wurde. Sie war eben im Auswechseln begriffen. Da es keine Gelegenheit zum Anstreichen gab, kniete ich nieder und erwartete mit angeschlagener Büchse das Erscheinen der Sau, die ich durchs Zielfernrohr hindurch beobachtete.

Die Sau trat am Schilfrand hin und her. Dann zog sie auf die Wiese und verhoffte hier, mir die Breitseite zeigend. Ruhig stand der Zielstachel auf dem massigen Blatt, als der Schuss brach, die Sau wie vom Blitz erschlagen umkippte. Wie immer, so hatte ich auch jetzt mit der 8 x 57 mit Teilmantelgeschoss gute Erfahrungen gemacht. Auf den Schuss hin wurde es aber im Schilf lebendig! Ich hatte eben repetiert, als ein Überläufer mit langen Sätzen über die Schluppe flüchtete. Ich fühlte sofort im Schuss, dass meine zweite Kugel vorbeigegangen war: Dies war – zumindest für meine „Schießkunst" – eine zu weite Entfernung auf hochflüchtiges Wild! Im Schilf hörte ich es nun gewaltig brechen. Ich lief, so schnell ich konnte, den Kanal entlang, um der Rotte vielleicht noch den Wechsel abzuschneiden, doch gelang mir dies leider nicht mehr. Weit vor mir, auf etwa zweihundert Schritt, wechselten sie hochflüchtig in die Dickung in einem Pulk. Es waren zehn, zwölf Stück gewesen, kein starkes Stück dabei, alles junge Bachen, Überläufer und Frischlinge.

Ein Stück hatte ich aber, wie unerwartet ich zu ihm gekommen war! Mit hohem Blattschuss lag es wie fast immer auf der Einschussseite. Das Geschoss hatte auch noch einen Ausschuss geliefert. Es war eine junge Bache von etwa 50 kg aufgebrochen und hatte noch nicht geführt.

Beim Anschuss des zweiten Stückes fand ich die Furche des Geschosses im Schnee – zu tief. Kein Schnitthaar und kein Schweiß.

Nachdem ich die Sau aufgebrochen hatte, pürschte ich rings um den „Brandwald". Ich fand erst nur die Fährten eines Hirsch- und eines Kahlwildrudels, dann, dort, wo ich am Abend vorher die Sauen erwartet hatte, in den der Dickung angrenzenden freien Flächen viele umgebrochene Stellen und die breite Fährte einer Rotte am Einwechsel. Sie waren nach Sauenart im Gänsemarsch eingezogen, so dass ich nicht feststellen konnte, wie viele es waren, nur, dass es sich ebenfalls um eine gemischte Rotte aus schwächeren Bachen, Überläufern und Frischlingen handelte.

Ich entschloss mich sofort, der Fährte zu folgen.

Die Schilfpartie, in die sie eingewechselt waren, breitete sich zusammenhängend auf einer Fläche von fast 500 Hektar aus. Ich war noch niemals drinnen gewesen, andere Menschen auch kaum. Sie ist nur bei Frostwetter begehbar. Ich nahm das Zielfernrohr ab; dieses sonst nützliche Hilfsgerät wäre hier, wo ich, wenn überhaupt, nur auf allernächste Entfernung einen Schnappschuss hätte anbringen können, bloß ein Hindernis. Ich folgte der Fährte mit schussfertig gehaltener Büchse ins Schilf hinein.

Etwa einen Kilometer waren die Sauen im Gänsemarsch den Wechsel entlang gezogen. Viele unbegangene Wechsel führten kreuz und quer durchs Schilf. Das Eis, welches das Grundwasser im Schilf bedeckte, war stark genug, um die Sauen und auch mich zu tragen. So konnte ich im weichen Schnee leicht und lautlos folgen. Die Wechsel waren schmalen Pürschsteigen ähnlich.

Anfangs kreuzte ich am Rande des Schilfes noch einige Rehfährten und Geläufe von Fasanen, dann schien die Schilfwildnis wie ausgestorben. Das Wild konnte hier ja auch kaum Einstände haben, überall bedeckte Wasser, jetzt eine Eisschicht, den Boden. Es fand hier weder Äsung noch trockene Stellen, die für ein Bett oder Lager geeignet gewesen wären. Offensichtlich befanden sich solche Stellen noch weiter im Inneren der Wildnis.

Ich war dem Wechsel schon länger als eine halbe Stunde gefolgt, als ich zu einer kleinen Lichtung kam, die etwas höher gelegen mit hohem Gras bewachsen war. Hier hatten die Sauen Station gemacht, auch gebrochen, waren aber dann weiter gezogen.

Mit verdoppelter Vorsicht pürschte ich nunmehr weiter, die Büchse im Halbanschlag, denn jetzt wurde es feierlich! Die Rotte war verschiedentlich auseinander gezogen, dann vereinigte sie sich wieder auf dem Wechsel, der durchs Schilf weiterführte. Sie müsste ganz in der Nähe sein!

Ich hatte Glück. Die Sauen waren, wenn auch mit großen Bögen, ständig gegen den Wind gezogen. So konnten sie mich nicht wittern. Doch konnte ich auf dem sehr schmalen Wechsel nicht ganz lautlos folgen. Darum bemühte ich mich, langsamen Schrittes, mal hie und da einen Schilfhalm brechend oder meine Ellenbogen am Schilf entlangstreifend, das von einem langsam ziehenden Stück Wild verursachte Geräusch nachzuahmen.

Es war eine höchst aufregende, spannende Pirsch. Als ich gerade in einer dichten, hohen Schilfpartie war, brach unter Wind auf kaum zehn Schritt ein Stück Wild neben mir weg. Ich konnte freilich kein Haar sehen! Am schnellen, gleichmäßigen Schritt war jedoch festzustellen, dass es eine einzelne Sau gewesen war. Das Brechen hörte jedoch bald auf: Das Stück hatte horchend verhofft. Ich selber war zur Bildsäule erstarrt, doch hörte ich kein Wegbrechen anderer Stücke.

So ließ ich die einzelne Sau stehen. Mit schlechtem Wind hätte ich der Fährte sowieso nicht folgen können. Ich pürschte mit doppelter Vorsicht der Rotte nach.

Weitere hundert Schritt liefen die Fährten auseinander, kreuz und quer im Schilf. Jetzt mussten sie schon ganz in der Nähe sein, denn sie sammelten Schilfstängel, Unkraut und Gras zum Füttern des Kessels. Dies tun Rotten bei Schnee immer, einzelne Keiler dagegen, gemäß meiner Erfahrung nicht, die werfen mit dem Gebräch nur den Schnee beiseite und legen sich in die Grube auf die nackte Erde, die dann von ihrer Körpertemperatur erwärmt wird.

Von einer kleinen Biegung des Wechsels hatte ich Ausblick auf die zimmergroße Lichtung vor mir auf kaum zwanzig Schritt. In der Mitte sah ich eine dunkle Masse von gewiss drei Meter Länge. In diesem Augenblick bewegte sich etwas an ihrer linken Seite, schon wurde ein Überläufer hoch. Als ich die Kugel gefühlsmäßig hinschoss, war er schon im Abspringen, tat eine blitzschnelle Wendung, wie fix Sauen bei solchen Gelegenheiten sind, weiß nur, der es selber erlebt hat, ließ einen grunzenden Schrei hören und war im Schilf verschwunden. Inzwischen wurde es aber auf der Bühne lebendig. Ich sah es nur aus dem Augenwinkel, die große schwarze Masse, die Stücke der Rotte, die im Kessel dicht aneinander gelegen hatten, spritzten auseinander und verschwanden im Handumdrehen im Schilf, ohne dass ich noch auf ein anderes Stück hätte fertig werden können. Mit heftigem Brechen und Krachen flüchteten sie in die Ferne.

Nun lud ich meine Büchse. Ich hatte zusammen mit den Schüssen am Morgen schon drei Patronen verfeuert, und ging zum Anschuss. Ich war dessen gewiss, dass die Sau eine gute Kugel hatte, denn die hat sie meistens, wenn sie den Schuss mit einem Schrei quittiert. Außer viel Schweiß fand ich auch Splitter vom Gebrech! Mein Schnappschuss hatte in der Wendung der Sau das Haupt gefasst, noch dazu an der schlimmsten Stelle! Ich wusste, – obwohl mir so ein Schuss vorher nie passiert war, seitdem gottlob auch nur einmal –, dass die Sau mit diesem schmerzhaften Schuss nicht ins Wundbett geht, sondern ständig weiterzieht. Wenn ich sie nicht einhole und ihr den Fangschuss geben kann, muss sie qualvoll langsam verenden.

Ich folgte sofort der anfangs reichlichen Schweißfährte. Nach einigen Sprüngen war die Sau in Troll gefallen, dann später in langen Schritt, doch zog sie ständig weiter und weiter. Ich hinterher, so schnell die Beine mich nur tragen konnten. Sie hatte sich natürlich sofort von der Rotte getrennt.

Bei der Verfolgung kreuzte ich öfters frische Fährten. Die Sauen waren offensichtlich durch die Störung in Bewegung geraten. Zweimal wurden Rotten auch neben mir mit großem Krach flüchtig, doch kümmerte ich mich nicht um sie, sondern hing der immer weniger schweißenden Sau nach. Leider war sie ständig im Ziehen, verhoffte auch nicht für längere Zeit. Später zog sie öfters auf ihrer eigenen Spur zurück, so dass ich mich mit dem Ausmachen der Fährte lange aufhalten musste.

Wie gut es gewesen wäre, jetzt einen scharfen Hund zu haben, der die kranke Sau hätte stellen können! Hierzu wäre nicht einmal ein feinnasiger Schweißhund nötig gewesen. Jeder auf Schweiß gearbeitete Hund hätte die Sau leicht stellen können. Doch ich wohnte damals in der Großstadt und hatte noch keinen brauchbaren Hund. Er war damals auch in der Umgebung nicht aufzutreiben.

Es wurde offensichtlich, dass ich die Sau nicht einholen konnte; denn ich war der Fährte schon mehr als drei Stunden gefolgt. Schließlich hörte der Schweiß vollständig auf. Die Fährte vermischte sich so sehr mit anderen, dass ich ihr nicht mehr folgen konnte und aufgeben musste.

Diese sind die Fälle im Leben des Jägers, wenn er das Wild – mit oder ohne eigene Schuld – zu Holze schießt und es nicht von seinen Qualen erlösen kann, dass er bereut, die Büchse gehoben zu haben und ihm sogar die Lust an der Jagd vergeht. Ein Glück, dass solche Gemütszustände meistens nur so lange anhalten, bis anderes Wild seinen Weg kreuzt, die Jagdleidenschaft erneut geweckt wird.

Auch mir erging es diesmal so! Mittag war schon längst vorbei. Ich wandelte missmutig und vergrämt mit der geschulterten Büchse in Richtung des Schilfrandes. Ich konnte schon auf die anschließende Wiesenfläche sehen, als ich an die frische Fährte einer Rotte kam, die in Richtung einer kleinen Schilfinsel am Rande der Wiese führte. An ihrem Rande vermehrten sich plötzlich die Fährten. Ich nahm die Büchse wieder schussbereit in beide Hände, obwohl ich nicht glauben wollte, dass sich die Rotte in dieser kleinen Schilfinsel gesteckt haben sollte. Doch der Teufel schläft bekanntlich nicht!

Und in diesem Fall war er tatsächlich wach gewesen; denn ich hörte ein leises Brechen kaum zehn Schritt vor mir im Gewirr der gebrochenen Schilfstängel. Die Sauen waren unmittelbar vor mir! Doch wie angestrengt ich auch äugte, mich rechts und links beugte, um bessere Sicht zu haben, konnte ich von dem schwarzen Klumpen im Schilf vor mir nur ahnen, dass es eine Sau ist. Doch war es unmöglich festzustellen, wie sie stand, wo eine tödliche Stelle für die Kugel war.

Endlich bewegte sich die Sau, machte einen Schritt nach vorn, ich wusste jetzt, wie sie stand. Außer den vermoderten Schilfstängeln war nichts im Weg der Kugel. Nach dem Knall ein großes Durcheinander, rechts und links vor mir brachen die Schilfstängel. Ich wusste nicht, was mit meiner Sau geschehen war, repetierte blitzschnell und eine starke Sau brach hochflüchtig in langen Sätzen aus dem Schilf und über die Wiese. Wie ein schwarzer Teufel im Schnee! Sie war keine dreißig Schritte entfernt. Einen Satz verfolgte ich sie mit der Büchse, dann, als ich das Silberkorn an ihrem dicken Vorschlag sah – eher nur ahnte – knallte es wieder. Die Sau schlug Rad und blieb, alle Viere gen Himmel gestreckt, auf dem Rücken liegen! Doch schon sprang die zweite auf die Wiese, aber viel weiter, bestimmt auf siebzig Schritt, flüchtete breit mit langen Sätzen, sehr schnell. Flugs repetiert, gestochen – hier war noch eine Chance. Der Schuss fuhr endlich heraus. Ich hatte das Gefühl, etwas zu hoch. Die Sau war im Schilf verschwunden.

Inzwischen hörte ich die anderen mit großem Krach nach links flüchten. Vielleicht konnte ich ihnen noch den Wechsel abschneiden! Ich lief mit langen Sätzen an die nächste Ecke, doch drehten sie ab. Ich hörte sie sich im Schilf entfernen.

Mit fliegenden Pulsen blieb ich stehen – dies war wirklich aufregend! Eine Zigarette zum Beruhigen der Nerven. Dann erst konnte ich das Geschehene überdenken. Die erste Kugel saß bestimmt an guter Stelle, die zweite Sau lag, die hatte sich gar nicht gerührt, der dritte Schuss war unsicher.

Zunächst ging ich zum dritten Anschuss. Ich fand eine Handvoll langer Borsten aus dem Kamm, aber keinen Schweiß, obwohl ich der Fährte gut zweihundert Schritt folgte. Mein Gefühl war richtig gewesen. Ich hatte sie um ein Haar überschossen. Schade, aber ein Trost, dass die Sau gesund war.

Als ich zu der zweiten Sau ging, die im Feuer den Purzelbaum geschlagen hatte, sah ich schon von weitem, dass zu ihr eine breite Schweißfährte führte. So ein Ärger! Hatte ich da dieselbe Sau, einen dreijährigen Keiler, tot geschossen, die die erste Kugel schon mitten auf dem Blatt hatte! So wurde auch aus den zwei Sauen schließlich nur eine einzige!

Interessehalber folgte ich der Schweißfährte zurück zum Anschuss, um auch diesen zu sehen, was ich stets tue. Als ich mich im Schilf mit großem Krach weiterbewegte, erblickte ich seitwärts einen Frischling unter einem Bündel gebrochenen Schilfes, der sich offensichtlich im großen Durcheinander hier eingeschoben hatte. Mein Büchsenlauf erreichte ihn fast, als ich ihm aufs Blatt schoss. Ich bekam ihn zu leicht und schämte mich fast, als ob ich ihn hinterhältig ermordet hätte!

So wurden denn doch noch zwei Sauen aus einer.

Ich war vollständig durchgeschwitzt, als ich sie nach dem Aufbrechen nacheinander bis an den nächsten Abflussgraben geschleppt hatte. Mit dem Rest der Patronenschachtel, die ich am Morgen in die Tasche gesteckt hatte, insgesamt noch drei Stück, lud ich erneut die Büchse und machte mich auf den Weg, um vor Dämmerung auf meinem morgens ausersehenen Anstandsplatz zu sein. Mein Weg führte mich nun durch ein Gelände, in dem in größeren Wiesenflächen verstreut kleinere Schilfpartien lagen. Gleich neben der ersten stieß ich auf die Fährte eines einzelnen starken Keilers. Sie war von der Nacht oder vom Morgen, denn mittags hatte es etwas getaut. Ihre Richtung war dieselbe, so hing ich ihr nach. Der Keiler konnte sich hier in der Nähe eingeschoben haben.

Ich war ihr schon fast einen Kilometer gefolgt, als sie von der Fährte einer Bache mit Frischlingen gekreuzt wurde, die nagelfrisch war und in Richtung des Randes der Schilfdickung zeigte. Sie könnten sich eigentlich in der Nähe herumtreiben, denn es war inzwischen später Nachmittag geworden. Die Sauen konnten jetzt schon in Bewegung sein. Ich folgte also dieser Fährte.

Ich war aber kaum hundert Schritt weitergepürscht, als ich rechts von mir auf kaum dreißig Schritt plötzlich der Sauen gewahr wurde. Sie hatten mich schon wegbekommen und äugten, zum Abspringen bereit, zu mir herüber. Der eine Frischling stand frei und etwas abseits. Ich schoss auf ihn etwas übereilt aus schnellem Anschlag. Wie vom Blitz getroffen brach er zusammen, die anderen aber drehten und sprangen in Richtung eines Wiesenstückes zurück in die Schilfpartie ab. Ich sprang auch, inzwischen repetierend, um ihnen zuvor zu kommen. Ich kam gerade recht, um den letzten Frischling, der etwas zurückgeblieben war, über die Wiesenschlenke flüchten zu sehen. Meine Kugel schlug schräg hinter dem Blatt ein, er verschwand nur im Gras.

Nun ging ich zum ersten zurück – und fand keine Sau! Aus den beiden ist wieder nur eine geworden! Am Anschuss einige Schnitthaare, lange Borsten, kein Schweiß. Offensichtlich hatte auch diese

Kugel nur hoch gestreift. Ich hing der Fährte einige hundert Schritte nach, um sicher zu gehen. Aber ich fand nur einige winzige Schweißtropfen, dann weiter nicht mehr. Ich konnte beruhigt mit der Nachsuche aufhören.

Inzwischen wurde es schummerig. Der Himmel hatte sich bezogen, Nieselregen setzte ein. Ich hatte noch eine Patrone im Lauf. Doch ich konnte es mir nicht verkneifen, am Rande des „Brandwaldes", wo ich am Morgen die erste Sau erlegt und die Wechsel gefunden hatte, mich noch anzustellen.

Am Rande der Dickung zog sich eine Wiese von etwa zwanzig Metern Breite entlang, dann ein Kanal, dessen Böschung mit Schilf bewachsen war: diese gab einigermaßen Deckung. Ich stellte mich etwas abseits vom Wechsel. Obwohl es kein Mondlicht gab, konnte man vor dem weißen Hintergrund auch in der diesigen, bewölkten Dunkelheit die Konturen des Wildes ausmachen. Ich setzte also das Zielfernrohr wieder auf die Büchse und wartete regungslos im stillen Abend.

Nach kurzer Zeit hörte ich das laute Quietschen eines Frischlings weit von mir drinnen in der Dickung am unteren Rande des „Brandwaldes". Die vorsichtige Bache brachte dem sich zum Austreten allzu sehr beeilenden Frischling mit einem derben Stoß Gehorsam bei. Solches Quietschen habe ich sehr oft vor dem Austreten aus den Einständen gehört. Es vergingen fast zehn Minuten, bis ich im lichtstarken Glas auf weite Entfernung die Rotte über die Wiese ziehen sah. Es waren acht bis zehn Stück, zwei stärkere Sauen und Überläufer mit Frischlingen vermischt.

Eine halbe Stunde war etwa vergangen, es wurde sehr dunkel, der Regen nieselte unaufhörlich. Ich war vollständig in Gedanken versunken, als kaum dreißig Schritt von mir, wie ein Gespenst, eine einzelne starke Sau auf der Lichtung vor mir erschien! Mit bloßem Auge konnte ich sie eher nur ahnen als sehen. Ganz langsam, jede unnötige Bewegung vermeidend, hob ich, fast zentimeterweise, die Büchse zur Schulter und konnte die Aufregung kaum meistern. Der Keiler hatte meine langsame Bewegung nicht wahrgenommen. Als er die Mitte der Blöße erreicht hatte, verhoffte er ganz breit. Im

Zielfernrohr sah ich die Konturen der dunklen Masse, die fast das ganze Gesichtsfeld ausfüllte. Als ich den Zielstachel am Vorschlag der Sau eher fühlte als sah, zerriss der Knall des Schusses die Stille der Wildnis.

Der Feuerstrahl aus der Laufmündung blendete mich erst, doch ich sah, dass die Sau zusammengebrochen war. Ich stand jetzt mit leerer Büchse da, ich hatte ja meine letzte Patrone verschossen. Die Sau schlug mit den Läufen um sich und wetzte die Waffen. Erst jetzt wurde mir klar, wie leichtsinnig es gewesen war, das Wild mit der letzten, einzigen Patrone zu erwarten. Nach kurzer Zeit legte sie sich zur Seite und war bald verendet.

Ich trat, tief gerührt von der Urkraft des gewaltigen Wildes, und vom unvergesslichen, aufregenden Erlebnis mit gezogenem Hut heran. Es war ein so gewaltiger Keiler, wie ich einen im Laufe meines Jägerlebens nur selten gesehen und nur ein einziges Mal erlegt hatte. Beim Schein meines Feuerzeuges konnte ich die kapitalen Waffen bewundern.

Es war späte Nacht, als ich im Jagdhaus ankam. Der Jäger hatte schon befürchtet, ich hätte mich verirrt. Er glaubte mir erst dann die Erlegung der fünf Sauen, als ich neben dem flackernden Feuer des Herdes ihm die abwechslungsreichen Erlebnisse des Jagdtages in allen Einzelheiten erzählt hatte.

Der frühe Morgen des nächsten Tages fand mich wieder im Revier. Der Regen am Vorabend hatte tatsächlich die Spuren des vorigen Tages zum Schmelzen gebracht. So war heute wieder Aussicht auf gute Möglichkeiten zum Abfährten.

Bei der Morgendämmerung machte ich „Stehpürsch" am Rande des „Brandwaldes" und hoffte auf ein Einwechseln von Rot- oder Schwarzwild.

Doch außer einigen Rehen und einem leider außer Schussweite einziehenden Rotrock bekam ich nichts in Anblick.

An der Südseite der großen Dickung, im anschließenden mit viel Gebüsch und Unkraut bewachsenen Wiesengelände sichtete ich ein Rudel von vier Hirschen. Drei waren Jünglinge, der vierte jedoch schon ein älterer, starker Kronenhirsch, wie es vormals in der Hanság kaum welche gegeben hatte. Die radikale Verminderung der Rotwildbestände und die folgende Schonung der Geweihträger bis weit über das Reifealter hinaus hatte doch erfreuliche Erfolge gebracht!

Dann fand ich an ganz unerwarteter Stelle das Einwechseln einer schwachen Rotte von fünf Überläufern mit gleich starken Fährten. Sie hatten offenbar in den Wiesen gebrochen und waren vor kurzem über den Kanal, der die Dickung hier begrenzte, gezogen. Diesseits des Kanals hatten sie sich fächerartig geteilt. So konnte ich die Zahl der Fährten feststellen. Sie waren nagelfrisch. So machte ich mich an ihre Verfolgung.

Die Dickung, in die sie eingezogen waren, war ganz anders als das Gelände vom Vortage. Hier standen die übermannshohen Salweidensträucher so dicht, dass unter ihnen kaum ein Unterwuchs von Schilf und Binsen hochkommen konnte, nur die dazwischenliegenden kleinen Blößen waren mit hohem Gras bewachsen. Freilich war hier das Folgen der Fährten auch schwieriger, denn es gab hier weniger Wechsel und ein kleineres Blickfeld. So waren auch die Chancen geringer. Doch ich hing der Fährte nach, weil es immer interessant, aufregend und lehrreich ist, auch dann, wenn dem Jäger kein Erfolg beschieden ist. Wahrscheinlich war es jedenfalls, dass die hie und da brechend, nebeneinander langsam ziehende Rotte schnell einzuholen sein könnte.

Es dauerte doch eine halbe Stunde, bis ich endlich auf kaum Steinwurfweite vor mir eine Bewegung entdeckte. Die Sau war jedoch so gedeckt, dass an ein Schießen nicht zu denken war. Ich hatte natürlich guten Wind und versuchte seitlich zu pürschen, um besseres Schussfeld zu haben. Doch die Sau zog weiter. Ich hinterher.

Wenig weiter bekam ich sie wieder in Anblick, jetzt war aber auch eine zweite neben ihr. Sehr verdeckt, aber ich konnte sehen, dass sie breit stand. Ich versuchte also den Schuss durch eine winzige Lücke im Gewirr der Äste. Ich sah sie nur abspringen, eine ruckartige Bewegung. Am Anschuss weder Schweiß noch Schnitthaar, ein kleiner Zweig musste doch die Kugel abgelenkt haben.

Sofort hing ich der Fährte nach, die sich gleich wieder den anderen anschloss. Die Rotte war nach einigen Fluchten in Troll gefallen und zog dann wieder völlig vertraut wie vor dem Schuss weiter. Sie hatten ja keinen Wind von mir bekommen, auch nichts von mir gemerkt und der Schuss selber hatte sie wenig gestört.

Nach kurzer Zeit, als ich an eine kleine, mit hohem Gras bewachsene Lichtung kam, erblickte ich auf ihrer anderen Seite am Rande des Gebüsches, kaum vierzig Schritt entfernt, die Sauen. Die eine stand ziemlich frei und zeigte mir die Breitseite. Im Schuss sprang sie mit den anderen ab. Ich wusste, dass ich gut drauf gewesen war. Ich hatte schon repetiert, als ihre Geschwister, sie stammten offensichtlich aus demselben vorjährigen Wurf, auf einen Augenblick ratlos verhofften. Das eine Stück stand in einer Lücke etwas schräg von mir abgewendet. Auf den Schuss hin rutschte es mit einem scharfen Grunzer zusammen. Die verbliebenen drei aber fetzten nunmehr in langen Sätzen quer über die Wiese. Ich hatte repetiert, als die erste gerade in der Mitte war und warf den Schuss hin, als ob ich mit der Flinte auf einen Hasen geschossen hätte. Die Sau ging im Schuss über Kopf und blieb regungslos liegen. Die beiden letzten waren auch schon draußen. Ich musste mich sehr mit dem Repetieren beeilen, es war die letzte Kugel im Magazin. Ich wurde gerade auf die letzte fertig, als sie schon halb am Dickungsrand verschwunden war. Ich hatte mich aber übereilt und war zu weit hinten abgekommen. Diese Sau war gesund geblieben.

Jetzt lagen die anderen drei auf der Strecke, die erstbeschossene Sau war mit Lungenschuss nur einige Schritte geflüchtet. Ich brach sie auf, zog sie nebeneinander und legte sie fein säuberlich zur Strecke. Es waren alle drei gleich kugelrunde, feinste Überläuferbachen.

Dieser Tag brachte noch eine lange, doch nicht erfolgreiche Folge der Fährte eines einzelnen guten Keilers. Zur Mittagszeit schmolz der Schnee schon allzu stark, so dass es schwer war, die frische Fährte von der alten zu unterscheiden. Schließlich gab es ein solches Gewirr von Spuren, dass ich aufgeben musste.

Am Nachmittag jedoch hatte ich noch guten Anblick. Die Sonne schien wohlig, ich schlenderte eine gerade, doch im Schilf sehr verwachsene, enge Schneise entlang, als auf etwa hundertfünfzig Schritt vor mir eine Rotte starker Sauen auf den Weg herauszog. Es waren sechs Stück – ein wundervoller Anblick der in der sonnenbeschienenen Schneelandschaft pechschwarz anmutenden Gesellen!

Das Zielfernrohr war im Rucksack im Wetterfleck eingewickelt. Ohne dieses konnte ich jedoch keinen Schuss anbringen, da die Sauen auf dem schmalen Weg sich ständig deckten und ich über Kimme und Korn nicht sehen konnte, ob wohl irgendeine für einen Moment frei stand. Dann verschwanden sie nach einigen Sekunden so lautlos, wie sie gekommen waren, auf der anderen Seite der Dickung.

Wir hatten den Leiterwagen zum Abtransport des Wildes, das ich gegen Füchse mit Taschentüchern, Patronenhülsen und Handschuhen verwittert hatte, für den Vormittag des dritten Tages aus dem weit entfernten Maierhof bestellt. So rechnete ich nur mit einer kurzen Morgenpürsch, um so mehr, als inzwischen der Schnee schon so sehr geschmolzen war, dass ich auf ein Folgen der Fährten nicht mehr hoffen konnte.

Ich hatte vor, mich wieder an dem Einwechsel vor dem „Brandwald" anzustellen, doch musste ich wegen des Windes eine große Umgehung machen. Es wurde schnell hell, als ich drei Stück Kahlwild langsam in Richtung auf die Wechsel ziehen sah. Ein Tier mit Kalb, dann noch ein zweites Tier, für ein Schmaltier zu stark; doch will ich nicht „Gelttier" sagen, denn solche gibt es in der grünen Praxis kaum.

Es gelang mir, in der Deckung des Schilfes am Grabenrand ihren Wechsel abzuschneiden. Als nach dem Tier und Kalb auch das dritte Stück über den Graben zog, brachte ich es mit einem leisen Pfiff zum Verhoffen und setzte ihm die Kugel hinters Blatt auf die Rippen. Es zeichnete mit einer hohen Flucht, der Kugelschlag war auch deutlich, und verschwand in der Dickung.

Am Anschuss lag reichlich Lungenschweiß. Darum folgte ich sogleich der Wundfährte und fand das Stück nach sechzig Schritt verendet. Nachdem ich es aufgebrochen hatte, pürschte ich noch weiter, bis der Wagen kam.

Ich fand auch die frische Fährte einer Rotte von Überläufern, die in eine Schilfpartie von etwa zehn Hektar hineinführte. Da es dort noch so viel Schnee gab, dass man, wenn auch sehr schwer, der Fährte folgen konnte, versuchte ich es wieder. Doch war das Schilf sehr dicht und hoch. Als ich die Sauen erreichte, sprangen sie aus meiner nächsten Nähe ab. Ich konnte nichts von ihnen sehen.

Inzwischen kam das Fuhrwerk. Wir sammelten meine Strecke der zwei Jagdtage ein. Der Wagen war voll bepackt, das am Morgen erlegte Kahltier hatte schon kaum mehr Platz.

„Eine Sau ginge oben noch drauf!", sagte aus Spaß der Kutscher.

„Wartet ein wenig, gleich schieße ich noch eine!", erwiderte ich darauf, denn der Einwechsel der Rotte vom Morgen war nicht weit entfernt. Inzwischen hatten sie sich bestimmt eingeschoben und es könnte jetzt klappen.

So machte ich mich daran, der Fährte der Rotte in den „Brandwald" zu folgen, was sehr schwierig war. Es gab kaum mehr Schnee, nur Spuren im weichen Boden. Doch kreuzten sie keine anderen, so ging es doch.

Ich war vielleicht fünfhundert Schritt in der Schilf- und Salweidendickung weiter gekommen, als ich zu einer Partie kam, wo der Wald nur stellenweise ausgebrannt war. Es blieben hier einzelne Inseln alter, teilweise gestürzter Erlen stehen, dazwischen Niederungen mit Schilf und blanke Wasserflächen.

Die Fährten zeigten über einen solchen vereisten Wasserspiegel, dessen Eis schon bedenklich sich unter meiner Last senkte. Doch ich kam heil auf die kleine Insel gegenüber, auf der es schon einen Wirrwarr von Fährten gab. Hier war der Boden auch schneefrei, ich verlor die Folge.

So ging ich leise pürschend am Rand herum, um sie wiederzufinden, als ich gegenüber auf der anderen kleinen Waldinsel kaum vierzig Schritt entfernt vor einem umgestürzten Baumstamm in ganz freier Sicht eine verdächtige graue Masse bemerkte. Durchs Glas konnte ich sofort feststellen, dass es tatsächlich eine Sau war, die vor dem Stamm auf dem „Bauch" – oder wie soll ich sagen? – lag und – schlief. Ich sah auch ihre geschlossenen Lichter.

Ich zielte hinter das Blatt der Sau und berührte den gestochenen Abzug. Doch anstatt des erwarteten Knalles nur das Klicken des Verschlusses. Versager! Die Sau hatte natürlich den verdächtigen Klang vernommen und erhob offensichtlich schläfrig die Vorderhand zu einer sitzenden Stellung. Wenn die Situation nicht so aufregend gewesen wäre, hätte ich über ihren dummen Gesichtsausdruck lachen müssen! Nur jetzt nichts falsch machen! Wenn ich repetierte, so ging dies nicht lautlos. Die Sau würde todsicher abspringen. So spannte ich das Schloss nur durch Öffnen und Schließen des Verschlusses der an der Schulter gehaltenen Büchse in der Hoffnung, dass die Patrone zum zweiten Mal doch noch losgehen würde. Und das tat sie auch zu meiner großen Freude! Die Sau schnellte wie ein Gummiball hoch und flüchtete mit großem Krach übers Eis. Ich hatte fieberhaft repetiert. Hinter dem gestürzten Baumstamm wurde es auch lebendig, doch flüchteten die anderen Sauen spitz von mir weg, so dass ich keinen anderen Schuss mehr anbringen konnte. Die Sau lag einige Schritte vom Anschuss verendet im Wasser, das Eis war unter ihr durchgebrochen.

Jetzt kam die Schwierigkeit, die Sau von hier herauszubekommen. Zum Glück hatte der Kutscher ein langes Seil dabei. Mit dem Wagen konnte man nur auf etwa fünfhundert Schritt heranfahren. Der Boden trug auch ein Pferd nicht mehr. So mussten wir die Sau mit vereinten Kräften, der Kutscher, der Jäger und ich, herausziehen. Wir spannten die Pferde vorsichtshalber aus und gingen zurück zur Sau. Ins Wasser zu ihr ging ich selber, denn ich war es ja, der sie geschossen hatte! Das Wasser reichte nämlich weit über die Gummistiefel. Das Seil band ich am Lauf der Sau fest. Dann zogen wir sie heraus und bis zum Wagen. Sie machte uns schwer zu schaffen und hatte obendrauf kaum mehr Platz.

Zum Abschied fiel dann ein wenig Schnee in großen, dichten Flocken und legte für kurze Zeit über die Hanság wieder eine winterliche Decke, die meiner einmaligen Strecke dreier mühsamer Jagdtage einen passenden Rahmen gab.

Gut Glück – sonst nichts!

„Sors bona – nihil aliud" – dies war der Wappenspruch, heute würde man „Werbeslogan" sagen, eines gewissen Comes Nicolaus Zrinyi, eines ungarisch-kroatischen Magnaten, eines „Kleinkönigs", der sich im 16. Jahrhundert mit den nach Westen vordringenden, Südungarn schon besetzt haltenden türkischen Eroberern herumschlug. Er tat dies mit sehr viel Feldherrenkunst und Tapferkeit. Das in seinem Wahlspruch beschworene Kriegsglück verließ ihn auch nicht, bis er schließlich aus der belagerten Festung Szigeth, nachdem die Verteidiger ausgehungert worden waren, herausstürmte und an der Spitze seiner Mannschaft im Handgemenge fiel. Wenn auch der altehrwürdige Comes diesen Spruch höchstwahrscheinlich allein auf das Kriegsglück bezog, so hat dieses doch auch auf allen Wegen und Wechseln des Lebens ebenso seine Gültigkeit. Ist es denn nicht nur dem guten Stern, gutem Glück zu verdanken, dass man überhaupt noch lebt, immer noch da ist, „den Löffel nicht hat fallen lassen"? Wie oft hätte es einem jeden von uns passieren können, wenn ihn sein Schutzengel, das „Gute Glück" nicht beschützt, beschirmt, beschienen hätte!

Wir Jäger nennen dieses „Gute Glück" Waidmannsheil. Es bedeutet aber irgendwie noch mehr: eine Verkettung günstiger Umstände, Zufälle, die letztlich zum jagdlichen Erfolg, zum Waidmannsheil führen, insbesondere wenn ein glücklicher Waidgenosse einem Brunfthirsch nachstellen kann. Denn dieser hat auch seinen Schutzengel, außerdem aber auch noch sein ständig sicherndes, alle Gefahr eräugendes und wahrnehmendes Kahlwild!

Um den ersehnten Geweihten überhaupt in Anblick zu bekommen, um das vielerfahrene, schlaue Leittier seines Rudels zu überlisten, um den Hirsch endlich schussgerecht vor sich zu haben und zu allerletzt um ihn auch nicht vorbeizuschießen, ihm eine saubere Kugel anzutragen: zu all diesem genügen Ausdauer, Geschicklichkeit, jagdliche Fähigkeiten und Erfahrungen, ja sogar das Wissen um die hohe Kunst der Hirsch-Jägerei immer noch nicht. Noch etwas ist dazu unbedingt notwendig, ohne das kein Erfolg beschieden sein wird – das Waidmannsheil, das „Gute Glück".

Dies aber fehlte uns am meisten in einer schon ein gutes Dutzend Jahre zurückliegenden Hirschbrunft. Der Gast war W. K., ein schon älterer, silbergrauer, aber noch überaus rüstiger, erfahrener, hirschgerechter Jägersmann, ein lieber Freund und langjähriger Waidgenosse.

Schon zehn Tage lang hatten wir den Hirschen nachgestellt, doch völlig ohne Erfolg. Die Brunft war sehr flau, es meldete kaum ein Hirsch. Wir bekamen auch keinen jagdbaren in Anblick. Wenn die Hirsche schlecht schreien, so soll der Jäger seinen Hirsch nicht erpürschen wollen, sonst hat er das Revier schnell leergepürscht, das Wild vergrämt. Wir beschränkten uns deshalb auch nur auf das Ansitzen neben den Einständen, aber eher nur aufs Geratewohl. So aber ist die Jagd auf den Brunfthirsch wenig aufregend, um nicht den banalen Ausdruck „langweilig" zu gebrauchen. Etwas Spannung muss ab und zu doch auch in der Sache sein. Zumindest müsste man einen Hirsch ausmachen können, auf den man sich konzentrieren, den man bejagen kann. Dann wird das Waidwerk interessant und spannend, ein Prüfstein für die Kunst des Jägers. Doch bislang hatten wir keinen Hirsch zum Bejagen. Die wertvollen Tage der Brunft schwanden erfolglos einer nach dem anderen hin.

Es gab wenig Rotwild im weiten Revier. Dies wenige hatte viel Platz, viel zu viele gute Einstände, um es leicht finden zu können. Die Hirsche belästigten sich gegenseitig nicht, jeder bezog einen weit vom anderen gelegenen Einstand mit seinem Rudel und röhrte meist nur, wenn ein stärkerer Beihirsch ihm allzu nahe kam oder er ein brunftiges Stück trieb. Äsung hatte das Wild überall in Hülle und Fülle, in jeder Richtung waren meist Maisfelder und Kartoffelschläge am Waldrand: Deswegen hielt es auch keine festen Wechsel.

Die Brunftzeit war schon ziemlich fortgeschritten, als wir endlich einen Hirsch bestätigten. Freilich hatten wir ihn vorerst noch nicht gesehen, nur das Rudel zwischen Tageseinstand und nächtlichem Brunftplatz im Maisfeld am Waldrand gefährtet. Er meldete, knörte bloß ein-, zweimal während des Aus- und Einwechselns im Hochwald, durch den das Rudel ziehen musste. Das geschah zwei Tage lang immer nur bei völliger Dunkelheit. Wir bekamen kein Haar vom Hirsch zu sehen. Er hatte die richtige Stimme, eine starke Fährte, drei bis vier Tiere dabei. Es musste schon ein starker, jagdbarer Hirsch sein, der die Mühe lohnte.

Am Nachmittag des dritten Tages fuhren wir mit dem Pürschwagen zu unserem Abendansitzplatz am vermutlichen Auswechsel des Rudels an der Schneise am Dickungsrand, dem Tageseinstand. So störte man das Wild viel weniger, als wenn man sich pürschend heranschlich.

Die Sonne stand noch hoch am Himmel. Es war schwülwarm, als wir an die etwa hundert Schritt breite Lichtung, eine Niederung neben der Schneise, kamen, in deren Mitte ein als Suhle benutztes Schlammloch lag. Aus dieser Suhle wurde, kaum sechzig Schritt von uns entfernt, der Hirsch hoch! Ein starker, gedrungener Körper, das Geweih mit langen, dunklen und dicken Stangen, in den weit verzweigten Kronen blitzende, blendend weiße Endenspitzen. Eine wundervolle Erscheinung, eine unerwartete Überraschung! Jeden Augenblick zum Abspringen bereit, stand er schräg am Suhlenrand in den Binsen und äugte mit zurückgewandtem Haupt auf unseren Wagen. Den Jäger packte das Jagdfieber. Nur schnell, kein Atemzug war zu verlieren, die Büchse ergreifen, durchladen, keine Zeit mehr zum Absteigen, zumal man auch vom Boden aus kaum etwas vom Wildkörper sehen konnte. Er schoss aus verdrehter, krampfhafter Haltung vom Wagensitz auf den Hirsch, der schon im Abspringen war. Die Pferde ruckten auch, als der Schuss krachte. Gesund preschte der Hirsch durch das Unterholz des Hochwaldes. Gut Glück, der günstige Zufall war da, bloß nicht genug davon!

Vor Morgengrauen meldete der Hirsch noch draußen im Maisfeld. Doch zog er bei Dunkelheit mit seinem Rudel in den Bestand. Das Wild musste zu seinem Tageseinstand durch einen Hochwald mit dichtem Unterholz ziehen. Der Morgen graute schon, als der

Hirsch dort noch zweimal knörte. Wir konnten uns danach richten, dem Rudel zuvorkommen, seinen Wechsel auf der Schneise am Dickungsrand abschneiden. Rechtzeitig drückten wir uns an einen Stamm am Rande der Schneise, als das Wild in unserer Nähe im Hochwald herumtrat. Ab und zu hörten wir auch das Anstreichen der Stangen.

Dann zog das Leittier langsam, bedacht, argwöhnisch heraus, verhoffte genau auf dem Buckel, von dem dann die Schneise nach hinten abfiel – nur einen guten Steinwurf von uns entfernt.

Wir trauten uns kaum zu atmen, dass es uns nicht bemerkte. Dann wäre alles vorbei! Wenn es aber hinüberzieht, so folgt ihm das Rudel vertraut. Wenn die Führerin die Luft rein findet, droht gewiss keine Gefahr, man kann ihr getrost nachziehen. Aber der Hirsch am Schluss, der verhofft fast immer auf der Schneise. Er muss sehen, ob keines der Tiere zurückgeblieben ist.

Der Reihe nach zogen Tiere und Kälber vertraut über die Schneise. Sechs Stück waren schon hinüber. Dann eine kurze Zeit lang nichts. Sekunden, in denen die Nerven zum Bersten gespannt sind, – eine Pause, ein Herzschlag vor dem Finale. Jetzt muss der Hirsch kommen!

Und er kam, aber etwas seitlich vom Wechsel, hinter dem Buckel. Wir sahen nichts von ihm als nur die wippend über die Schneise schwimmenden gewaltigen Kronen, hinter denen sich die Dickung schloss. Gut Glück für den Jäger wieder, doch die Stunde des Hirsches hatte noch nicht geschlagen!

Es war noch längst kein Büchsenlicht, als der Hirsch am nächsten Morgen schon beim Einwechseln im Hochwald zuletzt meldete. Das Rudel war schon durchgezogen, als wir zum Wechsel kamen, vor Büchsenlicht. Die Fährten standen abgestreift im taunassen Gras der Schneise.

Es stand kein Hochsitz auf der Schneise. Vom Boden aus konnte man nicht über den Pech bringenden Buckel sehen. Es war auch unmöglich, schnell tagsüber einen Hochstand oder auch nur einen Sitz in einem Baum zu bauen. Das Wild in der Dickung wäre vom Krach und Hämmern gewiss auf lange Zeit vergrämt worden, hätte höchstwahrscheinlich den Einstand gewechselt. Transportable Hochsitze, besonders für solche „Notfälle" konstruiert, benutzten wir später oft mit bestem Erfolg, wenn jetzt bloß einer da gewesen wäre!

In der Not wandte ich einen Trick an – ich ließ tagsüber auf die Schneisenkreuzung einen Leiterwagen stellen. Wir verblendeten ihn gut mit Laub, taten Strohballen darauf. Wenn er auch nicht so hoch war und vor den Tücken des küselnden Windes nicht so gut schützte wie ein Hochsitz, so konnte man doch immerhin von ihm aus mit bequem aufgelegter Büchse die ganze Länge der Schneise beschießen.

Dieser Hirsch schien nun unser, wenn nicht am Abend, so aber sicherlich beim Einwechseln am Morgen. Jetzt brauchen wir nur noch einen winzigen Schuss Gut Glück – sonst nichts!

Dieses kam auch, doch einem anderen, noch dazu in rauen Mengen! Ab Mittag dieses Tages überschlugen sich die Ereignisse.

In unserem Quartier erwartete uns die Meldung, dass zwei Hirsche in einer im Felde gelegenen, kaum zehn Hektar großen Remise bis sieben Uhr morgens aus vollem Hals geschrien hätten. Dieses Wäldchen besteht zum größten Teil aus verhältnismäßig gut sichtigem durchforsteten Stangenholz, freilich mit hohen Brennnesseln, Goldruten und anderem Unterwuchs. In einer Ecke eine mit Salweiden, Schilf und Röhricht bewachsene Niederung. Vermutlich war das Rudel erst in vergangener Nacht mit einem stärkeren Beihirsch hier eingezogen. Es war aber auch möglich, dass es schon seit längerer Zeit unbemerkt in dieser kleinen, ungestörten Remise stand, neben dem gedeckten Tisch, denn Kartoffel- und vor allem Maisfelder schlossen sich daran, und dass erst in der Nacht ein einzelner, suchender Hirsch hier eingewechselt war. Deshalb das wilde Röhren, das dem Revierjäger aus weiter Entfernung ans Ohr schlug. Er rückte den Hirschen aber nicht auf die Decke, um sie ja nicht zu stören. Uns genügte zu wissen, dass das Wild tagsüber in der Remise stand. Abends ist es sicher noch da, man kann sich das Rudel ansehen und kommt vielleicht auf einen reifen Hirsch zu Schuss. Mit Leichtigkeit, mit dem Pürschwagen, weil auch einige kaum befahrene Wege die Remise durchschneiden.

Jetzt aber hatten wir die große Qual der Wahl. Für diesen Abend hatten wir sogar zwei „festgebundene" Hirsche. Welchen sollten wir wählen, welchen bejagen? Erfolgversprechender wäre es, nach gründlichem Abwägen der Chancen, dem Für und Wider, auf den „neuen" Hirsch zu jagen. Dieser schien sicherer, die Lage war äußerst günstig, und vor allem wusste man nicht, wo der Hirsch morgen seine Fährte ziehen würde. Doch wäre ich bestimmt nicht meinem Verstand gefolgt, denn ich hätte natürlich „unserem" Hirsch, dem heute morgen endlich listig „angebundenen" den Vorrang gegeben, mich also erst recht auf den Leiterwagen gesetzt.

Ich stellte also dem alten Herrn die Frage. Er antwortete, ohne einen Augenblick zu zögern, und ich wunderte mich auch nicht über seine Antwort: „Heute Abend setze ich mich auf dem Leiterwagen an. Ein anderer Hirsch interessiert mich nicht!" Wie schade doch, den andern laufen zu lassen!

Nach dem dritten Glas Bier löffelten wir eben unsere Suppe, als vor dem Haus ein Auto hielt, auf dessen Verdeck Geweihe verpackt waren. Ein lieber Freund, alter Jagdkumpan, E. G. P., der aus einem anderen Revier nach erfolgreichem Waidwerk, dies war ja offensichtlich, auf der Heimfahrt bei uns vorbeikam.

„Hast Du es denn sehr eilig?"

„Es drängt schon, man sollte auch mal daheim nach dem Rechten sehen, aber eine Nacht würde ich der Freundschaft halber doch noch dran hängen. Habt Ihr denn Quartier und auch noch etwas zu trinken?„

„Spärliche Reste. Brauchst Du nicht etwa auch noch einen Hirsch?", fragte ich keck.

„Wo ist der Hirsch?"

Wir fuhren schon um vier Uhr nachmittags mit dem Pürschwagen ab. Der Kutscher Pista, der Augen wie ein Falke hatte und so passioniert war wie ein scharfer Jagdterrier, János, der geschickte junge Revierjäger, der frischgebackene Jagdgast und meine Wenigkeit. Die fast nagelneue Seitenschloss-Doppelbüchse im Gewehrhalter an der Rückseite des Kutschersitzes – „Bock" nennt man ihn bei uns.

An der Ecke der Remise ein einzelnes Gehöft, davor am Waldrand eine Unmenge Geflügel, einige Ziegen und zottige, schlammige Schweine. Ein paradiesisches Bild des Friedens an einem strahlenden Spätsommer-Nachmittag.

Hinter dem Hause bogen wir auf dem Fahrweg in den Wald ein.

„Es wäre an der Zeit, den Püster zu laden." Ich zeigte mit dem Daumen in die ungefähre Richtung der feinen Büchse.

„Wozu denn? Aus diesem Gewehr verschießt man doch Kugeln! Gibt es denn Fasanen in dieser Remise? Wenn ich nur geahnt hätte, wohin Ihr mich bringt, hätte ich mir Deine Flinte ausgeborgt. Mir scheint, Ihr haltet mich ganz schön zum Narren!"

Doch kaum waren wir zweihundert Schritt gefahren, stand das Kahlwild rechts im Bestand. Nur Haupt und Träger und die Rückenlinien waren in den hohen Goldruten zu sehen. Ein starkes Rudel von acht, neun Stück. Doch wo war der Hirsch?

„Da steht er doch seitlich, neben dem großen Busch. Sehen Sie ihn denn nicht? Und sehr stark ist er auch!", sagte Kutscher Pista. Er hängte noch gemäß seiner Gewohnheit eine Redewendung daran, die sich in diesem Falle auf unsere kurzsichtigen Augen bezog, die ich aber doch nicht niederschreiben möchte.

Der Hirsch war wirklich stark, das konnte man auf den ersten Blick sehen. Wie er das Haupt wendete, wurde die eine Stange hinter dem Busch sichtbar. Lang, sehr dunkel, mit vielendiger Krone. Die Stange stark, das ist das Wichtigste. Gedrungenes Haupt, Ramsnase, die eine Augsprosse nach unten, übers Licht gebogen. All' dies konnte man auf den ersten Blick sehen, ansprechen.

„Zehn Kilo", sagte ich. Das Kahlwild wendete schon und zog vor uns schräg nach links herüber.

Jetzt hatte der Gast die Büchse geladen. Er stand im Wagen, um besser sehen zu können, und wartete auf einen passenden Augenblick zum Schuss.

Er war ein vielerfahrener, geschickter Jäger, flinker, nicht zaghafter Schütze, nur übereilte er sich oft in allzu heißen Situationen.

Der Hirsch zog im Troll den Tieren nach. Er war auch ständig verdeckt; dort hinten war der Unterwuchs noch höher, eine Kugel war überhaupt nicht anzubringen. Doch vorn verhielt das Leittier. Das Rudel auch in einen Pulk hinter ihm, der Hirsch verhoffte auch am Ende der Reihe. Gerade so, dass Blatt und Rippen zwischen den Bäumen frei waren und durch den Unterwuchs unter der Rückenlinie durchschimmerten.

Ein gewaltiger Hirsch, du lieber Himmel! Jetzt muss es knallen, aber sofort! Auch der Gast erkannte die Lage und wartete nicht. Er schoss freihändig, oben auf dem Wagen stehend. Der Hirsch war nicht weiter als achtzig Gänge. Kniesternd peitschte die Kugel durch das Unkraut hinter dem Hirsch. Einen Moment noch stehen bleibend, quittierte dieser den zu hohen Schuss und sprang dann hinter dem Kahlwild ab. Bautz! – der linke Lauf, bevor ich es hätte verhindern können.

Mit gewaltigem Krach und Getöse flüchtete das Rudel durch die Schilfniederung. Mein Gott! Hat er doch diesen sehr starken Hirsch vorbeigeschossen! Der geht jetzt zum Teufel, „geht von der Landkarte herunter". Nie werden wir den wiedersehen! Vielleicht können wir ihm noch am Waldrand zuvorkommen, dieses Schilf ist sehr klein. – „Fahr zu, Pista!" –

Aber das brauchte man Pista gar nicht zu sagen. Er erfasste, wie immer, blitzschnell die Situation. Er schlug mit der Peitsche zwischen die Pferde, dass wir fast vom plötzlichen Ruck mit dem Sitz nach hinten kippten, dann ging es im Galopp den Waldweg entlang, durch Pfützen und Löcher und über querliegende Äste. Wir klammerten uns in Sitz und Wagen, ineinander und an die Büchse, dass nur die nicht hinausflog. Nur so schnell es geht an den Waldrand!

Dort war überhaupt nichts zu sehen. Die weite Gegend war leer.

„Es gibt einen kaum befahrenen blinden Weg auf der anderen Seite der Niederung!", sagte János.

In flottem Schritt fuhren wir ihn zurück. – „Hööö!" – die Gäule setzten sich fast auf die Hinterhand, Pista zog so stark an den Zügeln.

Da stand ein Hirsch breit auf kaum sechzig Schritt. Vollständig frei, eben nur Haupt und Geweih waren vom Stamm der einzigen alten Eiche dieser Remise ganz verdeckt. Ein Hirsch ist es zweifelsohne, aber ob es wohl derselbe ist? Der Figur nach ja, aber so blindlings kann man doch nicht schießen, auch wenn er sein Blatt noch so schön präsentiert.

Gut Glück kam uns aber auch jetzt wieder zur Hilfe.

Der Hirsch bewegte das Haupt. Hinter dem Stamm wurde der herabgebogene Augspross auf einen Moment sichtbar.

"Schießen!", stöhnte ich, und schon knallte die Doppelbüchse. Aber wie sie knallte! Eine Detonation, wie ein Mörserschuss. Die Pferde gingen durch, die Büchse flog dem Schützen fast aus den Händen, sein Hut ging auf Reisen, wir alle fielen im Wagen durcheinander. Ein Glück, dass, weder bei Mann noch Material – sprich Gewehr – ein Schaden entstand. Unnötigerweise hatte die feine Büchse auch am hinteren Abzug einen Stecher, der in der Hitze des Gefechtes auch gestochen wurde, und beim Schuss gingen natürlich beide Läufe los. Dieser "starke" Schuss aber hatte seine Wirkung! Der Hirsch zeichnete mit einer schwerfälligen Flucht, polternd und brechend stürmte er weg, dann brach er mit Getöse zusammen.

Es war noch kaum fünf Uhr, als wir neben ihm standen.

Doch der "angebundene" Hirsch des alten Herrn kam nie zur Strecke. Weder sahen wir ihn, noch hörten wir ihn, nicht am Abend, nicht am nächsten Morgen und in den darauf folgenden Tagen. Wir sahen ihn nie wieder. Es verschluckte ihn die Erde, der Nebel, der in wallenden Schleiern über Senken und Niederungen im Dämmern über das weite Land zieht.

Was braucht man denn sonst noch als – Gut Glück?!

Ewige Jagdgründe

Jagderleben in den Ostkarpaten

*Meinem lieben Freund Dr. h. c. Hans von Aulock
in dankbarer Erinnerung an viele schöne
gemeinsame Jagdtage gewidmet*

Inhalt

Zur Einführung 474

Und es klappte auf Anhieb 483

Wenn es nicht sein soll 496

Im tiefen Bergwinter 511

Karpatenböcke 520

Stille Brunft – doch es kommt der Tag 529

Hahnenbalz im Urwald 542

Das seltenste Wild der Ostkarpaten 550

Und dann einmal fällt es in den Schoß 560

Bärenansitz 564

Die hohe Zeit in den Ostkarpaten 574

Mal macht man's richtig, mal macht man's falsch 588

Und dann kommt's wieder anders 618

Nachwort 640

Zur Einführung

Seit eh und je haben die Urwälder und Berge der Ostkarpaten mein Jägerherz wie ein Magnet angezogen. Dort gab es nicht nur Urhirsche, sondern auch Wildarten, die in meiner Heimat Ungarn nicht vorkamen: Bär, Luchs, Wolf, Auer- und Birkwild.

Ich zählte kaum acht Jahre, als das erste Buch Herbert Nadlers, des Begründers der heute noch angewandten Formel zur Bewertung der Hirschgeweihe und meines späteren väterlichen Freundes und Jagdpartners, in ungarischer Sprache erschien, das viele Erzählungen über seine Jagden im Kranz der Karpaten enthielt. Dieses Buch weckte erste Sehnsucht nach einem fernen Land!

Dann der nächste Impuls. Ich verschlang Graf Silva-Taroucas klassisches Jagdbuch: „Glückliche Tage". Darin war auch fast nur von den Ostkarpaten die Rede. Aber wie konnte ein normaler Sterblicher damals dorthin kommen? Es gab Ländergrenzen, Hass und Zank zwischen den Nationen. Damals, wie heute auch, benötigte man zur Hochwildjagd viel Geld. Somit blieben die Karpaten ein Wunschtraum des angehenden Jägers.

Mitte der dreißiger Jahre erschien dann Hubert Behrs „Waidwerk um silbergraue Hirsche". Es wurde eines der erfolgreichsten Jagdbücher, in dem der größte Teil seinen Karpatenjagden gewidmet war. Dieses Buch wurde dann meine „Bibel", die Karpaten blieben meine größte Sehnsucht. Ich will gerne gestehen, dass auch der Titel des vorliegenden Buches von ihm stammt. Ich hoffe, dass er, den schon der grüne Rasen deckt, seinem alten Freund verzeihen wird. Denn ich möchte es als einen großen Erfolg meines langen und bewegten Jägerlebens bezeichnen, dass ich ihm dann zwanzig Jahre später zu einem Lebenshirsch verhelfen konnte. Wir schlossen eine feste Freundschaft und erlebten gemeinsam eine Reihe schöner Jagdtage.

Dann kam eine unerwartete Wende. Das nördliche Siebenbürgen wurde im Jahre 1940 wieder an Ungarn angegliedert, zu dem es tausend lange Jahre gehört hatte. Die ungarischen Behörden übernahmen die Administration, die Jagdpachten wurden neu ausgeschrieben.

Ich war damals 22 Jahre alt, Rechtsreferendar mit einem Anfänger-Einkommen, doch wohnte ich bei meinen Eltern. Das Gehalt blieb frei verfügbares Taschengeld, konnte also für nichts Besseres verwendet werden als für die Pacht einer Hochwildjagd in den Ostkarpaten!

Die ungarische Forstdirektion von Beszterce (Bistritz) im Komitat Beszterce-Naszód der nördlichen Ostkarpaten, das im Norden an das altberühmte Hirschkomitat Mármaros, im Süden an das Kaliman-Gebirge und im Osten an den Karpatenhauptkamm und die Wasserscheide nach der Bukowina angrenzt, schrieb die Jagdpacht der von ihr verwalteten riesigen Waldungen des Rodna-Gebirges und seiner Umgebung auf zehn Jahre aus. Dieses Riesengebiet umfasste nicht nur die Hochgebirgsstöcke des Kuhhornes (2280 m) mit seinem einst die Weltspitze liefernden Gamsbestand, der während der dortigen Kämpfe im ersten Weltkrieg ausgerottet wurde, sondern auch etwa 200 000 ha Urwälder und Hochgebirgs-Weideflächen über der Baumgrenze. Dieses Riesengebiet wurde Mitte des 18. Jahrhunderts von der Königin Maria Theresia an die dortigen vierundvierzig „Grenzergemeinden" als Donation für die jahrhundertelang geleisteten Grenzwachtdienste gegeben, wurde aber später von den Staatsforstämtern verwaltet. Der Ertrag der Holznutzung, Jagdpacht und vor allem das Weiderecht gehörten jedoch auch noch in unserer Zeit den „Grenzergemeinden".

Im vorigen Jahrhundert, auch noch in diesem bis nach dem ersten Weltkrieg, gab es überhaupt kein Rotwild in ganz Siebenbürgen. Aus dem nördlichen Galizien war es im Laufe der zweiten Hälfte des vorigen Jahrhunderts in die Bukowina östlich des Karpatenkammes, die damals auch zur Habsburg-Krone gehörte, und in die nordöstlichen Komitate Ungarns, so auch in die Mármaros, eingewandert. In diesen neubesiedelten Gebieten kamen um die Jahrhundertwende die stärksten Hirsche vor. Die Kämpfe in den ersten zwei Jahren des ersten Weltkrieges waren in diesen Gebieten besonders heftig, so auch naturgemäß die Wolfsplage. Das Rotwild wechselte in die ruhigeren Gebiete Nordsiebenbürgens und bevölkerte dann in den dreißiger Jahren allmählich schon den ganzen Ostkarpatenkranz bis hinunter nach Brasov (Kronstadt), wo dann die Südkarpaten anfangen. In unseren Tagen scheint sich das Rotwild hier auszubreiten, um neue Lebensräume zu erobern.

Es ist fast immer so, dass das Wild in neubesiedelten Gebieten die allerbesten Trophäen bringt. Das bewahrheitete sich auch in den Ostkarpaten in den dreißiger Jahren. Die stärksten Hirsche, viele damals von Weltklasse, wurden in dieser Zeit im Rodna- und Kalimangebirge und im Maros-Tal erbeutet. Kein Wunder, dass es den Hirschjäger des Flachlandes unwiderstehlich in diese „ewigen Jagdgründe" zog.

Das Riesengebiet der „Grenzergemeinden" wurde möglichst nach geographischen Einheiten, Bachtälern und Bergkämmen als Grenzen in zwölf Jagdreviere aufgeteilt und im Jahre 1941 verpachtet. Das geschah nicht auf öffentlicher Versteigerung, sondern die Jagdpächter wurden auf Grund schriftlicher Angebote ausgewählt. Wir fünf Freunde (Herbert Nadler und natürlich mein Bruder waren auch dabei) boten gemeinsam je eine uns angemessen erscheinende Summe gesondert für drei Reviere. Zu unserer großen Freude erhielten wir das Quellgebiet des Szamos-Flusses im nordöstlichen Zipfel des Gebirges zwischen den Ortschaften Rodna am Szamos und Kirlibaba an der Goldenen Bistritz, von dem höchsten Berg Nordsiebenbürgens, dem Kuhhorn im Westen, bis fast an die Landesgrenze zur Bukowina hin. Es war ein Riesenrevier von 30 000 ha Urwald, Almweiden und Latschenfeldern über der Baumgrenze.

Mein größter jagdlicher Wunsch schien also ganz früh in Erfüllung zu gehen! Das Revier war damals eines der besten und berühmtesten der Karpaten, über das mehrere Jagdbücher erschienen. Drei unserer Vorpächter waren berühmte Karpatenjäger. Am bekanntesten waren der Czernovitzer Chirurg Hans Philipowicz („In den Hochkarpathen") und zwei seiner Freunde und Mitpächter, Georg von Medveczky („Mit Muschel und Meute") und Dr. Thurn-Rumbach, bekannter ungarischer Jäger und Schweißhundmann.

Freilich hatten es unsere Vorgänger jagdlich leichter, weil sie von dort stammten, dort wohnten und die schützende Hand damals besser über ihre Reviere halten konnten als wir. Wir wohnten zwei Tagesfahrten entfernt, waren weder mit den dortigen Verhältnissen noch mit der Sprache (die Einwohner der „Grenzergemeinden" waren überwiegend Rumänen) vertraut. Wir mussten also dort ansässige Herren, den Leiter des Forstamtes und den des Sägewerkes, im zentral gelegenen Mariental beauftragen und bitten, sowohl die administrativen Aufgaben als auch die Aufsicht über unsere „Jägerei" zu übernehmen. Denn als einzige Möglichkeit stellten wir dortige Bauernjäger, die auch schon bei unseren Vorgängern als Heger tätig waren, nebenberuflich ein.

Auch waren wir damals mitten im Krieg. Nördlich vom Revier, in den Waldkarpaten, Polen, Galizien hatten Kampfhandlungen stattgefunden. Grenzen wurden verschoben und neu gezogen. Wie das in unsicheren Zeiten stets der Fall ist, vermehrte sich das Raubwild schlagartig, eine Wolfsplage entstand, die den Wildbeständen arg zusetzte.

Im südlicheren Siebenbürgen war Ruhe und Frieden. Doch gab es wegen des Staatswechsels ein Jahr lang keine Jagdpächter und demgemäß keinen Jagdschutz. Verhältnismäßig gut waren die Wildbestände, allerdings blieb eine Invasion der Wölfe nicht aus. Ihrer konnten wir auch damals kaum Herr werden. Sie zehnteten unser Wild und störten den Brunftbetrieb. Auch andere Störungen zogen in die Stille und Verschwiegenheit der Karpatenwälder ein. Die Grenzgebiete waren Militärzonen mit entlegenen Stützpunkten und Patrouillen. Die Karpatenpässe wurden besetzt und befestigt. All dies machte unsere Hegebestrebungen und unser erfolgreiches Jagen äußerst schwierig.

Hegen kann man nur auf lange Sicht. Deshalb waren wir auch schon damals in den turbulenten Zeiten Anfang der Vierziger-Jahre optimistische Heger und Jäger. Wir hatten ja einen Jagdpachtvertrag für zehn Jahre, und wenn man 22 Jahre alt ist, so erscheinen zehn Jahre als eine Ewigkeit!

Eine Hochwildjagd ist nie eine billige Angelegenheit. Wir waren keine reichen Leute, aber wir spendierten, was wir konnten und was notwendig war. Die größten Summen verschlangen der Jagdpachtzins und die Gehälter unserer Heger, auch die notwendigste Einrichtung des Reviers. Es mussten in jedem Jahr die vorhandenen Jagdhütten (auf karpatisch: „Koliben") ausgebessert und auch einige neue gebaut, die erforderlichen Pürschsteige gezogen werden. Ein Glück nur, dass wir keinen Wildschaden zu bezahlen hatten; einen Wildschaden im Urwald gab es ja nicht, Felder und Fluren auch nicht, höchstens eingefriedete Kartoffel- und Hafergärten neben einem Anwesen im Tal. Für die Schäden, die das Raubwild, Bär, Wolf und Luchs, verursachten, war der Jagdberechtigte damals nicht verantwortlich. Die Schäfer und Hirten hielten deswegen große, wilde, zottige Köter, die gegen die Wölfe mit Stachelhalsbändern, aber die langen Nägel nach außen, versehen waren. Die Vielzahl der Hunde verursachte in den Frühjahrs- und Sommermonaten zur Zeit des Auftriebs auf die Almen im Wildbestand Störungen und Schaden. Auch das Füttern bereitete keine Kosten, weil das dortige Wild einfach nicht zu füttern war. Man wollte es aber besser wissen als unsere Vorgänger. Der Jagdpachtvertrag schrieb deshalb den Bau von Hochwildfütterungen vor. Einige wurden auch gebaut und mit hochwertigem Wiesenheu beschickt. Das scheue Karpatenwild, das wirklich noch „Wild" war, ging jedoch nie in ihre Nähe. Denn auch bei hoher Schneelage hatten das Rot- und Rehwild in den südlichen Lehnen der Kahlschläge der niedrigeren Lagen die beste Äsung an grünen Brombeerblättern in Hülle und Fülle.

Dennoch floss fast ein Dreiviertel meines Gehaltes stets in die Jagdkasse! Wie immer hatte Vater auch diesmal damit Recht behalten, dass er aus seinen Söhnen leidenschaftliche Jäger machte, denn er meinte, dass man dadurch von anderen, schlimmeren Lastern ferngehalten würde. Es blieb auch nicht viel übrig für schlimmere Laster! Aber das störte mich überhaupt nicht. Ich erachtete unsere Karpatenjagd als eine hervorragende Kapitalanlage, die mir in den zukünftigen Jahren noch reichlich Zinsen in Form von einmaligen Jagderlebnissen einbringen würde.

Die ganze Karpaten-Jägerei hatte für mich einen riesigen Haken. Ich war „angehender Angestellter", dem nur ein Jahresurlaub von zwölf Arbeitstagen zustand. Sie sind auch für lediglich eine Hirschbrunft zu wenig! Ich erhoffte aber eine raketenartige Karriere mit der Möglichkeit, mich so früh wie möglich selbständig zu machen. Dann würde ich nur von mir selber Urlaub erbitten müssen! Bis dahin überbrückte ich alles mit „Hilfsmethoden". Ich wurde zum Beispiel unerwartet krank. Dann wechselte ich in den zweieinhalb Jahren, die mir insgesamt als Jagdpächter beschieden waren, zweimal meine Stellung. Ich richtete es so ein, dass diese Intervalle in eine jagdlich wichtige Zeit, so also in die Hirschbrunft oder zur Hahnenbalz fielen. Schließlich, im April 1944, als das Heulen der Kriegshyäne schon an der Goldenen Bistritz zu hören war, verbrachte ich noch drei Abschiedswochen im heißgeliebten Revier. Der „Einrückungsbefehl" erreichte mich in den Bergen. Einige Tage später fand ich mich dann in „Montur" hoch zu Ross in den Pripjetsümpfen wieder...

Zum ersten Male verspürte ich damals und in den Ostkarpaten das alles zurückstellende Verlangen, mein Leben ganz der Jagd zu widmen. Meine Vorstellung war, ein Karpatenrevier wie das von uns gepachtete jagdlich zu verwalten und mit dem Wild zu leben.

Fast zwei Jahre später führte mich mein Schicksal, oder nennen wir es Vorsehung, wieder nach Hause in eine veränderte Welt. Vielleicht trauere ich heute noch am meisten dem verlorenen Karpatenrevier an der Goldenen Bistritz nach, dem Jagdglück, das auf mich wartete, den rauschenden Urwäldern, dem einsamen „Berg des Menschen", dem Sonnenaufgang über der endlosen Kette der Karpatenkämme, dem Angehen des Hirsches mit dem Ruf im wilden Schlag.

Ich wurde dann auch sehr bald Berufsjäger, aber nicht in den Karpaten. Es vergingen achtundzwanzig lange Jahre, bis ich die Ostkarpaten 1972 wiedersehen sollte.

Wie oft im Leben, trug ein Zusammenkommen glücklicher Umstände hierzu bei. Ich habe einen lieben Freund, nennen wir ihn H., einen großen Jäger vor dem Herrn, mit dem ich im Laufe von anderthalb Jahrzehnten viele gemeinsame Jagdtage erlebte und viele gute Trophäen erbeutete. In dem Jahrzehnt, in dem ich in Südungarn, dem unvergesslichen Lábod, Jagdleiter war, ist H. wiederholt in den Karpaten zur Brunft gewesen, konnte sich aber nie richtig in einem Revier zurechtfinden und einen starken Hirsch zu Gesicht bekommen. Ich hatte zur Hirschbrunft in den eigenen Gefilden alle Hände voll zu tun, sehnte mich aber immer wieder nach den Karpaten.

Dann, mit zunehmendem Alter, landete ich im Büro. Zur hohen Zeit der Hirschbrunft blieb ich unbeschäftigt. Da sagte H. eines Tages zu mir: „Komm doch mit in die Karpaten. Wir suchen uns ein schönes Revier. Du bist mein Gast auf einen guten Hirsch!" Das war zu viel; denn ich bin mein Leben lang ein bescheidener Jagdgast und Freund gewesen.

„Ich komme natürlich, auch zu Fuß, du könntest mir keine größere Freude machen. Aber einen Hirsch auf dein Konto werde ich bestimmt nicht schießen!"

Für die Brunft 1972 wurden uns mehrere Karpatenreviere zur Auswahl angeboten. Das eine von ihnen war das Staatsrevier C. im äußersten südöstlichen Zipfel des Karpatenwalles. Der Stellvertreter des dortigen Forstmeisters war ein „Székler" mit ungarischer Muttersprache und der Vetter eines jungen Berufskollegen in Budapest. Ich nahm natürlich sofort Briefwechsel mit ihm auf. Er versicherte uns, dass er uns selber als die einzigen Jagdgäste im Revier von über 20 000 ha führen würde. Mit gutem Gewissen könne er versprechen, dass H. mindestens auf einen sehr guten Hirsch zu Schuss kommen würde. Die große Sehnsucht meines Jägerherzens, wieder eine Hirschbrunft in den Ostkarpaten erleben zu dürfen, war nunmehr in greifbare Nähe gerückt!

In diesem Zusammenhang bin ich dem Leser ein Geständnis schuldig. Seitdem ich als Bub die Karpatenbücher verschlungen hatte und dann selber, wenn auch unter sehr stiefmütterlichen Umständen, in den Ostkarpaten jagen durfte, sind diese mein Leben lang stets die „ewigen Jagdgründe" und meine Sehnsucht geblieben. In meinem Berufsjägerleben in Ungarn habe ich später wirklich alle Möglichkeiten gehabt und auch wahrgenommen, mich nach Herzenslust mit dem Wild zu befassen und mich jagdlich zu betätigen. Ich habe so viele hochkapitale Hirsche, Böcke und Keiler bejagt, wenn auch nicht selber geschossen, wie wenige andere. Doch musste ich stets daran denken: Die richtige Jagd ist die in den „ewigen Jagdgründen"!

Es war alles vorbereitet. H. wollte am 17. September in Budapest ankommen, wir wollten am 18. mit meinem Wagen gen Osten fahren, am 19. im Revier sein und bis Anfang Oktober bleiben.

„Doch mit des Geschickes Mächten...", sagt der Dichter. Ende August war ich im Süden in den Donauauen zum Photographieren, dort meldeten die Hirsche schon. Aber eines Abends konnte ich mich vor Atemnot kaum zum abgestellten Auto zurückschleppen. Ich wurde sofort ins Krankenhaus gesteckt, zum ersten Mal in meinem Leben.

Meine Ärzte waren Jäger. Sie zeigten Verständnis, als ich ihnen sagte, ich würde auch halbtot am achtzehnten in die Karpaten zur Hirschbrunft fahren! Sie versuchten, mich aufzupäppeln, wir starteten auch programmgemäß. Die Geschichte dieser Brunft ist im elften Kapitel zu lesen. Was aber dort nicht steht, ist die Tatsache, dass ich mich in der Höhe von über tausend Metern während der ganzen Zeit unseres Aufenthaltes ganz hundsmiserabel fühlte. Ich konnte kaum drei, vier Schritte gehen. Manchmal glaubte ich, meine letzte Stunde hätte geschlagen. Aber reiten konnte ich. Freund Jagdleiter hielt ein Ross zu meiner Verfügung. „Wir" erlegten einen guten Hirsch. Dann brachte ich H. zum Flugplatz nach Bukarest, machte eine scharfe Wendung Richtung Nordwesten und war in vierundzwanzig Stunden in Budapest, nach weiteren vierundzwanzig Stunden wieder im Krankenhaus, wo man einen schon überstandenen Herzinfarkt feststellte und mich wieder auf die Beine brachte.

Die folgenden zwei Hirschbrunften verlebten wir gemeinsam natürlich im gleichen Revier. Wir hatten ja ein gutes Karpatenrevier gefunden und nutzten die Chance. Ich erlebte alles mit Wehmut, weil mir die körperliche Fitness fehlte, um die Jagd in den wiedergefundenen „ewigen Jagdgründen" voll zu genießen.

Wir hatten richtig gehandelt, indem wir die altbewährte, gute Lebensweisheit befolgten: „Pack zu, wenn Dir das Leben etwas bietet!" In den ersten Oktobertagen 1974 übernachteten wir in Brasov, als wir aus dem Revier kamen. Dort erreichte uns die Nachricht, dass Jagdmöglichkeiten für Ausländer bis auf weiteres nicht mehr gestattet wären.

Seitdem sind fast fünf Jahre vergangen. Ich bin schon ein Sechziger geworden, die Kräfte schwinden. Mir scheint, ich kann nun getrost das Buch der „ewigen Jagdgründe" abschließen.

Und es klappte auf Anhieb ...

Am Weihnachtsabend 1941, kurz vor Mitternacht, direkt von unter dem Christbaum fort, starteten wir vier Jäger mit dem Nachtschnellzug zur ersten Erkundungs-Jagdfahrt in das neue Karpatenrevier. Unsere Zeit war kurz bemessen. Drei Jagdtage nur, aber wir mussten hin, mussten die Gefilde unseres erhofften großen zukünftigen Jagdglückes sehen.

Wir wollten es auf Sauen versuchen. Eine Saujagd nach „Karpatenmuster" erleben, mit den dortigen Herren und unseren zukünftigen Jagdkameraden, den rumänischen Bauernjägern, Bekanntschaft schließen.

Damals lebten wir noch nicht im Zeitalter des Autos. Keiner von uns besaß einen Wagen, schon gar nicht einen solchen, mit dem man zur tiefverschneiten Winterzeit die 800-km-Fahrt tief hinein ins Gebirge hätte unternehmen können. Die Bahnfahrt im warmen Schlafwagen des Schnellzuges über Großwardein und Klausenburg, Szamosujvár und Dés in Siebenbürgen war die einzige praktische Verkehrsmöglichkeit. Am Morgen des ersten Weihnachtsfeiertages mussten wir dann mit unserer Ausrüstung in Bethlen auf den Lokal-Schnürl-Zug nach Bistritz umsteigen und kamen bei strahlendem Sonnenschein, aber scharfer Kälte, in der lieben kleinen „Provinzhauptstadt" mit ihren alten Häusern und ihrer spitztürmigen, massiven Kirche an. Schon in Budapest hatte der Schnee bis zu den Knöcheln gereicht, hier war er wadentief. Wie hoch würde er oben in den Bergen liegen?

Bistritz war, wie viele der Städte Siebenbürgens damals, seit achthundert Jahren, seitdem Könige aus dem Árpádhaus Ungarns sächsische Handwerker hier ansiedelten, welche die Städte gegründet und im Laufe der Jahrhunderte zum Aufblühen gebracht hatten, immer noch eine „sächsische" Stadt. Siebenbürgen, das durch Gebirgskämme abgeschlossene kleine Fürstentum im Osten des Karpatenbeckens, konnte sich sogar auch mit der das sonstige Ungarn überschwemmenden Woge der osmanischen Schreckensherrschaft arrangieren, seine Unabhängigkeit und den Nationalitätenstaat mit drei Völkern, genauso wie die Schweiz, bewahren. Einen Teil der „Heiligen Ungarischen Stephanskrone" bildend, lebten dort tausend Jahre lang Siebenbürger Ungarn, ein zwei oder drei Millionen umfassender geschlossener Block des magyarischen Stammes der „Székler", fast ebenso viele „Siebenbürger Sachsen". Sie bildeten die Stadtbevölkerung, waren Handwerker und Bauern und lebten mit der gleichen Anzahl Rumänen in völliger Eintracht zusammen.

Natürlich gab es mehrere leidenschaftliche, hervorragende Jäger unter den Eingeborenen von Bistritz, mit denen wir schon vorher Kontakt aufgenommen hatten und die wir nun zu unserer Jagd einluden. An diesem Weihnachtstag machten wir Besuch bei den bekanntesten Jägern, den Gebrüdern Braedt. Sie besaßen eine blühende Gastwirtschaft und Selcherei, eine wilde Meute von sechs Jagdterriern, die damals noch weitgehend unbekannt waren. In ihren Wohnungen konnten wir kapitale Hirschgeweihe, Bären- und Wolfsdecken und Keilerwaffen bestaunen. Hingegen zeigte Freund Schankebank, seines Zeichens Uhrmachermeister, eine Kollektion von Kapitalgehörnen, die zum größten Teil aus den Eichenwäldern in den Mittelgebirgen rund um Bistritz stammten und die einem den Atem verschlugen. Was bargen doch diese entlegenen Riesenwaldungen „am Ende der Welt" für Trophäen und Jagdfreuden, hoffentlich auch für uns! Wir schwelgten in einem unwahrscheinlichen Freudentaumel!

Nach einem kapitalen Weihnachts-Mittagessen starteten wir dann in drei Autos mit den vier neuen Bistritzer Jagdfreunden und ihrer kläffenden und beißenden Hundemeute zu einer 50-km-Fahrt durch ein sanftes Mittelgebirge und tiefen Schnee. Unser Ziel war die Ortschaft Rodna am Fuße des gleichnamigen Gebirges, wo unser Revier begann. Dort entlohnten wir die Mietautos und stiegen in die auf uns wartenden, mit zottigen Huzulenpferden bespannten Schlitten um.

Es war schon tiefe, vom Vollmond hell erleuchtete Nacht, in der wir in der tiefverschneiten Schneelandschaft auf der „Straße" fuhren, dicht neben dem rauschenden Szamosfluss, der dort noch ein Gebirgsbach war. Nicht nur, dass uns eine unwahrscheinliche Märchenlandschaft umgab, sondern sie gehörte uns auch! Hier, in dieser Bergwildnis, durften wir nach Herzenslust jagen! Heute, nach fast vierzig Jahren, fühle ich immer noch ganz intensiv das überaus beglückende Gefühl, das uns alle damals in seinen Bann schlug.

Mit Schellengeläut zogen die beiden Rösslein den Schlitten das sanft abfallende Flussbett leicht hinan. Ihr Kutscher war ein waschechter alter Gebirgsrumäne mit Namen Badea Timoftei. Onkel Timoftei in Opanken trug einen aus selbstgewebter Schafswolle gefertigten dicken Anzug, bei dem nach uralter rumänischer Bauernsitte das Hemd unter dem breiten, gestrickten Ledergürtel, aber über der Hose getragen wurde. Ein dicker Schafspelz und eine riesige schwarze Pelzmütze vervollständigten seine Kleidung.

Rumänisch hat viel Ähnlichkeit mit Latein. Meistens hat man eine Ahnung, um was es sich handelt, wenn man es liest. Aber wenn man es nur hört, zumal den Gebirgsdialekt der Bergbauern, so versteht man kaum eine Silbe.

Deshalb versuchten wir, mit unserem abenteuerlich aussehenden Wagenlenker ein Gespräch in deutscher oder ungarischer Sprache anzuknüpfen, was im Hinblick auf seine Militärdienstzeit in der K.u.K.-Armee vielleicht Erfolg versprach. Doch des „Onkels" Sprachkenntnisse erstreckten sich lediglich auf einige deutsche Kommandos, wie: „Rechts um!", „Links um!", „Volle Deckung" und „Feuer". Ungarisch sprach er noch viel weniger.

Es war hoffnungslos, wir mussten aufgeben. Nach einer Weile des Schweigens drehte er sich plötzlich zu uns um und fragte zu unserer größten Verwunderung mit waschechtem amerikanischen Slang: „Say, folks, d'you speak English?" Das war mehr als grotesk inmitten der tiefverschneiten Karpatenurwälder! Nun begann ein flüssiges Gespräch, in dem er uns erzählte, dass er noch vor dem ersten Weltkrieg nach den USA ausgewandert sei und fünfzehn Jahre lang in Chicago gelebt habe. Womit er sich dort beschäftigte, verschwieg er. Wir meinten, er wäre „Gangster" gewesen! Er kehrte dann in sein Karpatendorf zurück, wo sich Wölfe und Hasen gute Nacht sagen, und setzte sein Gebirgsbauernleben fort.

Nach dreistündiger Fahrt das Szamostal hinauf kamen wir in später Nacht ins Zentrum des Reviers, zum Sägewerk und der Gebirgssiedlung Mariental. Es blieb auch später immer der Ausgangspunkt unserer Jagdausflüge. Von hier startete man mit Pferd und Wagen in die näheren, mit Packpferden aber in die entlegenen Revierteile. Es gab auch eine Försterei mit drei Gästezimmern, in die wir uns einquartierten. Riesige Kachelöfen verbreiteten eine wohlige Wärme, um unsere von der langen Schlittenfahrt durchfrorenen Knochen wieder zu erwärmen. Hier trafen wir auch unsere ortsansässigen Gäste, den zuständigen Forstmeister unseres Reviers und den Herrn „Stuhlrichter" aus Rodna.

So waren also eine komplette Jagdgesellschaft und eine Runde zwar verschiedener, aber jagdlich übereinstimmender Jäger zusammengekommen. Trotz der späten Stunde standen Schinken, Speck und Gselchtes, feurige Weine in großen Korbflaschen aus dem Tal des Küküllő-Flusses in Süd-Siebenbürgen und auch vom Plattensee auf dem Tisch. Wie es sich für zünftige Jäger geziemt, bildeten sie eine äußerst trinkfeste Gesellschaft. Wir alle verstanden uns schon nach dem dritten Glas! Es wurde eine sehr feuchtfröhliche Nacht, die fast bis zum Morgengrauen dauerte. Die Freundschaft der Jäger war fest geschlossen.

Am zweiten Weihnachtstag weckte uns grimmige Kälte, aber strahlender Sonnenschein. Die Welt hätte damals für uns nicht schöner sein können!

Die „Abspürer" und „Fährtensucher", ihre Kommandanten waren die nun von uns angestellten Heger unserer Jagdpächter-Vorgänger, eine Schar Waldläufer, ortsansässige Bauern und Hirten, waren schon bei Tagesanbruch paarweise die nach Mariental auslaufenden Täler emporgezogen, um sich dann an den ausgemachten Punkten, an Graten zwischen den Tälern, zu treffen. Es war verabredet, dass wir uns alle bei dem entlegenen Bauernhof „Ciksa" im Großen Tal -„Valea mare" – treffen würden. Hier wollten wir die Abspürer mit ihren Meldungen erwarten, ob und wo Sauen eingekreist seien. Danach sollte der Verlauf des Jagdtages bestimmt werden.

Für den, der kein Urwaldjäger ist, mag dies alles ein wenig seltsam klingen; man müsste doch wohl wissen, wo und in welchem Waldteil oder in welcher Dickung Sauen zu stecken pflegen. Dies trifft jedoch hier nicht zu! Die Waldungen sind schier endlos und ungestört. Da kann das Wild überall und nirgends sein. Ferner ist der Wildbestand bedeutend dünner gesät als in unseren Kulturrevieren! Hier wird das Nutzwild noch vom Großraubwild reguliert, von Wolf, Bär und Luchs, insbesondere vom Wolf, der dafür sorgt, dass die Wildbestände nicht überhandnehmen, stark und gesund bleiben. Freilich wollen wir „Kulturjäger" dichtere, leichter zu bejagende Bestände, mehr Wild, mehr Anblick und wenig schwieriges Jagen. Es ist schon möglich, auch dort das richtige Gleichgewicht zwischen Wild und Raubwild zu finden. Doch bei allzu scharfen Hegemaßnahmen schlägt das Pendel der Waage dann leicht zum Nachteil des Raubwildes aus, was zur Folge hat, dass sich das Wild, insbesondere das Rotwild, zu stark vermehrt und sodann schlagartig an Qualität einbüßt. Diese Entwicklung zeichnete sich schon in den dreißiger Jahren in einigen gut gehegten Herrschaftsrevieren der Ostkarpaten ab und verstärkte sich nach dem zweiten Weltkrieg, vornehmlich in den sechziger und siebziger Jahren, nachdem das Rotwild in den Ostkarpaten auffallend zugenommen hatte.

Wie ich schon in der Einführung sagte, hatten infolge der Kriegshandlungen in nördlicher gelegenen Gebieten und in den wirren Zeiten in Nordsiebenbürgen die Wölfe so zugenommen, dass sie vornehmlich für Schafe und Schäfer, Wild und Jäger zur Plage wurden. Die naturgemäß schon dünnen Wildbestände, in erster Linie Rotwild, Reh- und Schwarzwild, wurden dadurch über alle Maße gezehntet. In jedem Winter unserer Pachtzeit wurden 60 bis 80 Stück von Wölfen gerissenes Rotwild gefunden. Die Verluste der Sommerzeit, vor allem an Jungwild, waren natürlich vollständig unbekannt, ebenso die Zahl der gerissenen Sauen und Rehe.

Es ist nämlich so, dass in der Winter- und Hungerzeit die Wölfe systematisch in Rudeln von meistens sechs bis acht Stück jagen. Vornehmlich nachts durchtreiben sie systematisch die beiden Lehnen der Täler, die Waldungen rechts und links vom Tal. Dabei halten sie Kontakt miteinander wie gute Treiber, verständigen sich mit kurz abgehacktem, kläffendem Hetzlaut. Sie reißen im stets tiefen Schnee das Rehwild leicht nach kurzer Hetze. Die kurzläufigen Sauen, in erster Linie natürlich Frischlinge und Überläufer, würgen sie sofort ab. Das hochläufige, mehr bewegliche und ausdauernde Rotwild müssen sie jedoch auch im tiefen Schnee über weite Strecken hetzen. Das gehetzte, ermüdende Stück flüchtet dann naturgemäß bergabwärts. Schließlich kommt das erschöpfte Wild unten im Tal im vereisten Bachbett an. Die Wölfe aus der gegenüberliegenden Lehne sind auch schon da, umzingeln das Stück, das sehr bald auf dem Eis ausrutscht, damit ist dann sein Los besiegelt.

Dies ist die Erklärung dafür, dass der Großteil der Stücke des von Wölfen gerissenen Rotwildes aufgefunden wird, da an den meisten Bachbetten in den Tälern Holzabfuhrwege entlangführen, die hin und wieder der Mensch benutzt.

Unser wundervolles, riesiges Karpatenrevier besaß in den etwas niedrigeren Lagen und an den südlichen Lehnen auch Mischwälder von Buche und Fichte, in den Hoch- und Nordlagen nur reine Fichtenwälder. Diese gemischten Waldpartien waren mit ihrer Buchenmast auch für einen stärkeren Bestand an Sauen geeignet. Es gab dort damals jedoch nur sehr wenige Sauen, da die Wölfe von ihnen einen viel zu hohen Zoll nahmen. Starke Bachen und urige Urwaldkeiler zogen hin und wieder ihre Fährte, da besonders die wehrhaften, gewaltigen Keiler mit ihren gefährlichen Waffen vor den Wölfen fast sicher waren. Sie konnten in einem Kampf, wenn die Hinterpartie durch Deckung geschützt war, auch einem Wolfsrudel gefährlich werden.

Wir Schützen waren nach ausgiebigem Frühstück in der von dunklen Fichtenwäldern bestandenen, im strahlenden Sonnenschein prachtvoll glitzernden Schneelandschaft im knietiefen Schnee fast zwei Stunden lang zu unserem ausgemachten Treffpunkt, dem Waldbauernhof, gewandert. Nach und nach kamen die Waldläufer von ihrem Erkundungsgang zurück. Es waren hagere, pelzbemützte Gestalten, alle in Opanken und in ihrer selbsthergestellten Bergbauerntracht. Einige unter ihnen trugen meist vorsintflutliche Hahnflinten. Der baumlange, weißhaarige Greis, der Altmeister unter den dortigen Jägern, der achtzigjährige Badea Pomahatsch, hatte eine Browningflinte auf dem Rücken. Auf unsere erstaunte Frage antwortete er stolz, dass er das Gewehr vom König Karol von Rumänien, den er auf der Jagd erfolgreich führte, als Anerkennung bekommen hatte. Außer der Jagdterriermeute unserer Freunde aus Bistritz, gab es noch Hunde der verschiedensten Rassen und Mischlinge, die alle Sauen und Raubwild hetzen sollten.

Es war also eine bestens vorbereitete und gut arrangierte Jagd, aber auch ein großes Volksfest. Denn mindestens zwanzig ortsansässige Jäger und Hundeführer waren ausgerückt, um gemeinsam mit uns, den „Herren", zu jagen. Wir sollten angestellt werden, sie sollten treiben, natürlich ohne Lohn! Sie waren viel zu stolz, um eine Entlohnung anzunehmen. Wir alle jagten doch gemeinsam! Das wurde hier so gehalten. Natürlich war das erlegte Wild unsere gemeinsame Beute und wurde auch brüderlich verteilt!

Es war eine Stunde vor Mittag, als alle „Fährtenleser" eingerückt waren. Ein Riesenpalaver entstand, von dem wir natürlich überhaupt nichts verstanden. Dann wurde uns die freudige Nachricht verdolmetscht, dass ganz in der Nähe eine einzelne Sau, höchstwahrscheinlich ein Keiler, in die Dickung des sich über dem Hause erhebenden Berges eingewechselt war. Diesen einen Trieb könnten wir machen. Für weitere sei es dann heute zu spät. Sonst seien nirgends Sauen fest. Eine hervorragende Chance also für dieses

Treiben, denn der Keiler würde sicher stecken, der Einwechsel sei frisch, kein Auswechsel entdeckt worden.

Endlich brachen wir auf. Die Fichtendickung erstreckte sich etwa zwei Kilometer weit auf einem steil abfallenden Bergrücken, der ganz hinten ins Tal abfiel. Unten natürlich, wie hier in jedem Tal, gab es einen verschneiten und vereisten Bach. Der Berg fiel von Westen nach Osten ab. Es wurde freilich nach Osten zu bergabwärts getrieben. Treiber und die vielköpfige Hundemeute erklommen den Steilhang im Hochwald westlich der Dickung. Wir Schützen stapften im Bachbett das Tal hinauf. Keine fünfhundert Meter vom Haus entfernt kreuzten wir die einwechselnde Fährte der Sau, eine sich im knietiefen Schnee quer über die Wiese Richtung Dickung schlängelnde tiefe Furche. Der Schnee war so tief, dass die kurzläufige Sau ihn im Ziehen mit dem Brustkorb auseinandergeschoben hatte. Dadurch war die tiefe Furche entstanden.

Ich wurde kaum zwei Büchsenschüsse weit entfernt vom Anwesen in der Nähe des Einwechsels als erster Schütze auf der schmalen Wiese am Bachrand angestellt. Vor mir erhob sich die steile Berglehne, die schütter mit Kiefernjungwuchs bedeckt war. Dazwischen lagen kleine, zimmergroße Fehlstellen und Lichtungen. Die anderen Schützen zogen bachaufwärts und umstellten die Bergnase im Tal.

Dann, nach einer Stunde, der zeitlich abgestimmte Hebschuss weit links oben auf dem Bergrücken. Der Wald war tot, kein Greif in den Lüften, keine Meise im Gesträuch, kein Laut, kein Ton.

Plötzlich, links weit oben in der Dickung, ein scharfer, kurz abgehackter Hundelaut, zu dem sich dann mehrere Hundestimmen gesellten, die bald zu einem vielstimmigen Chor anwuchsen. Die Hunde waren an die Sau gestoßen. Aber es war weit, weit oben, der Chor erscholl von derselben Stelle. Vermutlich hatten im tiefen Schnee die Hunde die Sau gestellt und ließen sie nicht von der Stelle.

Es konnte in mir noch keine rechte Aufregung aufkommen, das Geschehen war viel zu weit weg. Wer wusste schon, ob und wo die Sau ausbrechen würde? Aber dann fiel dort oben ein Schuss, das

Hundekonzert schien sich hörbar mir und hangabwärts zu nähern. Jetzt wurde die Lage ernst, aber ich konnte vorerst nichts sehen. Die wilde, wüste Jagd kam immer näher hangabwärts. Die Sau schien sich dann auf nicht weiter als hundertachtzig Schritt über mir in der dicht verwachsenen Lehne wieder zu stellen. Das Wild war mir also schon in Schussweite! Doch ich sah nur das Wackeln der Äste, das Blitzen eines Hundeleibes, ab und an auch eine große, dunkle Gestalt schemenhaft im Gestrüpp, wie sie nach den sie belästigenden Kötern schlug. Es waren mindestens zehn scharfe Hunde um sie herum und ließen sie nicht weiter. Lange Minuten vergingen in nervenanspannender Aufregung. Gibt es denn für das Jägerohr einen aufregenderen Ton als das wilde Kläffen einer die Sau hetzenden oder stellenden Hundemeute?

Dann kam die wilde Hatz etwas näher, nur einige Schritte. Aber die Sau stellte sich am Rande einer halbzimmergroßen, kleinen Lichtung ein, hatte die Hinterpartie von dichtem Fichtenjungwuchs gedeckt. Ich konnte nur das Wackeln der Zweige sehen, die wild gewordenen Hunde attackierten sie von der Lichtung her. Ab und zu unternahm sie einen Ausfall, wenn die Belästiger allzu nahe gekommen waren. Eine solche Gelegenheit benutzte ich zu einem blitzschnellen Schnappschuss, als die Sau von Hunden nicht gedeckt war und für einen Augenblick ihre Flanke zeigte. Natürlich fuhr die Kugel irgendwo in den Schnee. So ging es nicht, ich musste abwarten.

Auf das wilde Hundegekläff kamen einige Treiber mit lautem Gejohle vom Grat zum Kampfplatz hinunter. In das wilde Spektakel der erregten Menschen- und Hundestimmen fielen zwei, drei Alarmschüsse, um die Sau aus ihrem Versteck in Bewegung zu bringen.

Plötzlich rollte alles im nach allen Richtungen spritzenden Schneegewölk wie eine wilde Woge den Hang hinunter direkt auf meinen Stand zu: die zottige, schwarze, schneebedeckte Sau und ringsherum die in höchster Erregung kläffenden und jaulenden Hunde. Es war eine Nervenanspannung, die ich nicht mehr vergessen kann!

Die wilde Hatz kam immer näher. In der steilen Lehne hatte ich auch auf mehrere Fehlstellen Sicht. An ein Schießen war jedoch überhaupt nicht zu denken, da die um die Sau herumwogenden Hundeleiber diese ständig verdeckten. Hunde und Sau hatten sich schon in der Dickung zum Wiesenrand am Bach auf dreißig Schritte herangewälzt. Würde ich den Keiler wegen der Hunde unbeschossen durchlassen müssen? Das wäre ja eine Katastrophe!

Doch der heilige Hubertus hatte ein Einsehen! Die Randfichtenbüsche verlassend, machte die Sau einen Riesensatz hinaus auf die Wiese. Die Hunde blieben plötzlich zwei, drei Schritt hinter dem Stück. Es kam ganz frei neben mir auf kaum fünfzehn Gänge über die Wiese, um den Bach zu durchqueren und im Hochwald des Gegenhanges zu verschwinden. Die starke, zottige Sau auf der sonnenbeschienenen, freien Schneefläche auf so kurze Entfernung, dahinter die kläffende Meute, war ein herrlicher Anblick.

Es war keine Kunst, ihr die Kugel über Kimme und Korn auf den Teller zu setzen. Sie überschlug sich, der wirre Knäuel der Hundeleiber war sofort über ihr.

Zur Strecke kam ein mittlerer, vier-, fünfjähriger Keiler, aber bis zu diesem Zeitpunkt mein bester mit 18 cm langen Waffen und für unsere „Flachlandbegriffe" auffallend stark im Wildbret. Was er gewogen hat, kann ich nicht sagen, denn er wurde im Schnee von einem Pferd zum Bauernhof gezogen, dort aus der Decke geschlagen und das Wildbret unter den Teilnehmern verteilt.

Auch war dies das erste Wild meiner „neugeborenen" Büchse. Völlig neu war sie nicht, ich ließ sie nur umbauen. Ihre Geschichte verdient es, kurz erzählt zu werden.

Vater erstand sie im Jahre 1910 neu in Wien. Sie hatte einen langen Lauf und war nach damaliger Sitte noch ein lang geschäfteter Stutzen mit dem damals neuesten Hochwildkaliber 9 x 71. Sie war von Meister Peterlongo in Innsbruck, einem der besten Büchsenmacher der damaligen Zeit, gebaut worden und verschoss dicke Teilmantelbatzen von etwa 16 g Geschossgewicht. Anfang der dreißiger Jahre begann ich als Bengel und Jungjäger sie zu führen. Vorerst ohne das schier vorsintflutliche Zielfernrohr; denn die harte

Jägerschule Vaters verlangte, dass die Söhne das Anpürschen und nicht das Weitschießen lernten. Fast zehn Jahre lang führte ich sie dann im Flachland Westungarns, schoss etwa drei Dutzend Stück Rotwild und an die hundert Böcke damit. Die Beschaffung der Patronen für dieses damals auch schon vorsintflutliche Kaliber wurde aber immer schwieriger. Außerdem hatten wir in den vierziger Jahren unsere jagdlichen „Expeditionen" auch ins Gebirge ausgedehnt. Dafür brauchte ich ein rasantes Geschoss mit gestreckter Flugbahn. Dieses dicke, „krumm" fliegende war, obwohl es stets eine gute Wirkung hatte und eine ausgezeichnete Schweißfährte lieferte, für die Gebirgsjagd im modernen Zeitalter nicht mehr geeignet.

Der „letzte Schrei" in der Ballistik war um die Jahrzehntwende von den dreißiger auf die vierziger Jahre die 8 x 60 S Magnum mit 3,7 g Spezialpulver und dem damals neu entwickelten H-Mantelgeschoss mit Bleispitze und einem Gewicht von 12,1 g. Es wurden in der damaligen Zeit Wunderdinge darüber berichtet. Die gute alte Mauser bekam also einen solchen Lauf, einen verkürzten Schaft und ein Zeiss-Zielvier-Zielfernrohr. Nach dreißig Jahren Dienstzeit war sie wie neugeboren: Kein Mensch hätte sie wiedererkannt!

Ich führte sie zum ersten Mal in den Karpaten. Sie hat mich seitdem nie im Stich gelassen, ihre Wirkung war und ist noch immer verlässlich. Sie lebt immer noch, steht bei mir im Schrank trotz Krieg, Mord und Totschlag.

In der Zwischenzeit hat sie nur ein modernes, variables Zielfernrohr bekommen, aber auch das „neue" Kaliber ist inzwischen ausgelaufen. Ändert sich denn die Ballistik mit so rapiden Schritten, oder wird man selber so schnell alt? Allerdings war ich schlau genug, mich rechtzeitig mit mehr als hundert Patronen zu versorgen. Was ich noch an Hochwild schießen werde, dafür reicht diese Patronenzahl sicherlich aus! Einen Erben, der Jäger ist, habe ich leider nicht. Vielleicht mein Enkelsohn? Aber der muss dann sicher wieder einen neuen, modernen Lauf einlegen lassen!

Mit diesem einen Trieb wurde der Jagdtag beendet. Wir pilgerten zu unserer Behausung in Mariental zurück. Es wurde ein feuchtfröhlicher Abend; die flüssigen Vorräte waren immer noch in bedeutenden Mengen vorhanden. Freund „Stuhlrichter" aus Rodna ließ es sich nicht nehmen, in der wundervollen hellen Mondscheinnacht einen Ansitz auf Wölfe am nahen, mit einem Pferde- und Hundekadaver beköderten Luderplatz zu versuchen. Als er gegen Mitternacht anstatt eines Wolfes mit einem prachtvollen dunkelbraunen Baummarderrüden heimkam, war die übrige Gesellschaft schon stark angeheitert. Der Marder wurde auch noch totgetrunken. Der glückliche Erleger musste mithalten, so dass er dann zuletzt das Waidloch des Marders küssen musste, als Strafe dafür, dass er ihn anstatt eines Wolfes geschossen hatte.

Am zweiten Jagdtag wurden andere Täler und Bergrücken abgefährtet. Wir mussten im tiefen Schnee weit hinauf zum Sammelplatz der Fährtensucher waten. Der Himmel war bedeckt, es war bitterkalt, so dass nach uralter Karpatensitte an unserem Ziel ein hell loderndes Feuer sofort angefacht wurde, das wir dann wartend umstanden.

Die Meldung: ein Stück Schwarzwild in einem weiten, riesigen Kamm, der von Hochwald bedeckt war, eingewechselt. Das Anstellen der Schützen und Treiber dauerte zwei Stunden, der Trieb wieder zwei Stunden ohne irgendeinen Laut im tiefverschneiten, winterstarren Hochwald der Karpatenwildnis. Nichts regte sich in dem Riesentreiben auf unserer Seite. Die Sau hatte sich irgendwo auf der anderen Flanke hoch im Berg verkrümelt.

Die weiter entfernten Revierteile konnten wegen der hohen Schneelage nicht erreicht werden. Darum mussten wir vor dem dritten Jagdtag schon abbrechen, die fröhliche Gästerunde verließ uns am Abend.

Um unseren dritten und letzten Tag noch auszunutzen, machten wir mit Jäger Olaru Pantilemon einen „bewaffneten Spaziergang" hinauf ins Szamostal und zur Erkundung des Bergrückens Arenul im westlichen Teil des Riesenrevieres.

Dieser Bergrücken zog sich unter dem Kuhhorn, damals die höchste Bergspitze Ungarns, hinauf und bildete die Westgrenze unseres Reviers. Es wurde im fast hüfthohen Schnee mehr eine

Schinderei als ein Spaziergang. Dabei wurde es uns „Kulturjägern" auch klar, wie unglaublich dünn die Wildbestände des Karpatenrevieres waren. Wir fanden nur sehr vereinzelt Wildfährten im tiefen Schnee und in der Nordlehne des Rückens, den wir erklommen. Dafür aber sahen wir in der Südlehne des Gagi-Berges drei Hirsche. Der eine schien ein starker Kronenhirsch zu sein. Offensichtlich standen sie auf der Sonnenseite und ästen von den grünen Brombeerranken, die im Schlag der südlichen Lehne üppig wuchsen.

Dann begann die lange Heimreise, ich stolz auf meine Keilerwaffen, wir alle mit dem beglückenden Gefühl, ein Riesenrevier in den „ewigen Jagdgründen" unser eigen nennen zu dürfen.

Wenn es nicht sein soll ...

Hirschbrunft 1942

Wir waren fünf Partner in der Jagdpacht und hatten einen Jahresabschuss von fünf Bären, zehn Hirschen, fünfundzwanzig Rehböcken und zehn großen Hahnen bewilligt bekommen. Das passte wunderbar durch fünf zu teilen. So hatten wir alle die Chance und hätten nach Herzenslust unbegrenzt jagen können, wenn wir auch die dafür erforderliche Zeit gehabt hätten. Natürlich konnte jeder Partner auch das Wild des anderen schießen, wenn dieser es nicht geschafft hatte. Ich kann aber schon verraten, dass wir niemals mehr als die Hälfte erlegten.

Alle waren wir leidenschaftliche Jäger und versessen auf die Hirschbrunft und auf starke Hirsche. Im damaligen Ungarn war es nämlich so, dass es gute Rotwildbestände meist nur auf herrschaftlichen Großgrundbesitzen gab. Die meisten von ihnen waren aber damals noch weit überhegt, starke Hirsche besonders rar. Als Normalsterblicher konnte man an diese Jagden nicht herankommen.

Im Kranz der Ostkarpaten, im unendlichen Wäldermeer, zogen aber urige Urwaldhirsche ihre Fährte. Freilich gab es meistens nur die einzige Chance in einem Jägerleben, einmal nur einen von ihnen zu Gesicht, kaum aber vor die Büchse zu bekommen! Aber es gab Hirsche, sie waren irgendwo, man konnte sich um sie bemühen!

Die Krone des Waidwerks war für mich stets die Hirschbrunft, die Perle darin die in den Karpaten gewesen. Wir hatten es geschafft, das Glück auf Erden stand uns unmittelbar bevor! Wir teilten das Revier in fünf „Brunftreviere" ein. Dies ergab sich leicht aus der geographischen Lage. Die Haupttäler mit ihren Seitentälern und -bächen bildeten je eine riesige, gut abgegrenzte Reviereinheit. In jeder gab es große Kahlschläge, auf denen man auf Brunftbetrieb hoffen konnte. Jede Reviereinheit hatte einen betreuenden Heger, der uns auf der Jagd, vornehmlich mit seiner Ortskenntnis, die uns ja vollständig fehlte, behilflich sein konnte. Dann musste auch für Unterkünfte gesorgt werden; denn im Riesenrevier gab es kein Jagdhaus, außer den Gästezimmern im zentral gelegenen Mariental. Doch da konnte man zur Hirschbrunft naturgemäß nicht wohnen. Die einzelnen Revierteile lagen oft Tagesmärsche weit entfernt. Man musste schon an Ort und Stelle, in Hör- und Reichweite der Brunftplätze hausen. Dafür aber brauchte man „Koliben".

„Koliba" bedeutet „Hütte". Es gibt drei Arten von Koliben, die Jagd-, Hirten- und Holzfällerkoliba. Alle sind als Notunterkunft zu gebrauchen, und alle haben oder hatten in den damaligen Zeiten eines gemeinsam: Flöhe. Denn Flöhe wohnten haufenweise in den dicken langen Wollhosen der damaligen Gebirgler. Die Flöhe quartierten sich sofort in den Koliben ein, wo sie in der Asche des Feuerplatzes die Notzeit überstanden, wenn niemand in der Hütte wohnte. Wenn das Feuer angefacht wurde, oft nach langen Wintermonaten, dann kamen sie sofort hervor, die Hosenbeine sahen in Kürze so aus, als ob sie mit Mohn bestreut wären. Mich störte dies jedoch gottlob überhaupt nicht; denn Flöhe scheinen mein Blut nicht zu lieben. Niemals hat mich dort ein Floh gebissen!

Wie alles in den Karpaten, waren auch die Koliben nur aus Fichtenholz gebaut. Zwei Mann zogen mit einer Säge, Äxten und einigen Kilo verschieden langer Nägel in den Wald, in zwei Tagen stand eine Jagdkoliba bewohnbar da. Gerade Fichtenstämme als Bauholz gibt es ja dort genügend. Wie diese Waldläufer mit der Axt umgehen können, ist erstaunlich. Ich habe es oft bewundern können. Wenn sie Baumstämme auf einem Hang fällen wollen, fangen sie bei den obersten an und schlagen Kerben unten in jeden Stamm, den sie fällen wollen, genau abgewogen und bedacht, in welche Seite des Stammes die Kerbe kommt. Dann fällen sie den höchststehenden Stamm. Im Sturz fällt dieser auf den ersten eingekerbten Baum, der wieder auf den nächsten, jeder Stamm stürzt genau auf die entgegengesetzte Seite der Kerbe des unter ihm stehenden Baumes. Im Handumdrehen sind so zehn, zwölf Stämme am Boden. Aus diesen Stämmen werden die Wände gebaut, die Ritzen mit Moos ausgestopft, darauf Latten genagelt, somit sind die Wände vollständig zugdicht. Fürs Dach werden Holzschindeln geschnitten, die sauber aufeinandergelegt werden, der Fußboden besteht aus Latten. Der Feuerplatz, am Vorderteil neben der Eingangstür, der mindestens 1 x 1,5 m groß sein muss, wird mit großen, flachen Steinen ausgelegt, um die Wärme zu halten. Zwei Pritschen und vier Regale, mit vielen Nägeln an den Wänden befestigt, machen die Koliba wohnlich.

Pürschsteige gab es sehr wenige in unserem Karpatenrevier. Lediglich von der Jagdkoliba zu den nächsten Schlagrändern wurden Steige gebaut, damit man sich bei Dunkelheit überhaupt bewegen konnte.

Unser Hauptrevier war der riesige Kessel des Quellgebietes des Szamos-Flusses, der ganz Nordsiebenbürgen durchfließt und etwa 400 km weiter nördlich in die Theiß mündet. Das war ein Becken von etwa 20 km Durchmesser, mit einem großen Bergrücken in der Mitte, dem Dealu Cruci – dem „Kreuzberg" – und Seitentälern mit Steilhängen. Nach Westen grenzte es an das Kuhhorn und seine Nebenberge, den Dealu Rossu, den „Roten Berg" und den Lálaberg, alle über 2 000 m. Im Osten begrenzte dieses riesige Tal der majestätische, auch über 1 800 m hohe Vurful Omului, der „Berg des Menschen". Die Waldgrenze liegt um etwa 1 500 m, was darunter wächst, ist schier endloser Urwald, darüber langgedehnte Bergrücken mit weiten Almwiesen, darüber Latschenregionen und Felspartien, leider schon ohne das ausgerottete – jetzt wieder eingesetzte – Gamswild, aber ein Tummelplatz der Bären. Ich muss aber gleich gestehen: Ich habe dort niemals einen gesehen!

Ich weiß nicht warum, aber als vor Verpachtung der Reviere die Grenzen festgesetzt wurden, wurde zu unserer geschlossenen Reviereinheit, dem Quellgebiet der Szamos, die nach Ungarn fließt, auch die Hälfte des Rusaia-Quellbeckens, die in die Goldene Bistritz und somit nach der Bukowina und Rumänien, also nach Osten zu das Karpatenbecken verlassend fließt, hinzugegeben. Es war mit seinen etwa dreitausend Hektar Fichtenurwald, da es hinter der Wasserscheide in Nordlehnen lag, mit seinen dachartig steilen Lehnen und Nebenbachbetten und mit dem majestätischen Vurful Omului, dem „Berg des Menschen" als seine südliche Begrenzung, ein vollständig gesonderter Revierteil. Es musste ein gutes Brunftrevier sein, da es unsere Vorgänger in der Jagdliteratur besonders erwähnt haben.

Schon einige Monate vor der Hirschbrunft fand die Verlosung für die Brunft unter uns fünf Jagdpartnern statt. Aus einem alten, verwitterten Jagdhut wurden die zusammengefalteten Zettel gezogen, auf denen der Name des betreffenden Brunftrevieres stand. Ich zog die Rusaia!

Kann denn einem Jäger ein größeres Glück beschieden sein, als drei Wochen lang frei in einem so wundervollen Karpatenrevier zu jagen und zwei starke Hirsche nach seinem Gutdünken erlegen zu dürfen? Kann ich denn den Freudentaumel beschreiben, der mich mit vierundzwanzig Jahren ergriff? Nein – ich will dies erst gar nicht versuchen!

Ich konnte mir noch eine zusätzliche Woche Urlaub sichern. Zwei Wochen normaler Jahresurlaub für den Herrn Rechtsreferendar wären allzu wenig gewesen, aber drei Wochen müssten schon genügen. Denn nirgends gilt der Spruch der Alpenjäger mehr als in den Karpaten: „Zeit lassen"!

Monate vorher hatten wir schon mit dem Zusammenstellen der Listen begonnen, was man wohl für ein wochenlanges Hausen in einer Karpatenkoliba mitnehmen sollte. Alles wurde in Rucksäcken und Packsäcken verstaut, weil es auf dem Pferderücken transportiert wurde.

Derjenige, der in den Karpaten auf den Brunfthirsch zu jagen das Glück hat, muss wissen: Dort fällt die Hochbrunft zwischen den 20. September und den 10. Oktober! In dieser Zeit muss der Hirschjäger unbedingt im Revier sein. Wann freilich die besten

Tage sind, wann die Hirsche überhaupt schreien, das wissen nur der heilige Hubertus und der Wettergott.

Also: In den Karpaten gibt es keine Eile! Die Urnatur lässt sich nicht zähmen. Wer zwischen zwei Terminen nur drei Tage Zeit hat, der soll seinen Hirsch im Gatter in „Kulturländern" schießen, nicht in den Ostkarpaten.

Wir fünf Jäger fuhren am 18. September mit dem Zug von Budapest nach Rodna. Das Umsteigen auf den Personenzug in der Kleinstation Bethlen war ein Schauspiel für sich. Schade, dass ich von den Bergen aus Rucksäcken, Büchsen und anderweitigem Gepäck, die neben den Schienen aufgehäuft waren, kein Foto habe.

Wir übernachteten in Mariental und zogen dann am nächsten Morgen in fünf Richtungen, jeder mit seinem Revierjäger und einem Taglöhner, dem „Kolibamann", dessen Aufgabe es war, die Habseligkeiten in der Koliba zu bewachen, für viel Brennholz zu sorgen, das Feuer ständig in Gang zu halten und als Nachrichtenüberbringer zu fungieren, also Melde- und auch Versorgungsdienste zu leisten.

Zwei von uns, deren Quartiere an zugänglichen Stellen lagen, bepackten je einen Pferdewagen, die anderen benutzten Packpferde. Ich brach mit Jäger Toni Szabó, ungarischer Abstammung, auf, der aber unter der rumänischen Bevölkerung vollständig rumänisch geworden war und nur einige Brocken Ungarisch konnte. Mit uns kamen der „Kolibamann" und der Pferdebesitzer, der die zwei Rösser aus der weit entfernten Rusaia zurückführen sollte.

Es war strahlender Sonnenschein und wolkenloser, blauer Himmel, der uns dann die ganze Brunftzeit „beglückte". Es gab keinen Tropfen Regen in den fast drei Wochen, nur strahlenden Sonnenschein. Am 30. September, ich kann mich ganz genau erinnern, herrschten in 1 500 m Höhe über dem Meeresspiegel immer noch 30 °C am Mittag. Kein Wunder, dass die Brunft der Hirsche auch regelwidrig war, aber ich will nicht vorgreifen!

Es dauerte fast den ganzen Tag, bis wir die Hänge des Szamostales bis zur Wasserscheide erklommen hatten. Ich pürschte mit

Toni immer vorne, die Packpferde folgten uns in großem Abstand. Vielleicht würden wir Wild antreffen. Es ist jedoch in den Karpaten eine sehr große Seltenheit, zufällig am Wege Wild anzutreffen. Aber der Teufel schläft bekanntlich nie!

Unsere Gäule waren beiderseitig schwer bepackt. Sie hatten außer den Jagdutensilien auch Verpflegung für drei Mann und drei Wochen zu schleppen. Meine eigene Verpflegung bestand aus Konserven und viel Speck, der sich, über den Rauch des offenen Feuers gehängt, unbegrenzt hielt. Die Waldläufer waren damals mit einem Sack feingemahlenem Maismehl glücklich. Sie kochten es im Eisenkessel und verzehrten es hauptsächlich mit Schafskäse. Er war nämlich das einzige, was man oben in den Bergen von den Schäfern besorgen konnte. Die nächste Siedlung mit einem Laden lag einen vollen Tagesmarsch vom Rusaia-Tal entfernt. Da musste man sich schon selber versorgen.

Wir waren verspätet am Vormittag aufgebrochen. Zeit bedeutet bekanntlich dort kein Geld. Die Sonne war schon weit im Westen über dem majestätischen Kuhhorn-Massiv im Untergehen begriffen, als wir die Wasserscheide, die weitläufigen Almwiesen des Lopagna-Rückens, erreichten.

Das Bild, das sich uns bot, war unbeschreiblich schön! Hinter uns im Szamos-Becken auf südlichen Lehnen des riesigen, zerklüfteten Tales bunte Mischwälder. Vor und unter uns das steile, zerrissene Rusaia-Tal mit seinen dunklen, düsteren Fichtenwäldern, dahinter bis in unendliche Weiten langgezogene Rücken mit Fichtenwäldern, der eine hinter dem anderen, bis weit in die Mármaros und Bukowina. Im Westen begrenzt von den Felsspitzen des Kuhhornes und seinen zwei etwas kleineren Brüdern, im Südosten, zu unserer Rechten, bildete der weitläufige, von riesigen Latschenfeldern und felsigen Almen bedeckte „Berg des Menschen" den Abschluss des Rusaia-Tales.

Ich war in den Anblick dieser nie gesehenen Pracht versunken, als mich meine Begleiter zum Weitermarsch ermahnten. Hätten sie es doch nicht getan! Ich war absoluter Neuling in der „Karpatenwissenschaft" und ohne Geländekenntnis. Ich wusste zwar, dass es das allererste Gebot des Hirschjägers in den Karpaten ist, das Wild nicht zu stören und ihm nicht die Anwesenheit des Menschen zu verraten. Wie sich später herausstellte, war mein „Jäger" Toni auch kein erfahrener Hirschjäger. Er hatte wohl die nötige Geländekenntnis, war auch ein ausgezeichneter „Naturjäger", aber von den Feinheiten der hohen Schule der Hirschjagerei hatte er keine Ahnung.

Meine Leute wollten noch nach Einbruch der Nacht zu unserem Ziel, der neugebauten Koliba, die unter uns in etwa der Mitte des sehr steilen Hanges im Hochwald zwischen zwei weiten Schlägen stand. Sie sei „ganz nahe", auf einem Viehsteig in einer halben Stunde zu erreichen, erklärten sie mir. Ich hatte keine andere Wahl, wusste auch nicht, was uns bevorstand auf dem Zwei-Stunden-Marsch und was wir anrichten würden. Sonst hätte ich meine Leute dazu gebracht, oben auf der Alm in einer Hirtenkoliba oder auch bei offenem Lagerfeuer die Nacht zu verbringen und erst am nächsten Morgen den Abstieg zu beginnen. Aber jeder Bauer ist erst nach dem Viehmarkt schlauer!

So stiegen wir ab auf dem steinigen Geröll des Viehsteiges in den dunklen Wald. Der Halbmond stand am samtfarbenen Firmament und gab uns genügend Licht. Dann kamen wir aus dem „Schonwald", dem Waldstreifen, der unter der Baumgrenze auch in den Karpaten zum Verhüten der Erosion über den Kahlschlägen stehengelassen wird, hinein in den Schlag. Nicht weit unter uns, kaum drei Büchsenschussweiten vom immer schmaler werdenden Pfad entfernt, war ein wundervolles Konzert im Gange! Auf nahe Entfernung schrien sich hier drei Hirsche Schlag auf Schlag gegenseitig an! Ich stand bezaubert und zog ehrfürchtig den Hut, was ich beim Vernehmen des ersten Brunftschreies nie versäume.

Auf dem steilen Pfad und den vielen Steinen darauf machten unsere zwei Packpferde einen gewaltigen Krach. Würden die Hirsche ihn nicht krumm nehmen? Aber es gab jetzt kein Zurück mehr!

Dann stürzte das eine Ross! Es überschlug sich zwei oder dreimal seitlich und kullerte einige Meter hinunter zwischen Steinen,

Wurzeln und Jungfichten, einen Krach verursachend, als ob der ganze Wald zusammengestürzt wäre! Dann fing es sich und kam endlich wieder auf die Beine. Was im Gepäck kaputt war, das spielte eine kleinere Rolle, aber die Hirsche verschwiegen natürlich schlagartig.

Wer sich unter meinen Lesern mit Karpatenhirschen auskennen sollte, der wird es mir glauben: Während der ganzen weiteren Brunft war in dem weiten Schlag nie wieder eine Stimme zu vernehmen!

Natürlich war ich schon weit vor Tagesanbruch in dem Schlag. Es herrschte dort Todesstille. Unsere Helfer hatten sogar einen Hochsitz in eine Fichte gebaut. Der Sitz und seine Leiter waren mit Fichtenzweigen verblendet, man hatte einen wunderbaren Weitblick und Überblick über den verfilzten Schlag. Die dortigen Chancen waren aber unwiderruflich dahin!

Wir richteten uns häuslich in der bequemen Koliba auf lange Zeit ein. Das erste, was jeder Waldläufer macht, wenn er sich einquartiert: Feuermachen! Unter dem Dachfirst jeder Koliba ist ständig Feuerholz trocken aufgeschichtet; denn es ist uralte Karpatenregel, nie eine Koliba ohne Brennholz zu verlassen: Es könnte jemand nachts und durchfroren Schutz und Wärme in der Koliba suchen.

Unser Feuer erlosch niemals während der fast drei Wochen, die wir in dieser Hirschbrunft in der Rusaia-Koliba verbrachten. Jede Jagdkoliba besitzt einen riesigen, mit flachen Steinen ausgelegten Feuerplatz neben dem Eingang. Dieser hat noch ein eigenes kleines Dach als Rauchfang, was freilich nicht bedeutet, dass es keinen Rauch in der Koliba gibt. Im Gegenteil! Ich habe es nie ergründen können, warum. Aber der Südwind schlug den Rauch in die Koliba hinein, der Nordwind auch! Es war fast immer Rauch in der Bude, man musste die Tür zum Lüften öffnen, auch wegen des Knoblauchduftes.

Fest steht jedenfalls, dass nach drei Wochen Hüttenlebens wir und auch unsere Kleider vollständig verraucht waren. Die Flöhe habe ich schon erwähnt, mir taten sie nicht weh!

Es wurde hinten auf den Feuerplatz stets ein abgesägtes, meterlanges Stück eines dicken Baumstammes gelegt. Davor kam das von dicken Fichtenheistern gespeiste Feuer. So erlosch es nie; denn der dicke Stamm brannte auf der dem Feuer zugewandten Seite und hielt die Glut auch dann, wenn das Feuer vor ihm zufällig schon erloschen war. So hatten wir ein „ewiges Feuer" in der Koliba, das jede Minute, die ich dort verbrachte, verschönerte.

Mit dem Feuer in der Koliba hatte es jedoch auch eine besondere Bewandtnis. Es wurde nur mit Fichtenscheiten gespeist, die bekanntlich beim Verbrennen mit lautem Knall feuerrote, glühende Stücke in die Gegend schießen! Nichts in der Koliba war vor diesen gefährlichen Raketen sicher! Die Nächte waren in dieser Höhe oft schon bitterkalt, aber wie sagt das alte Sprichwort schon: „Wo es Rauch und Gestank gibt, dort ist es auch warm!"

Die Pritschen wurden mit dachziegelartig aufeinandergeschobenen Fichtenreisern dick bedeckt. Aber die Lagerstätte blieb so hart, als ob man auf einer Pritsche aus Hartholz schlief. Man musste sich ständig drehen. Die Hüften konnten das harte Lager nicht lange aushalten, man war nachts oft wach, weil das Feuer nachgelegt werden musste und die Decken von den Glutraketen brannten und einen infernalischen Brandgestank verbreiteten.

Die Wasserversorgung der Hütte muss ich noch besonders erwähnen. Die Ostkarpaten sind eines der wasserreichsten Gebirge. In jeder Senke findet sich eine Quelle, in jedem Graben ein Rinnsal. So war es natürlich auch in der Nähe unserer Koliba. Unsere prächtigen Waldläufer hatten eine Wasserleitung zur Koliba gebaut! Sie hatten dünne Kiefernstämme zu Trögen ausgehöhlt und damit das Wasser von der Quelle bis vor die Tür der Koliba geleitet. Das schönste Quellenwasser plätscherte vor unserer Tür, man brauchte nur die Hand mit dem Becher herausstrecken, um ihn zu füllen.

Wenn man auf den Brunfthirsch in den Karpaten jagt, muss man als Hauptregel strengstens beachten: nicht herumrennen und mit der Menschenwitterung alles verstänkern, sondern sitzen, verhören, kundschaften, und wenn der Augenblick gekommen ist, dann forsch zupacken! Offensichtlich hatten unsere Bergrumänen das von unseren Vorgängern, die hervorragende Karpatenjäger waren, gelernt. Denn sie kannten in der Nähe der Hauptbrunftplätze sogenannte „Stützpunkte" – ja, auch sie, die Stockrumänen, gebrauchten dieses deutsche Wort –, von denen aus man etwas Sicht hatte, den Hirsch verhören und ihn im geeigneten Augenblick angehen konnte.

An einen solchen Stützpunkt führte mich Toni am nächstfolgenden Tag. Er lag in nördlicher Richtung und von der Hütte auf einem neugebauten Steig bequem in einer Viertelstunde zu erreichen. Dieser Seitenrücken hieß Dealu Katuri und fiel sehr steil vom Lopagnarücken mit einem Höhenunterschied von fast tausend Metern zum Bett des Rusaia-Baches im Tal ab. Oben, unter der Lopagna ein Gürtel Schonwald, darunter ein riesiger, verfilzter Schlag mit umgestürzten Baumriesen und ihrem hochragenden Wurzelwerk, mit viel Jungwuchs und kleinen Kuppen und Tälern, ein zerrissenes, unübersichtliches Terrain. Darunter Hochwald bis zum Rusaia-Bach hinunter, steil, mit vielen Einschnitten und Kuppen, in jedem Tälchen ein gurgelnder Gebirgsbach.

Frühmorgens, als die Nebel im Rusaia-Tal unter uns brauten, herrschte Totenstille. Dann, als die Sonne über dem uns gegenüberliegenden Stanischoara-Rücken emporstieg, unseren Schlag in wohlige Wärme tauchte, die Nebelgeister vertrieb, den Aufwind aus den Taltiefen aufkommen ließ, fingen die Hirsche im Hochwald unter uns an zu melden! Es waren zwei Platzhirsche mit tiefen Stimmen. Ab und zu mischten sich auch Stimmen von Beihirschen in das Konzert.

Ich verhörte sie tagelang vom „Stützpunkt" aus in der Hoffnung, sie im Schlag draußen anzutreffen. Denn neunzig, vielleicht auch mehr Prozent der Karpaten-Brunfthirsche werden draußen auf den freien Schlägen erlegt, wenn sie ihre schwache Stunde haben und zum Brünften oder Äsen aus dem schützenden Hochwald austreten.

Eine volle Woche lang taten mir diese beiden Hirsche nie den Gefallen. Ich sah niemals ein Haar, aber sie meldeten im Hochwald in ihrem Einstand jeden Tag bei vollem Sonnenschein: am späten

Vormittag und am frühen Nachmittag! Nachts verschwiegen sie. Es war dies auch nicht der richtige Brunftbetrieb. Ihre Einstände waren durch mehrere steile Seitentäler getrennt. Sie kamen sich gegenseitig nicht „in die Haare", bei dem spärlichen Wildbestand belästigten sie kaum andere Nebenbuhler außer ihren wahrscheinlich schwachen Beihirschen, denen sie keine besondere Bedeutung beimaßen.

Seit nun schon fast vierzig Jahren zerbreche ich mir den Kopf noch immer darüber, warum sie nicht aus dem Hochwald traten und ich um die Trophäe und um ein Erlebnis gekommen war. Ich habe jeden alten Karpatenjäger um seine Meinung gefragt. Die meisten meinten, dass unsere Koliba zu nahe am Schlag stand, dadurch Störung verursacht wurde und das Rotwild deshalb nicht auf den Schlag austrat. Das könnte möglich sein wegen der Scheuheit des dortigen Rotwildes und weil dort überhaupt nie eine Störung durch Menschen eintrat. In den fast drei Wochen meiner dortigen Jagerei bin ich keiner einzigen Menschenseele begegnet! So wäre es durchaus verständlich, wenn das Wild besonders stark auf Menschenwitterung reagiert. Es konnte jedoch auch ein anderer Faktor im Spiele gewesen sein. Es herrschte die ganze Zeit unwahrscheinlich schöner, regen- und wolkenloser Altweibersommer. Die Nächte waren kalt, aber die spärlichen Hirsche schrien fast nie, die Tage warm wie im Hochsommer. Am 30. September badete ich noch im Rusaia-Bach in einer Höhe von tausend Metern. Hätte diese Wärme nicht auch ein Grund dafür sein können, dass das Wild die Kühle der Hochwälder nicht verließ?

Wie dem auch sei, ich sah wochenlang kein Wild, dann wurde es mir zu bunt. Ich war damals Anfänger in der hohen Kunst des Hirschrufes, hatte aber das hervorragende Buch des Grafen zu Münster über den Hirschruf eingehend studiert und im Anschluss daran bei meinem Freund Gyula von Iglódy, der sein Leben in den Karpaten verbracht hatte und auch ein gutes Buch darüber geschrieben, mehrere Lektionen im Gebrauch des Hirschrufes genommen. Ich wusste also damals schon, „was man dem Hirsch sagen muss". Wie man es ihm sagt, ist weniger wichtig; denn es muss nicht unbedingt so sehr naturgetreu sein. Ich konnte auch damals schon den Hirschruf mehr oder weniger naturgetreu nachahmen, eine Voraussetzung dafür, sich überhaupt „Hirschjäger" nennen zu dürfen.

Also entschloss ich mich, es nach einer langen Woche des Verhörens anzupacken. Als an einem sonnigen Vormittag die Platzhirsche im Hochwald unter mir gut zu melden anfingen, nahm ich mein Ochsenhorn, legte das Zielfernrohr und die Kamera an einen Wurzelstock, ich brauchte später einen halben Tag, um sie wiederzufinden, stieg den dachartig steilen Hochwald mit Ochsenhorn, blanker Büchse und Bergstock röhrend hinab. Der Hirsch antwortete auch Schlag auf Schlag. Als ich in seine Nähe kam, verstummte er. Ich musste mich unbeholfen setzen, es war nichts weiter zu machen! Ich gab mich also geschlagen und kletterte den Steilhang wieder hinauf zum Kahlschlag.

Ich habe dann das Angehen dieser zwei Hirsche, deren Einstand im Hochwald ich genau verhört hatte, jeden Tag versucht, da sie stets gut bei Tageslicht meldeten, aber niemals ein Haar von ihnen oder von ihrem Kahlwild zu Gesicht bekommen! Wenn ich in ihre Nähe kam, verschwiegen sie. Es ist möglich, dass sie Wind bekamen; denn in dem unglaublich zerrissenen Terrain des Hochwaldes küselte der Wind ständig. Ich war damals noch starker Raucher, auch, um stets die Windrichtung zu kennen, und hatte dauernd einen Glimmstengel zwischen den Fingern. So konnte ich das Küseln immer feststellen, vielleicht aber hörte ich ihre Stimme im Rauschen des Baches nicht.

Eines Tages hatte ich ein besonderes Erlebnis. Ich streckte und reckte mich zur Mittagszeit gerade auf meiner Pritsche und stierte in die Glut, als wir in der Nähe der Koliba einen tiefen Hirschschrei vernahmen. Bergstock, Büchse, Ruf und Glas waren immer bei der Hand. So liefen Toni und ich den Pürschsteig zum südlich gelegenen Schlag entlang, um dem Hirsch den Wechsel abzuschneiden. Doch wir kamen zu spät! Der Hirsch war schon durchgezogen und meldete nun unter uns im Schlag mit einer mir unvergesslichen Stimme, die ohne Modulation in einem Ton wie das Brausen einer

Orgel klang. Ich habe nie in meinem langen Jägerleben eine ähnlich „schöne" Hirschstimme gehört. Wir konnten gut verfolgen, wie er meldend über den Bach der Rusaia zog und im Gegenhang, der Buttka Rusei – der „Spitze der Rusaia" –, einem steilen, zuckerhutähnlichen Berg, der sich mitten im Rusaia-Tal erhob, emporzog, um sich dann in den Latschenfeldern des „Berges des Menschen", dem Vurful Omului, zu verlieren. Ich hatte weder vorher noch habe ich später das Schulbeispiel eines suchenden „Wanderhirsches" so handgreiflich erlebt!

Und dann gab es noch eine aufregende Chance in dieser Brunft, als ich ganz nahe am Wunsch meiner Träume war. Das kam so:

Eines Nachts wachten wir alle auf, als ganz in der Nähe unserer Hütte im Hochwald ein Hirsch mit voller Lautstärke orgelte. Er war vorerst im Ziehen, aber dann kamen seine Rufe von einer Stelle einige hundert Meter über der Koliba. Offensichtlich hatte er Kahlwild dabei, sonst hätte er sich nicht eingestellt.

Neben der Koliba führte eine Lawinenspur zu Tal. Der Hang des Käferberges und des Dealu Katuri waren nämlich so steil, dass da Lawinen vom Rücken bis zum Rusaia-Bach im Tal hinuntergingen und breite Schneisen in den Urwald der steilen Lehnen geschnitten hatten. Eine breite Todesspur führte auch neben unserer Koliba zu Tal. Auf dieser freien Fläche stellte sich der um Mitternacht angekommene Hirsch mit seinem Rudel – oder seinem einzigen brunftigen Tier – ein.

Es war ein wundervoller Vollmond, der in dieser Märchennacht die Karpatenwälder mit seinem silbernen Licht beleuchtete. Mit Toni pürschte ich vorsichtig bergauf in die Nähe des Hirsches. An den Randfichten legten wir uns flach auf die Bäuche, das Wild war keine hundertfünfzig Schritt im silbernen Vollmondlicht steil über uns auf der Kahlfläche. Man konnte den Hirsch und seine zwei Tiere schemenhaft sehen.

Aber ich wollte noch nicht schießen. Ich wollte abwarten, bis es Büchsenlicht wurde, ich eine sichere Kugel dem Beherrscher der Karpatenwälder antragen konnte. Und dann wurde es heller. Als ich schießen konnte, verschwieg und verschwand der Hirsch. Dann meldete er, als das volle Büchsenlicht kam, schon hoch oben im Schonwald. Die Bühne war leer!

So verlor ich meinen Karpatenhirsch, auf den ich die beste Gelegenheit gehabt hatte! Diese einmalige Chance ist nie wiedergekommen.

Nach der zweiten Brunftwoche stellte sich ein Platzhirsch in dem unteren Teil des Schlages des Dealu Katuri ganz in der Nähe des Rusaia-Baches ein. Wir hatten ihn der Stimme nach bestätigt. Da der untere Teil dieses Kahlschlages schon älter und sehr verfilzt war, hatte man vom Boden aus keine Einsicht. Wir bauten also einen Hochsitz. Unnötig zu sagen, wir sahen nichts von dem Hirsch, obwohl ich auch zwei Nächte dort verbrachte! Eines Morgens sah ich endlich zwei Stück Wild. Aber es entpuppte sich als Rehwild, eine Ricke mit Kitz. Das war das einzige Wild, das wir in den drei Wochen unseres Karpatenaufenthaltes deutlich zu Gesicht bekamen, außer einigen Auerhähnen, die mit lautem Gepolter und Flügelrauschen gelegentlich vor uns abstrichen.

Nach fast drei Wochen Karpatenbrunft musste ich mich geschlagen geben. Die Karpatenhirsche hatten mich besiegt!

Meine Partner hatten besser abgeschnitten. Einer meiner Freunde erlegte im Gagi-Bach einen pechschwarzen Bären und dazu noch einen starken alten Achtender. Der andere schoss einen guten Bären im Smeul-Bach, mein Bruder war leider nicht zu Schuss gekommen, da er nur einmal die Chance hatte, an einen riesigen, silbergrauen Hirsch heranzukommen, der aber durch einen gefallenen Urwaldriesen gedeckt war.

So erlegten wir nur zwei Bären und zwei Hirsche in dieser Brunft; denn nach meiner Abfahrt hatte einer unserer Partner im Rusaia-Tal noch einen schwachen Hirsch bekommen.

In Bistritz an der Bahnstation trafen wir Baron Gábor von Prónay, einen der besten damaligen Hirschkenner Ungarns, der in einem südlich von uns gelegenen Revier gejagt hatte. Im Gepäckwagen zeigte er uns seinen Hirsch, einen guten Vierzehnender. Er gab das Geweih direkt an den Präparator in Budapest auf. Niemand hat es jemals wiedergesehen, es kam nie in Budapest an, es wurde gestohlen. Es war seiner Zeit vorangegangen wie so vieles Liebe, das sich zwei Jahre später auch im Nichts verlor: alle meine lieben Trophäen, Photos und Jagdtagebücher. Nichts blieb übrig als die Erinnerung. Doch das Leben geht auch so weiter!

Im Speisewagen nach Budapest gab es auf der Karte: Hirschpörkölt! Das ist der einzige Hirsch gewesen, mit dem ich nach drei Wochen Pürsch in der Brunftzeit 1942 zusammentraf!

Im tiefen Bergwinter

Es war Winterende und ich, der Jüngling in der niedrigsten Anfangsstation seiner hoffentlich steil emporschnellenden Karriere mit den kühnsten Erwartungen für das bevorstehende Leben, verwelkte in einem Büro in Budapest. Ich hatte ihn auch damals schon nicht gern – den Schreibtisch im Büro. Umso lieber aber das Gewehr und alles, was damit verbunden war: das freie Leben in Wald und Feld! Ich war aber schon glücklicherweise Mitpächter eines Karpatenrevieres. Das musste man doch ausnutzen! Wie gesagt, es war Winterende, auch hier in Budapest sternklare, kalte Nächte, zunehmender Mond und eine Grippewelle, wie sie in solchen Zeiten zu grassieren pflegt. Ich hatte Sehnsucht nach dem Wolf der Karpaten, und da mich die Grippe auch „erwischte", benötigte ich schnellstens Luftwechsel!

Da unten im Quellgebiet der Szamos, in Rodna, war der Schnee höher als knietief, oben in den Bergen noch viel tiefer. Dort reichte er bis zur Hüfte. Doch dahin musste man nicht emporsteigen; denn der Luderplatz war im Szamos-Tal eingerichtet, an einer Stelle, die man von Mariental – unserem Hauptquartier – in einer Stunde erreichen konnte.

Dort hatten unsere Jäger den alten, toten Gaul ausgelegt, auch die beiden Köter hingezerrt, die sie beim Hetzen eines Rottieres erwischt hatten, als sie es ins Szamos-Tal hinuntertrieben. Und mit Haut und Haaren im Backofen geröstete Katzenkadaver kamen noch hinzu, angeblich Leckerbissen mit besonderer Anziehungskraft.

Der Luderplatz lag im Haupttal, dort, wo die langen Täler der Maria mare und Arenul-Bäche einmünden. Es sollte hier ein uralter Fernwechsel vorbeiführen, in jedem Fall lenkten aber auch die Täler das Raubwild dort vorbei. Der Luderplatz wurde schon seit Menschengedenken allwinterlich beschickt, viele Wölfe sind seitdem hier in die jenseitigen Jagdgründe befördert worden. Der Platz war hauptsächlich nur für die Jagd auf Wölfe geeignet; den Bären musste man in abgeschiedenen, stillen Seitentälern in der Nähe seines Einstandes an das Luder kirren.

Zum Ansitzen gab es auch eine Luderhütte, die warm und bequem war. Sie lag etwa dreißig Schritt in nördlicher Richtung vom Luder, so dass man bei Mondschein Gegenlicht hatte, sich dadurch die Konturen des Wildes besser abhoben. Die Hütte war zur Hälfte in den ausgehöhlten, steilen Bergrücken hineingebaut, besaß doppelte Wände, deren Zwischenräume mit Sägespänen ausgefüllt waren, zwei schmale, längliche Fenster, die man auf Lederscharnieren geräuschlos herabkippen konnte. Sie bot Platz für zwei Mann auf einer Sitzbank und einer Pritsche und war dick mit Fichtenreisern gepolstert. So konnte man es auch bei grimmigster Kälte aushalten.

Die Wölfe hatten das Luder in den vergangenen Wochen drei-, viermal angenommen – in langen Abständen. Der Wolf kommt nämlich nie regelmäßig zum Luder wie der angekirrte Petz. Die Urwälder der Karpaten sind weit, endlos, die Wölfe ziehen und wechseln viele, viele Kilometer weit und sind nicht an das Luder zu gewöhnen, auch nicht mit den feinsten Leckerbissen, Pferdekeulen und gerösteten Katzen! Hier ist die einzige Jagdart, von der man sich eine blasse Hoffnung auf Erfolg versprechen kann: das Ansitzen! Man muss warten, Nacht für Nacht, muss unbegrenzt Sitzfleisch haben und „Gut Glück – sonst nichts", nach dem Wahlspruch des Feldherrn Zrinyi, der sich mit den Türken herumgeschlagen hatte.

Ich werde mir schon den Wolf verdienen! Eine Woche sollte doch genügen. So viel Luftveränderung hatte ich nämlich für diese „gesegnete" Grippe vorgesehen. Es gab auch sternfunkelnde Nächte, die beim zunehmenden Mond taghell waren, tiefen Schnee und nachts grimmige Kälte um minus 20° C.

Die erste Nacht saß ich von nachmittags um sechs bis morgens um sechs Uhr. Volle zwölf Stunden. Das Ansitzen ist nicht für mich geschaffen, insbesondere nicht der Daueransitz, das wie angenagelte, stundenlange Sitzen auf einem Platz, und ganz besonders nicht dieser Marathonsitz, noch dazu im geschlossenen Raum. Auch damals schon hasste ich die Ansitzerei, aber was tut man nicht alles eines Wolfes wegen?

Am zweiten Abend dasselbe Programm. Bis etwa Mitternacht passierte überhaupt nichts. Ich musste nur meine Fensterchen vom anfrierenden Dunst freihalten, um etwas sehen zu können, und versuchte, meine steifen, schmerzenden Gliedmaßen mit immer häufigerem Sitzwechsel aufzulockern.

Plötzlich rutschte wie ein dunkler Strich ein Schatten von links in das Sichtfeld meines kleinen Fensters! Mein Herz stand einen Augenblick still! Doch wohl nicht? Aber nein! Für einen Wolf zu niedrig, mit langer Lunte: Fuchs! Doch kein „irgendwelcher" Fuchs: ein Karpatenfuchs! Mit dichtem, seidigem Pelz, eine Zierde auf einem schönen Frauenhals! Die Wölfe störte ja der eine Schuss nicht. Ich werde nicht hinausgehen, um ihn zu holen, keine frische Menschenwittrung hinterlassen. Und ansonsten, der Teufel soll den Wolf holen! Bautz! – donnerte die engschießende alte Zwölferflinte, und Reineke legte sich in den Schnee. Die 4-Millimeter-Wolfsschrote hatten sein Leben beendet.

Die Zeit schleppte sich dahin, die Stunden rannen langsam. Hoffentlich dämmerte es bald, und ich werde aus dem verdammten Loch befreit! Der Mond war längst untergegangen, doch der Schnee leuchtete. Dann kam wieder etwas. Aber ein kleines Tier und nicht mit flachem Rutschen, sondern kurzen, marderartigen Sprüngen. Ein Baummarder! Der wohnt nämlich hier in den Bergen und Wäldern. Ich hatte noch nie einen geschossen. Aber für ihn wäre das dicke Viererschrot wirklich allzu grob! Zum Glück hatte ich in der linken Jackentasche einige Patronen mit Dreimillimeterschrot. Wie gut, wenn man für alle Fälle gerüstet ist! Bis ich die Patronen getauscht und das Fenster geöffnet hatte, war mein Marder in der Bauchhöhle des Pferdes verschwunden. Ich griff zur

Stablampe, nur die konnte noch helfen. Ja, dort, die Seher blitzten auf! Ich versuchte irgendwie zu zielen, doch eher hielt ich nur gefühlsmäßig in die Richtung. Auf den Schuss verlöschten die Seher. Aber es war kein Marder – ein Iltis! Ein schöner, starker Iltis, mit langen, glänzendschwarzen Kronenhaaren und darunter durchschimmernden dichten, fahlen Daunen. Es langte nicht für einen schönen Damenkragen. Doch fünfundzwanzig Jahre später ließ meine Tochter eine Mütze aus seinem Pelz fertigen. Die ist jetzt modisch und wird bewundert.

Die dritte Nacht. Etwa um Mitternacht putzte ich die Fenster von dem angefrorenen Dunst frei, als durch die jetzt offene Fensterluke irgendein dem Heulen ähnlicher Ton an mein Ohr schlug! Doch nur sehr verschwommen, er kam von weither. Ich öffnete die Tür ein wenig und lauschte durch den schmalen Spalt hinaus in die stille Winternacht. Auuuuu... stöhnte in diese verzauberte Welt jetzt der Ruf der Wildnis. Er drang aus dem gegenüberliegenden Hang zu mir. Auuuuu! ... war die Antwort darauf aus dem Hang über mir. Die Wölfe meldeten von hier und da, verständigten sich, hielten so die Linie beim Jagen, vier, fünf Stück könnten es sein. Kalt lief es mir den Rücken hinunter. Die uralte, atavistische Furcht des Menschentieres packte mich im Herzen.

Doch leider entfernte sich das Heulen. Dann hörte ich kurz abgehackte, kläffende Laute weiter unten in beiden Lehnen. Die Wölfe kamen beiderseits zum Bachbett herab. Sie hetzten jetzt! Sie trieben die beiden Lehnen. Einer von ihnen musste an ein Stück Wild gekommen sein, das hetzten und verfolgten sie jetzt.

Der Rest der Nacht verstrich im Schneckentempo. Es passierte überhaupt nichts mehr. Die Wölfe waren schon satt, brauchten kein Pferde- und Hundefleisch.

Anderntags pilgerten wir das Bachtal hinan und fanden auch in Kürze die nächtliche Beute der Wölfe. Es war Rotwild, ein Hirsch! Kein schwaches Kalb oder abgekommenes Schmaltier, die gab es dort überhaupt nicht, sondern ein Hirsch im besten Alter, stark im Wildbret mit einem starken, jedoch nur achtendigen Geweih. Auch diesen Hirsch hatten sie niedergerissen, nachdem sie ihn im tiefen

Schnee ermüdet hatten. Ich glaube nicht daran, dass die Wölfe das Schalenwild selektieren und dieses in den Karpaten deswegen so stark wäre! Das schwache oder kranke Jungwild geht im grimmigen Winter sowieso ein. Nur das Gesunde bleibt am Leben. Aber auch dieses reißen die Wölfe, sie überwältigen sogar den stärksten Hirsch, vielleicht nur den urigen Keiler nicht. Aber gemäß der Ordnung in der Natur regulieren sie die Wildbestände, lassen sie nicht anwachsen. Es bleibt nur wenig am Leben. Dies ist jedoch stark und kann auch starke Geweihe schieben!

Der größte Teil des Hirsches wurde von den Wölfen nicht aufgefressen. Wir hofften, dass sie nun zu ihrem eigenen Riss eher zurückkommen würden als zum Luderplatz.

Wir bauten einen Ansitzplatz aus Ästen, aus vielen Fichtenzweigen ein weiches, riesiges Nest mit einer kleinen Öffnung. Es war ein feiner Ansitzplatz, jedoch ein kalter, kein so warmer wie die Luderhütte. Doch ich setzte mich pflichtgemäß nachmittags um sechs Uhr an und saß die ganze Nacht durch, auch die zwei folgenden Nächte. Ich wäre in diesen bitterkalten Winternächten erfroren, wenn mich die „Suba", der dicke, schwere Schafspelz des ungarischen Hirtenvolkes, die ich von unten aus der Ebene mitgebracht hatte, nicht gewärmt und beschützt hätte.

Die Suba (auf ungarisch sprich „Schuba") wird aus gegerbten langhaarigen Schafsdecken zusammengenäht und kann beiderseitig getragen werden: mit dem Leder oder dem Pelz nach außen. Sie ist der ständige Begleiter der Pusztahirten, sie „wohnen" sozusagen darin. Meine war lang und weit, ich konnte sie zweimal um mich wickeln, und war so schwer, dass man darunter nur sitzen oder liegen konnte, nicht jedoch gehen. Sie war aber warm wie ein Backofen!

In diesen dicken Pelz eingewickelt, saß ich also noch drei lange Nächte durch. Ich hatte mich bis dahin nie so um ein Wild geschunden, auch seitdem nicht mehr. Die Wölfe waren aber nicht gekommen.

Doch inzwischen gab es als Ersatz dafür andere Jägerfreuden. Die dortigen rumänischen Gebirgsjäger waren Meister im Abfährten. Einsame Spitze! Sie verstanden sich so aufs Abspüren wie vielleicht keine anderen Söhne europäischer Jägervölker. Ihre Winterbeschäftigung, ihr Brotverdienst, war das Spüren und Bejagen von Marder und Sau.

Zwei Jäger folgten nach jeder Neuen der frischen Spur des Marders (Baummarder waren häufig in diesen endlosen Wäldern). Es ging Schluchten hinab und steile Lehnen hinauf. Sie wateten im tiefen Schnee, benutzten bei nassem Schnee aber Schneereifen. Skier kannten die dortigen Gebirgler überhaupt nicht. Ich glaube, dass sie im Urwald auch schlecht zu benutzen gewesen wären. Wenn die Jäger den Marder nach einem halben Tagesmarsch eingekreist hatten, so hatten sie großes Glück. Wenn der Schnee es gestattete, folgten sie derselben Spur oft mehrere Tage lang, übernachteten am Lagerfeuer im Wald, dort, wo sie vom Abend überrascht wurden, nahmen am nächsten Tag die Spur wieder auf und rätselten so lange an den sich oft verwickelnden oder verschwindenden Spuren, bis sie den Marder endlich erreicht hatten. Sie fällten auch die Fichte mit der Höhle, in der der Marder steckte, was zählte dort ein Baum mehr oder weniger? Der Marder brachte gutes Geld, ein Winterbalg damals den Kaufpreis einer Milchkuh. Ich versuchte es auch an einem Tag mitzuhalten, gab es aber schnell auf. In Kürze war meine Passion verraucht, es war meinen damals flinken Beinen, meinem Herzen und meiner Lunge zu viel!

Wenn jedoch die Abspürer auf frische Sauenfährten stießen, die Schwarzkittel auch einkreisen konnten, so wurden flugs die waffentragenden Männer und Treiber mit Hunden alarmiert. Doch Sauen waren selten in den hohen Bergen im harten Klima beim lange andauernden Winter mit hoher Schneelage. In den Fichtenwäldern gab es wenig Fraß, aber viele Wölfe, die sie zehnteten. Wenn aber die Jagd erfolgreich war, Sauen gestreckt wurden, folgte ein großes Fest.

An einem schönen, sonnigen Vormittag kam die Nachricht, dass Sauen, eine gemischte Rotte, auf dem Glodului-Berg fest seien. Das war in der Nähe von Mariental. Schnell kamen außer mir vier Jäger zusammen; zwei von ihnen trugen vorsintflutliche

Hahnenflinten, zwei von ihnen nur die obligatorische Axt sowie drei am Bindfaden angebundene Hunde. „In der Nähe" bedeutete hier zwei Stunden schweißtreibenden Aufstiegs im tiefen Schnee. Endlich erreichte ich den für mich vorgesehenen Stand. Ich stand diesseits auf halber Lehne, vor mir ein ziemlich breites Wiesental, darüber der sehr steil ansteigende Gegenhang, oben die Fichtendickung mit den Sauen darin. Die Gegenlehne war nur schütter mit Büschen bestanden, ein Resultat der unbändigen Schafweide. Ich konnte sie gut einsehen. Leider war sie sehr weit, aber sie bot ein großes Schussfeld. Ich konnte den ganzen Gegenhang beschießen und natürlich auch die Talsohle, durch die und neben meinem diesseitigen Stand die tiefe, gewundene Furche im Schnee führte, der Einwechsel der Rotte an diesem Morgen. Das war ein Stand mit guten Chancen; im tiefen Schnee kamen die Sauen schlecht vorwärts, wenn sie aus ihrem Kessel gesprengt wurden, und nahmen dann vielleicht gerne wieder ihren Einwechsel an.

Dann endlich hörte ich die Rufe der Treiber. Dann ganz oben auf dem Kamm das Kläffen eines Hundes, vermischt mit dem aufgeregten Standlaut der übrigen Hunde, das laute Gejohle der Treiber. Aus der schneeverhangenen Dickung hallten dumpf zwei Schüsse, dann setzte sich das Gekläff der Hunde in meine Richtung in Bewegung! Die Sauen kamen! Und dann sah ich sie in „Schlangenlinie" den Gegenhang in gleicher, mittlerer Höhe wechseln. Drei dicke Kästen, zwei, drei schwächere und eine Anzahl von Überläufern. Hinter ihnen bemühten sich die kurzläufigen Hunde kläffend, ihnen im tiefen Schnee zu folgen. Aber es war sehr, sehr weit. Wenn sie auf halber Distanz wären, wäre es genau richtig.

Durch das Zielfernrohr hielt ich gut vor die eine starke Sau. Der Regel nach sollte man die schwächeren Stücke beschießen, aber es war schrecklich weit. Die Überläufer waren nur ganz winzig. Ich schoss ja auch nicht auf eine die Rotte führende Bache. Doch alles flüchtete weiter. Den zweiten Schuss hielt ich noch viel weiter vor. Die Kugel warf die Sau zu Boden. Sie kam auf den Rücken zu liegen, alle vier Läufe steil gen Himmel, so rutschte sie in einer großen Schneewolke, nein, sie sauste hundert Meter in die Talsohle hinunter. Doch ich sah dieses grandiose Schauspiel nur aus meinem Augenwinkel, denn ich streute die weiteren drei Kugeln des Magazins auf die anderen Stücke, die zwischen den Büschen hochflüchtig mal hier, mal dort auftauchten. Ein Überläufer sonderte sich ab, schob sich unter einen Busch und verendete. Außer Atem vor Aufregung, kramte ich nach neuen Patronen in den Taschen, das Magazin war leer. Aber dann waren die Sauen auch schon außer Schussweite, es hätte keinen Sinn mehr gehabt, sie noch zu beschießen.

Dann sah ich, dass die starke Sau unter mir in der Talsohle auf die Läufe zu kommen versuchte. Sie stand schon auf der Vorderhand und kam ins Ziehen. Aber vor dem Erreichen der nächsten Deckung konnte ich sie endgültig in den Schnee legen.

Doch der Segen war noch nicht zu Ende! Der eine Hund brachte mir von irgendwoher noch einen Überläufer! Er hetzte ihn in der tiefen Schneefurche des Einwechsels direkt auf mich zu. Ich schoss dem Stück, als es mich passierte, auf einige Schritt die Kugel aufs Blatt.

Dann kamen die Treiber. Sie zogen auch eine Sau herunter. Die hatten die Hunde in der Dickung gestellt. Sie wurde höchstwahrscheinlich mit gehacktem Blei oder Hufeisennägeln in den Sauenhimmel befördert.

Wir legten Strecke, fachten ein gewaltiges Feuer an. Es herrschte allgemein eitel Freude; morgen würde es ein Riesenfest unten im Dorf geben!

In der Nacht nach diesem Jagdtag hatte ich dann noch ein Wolfserlebnis. Es kam völlig unerwartet, wie es mit Wölfen meistens der Fall ist.

Ich hatte fest vor, auch die siebente, die letzte Nacht am Luderplatz zu verbringen, doch hielt ich es nur einige Stunden aus. Um zehn Uhr herum hatte ich genug, ich streikte, ich war endgültig erschöpft. Ich schleppte mich ins Tal zu einem zwischen Fichtenwäldern liegenden Gehöft. Dort überwinterte mein Freund Juon mit seiner Schafherde. Ich hatte schon früher bei ihm übernachtet. Die Schafe befanden sich in einem von starken, hohen Latten umgebenen Schafspferch, bewacht von drei riesigen, zottigen Hunden. Die ließen mich nicht in die Nähe, doch Juon befahl sie zurück.

Drinnen gab es schwere Luft, viele Flöhe – aber es war schön warm! Ich zog nur Stiefel und Jacke aus, warf mich auf die Pritsche und war sogleich in tiefen Schlaf versunken.

Im ersten, tiefsten Schlaf hörte ich im Unterbewusstsein einen höllischen Hundelärm. Dann sah ich wie im Traum im Zimmer vor dem kleinen, vierteiligen Fenster, durch das der Mond taghell hereinschien, den im weißen Hemd und langer Unterhose mit Händen und Füßen gestikulierenden Juon wie ein Gespenst.

Vielleicht träumte ich wirklich, da Juon mit seinem gebrochenen rumänisch-ungarischen Kauderwelsch immer nur wiederholte: „Domnule – Herr – wie ein Huhn"! Solchen Blödsinn kann man nur träumen! Was soll denn das heißen: „wie ein Huhn"? Das hat ja überhaupt keinen Sinn. Ich träume ja, welch ein Irrsinn, Juon, geh doch zum Teufel, lass mich schlafen, ich will schlafen, verstehst du denn nicht?

Doch dann sprang Juon zu mir, schüttelte mich und schrie außer Fassung: „Domnule, lup, lup, wie ein Fohlen so groß", Letzteres auf ungarisch. Das war also das „Huhn", er hatte die ungarischen Worte verwechselt! Wenn er nur schon vorher „lup" – auf Rumänisch „Wolf" – gesagt hätte, so wäre ich bestimmt sofort hellwach geworden.

Jetzt wurde ich wach, doch es war zu spät! Bis ich mit der Fernrohrbüchse zum Fenster sprang, stand der Wolf unmittelbar vor dem Waldschatten, aber noch vom Vollmond hell beleuchtet. Er stand breit, auf beste Büchsenschussweite! Wirklich so hoch „wie ein Huhn" – besser gesagt, ein Fohlen. Doch bis ich das Fenster geöffnet hatte, um ihm die Kugel antragen zu können, verschwand er im Schatten – für mich auf Nimmerwiedersehen!

Aus seiner Decke wurde weder ein Wolfspelz noch ein Fußsack für lange Schlittenfahrten mit Schellengeläut in froststarrenden Winternächten. Schlittenfahrten sind längst nicht mehr in Gebrauch und Mode. Auch sie gehören der Vergangenheit an!

Karpatenböcke

Es ist fünfzig Jahre her, als ich an einem schönen Augustmorgen bei den Strahlen des aufsteigenden Sonnenballes meinen ersten Rehbock erlegte. Seitdem habe ich viele Böcke erbeutet. Der grüne Bruch zierte nach erfolgreicher Pürsch oft meinen Hut. In den Jugendjahren, im ersten Teil meines Jägerlebens, habe ich bis zum fünfundzwanzigsten Lebensjahr, als ich „im fünfzehnten Feld" stand, etwas über hundert Rehböcke erlegt. Aber nicht – obwohl wir in der Ebene zu Hause waren und die meisten von ihnen im Felde oder in den Wiesen des Bruchgeländes östlich des Neusiedler Sees in West-Ungarn standen – „am Fließband", wie es heute in Ungarn bei „Jagdtouristen" immer mehr in Mode kommt.

Das war in der „alten Zeit" nicht so, auch bei den Jagdherren nicht, denen genügend große Reviere zur Verfügung standen. Erstens gab es damals keine Geländewagen, man fuhr im pferdebespannten Pürschwagen. Es schickte sich nicht, mehr als zwei Böcke bei einer Fahrt zu erlegen. So habe ich damals kaum ein Dutzend Böcke beim Pürschenfahren erbeutet, die meisten auch unter solchen Umständen, dass ich mich an die Erlegung eines jeden meiner Böcke genau erinnern kann.

Es ist deshalb auch verständlich, dass mir die Umstände der Erlegung meiner wenigen Karpatenböcke immer noch ganz besonders gegenwärtig sind. Denn diese waren doch „besondere Böcke" im Vergleich zu denen im Flachland.

In den Hochkarpaten, insbesondere in den zusammenhängenden endlosen Fichtenwäldern der Hochlagen und der nördlichen Hänge, aber auch oberhalb der Baumgrenze gab es nur sehr wenig Rehwild. Es wächst da kaum Äsung für Rehwild, die Winter sind lang und rau mit hoher Schneelage, Wolf und Luchs, aber auch im Sommer die streunenden Schäferhunde, nehmen einen gewaltigen Zoll aus den Beständen. In den unteren Lagen unseres Reviers, den weiten Tälern und Bachläufen mit gemischten Fichten- und Laubwäldern, mit Schlägen und eingesprengten Lichtungen, Wiesen mit saftigem Graswuchs, gab es trotz des Raubwildes jedoch mehr Rehwild, da ihm hier der Lebensraum und die Äsungsverhältnisse mehr zusagten. Aber dennoch bei weitem nicht „viel" Rehwild, was ein Jäger des Flachlandes oder eines westeuropäischen Rehwildrevieres darunter versteht.

Es herrschen dort besondere jagdliche Verhältnisse und Möglichkeiten, die man kennen muss, um zum Erfolg zu kommen. Vom Beginn des Graswuchses Anfang Mai bis zur Heuernte wächst auf den wenigen Waldwiesen das schönste, saftigste und nahrhafteste Gebirgs-Wiesengras, das man sich nur vorstellen kann! Der Monat Juni, ich nehme an, auch in anderen höhergelegenen Karpatenrevieren, ist die hohe Zeit der Jagd auf den Bock. Die blühende Wiese ist dann wie ein bunter Blumenteppich, darin der rote Bock, ein unvergesslicher Anblick. Hier zieht sich das Rehwild in diesen Wochen zusammen. Nach dem Schnitt weiden Schafe und Rinder auf den Flächen, es ist dann mit der Herrlichkeit für die Rehe vorbei.

Obwohl das Karpatenwild mehr Tagwild ist als das Wild unserer Kulturreviere, ist es dennoch viel heimlicher, unsteter und hält kaum feste Wechsel. Es ist deshalb eine bekannte Tatsache für die Karpatenjagd, dass man dort ein Stück Wild nur einmal sieht und nie wieder, und handle es sich nur um einen Rehbock auf der saftigen Waldwiese!

Zum anderen verhält sich das Rehwild auch nach dem Austreten und beim Äsen ganz anders als bei uns. Unsere Rehe treten vor Sonnenuntergang fast zur gleichen Uhrzeit regelmäßig auf Wiese, Luzerne- oder Kleefeld am Waldrand aus, sie beginnen nach kurzem Sichern zu äsen. Sie senken das Haupt in die wohlschmeckende Äsung, heben es höchstens, wenn der Äser voll des saftigen Grüns ist, und blicken vertraut um sich.

Ganz anders verhält sich ein Karpatenreh! Es ist sich der allgegenwärtigen Gefahr bewusst, die durch das Raubwild in jeder Ecke und in jeder Sekunde lauert. Es wechselt unregelmäßig mal da, mal dort und nicht zu bestimmten, sondern zu ganz verschiedenen Tageszeiten.

All dies macht ja den besonderen Zauber der Bockjagd in den Ostkarpaten aus. Kein Wunder, dass ich mich an meine dortigen Böcke nach so langer Zeit immer noch deutlich erinnern kann.

Wie stark sind nun die Gehörne dieser Gespenster- und Urwaldböcke? Leider, allbekannter- und doch unverständlicherweise wie in allen Hochwildrevieren, wohin man auch kommt, nicht besonders stark! Obwohl sie hier in den unteren Lagen im Winter Knospenäsung und in allen Schlägen in südlichen Lehnen grüne Brombeerblätter, die nahrhafteste und eiweißhaltigste Winteräsung für wiederkäuendes Schalenwild haben. Im Frühjahr und Sommer wächst gutes Gras auf den Waldwiesen und Almen, dennoch sind wirklich starke Böcke eine Seltenheit. Wie bekanntlich überall, sogar in Rehwildbeständen minderer Qualität, taucht auch hier unerwartet ein Kapitaler auf. In der kurzen Zeit unseres dortigen Jagens haben meine Partner und ich etwa zwei Dutzend Böcke erlegt, ein Kapitaler war jedoch nicht dabei, keiner von uns hat einen gesehen. Es ist aber eigenartig, dass die dortigen Hirsche unter den gleichen Äsungs- und Lebensbedingungen bekanntlich besonders stark sind und öfters Kapitalgeweihe schieben; nicht aber die Böcke.

Es gibt dennoch nicht wenige wirkliche Kapitalböcke in Siebenbürgen! Diese Böcke sind meistens in den niedrigeren Lagen der Mittelgebirge und des Hügellandes mit milderem Klima und überwiegend gemischten Wald-Feld-Revieren zu finden. Da gibt es kein Großraubwild, aber auch kein oder allenfalls wenig Hochwild. Wie überall nach meiner Erfahrung, steht eben dort das starke Rehwild! Die Gründe dafür sind noch unbekannt, zumindest nicht eindeutig geklärt.

Im Frühsommer 1943, zur besten Bockjagdzeit im Karpatenrevier, wechselte ich in Budapest meine Stellung. Bislang war ich

Rechtsreferendar bei den Rechtsanwälten einer halbstaatlichen Großfirma gewesen. Nun bot sich mir zufällig die günstige Gelegenheit, als Rechtsreferendar der „Adjutant" eines der angesehensten Rechtsanwälte zu werden, der sich ausschließlich mit Steuersachen befasste. Er gab mir gleich zu Anfang ein Gehalt, wie ich es nie wieder in meinem späteren Leben erreichte. Wir schlossen einen Arbeitsvertrag, in dem mir alljährlich vier Wochen Urlaub, und zwar im September/Oktober (mit besonderer Rücksicht auf die Hirschbrunft), zustanden.

Ich genehmigte mir beim Stellungswechsel natürlich einen vierzehntägigen Jagdurlaub im Juli im Karpatenrevier. Zur Hirschbrunft hatte ich mir den Großurlaub ausbedungen.

Es war die erste Julihälfte, die Rehbrunft hatte überhaupt noch nicht begonnen. Die Böcke gingen alleine und wurden durch das wunderbar saftige Gras der erst später gemähten Waldwiesen magnetisch angezogen. Dort hatte man eine gute Chance, auf einen alten Schlaumeier zu Schuss zu kommen, später, in der Blattzeit kaum mehr, weil die Waldwiesen dann gemäht waren, die Rehbrunft sich im Hochwald und auf übermannshohen, verfilzten Schlägen abspielte.

In diesen zehn Tagen, die ich damals pürschend und ansitzend an den Waldwiesen verbrachte, habe ich einen sehr braven Bock geschossen. Und das kam so:

Jäger Michail Ambrose zeigte mir im steilen Rücken des Kreuzberges – Dossul Cruci – eine verschwiegene Wiese inmitten von düsteren, rauschenden Urfichten, die nur so groß war, dass man sie mit der Büchse gut bestreichen konnte. Er sagte auch, dass hier ein guter Bock ginge. Hier „roch" es richtig nach einem alten Einzelgänger-Bock!

Nach mehreren vergeblichen Ansitzen kam er endlich eines Abends. Die Sonne war schon längst hinter dem Kuhhorn-Massiv im Westen untergegangen, es war schummerig, als rechter Hand von mir aus dem tiefen Schatten des Hochwaldes ein leuchtend rotes, starkes Reh in die Wiese hinauszog. Der Figur nach ein reifer, alter Bock, ein „Mannsbock" des Rehvolkes, das war unverkennbar. Er trug ein hohes, dunkles, gut verecktes Gehörn, eine wahrhaftige Krone.

Mich packte das Jagdfieber wie einen Anfänger, der auf seinen ersten Bock schießen soll! Ich strich am Stamm der Fichte, hinter der ich stand, an, schoss hinüber zum Bock, der auf eine Entfernung von etwa hundertfünfzig Schritt brettelbreit auf der Wiese stand. Ich hatte im Schuss gemuckt. Die Kugel ging ins Blaue, der Bock nahm überhaupt keine Notiz vom Knall in der Stille des Abendwaldes. Ich versuchte, so lautlos wie möglich zu repetieren, der Bock war noch da, ich zitternd vor Aufregung. Natürlich ging auch der zweite Schuss daneben. Nun machte der Bock doch schon einige Sätze und verhoffte unschlüssig. Inzwischen hatte ich wieder repetiert und schoss auch mit der dritten Kugel vorbei. Der Bock schien unverwundbar zu sein wie der mythologische Achilles! Offensichtlich glaubte er, wie das Karpatenwild so oft, dass der Knall der Schüsse Donnerschläge oder das Getöse umstürzender Urwaldriesen wären. Jedenfalls erlaubte er mir ein drittes Repetieren, die vierte Kugel verirrte sich dann endlich auf sein Blatt, er sank verendet in den knietiefen Grasteppich.

Ich brach ihn auf und verwitterte ihn nach allen Regeln der Karpatenjäger und photographierte ihn dann am nächsten Morgen bei Sonnenaufgang auf dem Geländer des Heuschobers mitten in der Wiese. Es war ein sehr braver Bock, reif und stark, aber nicht kapital. Das ist aber eigentlich nicht wichtig! Der Trophäe konnte ich mich nur kurze Zeit erfreuen; sie wurde vom Kriegsgeschehen verschlungen, doch die Erinnerung an diesen Ansitz in den Karpatenbergen blieb unauslöschbar.

Ich habe nur deswegen keinen zweiten Bock bei diesem Ausflug geschossen, weil ich wieder nach allen Regeln der Kunst vorbeischoss!

An einem wundervollen, sonnenbeschienenen Sommermorgen pürschte ich den Bach der Maria Mare – dem Großen Marienbach – entlang, wo es saftige Wiesen gab. Und siehe da: Mitten auf der Wiese eines nach Osten geneigten Hanges stand ein roter Bock mit zackiger, hoher Wehr. Die Morgensonne schien auf seine knallrote

Decke. Es war wie ein kitschiges Gemälde: der rote Bock im Blumenteppich, umrahmt von dunklen Fichten.

Es war ziemlich steil hangauf, da ich im Bachbett stand. Ich strich am nächsten Stamm an und funkte hinauf. „Berg auf, halt drauf – bergunter, halt drunter!", besagt der alte Alpen-Jägerspruch, der aber lange vor dem Zeitalter der Hochrasanzgeschosse entstanden und gültig war.

Jedenfalls weiß ich nicht, wohin ich auf den etwa 150 Schritt steil bergaufwärts stehenden Bock hielt. Er blieb wie festgewurzelt stehen und äugte in die Runde. Dann erlaubte er mir noch ein Repetieren und einen zweiten Schuss ins Blaue, bevor er auf Nimmerwiedersehen im Wald verschwand.

In der Brunft 1943 schoss ich zwei Böcke – doch deren Geschichte gehört ins nächste Kapitel. Was jedoch noch hierher gehört, ist meine letzte Bockjagd im Mai des Schicksalsjahres 1944, als ich danach die „ewigen Jagdgründe" auf lange Zeit nicht mehr und das geliebte Revier zum letzten Mal sah.

Der erste Bock: Hochbeglückt kamen wir mit dem erlegten Spielhahn vom Dealu Rossu, dem Roten Berg, durch den Schlag des Dealu Negru, des Schwarzen Berges, auf dem diesen entlangführenden Pürschsteig zu Tal. Es war schon um die Mittagszeit des dritten Maitages.

Beim Aufstieg hatten wir am Vortage in der Nähe der Lichtung, auf der die Jagdkoliba stand, in der mein Freund und Partner in der vorjährigen Brunft hauste und einen Bären und alten Achterhirsch erlegt hatte, mehrere Plätzstellen eines Rehbockes gefunden. Wie schön es doch wäre, diesen Bock erlegen zu können. Er würde sicherlich irgendwann auf die kleine Wiese, auf der die Koliba stand, austreten! Doch war diese Stelle von meinem derzeitigen Hauptquartier in Mariental zu Fuß drei volle Stunden entfernt. Man müsste schon in diese Koliba übersiedeln, um den Bock bejagen zu können, und das war er doch vermutlich nicht wert.

Ich wurde jedoch aller weiteren Überlegungen enthoben. Denn kaum waren wir zweihundert Schritt weit den steilen Hang im Buchenhochwald unterhalb der Hütte heruntergestiegen, als ein im

Gebäude starkes, doch noch im grauen Winterhaar befindliches Reh mit großem weißen Spiegel vor uns absprang und mit hohen, abgehackten Sprüngen schräg links zögernd hangabwärts flüchtete. Genauso wie ein Reh, das nicht ganz genau weiß, wer die Störung verursachte.

Die Büchse glitt von der linken Schulter. Am Bergstock angestrichen, erwartete ich das Verhoffen. Diesmal hatte ich Glück, denn der Bock verhoffte tatsächlich auf etwa hundertzwanzig Schritt unter uns, und zwar so, dass sein Vorschlag ganz frei links von dem Stamm einer alten Buche herauslugte. Ein kurzer Blick durchs Zielfernrohr – stark im Gebäude, über Lauscher hoch –, und schon krachte es, der Bock blieb mit der Kugel auf dem Trägeransatz verendet liegen.

Es war ein mittelalter, doch im Gehörn schwacher Sechserbock – aber seine Erlegung einer der sehr seltenen Fälle im Karpatenrevier, dass ein Stück Wild dem Jäger zufällig in die Büchse läuft!

In den letzten Tagen meines Karpatenaufenthaltes wohnte ich im Hauptquartier in Mariental, von wo aus der Glodului-Berg mit einer Reihe von Waldwiesen leicht zu erreichen war. Hier gab es in den verhältnismäßig niedrigen Lagen auch ziemlich viel Rehwild.

Der erste Streich war wieder ein Fiasko. Eines Morgens pürschte ich hangaufwärts von einer Wiese zur anderen und war eben in der Mitte einer großen Lichtung, als steil über mir, auf etwa 250 Schritt Entfernung, ein mittlerer Sechserbock aus dem Hochwald trat. Ich hatte keine Möglichkeit, von der Bildfläche zu verschwinden, ich legte mich flach auf den Bauch. Der Bock war sehr, sehr weit, ganz winzig im Fadenkreuz des Zielfernrohres, doch näher heranzukommen war ausgeschlossen. So entschloss ich mich zum Schuss, auf dem Bauch liegend, steil hinauf. Es knallte, ein gewaltiger, schmerzhafter Schlag auf den Nasenrücken, der Bock sprang schimpfend mit zwei Sätzen kerngesund in den Hochwald. Ich aber hinterließ sogleich eine große Schweißlache am „Anschuss". Ich hatte vom scharfen Rand des Zielfernrohres eine halbmondförmige, tiefe Wunde auf Stirn und Nasenrücken, deren Schweißerguss ich kaum besänftigen konnte. Auch heute trage ich sie noch als Zeichen dafür, dass ich auch in den „Clan" der Zielfernrohrschützen gehöre.

Am Anschuss weder Schweiß noch Schnitthaar, der Bock war glatt vorbeigeschossen. Doch als ich im Hochwald einen Bogen schlug, fand ich, dass in der Nordlehne unter den Fichten noch immer eine zusammenhängende Schneedecke lag. Die frische Fährte des Bockes war im Schmelzschnee klar zu sehen, da sie sich von den älteren Rehfährten deutlich abhob. Warum denn nicht versuchen, einen Rehbock auf der Fährte nachgehend im Schnee zu erlegen? Wohl eine seltene, einmalige Gelegenheit! Ich versuchte es auch, konnte seiner Fährte ungefähr einen Kilometer im Schnee folgen, dann kam er in ein Seitental und auf eine Südlehne, wo kaum mehr Schnee unter den Bäumen lag. Es zeigte sich ein Fährtengewirr, ich musste diese wohl besondere Rehjagd aufgeben.

Am nächsten Morgen, es war der fünfte Mai, pürschte ich wieder die Wiesen des Glodului hangaufwärts. Als ich an der Waldgrenze zur Alm kam, ohne einen Rehbock gesehen zu haben, schien die aufgehende Sonne mir, der ich einen schmalen Holzabfuhrweg hangaufwärts pürschte, gerade ins Gesicht. Ich war keine sechzig Schritt mehr von der Almwiese entfernt, die sich dort in den Hochwald einbuchtete.

Bergauf kann man ganz leise pürschen. Ich schlich auch auf „Katzensohlen", als ich am Ende des Abfuhrweges am Rand der Wiese im Gegenlicht einer Bewegung gewahr wurde. Glas an den Kopf: Eine Ricke zog am Waldrand von rechts nach links über die Wiese. Durch die Randbäume hatte ich zwischen den Stämmen auch hie und da eine Durchsicht rechts vom Weg auf die Wiese.

Mit dem Glas leuchtete ich diese Lücken in der Wiese ab, und siehe da, ich entdeckte den von zwei Stämmen halb verdeckten Körper eines starken Rehes, das auf beste Büchsenschussweite schräg von mir abgewandt stand. Vorerst war das Haupt noch verdeckt, aber der Figur nach musste es ein Bock im Mannesalter sein.

Dann, bei einer Bewegung des Hauptes, erhaschte ich auch einen Blick aufs Gehörn: Sechser, weit ausgelegt, ellenlang! Am Zielstock angestrichen, setzte ich dem Bock die schwere Kugel hinter die Rippen. Er brach im Feuer zusammen und war verendet, als ich an ihn herantrat.

Das Gehörn maß 30 Zentimeter, das höchste, das mir jemals zu Gesicht kam, war gut vereckt, jedoch ziemlich dünn, hell und ungeperlt. Das Gehörn habe ich auch verloren. Es war der letzte Schuss, den ich im heißgeliebten Karpatenrevier tat!

Stille Brunft –
doch es kommt der Tag

Hirschbrunft 1943

Die Hirschbrunft in den Ostkarpaten ist meistens ein höchst schwieriges Waidwerk. Wenn die Hirsche nicht schreien, so ist das Jagen fast aussichtslos. Im unendlichen Wäldermeer verliert sich das dünn gesäte Wild, es ist sinnlos und schädlich, wenn der allzu passionierte Jäger, den Hirsch aufs Geratewohl suchend, ohne die zum Abwarten nötige Geduld herumpürscht. Er verdirbt nur seine Chancen! Was soll er denn tun? Zeit lassen, abwarten – unter Zeitdruck soll man dort nicht jagen wollen!

Wann schreien die Hirsche? Zwischen dem 20. September und etwa 10. Oktober und wann sie Lust haben, den Äser aufzumachen! Seit fast fünfzig Jahren stelle ich mit Besessenheit Brunfthirschen nach. Doch habe ich in dieser „kurzen" Zeit in den verschiedensten Brunftrevieren nur eine sichere Erfahrung gesammelt: Die Hirsche schreien, wann sie wollen! Sie schreien gut oder überhaupt nicht – bei der verschiedensten Witterung. „Den Bock verwirrt die Sonnenglut – den Hirsch die kühle Nacht!" – ein schöner alter Jägerspruch, doch hat er nun mal einen Schönheitsfehler: Er stimmt einfach nicht! Hierfür war die Brunft 1943 in unserem Ostkarpatenrevier ein Musterbeispiel.

Am 19. September verteilten wir fünf Jagdpartner uns in den Brunftrevieren, die wir für dieses Jahr aus dem verwitterten Jägerhut gezogen hatten. Ich hatte diesmal weniger Glück als im Vorjahr; denn ich kam in einen Revierteil, in dem wohl als Hauptbrunftplatz ein großer Schlag über einem Bachbett lag, sich ringsherum große Waldungen bis hinauf zur Baumgrenze an den

Südhängen des „Berges des Menschen" befanden. Hier hatte im Vorjahr mein Vetter einen guten Bären, aber mangels Brunftbetriebes keinen Hirsch erlegt.

Mein vorjähriges Revier, die wilde Rusaia, bejagte für diese Brunft Herbert Nadler, der „Punktevater", der sich nach meinen vorjährigen Erfahrungen dort sehr viel versprach. Offensichtlich glaubte er, ich hätte als „Karpaten-Grünhorn" alles falsch gemacht.

Zwei Tage vor unserer Ankunft gab es Regentage. Im Herzen des Reviers, am „Kreuzberg", hätten zwei Hirsche schon gemeldet. Jetzt, nach dem Regen, würden die Tage der Hochbrunft kommen.

Am ersten Abend schoss ich einen Rehbock. Wir wohnten mit meinem sehr sympathischen Jagdbegleiter Juon Mihályi in einer großen, bequemen Holzfäller-Koliba am Bachbett, die an der Ecke des Schlages lag. Von hier mussten wir es hören, wenn ein Hirsch in den dort mündenden Tälern und in den darüberliegenden Hängen den Äser auftat. Ein Pürschsteig führte unten am Schlag entlang, von wo aus man mehrere „Stützpunkte" zum Verhören hatte, ohne das Wild im Schlag zu vergrämen.

Wir saßen an einem Buckel, von wo aus wir gute Sicht auf mehrere Blößen und kleine Lichtungen auf den sich vor uns steil erhebenden wirren Schlag hatten. Stille ringsum. Ich entschloss mich kurzerhand zum Schuss, als ein im Wildkörper starker, fahler Rehbock mit gedrungenem Hals zwischen dem Gewirr auf gute Schussweite auftauchte. Das Gehörn schien kurz, war aber vor dem schlechten Hintergrund im Zwielicht schwer anzusprechen. „Doch der Spatz in der Hand!" So schoss ich und traf ihn auf den Halsansatz. Unnötig zu sagen, dass er ein zweijähriges Sechserböckchen war, den der „Kulturjäger" gerne wieder zum Leben erweckt hätte, dessen Wildbret, in den Rauch des Kolibafeuers gehängt und davon Filets mit Zwiebeln in der Pfanne über dem Feuer gebraten, den „Urjägern" köstlich mundete.

Bei zwei Tagen Schönwetter, das zur Brunft bestens geeignet schien, gab es keinen Ton weit und breit. Dann, zur Zeit der Sonnenwende, kamen drei Regentage, Schnürlregen mit Gewittern abwechselnd. Wir verhörten an verschiedenen „Stützpunkten" des weitläufigen Revierteils, hörten keinen Ton, fanden aber vereinzelt im weichen Boden frische Rotwildfährten.

Bei Sturm und Gewitter, als die Blitze zuckten und der Donner in der Bergwildnis grollte, hundertfünfzigjährige Baumriesen um uns mit großem Getöse wie Zahnstocher brachen, stellten wir uns mit Juon unter den Schutz des Schirmes einer Fichte. Als wir hinkamen, zog er unauffällig seinen schwarzen, großkrempigen Hut und machte mit der Schneide der Axt das Zeichen des Kreuzes auf den Stamm.

Auf die Frage, ob wir einen Hirsch strecken würden, sagte er: „Gott wird uns einen geben, wir sind gute Menschen!"

Nach sechs Tagen, nachdem die Regenperiode aufgehört hatte, es sich aufklärte, jedoch kein Hirsch den Äser weit und breit auftat und es auch kein Anzeichen der Brunft gab, gaben wir es vorläufig in diesem Revierteil auf. Das riesige Revier war ja übergroß für fünf Jäger, Platz war genug da zum Versuchen.

So weit es ging, hielten wir Kontakt miteinander durch Boten. Nur bei unserem Vater, der als unser Gast in dem sechsten, südlichsten Revierteil pürschte, hatte ein Hirsch geschrien. Er kam auch an ihn heran, es war auch ein starker, reifer, doch die Kugel verschlug sich auf kurze Distanz im Gewirr des Schlages. Sonst war es überall totenstill, keiner war zu Schuss gekommen. Von Nadler in der Rusaia wussten wir nichts, er war einen Tagesmarsch entfernt. Aber bei meinem Freund und Nachbarn im Zentralrevier, am Kreuzberg, fährtete sich viel Rotwild. Er lud mich ein, in seinem östlichen Revierteil zu pürschen, wohin er sowieso nie kam, weil er in der Nähe seines Quartiers im Hauptrevierteil bessere Chancen zu haben wähnte.

So siedelten wir also hinüber in den Hang des nächsten Tales, des „Strajan", wo es auf einer Alm eine Sennhütte mit vier Pinzgauer Kühen, einer bildhübschen rumänischen Sennerin mit einem lieben kleinen Jungen gab, der tagelang im Gras sitzend liebevoll seine Flöte blies. Es gab in der Nähe einige Steilhänge mit älterem, im Hange aber teilweise noch einsichtigem Jungwuchs, ziemlich vielen Rotwildfährten, einigen guten „Stützpunkten" –

Felsen und Graten –, alles in allem ein vielversprechendes, typisches Karpaten-Brunftrevier.

Wir schrieben den 26. September. Die Brunft musste endlich einsetzen! Es kamen zehn klare, sonnige, warme Tage, die Nächte still und sternenklar, doch trocken, kaum ein Tautropfen. Die Hirsche sollten jetzt doch schreien! Doch vorerst tat keiner im weiten Karpatenrevier den Äser auf.

Wir schliefen im duftenden Heu des Dachbodens des Stalles, aßen Speck mit Eiern und Zwiebeln und gebratene Forellen, die Juon mit Angel und Wurm, meistens aber mit der bloßen Hand aus den schmalen und seichten Gebirgsbächen herausfischte.

Eine Woche lang saß ich im „Strajan" an den verschiedenen „Stützpunkten". Viel tat sich nicht. Es standen frische Fährten – auch ab und zu die eines einzelnen starken Hirsches immer da, wo wir eben nicht waren. Denn wir beobachteten natürlich getrennt, oft auch auf „Tuchfühlung", dass mich Juon heranwinken konnte, falls er etwas sehen sollte. Doch nur einmal traf er mit einem angeblich guten, aber stummen Kronenhirsch und zwei Tieren zufällig zusammen, gerade da war ich außer Reichweite! Bis er mich heranholte, war der Spuk weg.

Dann, am vierten Tag in diesem Revier und am elften in dieser Brunft, zum ersten Mal in zwei Karpatenbrunften, sah ich das erste Rotwild! Weit, weit im Hang über mir, in einer Fehlstelle des Jungwuchses entdeckte ich ein Kalb. Dann kamen auch seine Mutter und der „Kavalier" zum Vorschein. Es war allerdings ein sehr junger, ein Eissprossenzehnerlein. Alles erweckte eher den Eindruck eines Familien- statt eines Brunftidylls.

Als Belohnung schoss ich aber dann einen Bock dort, einen reifen Sechser mit enggestellten und gut vereckten Stangen. Eines Morgens saß ich an einem der Ausluge, als im Gegenhang zwischen den Büschen ein Bock mit hohem und gut vereckten Gehörn breit zog, sich ab und an zeigend. Als er auf eine Schluppe kam, verhoffte er nach meinem Fieplaut. Die Büchse war an den Bergstock angestrichen, schon brach der Schuss, als das Fadenkreuz auf dem Blatt stand. Der Bock zeichnete vorschriftsmäßig, torkelte einige

Büsche hinunter und lag verendet da, wo er verschwunden war, als wir dann den Hang zu ihm hinaufstiegen.

Nach zwei Wochen Jagd hatte ich also zwei Böcke zur Strecke gebracht, einen einzigen Hirsch gesehen und keinen Ton gehört. Meine Partner hatten noch schlechter abgeschnitten: Nirgends, in keinem Revierteil, brunfteten die Hirsche, nur mein benachbarter Freund am Kreuzberg hatte einen verkrüppelten Abschusshirsch erlegt.

Alle, außer meinem Bruder, waren der Jägerei müde. Ihre Zeit war abgelaufen, sie räumten geschlagen das Feld. Von „Onkel" Herbert Nadler erreichte mich ein Brief. Er war abgereist, nachdem er in der Rusaia, wo ich im Vorjahr die gute Brunft erlebt hatte, in zwölf Tagen keinen Schrei vernommen und kein Rotwild zu Gesicht bekommen hatte, aber doch einen Bären am Luder erlegen konnte.

Laut unserer Vereinbarung konnte ein freigewordenes Revier vom anderen Partner bejagt werden. Nun hatte ich grünes Licht: Ich musste in die Rusaia, das Wunschtraum-Revier meines Jägerherzens! Ich brach mit Juon mit Rucksack, Büchse und Verpflegung für drei Tage am zweiten Oktobertag in die Rusaia auf!

Bei wundervollem Sonnenschein erreichten wir schwitzend die Wasserscheide der Lopagna zwischen den Flüssen Szamos und Goldene Bistritz. Hier machten wir Mittagsrast und verzehrten den köstlich mundenden Schafskäse mit Zwiebeln mit dem in Fladen gebackenen rumänischen Brot aus Kukuruzmehl. Dann klommen wir in die Latschenregion des „Berges des Menschen" hinauf, bis wir an den schon halb verwachsenen und verfallenen „Kriegsweg" gelangten, der in den schweren Kämpfen im Jahre 1915/16 zu den auf der Bergspitze gelegenen Stellungen führte. Wir hatten den Plan, an diesem Abend und am nächsten Morgen hier über der Baumgrenze zu verhören. Es könnte wohl sein, dass es in der Latschenregion einen Brunftbetrieb gäbe oder wir einem Bären begegneten, der sich jetzt zur Zeit der Preiselbeerenernte hier aufhielte. Wir übernachteten in einer Schäferstina auf den Almen über der Baumgrenze. Es war aber weder nachts noch frühmorgens ein Ton zu vernehmen, obwohl wir von hier oben die tiefen, dunklen Schluchten der Fichtenwälder des Rusaia-Beckens „einhören" konnten. Wir wurden jedoch durch den wundervollen Fernblick entschädigt. Ein dunkler Bergrücken hinter dem anderen, jeder in der Ferne blauer werdend bis ins Endlose, wir blickten dem Norden zu in die Marmarosch, dem Osten zu in die Bukowina hinein. Ist die Welt Gottes doch schön!

Doch jagdlich hatten wir anscheinend auch hier oben nichts zu suchen. Wir beschlossen also, in die neue Koliba am Rusaia-Bach hinunterzusteigen. Wir hatten sie – nach meinen schlechten Erfahrungen des Vorjahres mit der in der Nähe der Schläge gelegenen Koliba – heuer ganz unten im Bachbett bauen lassen. Dies störte das Wild bestimmt nicht, doch hatte sie den Nachteil, dass man zu jeder Pürsch und für jeden Ansitz die dachartig steilen Hänge hinaufsteigen musste. Nadler hatte hier gehaust, keinen Brunftbetrieb erlebt. Ob die Hirsche jetzt schreien würden? Es war nachts klar und auch warm. Am 3. Oktober war es so warm, dass ich in 1 000 m Höhe im – allerdings eiskalten – Rusaia-Bach bei wärmstem Sonnenschein baden konnte.

Als wir morgens gegen acht Uhr bei strahlendem Sonnenschein im Fichtenhochwald einen zum Rusaia-Bachbett abfallenden Grat – der nun unsere Reviergrenze bildete – hinabstiegen, meldete vom nächsten Rücken aus dem Nachbarrevier in der schattigen Kühle des Hochwaldes ein Hirsch mit rauer Stimme! Dann „sprach" ein anderer vom übernächsten Rücken. Es entwickelte sich eine – allerdings langweilige – Zwiesprache. Ich aber lauschte andächtig mit gezogenem Hut dem ersten Hirschruf in den Karpaten, und dies am dritten Oktober, nach vierzehntägigem Jagen!

Am frühen Nachmittag schon erklommen wir die schrecklich steile Holzrinne, in der die gefällten Stämme mit hinzugeleitetem Wasser ins Haupttal befördert wurden, zu den Schlägen, in denen ich im Vorjahr gejagt hatte, und verhörten bis zur Dunkelheit an zwei verschiedenen „Stützpunkten". Hier herrschte aber Totenstille. Ich sah nur zwei abreitende Auerhähne, einen majestätisch kreisenden Steinadler und zwei Kolkraben.

Der Morgen des 4. Oktober brachte Kälte und schwere Regenwolken mit Nordwind. Kommt jetzt der Herbst, und werden die Hirsche endlich röhren? Doch alles blieb still.

Bei Morgengrauen pürschte ich wieder die steile Holzrinne im Schlag hinan, als ich im Hochwald in unmittelbarer Nähe – keine hundert Schritt entfernt – einen ganz leisen, tiefen Brummer vernahm. Ich wusste, da war ein Windbruch, undurchdringlich, ein Angehen ausgeschlossen. Aber es war nahe am Schlag, von weiter oben hatte ich gute Einsicht auf einen großen Teil des Hochwaldrandes. Vielleicht hatte ich endlich einmal Glück, und er tat mir den Gefallen auszutreten. Vier Stunden lang wartete ich – vergebens. Der Hirsch meldete nochmals, ganz leise. Auf mein zaghaftes Anfragen reagierte er überhaupt nicht.

Am späten Vormittag pürschten wir dann ins Hauptbachbett hinunter, wo am Ende der vorjährigen Brunft ein Hirsch gestanden hatte, den wir vergeblich versucht hatten, zu Gesicht zu bekommen. Auch heuer war der Hirsch da, wahrscheinlich derselbe! Wir fanden mehrere Schlagstellen, sogar mit Brunftgeruch, fanden Trittsiegel von zwei Tieren und von einem starken Hirsch. Zur Mittagszeit hörten wir ihn dann zweimal leise im Gegenhang über dem Rusaia-Bachbett im Hochwald melden. Darum nahm ich meine Beine unter die Achseln und pürschte den Hang hinauf. Doch der Hirsch verschwieg, antwortete auch nicht auf mein Anfragen. Ich musste mich wieder, wie so oft, geschlagen geben.

Abends wieder am Stützpunkt im Schlag, Totenstille. Sind denn diese Karpatenhirsche Gespenster? Der Morgen des 5. Oktober war mein letzter Tag in der Rusaia. Ich hatte mit meinem Bruder verabredet, dass wir uns beim Bauernhof am Kreuzberg treffen – von wo unser Freund auch schon abgezogen war –, um dort die allerletzten Tage gemeinsam zu jagen. Ich habe die Jagerei fast schon satt, aber wenn man fünfundzwanzig Jahre alt ist, ein Karpatenrevier hat und: „Der Jäger unverdrossen ..."

Es ist kalt geworden, obwohl die Sonne vom klaren, blauen Firmament scheint. Ich will auf den Hochsitz im Schlag gehen, wo im Vorjahr unser Ross beim Anmarsch gestürzt ist und die schreienden Hirsche für die ganze Brunft vergrämte. Juon möchte aber im Bachbett noch einige Forellen fangen und dann nachkommen. Die Sonne steht schon hoch oben, es ist acht Uhr morgens, als unter mir in der Schlucht oder im Hochwald des Gegenhanges ein Hirsch gut zu melden beginnt. Der Stimme nach kann ich nicht genau feststellen, wo er steht. Es geht sehr steil abwärts, und ich bin eben erst heraufgestiegen! Doch wenn ein Hirsch schreit, dann muss ich hin zu ihm, auch heute noch mit 61 Jahren und schlechtem Herzen. Eben will ich's anpacken, als Juon kommt. Er hatte den Hirsch vom Bachbett aus schon gehört, er steht in der gegenüberliegenden Steillehne im Hochwald. Und er sagt: „Domnu Doktor, was kann man denn mit einem Hirsch im Hochwald anfangen?"

Nach diesen Worten wurde es auch mir angehendem Karpaten-Hirschjäger offensichtlich, im Hochwald, in den zerklüfteten, zerrissenen Hängen mit ständig küselndem Wind ist einem Hirsch nicht beizukommen!

Nachdem ich zu dieser Einsicht gekommen war, gab ich kurz entschlossen das Zeichen zum Aufbruch. Wir stiegen über die Wasserscheide wieder zurück ins Quellgebiet der Szamos. Ich wusste damals nicht, dass es das letzte Mal sein würde, dass ich einen Hirsch in der Rusaia gehört hatte.

Sechs Tage, bis zum 12. Oktober, jagten wir dann noch mit meinem Bruder im „Kreuzberg". Die „Jäger unverdrossen" behielten recht: Endlich kam auch der Tag des Hirschjägers! Unser Waidmannsheil reichte jedoch nicht aus für einen guten Karpatenhirsch.

Es waren anstrengende Jagdtage, denn ich musste sie zwischen den Hirschen und dem Bären-Luderplatz teilen. Es lag nämlich zwischen den beiden Schauplätzen eine Entfernung von acht Kilometern und ein Höhenunterschied von mindestens fünfhundert Metern. Mein Erfolg auf den „Bären" ist im Kapitel „Bärenansitz" zu lesen.

Stockdunkle Nacht umfing uns noch, als wir, vom Luderplatz im entfernten Tal kommend, in dessen Nähe wir auf dem Dachboden eines Gehöftes übernachtet hatten, lange vor Tagesgrauen des 6. Oktober beim über Winter unbewohnten Bergbauernhof ankamen. Der Hof lag für das Jagen sehr günstig; denn oberhalb und westlich von ihm dehnten sich die weiten, verfilzten Dickungen auf der Südlehne des Facia Crucii – des „Gesichtes des Kreuzberges". Hier vermuteten wir die Brunftplätze. Wir nahmen an, dass die Tageseinstände des Wildes sich in den steilen, mit schattigem Hochwald bedeckten Nord- und Westlehnen, dem „Dossul Crucii", also im Rücken des Kreuzberges, befänden.

Vom scharfen Steigen keuchend und schwitzend angekommen, fanden wir meinen Bruder vor der Hütte beim Verhören auf seinen langen Bergstock gestützt. Wir hatten uns seit fast drei langen Wochen der Jagerei nicht gesehen. Zur Begrüßung sagte er nur lakonisch in den Schlag hinauf deutend: „Es schreit der Hirsch!" Tatsächlich meldete der Hirsch noch sehr sparsam, immer nur einen Trenzer mit tiefer, klangvoller Stimme ausstoßend, weit oben unter dem Grat zwischen „Gesicht" und „Rücken" des Kreuzberges. Mir war das Revier vollständig unbekannt, nicht aber meinem Bruder, der in der vorjährigen Brunft hier gepürscht hatte. Dort oben auf dem Grat, wo jetzt der Hirsch meldete, hatte er im Vorjahr im Dämmerlicht einen riesigen, eselsgrauen Hirsch am Wechsel vorgehabt; doch der Hirsch war sehr verdeckt, er riskierte keine Kugel. Wenn dies derselbe Hirsch wäre, so würde er die Mühe des Aufstiegs bestimmt lohnen.

Unsere beiden Waldläufer kannten sich hier auch bestens aus und schlugen uns vor, dass wir getrennt auf beiden Seiten des Kessels, solange der Wind des Morgens nach unten strich, hinaufpürschen sollten. Wenn es uns nicht gelingen sollte, den Hirsch im Kessel des Schlages zu Gesicht zu bekommen, so könnte es immer noch klappen, dass einer von uns ihm den Wechsel am Grat hinunter in den Hochwald abschneiden könnte.

Das Los entschied: Ich sollte die Westseite hinauf. Es folgte wieder fast eine Stunde Steigens überriegelt hinter einem Seitenrücken im Schlag. Es ging eine fast mauerartig steile Holzrinne hinan. Es war ein kalter, sternenklarer Morgen, so wie ihn sich die Jäger als idealen Brunftmorgen nach menschlichem Ermessen vorstellen. Doch wir hörten keinen Ton. Vielleicht hatte der Hirsch auch drüben im Kessel gemeldet, doch wir waren vom Seitenrücken überriegelt und hörten ihn nicht.

In der entsprechenden Höhe angekommen, wo der Hirsch nachts gemeldet hatte, pürschten wir nunmehr aufs Geratewohl bei der ersten Morgendämmerung in den Kessel hinein, um einen passenden Auslug zu finden.

Solch ein Karpatenschlag ist ein schier unvorstellbares Gewirr von gestürzten Baumstämmen und deren Wurzelwerk, Jungwuchs und Brombeergerank. Auf Wildwechseln, auf denen viele frische Fährten standen, schlichen wir mit Juon wie die Luchse voran. Plötzlich gewahrte ich steil über uns in nächster Nähe auf kaum zwanzig Schritt Entfernung Spiegel und die auffallend dunkle Hinterpartie eines Stückes Rotwild. Dem starken Wildkörper nach musste es ein Hirsch sein! Doch von Haupt und Vorderpartie sah ich vorläufig nichts. Den nichtsahnenden Juon hinter mir drückte ich lautlos zwischen die Brombeerranken, dann glitt die entsicherte Büchse von der Schulter.

Das Stück zog den Hang hinauf und wurde sichtbar: ein Alttier! Ja, gibt es denn so etwas, ein so starkes Tier alleine, da, wo der Hirsch bei Dunkelheit gemeldet hatte? Doch es kam kein Hirsch hinter dem Tier aus dem Gewirr des Schlages hervor! War der Hirsch vor uns mit seinem brunftigen Tier eingewechselt? Mein Bruder hatte weder etwas gesehen noch gehört.

Wir vertrösteten uns auf den Abend. Nach menschlichem Ermessen müsste doch der Hirsch mit seinem Rudel oder einem einzelnen Tier noch bei Büchsenlicht in den Kessel hinausziehen!

Doch es kam wieder anders.

Als ich schon am frühen Nachmittag mit Juon zu unserem Auslug im Kessel heranpürschte, gewahrte ich in der gegenüberliegenden Lehne ein bedeutend schwächeres Tier als das am Morgen gesehene, also ein Schmaltier und dahinter noch ein anderes Stück, das sich als Spießer von etwa 30 cm Stangenlänge entpuppte. Offensichtlich war das Schmaltier auch nicht brunftig. Beide bummelten in der verfilzten Dickung hangabwärts.

Hinter ihnen konnte ich auch noch das Knacken und Brechen ziehenden Wildes vernehmen, das ich jedoch nicht in Anblick bekam. Sonst tat sich nichts weiter. Mein Bruder hatte weder etwas gesehen noch gehört.

Nach unserem Abendessen gingen wir noch vor das Haus zum Verhören. Es war ein klarer, kühler Abend. Der zunehmende Mond verbreitete ein helles, silbergraues Licht. Ganz in unserer Nähe im unteren, ziemlich kahlen Teil des Schlages, am Fuße eines sich hier aus dem Kahlschlag emportürmenden steilen Felsens, schrie ein Hirsch Schlag auf Schlag mit guter, rauer Stimme! Ein anderer, der sehnsüchtigen, langgezogenen Stimme nach offensichtlich sein Beihirsch, meldete hin- und herziehend in seiner Nähe. Das erste richtige Konzert in dieser Hirschbrunft!

Die Situation schien äußerst günstig für den kommenden Morgen: Einer von uns muss auf den Felsen, von wo er einen großen Teil des unteren Schlages einsehen und beschießen kann, der andere aber hinauf zum Kessel, um den Einwechsel verlegen zu können, sollte der Hirsch schon höher gezogen sein.

Frühmorgens weckte uns Juon mit der erfreulichen Nachricht, dass der Hirsch soeben gemeldet hätte, doch schon etwas höher im Schlag als gestern Abend.

Wir waren im Handumdrehen marschbereit, verlosten aber noch vorher. Ich zog den Felsen, mein Bruder den Einwechsel. Wem würde das Jagdglück zulächeln?

Doch schon vor Tagesgrauen verschwieg der Hirsch. Vom Felsen aus, der sich wie ein Predigtstuhl über den Kahlschlag erhob, hörten wir aber über den tiefen Taleinschnitt hinweg in dem Jungwuchs der gegenüberliegenden Lehne Brechen und dumpfes Aufschlagen von Schalen schweren Wildes.

Als dann allmählich Büchsenlicht wurde, gewahrten wir in kleinen Lücken des übermannshohen Jungwuchses zwei fahle Wildkörper, ein schwächeres Stück vorneweg und dahinter ein massig erscheinender, bulliger, doppelt so starker Wildkörper mit einem Widerrist fast wie dem eines Kamels. Der Hirsch trieb im Steilhang vollständig stumm sein brunftiges Stück! Mit kurzen, gleichmäßigen Sprüngen auf und ab so wie ein Rehbock. Dann, in einer Lücke, beschlug er sein Tier.

Ich habe ein langes Jägerleben hinter mir mit viel mehr als vierzig Hirschbrunften, deren Großteil in bestbesetzten Revieren Südungarns und der Donauauen, doch habe ich nie vorher noch nachher den Beschlag gesehen. Ausgerechnet aber in den Ostkarpaten, wo ich damals in zwei Brünften insgesamt zwei Hirsche in Anblick bekommen habe!

Und wie war das Geweih? Auf den ersten Blick eine Enttäuschung: Eissprossenzehner nur, nicht lang, auch nicht dick, aber vielleicht täuschte es im Vergleich zum gewaltigen Wildkörper! Der Hirsch musste zumindest mittelalt sein und in diesem Fall mit dem schlechten Geweih ein jagdbarer.

Also richtete ich mich zum Schuss, obwohl es höllisch weit war: sicherlich weit über dreihundert Schritt über den tiefen Taleinschnitt hinweg. Doch es gab keine andere Wahl, denn von einem Anpürschen in der steilen Lehne im hohen Gestrüpp konnte keine Rede sein. Ich hatte aber Vertrauen in meine Hochrasanz-Weitschussbüchse, legte mich auf den Bauch und baute auf dem Wurzelwerk einer Fichte aus meinem Mantel eine bequeme Auflage. So konnte es gehen! Ich muss fünfunddreißig Jahre später, als ich diese Geschichte schreibe, gestehen, dass es der weiteste Schuss meines Lebens gewesen ist! Aber stolz bin ich nicht auf ihn.

Als dann der Hirsch in einer kleinen Lücke breit stand, hielt ich noch eine Handbreit über seinen Rücken und ließ fliegen. Ein dumpfer Kugelschlag, der Hirsch brach zusammen und wälzte sich mit gewaltigem Gepolter in der Wirrnis des Hanges hinunter. Als er einen Augenblick frei war, schickte ich noch eine zweite Kugel hinüber, doch ohne Erfolg. Dann war Stille. Nach der obligaten Beruhigungszigarette erklommen wir den Gegenhang. Ich hätte es nicht geglaubt, aber Juon führte mich schnurstracks hinauf zum Hirsch, der mit zerschossenem Rückgrat hochzukommen versuchte! Ein schneller Fangschuss beendete sein Leben. Es war mein einziger Karpatenhirsch nach zwei beschwerlichen Brünften mit unsagbaren Strapazen, aber ich hätte ihn gerne wieder zum Leben erweckt: Es war ein junger Zukunftshirsch. Die gewaltigen Dimensionen seines Wildkörpers hatten mich genarrt.

Meine Lebensphilosophie des alternden Jägers sagt: „Am Schluss wechselt man sowieso in die ‚ewigen Jagdgründe' hinüber. Hoffentlich sind dies die Ostkarpaten, gleich, ob man im Leben ein sehr begehrtes Wild erbeutet hat oder nicht." Aber ich bedauere doch, dass ich in meinem Jägerleben nicht meinen „Lebenshirsch" in den Ostkarpaten habe strecken können.

Hahnenbalz im Urwald

Die beiden „großen Hahnen", der Auerhahn und der Trapphahn, sind so verschieden wie Feuer und Wasser. Der eine lebt im Westen in den Fichtenwäldern der Hochgebirge, im Osten und Norden im schier unendlichen Meer der Sumpfwälder, der andere nur in der deckungslosen, tischflachen Ebene, wo der Blick bis zum Horizont reicht. Vollständig verschieden ist nicht nur ihre Lebensweise, sondern außerdem natürlich auch ihre Ernährung und ihre Fortpflanzungsbiologie. Zwei Dinge nur haben sie gemeinsam: Beide sind Kulturflüchter. Dort, wo die moderne Forstwirtschaft Fuß fasst, sind die Tage des „Waldhahnes", und dort, wo die urwüchsige Steppe in eine moderne Kulturöde verwandelt wurde, die des „Feldhahnes" gezählt. Beide balzen im April-Mai, nur der eine in der Morgendämmerung vor Tagesanbruch, der andere, wenn die gleißende Mittagssonne über den Wiesen und Saaten die Luft zum Flimmern bringt.

Unter Trappen bin ich sozusagen aufgewachsen: in Westungarn zwischen den damals endlosen, grünen Wiesen des „Hanság" östlich des Neusiedler Sees hart an der Grenze zum Burgenland. Im jugendlichen Jagddrang habe ich damals einige Hähne erlegt. Auch später hatte ich viel mit Trappen „zu tun", doch habe ich keine mehr geschossen, sondern mich nur an ihrem wunderbaren Anblick erfreut. Heute sind sie, d.h. ihre letzten Reste, auch in Ungarn geschützt.

Aber von dem anderen, dem großen Hahn der großen Wälder, konnte ich als Flachlandjunge nur alles lesen, was mir erreichbar war – und von ihm träumen. Er schien uns da unten im Flachland so weit, so unerreichbar zu sein.

Bis wir dann in das Revier der Ostkarpaten kamen ...
Wir schrieben damals Ende April. Ich wollte einen Auerhahn erlegen, meinen ersten. Doch nicht nur „totschießen", wenn man zum balzenden Hahn geführt wird, sondern ich wollte ihn mir redlich verdienen, ausmachen, mit Bedacht schauen, lernen, Erfahrungen sammeln. Schon damals machte mir die Jagerei nur so Spaß.

Theoretisch wusste ich viel vom Auerwild, von der Balz des großen Hahnes, vom Anspringen. Ich hatte auch schon damals gelernt, dass der Auerhahn der Ostkarpaten, der „wilde Truthahn" der im Südosten Siebenbürgens ansässigen „Székler", eines ungarischen Volksstammes, anders ist. Es unterscheidet sich auch seine Balz, seine Bejagung von der seines Bruders in den Alpen.

Ich hatte keine Lust, an einen der den örtlichen rumänischen Bauernjägern gut bekannten Balzplätze zu gehen, die verhältnismäßig leicht zu erreichen waren und wohin Gäste meistens geführt wurden. Es waren im Revier vier solche Balzplätze vorhanden, an jedem balzten alljährlich mehrere Hahnen. Es gab damals, wie auch sonst überall im Kranz der Wald-, Ost- und Südkarpaten Auerwild in Hülle und Fülle. Es soll bis heute noch nicht stark abgenommen haben.

Aber außer diesen vier Balzplätzen vermuteten wir noch den einen oder anderen in weiter entfernten Teilen des riesigen Reviers. Einen wollten wir ausfindig machen und – wenn möglich – einen Hahn von dort herunterbringen. Je größer die Mühe, umso größer die Freude am Erfolg!

Am Abend des Ankunfttages ging ich mit einem unserer rumänischen Jäger zum Schnepfenstrich in die Nähe meiner Unterkunft im Tal. Wir standen auf einem Rücken inmitten eines riesigen Schlages mit Buchen- und Fichtenjungwuchs. Nur ein einziger Schnepferich kam uns schaukelnden Fluges quorrend und puitzend entgegen – ein leichter Schuss. Er fiel steintot weit in die Lehne des dunklen Tales hinter uns hinab. Mein Begleiter Juon „apportierte" ihn aus dem Wirrwarr von Ästen und Zweigen im Nu, was mein größtes Staunen erregte. Ihm ging es aber überhaupt nicht in den

Kopf, wie ein so kleiner Vogel – noch dazu im Fluge – überhaupt zu treffen ist.

Am nächsten Morgen zogen wir zu unserer ersten „Expedition" in den weit entfernten Talkessel des Rusaia-Baches im Norden des fast 2 000 m hohen Vurful Omului, dem „Berg des Menschen". Mit etwas Übertreibung darf ich den Ausflug wohl „Expedition" nennen, denn wir waren vier Jäger, drei rumänische Jäger, Waldläufer im besten Sinne des Wortes, und ich. Unser Aufstieg dauerte einen geschlagenen Tag, bis wir die über der Waldgrenze in den Latschenfeldern und Weideflächen am Nordhang des Omului stehende „Stina" erreichten. „Stina" heißt überall in den Ostkarpaten der Platz, wo über Sommer die weidenden Schafe in einer Einfriedung aus Fichtenlatten übernachten. Daneben steht eine aus rohen Stämmen gezimmerte Hütte für Schäfer, Milch und Käse. Zwischen den Ritzen der Wände pfeift der Wind, das Dach aus Holzschindeln hat in der Mitte ein Loch, aus dem der Rauch des in der Mitte des Raumes brennenden Feuers abzieht, wenn ihn der Wind nicht in die Hütte zurückdrückt. Das tut er meistens.

Wir trugen die leichteste Last, dennoch war der lange Aufstieg beschwerlich: kurze Pürschjacke, eine Büchse, eine Flinte, Glas, Kamera, Verpflegung für vier Tage, hauptsächlich Kukuruzmehl zum Zubereiten der landesüblichen Speise, der „Puliska", dazu einen Eisenkessel, Schafskäse, Speck und Obstschnaps. Decken wären schon Übergewicht gewesen, es brennt ja ständig das Feuer zum Wärmen. Jeder meiner Begleiter hatte die Axt dabei, ohne die geht dort keiner auch nur hinters Haus. Und dann noch Schneereifen, weil es unmöglich gewesen wäre, sich im tiefen, weichen Schnee fortzubewegen.

Am späten Nachmittag, als wir in der Nähe der „Stina" ankamen, fing es an, in großen Flocken zu schneien. In aller Eile holten wir Fichtenzweige, um unsere Lagerstätten auf dem Lehmfußboden zu richten, und packten die Bude voll mit Brennholz. Dann kam die lange Winternacht über uns. Zwei Nächte und einen Tag lang steckten wir Fichtenäste und Scheite ins Feuer. Der Schneefall schloss uns ein. Der Schnee fiel aber auch drinnen durch das

Schornsteinloch, durch das nun der Rauch nicht hinauszog, der Wind trieb die Flocken durch die Ritzen der Wände. Es war warm neben dem Feuer, es war gut, in die Flammen zu starren. Am Frühmorgen des dritten Tages hörte der Schneefall auf, wir waren aus unserem Kerker befreit.

Den Balzplatz der großen Hahnen muss der Jäger – zumindest in den Ostkarpaten – immer in nordwärts gelegenen, das heißt mit reinem Fichtenwald bestandenen Lehnen in den höchsten Regionen unter der Waldgrenze im alten, lückigen Hochwald suchen. Dies war auch der Grund, weshalb wir unser Quartier in der über der Waldzone gelegenen „Stina" aufschlugen und nicht in einer der weiter unten gelegenen Jagdhütten. Von hier aus brauchten wir nur in den Hochwald abzusteigen, wo wir dann in zwei Richtungen, etwa in gleicher Höhe bleibend, nach dem Balzplatz suchen konnten. Die Geläufe würden ihn schon verraten. Doch war auf die verharschte Altschneedecke nun ein halber Meter Neuschnee gefallen, in dem man sich nur auf Schneereifen mit großer Anstrengung fortbewegen konnte. Es war aber zwecklos, da im Neuschnee noch keine Zeichen zu finden waren.

Am Abend bezogen wir verschiedene Aussichtsplätze zum Verhören von eventuell einfallenden Hahnen, doch ohne Erfolg.

Unsere Verpflegung wurde knapp. Am Morgen des vierten Tages mussten wir ins Tal hinunter, ohne unser Ziel erreicht zu haben. Doch kam ich schließlich nicht als Schneider aus der Rusaia zurück. Kurz nach Tagesanbruch pürschte ich meinen Begleitern weit voraus und traf in den Latschenfeldern mit einem streunenden Fuchs zusammen. Ich hatte ihn früher weg, drückte mich an einen Latschenbusch, der Fuchs kam auf Schrotschussentfernung herangeschnürt. Obwohl der Kalender den 28. April zeigte, war sein Balg mit dichten und langen Grannenhaaren ausgezeichnet. Es war eine Fähe mit fünf Embryonen von Mausgröße in der Tracht. So viel später setzt hier oben der Frühling ein. Bei uns unten im Flachland beginnen zu dieser Zeit die Jungfüchse schon rot zu verfärben.

Doch vergeudete ich nicht viel Zeit in dem Jagdhaus unten im Haupttal. Ich schlief mich gut aus, am nächsten Tag ging's wieder an den Aufstieg zu den Hahnen! Diesmal war es nur ein halber Tagesmarsch mit zwei Jägern zur Holzfällerhütte unterhalb des Schutzwaldes in der Nordlehne des Glodului-Berges. Wir putzten die verlassene Hütte, wir schaufelten nur den Schnee aus ihr heraus, richteten unsere Betten aus Fichtenreisig, versorgten uns mit Brennholz, bald war in der Mitte des runden Raumes ein großes Feuer entfacht.

Noch am selben Nachmittag zogen wir auf Schneereifen los, um den Balzplatz, der hier in der Nähe sein musste, zu suchen. Diesmal lächelte uns die launische Jagdgöttin zu: Wir brauchten im hier hohen Schnee nicht allzu lange zu waten! Der Neuschnee lag schon seit zwei Tagen, er zeigte Fährten und Spuren. Geläufe vom Auerwild waren schon in der unmittelbaren Nähe der Hütte zu finden. Sie wurden in der Umgebung einer zwischen den vielen Windbrüchen des Fichtenhochwaldes gelegenen zimmergroßen Lichtung noch viel zahlreicher. Hier fanden wir die Zeichen der Balz: feine Rillen von den herabgelassenen Schwingen des balzenden Hahnes neben dem Geläuf.

Der große Hahn der Ostkarpaten balzt im Gegensatz zu seinen Artgenossen in den Alpen und den westlichen Karpaten der Slowakei fast nie auf dem Baum. Schon vor Dämmerungsbeginn reitet er vom Schlafbaum ab und beginnt sofort mit der Bodenbalz. Auch sein Balzlied ist anders. Er ist meistens kleiner, leichter als sein Vetter in den Alpen.

Er beginnt das Balzlied genauso mit Knappen, macht aber keinen Hauptschlag und geht unmittelbar zum Schleifen über. Dies dauert aber bei ihm, wenn er sich gut eingespielt hat, fast immer länger als die berühmten zwei Sprünge.

Die Würze, die Spannung beim Anspringen des Alpenhahnes, die besondere Eigenheit dieser Jagd, fehlt leider in den Ostkarpaten. Da er keinen Hauptschlag macht, ist der im Labyrinth der Windwürfe am Boden balzende Hahn nur selten anzuspringen. Man muss ihn vom Schirm aus erlegen. Doch sind ein vom versteckten Hinterhalt beim Ansitz erlegtes Stück Wild und dessen Trophäe – zumindest nach meinem persönlichen Geschmack –

stets von minderem Wert, als wenn sie auf der Pürsch nach allen Regeln der Kunst erbeutet wurden!

Am Rande der kleinen Lichtung, auf der wir die meisten Balzspuren fanden, bauten wir einen Schirm aus Fichtenästen. Der Waldrand gegenüber war kaum vierzig Gänge entfernt, der hier einfallende Hahn auf jeden Fall in Schrotschussnähe.

Es war unnötig, den Hahn abends zu verlosen, wir kannten ja seinen Balzplatz, und wir wollten nicht stören. So saß ich denn am nächsten Morgen noch bei völliger Dunkelheit allein im Schirm. Wenn auch vielleicht mit nichts anderem, aber damit glaube ich den Hahn doch verdient zu haben, als mit einem hundsgemeinen Frost in den Gliedern. Dieses Opfer fordert der Hahn dem Jäger allenfalls ab, diese ungemütliche Wartezeit vor Tagesgrauen. Ich war sorgfältig genug, die Flasche mit Schnaps greifbar hinzulegen. Den rechten Lauf meiner Flinte lud ich mit Schnepfenschrot: Wenn der Hahn nahe ist, schieße ich auf den Stingel, um sein Federkleid nicht mit grobem Schrot zu zerreißen.

Der Morgen dämmerte noch nicht, nur der Schnee leuchtete im Schein der Sterne vor der dunklen Fichtenkulisse. Dann ein Flügelschlagen, das Sausen der Luft durch die zum Einfallen herabgelassenen Schwingen, ein dumpfer Plumpser im weichen Schnee: Hinter mir war der erste Hahn eingefallen. Dann noch einer, kurze Zeit danach der dritte! Ich sehe keinen, obwohl sie ganz in meiner Nähe sind. Der eine spielt sich schon ein, dann knappt auch der zweite, auch höre ich das Gackern von Hennen. Sie kamen zum Balzplatz gelaufen, zu Fuß, bescheiden, nicht so laut und überheblich wie ihre Ritter im stahlglänzenden Federkleid!

Ein Hahn saust über mich hinweg, ich ziehe den Kopf unwillkürlich ein. Dann ein Plumpser vor mir: Er steht im Schnee auf der Lichtung, unbeweglich, sichernd. Ich sehe zunächst nur seine dunkle Figur. Lange sichert er unbeweglich mit emporgestrecktem, langem Hals. Dann sträubt er das Gefieder, spreizt den Fächer und reckt den Stingel noch höher. Kat! Einige Sekunden lang Stille. Dann wieder: Kat! Ganz leise, kaum hörbar. Kat – Kat! Nach einigen Sekunden: Kat-Kat, Kat-Kat! Jetzt spielt er sich schon ein! Plötzlich streckt er den Kopf noch höher, der Hals wird noch länger, er beginnt mit dem Schleifen. Erst kaum hörbar dieses leise, zischende Lied.

In dieser Umgebung und Stille, in der Einsamkeit der Bergwildnis, im ersten Dämmern im Urwald, wirkt alles ganz seltsam, dieser feine Laut von einem großen, dunklen Vogel, unglaubhaft, fast gespenstisch. Es ist ein irgendwie unfassbares, einzigartiges Erleben, diesen aus nächster Nähe geradezu gewaltig wirkenden Vogel bei seinem im Zittern der Ekstase geflüsterten Balzlied zu belauschen. Mit herabhängenden Schwingen und ausgebreitetem Stoß, den Hals ganz hochgestreckt, tritt er hin und her, dreht sich, läuft kurze Stücke auf und ab. Sein gelber Schnabel leuchtet vor dem dunklen Hintergrund der Fichten, die weißen Flecken an seinen Schultern sind das einzig Helle an ihm, sonst wirkt er ganz schwarz. Es dämmert schon. Ich kann seine geschlossenen Augenlider und das Zucken und Zittern seines Körpers schon sehen. Ich schäme mich fast, es niederzuschreiben: Ich schoss ihn auf den Stingel, als er sich etwas, kaum mehr als auf zwanzig Schritte, von mir entfernte. Mit dem Schuss zerriss ich die weite Stille des Urwaldes. Der Zauber war zerstört.

Nach dem Schuss hörte ich auch das Schleifen der anderen Hahnen, die rund um mich balzten. Vom Schirm aus konnte ich nur die Lichtung sehen, ich kroch heraus und schaute mich um. Ein Hahn balzte auf weite Schrotschussentfernung unter riesigen Fichten. Aus anderer Richtung kamen auch Balzlaute. Ich pürschte mich an den ersten heran, er kümmerte sich kaum um mich. Die drei, vier Hennen, die um ihn waren, liefen nur ein Stückchen weiter oder strichen ein paar Meter seitwärts, der Hahn hielt. Ist denn so etwas möglich? Sind sie denn so vertraut?

Ich brauchte die Hähne nicht anzuspringen, ich pürschte, besser gesagt ging auch noch die anderen drei balzenden Hahnen an und erfreute mich ihres Anblickes aus Schrotschussnähe. Fünf Hähne balzten hier, alle in einem Umkreis von nur 200 Metern. Warum gerade hier, an diesem Fleck der schier endlosen Wildnis – wer könnte dies beantworten?

Ich hatte den festen Vorsatz, nur einen Hahn zu schießen. Es hätten zwei, auch sogar mehr sein können nach eigenem Ermessen. Zehn Hahnen waren uns frei, und der Donner rollte vom Osten bereits herüber.

Ich wollte nur einen haben, den ersten. Doch unter den anderen war einer, der hatte viele helle Flecken auf dem zum Fächer gespreizten Stoß. Dies ist eine ersehnte Trophäe, die des alten Hahnes! Da ritt mich der Teufel, ich schoss den auch.

An diesem denkwürdigen Aprilmorgen habe ich mir streng vorgenommen, keinen Hahn mehr zu schießen, so groß auch die Versuchung sei. Ich habe dieses Gelübde auch ehrenhaft gehalten, weil ich allem widerstehen kann – außer der Versuchung. Aber seitdem bin ich nicht wieder in Versuchung mit dem Urhahn gekommen.

Das seltenste Wild der Ostkarpaten

Nein, es ist nicht der Luchs! Diesen gibt es überall im langen Kranz der Ost- und Südkarpaten in den endlosen, zusammenhängenden Wäldern. Freilich ist er nirgends häufig, denn er braucht ein großes Revier. Sehr wenige Karpatenjäger haben ihn jemals zu Gesicht bekommen, ich auch nie, weil ein Zusammentreffen mit ihm sozusagen ein Zusammenspiel des Zufalls ist. Als „selten" kann man ihn nicht bezeichnen, eher als heimlich.

Der Birkhahn ist das seltenste Wild der Ostkarpaten! Ob er heute dort überhaupt noch vorkommt, kann ich leider nicht sagen. Es gab vor vierzig Jahren auf den höchsten Bergen der südlichen Marmaros und dem Rodna-Gebirge hoch oben über der Baumgrenze einen sehr spärlichen Bestand dieses wundervollen Wildes. Eigenartigerweise lebte Birkwild aber meines Wissens niemals weiter südlich, weder auf den Spitzen des Kaliman-Gebirges noch in den Hochgebirgs-Regionen der Südkarpaten, in den Fogaras- und Retezat-Massiven, mit den besten Gamsbeständen der Welt.

Ich habe keinen Karpatenjäger gekannt, der Birkwild erbeutet hätte, keinen auch unter meinen Bistritzer Jagdfreunden, die ja dort zu Hause waren. Auch unsere einheimischen rumänischen Waldläufer kannten den Birkhahn nur vom Hörensagen. Sie wussten nur zu sagen, dass er auf den felsigen Latschen- und Grasalmen des Kuhhornes und der „Schwestern" im Westen unseres Revieres angeblich vorkommen sollte. Keiner hatte ihn jedoch jemals gesehen. Denn wer mochte schon wegen dieses kleinen Vogels in diese unwirtlichen Höhen hinaufsteigen?

Ich aber hatte mir fest vorgenommen, dieses Fabeltier ausfindig zu machen und, wenn möglich, auch zu erlegen.

Wie so oft kam mir der Zufall zu Hilfe.

In den letzten Apriltagen meines letzten dortigen Aufenthaltes im Jahre 1944 war ich auf die Almen des „Berges des Menschen", des Omului, aufgestiegen, um den im Schutzwald unter der Baumgrenze vermuteten Balzplatz der Auerhähne ausfindig zu machen. Wie im vorhergehenden Kapitel beschrieben, wurde dies jedoch durch die ungünstige Witterung vereitelt.

Als wir aber am endlich klaren Morgen des vierten Tages unseren Abstieg beginnen mussten, ertönte schon vor Sonnenaufgang von den Almen des Stanisoara-Rückens, der vom „Berg des Menschen" abfiel, das Gurgeln des Spielhahnes! Ich hatte es niemals vorher gehört, erkannte es jedoch sofort.

Wenn er da drüben balzt, so müsste er ja auch hier am Omului zu finden sein, dachte ich, denn mich trennte ein tiefer Taleinschnitt von dem etwa zwei Kilometer entfernten Hahn. Ich durchsuchte auch sogleich mit viel Mühe im hohen Schnee die Lehne, auf der ich mich befand. Hier vermutete ich in den durch kleine Lichtungen durchbrochenen Latschenfeldern den Einstand des Birkwildes. Doch ich fand trotz intensiver Suche vorerst kein Anzeichen für seine Anwesenheit.

Zwischen dem Schutzwald und den Latschenfeldern aber, in einer Höhe von ungefähr 1 600 m, entdeckte ich zwischen den auf der Alm stehenden einzelnen verkümmerten Fichten Geläuf und Losung des Birkwildes. Nun wusste ich, in welchem Terrain ich es zu suchen hatte. Es schien hier jedoch so wenig Birkwild zu geben, dass ich mir ein besseres Gebiet suchen wollte.

Der älteste rumänische Bauernjäger des Dorfes, der schon achtzigjährige Pomahatsch, hatte mir gesagt, dass es auf dem Kuhhorn und den anschließenden Spitzen, dem Preluc und dem Dealu Rossu – dem Roten Berg – noch Birkwild gäbe. Die Jäger hier kannten keinen rumänischen Namen, sie nannten es nur „Pirkhahn". Diese Bezeichnung hatten sie höchstwahrscheinlich von unseren Jagdpächter-Vorgängern übernommen. Auch Pomahatsch selbst hatte ihn vor zehn Jahren zuletzt gesehen, seitdem hatte ihn kein Mensch da oben gesucht.

Am Morgen des zweiten Mai starteten wir zur „Birkhahn-Expedition" auf die weiten Almen des Preluc, die sich über der Baumgrenze ausbreiteten. Mit von der Partie waren zwei geschickte Jäger, mein alter Freund und Pürschbegleiter Juon und der junge, äußerst passionierte Florea. Beide waren, so wie ich selber, vom Ehrgeiz durchdrungen, den geheimnisvollen Bewohner der Almhöhen, den Birkhahn, kennenzulernen. Wir hatten Verpflegung für drei Tage dabei, eine Flinte, selbstverständlich auch die Büchse und auch die zu dieser Zeit in den Hochlagen unbedingt notwendigen Schneereifen.

Der ungefähr siebzehnhundert Meter hohe Preluc-Rücken, der sich vom Roten Berg zum Tal der Goldenen Bistritz hinunterzieht, ist die Wasserscheide zwischen dem Quellgebiet der Szamos und dem Lála-Bach und bildete auch unsere westliche Reviergrenze. Die Ostseite des Rückens in unserem Revier war eine von vielen felsigen Seitengraten durchbrochene Almwiese, darunter ein schier unendlicher Fichtenurwald. Ich war noch niemals in diesem Revierteil gewesen, meine Begleiter kannten ihn auch kaum. Umso spannender versprach diese „Entdeckungstour" zu werden!

Wir stiegen den einzigen Pürschsteig in Mittelhöhe des Riesenschlages des Dealu Negru, des „Schwarzen Berges", hinan. In diesem Südhang herrschte schon der Lenz! Der Schnee ist weg, die Buchen in den tieferen Lagen haben schon einen zarten, grünen Hauch, die Ringamseln singen.

Auch Rotwild steht immer noch hier, wo es den Winter mit der Grünäsung der Brombeerblätter überstanden hatte. Erst sehen wir vier Junghirsche, sie haben ihre Sechser- und Achterstangen noch nicht abgeworfen, dann zwei Althirsche, riesig im Wildkörper, mit kahlen Häuptern. Einige hundert Schritte höher zieht unterhalb des Pürschsteiges ein einzelnes Reh im Gewirr des Schlages. Ich beobachte es lange Zeit, bis ich das Haupt sehen und es ansprechen kann. Es ist eine Ricke. Schade, die Erlegung eines Karpatenbockes ist stets eine besondere Freude! Wir suchen auch die geeigneten Plätze für zwei neue Salzlecken aus. Nächste Woche schon wird das Salz draußen sein; das Wild benötigt es vorwiegend in dieser Jahreszeit, doch muss man mit dem Auslegen die Schneeschmelze abwarten.

Der Pürschsteig endete im Hochwald am Rücken des Schwarzen Berges. Von nun ab stapften wir weiter im Schnee, der aber zu unserem Glück infolge der Schmelze so hart war, dass er unser Gewicht trug und wir nicht die ungeschickten Schneeschuhe anschnallen mussten. So war auch der Anstieg nicht besonders ermüdend. Im oberen Teil des Schonwaldes kreuzten wir mehrere Geläufe vom Auerwild und durchsuchten darum den Nordhang des Hochwaldes in den oberen Lagen in der Hoffnung, einen noch unbekannten Balzplatz zu finden. Wir blieben ohne Erfolg, fanden jedoch die nagelfrische Spur eines Luchses, der wahrscheinlich hier auf Auerwild gepürscht hatte.

Bevor wir aus dem Wald kamen, führte unser Weg an einem seit dem Sommer verlassenen Schafspferch vorbei. Ringsherum hatte Rotwild auf zimmergroßer Fläche im Schnee geschlagen, um zu den Resten des für die Schafe ausgelegten Salzes und dem damit durchtränkten Erdreich zu gelangen.

Dann erreichten wir nach mehrstündigem Aufstieg die Alm. Im strahlenden Sonnenschein breitete sich vor uns das Panorama des Hochgebirges aus. Wir stiegen in ost-westlicher Richtung einen vom Preluc abfallenden Nebenrücken hinan zum Hauptgrat, um uns von da aus orientieren zu können, wie das Gelände da oben wäre und wo wir wohl den Kleinen Hahn suchen sollten.

Wir waren aber kaum einige hundert Schritt hinaufgestiegen, als ich zwischen verkrüppelten Fichten, wie drüben am Omului, die ersten Birkhuhngeläufe und auch Losung fand. Weiter oben vermehrte sich das Geläuf, es wurde dann auch eine Henne vor uns hoch. Nach der Zahl der Geläufe zu urteilen, mussten es mehrere Vögel gewesen sein, die jedoch hier offensichtlich nur ihre Äsungs-, nicht aber Balzplätze hatten.

Als wir um die Mittagszeit den felsigen Grat des Preluc erreichten, gingen weit entfernt vor uns zwei schwarze Hähne mit gesichelten Stößen hoch, den Grat weiter hinaufsteigend, von einer aperen Stelle unter uns in der Lehne noch weitere drei. Sie strichen mit blitzschnellem Flug und einem Schwingenschlag, der mich an den der Stockente erinnerte, weit, weit in die Ferne.

Jetzt wusste ich also schon, dass hier Birkhähne vorkamen. Von den fünf Hähnen könnte ich einen mit gutem Gewissen schießen, ohne dem Bestand Schaden zuzufügen. Ob wohl die Balz noch andauerte?

Wir scharrten den Schnee von einer Quelle weg, die wir am Hang gefunden hatten, und machten uns ans wohlverdiente Mittagsmahl. Inzwischen besprachen wir den Plan für den nächsten Morgen. Wir wollten feststellen, ob die Hähne noch balzten, wenn ja, wo der Balzplatz zu finden sei. Bekanntlich hält der Kleine Hahn genauso wie der Große seinen Balzplatz ziemlich sicher, doch im Gegensatz zum Auerhahn verbringt der Spielhahn die Nacht nicht in seiner Nähe. Er fällt nur bei Morgengrauen dort ein, um dann oft bis in den sonnigen Vormittag zu balzen. Wir beschlossen, von drei verschiedenen Stellen aus zu beobachten. Falls es uns gelang, den Balzplatz zu finden, wollte ich am nächsten Morgen versuchen, einen Hahn zu erlegen. Meine beiden Jäger sollten auf dem Hauptkamm etwa zwei Kilometer voneinander entfernt von sich dort erhebenden Felsblöcken Ausschau halten, ich aber wollte auf den vom Preluc abfallenden Rücken gehen, in dessen unterem Teil wir die Geläufe fanden. Die Südseite war nämlich schon aper. Ich vermutete, dass die Hähne im schneefreien Hang über der Baumgrenze ihren Balzplatz hatten.

Die Sonne hatte sich inzwischen schon über den Grat des Preluc geneigt. Es war höchste Zeit, dass wir einen Platz zum Übernachten suchten. Meine Jäger wussten eine Schäferkoliba unten im Schonwald. Nach langem Suchen fanden wir sie auch am Rande einer kleinen Lichtung, doch in welchem Zustand! Sie war schon fast zusammengebrochen, das Holzschindeldach halb abgebrannt. Wir machten uns schnell ans „Restaurieren". Wir fällten einige dünnere Fichten, füllten mit ihnen die großen, gähnenden Löcher in der Wand aus, legten größere Äste über die Lücken des Daches und machten uns aus Fichtenzweigen ein Lager. Brennholz für die Nacht war innerhalb von Minuten bereit, schon brodelte das Teewasser. Viel haben wir in dieser Nacht nicht geschlafen! Wir verbrachten die kurze Nacht ums Feuer sitzend, weil es hundskalt war.

Nach ausgiebigem Teetrinken und einem guten Stück Speck rüsteten wir schon um zwei Uhr nach Mitternacht zum Aufstieg. Trotz der schneidenden Kälte war das Wetter sehr günstig. Es war eine sternklare Nacht. So konnte ich hoffen, dass auch der Tagesanbruch klares Wetter bringen würde, dass man weit schauen und verhören konnte. Nach eineinhalbstündigem Aufstieg erreichte ich noch bei völliger Dunkelheit meinen Ansitzplatz auf dem felsigen, mit verkrüppelten Fichten und teilweise Latschen bewachsenen Grat und verkroch mich an einem Busch, von wo aus ich den steil abfallenden schneefreien Hang größtenteils übersehen konnte. Von hier aus könnte ich, wenn es notwendig wäre, vielleicht noch näher an den Hahn heranpürschen. In Ermangelung eines Drillings hatte ich sowohl Flinte als auch Büchse mitgenommen.

Es dauert lange bis zum Tagesanbruch! Sehr weit unter mir aus der Tiefe das gedämpfte, monotone Brausen des Gagi-Baches. Bis das zarte Rosa des nahenden Tagesanbruches über dem Dealu Rossu erscheint, bin ich schon fast erfroren! Meine Zähne klappern, so kalt ist mir.

Beim ersten Tagesanbruch vernehme ich die Stimme eines Hahnes von sehr weit her aus dem entfernt gegenüberliegenden Nordhang des Kuhhorns. Als „Gesang" ist die Stimme jedoch kaum zu bezeichnen, dieses in kürzeren und längeren eintönigen Strophen abwechselnde Kullern. Lu – lu- lu – lu – lu – hört es sich an, doch ist es für mich eine bezaubernde Musik! Dann, kurz danach, lässt sich ein anderer vernehmen, auch von sehr weit her, jedoch aus der entgegengesetzten Richtung, vom nördlichen Teil des Preluc-Grates. Nach Sonnenaufgang mischt sich auch ein dritter Hahn in das Konzert, er ist schon näher! Seine Stimme kommt vom Osthang des Preluc von irgendwo über mir. Ich kann unmöglich feststellen, aus welcher Entfernung sie kommt. Vielleicht könnte er überriegelt in einer Senke in meiner Nähe sein. Nur hört sich sein Gurgeln wie von weit her kommend an. Als ich dann über mir, aber schon viel näher, das Gackern einer Henne höre, später den „Tschihui"-Kampfruf des Hahnes, beschließe ich, auf meinem Platz zu bleiben, in der Hoffnung, dass sich der Hahn zur Henne umstellt.

Inzwischen ist die Sonne hochgekommen, doch der Schauplatz um mich herum bleibt leer. Alle drei Hähne balzen ununterbrochen von derselben Stelle. Auch der mir am nächsten kullernde Hahn „singt" vom gleichen Platz. Ich beschließe, ihn anzupürschen, in der Hoffnung, ihn zu Gesicht zu bekommen und seinen Balzplatz auszumachen.

Ich pürsche nun sehr vorsichtig unter dem Rücken des Seitengrates auf der schneefreien Seite hinauf. Das Kullern des Hahnes scheint von sehr weit her über mir von der Schneeseite des großen Hanges zu kommen. Ich ahne noch nicht, dass soeben die schwierigste, aufregendste Pürsch meines Jägerlebens begonnen hat!

Kaum war ich höher gekommen, als ich in einer Senke des schneefreien Hanges weit unter mir etwas Weißes im vertrockneten Almgras gewahrte. Mein vorzügliches Hensoldt-Glas zeigt mir eine äsende Birkhenne, deren weiße Unterstoß-Deckfedern der auffallende helle Fleck sind, wenn sie den Stoß von Zeit zu Zeit aufkippt. Nach und nach mache ich fünf Birkhennen aus, eine ganz kleine Schar. Ich kann sie nur der Bewegung nach erkennen, sie haben im braunen Gras durch ihre Färbung gute Deckung. Ein Hahn ist nicht dabei. Sein Kullern kommt von weiter oben.

Unbemerkt kann ich nicht über den Hennen vorbei, ich muss sie hochmachen. Ich hoffe jedoch, dass sie nicht in Richtung Hahn abstreichen, sonst ist es für heute Schluss mit der Jagerei. Sie tun mir den Gefallen und streichen über das tiefe Tal hinweg zum gegenüberliegenden Hang. Ich kann also meine Pürsch fortsetzen. Der Hahn kullert fast unentwegt mit nur kleinen Pausen und scheint nun nicht mehr weit über mir zu sein. Auf dem Grat über mir erhebt sich ein Felsblock. Von dort aus gibt es sicherlich gute Sicht auf die andere Seite. Vielleicht kann ich den Hahn sehen.

Meinen Hut ablegend, luge ich vorsichtig vom Fels hinüber. Ich werde den Anblick nicht vergessen, der sich mir bietet! Kaum hundertfünfzig Schritt entfernt auf einem schneefreien, kleinen Fleck kämpfen zwei sichelbefiederte schwarze Ritter ein Turnier aus. Mit lang nach vorn gestrecktem Hals sich gegenüberstehend, mustern sie sich lange Zeit, dann springen sie beide plötzlich meterhoch in die Luft. Der dritte Hahn aber steht einige Schritt abseits von den Kämpfenden und kullert in selbstvergessener Ekstase mit lang und tief vorgestrecktem Stingel. Ihre knallroten Rosen über den Augen blühen aus dem pechschwarzen Gefieder hervor. Die aufgehende Sonne vergoldet sie mit ihren Strahlen in der herrlichen Hochgebirgslandschaft.

Einige Minuten betrachte ich versunken dieses noch nie gesehene, großartige Bild. Dann inspiziere ich genau das Gelände. Mit der Kugel könnte ich von hier aus schießen, doch ist es ziemlich weit für einen sicheren Schuss. Die grobe Kugel würde auch den wundervollen Vogel arg zurichten, wenn ich ihn träfe. Aber die Situation scheint es zu erlauben, dass ich mich in Schrotschussnähe anpürsche. Der scharfe Grat, auf dem ich stehe, breitet sich nämlich in Richtung der Hahnen zu einem Sattel mit sanft buckeligem Rücken aus, auf dessen nördlichem Hang sich die Hähne befinden. Der Sattel ist aber vollständig kahl, nur mit Gras bewachsen und so flach, dass ich hinter ihm nur auf dem Bauch in Schrotschussnähe kommen kann. Doch ist auch auf dessen Südseite noch ein großer Schneefleck, der auch das lautlose Herankommen erschwert.

Noch ein Blick auf die Hähne: Alle drei haben vollständig entwickelte, gekrümmte Sicheln. Es wäre also einerlei, welchen ich schieße, falls es mir gelingt, heranzukommen. Nachdem ich mir ganz genau den Punkt des Sattels eingeprägt habe, wohin ich gedeckt gelangen muss, ziehe ich mich hinter dem Fels in volle Deckung zurück. Das aufregende Anpürschen beginnt, mein Herz schlägt jetzt schon in meiner Kehle.

Hinter dem Fels gehe ich etwa sechzig Meter hinunter auf die Südseite, um gedeckt nach oben pürschen zu können. Dann schleiche ich behutsam schräg den Hang hinauf auf den Punkt zu, den ich mir vorher ausgesucht hatte, und von wo ich hoffe, den Hahn schussgerecht zu haben. Im Schneckentempo, doch lautlos, komme ich voran, es scheint eine Ewigkeit zu dauern, bis ich unter dem Sattelkamm geduckt wieder auf eine Grasfläche gelange.

Das Kullern hat aufgehört, doch höre ich keinen Schwingenschlag des Abstreichens, also müssen die Hahnen noch hier sein. Ich benötige noch etwa zwanzig Schritt, um zum höchsten Punkt des Sattelrückens zu gelangen, wo meine Deckung endet.

Plötzlich sehe ich auf etwa achtzig Schritt links über mir einen Hahn, der auf dem Grat des Sattels kommt. Ich bin in seiner vollen Sicht, kann also nichts anderes tun, als so flach wie möglich im Gras liegenzubleiben. Wenn er mich jetzt eräugt, streicht er ab und nimmt sicher auch die anderen Hähne mit! Doch er ist ganz vertraut und pickt im Gras herum. Als er mir den Rücken zudreht, krieche ich noch ein, zwei Schritte vor. Dann hört die Deckung auf, es muss die Entscheidung fallen.

Die Nerven sind zum Bersten gespannt, als ich mich erhebe! Mit der Flinte an der Schulter stemme ich mich erst auf die Ellbogen, dann mit einem schnellen Ruck aufs Knie. Dort ist der Hahn, kaum dreißig Schritt entfernt, er sichert mit langem Stingel. Es währt nur den Bruchteil eines Augenblickes bis der Schuss fällt, der Hahn sinkt zusammen.

Ich weiß nicht genau, was in den darauffolgenden Minuten passierte. Ich weiß nicht, wohin die beiden anderen Hähne abstrichen, ob ich in meiner Freude Luftsprünge getan, geschrien oder gelacht habe. Ich kann mich nur daran erinnern, dass ich dann im Gras saß und die stahlblauen Federn des Hahnes streichelte.

Florea und Juon kamen vom Hauptkamm herunter. Sie hatten den Verlauf der Pürsch gut sehen und voller Aufregung verfolgen können.

Es ist ein alter Hahn! Seine Sicheln sind voll gekrümmt, über den Augen große, knallrote Rosen, der Nacken ist kahl. Der Alte musste ein großer Kämpfer gewesen sein!

Er hängt am Stiel der Axt auf dem Rücken Juons, als wir den Abstieg zur Hütte antreten. Dort binden wir die wunderbaren Sicheln zwischen zwei Holzschindeln, damit sie nicht brechen, und wandern mit unserer stolzen Beute hochbeglückt hinunter ins weit entfernte Mariental.

Hubertus, der Heilige, war gnädig zu mir gewesen. Ich konnte das seltenste Wild der Ostkarpaten, wohl meine wertvollste Jagdbeute, nach der schwierigsten, aufregendsten Pürsch meines Jägerlebens erbeuten!

Und dann einmal fällt es in den Schoß ...

An einem Morgen der letzten Apriltage 1944 ging eben strahlend die Sonne über dem Rücken des Glodului-Berges auf, als ich, die Büchse geschultert, aus dem Hauptquartier in Mariental aufbrach.

Die vorhergehenden Tage war ich zur Balz des Großen Hahnes in entfernten Revierteilen unterwegs gewesen und hatte nun für diesen Morgen noch keinen festen Jagdplan, da die Bockjagd erst am 1. Mai aufging. Nun war ich sehr scharf auf einen Bären. In den ersten zwei Jahren unserer Karpatenjagd waren wir noch voller Zuversicht. Nur Zeit lassen mit Meister Petz, es eilt nicht! Bären schießt man nicht wie Rehböcke, höchstens zwei, drei in einem Jägerleben. Es sollen auch besondere Bären sein, unter möglichst besonderen Umständen erlegt! Nun aber donnerte die Kriegsfurie schon in Hörweite hinter dem Karpatenkamm, und ich begriff, dass es mit dem Bären sehr eilig wurde!

Im Frühjahr ist der Bär meistens leicht ans Luder zu kirren. Wenn er sein Winterlager verlässt, hat er Hunger, zu dieser Zeit ist er auch Allesfresser bei wenig Fraß in der Natur. Wenn er das Luder findet und annimmt, so kommt er meistens einige Tage lang abends regelmäßig noch bei Büchsenlicht zum Luderplatz zurück. Deshalb war es in den Ostkarpaten Brauch, Pferdeluder auszulegen. Alte, ausgediente Huzulenpferde gab es immer, man konnte sie meistens für einen niedrigen Preis erwerben. Natürlich mussten diese Luderplätze ständig kontrolliert werden, um die Anwesenheit eines Bären rechtzeitig festzustellen.

Ich wollte meine Chance nutzen und hatte sogar zwei Luder vor meiner Ankunft auslegen lassen. Es waren inzwischen schon zehn Tage verstrichen, es kam immer noch keine Meldung, dass ein

Das Tal des Rusaia-Baches, der in die Goldene Bistritz fließt. Hier versuchte ich mein Heil in der Brunft 1942.

Links: Die erste Jagdbeute; aus der Dickung brachten sie die Hunde.
Rechts: Die Fährte der Sau, wie eine Furche im tiefen Schnee

Die „Kriegstraße" in den Latschenfeldern auf dem Vurful Omului, auf der 1915/16 Geschütze und Nachschub herangebracht wurden.

Links: Hochsitz im Karpatenschlag. Man verblendete dort Sitz und Leiter.
Rechts: Im tief verschneiten Winter: Das Tal des Gagi-Baches, gegenüber der Schlag des Dealu Negru, des „Schwarzen Berges". Um hier zu jagen, braucht man ein gutes Herz und flinke Beine.

„Vurful Omului", der „Berg der Menschen"; im Vordergrund das Quellgebiet des Rusaia-Baches

Meine „Koliba" in der Rusaia, damals die schöne, zünftige Unterkunft des Karpatenjägers

Auf der Almwiese war er im Feuer zusammengebrochen. Nie habe ich einen Bock geschossen, der längere Stangen besaß.

Links: Der „kugelfeste" Rehbock – Rechts: Eine Waldwiese am Glodului, ein beliebter Äsungsplatz des Rehwildes

Links: Florea mit seiner Flöte – Rechts: Zum Holzschwemmen benutztes Bachbett. Oft blieben die Stämme auch dort liegen.

Auf dem Dachboden der Almhütte war unser Quartier ...

Das war nicht bloß ein „Küchenbock" (rechts im Foto meine Frau)

Auf einsamer Höhe: die Latschefelder des Omului. Leider sah ich hier oben nie Wild.

Ein Bergrücken hinter dem anderen, fast bis ins Unendliche

Berggehöft in der Facia Cruci: unser letztes Brunftrevier

Im Wirrwarr des gegenüberliegenden Schlages brunftete der Hirsch – wahrlich ein weiter Schuss

Auslug auf den Felsen, von dem aus ich den Hirsch schoss

Mein einziger Karpatenhirsch; ich hätte ihn gerne wieder zum Leben erweckt.

Der Frühling kehrte schon ein. Auch wenn es unvorschriftsmäßig ist: Ich finde es eindrucksvoller, wenn Flugwild zum Fotografieren an den Ständern aufgehängt wird.

Hier oben balzt der Spielhahn.

Links: Die seltenste Jagdbeute in den Ostkarpaten – Rechts: Meine beiden Jäger an der luftigen Unterkunft, in der wir übernachtet hatten

Links: Ein geglücktes Spiel des Zufalls – Rechts: Das „Urwaldgespenst" –
Sau anstelle eines Bären

Der Kirrplatz für Bären. Rechts oben auf dem Felsen ist der Ansitzplatz.

Windbruch in Covasna. Das Revier liegt auf einem Hochplateau und ist deshalb weniger beschwerlich als unser einstiges Karpatenrevier 300 km weiter nordwärts.

Der Platzhirsch des Gór-Berges mit gewaltiger Auslage

Schwieriger Abtransport des Hirsches

Links: Der König der Karpatenwälder, der Hirsch vom Jägerschlag. – Rechts: Und wieder fiel ein Guter auf dem Gór-Berg, fast an derselben Stelle wie im Vorjahr.

In der warmen Mittagssonne vor der neuen Jagdhütte auf der Maricska. Sie lag mitten zwischen den Brunftplätzen und wir vergrämten in Kürze das Wild.

Links: Der langstangige Eissprossenzehner im verfilzten Schlag, in dem ihn H. anging – Rechts: Der zurückgesetzte „Klotzhirsch", stand nahe den Arbeiterhütten.

Tiefer Schnee auf den Höhen – mitten in der Brunft

Das Forsthaus im Haupttal. So eine bequeme Behausung hatte ich noch nie in den Karpaten.

Hans mit seinen zwei Hirschen der Brunft 1974

Luder angenommen sei, obwohl beide Luderplätze schon seit vielen Jahren regelmäßig beschickt worden waren und nicht nur ein Petz dort aus der Decke geschlagen worden war.

Der nächste Luderplatz lag kaum eine Gehstunde von Marental entfernt in einem Seitental des Persa-Baches. Ich war noch nie dort gewesen, aber man hatte mir gesagt, in welchem Bachbett das Luder auf einer kleinen Lichtung lag. Am Rand dieser Lichtung stand gedeckt ein Hochsitz, zu dem ein kaum befahrener Holzabfuhrweg am Rande des Bachbettes führte. Ein lieber Freund und unser Jagdgast hatte im vorigen Frühjahr an diesem Luder vom Hochsitz aus eine Altbärin mit drei halbwüchsigen Jungbären über mehrere Stunden dabei beobachtet, wie sie sich am „Leckerbissen" gütlich taten.

Ich hatte in den letzten Tagen von diesem Luderplatz keine Meldung bekommen. Darum beschloss ich, an dem „unbeschäftigten" Morgen auf eigene Faust den Luderplatz zu kontrollieren.

So gegen fünf Uhr pürschte ich bei schon völligem Tageslicht noch das Wiesental des unteren Bachlaufes entlang, um in den höher gelegenen Wald zu gelangen, als ich einen mir bekannten rumänischen Bauernjungen aus Marental traf, der mit der Axt unter dem Arm ebenfalls dem Wald zustrebte. Er bot sich an, mich zu begleiten, da er auch den Platz genau kannte, wo das Luder lag. Ich nahm natürlich mit Freuden an – und das war wieder ein glücklicher Zufall, wie wir gleich sehen werden.

Es war gegen sechs Uhr, die Sonnenstrahlen fielen schräg durchs Gezweig, als mir mein Begleiter durch Zeichen andeutete, dass wir nun in der Nähe des Luderplatzes seien. Es war natürlich nicht zu erwarten, dass zu dieser Tageszeit Wild am Luder sein könnte, doch der Teufel schläft bekanntlich nie!

Wäre ich alleine gewesen, so hätte ich nichts von der Nähe des Luders gewusst und wäre gewiss weniger vorsichtig gewesen. So aber pürschte ich behutsam den Holzabfuhrweg hinan, bis ich auf etwa achtzig Schritt vor mir die kleine Lichtung im Hochwald gewahrte. Mitten auf ihr stand breitseits ein Tier von der Größe der dortigen riesigen Schäferhunde, das in der Sonne ganz hellgrau, fast weiß wirkte. Kopf und Keulen waren von Fichtenstämmen verdeckt, Blatt und Rippenpartie jedoch vollständig frei.

Ich hätte das Tier gewiss für einen Hund gehalten, schon wegen der späten Tageszeit und der auffallend hell wirkenden Farbe, wäre bestimmt so lange herumgetreten, bis es abgesprungen wäre. Doch hatte ich meinen Begleiter hinter mir, der, als er das Tier sah, mich am Arm packte und mir das Zauberwort ins Ohr raunte: „Lup!"

Ich musste nur einen halben Schritt nach rechts treten, um am nächsten Stamm anstreichen zu können. Auch von hier aus hatte meine Kugel freie Bahn. Von hier konnte ich am unverdeckten Halsansatz sehen, dass der Kopf des Wolfes zum Fraß nach unten geneigt war. Ich ließ mir keine Zeit, das Jagdfieber aufkommen zu lassen. Fest stand das Fadenkreuz fingerbreit hinter dem Blatt, als der Schuss brach.

Bei keinem anderen Wild hatte ich jemals ein solches Zeichnen erlebt; denn wie ein abprallender Gummiball schleuderte sich der Wolf mit einem Riesensatz Richtung Bachbett und war vom Erdboden verschwunden! Wir gingen zum Anschuss. Ich war meiner Kugel ziemlich sicher, aber es war doch ein schlechtes Gefühl, neben dem Pferdekadaver, wo der Wolf gestanden hatte, weder Schnitthaar noch einen Tropfen Schweiß zu finden. Aber Schritte weiter lag der Wolf verendet in der steilen Böschung des Bachbettes!

Es war eine Altwölfin, weder säugend noch tragend. Sie hatte das stattliche Gewicht von 45 Kilogramm! Der Balg war bis zur Luntenspitze 190 cm lang. Das 8 x 60-Magnum-H-Mantelgeschoss hatte keinen Ausschuss ergeben.

In den Ostkarpaten einen Wolf zu schießen, ist ein sehr, sehr seltenes Waidmannsheil für einen Jäger, der nicht ständig dort lebt. Obwohl es damals dort viele Wölfe gab, waren sie doch nirgends und überall! Aber keiner meiner vier Freunde und Mitpächter, auch keiner unserer Gäste, hatte jemals auch nur den Anblick eines Wolfes! Ich kann auch die Zahl der vielen „Herrenjäger", die ich damals und auch seit dem Kriege kannte und die einen Wolf dort erlegt hatten, an den Fingern einer Hand aufzählen!

Vielleicht nur ein Raubwild der Ostkarpaten ist seltener als der Wolf, der Luchs! Der ist auch überall gegenwärtig – und doch nirgends. Ab und zu sieht man seine Fährte, aber ein Zusammentreffen mit ihm ist so gut wie ausgeschlossen. Wenn mit Bracken oder Stöberhunden gejagt wird, was in alter Zeit ständig Brauch war, doch nun in Vergessenheit gerät, ist dem Luchs leichter beizukommen, da er vor den Hunden meistens aufbäumt, verbellt und dann leicht geschossen wird. In Fallen wird er auch leichter gefangen als der Wolf.

Jedenfalls habe auch ich, der „Wolfjäger", nie einen Luchs zu Gesicht bekommen.

Die Decke des Wolfes ist bei Krieg und Kampf in Budapest beim Präparator wie durch ein Wunder erhalten geblieben. Heute noch, fünfunddreißig Jahre nach ihrer Erbeutung, hängt sie an der Wand meines kleinen Zimmers in friedlicher Eintracht mit einigen ungarischen und einem englischen Rehbock, einem deutschen, starken Muffelwidder, einem uralten bayerischen Gamsbock und einem grimmen Kaffernbüffel aus Tansania als einzig verbliebenes, greifbares Andenken an die „ewigen Jagdgründe".

Bärenansitz

„Ursu muncat!" – „Der Bär hat gefressen!" – stand es in lakonischer Kürze und geschrieben mit primitiven Lettern von der Größe eines Spatzenkopfes auf dem zerknitterten Zettel. Es war die Handschrift des rumänischen Bauernjägers und unseres Hegers, Mihail Ambrose. Ein Bote mit großkrempigem schwarzem Hut, in weißem Hemd und weißen Hosen aus heimgesponnener Leinwand, zog die Botschaft aus seinem breiten, bestickten, ledernen Gürtel hervor.

Die Vorgeschichte dieser schon lange erwarteten Meldung, die große Aufregung bei mir verursachte, war, dass ich in der Hirschbrunft 1943 meinen schon lange fälligen ersten Bären nach Möglichkeit strecken wollte. Es waren damals sehr turbulente Zeiten. Es war deshalb angebracht, mit nichts zu warten, was einem geboten wurde.

Zu diesem Zweck hatte Meister Ambrose auf mein Konto, zu einem Preis, der fast die Hälfte meines damals noch ziemlich mageren Monatsgehaltes betrug, einen alten, ausgedienten Gaul gekauft, getötet und am Bären-Luderplatz im Albu-Bach angelegt. Die Läufe waren mit starkem, dickem Draht an einen Strauch gebunden, damit der Bär das Luder nicht wegzerren konnte und genötigt war, draußen auf der kleinen Lichtung zu schmausen.

Dieser Luderplatz im Tale des Albu-Baches war ein außerordentlich berühmter Ort! Seit Menschengedenken war dies nämlich die beste Luderstelle des Reviers, wo die Bären Jahr für Jahr angekirrt wurden. So hatte nicht nur ein Petz hier seine Decke einbüßen müssen! Der kleine Gebirgsbach durchquerte an dieser Stelle ein tiefes, enges Tal mit steilen, felsigen Lehnen. Hier lagen, wie es in den engen Betten der Karpaten-Bäche meistens der Fall ist, angeschwemmte Baumstämme haushoch aufgetürmt. Der Luderplatz befand sich an einer Stelle, wo das Bachbett sich zu einer vielleicht dreißig Schritt langen und zehn Schritt breiten, begrasten Blöße ausbreitete. Über dieser Blöße erhob sich westlich ein etwa dreißig Meter hoher, steilwandiger Felsen, auf dessen Höhe der Ansitzplatz eingerichtet war. Hier war der Jäger vor dem Verrat durch jede Brise fast vollständig geschützt. Zum Ansitz führte ein in die Berglehne eingehauener, seit Jahrzehnten in Ordnung gehaltener Pürschsteig. So konnte man also jederzeit mit gutem Wind, gedeckt und lautlos zum Ansitzplatz gelangen. Auch um das Luder zu kontrollieren, brauchte man seine Wittrung nicht am Luderplatz verbreiten. Vom Ansitzplatz aus war es leicht, aus einer Entfernung von etwa fünfundzwanzig Schritt genauestens festzustellen, was sich dort unten ereignet hatte. Mit dem Glas sah man sogar die Spuren und Fährten.

Es war in jeder Beziehung ein idealer Ansitzplatz! Gewiss wäre es leichter gewesen, den Bären im Frühjahr ans Luder zu bringen. Nach dem Winterschlaf nahm er es meistens sofort an. Zur Hirschbrunft jedoch, wenn alle Beeren reiften, wenn die Schläge voller Himbeeren und Blaubeeren standen, hatte er dort stets einen gedeckten Tisch. Dennoch hoffte ich, dass in den drei Wochen meines Jagens im Urwald das Luder vom Bären angenommen würde und ich ihn zur Strecke bringen könnte.

Die Jagdgötter waren mir jedoch abhold. Nicht nur, dass in den ersten zwei Wochen der Bär nicht gefressen hatte, ich hatte auch keinen Hirsch erlegt, nur einen in Anblick bekommen. Ich hatte sogar keinen einzigen Hirschschrei vernommen. In diesem Jahre gab es eine außergewöhnliche Hitze und Trockenheit, bei der die Brunft nicht in Gang kommen wollte.

Am letzten Septembertag machte ich also einen Standortwechsel in das einen ganzen Tagesmarsch entfernte, nördlich gelegene Rusaia-Tal, um es dort mit den Hirschen zu versuchen. Ambrose aber wurde angewiesen, mir sofort einen Boten nachzuschicken, falls der Bär das Luder annehmen sollte.

So erreichte mich dann der „Brief" Ambroses in meiner Koliba in der Rusaia. Doch dort schrien die Hirsche! Ich bemühte mich um diese und konnte kein Herz fassen, sie des Bären wegen aufzugeben. Ich gab noch zwei Tage in der Rusaia drauf, bekam keinen Hirsch in Anblick, geschweige denn zur Strecke. Dann übersiedelte ich wieder zurück ins Valea Mare.

Wir waren frühmorgens losgezogen, so dass ich am frühen Nachmittag schon beim weit in den Wäldern versteckten Gehöft Ambroses ankam. Als er meiner ansichtig wurde, warf er seinen Hut zu Boden. Doch nicht nur mein spätes Erscheinen war der Grund seines Zornes, sondern wahrscheinlich auch die gewaltige Schnapsfahne, die ihm entstieg.

„Domnule, ursu muncat, du nicht kommen, ursu fressen Pferd, war Pferd, nix Pferd!"

Zum Teufel, war das aber eine schlechte Nachricht. Ich hatte nämlich erhofft, den Bären an diesem Abend zur Strecke bringen zu können. Und nun war er mir plötzlich entflogen, wie der gewisse Spatz aus der Hand!

Ich versuchte dann, Ambrose auszufragen. Der war zunächst voller Zorn, dann jedoch beruhigte er sich und meinte, dass wir den Bären kaum noch erlegen würden. Es war nämlich so gewesen, dass er an dem Tag, an dem ich in die Rusaia umzog, das Luder kontrolliert hatte und feststellte, dass es der Bär in der vorhergegangenen Nacht angenommen hatte. Es wäre dann schon zu spät gewesen, um mich erreichen oder benachrichtigen zu können. Es schien ihm dies auch nicht besonders dringend zu sein, denn es war anzunehmen, dass der Bär nach drei Tagen, in der Zeit, die ich unserer Verabredung gemäß in der Rusaia zu verbringen gedachte, ganz regelmäßig zum Luder kommen würde und ich dann die besten Chancen gehabt hätte. Es kam jedoch so, dass Meister Petz auch in der darauffolgenden Nacht ein großes Gelage feierte, so dass er den Großteil des Pferdes in zwei Nächten verzehrt hatte. Ambrose hatte ferner feststellen können, dass nicht nur einer, sondern gleich drei Bären, ein Kapitaler, ein Mittelbär und ein schwacher, das Luder besucht und natürlich auch davon gefressen hatten.

Seiner Meinung nach könnte einer der Bären auch noch an diesem Abend am Luder sein, gewissermaßen zur Nachlese, aber die Aussichten dafür ständen schlecht.

Es war wirklich ein gewaltiges Pech! Doch wollte ich versuchen, noch zu retten, was zu retten war. Wir pürschten also sehr vorsichtig zum Ansitzplatz. An dieser verlassenen und ungestörten Stelle konnte der Bär auch schon bei Tageslicht am Luder sein. Endlich kamen wir oben am Felsensims an. Ambrose blickte vor mir vorsichtig hinunter, dann winkte er enttäuscht ab. Der Luderplatz war leer! Der Bär hatte die Reste des Pferdes weggeschleppt. So musste ich an einem leeren Luderplatz darauf warten, dass der Bär vielleicht doch noch durchwechselte, um seinen einst gedeckten Tisch zu kontrollieren.

Unangenehm war jedoch, dass mir Ambrose das Rauchen untersagte. Er meinte, dass der sehr vorsichtige Bär den Rauch wittert. Ich bin nun anderer Meinung, aber ich musste mich des wiedergewonnenen Friedens willen fügen. Wahr ist aber natürlich, dass mit dem Anstecken und Rauchen der Zigarre oder Zigarette Bewegungen unvermeidlich sind, die jedoch dem Wild, wenn man sie vorsichtig ausführt, meistens nicht auffallen. Wahrscheinlich ist es beim Bären auch so, aber ohne Erfahrung musste ich mich meinem Meister fügen.

Die Uhr zeigte halb fünf. Um sechs Uhr ist es im Oktober in diesen östlichen Gefilden schon ganz dunkel, obwohl wir zunehmenden Mond hatten. Doch dieser war noch zu schwach, als dass er uns hätte helfen können. Ambrose meinte, dass der Bär meistens vor oder bei Abenddämmerung ans Luder tritt. Wir hatten leider nur eine ganz kleine Hoffnung dafür, doch saßen wir unbeweglich und beobachteten ständig unsere Umgebung.

Plötzlich war bei noch völligem Büchsenlicht aus der vollständig uneinsichtlichen Dickung des Gegenhanges ein Brechen von Knochen drei, viermal hintereinander zu vernehmen! Der Bär war also doch noch gekommen und verzehrte die verschleppten Reste des Pferdes. Die Lage war völlig hoffnungslos, denn ich konnte kein Haar von ihm sehen, und an ein Anpürschen war in dieser

Dickung überhaupt nicht zu denken. Nach einer Weile hörten auch diese Geräusche auf.

Beim Heimmarsch beratschlagte ich mit Ambrose. Wir waren beide äußerst enttäuscht und zerbrachen uns nun den Kopf, was an der Lage überhaupt noch zu retten wäre. Die beste Lösung wäre freilich, morgen ein neues Pferd als Luder auszulegen. Wenn der Bär sogleich ein frisches bekäme, wäre die Wahrscheinlichkeit groß, dass er den neu gedeckten, gewohnten Tisch auch weiterhin annehmen würde. Doch war es vollständig ausgeschlossen, in so kurzer Zeit einen anderen Gaul aufzutreiben. Darum kamen wir zum Schluss auf den Gedanken, dass ein Schaf herhalten sollte. Doch bestand dann die Gefahr, dass der Bär das Schaf „auf einen Sitz" vertilgen könnte. Am Schaf musste ich also jeden Abend ansitzen und konnte nicht so lange warten, bis das Luder angenommen war.

Wir klopften an der Tür des im Tal an unserem Wege gelegenen Bergbauern an, von dem Ambrose wusste, dass er ein lahmes Schaf hatte. Wir hatten auch Glück; denn das schwarze Tier war noch nicht den ewigen Weg aller Lebewesen gegangen, wir konnten es auch preiswert erstehen.

Anderntags wurde das Schaf von Ambrose zum Bärenkirren verwendet. Wir verabredeten, dass ich am selben Abend noch nicht ansitzen sollte; es sei nicht anzunehmen, dass der Bär an der Stelle, der noch Menschenwitterung anhaftete, das frische Luder annehmen würde.

Am dritten Tag waren Ambrose und ich um drei Uhr nachmittags schon im Albu-Bach zum Luderplatz unterwegs. Sowohl das Schaf als auch die übriggebliebenen verstreuten Knochen des Pferdes waren unberührt. Kurz nach drei Uhr nahmen wir unsere Plätze ein, um Meister Petz nunmehr unbeweglich und ohne zu rauchen ansitzend zu erwarten. Ambrose nickte bald ein und schlief seinen gerechten Schlaf still schnaufend an meiner Seite. Beim Luder aber tat sich nichts. Als dann endlich Ambrose erwachte, wechselten wir die Rollen, nun nickte ich kurz ein. Doch kaum war ich weg, erwachte ich durch einen leisen Druck von Ambroses

Ellbogen. „Fuchs!", flüsterte er leise. Als meine Augen sich allmählich an das Halbdunkel gewöhnt hatten, erkannte ich auch eine Bewegung neben den Knochen des Pferdes. Durchs Glas konnte ich dann den starken hellen Fuchs genau ansprechen. Er zeigte eine große, weiße Luntenspitze, die sofort ins Auge stach. Ich hätte ihn nur allzu gerne geschossen, was auf die nahe Entfernung von kaum dreißig Schritten auch im schlechten Licht kein besonderes Kunststück gewesen wäre, doch konnte man wegen des Bären hier nicht auf Füchse ballern. Er rührte das Schafluder überhaupt nicht an und schnürte nach kurzer Zeit das Bachbett hinauf. Eine halbe Stunde saßen wir noch, dann gaben wir auf.

Am nächsten Nachmittag ging ich alleine zum Ansitz. Der Luderplatz war leer, auch war das Schaf nicht angerührt worden. Da es noch sehr zeitig war, nahm ich lautlos Platz und vertrieb mir die Zeit mit dem Schreiben meines Jagdtagebuches.

Der Nachmittag verlief vollständig ruhig. Der Himmel bezog sich, es fing an, leise zu regnen, doch hörte der Regen schnell wieder auf. Die Luft war jedoch spürbar kühler geworden. Hoch über mir auf dem Grat bogen sich die alten Fichten unter dem Druck des Sturmes. Doch hier unten in der Kluft war vom Wind nichts zu merken.

Inzwischen wurde es dunkel. Ich musste mit dem Schreiben aufhören. Es war schon tiefe Dämmerung, als ich im Glas einen großen dunklen Fleck unter einer Jungfichte am Rande des Gegenhanges gewahrte. Mein Atem stockte. Doch ging meine Aufregung schnell vorbei, als ich den dunklen Fleck eingehender besah und feststellen musste, dass dies, was ich im ersten Augenblick als Bären angesprochen hatte, nur ein tiefer Schattenfleck war. Es war schon weit über sechs Uhr, es wurde mir auch sehr kalt. Der weitere Ansitz hatte keinen Sinn mehr, da man nichts mehr sehen konnte.

Am nächsten Tage weckte mich Ambrose aus meinem Nachmittagsschläfchen. Er erzählte, dass die eine Keule des Schafes in der Nacht angeschnitten worden sei, doch sicher nicht vom Bären; denn dieser hätte mehr davon gefressen. Als er das Luder kontrollierte, tat sich an ihm gerade ein Steinadler gütlich, vielleicht war er oder ein Fuchs der Täter gewesen. Unter solchen Umständen würde er vorschlagen, abends nicht zum Ansitz zu gehen und uns dafür den Hirschen zu widmen.

Gemäß diesem Entschluss zog ich dann am Nachmittag des 11. Oktober schon gleich nach Mittag zum Albu-Bach los. Der Abend versprach klares Wetter, wir hatten fast schon Vollmond. Ich wollte es am Ansitz so lange aushalten wie ich nur konnte. Es war schon herbstlich kalt hier oben in den Bergen; ich hatte mich warm angezogen und entgegen dem Rat von Ambrose auch einen Mantel mitgebracht. Als ich die Lehne hochsteigend zum Beginn des Pürschsteiges kam, sah ich einen Steinadler niedrig über dem Tal und dem Luderplatz kreisen. Ich duckte mich an einen Stamm und beobachtete den Greif, der majestätisch seine Kreise zog. Zwei Kolkraben, seine Begleiter, waren auf der Spitze einer hohen Fichte aufgeblockt und ließen von da aus ihr „klong-klong" ertönen. Sie waren an dem von mir gedeckten Tisch!

Am Ansitzplatz blies ein eisiger Wind, der von den Höhen des Omului herunterströmte und meine Knochen durchdrang. Wie klug ich doch war, einen Mantel mitzunehmen, ohne den ich das Ansitzen keine Minute lang ausgehalten hätte. Ich versuchte, mein Tagebuch zu schreiben, denn Wild konnte ich vorerst kaum erwarten. Doch musste ich damit nach einigen Minuten aufhören, weil meine Hände vollständig verklammten.

Ich fror fürchterlich und fand das Warten aussichtslos. Am liebsten wäre ich aufgestanden, um diesem Teufelsort den Rücken zu kehren. Unten am Luder war es fast vollständig dunkel geworden, so dass ich den schwärzlichen Fleck des Strauches und daneben links den noch dunkleren des Schafes auch mit meinem Nachtglas nur ahnen konnte. An diesen Strauch war das Luder mit den Drähten angebunden.

Ungeduldig wartete ich weiter. Zehn Minuten vor sechs aber verließ mich meine Geduld vollständig. Ich griff zu der in der Ecke lehnenden Büchse, um zu gehen. Doch hielt mich etwas zurück, ich beschloss bis sechs Uhr auszuharren. Dann blickte ich wieder zum Luder hinunter und verstand vorerst gar nicht, was dort passiert war. Ich sah rechts vom Busch eine andere gleich dunkle Masse. Ich konnte diesen zweiten dunklen Fleck nicht deuten, der dort ungehört aufgetaucht war. Mechanisch griff ich zum neben mir auf der Bank liegenden Glas. In diesem Augenblick bewegte sich die graue Masse und stellte sich breit. Der Bär war da! Endlich war er gekommen, die vielen Mühen nicht umsonst gewesen.

Ich sah nun, dass die große, dunkle Masse einen Schritt zum Luder tat und ein Stück herausriss. Dann nahm ich die Büchse zur Hand. Ich wollte mit dem Schuss keinen Augenblick warten! Inzwischen war jedoch der Bär zwei, drei Schritte zurückgetreten. Als ich ihn jetzt durch das Zielfernrohr suchte, stand er wieder spitz. Ich konnte bei dem düsteren Licht nicht sehen, ob von vorn oder von hinten. Obwohl ich das Fadenkreuz-Abkommen im vierfachen Zielfernrohr nicht sah, stellte ich fest, dass der Raum zwischen den drei dicken Balken des Abkommens vollständig vom Wildkörper ausgefüllt war. So konnte ich trotz der schlechten Sicht noch einen sicheren Schuss abgeben.

Einen Augenblick später stellte er sich wieder breit. Ich erkannte an den Umrissen des Wildkörpers, dass er mit dem Haupt dem Luder zugewandt stand. Und als ich zwischen den dicken Balken des Abkommens sein Blatt ahnte, berühre ich den gestochenen Abzug.

Ein gewaltiger, fast ohrenbetäubender Knall, ein starkes Mündungsfeuer, durch das ich sah, dass das Geschoss den Bären zu Boden warf und er mit den Branten um sich schlug. Ich repetierte mechanisch und schoss die zweite Kugel in die Mitte seines Rückens. Ich wusste, dass diese auch ins Leben ging, deswegen blickte ich nun durchs Glas, ob er sich noch bewegte, und als ich sah, dass er noch mit den Branten zuckte, gab ich ihm noch einen Fangschuss.

Ich sprang auf, lehnte das Gewehr in die Ecke, wusste vor lauter Freude gar nicht, was ich tun sollte! Der Bär lag, ich hatte meinen Bären geschossen, ich konnte es kaum fassen! Nach geraumer Zeit fiel mir ein, dass ich jetzt rauchen durfte. Nachdem ich einige Züge der Zigarette genossen hatte, kamen meine Nerven etwas zur Ruhe.

So viel wusste ich jetzt sicher, dass der Bär da unten ein starkes Exemplar war.

Immer wieder betrachtete ich ihn durchs Glas. Es fiel mir nun aber bei dem auf der Seite liegenden Wild die graue Farbe und insbesondere sein Haupt mit hellen Backen auf. Es war doch wohl nicht möglich, dass es eine Sau sein könnte? Nein, sicher nicht, nur ein Bär!

Ich wusste nun nicht, wie man vom schroffen Felsen hinunter zum Luderplatz kam. Gab es dort irgendeinen Steg? Ich versuchte es erst gar nicht, sondern ging den Pürschpfad zum Bach hinunter, um am Bachbett entlang zur Blöße mit dem Luderplatz wieder hinaufzusteigen. Als ob es eine Eingebung gewesen wäre, hatte ich heute ausnahmsweise einmal meine Taschenlampe eingesteckt, ohne deren Licht ich mir höchstwahrscheinlich meinen Hals gebrochen hätte.

Nach einem halsbrecherischen Turnen weitete sich die Welt plötzlich vor mir aus: Ich kam endlich zu der kleinen grasigen Lichtung. In diesem Augenblick roch ich auch schon den süßlichen Verwesungsgeruch des Luders. Nun war der Bär unmittelbar vor mir!

Ich war wohl davon überzeugt, dass keinerlei Leben mehr in ihm steckte, und doch legte ich meinen Bergstock zu Boden, nahm das Zielfernrohr von der Büchse, in die linke Hand die Taschenlampe, in die rechte die entsicherte Büchse, obwohl ich in dieser Finsternis einen Angriff des Bären zweifelsohne nicht hätte abwehren können.

Ich machte noch vorsichtig einige Schritte nach vorne, dann sah ich ganz nahe vor mir eine große graue Masse! Und was entdeckte ich im Schein der Lampe? Anstatt des erwarteten Bären – eine starke Sau!

Ich war eigentlich nicht so sehr enttäuscht, als ich sah, dass meine Beute ein uriger, gewaltiger Keiler mit sehr guten, völlig intakten Waffen war! Wirklich ein uriger Keiler, wie sie in den unendlichen Urwäldern der Karpaten wachsen, den gewiss kaum ein Mensch jemals in Anblick bekam.

Meine erste Kugel hatte ihn vor dem Blatt am Teller getroffen. Da der Keiler breit stand, ergab das Geschoss auch einen Ausschuss. Diese eine Kugel hätte wohl genügt, doch hatte ich richtig gehandelt, den „Bären-Keiler" noch mit zwei Fangschüssen völlig zu sichern.

Dies war im Laufe meines Jägerlebens die erste und letzte Möglichkeit, einen Bären erlegen zu können.

Die hohe Zeit in den Ostkarpaten

Hirschbrunft 1972

Endlich ist es so weit! Am 19. September 1972 sitze ich mit Freund Hans in meinem VW, wir rollen durch die ostungarische Tiefebene gen Osten nach Siebenbürgen, in die Ostkarpaten zur Hirschbrunft.

Die Glückseligkeit, die in diesem schlichten Satz liegt, kann ich nur dann verständlich machen, wenn ich dazu ergänze, dass mich neunundzwanzig Jahre lang zu jeder Hirschbrunft die Sehnsucht nach den „ewigen Jagdgründen" verfolgt hat.

Gute Freunde hätten mich schon öfters gerne mitgenommen. Aber zu jeder Brunft hatte ich im eigenen Revier alle Hände voll zu tun, an die Karpaten war nie zu denken. Dann kam 1971, eine für mich sehr bittere Brunft, weil ich an die Hallen der Weltjagdausstellung gebunden war. Nun aber fahren wir in die Ostkarpaten, ein Wunschtraum scheint in Erfüllung zu gehen!

Nicht aber so für Freund Hans, der ein älterer und fleißigerer Karpatenjäger war als ich. Schon in den dreißiger Jahren fuhr er mehrfach in diese gesegneten Gefilde und ist im Laufe der letzten Jahre auch fünfmal in den Karpaten zur Brunft gewesen. So sehr ihm das Waidmannsheil in ungarischen Hirschrevieren hold war – er erlegte u. a. in meiner Begleitung auch den wundervollen Zwanzigender mit 14kg Geweihgewicht und 246.13 int. Punkten, der das Emblem der Weltjagdausstellung wurde –, so hatte er nie einen wirklich guten Karpatenhirsch erlegen können. Auch keinen während der Brunft 1971 im Marostal, wo er viel Wild, aber keine starken Hirsche vorfand und mit dem führenden Jäger weder sprachlich noch sonst zurechtkam. Nun konnte ich endlich mitfahren. Hans überließ mir auch bei der Auswahl des Revieres freie Hand, eine große Verantwortung!

Nach langen Besprechungen und Briefwechseln bot uns ein Jagdbüro zur Wahl drei Reviere an. Wer die Wahl hat, hat die Qual! Sie war für mich in diesem Falle sehr groß. Das eine Revier schied sofort wegen der weiten Entfernung in den östlichen Ausläufern der Karpaten aus. Das zweite war ausgerechnet dasselbe Revier, in dem ich seinerzeit jagte und von dem ich immer noch träumte. Das dritte aber wurde uns als besonders gutes Revier angeboten im Hinblick darauf, dass Hans als jahrelanger ständiger Jagdgast noch zu keinem guten Hirsch gekommen war.

Ich wählte das dritte Revier Covasna im Südostzipfel des Karpatenbogens. Der große Vorteil dieses Reviers bestand für uns auch darin, dass in dieser Gegend ein ungarischsprachiger Volksstamm, die Székler, ansässig sind, so dass ich mich dort gut verständigen konnte. Weiterhin gelang es mir durch einen meiner Kollegen, der zufällig mit dem leitenden Forstbeamten in Covasna bestens befreundet war, mit diesem eine direkte Verbindung aufzunehmen. So starteten wir nicht ins Blaue.

Wie aber so oft im Leben, kam zwischen Lipp' und Kelchesrand wieder etwas dazwischen. Meine allzu viel strapazierten Organe, Herz und Lunge, wollten nicht mehr mitmachen. Ich kam Anfang September ins Krankenhaus, zum ersten Mal im Leben, und dann ausgerechnet zur Hirschbrunft. Aber die Ärzte hatten Verständnis, sie waren auch Jäger. Sie konnten mich so weit aufpäppeln, dass ich starten konnte. Ich kam auch hin, aber die Höhenluft bekam mir schlecht. Ich konnte mich oben kaum bewegen, und diese langersehnte Zeit in den Ostkarpaten wurde für mich auch eine sehr saure Zeit. Doch davon später.

Bei strahlendem herbstlichem Sonnenwetter durchfuhren wir nach einer Übernachtung in Cluj – Klausenburg – die mit schmucken Dörfern und spitzen Kirchtürmen gezierte abwechslungsreiche Landschaft Siebenbürgens und erreichten nach insgesamt kaum vierundzwanzig Stunden Reise die Provinzstadt Sankt Gheorge im Südostzipfel des Karpatenbeckens. Da sollten wir beim Fremdenverkehrsamt vorsprechen, wo es eine geraume Zeit in Anspruch nahm, bis wir verständlich machen konnten, warum ein deutscher Gastjäger, in Istanbul ansässig, in einem VW mit ungarischem Kennzeichen und einem Ungarn in seiner Begleitung hier ankam.

Durch das fruchtbare Flachland des Székler Beckens fuhren wir weiter bis an den am Fuße der Gebirgskette gelegenen Kurort Covasna, wo uns Forstingenieur Csikós, der stellvertretende Leiter des Forstamtes, erwartete. Er war ein junger, stämmig-robuster Mann, guter Jäger und Organisator, wie wir feststellten. Die Hirsche schrien seit einigen Tagen, wir hatten die besten Aussichten.

Es ist eine alte bewährte Regel, zur Karpaten-Hirschbrunft um den zwanzigsten September anzukommen. Die Hochbrunft pflegt dann in den kommenden vierzehn Tagen zu liegen. Wenn man zeitiger da ist, stört man nur mit dem unvermeidlichen Herumsteigen im Revier, hat wenig Chancen, zu Schuss zu kommen und verstänkert die Brunftplätze.

Mit dem Forstingenieur fuhren wir die Serpentinenstraße zur Holzabfuhr in die Berge hinauf. Je höher wir kamen, umso mehr blieben die schon goldgelben Buchenbestände zurück. Sie wurden von düster-dunklen Fichtenwäldern abgelöst. Aber je höher wir kamen, desto schwerer fiel mir auch das Atmen. Da merkte ich, wie schwer ich mich in der Höhenlage bewegen konnte.

Wir erreichten eine auf einem Plateau in der Höhe von etwa 1 200 m gelegene größere Siedlung mit Sägewerk und Waldbahnstation. Von hier aus führten fast hundert Kilometer Waldbahnstrecken in die Täler und zwei, drei rumpelige Holzabfuhrstraßen in die Berge hinauf. Das Revier war damit gut erschlossen, man konnte viele Revierteile leicht erreichen. Die Höhenunterschiede blieben gering, da die höchste Bergspitze 1 720 m hoch ist und die meisten Kuppen und Rücken eine Höhe von nur 1 500 m haben. Mithin ist dieses Revier nicht schwieriger zu bejagen als ein Revier im Mittelgebirge.

Bei der Waldbahnstation ließen wir das Auto stehen und packten unsere Sachen in einen auf den Schienen rollenden Lastwagen, der nach kaum kilometerlanger Fahrt bei einem auf großer Wiese und auf sanftem Hang gelegenen Gehöft hielt. Das war das Haus des alten Jägers Lajos Farkas, der Hans führen sollte. Hier bezogen wir auch unser Quartier. Das war eine Enttäuschung. Man stellt sich eine Hirschbrunft in den Karpaten doch so vor, dass man, wenn schon nicht gerade in einer Koliba im Urwald hausend, so doch zumindest in einer Jagdhütte abseits im Walde wohnt.

Die Vorteile dieses Jagdquartiers konnten wir bald erkennen. Von hier an der Bahnstrecke und in der Nähe der Straßen war jede Ecke des Revieres zu erreichen, wo etwas los war und von wo etwa günstige Meldungen kommen würden. Und mit dem Schienenauto hatte es außerdem noch eine besondere Bewandtnis. Zwar stand uns zwecks Beförderung eine uralte schwarze Limousine zur Verfügung, aber oft war bei der Aus- oder Heimfahrt irgendwo die Strecke durch einen Lastzug blockiert, oder aber es kam der Fahrer aus unerfindlichen Gründen ein, zwei Stunden zu spät an. Aber die Zeit darf man in diesen gesegneten Landen, noch dazu oben in Berg und Wald, nicht so sehr genau nehmen.

Unser Quartier erwies sich als sehr bequem und blitzsauber. Wir wurden von der Frau des Jägers nicht nur verpflegt, sondern mit rührender Gastfreundschaft geradezu verwöhnt. Wir erfuhren auch vom Revier und seinem Wildbestand schon vor dem ersten Pürschgang.

Die Forstwirtschaft umfasst ein Gebiet von 36 000 ha Wald. Auf dieser Fläche steht dem Forst das Jagdrecht zu. Man schätzt den Rotwildbestand zur Brunft auf nicht mehr als 60 bis 80 Hirsche und das Doppelte an Kahlwild, also insgesamt etwa um 200 Stück Rotwild auf 36 000 ha. Sicher ist diese Schätzung sehr grob, ich kann mir kein Urteil darüber erlauben, ob sie stimmt. Natürlich konzentriert sich das Wild zur Brunft auf frische Schläge und junge Anbauflächen, wo es gute Kräuteräsung findet. Wir haben in Revierteilen mit mehreren Schlagflächen von einer Gesamtgröße von etwa 2 000 ha sechs bis acht Hirsche schreien hören, von denen drei sicher Platzhirsche waren. Hingegen habe ich es erlebt, dass in einem weiten Kessel von mindestens 2 500 ha sechs bis 15-

jähriger aufgeforsteter Fläche, also einem für meine Begriffe idealen Wildeinstand, ein einziger Hirsch seinen Einstand hatte. Dann gibt es überall riesige zusammenhängende Hochwaldpartien, in denen der Jäger zur Brunft nichts zu suchen hat, weil kein Rotwild darin steht. Es kann also schon stimmen mit dem angegebenen niedrigen Bestand!

Was gibt es an Raubwild, an Feinden, die den Bestand so dünn halten? Sehr viele Bären, wie es sie vielleicht noch nie gegeben hat. Doch ziehen sie sich zur Hirschbrunft wegen der Maisernte und des Obstfalles in niedrigere Lagen zurück. Meister Petz kann auch kaum als Regulator des Rotwildbestandes betrachtet werden. Ebenso wenig der Luchs, der höchstens gelegentlich ein junges Kalb reißt. Wölfe gibt es in dieser Gegend verhältnismäßig wenig. Die Gesamtjahresstrecke an erlegten und gefangenen Wölfen beträgt im langjährigen Durchschnitt drei bis vier Stück.

Es werden im ganzen riesigen Revier jährlich nie mehr als vier bis sechs Hirsche erlegt. Von einem Wahlabschuss kann kaum die Rede sein, da die Hirsche nach der Brunft zu finden ein fast aussichtsloses Unternehmen ist. Kahlwild wird nie erlegt. Auch von einer wirkungsvollen Fütterung des Hochwildes kann hier keine Rede sein.

Welches sind also die Faktoren, die den Wildbestand so niedrig halten? Das raue Klima und die Schäferhunde! Die Schafweide muss nämlich in bestimmten Waldpartien vielerorts zugelassen werden. Im Sommer durchstreifen die Herden in Begleitung von fünf bis sechs starken, zottigen Schäferhunden (zur Abwehr von Bär und Wolf) die Bestände. Man behauptet, dass diesen Hunden eine Vielzahl an Rotwildkälbern, Rehkitzen und Frischlingen zum Opfer fallen.

Die angebliche Verschiebung im Geschlechterverhältnis auf 1:2 soll davon herrühren, dass außer den erlegten Hirschen mehr Hirsche von Wölfen gerissen werden sollen als Kahlwild.

Sauen und Rehwild gab es in diesen höheren Lagen sehr wenig, dafür aber überall Auerwild, zwölf Balzplätze sind bekannt. Birkwild kommt – wie fast in den ganzen Ost- und Südkarpaten – überhaupt nicht vor. Auch das Haselwild ist nicht sehr zahlreich vertreten.

Wie schreien die Hirsche? Was hat man gehört oder vielleicht auch schon gesehen? Die Antworten verschaffen wenig Klarheit. Nach viel Regen in den vergangenen Tagen haben seit drei bis vier Tagen Hirsche verschiedentlich gemeldet, gesehen hat unser Jäger auch schon einen. Wie stark war er? „Vierzehnender!" – die Antwort!

Es wäre auch eine Zumutung gewesen, aus ihm genauere Einzelheiten herauszuquetschen zu wollen. Der alte, überaus redliche und liebenswürdige Mann war der typische Bauernjäger dieser Gefilde. Er besaß ein Anwesen, bestehend aus Weide- und Grasland, ein wenig Acker für Kartoffeln in der Talsohle, ein paar Stück Vieh. Er ist nebenbei seit Jahrzehnten schon Wildhüter. Ich kannte diesen Typ schon aus meinem ehemaligen Revier. Es sind Männer mit hervorragenden Revierkenntnissen, einem einmaligen, kaum glaubhaften Sinn für Fährten- und Spurenlesen, aber Hirschjäger sind sie nicht!

Sobald wir am Nachmittag unserer Ankunft unsere Sachen ausgepackt hatten und uns für die erste Pürsch rüsteten, bezog sich der Himmel, es begann zu nieseln. In den folgenden zehn „hohen Tagen" der Hirschbrunft bekamen wir die Sonne nur dreimal kurz zu sehen. Die Wolkenfetzen jagten ständig am Himmel, es herrschten Wind, Nässe und Nebel – ein miserables Sauwetter.

Zum ersten Abendansitz auf einem Schlag, auf dem ein Hirsch brunften sollte, und der in einem „nahe" gelegenen, leicht erreichbaren Tal lag, fuhren wir mit der Draisine hinauf. Der Schlag lag gut acht Kilometer von unserer Behausung entfernt. Ich blieb im unteren Teil stehen, weil das Herz nicht mitmachen wollte, und sah nur einem im Dämmerlicht jagenden Uhu zu. Hans und sein Begleiter hörten im Hochwald, der an den oberen Teil des Schlages anstieß, einen Hirsch zweimal grohnen und sahen einen dünnstangigen Rehbock.

Am nächsten Morgen schon kam unser Schienenvehikel, wie auch später fast immer, eine halbe Stunde zu spät. Ich konnte nicht mit. Konnte bei einer Fußpürsch keinesfalls mithalten. Unten beim

Haus stand dichter Nebel. Hans kam mit seinem Führer erst gegen elf Uhr zurück. Sie waren in einem Revierteil mit mehreren, gut verteilten Schlägen gewesen. Nachdem die Sonne spät morgens durch die Wolkendecke brach, fingen die Hirsche an zu röhren. Sie zählten acht Stimmen, allerdings auf verschiedenen Erhebungen, Lehnen und Schlägen, sahen zwei Hirsche, einen langstangigen, weit ausgelegten, aber noch jungen Kronenhirsch und einen noch viel jüngeren Eissprossenzehner. Keiner hatte Kahlwild bei sich. Ein Rudel hatte von ihnen Wind bekommen und war abgesprungen, ohne dass sie den Platzhirsch, der eine tiefe Stimme hatte, hätten sehen können. Die Hirsche schrien bis in den späten Vormittag hinein.

Nachmittags organisierten wir eine Expedition in einen anderen Revierteil mit großen Dickungs- und Kahlschlagkomplexen. Wir fuhren eine Holzabfuhrstraße mit dem Auto hinauf bis zu dem Ausgangspunkt des Aufstieges, wohin mir Freund Jagdleiter liebenswürdigerweise ein Reitpferd hinaufgebracht hatte. Ich wollte ja auch etwas sehen und erleben, konnte aber keine zehn Meter steigen. So blieb für mich als einziges Verkehrsmittel das Reitpferd in den Revierteilen, wohin man eins bringen konnte, zumal mich das Reiten – besonders bergauf – nicht sehr anstrengte.

An diesem Nachmittag stiegen wir einen durch Schläge steil hinaufführenden Pfad empor. Bei immer klarer werdendem Wetter eröffnete sich uns ein Blick, wie ich ihn seit Jugendjahren nicht mehr genossen hatte. Der Zauber der Karpaten!

Von einem kleinen Plateau aus konnte man einen riesigen Kessel über uns und die Lehnen des Schlages hinter uns bis zum Hochwald des Tales einsehen, besser „einhören". Gegen fünf Uhr, die Sonne stand noch hoch, meldete weit über uns hinter dem von emporragenden Baumstümpfen gespickten Kamm überriegelt ein Hirsch. Dann konnten wir auf Kilometerentfernung eine Bewegung sehen, es zog äsend Kahlwild über den Kamm auf unsere Seite des Schlages. Drei – sechs – acht – zehn Stück. Gibt es denn so etwas in einem Karpatenrevier? Der Hirsch meldete noch immer überriegelt, dann kam noch ein Stück flüchtig über den Grat – ein

Sprengruf – und oben steht als Silhouette gegen den Himmel ein Klotz von einem Kasten, aber nicht ein Geweih mit einem Hirsch, wie ich dies daheim in Südungarn öfters erlebt habe, sondern umgekehrt: ein Hirsch mit einem Geweih. Es war hoch, aber steil und enggestellt mit kaum mehr als dreiendigen Kronen.

Der Hirsch schien alt und reif zu sein. Doch ich zweifelte, dass er es auf mehr als neun Kilo Geweihgewicht brachte. Die Stangen waren nicht sehr dick. Ich konnte mich aber auf diese weite Entfernung bei den ungewöhnlichen Dimensionen dieses Wildes getäuscht haben. Hans pürschte mit unserem Jagdleiter näher an den Hirsch. Sie bestätigten unser Ansprechen. Es wäre ein Fehler, diesen Hirsch am zweiten Tag zu schießen, unser Sinn stand nach Besserem.

Am nächsten Morgen, dem 22. September, goss es in Strömen. So mussten wir unseren Plan, in ein neues, entfernteres Revier zu gehen, aufgeben. Hans ging zum leicht erreichbaren Schlag von gestern Abend, kam aber zeitig zurück, ohne etwas ausgerichtet zu haben.

Nachmittags zogen wir wieder in diesen Komplex. Dort musste außer dem gesehenen noch mindestens ein anderes Rudel stehen. Ich ritt bis zu einem auf dem Grat zu dieser Jahreszeit schon leer stehenden Schafstall hinauf in die Nähe, wo wir gestern den Hirsch sahen. Der Wettergott meinte es nicht gut mit uns. Es blies ein eisiger Wind und trieb Wolkenwände mit Regenschauern vor sich her. Es war noch Nachmittag, als sich im oder hinter dem düsteren Fichtenaltholz in der abfallenden Lehne und Talsohle rechts von uns ein dreistimmiges Hirschkonzert entwickelte. Es waren ein sehr selten meldender Platzhirsch mit grölendem Bass und zwei Beihirsche mit lauten, klangvollen Stimmen. Der Wind erlaubte uns aber kein Eindringen in die Lehne. Wir hofften, dass das Wild auf die im weiten Umkreis des Schafstalles grünende Äsung ziehen würde.

Es war fast schon schummerig, als hinter dem links von uns aufsteigenden Wiesenhang ein Hirsch zu melden begann. Jetzt erst wurde mir klar, wo wir uns befanden. Es war dies der gestern gesehene Platzhirsch auf der fast genau gestrigen Stelle, nur befanden wir uns jetzt auf der anderen Seite des Grates. Es blieb noch genügend Büchsenlicht, dass Hans mit dem Jagdleiter den Hirsch anpürschen konnte. Er hatte neun Stück Kahlwild bei sich, ein in den Karpaten ungewöhnlich starkes Rudel. Auf dem Haupt ein nicht sehr dickes Leitergeweih mit ungeraden vierzehn Enden.

Für den nächsten Morgen machten wir einen großen Gefechtsplan. Hans sollte in den Revierteil gehen, wo vorgestern die acht Hirsche geschrien hatten und wo er einen starken Platzhirsch vermutete. Ich sollte aber mit dem Jagdleiter zu einem hochgelegenen Schlag hinaufreiten, wo er einen starken Hirsch auszumachen hoffte. Er sei in der vorjährigen Brunft dort gesehen worden. Das Wetter war aber miserabel, ich fühlte mich auch so, ich passte. Hans hatte eine Fehlpürsch gemacht und kam verdrossen heim, ohne etwas gesehen zu haben, Freund Jagdleiter aber hatte guten Anblick. Über ein flaches Tal hinweg sah er am Gegenhang im Schlag den brunftenden Hirsch mit seinen zwei Tieren.

Er war vom Hirsch hell begeistert, beschrieb das Geweih als sehr langstangig mit vielendigen Kronen und schätzte es auf 220 Punkte. Dort beurteilte man die Hirsche nach Punkten, nicht nach Kilo wie bei uns. Es sei einer der besten Hirsche, die er jemals gesehen habe, und er glaube nicht, einen besseren finden zu können.

Nach eingehender Lagebesprechung einigten wir uns auf einen Abendansitz am Brunftplatz für den nächsten Tag. Nachmittags, wenn man das Wild in guter Deckung sitzend am Brunftplatz in Ruhe erwartete, schien die Erlegung des Hirsches sicherer zu sein als morgens, wenn man beim Anpürschen das Wild am Brunftplatz leicht vergrämen konnte.

Am zeitigen Nachmittag waren wir unterwegs. Erst eine lange Fahrt auf den Schienen die Bachtäler entlang bis zur Endstation, einer Holzfällerbaracke. Mein Reitpferd hatte ein untersetzter, doch stämmiger Förster für mich heraufgebracht. Er war ein Reiter, das fiel mir sofort auf. Ich fragte ihn, wo er das Reiten gelernt hätte. Er habe seinerzeit im ungarischen Husarenregiment No. 4 in Nyiregyháza gedient und sei als Feldwebel mit der Husarendivision an der Front gewesen, war die Antwort. Sie verblüffte mich. Wir waren also Kriegskameraden aus derselben Einheit!

Der Aufstieg war im Bachbett hoch zu Ross etwas halsbrecherisch. Dann kamen wir auf einem verwachsenen Abfuhrweg in eine Lehne, die von einem etwa 1 600 m hohen Berg mit Krüppelfichten gekrönt wurde. Um uns herum ein riesiger Kessel, Fichten-Jungwuchs mit vielen kleinen Kuppen und Rinnen. Nach einem Steigen von ungefähr einer Stunde erreichten wir den obersten Teil des Beckens, wo sich ein frischer Kahlschlag rechts und links eines nicht zu tiefen Bachbettes an den endlosen, dunklen Fichtenhochwald anschloss. Dies war der Brunftplatz des Hirsches in unendlicher und ungestörter Waldeinsamkeit!

Fast wie zur Begrüßung kam ein gelangweilter Trenzer aus dem Hochwald unweit der Ecke, wo der Kahlschlag sich am tiefsten in den Wald einbuchtete. Wir beeilten uns, hinter Windwürfen gut gedeckt und unentdeckbar unseren Stand einzunehmen. Auch der Wind war für diesen Platz günstig. Sogar der Wettergott hatte ein Einsehen, es regnete nicht.

Endlich schien unsere große Stunde gekommen zu sein! Wir saßen auf gute Kugelschussdistanz vom Brunftplatz entfernt, auf den der bestätigte Kapitalhirsch herauszuziehen im Begriff war! Wir standen ganz nahe vor der Erfüllung des Traumes eines Jägerlebens, auch ich, der nur erleben, nicht schießen wollte! Es war noch heller Nachmittag, als nach einigen Sprengrufen das Wild in Bewegung kam. Das Wild stand vorerst noch halbrechts unter uns, zog aber, wie wir aus der Stimme feststellen konnten, parallel zum Schlagrand die Lehne zu uns herauf. Mit pochendem Herzen und fliegenden Pulsen erwarteten wir den aufregendsten Moment: das Erscheinen des Hirsches!

Die Sonne schien gerade durch eine Wolkenlücke auf den Waldrand, als nach einem rauen Kampfruf und wüstem Gepolter der Hirsch hinter seinen beiden Tieren erschien und flott in den Schlag hinunterzog. Auf gute 180 Schritte sprengte er das brunftige Tier laut röhrend.

Wahrlich ein König der Karpatenwälder! Ein starker Hirsch mit Ramsnase, ein Geweih mit einem Hirsch! Gewaltig lange Stangen mit einer geradezu unwahrscheinlichen, schwungvollen Auslage und breiten, vielendigen, gezackten Kronen.

Das Ende eines starken Hirsches greift mir immer ans Herz. Es ist ein zu schönes, erhabenes Geschöpf Gottes, um vernichtet, verlöscht zu werden. Die Trophäe ist nur ein kümmerlicher, toter Teil dieses kraftstrotzenden Lebens. Und doch möchte ich die Jagd auf den Brunfthirsch nicht missen.

Die schwere Kugel aus der 9,3 x 74-Kipplaufbüchse fasste ihn hochblatt. Blitzartig brach er zusammen, schlegelte. Neu geladen, aufgepasst, man kann nie wissen. Und wirklich wird er noch einmal hoch und versucht langsam zu ziehen. Die zweite Kugel wirft ihn zwischen das Gewirr der trockenen Äste.

Entgegen althergebrachter Karpatensitte schlugen wir zum Fotografieren am nächsten Morgen das Haupt noch nicht ab, waren aber am nächsten Tag beim Hellwerden mit Holzknechten, einem Paar Ochsen und den von ihnen gezogenen Schlittenkufen beim Hirsch.

Die Holzknechte bauten ein Gestell auf die Schlittenkufen, der Hirsch wurde mit Haupt verladen. Das Gefährt erreichte das Tal, ohne auch nur ein einziges Mal umzuwerfen.

Wir hatten nun noch gut eine Woche der hohen Zeit vor uns, auch noch einen zweiten Hirsch frei. Der sollte aber dem Erlegten nicht viel nachstehen oder zumindest ein ganz alter Hirsch sein. Darum widmeten wir uns in der Hauptsache dem Brunftplatz um den Schafstall herum, wo es uns die sonore Stimme des unbekannten Platzhirsches angetan hatte. Der Hirschjäger ist ja immer bereit, seine Zeit und Energie so tiefen, geheimnisvollen Stimmen zu opfern, die dann oft trügen, oder deren Besitzer sehr oft nie gesehen werden. Letzteres geschah auch in unserem Fall. Wir bekamen den Hirsch nie zu Gesicht.

An einem Nachmittag hätte es fast geklappt. Ich blieb mit meinem Pferd am Waldrand in der Nähe des Schafstalles, über mir auf der Lehne Weideland dicht mit Baumstümpfen übersät, während

Hans und sein Begleiter in den mit Jungwuchs bestandenen Kessel abstiegen, in welchem wir den Hirsch öfters gehört hatten. Es schrien auch zwei Hirsche, aber unsichtbar für Hans in der gegenüberliegenden Lehne des Kessels. Dem Röhren nach waren es Beihirsche. Am späten Nachmittag, Hans war noch nicht zu mir zurückgekehrt, hörte ich einen Hirsch oberhalb, von der Kuppe überriegelt, kurz anstoßen. Dann vernahm ich ihn nochmals näher und schon erschien ein weit ausgelegtes Kronengeweih oben am Kamm. Der Hirsch zog bedächtig, verhoffte oben spitz wie der Hubertushirsch und, ob er meinen Braunen wohl für ein Stück hielt?, röhrte zornig in den Talkessel hinein und zog dann langsam seitwärts in den Hochwald. Es war ein noch nicht reifer Hirsch mit sehr langen und weit ausgelegten, doch ziemlich dünnen Stangen und beiderseitig Dreierkronen.

Als Hans dann noch vor Schwinden des Büchsenlichtes zu mir stieß und wir den Hang hinauf heimwärts strebten, meldete plötzlich rechts von uns, ebenfalls überriegelt, auf der Weidefläche ziehend ein Hirsch mit grollender, rauer Stimme. Ich blieb im Sattel, Hans lief die Lehne hinauf und sah tatsächlich den Hirsch auf der anderen Seite des Grates heftig röhrend unstet umherziehen. Es war ein alter Hirsch, doch mit steilen, engen und kurzen Stangen und ungleichen Dreierkronen. In der rechten Krone zeigte er eine lange Gabel mit noch einem kurzen Ende. Die Eissprossen fehlten. Es war kein Hirsch nach dem Geschmack meines Freundes.

Zum Abschluss noch eine Episode – mein Abschied von den Karpaten.

Die letzten Septembertage, bekanntlich dort meistens die besten Tage der Hochbrunft, waren weiterhin kalt, regnerisch, unfreundlich. Die Hirsche schrien schlecht, in den letzten Tagen kaum mehr. Meldungen kamen keine, wir versuchten selber die Hirsche auszumachen, als ob man eine Stecknadel im Strohschober gesucht hätte.

Aus einer Entfernung von einigen Kilometern grüßte zu unserem Quartier ein Kahlschlag in einer ausnahmsweise mit Buchen bestandenen Lehne herüber. Es sollten dort zu Beginn der Brunft zwei Hirsche geröhrt haben, doch gesehen hatte sie niemand. Vom Haus aus war es auch mit dem Spektiv zu weit, um dort Wild auszumachen.

Am letzten Pürschmorgen, dem 30. September, organisierte ich einen Ritt zu diesem Schlag. Wolken und Nebel lagen über den Bergen, als wir vom Bachbett aus durch einen Hochwald die steile Lehne zum Schlag hinaufkletterten. Alles war wie ausgestorben, kein Ton weit und breit. So ritten wir denn in den Schlag hinein, in dem brauende Nebel wogten. Gleich beim Hochwald sprang ein Bock, der ein hohes, aber dünnes Sechsergehörn trug, schreckend vor uns ab. Es war der erste und einzige Bock, den ich gesehen habe. Dann stiegen wir weiter bergan, bis wir etwa in der Mitte des Schlages an einen Kessel kamen, der sich – jetzt schon nebelfrei – unter uns weit ausdehnte. Ein wundervoller Brunftplatz, in dem sich aber nichts rührte.

Dann öffnete sich in den wallenden Nebelschwaden eine Lücke nach oben dem Waldrand zu. Und in dieser standen am Saume des Hochwaldes auf kaum 150 Gänge drei Stücke breit auf dem Schlag. Vorne zwei Tiere und einige Schritte hinter ihnen der zweifach so starke Hirsch! Der Geweihte äugte zu seinem Wild hinunter, überhaupt keine Notiz von mir nehmend, der ich ganz frei auf dem Rücken meines Braunen saß. Ich sah das Geweih nur von der Seite und hatte den Eindruck von langen, dicken Stangen und vielendigen, breiten Kronen.

Ich hoffe, es ist glaubwürdig, was ich jetzt niederschreibe. Im Laufe des Vierteljahrhunderts meines Berufsjägerlebens habe ich in südungarischen Revieren viele Kapitalhirsche in Anblick bekommen, auch eine Reihe von Spitzenhirschen, doch nie einen Schimmer von Lust verspürt, sie selber zu schießen. Doch diesen Urwaldrecken im Hexenkessel brodelnder Nebelschwaden zu erlegen, wäre die Krönung eines langen und beschwerlichen Jägerlebens gewesen.

Der Anblick währte aber nicht lange. Ohne das gekrönte Haupt uns zuzuwenden, zog der Hirsch in majestätischer Ruhe seinem Wild nach und war nach einigen Schritten im Hochwald verschwunden. Am Abend setzten wir uns an der gleichen Stelle an, doch war vom Hirsch weder etwas zu sehen noch zu hören.

Der erste Oktobertag bescherte uns zur Abfahrt strahlenden Herbstsonnenschein. Unsere Zeit war abgelaufen. Wie mir später mitgeteilt wurde, meldeten auch in den folgenden Tagen die Hirsche nicht mehr. Es war eine sehr schlechte Brunft gewesen.

Doch wir hatten unseren Karpaten-Kapitalhirsch erbeutet, der nun unten im Forstamt „ausgepunktet" wurde. Obwohl wir dies in bestem Einvernehmen durchführten, hinterließ die Sache einen etwas bitteren Nachgeschmack. Sie bestärkte mich in meiner Überzeugung, dass eine Verrechnung des Abschusses nach dem Gewicht der erbeuteten Trophäe, so wie wir dies in Ungarn halten, doch eine „geradere" Sache ist. Wenn auch das spezifische Gewicht der Trophäe stark variieren kann, so gleicht sich dies bei mehreren Trophäen doch am Ende aus und es ist einwandfrei und unbestreitbar, was die Waage zeigt. Dagegen entstehen bei der Vermessung, insbesondere bei den Maßen der Stangenlängen, leicht Differenzen, die sich dann bei der subjektiven Vergabe der Schönheitspunkte noch zuspitzen können.

Die durchschnittliche Geweihstangenlänge unserer Trophäe betrug nicht weniger als 120 cm, die Auslage 118 cm, Gewicht mit großem Schädel 10,70 kg mit geraden 16 Enden. Da die Stangen im Verhältnis zu ihrer gewaltigen Länge nicht sehr stark waren, erreichte das Geweih nach unserer Bewertung rund 220 Internationale Punkte.

Mal macht man's richtig, mal macht man's falsch

Hirschbrunft 1973

Da es uns im Vorjahre in Covasna sehr gefiel, waren wir uns einig, dass man dabei bleiben müsste. Es ist immer von großem Vorteil, wenn man Revier und Leute schon kennt und kein Neuling im Revier ist. So wurde – Dank der Großzügigkeit von Freund H. – eine gemeinsame Fahrt zur Hirschbrunft (ich als Begleiter) in Covasna für 1973 wieder organisiert.

Die Organisation solcher Jagdreisen ist nicht einfach und mit viel Papierkrieg verbunden. Es funktionierte jedoch in diesem Falle alles reibungslos, da sowohl H. als auch das Jagdbüro G. die dortigen Verhältnisse kannten und nur eine Wiederholung der vorjährigen Abmachung notwendig war. Ich führte außerdem die Korrespondenz auf ungarisch mit Jagdleiter Csikós in Covasna, dem die Organisation der Jagd dort untersteht. Er teilte uns die erfreuliche Nachricht mit, dass im Revierteil Maricska, in dem sich viele Schläge und Brunftplätze befinden, für uns eine neue Jagdhütte erbaut wurde. H. hatte im Vorjahre dort öfters gepürscht und auch guten Anblick gehabt. Es schrien dort auf verschiedenen Schlägen mehrere Hirsche, aber ohne Jagdhütte war das Hinkommen zu beschwerlich und langwierig. Wir hatten deshalb vereinbart, dass dort eine Hütte gebaut werden sollte.

Die Anreise war nicht ganz einfach. Es musste alles genau vereinbart werden, da wir in entgegengesetzten Himmelsrichtungen wohnen: H. in Istanbul, ich in Budapest. Brasov liegt ungefähr auf der Mitte der Strecke in Siebenbürgen. Dort wollten wir uns treffen. H. flog bis Bukarest und nahm von dort ein Mietauto, mit dem er die etwa 180 km nach Brasov fuhr. Ich hatte jedoch keine passende Flugverbindung und fuhr daher mit dem Zug, dem Orient-Express, der am Abend des 19. September mit drei Stunden Verspätung im Nieselregen aus Budapest abfuhr.

Am nächsten Morgen befand ich mich schon in der Waldlandschaft des Siebenbürger Beckens. Der Zug hatte immer noch seine drei Stunden Verspätung, was mich aber nicht störte, da ich immer noch einen Vorsprung von mehreren Stunden vor H. hatte.

In Brasov quartierte ich mich vorerst im erstklassigen Hotel Carpati ein. Viele Hirschjäger, die im Süden Siebenbürgens auf Hirsch oder Gams jagen, kennen es. Ich machte nach einem Spaziergang in der schönen alten Stadt auch einen Besuch in der „Schwarzen Kirche", die mit wundervollen orientalischen Teppichen, noch aus dem Mittelalter stammend, behangen ist.

Zu meiner großen Freude und Erleichterung traf ich H. bei meiner Rückkehr in der Hotelhalle. Freude, weil wir uns seit der Bockjagd im Mai nicht mehr gesehen hatten, Erleichterung, weil ich mich als Gast eines Karpatenhirschjägers nicht mit den zur Bezahlung der Hotelrechnung notwendigen Devisen eingedeckt hatte. Wir feierten das Wiedersehen und die uns bevorstehenden Feiertage der „Hohen Zeit" mit einem ausgesuchten Festessen und Siebenbürger Weißwein.

Am nächsten Morgen wurde die Lage ernst. Wir starteten zur letzten Etappe der Anfahrt. Ich konnte nicht ahnen, was mir dieser Tag noch bescheren würde. Zunächst hatten wir allerdings noch den letzten Kampf gegen die Mühlen des Verwaltungsapparates zu führen.

In Rumänien müssen die ausländischen Jagdgäste im Büro des Touristenamtes Carpati in der Hauptstadt des Kreises – in diesem Falle Sankt Gheorge im Kreis Covasna – vorsprechen, wo sie mit den erforderlichen Papieren ausgestattet werden. Wir wurden dort auch mit dem Dolmetscher, Herrn v. B., bekannt, denn nach den Vorschriften muss ein Dolmetscher uns begleiten. Herr v. B. entpuppte sich als ein sehr angenehmer und auch jagdlich passionierter Begleiter.

In Covasna freudige Begrüßung seitens des Jagdleiters Csikós, Freund und Mithelfer aus dem Vorjahr. Die Hirsche schrien schon. Vorerst würden wir aber noch zwei, drei Tage in der kleinen Berg-Siedlung wohnen. Sie ist eine Forstzentrale mit Sägewerk und Endstation der etwa 90 km langen Waldbahnen. Kaum 500 Seelen wohnen hier. Wir sollten zunächst auf den nahegelegenen Schlägen jagen und uns für die „Expedition" in die Jagdhütte rüsten.

Wir bezogen in Commandau ein neues Quartier in der „Hauptstraße", nicht das beim Jäger Farkas außerhalb des Dorfes wie im Vorjahr. Auch dieses Quartier war blitzsauber und bequem, die Hausleute rührend um uns besorgt.

Und siehe da, alles war nicht nur vorbereitet, sondern auch pünktlich, eine seltene Sache in den dortigen seligen zeitlosen Gefilden. Im Gegensatz zum Vorjahr, als fast nie und nimmer etwas auf die besprochene Zeit da war, klappte heuer alles pünktlich auf die Minute.

Nachmittags ging H. mit dem Jagdleiter zu einem in der Nähe gelegenen Schlag, wo Letzterer einen Hirsch bestätigt und auch schon gesehen, aber nicht genau angesprochen hatte. Übrigens war dies der einzige Hirsch, der in der heurigen Brunft bis jetzt gesehen wurde. Es fehlt dort an verlässlichem, gutem Personal. Im riesigen Wäldermeer kennt man wohl einige gute Brunftplätze, auf denen mit größter Wahrscheinlichkeit ein Platzhirsch mit Rudel anzutreffen ist, doch gibt es außer dem Jagdleiter nur noch einen Förster, der jagdlich interessiert ist und der auch Gäste führen und mit Hirschen „umgehen" kann. Zum Bestätigen langt es weder an Zeit für diese beiden Forstleute noch ist dies bei den gewaltigen Entfernungen überhaupt möglich. Man versucht also notgedrungen, es mit dem Jagdgast zusammen „direkt anzupacken", in der Hoffnung, mit einem guten Hirsch zusammenzutreffen. Es ist aber auch in den Karpaten nicht ganz so, wie oft erzählt und beschrieben, dass man dort einen Hirsch einmal sieht und nie wieder. Dies kann für Wanderhirsche gelten, die auf Suche nach brunftigem Kahlwild sind. Aber diese Hirsche kann man in allen zusammenhängenden großen Waldgebieten antreffen, nicht nur in den Karpaten, auch in Südungarn und den Donau-Auen. Diese Hirsche sind naturgemäß nur einmal, und dann nur zufällig, vor Glas und Büchse zu bekommen, hier genauso wie dort. Wenn sich aber ein Hirsch bei einem Brunftrudel einstellt, so hält er diesen Einstand. Dort, wohin das Kahlwild zur nächtlichen Äsung zieht, ist auch der Brunftplatz, in den Karpaten genauso wie anderswo. Somit ist auch ein Karpatenhirsch zu bestätigen, was aus meiner weiteren Schilderung dieser einmaligen Brunft genau hervorgeht. Er ist fast noch leichter zu bestätigen als in vielen anderen Revieren, da das Rotwild dort zur Brunftzeit bevorzugt auf jungen, zwei-, dreijährigen, dem Auge fast noch kahl erscheinenden, mit Gras und niedrigen Brombeeren bewachsenen Schlägen äst. Dort muss man den brunftigen Hirsch mit seinem Rudel und Beihirschen suchen, nicht aber in alten, verwachsenen, verwucherten Schlägen. Hier hält sich das Wild ungern auf, weil es nicht die erwünschte gute Äsung an jungen Kräutern findet, es durch den dichten Bewuchs in seiner Bewegung behindert wird. Solche Schläge, die der unerfahrene Karpatenjäger als ideale Einstände und Brunftplätze bezeichnen würde, sind fast immer rotwildleer. Im riesigen Wäldermeer muss man, wie gesagt, die Brunftplätze auf den wenigen frischen Kahlschlägen suchen, die Tageseinstände im angrenzenden kühlen, feuchten Hochwald mit wenig Unterwuchs.

Da es aber nicht viele günstige Schläge gibt, kann man mit mehr oder weniger Bestimmtheit voraussagen, wo ein Brunftrudel anzutreffen ist bzw. in welchen Partien der riesigen Waldgebiete man einen Brunftplatz vermuten kann. Dies ist meine Erfahrung, die ich im Gebiet von Covasna gesammelt habe. Dort ist es gewiss so. Ähnlich lagen die Verhältnisse an der Goldenen Bistritz weiter nördlich in Siebenbürgen, wo ich im Kriege auch in zwei Brunftzeiten waidwerken konnte. Ich glaube auch, dass meine Feststellung für die meisten Karpatenreviere stimmt, man soll aber bekanntlich nicht verallgemeinern.

Wo man den Hirsch vermutet oder auch seinen Brunftschrei hört, ist er also, wenn er als Platzhirsch beim Rudel steht, leicht zu bestätigen und auch zu erlegen. Ich wage sogar zu behaupten, dass er leichter zu erlegen ist als viele Hirsche in den Wald-Feldgebieten der gesegneten Hirschgefilde Südungarns. Hier ist das Rotwild noch Tagwild, dort größtenteils schon zum Nachtwild geworden. Hier setzt man sich in sicherer Entfernung auf der gegenüberliegenden Lehne an, kann den Hirsch meistens bei gutem Büchsenlicht schon brunftig auf dem Schlag sehen und ansprechen. Im Flachland muss man den mit dem Kahlwild erst spät austretenden Hirsch belauern, oft nahe an ihn heranpürschen. Das genaue Ansprechen auf enger Schneise und bei schlechtem Büchsenlicht wird sehr oft noch äußerst schwierig.

In den Karpaten bereiten die großen Entfernungen bis zu den einzelnen Brunftplätzen erhebliche Schwierigkeiten. Hauptsächlich fehlt es an Personal zum Bestätigen der Hirsche. Wenn mir als Jagdleiter einige brauchbare Berufsjäger in diesem Karpatenrevier zur Verfügung stehen würden, so würden im Revier mit Sicherheit viele gute Hirsche in jeder Brunft erlegt werden wie in meinem einstigen Revier südlich des Plattensees. Nur wäre hier in den Karpaten die Hirschbejagung mit Sicherheit viel leichter als in den dortigen dichten Wäldern mit „Nachthirschen".

Da es aber meines Wissens in den Karpatenrevieren ohne Ausnahme an solcher Organisation mangelt, so ist der Jäger viel mehr auf Dianas Gunst angewiesen, besonders dann, wenn es um die Erlegung eines richtigen Kapitalhirsches geht. Denn Kapitalhirsche sind hier seltener als dort – und dort sind sie auch nicht allzu dicht gesät. Das ist allerdings auch gut so; denn das Waidwerk auf den Karpatenhirsch würde viel von seinem Reiz einbüßen, wenn der Moment der Unsicherheit, der Überraschung und des Dusels fehlen, der Jagdgast an fest bestätigte, „angebundene" Hirsche herangeführt würde.

Mich bat der Jagdleiter, am heutigen Abend zum nicht weit entfernten Schlag oberhalb des „Jägerbaches" zu gehen, um zu beobachten. Dies tat ich umso lieber, da ich im Vorjahr am letzten Morgen unter besonders packenden Umständen einen mit bloßem Auge zu erkennenden Kapitalhirsch gesehen hatte (siehe Bericht 1972). Es handelte sich nicht nur um einen in meiner Erinnerung besonders haften gebliebenen Hirsch, sondern auch um einen wunderbaren Brunftplatz. Dort könnte auch heuer etwas los sein!

Zur besprochenen Stunde, genau um vier Uhr nachmittags, standen die beiden Reitpferde mit einem Förster vor der Tür. Es war ein großes Hindernis, mich wegen meines allzu strapazierten Herzens in der dünnen Höhenluft nicht frei bewegen, geschweige denn steigen zu können. Wir ritten eine gute Stunde das Tal im Hauptbach – Baska genannt – die Waldbahnstrecke entlang, dann bogen wir in den „Vadászpatak" – zu Deutsch „Jägerbach" – ein. Aus dem Bachbett zieht sich eine sehr steile Steigung von etwa 300 m Höhenunterschied durch einen Hochwald, bis man auf den großen Schlag kommt. Unsere Pferde mussten sich anstrengen, uns den verwachsenen, schlammigen Pfad im Hochwald steil bergauf zu bringen. Im östlichen unteren Teil kamen wir auf den „Jägerschlag" hinaus, dort, wo ich im Vorjahr den einzigen Karpaten-Rehbock gesehen hatte. Dann ritten wir noch einige hundert Meter im Schlag bergan auf eine kleine Kuppe, von der man nicht nur die aufsteigenden Lehnen des Schlages, sondern auch die große Mulde einsehen konnte. Hier von diesem Platz aus sah ich im Vorjahr hoch zu Ross den Hirsch mit den gewaltigen Kronen und zwei Tieren links von mir, als sie in den Hochwald östlich des Schlages einzogen.

Und jetzt klappte es wieder. Kaum war ich abgesessen und hatte mich auf einen Baumstrunk gesetzt, kaum dass die Pferde in eine Mulde hinter mir geführt wurden, als ich in der entgegengesetzten Lehne über die Mulde hinweg ganz oben unter dem Grat im noch sonnenbeschienenen Teil des Schlages einen verdächtigen hellen Fleck wahrnehmen konnte. Das Glas zeigte einen starken Hirsch mit ausladendem Geweih, sehr langen Stangen und gewaltigen Kronen! Der Hirsch stand dösend im Sonnenschein auf dem kahlen Schlag.

Das Glas zeigte auch zwei Stück Wild, die in einiger Entfernung vom Hirsch ästen. Der Hirsch war im Gebäude doppelt so stark wie das Kahlwild! Weiter rechts, etwa dreihundert Gänge vom Brunfttrudel entfernt, stand noch ein Tier mit Kalb äsend im Schlag. Beihirsche waren nirgends zu entdecken. Dann drehte sich der Hirsch langsam den Tieren zu, hob gemächlich das Haupt – die Kronen reichten wahrlich bis zu den Keulen – und ließ einen faulen, kurzen, abgrundtiefen Grohner ertönen. Es dauerte Sekunden, bis der Ton mich erreichte.

Himmel, war das ein Hirsch! Das Spektiv hatte ich zum ersten Ritt nicht mitgenommen, aber auch das siebenfache Glas zeigte ein gewaltiges Geweih! Die Stangen hatten in gutem Schwung eine große Auslage, die Kronen waren zackig und weit verzweigt. Wie viel Enden? Das konnte ich natürlich wegen der Entfernung nicht sehen, war aber von wenig Interesse. Es genügte mir, was ich sah. Der Hirsch hatte sicherlich vier, fünf gute Enden in jeder Krone, die Stangen schienen dick und stark zu sein. Wenn dies der Fall war, es an der Länge auch nicht fehlte, so hatte der Hirsch sicherlich gut über zehn Kilogramm Geweihgewicht und war einer Goldmedaille sicher!

Als ich die langen Stangen und die gewaltigen hellen Kronen von der Seite sah, war ich mir sicher, dass dies derselbe Hirsch sein musste, den ich ebenfalls mit zwei Tieren im Vorjahr auf demselben Schlag gesehen hatte! Ist das nicht eigenartig? In diesem riesigen Karpatenwald denselben Hirsch im Abstand von einem langen Jahr auf demselben Schlag wiederzusehen? Damals am letzten Tag, heuer schon am ersten! So hatten wir jetzt genügend Zeit und Muße, den Hirsch nicht übereilt, sondern mit allen Kniffen der Kunst zu bejagen!

Die Sonne war noch am Himmel, als ich mich behutsam zu den Pferden schlich, wir den Schauplatz, ohne gestört zu haben, noch in Helligkeit leise verlassen konnten. Mein Plan war schon gefasst. Morgen früh will ich nochmals alleine kommen, um zu sehen, ob der Hirsch noch draußen ist und wohin er einwechselt, um für den Abendansitz einen günstigen Platz zu finden. Eine alte Erfahrung hat mich gelehrt, dass es viel sicherer ist, den Hirsch mit dem Rudel abends beim Auswechseln auf den Brunftplatz am Ansitz zu erwarten, als ihn morgens anzugehen oder beim Einwechseln abzufassen. In den letzteren Fällen ist der Unsicherheitsfaktor, dass man Rudel beim Anmarsch in der Dunkelheit stört oder dass der Jäger in schlechten Wind kommt, viel größer als abends.

Es war schon sternenfunkelnde Nacht, als wir schließlich mit der freudigen Nachricht in unserem Quartier ankamen. H. hat keinen Anblick gehabt, „seinen" Hirsch aber bei Einbruch der Dunkelheit melden gehört.

22. September. Wir stehen um 3.30 Uhr auf, um nach einem heißen Tee loszuziehen. Oh Wunder, auch die Pferde sind pünktlich hier. Noch vor der Haustür stehend, hören wir den heiseren Schrei des Hirsches, auf den H. gestern ging und es heute wieder versuchen will.

Es ist sternenklarer Himmel, der Halbmond hängt am westlichen Firmament. Rechts auf den Hängen entlang des Baska-Tales melden zwei Hirsche, links einer, aber sehr weit entfernt. Die Brunft scheint gut und in vollem Gange zu sein. Oder gibt es hier heuer mehr Wild? Im Vorjahr hatten wir hier nie einen Ton gehört.

Im Nebental des Jägerbaches versuche ich, noch bei völliger Dunkelheit, den Hirsch zu verhören. Doch hört man von hier wegen des Rauschens des Baches und wegen des Hochwaldes, der am Steilhang zwischen Bach und Schlag steht, überhaupt nichts davon, was oben am Schlag vorgeht. So reiten wir einen alten Holzabfuhrweg hinan, der auf der unteren westlichen Ecke des großen Schlages in diesen mündet. Wir erreichen den Schlagrand noch bei Dunkelheit am unteren Teil der großen Mulde, die in der Mitte des Schlages liegt. Ich steige ab und lausche angestrengt in die dunkle Stille des Schlages hinauf. Da! „Oööh!" – nicht mehr, auf der anderen Seite der großen Mulde etwa in der Partie des Schlages, wo der Hirsch abends stand. Es ist nicht steil hier. Ein alter Pfad führt die Mulde hinauf, ganz langsam und gemächlich kann ich zwei-, dreihundert Schritte hinaufpürschen.

Da macht auch das Herz mit. Stören kann ich den Hirsch in dieser Situation nicht, auch der Wind zieht natürlich talwärts.

Auf einem Buckel, von wo aus die Mulde und der obere Teil des Schlages wie eine riesige Freilichtbühne vor mir liegt, setze ich mich hinter den Stamm eines gefallenen Baumriesen und ziehe das Spektiv aus, das hier eine gute Auflage findet. Der Hirsch schreit ab und zu, kurz, tief, nur einen Grohner. Auch jetzt hat er noch keinen Beihirsch, er ist Alleinherrscher auf dem Schlag. Es wird langsam hell, ich erblicke im Glas seine helle Figur. Der Geweihte zieht in einem Hang auf der mir entgegengesetzten Seite der riesigen Mulde in Richtung Hauptgrad dahin, wo er auch gestern Abend stand.

Sein Kahlwild ist nicht zu sehen, es muss oberhalb des Hirsches von hier aus überriegelt stehen. Wenn ich nicht bestimmt wüsste, dass er der gestrige ist, könnte man meinen, es wäre ein suchender Hirsch.

Inzwischen ist es auch für das wenig lichtstarke Spektiv hell genug geworden. Ich kann mir den Hirsch, der oft verhofft, ab und zu auch einen Grohner ausstößt, genau durch das Fernrohr aus einer Entfernung von etwa achthundert Metern ansehen. Ja, auch mit dem Spektiv zeigt er, was er durch das Fernglas hielt, dicke Stangen, bestimmt über zehn Kilo. Der Hirsch ist kapital, ohne Zweifel, und natürlich auch alt und reif. Den müssen wir strecken, wenn es klappt!

Ich will sehen, wo der Hirsch einzieht. Gegen sieben Uhr wechselt der Hirsch über den Grat des Ménesbérc. Der Buchenurwald mit seinen zerzausten Baumriesen verschluckt ihn und seine zackigen Kronen, die hoch oben über den langen Stangen wippen. Wir warten noch ein halbes Stündchen, bis vollständige Ruhe auf der Bühne herrscht.

Dann steigen wir auf und reiten durch die Mulde in den Schlag hinauf zum Brunftplatz des Hirsches. Ich will mich hier umsehen und für den Abend einen geeigneten Stand aussuchen. Dies fällt mir nicht schwer, denn es ist eine kleine Kuppe im Schlag etwa zweihundert Gänge unterhalb des Grates, wo der Hirsch einzog. Von da aus kann man mit der Büchse den ganzen oberen Teil des Schlages, wo der Hirsch gestern Abend und heute Morgen stand, beherrschen. Wir müssen nachmittags nur zeitig hier sein und auf den Wind achten.

Ein geeigneter Ansitzplatz ist leicht gefunden. Es liegen überall gestürzte Baumleichen, deren tellerartig senkrecht stehendes Wurzelwerk einen hervorragenden Platz bietet.

H. hatte eine spannende Pürsch, konnte zwei Platzhirsche beim Rudel ansprechen, doch war keiner von ihnen reif für die Kugel. Es waren beide Kronenhirsche vom siebten, achten Kopf mit Geweihen von etwa acht Kilo. Außerdem sahen sie einen jungen Beihirsch. Eine stattliche Anzahl Wild für eine Karpatenpürsch. Die Hirsche schrien gut, so konnte man sie auch angehen. Schwierig ist aber das Ansprechen, weil die Hirsche auch für ungarische Maßstäbe ungewöhnlich stark im Wildbret sind. Man überschätzt leicht das Alter und unterschätzt die Geweihe, die im Verhältnis zum Wildkörper „schwach" wirken. Bei Alpenhirschen ist es umgekehrt, wie ich aus eigener Erfahrung gelernt habe.

Nachmittags sind wir schon um drei Uhr bei strahlendem Sonnenschein und tiefblauem Himmel unterwegs. Die Pferde haben wir zum Jägerbach vorausgeschickt, wir fahren mit der Draisine, der alten, ausrangierten schwarzen Limousine auf Stahlrädern. Es geht schneller und bequemer.

Vom Jägerbach reiten wir den Schlag hinauf zu unserem Ansitzplatz. Stundenlang sonnen wir uns dort hinter unserer Wurzel. Kein Ton ist zu hören, keine Bewegung zu sehen außer einem Mäusebussard, der hoch oben im blauen Äther seine Kreise zieht.

Die Sonne steht schon niedrig im Westen. Es ist noch eine halbe Stunde Büchsenlicht, aber kein Trenzer, kein Grohner aus dem Hochwald vor uns. Nichts rührt sich. Gestern um diese Zeit brunftete der Hirsch schon weit draußen im Schlag!

Dann erscheint links oberhalb von uns im dort höheren Brombeergerank das Tier mit seinem Kalb, das gestern auch abseits vom Rudel stand. Es äugt starr zu uns herunter. Ob es wohl unseren halben Wind hat? Es springt aber nicht ab.

Plötzlich ein heiserer Schrei, ein rauer, wilder Sprengruf. Heraus auf den Kahlschlag vor uns stürmen die zwei Tiere, dahinter der gewaltige Hirsch! Er ist kaum 120 Gänge von uns entfernt und erscheint aus dieser Nähe noch gewaltiger. Als der Hirsch breit verhofft, schlägt ihm das schwere Geschoss der Kipplaufbüchse 9,3 x 74 R – die schon so viele starke Hirsche gefällt hat – durch die linke Blattschaufel. Es hebt den Hirsch schwerfällig nach vorn hinan, er stürmt einige Fluchten breit an uns vorbei, das Mal des Todes ist deutlich auf dem Blatt zu sehen. Die Büchse ist blitzschnell wieder geladen, im zweiten Schuss reißt es den hochflüchtigen Hirsch zusammen. Es wirft den gewaltigen Hirsch hin, dass es nur so kracht, er rührt kein Glied mehr. Nur die knorrige Stange ragt aus dem vergilbten Geäst empor.

Andächtig, entblößten Hauptes gehen wir zu ihm hinauf. Wahrlich ein gefällter König der Karpatenwälder! Durch eine saubere Kugel hatte er in seiner kraftstrotzenden Pracht ein schnelles, würdiges Ende gefunden.

Der erste Griff in die Stangen. Sie sind kaum zu umfassen. Es ist ein ungerader Achtzehnender, links fehlt die Eissprosse.

Wir haben alles richtig gemacht. In den folgenden Tagen machten wir es falsch.

23. September. H. zieht mit dem Jagdleiter schon bei Dunkelheit hinaus. Er will schauen, was in den Schlägen westlich der Siedlung los ist, dort, wo wir im vorigen Jahr öfters pürschten, fünf, sechs Hirsche hörten und drei auch sahen, wovon aber keiner für die Kugel reif und gut genug war.

Morgens hörten sie das Melden nur zweier Hirsche, bekamen aber nichts in Anblick. Es war eine anstrengende Pürsch mit schwierigem Anmarsch.

Ich ritt mit einer Gefolgschaft von vier Mann und zwei Pferden zum gestreckten Hirsch hinauf. Wie zu erwarten, war kein Ton im Schlag zu vernehmen. Der Beherrscher dieses wilden Kessels war gefallen. Wir hatten abends so viel Störung gebracht, dass sein Kahlwild sicherlich über alle Berge gezogen war.

In einer knappen halben Stunde war die Rutsche fertiggestellt. Die Pferde wurden davorgespannt und der Hirsch auf die Rutsche gezogen. Ich fürchtete um das Geweih, aber die Leute beruhigten mich: Es konnte nichts passieren. Unversehrt, ohne umzukippen, kamen wir mit dem Hirsch im Tale an.

Am frühen Nachmittag starteten wir zum Aufstieg in die Maricska-Hütte. Obwohl wir uns mit unserem Gepäck äußerst beschränkten, kamen doch stattliche, dicke Rucksäcke, Proviantsäcke u. a. zusammen. Es war ein großer Tross. Ein Reitpferd für mich, ein Packpferd, außer uns beiden der Jagdleiter, Dolmetscher B., Förster Peter, dem nicht nur die Aufsicht über diesen Revierteil, sondern auch über unsere zwei Pferde unterstand, und ein alter Székler, der den Hüttendienst versorgte. Eine wahre Expedition.

Der erste Teil der Strecke, etwa zwölf Kilometer, wurde mit der Waldbahn zurückgelegt. Wir hatten kaum Platz in der Draisine. Die Pferde wurden vorausgeschickt. Doch hatten sie heute ausnahmsweise eine Stunde Verspätung, da nach dem gelungenen Abtransport des Hirsches Förster Peter Anlass hatte, dies ausgiebig zu feiern.

Gleich vor dem Aufstieg trennten wir uns von H. und dem Jagdleiter. Sie wollten auf einen angeblich starken Hirsch in einem der unteren Schläge pürschen.

Wir anderen bewältigten den nicht allzu steilen und schwierigen Aufstieg in knapp zwei Stunden bis zur Hütte, die auf einer Pojana (Wiese) in der Höhe von etwa 1 200 m lag.

Die Maricska ist ein von tiefen Tälern mit Bachbetten umgebenes Massiv, eigentlich nur ein einzelner Berg in der Mitte des Reviers und etwa 1 500 m hoch. Größtenteils unterhalb der Kuppe und auf halber Höhe lagen ringsherum eine Reihe von Kahlschlägen mit frischen Kräutern und Brombeeren als ideale Äsungs- und Brunftplätze. Im Vorjahre hatte H., wie schon gesagt, hier öfters gepürscht und eine Anzahl Hirsche gehört, einige auch in Anblick bekommen. Da aber die Anfahrt zu weit, der Aufstieg von ein bis zwei Stunden zu beschwerlich war, konnte dieses beste Brunftrevier des Gebietes nur sehr selten bejagt werden. Deswegen entschloss sich die Jagdleitung, in diesem Jahr auf der Maricska eine Hütte zu bauen. Wir setzten große Hoffnungen auf dieses Revier, da in diesen Schlägen bestimmt mehrere Hirsche, darunter sicherlich ein bis zwei kapitale, brunften mussten. Wenn man in der Hütte wohnen konnte, so war die Jagd nicht beschwerlich. Zur

Hütte führten zwei Steige aus dem Tal aus verschiedenen Richtungen, die auch Schläge miteinander verbanden, und ein horizontaler Viehsteig, auf dem man pürschend sogar vier hintereinanderliegende Schläge begehen konnte.

Weder H. noch ich kannten uns hier jagdlich richtig aus. So kam es denn, dass wir – von der Hütte aus operierend – in drei Tagen die Brunft im ganzen Revierteil vollständig gestört hatten. Die Hütte lag nämlich falsch. Wir machten zu viel Betrieb, der größte Fehler, den man bei der Karpatenbrunft überhaupt machen kann. Und das kam so.

Wir hatten unser Gepäck kaum abgelegt, als wir wegen der vorgeschrittenen Tageszeit schon aufbrechen mussten. Peter und ich – hoch zu Ross – in den großen Schlag gegenüber der Hütte, Dolmetscher B. auf den horizontalen Steig zu den „hinteren Schlägen".

Peter führte mich vom Hauptsteig drei-, vierhundert Meter in den Schlag hinunter, von wo wir mitten im Schlag, auf einer Kuppe sitzend, guten Rundblick hatten. Der Schlag ging tief in die Lehne zwischen hohen Fichtenbeständen hinunter, im unteren Teil befand sich ebenfalls eine hohe Kuppe.

Kaum hatten wir es uns bequem gemacht, als in halber Höhe des Schlages unter uns ein Hirsch mit mittlerer Stimme meldete. Er war aus dem Hochwald im Ausziehen begriffen und trat auch nach einiger Zeit etwa fünfhundert Gänge unter uns aus. Er war allein.

Ein sehr guter Hirsch! Ganz dunkles Geweih mit leuchtend weißen Enden. Dann sehr lange Stangen und gute Kronen, mit gutem Schwung weit ausgelegt. Alles in allem ein dem gestern erlegten täuschend ähnlicher Hirsch.

Er zog langsam, ab und zu knörend, auf dem freien Schlag näher die Lehne hinauf auf uns zu. Die Stangen waren auch dick. Ich konnte Hirsch und Geweih ganz genau ansprechen. Ich hatte den Eindruck, dass der Hirsch nicht so bullig in der Figur war, vielleicht nur acht- bis neunjährig. Aber wer will das schon bei einem Karpatenhirsch genau sagen. Mir fällt es schon bei einem Ungarhirsch, mit dem ich doch viel größere Erfahrung habe, äußerst schwer zu sagen, ob ein Hirsch acht- bis neunjährig oder zehn- bis elfjährig ist! Der Hirsch zog, hie und da meldend, beängstigend näher. Ich konnte sogar feststellen, dass ihm rechts die Eissprosse fehlte. (Das Fehlen der Eissprossen ist sehr häufig bei Karpatenhirschen.) Dann verhoffte er und windete argwöhnisch. Himmel, jetzt bekam er Wind von uns, weil der Luftzug küselte. Wir vergrämten ihn! Er wendete und trollte voller Argwohn den Wechsel zurück, woher er gekommen war.

War es nun ein Platzhirsch, ein suchender Hirsch oder ein Beihirsch? Der Jagdleiter meinte, es sei der Beihirsch eines starken Platzhirsches, auf den sie gegangen waren und den sie weit unterhalb des Schlages nur gehört hatten. Ich hatte hingegen den Eindruck, dass der Hirsch sein Tier oder seine wenigen Tiere im Hochwald ließ und nur eine „Runde" auf dem Schlag machte. Ich wurde in meiner Ansicht dadurch bestärkt, dass er noch abends, nachts und frühmorgens vom Schlag ab und zu meldete, bevor er durch den Hüttenlärm und Feuerschein auf der gegenüberliegenden Lehne und durch das Benutzen des am oberen Teil des Schlages entlangführenden Verbindungsweges durch H. und seinen Begleiter spätabends und frühmorgens – also in den allerkritischsten Zeiten – endgültig vergrämt wurde.

H. kam ziemlich erschöpft in der Hütte an. Seine Morgen- und Nachmittagspürsch waren gleich beschwerlich gewesen, sogar das Mittagsschläfchen war heute ausgefallen, und abends musste er noch bei Dunkelheit zur Hütte aufsteigen. Eine ganz beachtliche Leistung, auch für einen trainierten Sportsmann, besonders, wenn man über sechzig ist. B. hatte in einem Schlag vom Horizontalsteig einen spärlich meldenden, allein stehenden Mittelhirsch gesehen.

Wir machten es uns schnell in der Hütte bequem. Mit H. wohnten wir im kleineren Zimmer, unsere Begleiter im größeren. Feldbetten waren genügend da. Gekocht wurde auf einem Eisenherd im Freien vor der Hütte – wegen Platzmangels in den Räumen. Viele Nägel wurden in die Balkenwände zum Aufhängen der Sachen eingeschlagen. Die Pferde liefen frei auf der Weide. Es gab hier kaum Wölfe. Die Bären waren alle unten in der Nähe der Feldfrüchte und der Obstbäume versammelt.

24. September. Für den Morgen machten wir wieder einen Großplan zum Auskundschaften des Reviers, beziehungsweise zum Ausmachen eines möglichst guten Hirsches. H. hatte ja schon seinen Kapitalhirsch, als zweiten mochte er keinen schlechteren, ja möglichst einen besseren schießen. Wir marschierten wieder getrennt. Das war hier falsch; einen Karpatenhirsch kann man durch Laufen nicht erzwingen! H. ging mit dem Jagdleiter wieder in die unteren Schläge. Es wurde dort ein Kapitalhirsch vermutet. Worauf aber diese Vermutung des Jagdleiters basierte, blieb unklar. „Es soll dort ein Kapitalhirsch in einer der vergangenen Brünften gesehen worden sein!" H. musste also erst durch den „Hüttenschlag", wo heute früh bei Dunkelheit immer noch der gestern gesehene Hirsch, der angebliche Beihirsch des Kapitalen — Himmel, was für einer müsste der sein, wenn sein „Adjutant" schon zehn Kilo auf dem Haupt trägt – ab und zu meldete.

B. wollte wieder in die östlichen Schläge am „Wanderweg" gehen, ich sollte mit Peter in einen Schlag hinüberreiten, der auf der anderen, der nördlichen Seite der Maricska gegen das Haupttal abfiel.

Wir gingen, d.h. ich ritt, einen verwachsenen Pfad die sehr steile Lehne im Hochwald hinunter. So ein Ritt bergab ist alles andere als erquicklich. Zudem schlagen und schnellen mir im Dunkeln ständig herabhängende Fichtenäste ins Gesicht und streichen meinen Hut ab. Gut, dass Peter zu Fuß vor mir geht, er kann ihn mir wieder hinaufreichen. Wenn ich absteigen müsste, könnte ich kaum wieder selbst aufsitzen, so knapp ist mir die Luft. Es ist schon eine Schinderei!

Dann endlich hörten wir irgendwo unter uns einen Hirsch melden. Es wurde auch allmählich hell. Dann sagte Peter, wir seien in gleicher Höhe mit dem Hirsch kaum hundert Meter vom Waldrand, ich solle absitzen und von hier aus pürschen. Es war eine Wohltat, wieder festen Fuß zu fassen. Ich konnte langsam und bequem an den Hirsch heranpürschen, der nun Schlag auf Schlag draußen röhrte. Vorerst konnte ich aber nichts sehen. Drüben im

Schlag stand eine mit niedrigem Buschwerk und überall herumliegenden Baumleichen und Wurzelwerk bedeckte Kuppe, von deren anderer Seite der Schrei gedämpft herüberklang.

Dann erschien plötzlich ein Stangenpaar gegen den hellen Himmel auf der Spitze der Kuppe, dann stand er wie der zum Leben erwachte Hubertushirsch oben am Kamm mir zugewandt. Nur das Kreuz fehlte zwischen den Stangen. Es waren keine hundertfünzig Gänge, ich sprach ihn mit dem 7 x 50-Glas genau an. Vier oder fünf Enden in den guten Kronen, nicht übermäßig lang, auch nicht sehr dick, beiderseits fehlten die Eissprossen. Mittelalter Hirsch, auf keinen Fall schwerer als acht Kilogramm, also nicht das, nach dem unser Sinn steht. Der Hirsch wechselte zurück, wir konnten uns, ohne gestört zu haben, absetzen.

Im Tal, im unteren Teil des Schlages, meldete noch ein Hirsch. Es ist noch früh, wir könnten ihn noch draußen erblicken, wenn wir uns beeilten. So gingen bzw. ritten wir einen Pfad inmitten des sehr steilen Schlages hinunter, hörten aber keinen weiteren Schrei und sahen auch kein Stück Wild mehr im Schlag.

Durch einen Hochwald mussten wir nun eine steile Lehne hinan und kamen auf der anderen Seite der Maricska in die Schläge, durch die der „Wanderweg" führte. Die Sonne stand schon hoch, nichts war weit und breit mehr zu sehen oder zu hören. Kein Wunder nebenbei: Freund B. war morgens gepürscht und hatte auch zwei Hirsche gehört, doch nichts gesehen. Er war gestern Abend und heute Morgen zweimal hin- und zurückgegangen, dann kamen noch wir. Das ist nach meiner Karpatenerfahrung mehr, als was das dortige Wild an Menschenwitterung und Störung verträgt.

H. kam mit dem Jagdleiter auch abgekämpft gegen zehn Uhr an der Hütte an. Sie hatten einen beschwerlichen Ab- und Anstieg, sahen nichts und hörten nur einen Hirsch in der Gegend des unteren Teiles des „Hausschlages" melden. Der Jagdleiter meinte unentwegt, der von mir gesehene Hirsch sei der Beihirsch des Kapitalen, welcher seinen Brunftplatz nun zum unteren Teil des „Hausschlages" verlegt hätte. Nachmittags wollte er es dort mit einem Daueransitz versuchen.

Tagsüber lagen wir teils auf den Betten, teils aber auf dem Rasen vor der Hütte und reckten uns wonnig im herbstlichen Sonnenschein. In der klaren Gebirgsluft konnte man die über dem weiten, tiefen Haupttal auf mehrere Kilometer gegenüberliegenden, mit Jungwaldpartien und Schlägen bestandenen Nordhänge des 1 600 m hohen „Gór"-Berges einsehen.

Dort rechts oben unterhalb der Baumgrenze hatten wir im vergangenen Jahr den Kapitalhirsch erlegt. Was heuer dort los war, wusste keiner von uns, denn niemand war bisher in diesem Revierteil zum Verhören und Bestätigen gewesen. Das wurmte uns natürlich sehr, da aus der gewaltigen Entfernung ab und zu die verschwommenen Tonfetzen von Hirschrufen herüberklangen. Doch vorerst mussten wir bleiben. Unserer Schätzung und dem Verhören nach mussten mindestens sechs bis acht Brunfthirsche im diesseitigen Revierteil der Maricska stehen, von denen wir nur drei bisher ansprechen konnten.

Abends gingen wir gemeinsam in den unteren Teil des „Hausschlages", wo der Jagdleiter den Brunftplatz des sagenhaften Kapitalhirsches vermutete. Wir fanden einen wunderbaren Platz auf einem spitzen Kegel in der Mitte des Schlages. Steil fielen die mit Brombeeren und allerhand Geröll übersäten Lehnen ringsherum zum Fichtenhochwald hinunter, dessen Rand nirgends weiter von uns als einen langen Kugelschuss entfernt lag. Es war einsam hier, alles vollständig ungestört, abseits gelegen, es roch buchstäblich nach Hirsch und Bär. Doch nichts rührte sich. Beim Heimgehen stolperten wir wieder über den Schlag. Kein Wunder, dass in der Nacht der Hirsch im „Hausschlag" nicht mehr meldete.

25. September. In der sternklaren Nacht war um die Hütte herum nichts zu hören. Der Jagdleiter meinte, es sei wegen der Wärme und der schönen Sonnentage. Aber das hielten wir nur für eine Ausrede. Die hiesigen Jäger waren sich vielleicht gar nicht darüber klar, wie ungemein vorsichtig man mit dem Karpatenwild sein musste. Es reagierte ungleich mehr und leichter auf jedwede ungewohnten Laute und menschliche Witterung in den Einständen und Brunftplätzen.

Wir waren vorläufig am Ende unserer Weisheit. Zurzeit hatten wir hier keinen Hirsch zu bejagen. Ohne einen besseren Plan gingen wir also in den „Hausschlag". Der Hirsch wurde heute Nacht überhaupt nicht gehört, schwieg auch bei Dämmerung. Der Schlag schien leer. H. pürschte mit dem Jagdleiter weiter hinunter auf den vermuteten Kapitalhirsch, ich blieb und sah und hörte nichts.

Auch am „Wanderweg" war nichts los gewesen, H. sah und hörte auch nichts. Diese Seite der Maricska schien also hirschfrei zu sein. Wir hatten es fertiggebracht, das Revier in drei kurzen Tagen leerzurennen! Das Musterbeispiel, wie man in den Karpaten nicht jagen soll. Doch zu unserer Entschuldigung: Wir kannten die Gegebenheiten dieses Revierteils zu wenig und waren, einmal hinaufgezogen, an die Jagdhütte gebunden. Von dort verstänkerten wir beim Versuch des Bestätigens systematisch alle Brunftplätze. Das Totalergebnis zeigte sich schon am zweiten Tage!

Hingegen war drüben im „Gór" eine gewaltige Brunft. Fast den ganzen Tag lang kamen verschwommene Schreie herüber.

Ich wollte hinüberreiten, um zu erkunden, doch H. ließ es nicht zu. Diesseits waren es mindestens sechshundert Meter Abstieg ins Haupttal, dann wieder fünfhundert hinauf und alles wieder zurück. Wahrlich eine Schinderei, zu viel für ein strapaziertes Herz. Zehn Jahre früher hätte mich nichts davon abbringen können.

So ritt der Jagdleiter, ein robuster, kraftstrotzender junger Gebirgler, allein hinüber. Um zwölf zog er aus und war lange vor uns noch bei Büchsenlicht wieder zurück. Denn drüben war der Teufel los! Auf dem Buckel im Gegenhang des Kahlschlages angekommen, der dort der Hauptbrunftplatz ist, und ebendort, wo wir im Vorjahr den Hirsch streckten, sah er vor sich wie in einer Arena nachmittags um drei Uhr einen tollen Brunftbetrieb. Um den Platzhirsch mit zwei Tieren, einen langstangigen und starken alten Vierzehnender, tollten und tobten nicht weniger als sechs Beihirsche, fast alle Kronenhirsche. Seiner Ansicht nach war der Platzhirsch hochjagdbar. Darum machte er sich schnellstens, ohne gestört zu haben, hinter dem Buckel auf die Socken und eilte mit der Freudennachricht zurück, wieder drei Stunden Ritt.

Abends große Besprechung der Lage. Wir müssen hinüber! Wie in solchen Fällen praktisch, mit Tagesproviant, um, wenn es morgens nicht klappen sollte, den ganzen Tag in der Nähe des Hirsches zu verbringen. Es ist ein gut bewährtes Prinzip der Jagd auf den Urhirsch: dranbleiben! Er kann hier im ungestörten Urwald auch tagsüber austreten, man stört nicht mit dem lästigen An- und Abmarsch.

Der „Gór"-Berg ist eine etwa 1 600 m hohe spitze Kuppe über der Waldgrenze, die etwa 1 400 m hoch verläuft, mit Almen und Latschen. Doch Gams gibt es in diesen eher Waldbergen als felsigen Hochgebirgen nicht. Die berühmten Gamsreviere des Retezat und Fogaras bis 3 400 m Höhe und schroffem Hochgebirge liegen weiter westlich von hier.

Die Nordhänge des „Gór"-Berges, die sich uns gegenüber ausbreiten, wurden nach und nach abgeholzt. Die Dickungen und Schläge ziehen sich bis zur Waldgrenze hinauf. Im Nordhang und in diesen Höhen wachsen reine Fichtenbestände mit Jungwuchs. Der Großteil ist schon mit mannshohem und noch höherem Jungwuchs bestanden. Es sind bestimmt Flächen von insgesamt 700 bis 800 ha. Eigenartigerweise ist hier nicht viel los. Das Wild hat in diesen Dickungen weder Brunftplätze noch Einstände.

Der Haupt-Brunftplatz liegt rechts oben am Rande des von da an schier endlosen Hochwaldes, ein frischer, zwei- bis dreijähriger Schlag entlang eines Seitentales. Man kann, ohne zu stören, bis zum Rücken auf der Nordseite des Tales überriegelt hinaufpürschen. Dann liegt der von Fichtenriesen von drei Seiten umrandete kahle Schlag in einer Ausdehnung von etwa 200 x 400 m vor der Mündung der Büchse. Ein idealer Platz zum Anpürschen als auch zum Ansitz. Ebenda brunftete heuer wieder der Platzhirsch auf diesem kleinen Kahlschlag, wo der vom Vorjahr stand! Eigentlich müsste es jetzt wieder klappen!

26. September. Unsere „Expedition" startete um halb vier Uhr beim Licht der funkelnden Sterne von der Hütte. Es dauerte eine gute Stunde, bis wir das Bachbett erreichten. Der Ritt war bequemer, als ich befürchtete, weil wir einen Pfad benutzten, der über

Schläge und nicht durch finsteren Hochwald mit seinen tückisch herabhängenden Ästen führte. Dann mussten wir durch das mit Steingeröll übersäte Bachbett und die andere Seite weg- und steglos steil hinauf. Ich kannte die Stelle vom Vorjahr, auch bei Tageslicht ist es eine halsbrecherische Angelegenheit. Der weitere Anstieg war dann bequem, wir benutzten eine verwachsene alte Spur, die im Fichtenjungwuchs die Lehne schräg hinaufführte.

Es fing schon an zu dämmern, als wir hielten. Ich kannte die Stelle vom Vorjahre. Hier mussten die Pferde bleiben. Weiter ging es nicht mehr, ohne zu stören. H. und der Jagdleiter pürschten von hier zum Buckel hinauf, von wo aus sie den Brunftplatz übersehen konnten. Ich musste vorläufig bleiben, weil ich zu Fuß nicht mitmachen konnte.

Vorerst war bei erster Dämmerung in der ganzen riesigen Lehne nichts zu hören. Das bedeutete aber nicht, dass drüben auf dem Brunftplatz keine fünfhundert Gänge von hier doch im tiefen Kessel und von hier durch den Nebengrat überriegelt nicht das tollste Brunftkonzert im Gange sein könnte. Die beiden konnten den Grat kaum erreicht haben, als halblinks unter mir auf einem kleinen Buckel, der mit zimmerhohen Fichten schütter bestanden ist, ein Hirsch anstieß. Die Stimme war gut, er begann jetzt flotter zu schreien.

Meine Sache war leicht. Ich brauchte nur einige Schritte den Steig weiter hinaufzugehen und erblickte den Hirsch sofort. Er stand keine hundertfünfzig Gänge unter mir auf einem kleinen Rücken zwischen den Fichten und schrie in den anbrechenden Morgen hinein. Etwa zwanzig Gänge weiter unten erblickte ich Rücken und Spiegel eines Stückes.

Der Hirsch stand breit, zeigte mir die Flanke und präsentierte das Blatt. H. aber war fort, ich konnte ihn auch nicht zurückrufen. Der Hirsch war nicht von schlechten Eltern! Das Geweih war zwar nicht so sehr ausgelegt wie das der meisten Hirsche hier, auch nicht so sehr lang, doch bestimmt länger als 110 cm, dicke braune Stangen und mindestens vier lange Enden in beiden Kronen. Dieser Hirsch hatte auch keine Eissprossen.

Wenn H. hier wäre, stünden wir vor einem großen Dilemma. Der Hirsch ist alt und reif, hat gut seine zehn Kilo, wenn nicht mehr, die Goldmedaille wäre ihm auch sicher (sie ist ja bei der Internationalen Formel ziemlich niedrig für Karpaten- und Ungarnhirsche begrenzt). Doch H. möchte nach der Erlegung des ersten Hirsches noch einen besseren Hirsch. Der da oben, den der Jagdleiter bestätigen konnte, soll besser sein. Gut, dass H. nicht da war! Ich hätte ihn zum Schuss überredet.

Das Tier setzte sich nach unten in Bewegung, der Hirsch zog ihm röhrend nach. Er war allein, hatte keinen Beihirsch. Vielleicht war er mit seinem Tier nur zur Äsung in die Nähe des Kahlschlages gezogen, wo der große Brunftbetrieb herrschte, hielt sich aber wohlweislich abseits.

Ab und zu röhrend, zog er in das Bachbett hinunter. Ich konnte ihn noch erblicken und beobachten, wie er über den Bach in den Hochwald des Gegenhanges einzog.

Dann hörte ich weit an der anderen Seite des Schlages, besser gesagt des Jungwuchses, der dort fast schon haushoch ist, eine Stimme. Ich konnte die Richtung anpeilen und erblickte einen im Gebäude sehr starken, hellen Hirsch, der schräg bergan zog. Die Entfernung betrug bestimmt eineinhalb Kilometer. So konnte ich den Hirsch auch durch das Spektiv nicht richtig ansprechen. Er zog alleine, ab und zu röhrend, in den Schonwald unter der Spitze des „Gór".

Bei H. fiel kein Schuss. Aber als ich höher stieg, hörte ich verschwommen Schreie hinter dem Grat. Ich konnte mich bis zur Kuppe hinanpürschen, wo ich mich den beiden anschloss. Sie saßen wie in einer Loge, unter und vor ihnen, rechts und links der Kahlschlag.

Mitten im Schlag, auf keine zweihundert Schritt, saß ein Hirsch im Bett und schrie ab und zu sehnsüchtig gegen den Hochwald, der den Ton hin und her warf.

Es war ein mittelalter Kronenzehner im Alter und der typischen Attitüde des Beihirsches. Auch er hatte keine Eissprossen, aber Wolfssprossen und darüber beiderseits quergestellte Gabeln.

Rechts unten im Hochwald meldete ein anderer, der Stimme nach ebenfalls Beihirsch, aber halblinks oben im Hochwald in Luftlinie keine drei-, vierhundert Meter von uns, eine ganz faszinierende Stimme, ab und zu nur ein abgrundtiefer Grohner, eher nur ein Ächzen und Stöhnen. Es war dies der Platzhirsch, der Jagdleiter bestätigte es. Doch heute Morgen war er, als sie bei Büchsenlicht zu ihrer „Loge" kamen, schon im Hochwald. Er meldete ab und zu bis etwa neun Uhr vormittags, bis ihn die beiden Beihirsche in Atem hielten. Dann verschwand auch unser Kronenzehner im Hochwald, und die Bühne war vorübergehend leer.

H. und sein Begleiter hatten auch den Beihirsch, ebenfalls einen Kronenzehner ohne Eissprossen mit einer abgekämpften Augsprosse, gesehen, aber vom Platzhirsch kein einziges Haar in Anblick bekommen.

Wir machten es uns hier oben in der einen wundervollen Rundblick gewährenden Loge bequem. Die Sonne schien vom wolkenlosen, blauen Himmel. Es war eine Wonne, sich tagsüber hier auszuruhen, anstatt den langen und mühsamen Rückmarsch zur Hütte anzutreten.

Die Sonne stand noch hoch und sandte warme Strahlen auf uns nieder, als das Konzert anfing. Der Platzhirsch mit einer abgrundtiefen Stimme tat nur hie und da einen Grohner im Hochwald halblinks von uns, er war keine dreihundert Schritte entfernt. Der eine Beihirsch meldete links oben, ein anderer in der rechten unteren Ecke des Schlages. Der Wind stand uns konstant ins Gesicht. Wir konnten die ganze Bühne überblicken, waren aber hinter dem Wurzelwerk eines gefallenen Baumes vollständig unsichtbar. Hier musste es heute eine ganz besondere Vorstellung geben!

Sie begann damit, dass der Beihirsch von rechts unten austrat und dann unter den Randfichten uns und auch dem Rudel näher zog. Es war ein hoffnungsvoller Jüngling von vier, fünf Lenzen, trug ein mittelmäßiges ungerades Zwölfergeweih und hatte sogar Eissprossen. Als er dann im Walde verschwand und in die Nähe des zornig grohnenden Platzhirsches kam, verstummte sein jugendliches, sehnsuchtsvolles Melden.

Dann kam weit oben unter der Baumgrenze von links ein Hirsch aus der Dickung in den Hochwald gezogen. Mit dem Spektiv konnte ich gute mehrendige Kronen und ein langes Geweih sehen. Zornig schreiend zog er ein, dort antwortete ihm ein Rivale, der dann später auch da oben auf der Schlagfläche unter dem Schonwald erschien. Es war auch ein Kronenhirsch, ebenfalls kein schlechter, aber ohne Wild. Was könnte wohl der Platzhirsch auf seinem Haupt tragen, wenn eine solche Menge starker Beihirsche so einen gewaltigen Rummel um ihn herum machten? Jetzt schrien schon vier, fünf Hirsche, auch der Platzhirsch geruhte, sich ab und zu mit einem tiefen Brummer zu melden. Auch schien es uns, dass sein Röhren nun doch schon näher klang. Er hatte sich wohl auf den Schlag zu in Bewegung gesetzt.

Das Rudel war inzwischen etwas halblinks in die Nähe des Schlagrandes gezogen. In seiner Nähe war keine Stimme zu hören; die Beihirsche schrien in Abständen von mindestens dreihundert Metern von ihm wüst durcheinander. Er stieß ab und zu den Sprengruf aus, dann ein Krachen im Bestandsrand, sehen konnten wir kein Haar – Stille. Viel später wieder ein leiser Grohner aus der Richtung seines Tageseinstandes.

Eine halbe Stunde Büchsenlicht stand uns noch bevor, als sich der Hirsch wieder in Bewegung setzte. Wir hörten es an seinem Knören und Grohnen. Dann ein leiser Sprengruf links oben von uns am Waldrand. Dort trieb und schlug er minutenlang. Er tobte krachend mit seinen dicken Stangen im Geäst. Er war nicht weiter als zweihundert Gänge von uns entfernt, doch verwehrten uns die Kronen zweier Fichten die Aussicht gerade dorthin.

Was tun? Das Büchsenlicht fing langsam zu schwinden an, das Wild zog aber nicht aus. Ich versuchte, ihn mit dem Ruf zu reizen, aber wir waren zu weit von ihm entfernt. Die Versuchung näherzupürschen, um eine bessere Aussicht zu gewinnen, war groß. Aber wir verwarfen dann diesen Plan. Draußen im offenen Schlag würde uns das Wild sofort wegbekommen.

Dann wurde es dämmrig. Wir mussten die völlige Dunkelheit abwarten, sonst eräugte das Wild gegen den hellen Horizont auf der Kuppe jede Bewegung. Doch auch so klappte es nicht. Das Wild war zu nahe an uns herangerückt und bemerkte uns natürlich bei unserem Rückzug. Ein tiefes Schrecken des Kahlwildes ließ unser Herz erstarren. Doch es kam noch schlimmer. Ich konnte nur langsam vorankommen. Der Jagdleiter sagte, er würde mir das Pferd entgegenschicken. In der Dunkelheit verfehlten wir uns aber, obwohl ich – schon hinter dem Grat – ständig mit der Taschenlampe blinkte. Dann – oh Schreck – fing unser alter Pferdehirt ganz oben am Brunftplatz laut zu rufen an! Er tat so weh, dieser menschliche Ruf mitten im Karpatenwald auf dem besten Brunftplatz weit und breit. Wir fanden uns dann auch zusammen, aber es war zu spät. Wir hatten vermutlich eine schreckliche Störung in den Brunftbetrieb gebracht.

Wie ein geschlagenes Heer zogen wir heimwärts. Zweieinhalb Stunden bergab durch den Bach und dann wieder bergauf. Wir verloren auch den Weg, die Pferde stolperten im Geröll herum. Eine vollständige Apathie erfasste mich. Wäre ich noch Gefühlen fähig gewesen, hätte ich sicherlich Todesängste bei diesem Ritt ausgestanden.

Dann winkte endlich, endlich der Schein der Petroleumlampe durch das kleine Hüttenfenster. Die dort zurückgebliebene Partie unserer Gesellschaft, Dolmetscher B. und Förster Peter, hatten nichts gesehen, auch keinen Brunftschrei gehört.

Wir vollbrachten es tatsächlich, das Revier in zwei, drei Tagen leerzupürschen!

Unsere Kräfte reichten noch zu einem Kriegsrat nach dem Abendessen. Einstimmige Meinung: Hier in der Maricska war nichts mehr zu machen. Ob der Platzhirsch im „Gór" durch unser doppeltes Vertrampeln vollständig vergrämt wurde? Der Jagdleiter blieb Optimist. Die hiesigen Jäger meinen meistens, ihr Rotwild würde Störung ganz gut vertragen! Ich bin nach meinen, allerdings ziemlich bescheidenen Karpatenerfahrungen weniger gutgläubig und fürchtete, dass der Hirsch endgültig zum Teufel sei.

Es blieb uns keine andere Wahl, als es wieder im „Gór" zu versuchen. Nachmittags könnte man es anpacken. Doch müssten wir dafür irgendwohin ins Tal umsiedeln. Man konnte nicht hier oben auf dem Berg wohnen und im anderen Berg jagen. Der An- und Rückmarsch jeweils im Dunkeln war geradezu unmenschlich. Morgen wollten wir unten im Tal Quartier beziehen, sei es an der Endstation der Bahnlinie in einer Arbeiterbaracke oder im viel weiter unten gelegenen Försterhaus.

27. September. Ich schlief aus. H. ließ es sich nicht nehmen und machte einen Pürschgang auf den im oder unterhalb des „Hausschlages" vermuteten Kapitalhirsch. Denn in der Nacht, als wir vor dem Schlafengehen noch nach dem Sternenhimmel sahen, meldete irgendwo in den Lehnen unterhalb des „Hausschlages" ein Hirsch zwei-, dreimal.

Ich wachte erst auf, als H. vom Pürschgang zurückkehrte. Er hatte kein Haar gesehen.

Was H. erlegte, verdiente er sich redlich! Er war ständig auf Läufen, ließ keine noch so geringe Chance aus. Dennoch hatte er verhältnismäßig wenig Anblick. Ich stolperte heuer, wohin ich auch ging, mit Hirschen zusammen! Ich hatte bestimmt drei Goldmedaillenhirsche gesehen und in den sieben Tagen unseres Aufenthaltes insgesamt schon an die acht Hirsche. Es war dies die vierte Hirschbrunft, die ich das Glück hatte, in den Karpaten mitzumachen. Aber in den anderen dreien hatte ich alles in allem kaum die Hälfte der Hirsche gesehen wie in diesem Jahr!

Obwohl H. und sein Begleiter im diesseitigen Revier keinen Ton gehört hatten, kamen sie doch mit zwei günstigen, uns wieder Mut und Schwung gebenden Beobachtungen heim. Drüben aus dem „Gór" hörten sie noch um halb neun Uhr verschwommene Brunftschreie. Hatten wir doch nicht gestört? Ein Schimmer der Hoffnung kam wieder.

Zweitens: Im Deale Negru, dem „Schwarzen Berg", den gab es in jedem Karpatenrevier, das ich bis jetzt kennenlernte, meldete heute früh andauernd ein Hirsch. Der Schwarze Berg ist eine Kuppe, die der Maricska im Hochwaldmeer hinter dem „Gór"-Berg gegenüberliegt. Oben auf seinem Rücken breiten sich drei Waldwiesen aus, von einer kam der Brunftschrei. Wir verabredeten, dass ich mit Förster Peter und unseren zwei Rossen nachmittags diesen Berg auskundschaften sollte. Wer weiß, vielleicht stand dort der Urhirsch, von dem wir träumten.

Nach zeitigem Mittagessen machte sich unsere Karawane auf den Weg. Die Hütte wurde endgültig verlassen. Die Arbeiterhütte im Hauptbach war voll besetzt. Da hatten wir keinen Platz. Es gab aber hier, an der Endstation der Waldbahn, ein Telefon. Freund Jagdleiter verwandelte sich am Telefon zu einem Generalstäbler! Er organisierte mit zwei, drei Gesprächen unser neues Hauptquartier in einem neu erbauten Forsthaus weiter unten im Haupttal, das an der Waldbahnlinie lag. Vom Forsthaus aus konnten wir zum Fuß des „Gór"-Berges fahren, auch in den Dealu Negru und in die weiter unten im Bachtal gelegenen Schläge, falls wir dort irgendwo einen passenden Hirsch bestätigen würden. H. war von dort aus also an die Draisine gebunden, auch meine Bewegungsmöglichkeiten hoch zu Ross blieben beschränkt, da die Entfernungen sehr weit waren. Aber wir hatten keine andere Wahl.

Der Jagdleiter hatte für den Abend die Draisine bestellt, die H., ihn und Dolmetscher B. mit unseren Sachen nach der Pürsch zur neuen Behausung bringen sollte. Der dritte Abschnitt unserer Jagd begann.

Um halb drei Uhr trennten sich unsere Wege. H. stieg mit dem Jagdleiter den „Gor" hinauf, wir machten mit Förster Peter einen „Patrouillenritt" auf den Dealu Negru. Abends wollten wir uns beim Forsthaus treffen.

Wir ritten in strahlendem Sonnenschein durch düsteren Fichtenwald den Schwarzen Berg hinauf. Der Wald war wie ausgestorben, keine Fährte zu sehen, auch kein Vogel, kein Leben. Als wir dann auf die erste Lichtung kamen, verlor ich alle Hoffnungen. Sie war mit Jungfichten bepflanzt, daher wurde die Weide nicht gestattet. Es gab nichts anderes auf der Blöße als altes, hohes Schmielengras. Wahrscheinlich kein Brunftplatz! An der zweiten Lichtung das gleiche Bild. Weit und breit kein Ton, keine Fährte.

Wir machten uns an den Abstieg. Es ist halb sechs Uhr, in einer Stunde dunkel. Die dritte Waldwiese lag noch vor uns. Als ich den

Rand der Blöße erreichte, hörte ich draußen einen Brummer. Schnell abgestiegen. Hinter einer einzelnen Fichte draußen eine Bewegung. Glas hoch, Hirsch! Er trat unter den herabhängenden Ästen heraus und zog vor mir über die Lichtung. Er war alleine, in der typischen Haltung und dem Benehmen nach ein suchender Hirsch. Wäre ich hier zum Jagen berechtigt, hätte ich ihm die Kugel angetragen. Ein hohes Geweih, aber mit nicht dicken Stangen, anstatt einer Krone starke Gabeln, keine Eissprossen. Also Gabelachter zwischen sieben und acht Kilogramm – genau ein Hirsch nach meinem Geschmack!

Er verhoffte, windete argwöhnisch, drehte dann ab und trollte nach unten in den Hochwald.

Bevor wir das Forsthaus in der Dämmerung erreichten, röhrte auf einem kleinen Schlag im Gegenhang mit guter Stimme ein Hirsch. Mein Hoffnungsbarometer stieg sofort höher. Eine neue Chance zum Bestätigen eines neuen Hirsches!

Doch im Forsthaus angekommen, hörten wir die große Nachricht, die die ganze Situation auf einen Schlag änderte. Am Telefon wurde ein Lastwagen bestellt, der Hirsch des „Gór"-Berges lag. Es dauerte keine Viertelstunde, die schwarze Limousine – Draisine rollte mit den Jägern an. H. hatte einen Fichtenbruch am Hut!

Wie es so oft mit Hirschen ist, ging alles sehr einfach. Die Sonne stand noch hoch, als die drei an den Ansitzplatz von gestern, an die „Loge", heranpürschten. Im gegenüberliegenden Hochwald meldeten rechts und links zwei Hirsche ständig. Aus ihrer Mitte kam zeitweise der Grohner des Platzhirsches. Das Wild hatte die Störung nicht übelgenommen!

Kaum hatten sie sich hinter dem Wurzelstock gesetzt, als auf den Schlag ein Tier aus der Richtung des Platzhirsches heraustrollte. Hinterher kam der Hirsch auf die Bühne! Sie sahen von oben ins Geweih, sahen die Stangen verzerrt. Dicke Stangen, aber kurz, Kronen, aber die Kronenenden und unteren Enden auch kurz. Alter Hirsch. Das Geweih enttäuschte H. Der Jagdleiter war seiner Sache auch nicht ganz sicher. Der Hirsch trieb das Tier den Schlag hinunter in die rechte Ecke. Als er dort verhoffte und der Jagdleiter das Geweih von vorne sah, meinte er, einwandfrei und sicher feststellen zu können, dass es der von ihm gesehene Platzhirsch des Brunftplatzes war. Aus dieser Sicht zeigten die Stangen nämlich eine gute Länge und auch Stärke. So entschloss sich H. zum Schuss. Das Stück zog nun wieder auf sie zu. Der Hirsch ihm nach. Auf eine Entfernung von etwa zweihundert Gängen verhoffte er und erhielt die Kugel aufs Blatt. Zeichnen, ein paar torkelnde Schritte, und mit wildem Getöse brach der Hirsch zusammen. Es war noch kaum vier Uhr nachmittags.

Mit der Erlegung auch des zweiten Hirsches war nun unser Abschuss erfüllt, hatten sich alle Probleme, wie wir wohl erfolgreich weiterjagen sollten, gelöst. Noch am Abend rollten wir nach Commandau hinunter.

Es wurde ein langer Abend. Nun, da wir die Jagd beendet und Erfahrungen im Revier gesammelt hatten, konnten wir auch besprechen, wie man es in Zukunft anpacken sollte. Eines stand fest: Die schöne neue Hütte in der Maricska ist nicht zu benützen. Dort verstänkert man die Schläge und Brunftplätze, im „Gór" ist aber von dort aus nicht zu jagen.

Was sich bei der Karpatenbrunft immer schon bewährt hatte: Man muss unten im Tal hausen, unten, zwischen den beiden Brunftplätzen. Da stört man mit dem Hüttenlärm nicht. Zum Brunftplatz im „Gór" kann man jederzeit ohne Störung hinaufsteigen, um die Hirsche zu bestätigen. Und die Brunftplätze in der Maricska müssen in Zukunft so beobachtet werden, dass nicht mehrere Jäger in den Schlägen herumlaufen, sondern sich abends nur an solchen Stellen zum Verhören ansetzen, wo sie durch den Abmarsch in der Dunkelheit nicht stören. Morgens, ja, dann kann man sich an den Hirsch zum Ansprechen heranwagen, aber nur, wenn er schreit. Das Herumstolpern auf den Brunftplätzen, ohne dass die Hirsche schreien, ist wohl der größte Fehler, den ein Karpatenjäger begehen kann.

Freund Jagdleiter versprach uns, für die nächste Brunft im Tal eine kleine Hütte bauen zu lassen. Von da aus könnten wir dann richtig jagen.

28. September. Ich lasse es mir nicht nehmen, morgens wieder hinaufzureiten, um den Hirsch oben im Schlag zu photographieren und den Abtransport mitzuerleben. Der Hirsch lag keine hundert Gänge von der Stelle, wo im Vorjahr der Sechzehnender gestreckt wurde, doch gab es damals eine dünne Schicht Neuschnee, heute ist aber schönstes Sonnen-Herbstwetter.

Es ist ein uriger Hirsch sehr nach meinem Geschmack. Ich liebe bizarre, krumme, verdrehte Stangen und Enden, also „ausgefallene" Hirsche, während H. für das regelmäßige, gut ausgelegte Geweih mit guten Kronen ist. Dieser zweite Hirsch mit starken, aber hellen und sowohl seitlich als auch unter den Kronen geknickten Stangen und kurzen vierzehn Enden, er hatte sogar beiderseitig eine kurze Eissprosse, ist nicht nach seinem Geschmack. Der erste Hirsch brachte 10,60 kg, der zweite jedoch, noch nicht einmal ganz ausgetrocknet, nur 8,60 kg auf die Waage. Es ist aber auch ein Geweih mit auffallend leichtem spezifischen Gewicht. Sehr alt war der Hirsch auch nicht, obwohl er sicher seine neun, zehn Jahre hatte. Ob es wohl der Platzhirsch mit der faszinierenden, abgrundtiefen Stimme des Vortages war? Ich vermute, es war der Beherrscher des Brunftplatzes. Doch wer weiß? Wir werden nie darüber Sicherheit haben!

29. September. Über das widerliche Feilschen um Punkte bei der Forstbehörde möchte ich nur wenige Worte verlieren. Es war ein hässlicher Abschluss von wundervollen, kameradschaftlichen Jagdtagen. Besonders die Schönheitspunkte machten viel Schwierigkeiten, weil, scheinbar nach schon orientalischer Sitte, immer erst das Maximum vorgeschlagen wurde, um sich dann einigen zu können. Besonders die Punkte für die Kronen wollte man hochschrauben, bei unserem Achtzehnender sogar auf zehn Punkte, die kaum jemals einem Geweih bei offiziellen Bewertungen zugestanden wurden. Die Vorschriften der Formel des CIC sind in dieser Hinsicht, was die Bewertung der Kronen betrifft, auch ungenau und dehnbar.

Wir einigten uns endlich auf acht Punkte für die Kronen beim ersten Hirsch. Somit brachte es der erste auf rund 221 IP., der zweite auf nur rund 206 IP. Als die Debatte abgeschlossen war, zog wieder völliger Friede unter uns ein.

Monate später kam ein Brief aus Covasna vom Jagdleiter. Dazu ein Zeitungsausschnitt mit dem Photo eines Hirschgeweihes mit bizarren Kronen, die so typisch für Karpatenhirsche sind. Der Hirsch wurde im Forstamt Covasna, Commandau, im Revierteil Maricska von Wölfen gehetzt, verletzt und dann zur Strecke gebracht. Er habe ein Geweihgewicht von 12,80 kg, Stangenlänge von 130 cm und bringe es auf rund 244 IP. Somit wäre es der stärkste Hirsch, der jemals in Rumänien zur Strecke kam.

Ob es wohl der Platzhirsch des „Gór"-Berges mit der abgrundtiefen Stimme war?

Und dann kommt's wieder anders ...

Hirschbrunft 1974

„Organisation ist das Leben, mein Junge!" – sagte mir einst ein sehr lieber Onkel, der zu uralten Zeiten bei den K.u.K.-Husaren der alten Monarchie gedient hatte und ein Lebenskünstler ersten Ranges war. Ich habe mir diese Lehre sehr gut gemerkt und wieder – wie so oft – daran denken müssen, als wir uns am 20. September 1974 nachmittags am Flugplatz von Bukarest mit Freund Hans trafen. Er kam aus Istanbul, ich aus der entgegengesetzten Richtung aus Budapest angeflogen. Der Leihwagen stand auch bereit. Es konnte sofort über die Kette der Südkarpaten nach Brasov gestartet werden, wo wir ein Hotelzimmer zum Übernachten reserviert hatten. Wir hatten die berechtigte Hoffnung, nach Ablauf von kaum vierundzwanzig Stunden in unserem alten Revier Covasna, wo wir unsere dritte Hirschbrunft erleben sollten, die Hirsche schreien zu hören.

Vorsorglich wurde uns ein „Reiseleiter", ein gutaussehender junger Mann, Medizinstudent, der gut Deutsch und Rumänisch sprach, mitgegeben. Eigentlich ziemlich überflüssig; denn ich konnte mich bei der dortigen Bevölkerung ungarischer Muttersprache so verständigen wie daheim, außerdem kannten wir uns im Revier und bei den Menschen nach zwei vergangenen Brünften bestens aus. So entstand dann auch die ziemlich komische Lage, dass ich im Sägewerk Commandau, wo wir in den ersten Tagen wohnten, zwischen unserer Hausfrau, die weder Rumänisch noch Deutsch sprach, und unserem „Dolmetscher" den Dolmetsch spielen musste. Er war ein netter Junge, zeichnete sich jedoch dadurch aus, dass er von der Jagd keine Ahnung hatte und auch kein Interesse zeigte.

Während wir später im Jagdhaus wohnten, suchte er in der weiteren Gegend gesellschaftlichen Anschluss und fuhr Beulen in unseren Leihwagen. Er ließ dann sein „Büro" bei der Rückfahrt in St. Gheorge im Restaurant liegen, merkte dies aber erst in Brasov und musste wieder im Leihwagen zurück, um sein Image zu retten.

Im Touristenamt in Brasov, das sich mit der Organisation von Jagdreisen beschäftigt, wurden wir als VIP behandelt. Uns wurde mitgeteilt, dass wir mit unserem Wagen unmöglich die Straße vom am Fuße der Berge liegenden Kurort Covasna hinauf bis zum 1 100m hoch liegenden Sägewerk Commandau, dem Ausgangspunkt unseres jagdlichen Unternehmens, fahren könnten. Wir ließen uns jedoch nicht ins Bockshorn jagen. Dort kannten wir uns schon besser aus! Freund Jagdleiter erwartete uns nach brieflicher Abmachung vormittags in seinem Büro. Alles, was uns betraf, war bestens organisiert.

21. September. In leuchtendem herbstlichem Sonnenschein fuhren wir in der tischflachen Ebene des Székler Beckens zwischen fruchttragenden Ackerböden unserem entfernten Ziel, den sich aus diesem Flachland steil erhebenden blauen Bergen entgegen. Da Hans fuhr, hatte ich Muße, die Landschaft zu genießen. Ich entdeckte einen Adler hoch in den Lüften, vermutlich ein Gold- oder Schreiadler. Über dem Adler kreisten noch fünf viel größere Greife, ebenfalls mit gespreizten Handschwingen, doch mit noch viel weiter vorgestrecktem Kopf und hellen Unterseiten. Kein Zweifel: Geier, die in den Süd- und Ostkarpaten, wenn auch ziemlich selten, vorkommen. Es waren die ersten Geier, die ich in meinem Leben sah.

Mit Freund Jagdleiter trafen wir uns wie verabredet. Seit einem Jahr hatten wir uns nicht gesehen. So war die Freude groß, es gab viel zu erzählen. Die Brunft war seit einigen Tagen im Gange, Hirsche schrien auch in den Schlägen, die um Commandau lagen. Wir würden uns ihnen zwei, drei Tage von diesem „Stützpunkt" aus widmen, bevor wir weiter in die Berge hinaufziehen würden.

So hatten wir es auch mit Erfolg im Vorjahr gemacht. In erreichbarer Nähe des Sägewerks breiteten sich in verschiedenen Richtungen drei, vier Kahlschläge aus, die auch leicht zu bejagen waren.

Ohne Zeitverlust klappt alles wie am Schnürchen. Wir werden mit landesüblichem feinem Mittagessen erwartet, unsere Hausleute vom vorigen Jahr sind rührend um uns besorgt. Nachmittags um drei Uhr wird mein gesatteltes Reitpferd von Förster Peter, meinem vorjährigen Begleiter, herangeführt; ich soll zum „Jägerschlag" hinauf, wo wir im vorigen Jahr den Kapitalen erlegt hatten und wo heuer wieder ein Hirsch brunften soll. Man hatte ihn nur gehört, nicht gesehen, geschweige denn angesprochen.

Hans sollte mit der Draisine zum Ort seines abendlichen Wirkens hinausfahren, von wo aus nur der Aufstieg in den Schlag zu bewältigen war. Gegen jede Erwartung war der Wagen auch mit einer Verspätung von nur einer Viertelstunde da. Sein Fahrer natürlich nach seiner uns schon bestens bekannten Sitte etwas angeheitert. Dies verstieß jedoch nicht gegen die Verkehrsregeln, weil der Wagen ja mit seinen Rädern nur auf Schienen laufen und so verhältnismäßig einfach und gefahrlos manövriert werden konnte.

Ich ritt an der Ostseite erst durch sehr steilen Hochwald, dann durch den Schlag hinauf zu dem Punkt, von wo man über die tiefe, große Mulde inmitten des Schlages hinweg die beste Aussicht auf die links und weit gegenüber verlaufenden Hochwaldkanten hatte. Von hier aus hatte ich vor zwei Jahren den Kapitalhirsch gesehen und zur vorigen Brunft wieder bestätigen können, den Hans dann auch erlegte.

Vorerst tat sich jedoch nichts. Bei dem sommerlichen Wetter mit Südwind hatte ich mich nur leicht gekleidet, was jedoch ein Fehler war. Beim Sitzen fror es mich schon nach einer halben Stunde ganz jämmerlich. Ich war in einer Höhe von 1 400 bis 1 500 m. Hier inmitten der endlosen Wälder ist es fast stets kühl. Der Karpatenjäger tut gut daran, sich stets warm zu kleiden.

Gegen halb fünf Uhr fing ein Hirsch auf dem Schlag der weit entfernten Bergkuppe hinter meinem Rücken jenseits des Haupttales und der in ihm verlaufenden Waldbahnstrecke mit guter

Stimme in langen Zwischenräumen zu melden an. Ein zweiter, der viel häufiger, jedoch mit mittlerer Stimme meldete, schloss sich ihm an. Das typische Platzhirsch-Beihirsch-Duett.

In meinem Schlag herrschte völlige Ruhe, bis ich dann bei beginnender Dämmerung draußen im Kahlschlag zwei Stück Kahlwild entdeckte. Ob sie aus dem Hochwald oder der von mir aus überriegelten Mulde des Kahlschlages gekommen waren, hatte ich nicht gesehen. Sie ästen ruhig und machten den Eindruck, als ob sie alleine ohne Hirsch wären. Dann aber meldete aus ihrer Richtung ganz dumpf überriegelt ein Hirsch zwei-, dreimal mit guter Stimme. Feststellen konnte ich jedoch nicht, ob er jenseits des Hauptgrates im Hochwald oder in der Senke im Schlag unterhalb der Tiere stand. Der Situation und der Stimme nach war es der diesjährige Platzhirsch des „Jägerschlages" gewesen.

Hans war in der entgegengesetzten Richtung von Commandau aus auf einem aus mehreren Kahlschlägen bestehenden Brunftplatz gewesen. Dort hatten sie drei Hirsche melden gehört, von denen der eine eine sehr jugendliche Stimme hatte. Man ist geneigt, solchen Hirsch als Schneider abzutun, obwohl dies nicht immer stimmt. Jedenfalls bemüht man sich um ihn nicht, wenn es bessere Stimmen zu hören gibt. Dies war dort der Fall. Die beiden anderen Hirsche schienen zwei Platzhirsche zu sein. Man glaubt ja auch, dass der Platzhirsch ein älterer, stärkerer Hirsch ist, weil er doch Besitzer des Kahlwildes ist. Sicher ist er auch der stärkere Hirsch, zumindest was die Körperstärke und Kondition anbetrifft, doch besagt dies nicht in allen Fällen, dass der Platzhirsch auch ein stärkeres Geweih als der Beihirsch trägt. Nur ist der Platzhirsch, solange die Tiere brunftig sind und er bei ihnen steht, leichter zu bestätigen.

Nach schwierigem Pürschen musste Hans mit dem Jagdleiter bis auf sechzig Schritte in unübersichtlichem Jungwuchs an den einen Platzhirsch mit seinen vier Tieren herankommen, ehe sie ihn genau ansprechen konnten. Es war ein junger Vierzehnender mit kurzem Geweih von einem Gewicht von etwa 8 Kilogramm. Kein jagdbarer Karpatenhirsch also.

22. September. Der erste Morgen war ein organisatorischer Fehlstoß. Den Jagdleiter traf keine Schuld. Er hatte schon, noch bevor er bei unserem Quartier ankam, Peter, den Pferdeführer, geweckt und zum „Jägerschlag" in Marsch gesetzt und auch den Fahrer der Draisine mobil gemacht. Nicht zu bewegen war jedoch die Maschine, die wieder einmal hoffnungslos streikte. So warteten wir, uns ärgernd, bis zum völligen Hellwerden an der Station. Es war ein einmaliger Brunftmorgen, sternklar, mit Raureif an Gräsern und auf den Wiesen. Jedoch waren alle Brunftplätze zu Fuß unerreichbar. So verzog ich mich verärgert zurück ins Bett.

Hans hatte mehr Ausdauer. Er wartete mit abnehmender Geduld, ohne sich jedoch aus seiner Ruhe bringen zu lassen, bis der Wagen mit einer Stunde Verspätung doch noch heranrollte. Sie fuhren bis zum Fuß des nächsten Schlages, hörten auch einen Hirsch mit mittlerer Stimme dort melden, doch verschwieg er kurz danach.

Der Himmel ist blau, die Sonne scheint wärmend, doch es bläst ein steifer Südwind, als wir nachmittags in unserer Limousine abfahren. Ich habe mich warm angezogen, doch umsonst. Nach einer Stunde Ansitz wurde es mir wieder sehr kalt. Ich bin nämlich, unnötig vielleicht zu sagen, zu meinem Platz von gestern hinaufgeritten. Ich bin sehr erpicht darauf, diesen Hirsch in Anblick zu bekommen. Wird er wohl halten, was er verspricht?

Hans ging zu den gegenüberliegenden Schlägen, wo ich gestern die Hirsche gehört habe. Die tiefe Stimme konnten sie wieder hören, fanden auch einen ausgeprägten Trittsiegel in der Gegend, doch stand der Hirsch tief im Hochwald und kam bei Büchsenlicht nicht auf den Schlag heraus, auf welchem sie ihn erwarteten.

Als wir den Schlag erreichten, hörten wir in der Nähe unseres Ansitzplatzes ein lautes Gejohle. Es waren vier Männer, die im unteren Teil des Schlages herumstiegen, um Brombeeren zu pflücken und sich gegenseitig mit Zurufen ermunterten. Förster Peter schickte sie sofort zurück. Ich war der Meinung, dass unser Abendansitz verpatzt wäre. Aber weit am jenseitigen Hang erblickte ich ziemlich spät, fast schon vor einbrechender Dämmerung, ein einzelnes, auffallend dunkles Tier ohne Hirsch oder Kalb. Dann später etwas weiter rechts ein anderes, ebenfalls einzelnes Tier fast an derselben Stelle, wo wir im Vorjahr den Hirsch erlegten. Dann meldet der Hirsch! Der Richtung des Lautes folgend, entdeckte ich ihn sofort unweit des Hochwaldrandes auf dem kahlen Schlag. Er hatte zwei Tiere dabei, die er bestimmt mit zwei Handbreiten an Höhe überragte.

Fürs Spektiv ist es zu dunkel, fürs Glas ist es zu weit. Ich kann den Hirsch nicht mehr ansprechen, so sehr ich auch meine Augen anstrenge.

23. September. Nachts und den ganzen Morgen ist der Himmel bezogen. Es war viel wärmer geworden. Trotzdem schrien die Hirsche ringsherum des „Jägerschlages". Dennoch machte ich eine klassische Fehlpürsch. Ich wollte sehr gescheit sein und machte mir den gleichen Plan zurecht wie im Vorjahr, als es wunderbar funktionierte. Mein abendlicher Beobachtungsplatz war nämlich für den Morgenansitz weniger geeignet, da man, nach Osten und Süden schauend, Gegenlicht hatte. Dafür war das Spektiv schlecht zu gebrauchen. Wenn ich jedoch von rechts in die Südwestecke des Schlages hinaufritt, konnte ich den Grat, der sich über der großen Mulde inmitten des Schlages hinaufzog, nötigenfalls hinaufpürschen.

Als wir aus dem Hochwald in den Schlag hinaustraten und ich aus dem Sattel stieg, war es noch dunkel. Unten in der großen Mulde, doch weit von meinem jetzigen Standort entfernt, meldete der Platzhirsch. Ein Beihirsch mit einer Schneiderstimme sekundierte. In den beiden gegenüberliegenden Ecken des Schlagrandes meldeten, der eine hoch oben, der andere tief unten, zwei weitere „neue" Hirsche, die jedoch dem Schreien nach suchend ohne Kahlwild waren. Sie verschwiegen kurz nach Tagesgrauen, während der Platzhirsch, wenn auch in großen Abständen, bis zu seinem Einziehen in den Hochwald nach sechs Uhr, andauernd weiterschrie.

In der Senke stehend, war er mir jedoch überriegelt. So pürschte ich sehr langsam und vorsichtig bergwärts. Ich hatte jedoch Pech, oder aber waren die Beine doch zu langsam gewesen? Der

Hirsch zog allmählich aufwärts Richtung Einstand im Hochwald. Er war immer wieder durch den Grat und seine Seitenrücken überriegelt, so dass er schließlich eingezogen war, ohne dass ich den Hirsch gesehen hätte.

Förster Peter hingegen hatte mit dem grasenden Pferd am langen Zügel einen Hirsch, seiner Aussage nach einen Zwölfer, gesehen, der hinter einem Stück unterhalb des Schlages durch den Hochwald zog. Sein Ansprechen jedoch war äußerst fraglich, weil er weder ein Glas besaß noch die Grundbegriffe des Ansprechens beherrschte.

Den ganzen Morgen hatte ich gespannt auf den Schuss von Hans gelauscht, der wieder über dem Tal in meinem Rücken pürschte. Er ging ebenfalls leer aus. Wir ließen nicht locker. Nachmittags ging jeder an seinen Platz. Ich natürlich zu meinem ständigen Nachmittags-Auslug. Einmal muss der Hirsch doch bei besserem Licht kommen! Doch tat er mir nicht den Gefallen. Er fing wieder jenseits des Hauptgrates noch bei Büchsenlicht im Hochwald zu melden an. Es war schon stockdunkel, als ich ihn erst im Kahlschlag melden hörte.

Der Hirsch von Hans schrie nachmittags wieder im selben Kessel, wo ihm des Windes wegen nicht beizukommen war, und dachte nicht daran, auf den Schlag auszutreten.

Abends hielten wir großen Rat. Am Mittag des nächsten Tages wollten wir nämlich aus der Ortschaft in ein weit oben im Hauptbachtal an der Waldbahn liegendes Forsthaus übersiedeln, von wo aus wir die höher gelegenen Schläge erreichen konnten. Hans war die Lust an „seinem" Hirsch, der nicht aus dem Kessel auf den Schlag hinaus wollte, vergangen. Wir entschieden uns deshalb für einen konzentrierten Angriff auf „meinen" Hirsch im „Jägerschlag". Der war morgen früh bei Büchsenlicht noch mit großer Wahrscheinlichkeit draußen im Kahlschlag anzutreffen.

24. September. Nachts hatte es etwas geregnet, der Himmel war bezogen. Wie besprochen, gingen wir alle zum „Jägerschlag". Hans und der Jagdleiter wollten, meinem gestrigen Pürschpfad folgend, den Grat inmitten des Schlages hinaufpürschen, um in die Nähe

des ständigen Brunftplatzes des Hirsches zu kommen. Ich aber wollte, wenn ich ohne Störung hinkommen konnte, zu meinem abendlichen Aussichtsposten. Aus dem unten gelegenen Hochwald hinaus auf den Kahlschlag gekommen, verhörte ich erst, bevor ich etwas falsch machen konnte, und stellte mit großer Freude fest, dass der Hirsch am östlichen Hang der großen Senke an seinem gewohnten Brunftplatz meldete. Ich konnte also hinter dem Riegel in völliger Sicherheit zu meinem Beobachtungsplatz hinaufpürschen. Als ich dort ankomme, beginnt es gerade zu dämmern. Als es heller wird, suche ich mit dem Glas den kahlen Hang ab und erhasche dann auch eine Bewegung. Ja, es ist der Hirsch. Er zieht einem einzigen Stück nach und ist mir dann gleich wieder verdeckt. Alles was ich vom Geweih habe sehen können, war, dass es hoch und weit ausgelegt war. Hans musste an ihm sein, doch es fiel kein Schuss, bis dann der Hirsch, wie ich es der Stimme nach verfolgen konnte, gegen sechs Uhr in den Hochwald oben am Grat einzog.

Unten im Tal trafen wir dann mit Hans zusammen. Es war ein noch nicht reifer, acht-, neunjähriger ungerader Vierzehnender. Gute Kronen mit weißen Endenspitzen, keine Eissprossen, die Stangen noch nicht dick genug, Geweihgewicht schätzungsweise achteinhalb Kilo.

Im neuerbauten Forsthaus im Tale des Baska-Mica-Baches konnten wir uns sehr bequem einquartieren. Außer der Wohnung des Försters waren noch zwei Räume im Parterre. Den einen bezog Mariska, unsere Hausfrau, den anderen, in dem ein Herd, ein Tisch und zwei Betten standen, Freund Jagdleiter mit Förster Peter. Hans und ich hausten in dem Mansardenzimmer, in dem außer zwei Betten und einem Tisch auch ein Herd stand. Dieser erwies sich dann als eine sehr zweckmäßige Einrichtung, weil Tage kamen, an denen er ständig mit Brennholz vollgestopft werden musste.

Wir wohnten jedoch nicht der Bequemlichkeit halber im schönen Haus im Tal. In meinem Bericht über die Hirschbrunft 1973 im selben Revier habe ich erzählt, dass wir damals in einer ganz primitiven Hütte auf einer Kuppe von sechzehnhundert Metern

Höhe inmitten von vier guten Kahlschlägen und Brunftplätzen hausten und es uns gelang, im Verlauf von zwei kurzen Tagen das ganze Höhenmassiv leerzulaufen! Das ist der Nachteil, wenn man zu nahe bei den Brunftplätzen wohnt. Das wollten wir nie wieder machen.

Unsere wichtigste Aufgabe war es zunächst, auszukundschaften, wo etwas in dieser Gegend los war. Darum zogen wir nachmittags in zwei Richtungen. Hans mit dem Jagdleiter auf die östlich des Baches liegenden, uns in bester Erinnerung haftenden Brunftplätze an der Nordseite des siebzehnhundert Meter hohen „Gór"-Berges, ich mit Ross und Förster Peter in die Schläge der Maricska unterhalb unserer vorjährigen Jagdhütte, wo ein starker Platzhirsch, wie auch im Vorjahr, vermutet wurde.

Es war noch früher Nachmittag, als vor uns in der Lehne, die mit Fichtenwald bestockt war, zwei Hirsche weit entfernt voneinander mit den Stimmen von suchenden Hirschen zu melden begannen. Jener, welcher oberhalb stand, näherte sich dem Schlag und schickte sich an, überriegelt von unserem Auslug auszutreten. Ein alter Viehsteig führte von unserem Standort den Schlag hinauf. Ich pürschte ihn langsam hinauf, bis ich in einer Einbuchtung des Schlages des schon draußen zwischen den Brombeerranken niedergetanen Hirsches ansichtig wurde. Es war das schwache Geweih eines jungen Zwölfers, was sich nach einigen Minuten auch bestätigte, als der Hirsch hoch wurde und ich seine Figur sah. Er hatte auch kein Kahlwild dabei.

Die Stimme des anderen Hirsches, der jedoch nicht auf den Schlag heraus, sondern in Richtung des Tales im Hochwald zog, war noch nichtssagender. Es schienen tatsächlich beide suchende Hirsche zu sein, denn das Melden eines Platzhirsches war in der ganzen Umgebung nicht zu vernehmen.

Als einziges positives Ergebnis dieses Abends konnte ich eine sonore Stimme vom Rücken des gegenüberliegenden Dealu Negru, des „Schwarzen Berges", hören; der Hirsch meldete mit großen Abständen und ließ hie und da auch den Sprengruf ertönen, woraus ich schloss, dass er auch Wild dabei hatte. So fasste ich den

Entschluss, morgen früh dort hinaufzureiten und nach dem Hirsch zu sehen.

Der Bericht von Hans aus dem „Gór"-Berg war auch eine Enttäuschung. Obwohl wir dort in jedem der beiden vorigen Jahre einen Hirsch haben erlegen können und reger Brunftbetrieb gewesen war, hörten sie heute insgesamt nur zwei Hirsche dort melden. Der eine stand tief im Hochwald und meldete mit mittlerer Stimme. Er verließ seinen Standort den ganzen Nachmittag nicht. Der andere, mit einer ebenfalls mittelmäßigen Stimme, tat dasselbe. Doch stand dieser im schon hochgewachsenen Teil des Schlages. Die Kahlflächen, auf denen in anderen Jahren der starke Brunftbetrieb gewesen war, blieben leer. Sie sahen aber fünf Auerhähne. Das Auerwild ist in den höheren Lagen des Reviers noch sehr häufig und nicht im Abnehmen begriffen. Nach Aussage des Jagdleiters soll der Bestand des Revieres mindestens 250 Stück betragen. Dagegen ist Haselwild ziemlich selten, Birkwild gibt es in den östlichen und Südkarpaten in dieser Gegend überhaupt nicht.

25. September. Wir haben Glück mit dem Wetter! Es ist sternenklar, doch ziemlich warm. Seitdem wir hier sind, weht der Wind ständig aus Süden. Demgemäß ist die Brunft ziemlich flau.

Hans ist heute früh wieder auf den „Gór"-Berg gegangen, was in Anbetracht des langen Anmarsches und Aufstieges eine nicht zu unterschätzende Leistung ist. Um es vorwegzunehmen: Außer zwei in der Morgendämmerung streichenden Schnepfen und auf Solitär-Fichten im Schlag balzenden zwei Auerhähnen hatten sie wieder keinen Anblick. Die beiden Hirsche des Vortages meldeten wohl, doch sehr flau und genau an denselben Stellen.

Wir zogen einen verwachsenden Pfad den „Schwarzen Berg" hinauf bis zum sich lang hinstreckenden Rücken und pürschten sehr vorsichtig über die sich oben ausbreitenden, mit hohem, trockenem Gras bestandenen Wiesen. Es war alles tot, kein Ton weit und breit hier, keine Bewegung. Diese Wiesenflächen mit ihrem verdörrten Gras bieten dem Wild keine Äsung. Darum befindet sich kein ständiger Brunftplatz hier. Der „Schwarze Berg" konnte abgeschrieben werden.

Unsere Frühpürsch war aber doch nicht umsonst gewesen! Schon beim Aufstieg hörten wir einen guten Brunftbetrieb, ein reges Durcheinander-Melden von mindestens drei Stimmen von einem Kahlschlag, der sich über dem Ende eines Seitentales hinauf bis zum gegenüberliegenden runden Bergrücken erstreckte. Aus einer Entfernung von mehreren Kilometern trug uns der Südwind die Brunftlaute zum Schwarzen Berg herüber.

Ich sondierte aus dieser großen Entfernung die Situation mit dem Glas, so gut ich konnte. Wild war natürlich nicht zu erblicken. Ich konnte jedoch feststellen, dass es ein wenig bewachsener Kahlschlag in einer steilen nördlichen Lehne von einem Ausmaß von schätzungsweise dreißig Hektar war. Die Stimmen kamen mehr vom Bergrücken, wo sich nach Förster Peters Aussage ein schon mehrere Jahre alter Schlag mit hohem Jungwuchs entlangzieht. Es schien ein idealer Brunft- und Pürschplatz zu sein!

Abends wäre ich nur allzu gerne zu „meinen Hirschen" gegangen, um mich auf dem zufällig entdeckten Brunftplatz näher umzusehen. Hans wollte nicht wieder auf den weit entfernten „Gór"-Berg gehen. Deswegen rüsteten wir uns schon am zeitigen Nachmittag zur Pürsch, Hans mit dem Jagdleiter zum „neuen" Schlag, ich aber wollte mit Förster Peter in einen anderen Revierteil weiter unten am Bachbett.

Schon zeitig, als wir die Waldbahnstrecke hinunterwandelten, hörten wir auf der anderen Seite des Bachbettes im Hochwald unweit von uns einen Hirsch einige Male mit tiefer Stimme knören. Er meldete nur faul und ab und zu wie ein alter Herr, der im Tageseinstand neben seiner Schönen im Bett sitzt. Von Peter erfuhr ich, dass jenseits seines Einstandes ein breiter Holzabfuhrweg am Hang entlangführe, oberhalb dessen mehrere kleine Schläge, beziehungsweise Kulturen seien. Der Hirsch zog später sicherlich über den Weg dort hinauf.

Keine fünfhundert Schritt weiter kamen wir zu einer Arbeiterhütte mit einem großen „Holzdepot" neben der Bahn, wo auch eine Brücke über den Bach führte. Drüben folgten wir dem breiten Holzabfuhrweg zurück, auf dem man ganz leise vorwärtskommen konnte. Ich saß ab und pürschte langsam vor, da der Hirsch nunmehr rechter Hand unweit vor mir manchmal knörte. Dann war ich in einer Höhe mit ihm. Ich fand auf dem Weg die starke Hirschfährte mit jenen von zwei Stück Kahlwild. In dieser Situation war es das Gescheiteste, was ich tun konnte, schleunigst umzudrehen.

In Kürze waren wir wieder bei der Holzfällerhütte angelangt und folgten nun einem Steig, der die Lehne direkt hoch führte, um zum großen Schlag zu gelangen. Wir kamen jedoch nicht weit. Denn kaum dreihundert Meter über der Hütte meldete ein anderer Hirsch mit einer ziemlich nichtssagenden, mittelmäßigen Stimme. Er stand auf der anderen Seite einer tiefen Schlucht zwischen uns in einem Jungwuchs. Von unserem Weg aus war er unsichtbar. Ich ließ mich von meinem Pferd gleiten und pürschte so leise wie möglich den steilen Hang im Hochwald hinunter, um unten zwischen den Stämmen Sicht auf den Gegenhang zu bekommen.

Ich war nicht weit gegangen, als ich nach einem Knörer oben am gegenüberliegenden Rücken eine Bewegung sah. Es war ein im Wildbret starker, auffallend semmelgelber, nicht silbergrauer Hirsch, der langsam vor sich hin knörend gen Tal und mir immer näher zog. Er war kaum hundert Schritt entfernt und stand im vollen Sonnenschein. Es wäre eine einmalige Gelegenheit gewesen, einen Karpatenhirsch in seiner Urheimat zu photographieren! Doch mein Teleobjektiv war zu Hause in Budapest geblieben.

Ich hatte die Möglichkeit, ihn genau anzusprechen. Neben dem robusten Körper ein gewaltiger Vorschlag, ein breites, auffallend griesgrämiges Gesicht des alten Hirsches mit einer herunterhängenden Wamme, die mir sofort auffiel, weil ich eine solche bei unseren Hirschen daheim nie gesehen hatte. Der Hirsch sah ausgesprochen alt aus, hatte aber eine nur sehr mittelmäßige Stimme. Nichts von „dem tiefen Brummen wie aus der Tonne". Und wie war das Geweih, das er trug? Der erste Eindruck: kurz, nichts Besonderes! Weil der Hirsch gewaltig im Wildbret war, erschien das Geweih verhältnismäßig kurz und gedrungen. Aber man kann sich leicht täuschen. Der Hirsch zeigt immerhin ein Geweih mit schätzungsweise 108 bis 110 cm Stangenlänge, hellbraune, dicke Stangen. Das Gegenteil eines Prahlers! An dem Geweih war auffallend, dass ich zwischen den Lauschern keine Augsprossen sah, Eissprossen fehlten, Mittelsprossen auffallend hoch angesetzt, so dass das Geweih „leer" erschien. Die Kronen waren auch nicht auffallend: zwei lange und wenige kürzere Enden in jeder Krone. Also ein alter, hochjagdbarer Hirsch mit einem besonderen Geweih. Ich schätzte sein Gewicht auf 9 bis 10 Kilogramm. Wenn ich selber gejagt hätte, so hätte ich diesen Hirsch sofort geschossen.

Ich konnte mich aber nicht lange am einmaligen Anblick ergötzen. Plötzlich warf der Hirsch auf, machte nach kurzem Zögern kehrt, sprang ab und war verschwunden. Oben auf der Kuppe kam dann ein Holzarbeiter mit einer Axt am Arm zum Vorschein. Förster Peter rief ihn zu uns. Es stellte sich heraus, dass die Waldarbeiter in Hörweite des Röhrens des Hirsches arbeiteten und er sich auf die Socken gemacht hatte, um sich den Hirsch näher anzusehen. Die Abreibung seitens Peters kam nun zu spät. Der Hirsch schien vergrämt zu sein. Oder vielleicht nicht? Es war sowieso außergewöhnlich, dass beide Hirsche so nahe der Bahn, der Siedlung und des Arbeitsplatzes standen.

Der schöne, weite Kahlschlag höher oben war völlig leer. Wir hörten keinen Ton und sahen keine Bewegung. Darum beeilten wir uns, noch bei Büchsenlicht zum Verhören des Platzhirsches unten im Tal in den Hochwald zu kommen. Es war noch hell, als wir am Weg wieder am Hirsch waren. Er meldete noch von genau der Stelle, wo er nachmittags gestanden hatte. Wir warteten, bis es dunkel wurde, was er wohl tun würde. Doch er verließ seinen Einstand nicht. Der andere, der alte Hirsch, der offensichtlich sein Beihirsch war, da die Entfernung zwischen beiden Hirschen in Luftlinie keine vierhundert Schritt betragen hatte und er sich auch wie ein abgeschlagener, überalterter Hirsch benahm, schien doch vergrämt zu sein, weil wir keinen Ton mehr von ihm hörten.

Es war dunkel, als wir daheim ankamen. Die anderen waren noch nicht da, doch war schon die Nachricht gekommen, dass bei ihnen ein Schuss gefallen sei. Bahnarbeiter hatten ihn gehört, und die Nachricht wurde sofort weitergegeben.

Wenig später kommen sie an, der Hut bruchgeschmückt. Als sie ziemlich zeitig am Nachmittag an die untere Ecke des Kahlschlages kamen, meldete schon ein Hirsch mit mittlerer Stimme in einem großen Kessel im Schlag. Am Rand konnten sie leicht vorpürschen und sahen den Hirsch mit zwei Tieren in guter Büchsenschussentfernung. Auch dieser Hirsch war noch nicht reif für die Kugel. Alter etwa sieben bis acht Jahre, Zwölfer mit beiderseitigen Viererkronen, aber auch ohne Eissprossen, die dunklen Stangen mittelmäßig stark, Gewicht etwa acht Kilo.

Mit schlechter Stimme meldete sehnsüchtig ein junger Beihirsch unterhalb des Rudels im Hochwald. Hans beschloss, ihn mit Nichtbeachtung zu strafen, umso mehr, als von der Höhe desselben Schlages eine sonore Stimme, ebenfalls eifrig meldend, heruntertönte. Oben lag ein Plateau mit einem Sattel, der schon mit höheren Jungfichten wie mit inselartigen Dickungen bestanden war, dazwischen hohes Schmielengras. Sie bekamen den Hirsch auch in Kürze in Anblick, als er, eifrig röhrend, seine zwei Stück Kahlwild über eine Grasblöße trieb.

Es war ein richtiger Karpatenhirsch, wie man ihn sich vorstellt. Lange Stangen, eine gewaltige Auslage, endenarm, oben beiderseits nur sehr mittelmäßige Gabeln, ausnahmsweise Eissprossen. Wenn er auch noch dicke Stangen gehabt hätte, so wäre er ein Lebenshirsch ersten Ranges gewesen. Die Stangen waren jedoch leider auffallend dünn. Den Hirsch schätzten sie auf acht-, neunjährig. Er war also in Anbetracht dessen, dass er keine Kronen trug, sehr gut jagdbar. Hans entschloss sich auch, ihn zu schießen.

Der Hirsch war inzwischen mit den Tieren in die Dickung am anderen Hang eingezogen, meldete aber eifrig weiter. Sie pürschten mit gutem Wind in die Nähe des Einwechsels in der Hoffnung, dass der Hirsch wieder austreten würde, da er ständig schrie und das Kahlwild sprengte. So kam es auch. Das Rudel zog wieder auf die Graslichtung heraus, gefolgt vom röhrenden Hirsch. Fast wäre es in letzter Minute schief gegangen! Das Kahlwild bekam nämlich eine Brise Wind von ihnen und sprang unschlüssig ab, gefolgt vom ärgerlich brummenden Hirsch, der sich aber dann nach einigen

Fluchten breit stellte. Er erhielt die schwere Kugel 9,3 x 74 R, Kupferhohlspitzgeschoss 16,7 g, 4,0 g Sp. Pulver aus der Kipplaufbüchse mitten aufs Blatt, zeichnete mit einer schwerfälligen Flucht, ging etwa dreißig Schritt hochflüchtig ab und brach dann zusammen. Das Geweih hatte sie nicht getäuscht, es war genauso wie angesprochen. Hans war darüber hochbeglückt.

Ich erzählte ihm dann mein Erlebnis mit dem alten Hirsch und seinem Platzhirsch. Morgen früh sollte Hans mit Förster Peter, der in der Gegend Bescheid wusste, wo wir abends gewesen waren, gehen. Ich beschrieb Hans den Hirsch ganz genau und sagte ihm, dass, wenn ich auch den Platzhirsch nicht gesehen hatte, er den Beihirsch auf meine volle Verantwortung erlegen könnte. Ich war sicher, dass ihm dieser Hirsch eine große Freude machen würde. Freilich hätte ich getrost zehn zu eins gewettet, dass wir den Hirsch nie wiedersehen würden, doch: „Und dann kommt's wieder anders!"

26. September. Nachts hatte es geregnet, und morgens hingen die Wolken so niedrig, dass wir im Nebel waren. Später jedoch drang die Sonne durch. Ich war mit dem Jagdleiter unterwegs zum erlegten Hirsch. Bei uns in dem schönen, steilen Schlag tat sich überhaupt nichts. Das war nicht weiter verwunderlich, da die beiden Ochsen für den Abtransport des Hirsches mit ihrem Treiber schon vor uns unterwegs waren. Der Hirsch mit dem gewaltigen Zehner-Geweih machte schon Eindruck. Das Maßband zeigte beiderseits eine Stangenlänge von 120 cm und eine Auslage von ebenfalls 120 cm. Während wir mit dem Photographieren beschäftigt waren, hörten wir aus der ungefähren Richtung, wo Hans pürschte, sehr verschwommen vier Schüsse in langen Abständen, die auch zum Wiederladen der Kipplaufbüchse wohl nötig waren. Aber was für eine Situation konnte es sein, in der er vier Schuss hintereinander brauchte? Wir waren äußerst gespannt.

Als wir dann mit dem sperrigen Geweih des Zehnenders bei unserer Behausung ankamen, saß Hans schon hinter seinen Spiegeleiern und war strahlender Laune. Er hatte den alten Hirsch erlegt, der sich als ein Kapitaler entpuppte! Und das kam so: Von der Arbeiterhütte aus waren sie bei anbrechender Dämmerung den breiten Abfuhrweg vorangepürscht, wo der Platzhirsch gestern im Hochwald gemeldet hatte. Oberhalb der Stelle lag ein kleiner Kahlschlag. Es war jedoch hier alles still. Dann hörten sie, als es schon hell geworden war, hinter ihrem Rücken oberhalb der Hütte zwei verschiedene Stimmen faul melden. Förster Peter meinte, einer zumindest sei auf dem Kahlschlag, wo ich den alten Hirsch gestern angetroffen hatte. Hans wollte es nicht glauben, dass Karpatenhirsche so nahe bei einer menschlichen Behausung unter ständiger Störung brunften würden. Um ihre Chance zu nutzen, pürschten sie zum Kahlschlag, der jedoch leer war. Ein Hirsch knörte gelangweilt hinter dem Rücken der Kuppe, der zweite hatte inzwischen verschwiegen.

Sie fanden einen alten, verwachsenen Holzabfuhrweg, der schräg hinaufführte, und schlichen den grasbewachsenen Weg vorsichtig zur Höhe in Richtung des Hirsches. Dieser knörte noch einmal rechter Hand unterhalb von ihnen. Dann kamen sie an eine Stelle, an der sich der Weg in einer Länge von etwa fünfzig Metern zu einer ganz schmalen Lichtung ausbreitete. Es war hier nichts weiter zu machen als am Wegrand abzuwarten, was sich weiterhin tun würde.

Kaum hatten sie eine Minute gestanden, als ohne Geräusch der Hirsch am anderen Ende der kleinen Lichtung erschien und ihnen hocherhobenen Hauptes auf dem Weg entgegenzog. Hans stellte auf den ersten Blick fest, dass es derselbe Hirsch war, den ich mit allen Besonderheiten seines Geweihes beschrieben hatte. Er trug dem Hirsch spitz von vorne freihändig die Kugel an. Der Hirsch brach im Feuer zusammen, schlug mit den Läufen wild um sich. Eingedenk der alten Regel, dass man auf angeschweißtes Hochwild so lange schießen muss, wie es sich bewegt, schoss ihm Hans noch drei weitere Kugeln aufs Blatt. Das war also die Lösung des Rätsels der vier Schüsse.

Das Geweih bescherte eine der seltenen Überraschungen im Jägerleben, wenn es sich als bedeutend stärker zeigt als angesprochen. Die Stangen konnten wir nirgends umfassen. Nach meiner

Faustregel vor der Bewertung hatte er in diesem Fall über zehn Kilogramm Geweihgewicht und verdiente die Goldmedaille!

Nach ausgiebigem Frühstück gingen wir alle zum Hirsch, um den Recken zu photographieren und beim Abtransport behilflich zu sein. Das Geweih war wirklich mit seinen unregelmäßig angesetzten Enden, verkümmerten Augsprossen und reich geperlten, dicken Stangen eine Überraschung. Ein sehr alter Hirsch mit sehr stark abgeschliffenem Gebiss. Die eine Grandel fehlte schon. Sehr wahrscheinlich hätte ihn in einem der folgenden Winter das Schicksal der alten Karpatenhirsche ereilt. Er wäre von Wölfen gerissen worden.

Nun hatten wir unsere beiden Hirsche unerwartet schnell bekommen. Die Jagd mitten in der Hirschbrunft abbrechen und heimfahren? Das wäre ein sehr schmerzlicher Entschluss gewesen! Wir wollten diese wundervolle, echte freie Jagd noch einige Tage lang genießen, umso mehr, als Hans von der Jagdleitung einen dritten Hirsch frei bekam. Aber er ist genossen gemacht. Wir möchten deshalb nur sehen und schauen. Hans will nur noch im Ausnahmefall schießen, falls er an einen besonders kapitalen oder alten Hirsch kommen sollte.

Die Geweihe mussten wir zum Abkochen hinunterschicken, da im Forsthaus kein Kessel dafür zur Verfügung stand. Eigentlich sehr schade. Es ist doch eine der schönsten Nachfreuden der Hirschjagd, die Geweihe abzukochen und zu säubern.

Abends versuchte sich Hans wieder auf den Platzhirsch am Bachbett bei der Arbeiterhütte. Er meldete auch nachmittags mit sehr guter Stimme im Hochwald an derselben Stelle. Hans hatte sich nicht am breiten Abfuhrweg, sondern im Schlag darüber angesetzt, um den Hirsch zu erwarten, da er morgens ja nicht in seinem Einstand im Bach gemeldet hatte. Das Rudel zog jedoch nicht auf den nächsten Schlag, wo sie ansaßen, sondern machte einen Bogen durch den Hochwald, zog auf den entfernteren Schlag aus und von da aus bergwärts. Dies geschah am hellen Nachmittag. Als Hans die Absicht des Rudels merkte, versuchte er, ihm den Weg abzuschneiden, was jedoch nicht gelang. Dann folgte er dem Rudel, da der Hirsch ab und zu meldete. Aber es war ein bereits verlorenes Spiel. Hans vertröstete sich auf den Morgen.

Da die Holzarbeiter überzeugend behaupteten, dass im großen Schlag, den wir gestern vollständig leer gefunden hatten, ein starker Hirsch mit einem Rudel ständig und auch am hellichten Tag schreien würde, versuchten Förster Peter und ich es abends mit einem Daueransitz. Wir bezogen eine Kuppe, von der wir einen großen Teil des vollständig kahl wirkenden Schlages und große Teile der Hochwaldränder mit Glas und Spektiv einsehen konnten. Lange Zeit regte sich überhaupt nichts. Dann gewahrte ich weit unter uns ein Tier mit einem sehr schwachen, fast noch gefleckten Kalb, die äsend aus einer tiefen Rinne heraufzogen. Etwas später folgte ihnen der Hirsch. Durch das Spektiv konnte ich ihn ansprechen. Es war ein weder im Wildbret noch im Geweih besonders starker, jedoch alter Hirsch mit hohem Widerrist, starkem Vorschlag, hängender Wamme, schon stark abgebrunftet. Offensichtlich hatte das Rudel den Tag nicht im Hochwald, sondern in dieser tiefen Schlucht inmitten des Schlages verbracht, an dessen südlicher Seite in etwa einem Kilometer Entfernung mit großem Krach Stämme gefällt wurden. Auch jetzt hörte man das Gejohle und den für mich schrecklich störenden Gesang der Motorsäge. Das sonst so scheue Karpatenwild hatte sich anscheinend daran gewöhnt und nahm davon überhaupt keine Notiz.

Das Geweih zeigte nicht zu lange, doch schön geschwungene schwarze Stangen mit hellblinkenden Enden; auch die Eissprossen hatte er ausnahmsweise nicht ausgespart! Alle drei unteren Sprossen mittellang, dann folgten beiderseits lange, geschwungene Wolfssprossen und darüber beiderseits Dreierkronen, deren Enden jedoch nicht besonders gut waren. Da sich die Stangen auch nicht durch besondere Stärke auszeichneten, schätzte ich das Gewicht auf achteinhalb, höchstens neun Kilo. Es war ein guter, jagdbarer Hirsch.

Daheim erwartete uns die Nachricht, dass die drei deutschen Jagdgäste, die zwanzig Kilometer von uns entfernt im südlichen, niedrigeren Teil des Forstamtes jagten, einen schwachen Vierzehnender, ebensolchen Zwölfender und sogar auch noch einen Achter erlegt hätten und abgereist seien. Alle drei Hirsche müssen jung gewesen sein. Wie wir später beim Forstamt erfuhren, hatte keiner die Mindestpunktzahl der Bronzemedaille mit 180 IP. erreicht. Dies ist jedoch das Minimum, zu dem es ein mittelalter Hirsch in diesen Revieren durchschnittlich bringt.

27. September. Wir hatten abends schöne Pläne für unsere Morgenpürschen ausgeheckt. Als wir zwei Stunden vor Tagesanbruch geweckt wurden, regnete es in Strömen. So schliefen wir uns aus.

28. September. Bis zum frühen Morgen änderte sich nichts an der Wetterlage, höchstens, dass jetzt anstatt des Regens schon hauptsächlich Schnee fiel. Nachmittags fielen nur noch einige Tropfen. Ich hatte noch keine Lust, aber Hans war nicht mehr zu halten. Er und der Forstmeister gingen zu „ihrem" Platzhirsch am Bachbett. Der zwischen Steinen und Felsen vor dem Haus plätschernde „Kleine Baska"-Bach hatte sich in einen reißenden, breiten Strom verwandelt.

Der Hirsch meldete wieder in seinem Tageseinstand im Hochwald und bewegte sich überhaupt nicht vom Platz. Dies hatte er schon an einem Abend gemacht, als ich ihm auflauerte. Doch am nächsten Abend war er schon nachmittags zu Berg gezogen. Ist es überhaupt möglich, in die Gewohnheiten eines Karpatenhirsches Einblick zu bekommen?

29. September. Der Regen hatte aufgehört, doch sind wir in Wolken und Nebel gehüllt. Mit Förster Peter unternahm ich einen Gang zum Schlag, wo der Zehner gefallen war, um zu sehen, was sich dort tat. Es dämmerte schon, doch ist es im Hochwald, wo in dieser Höhe eine leichte Schneedecke lag, noch sehr düster, als über uns von einer kleinen Lichtung ein Tier, gefolgt von einem Kalb, in Richtung Schlag absprang. Draußen auf dem Schlag war der Nebel inzwischen hochgegangen. Unweit von uns meldete auf ihm ein Hirsch.

Ich stieg vom Pferd und pürschte einige Schritte bis zum Buckel und erblickte sogleich den Hirsch, der unten in der Talsohle auf gute Schussentfernung mitsamt seinen zwei Tieren an niedrigen Brombeerranken äste, ab und zu gelangweilt knörte. Es war für mich ein wunderbares, in meinem langen Jägerleben nie gesehenes Bild, ein Brunfttrudel in der Schneelandschaft! Denn meistens herrschte da, wo ich den Hirschen nachgegangen bin, sommerliches Wetter!

Es ist ein sehr mittelmäßiger Kronenhirsch ohne Eissprossen, der Beschreibung nach derselbe Hirsch und an derselben Stelle auch, den Hans unlängst unbeschossen ließ.

Hans hatte nichts gesehen und nichts gehört. Wir fassten den Plan, mittags zur Maricska-Hütte aufzusteigen, die uns im Vorjahre beherbergt hatte. Wir wollten es nicht versäumen, heuer auch den richtigen Hüttenzauber da oben zu genießen. Morgen würden wir dann wieder zum Forsthaus hinunterkommen, mittags zum Sägewerk fahren, dort übernachten, übermorgen in Covasna die Bewertung und Abrechnung machen und schweren Herzens zur Zivilisation zurückkehren.

Der Aufstieg war sehr beschwerlich. Der Schnee wurde immer tiefer, bis er bei der Hütte in etwa 1 500 m Höhe ungefähr fünfzig Zentimeter Höhe erreichte. Das Bild der schneebedeckten Wälder und Berge, bis in unendliche Fernen reichend, war einmalig schön. Wir konnten bestätigen, wie dünn diese Karpatenwälder mit Wild besiedelt sind. Beim drei Stunden dauernden Aufstieg kreuzten wir nur drei Fährten von einzelnen Stücken Rotwild, eine Rehfährte, zwei Fuchsspuren, oben auf dem Rücken mehrere Geläufe von Auerwild und auf der Almwiese unweit der Hütte sogar – eine Hasenspur.

Wir richteten uns in den zwei kleinen Kammern bequem ein, machten Feuer und gingen dann auf die Pürsch. Hans ging in den „Hausschlag" unterhalb der Hütte, ich ritt den Viehsteig entlang, der durch drei Schläge auf der Bergkuppe führte. Wir sahen kein Wild, fanden nicht einmal Fährten. Hier oben war alles tot und ausgestorben. Hans jedoch hatte Anblick. Ein mittelalter, ungerader Sechzehnender mit Eissprossen zog aus dem Hochwald laut röhrend in Büchsenschussnähe vor ihnen auf den Schlag. Natürlich ließen sie ihn ziehen, zumal er auch nicht reif für die Kugel war.

In der Hütte brachen wir den Hals unserer letzten Flasche Rotwein und tranken auf die heuer wieder wundervollen gemeinsamen Jagdtage der Hohen Zeit. Unsere Petroleumlampe warf ihren gelben Schein durchs Fenster auf den Schnee, im gegenüberliegenden Schlag ließ der Sechzehnender seinen rauen Brunftschrei ertönen.

30. September. Hier oben haben wir nichts mehr zu suchen und zu finden. Deswegen will es Hans nochmals im Tal unten im Bachbett auf den noch nie gesehenen Platzhirsch versuchen. Er und der Forstmeister zogen schon sehr zeitig los, um noch vor Büchsenlicht den Abstieg zu schaffen und zur richtigen Zeit am Hirsch zu sein. Sie hörten ihn auch bei Dämmerung einige Male melden, doch verschwieg er, bevor sie in seine Nähe kamen. Sie sahen nur ein einzelnes Stück Kahlwild und eine streichende Schnepfe. Ja, so geht es mit den Hirschen. Den einen erlegt man auf Anhieb schier zufällig, dem anderen ist trotz eifrigster Nachstellung nicht beizukommen. Das ist gut so, weil sich einerseits der Jäger bemühen muss, andererseits dies der Grund dafür ist, dass es immer noch alte Hirsche gibt.

Wir verließen die Hütte erst bei anbrechendem Büchsenlicht. Im Großen Schlag, in dem wir neulich den „stummen" Vierzehnender mit dem Tier und seinem schwachen Kalb sahen, röhrte ein Hirsch mit mittlerer Stimme, jedoch in einer ganz anderen Ecke des Schlages.

Da er von einem Buckel überriegelt über uns meldete, gingen wir ihn im kahlen Schlag vollkommen ungedeckt an. Das Rudel erschien aber am Grat. Die Wildkörper hoben sich gegen den östlichen Horizont wundervoll ab. Es war ohne Zweifel derselbe Vierzehnender, der alleinige Beherrscher dieses ausgedehnten Brunftplatzes. Nur hatte er heute schon zwei Tiere dabei. Dieser Anblick war ein würdiger Abschied von den Karpaten!

Unser alter Vierzehnender hatte uns noch eine Überraschung aufgespart. Sein Geweih wog 11,5 kg, er brachte es jedoch wegen der verkümmerten Augsprossen, kurzen Mittelsprossen und schlechten Kronen trotz der Stärke der Stangen auf nur 214,4 IP.

Ein „Bilderbuchhirsch" ist es bestimmt nicht, aber ein ganz außergewöhnliches Kapitalgeweih.

Der Eissprossenzehner hingegen wog nur 7,9 kg und erbrachte, wegen seiner kolossalen Stangenlänge und Auslage, immer noch 188,8 IP.

Der Abschied von den Karpaten fiel uns nicht leicht, obwohl wir damals noch auf ein Wiedersehen zur Brunft 1975 hofften. Ich möchte daran glauben, dass wir noch im „Jägerschlag" und am „Gór"-Berg werden auf den urigen Karpatenhirsch pürschen können!

Nachwort

Vor vielen Jahren sagte mir einst ein alter Freund und Gönner, ein weiser, vielerfahrener Mann: „Nimm von mir den guten Rat: Geh' nie wieder dahin zurück, wo du einmal glücklich gewesen bist!"

Ich habe diesen Rat meistens befolgt, denn ich wusste, er hatte recht. Man erspart sich oft sehr schmerzende Enttäuschungen.

Und doch bin ich, als ich dieses Erinnerungsbuch schrieb, nach fünfunddreißig Jahren für ein kurzes Wiedersehen zurückgefahren ins Quellgebiet der Szamos und zur Goldenen Bistritz. Ich musste alles einfach wiedersehen, es war ein unwiderstehlicher Zwang.

Ob mein alter Freund wiederum Recht behalten hatte? Die „Straße", viel eher ein steiniger Weg, die quer durchs Revier von Rodna über Neu-Rodna und Mariental den Hauptbach der Szamos entlang über den Rotunda-Pass ins Tal der Goldenen Bistritz und über Kirlibaba nach der Bukowina führte und die damals nur mit Pferdefuhrwerken befahrbar war, ist heute in der Straßenkarte breit und gelb eingezeichnet. An ihrer rechten Seite stehen auf jedem Kilometer die schwarzumrandeten gelben Quadrate, die Zeichen der vorrangigen Hauptstraßen.

Doch in Neu-Rodna, einer Bergsiedlung mit kaum 2 000 Seelen, hört auch heute noch mit der Asphaltstraße voller Schlaglöcher die Neuzeit und die Hektik des zwanzigsten Jahrhunderts auf. Die Häuser sind aus Holz mit Holzschindeln bedeckt wie eh und je. Die betünchten Wände leuchtendes Hellblau. Die Frauen sitzen wie früher auf der Straße und spinnen den Faden aus Schafswolle. Die Dorfstraße ist wie auch schon in vergangenen Zeiten eine Arche Noahs mit dem vielen Hausgetier.

Doch die Männer tragen kaum mehr ihre Volkstracht der dortigen Gebirgler, die enge, weiße Wollhose mit Opanken, das weiße Hemd, das vom breiten, bestickten Ledergürtel zusammengehalten wird, und den großkrempigen schwarzen Hut.

Ich hielt auf der Dorfstraße mit dem Wagen mit ausländischem Kennzeichen. Die Dorfbewohner scharten sich sogleich um uns. Sie waren erstaunt, als ich, der Fremde, nach den alten dortigen Waldläufern und Jagdgenossen fragte, sie dem Namen nach aufzählte und nur ständig die Antwort bekam: „Der ist gestorben!" Es war keiner mehr am Leben, keiner, dem ich in der Freude des Wiedersehens hätte die Hand schütteln können. Auch die Bistritzer ehemaligen Jagdkumpane, die prächtigen Siebenbürger Sachsen, waren dahin, mit denen wir damals mit ihrer wilden Meute die Sauen bejagten. Vielleicht lebt der eine oder andere noch im fernen Deutschland. Und die herrlichen Siebenbürger Weißweine, die sie damals in riesigen Korbflaschen mitbrachten, gab es auch nicht mehr.

Dahin war auch meine eigene Jugend, auch meine einst unbezähmbare Jagdpassion, mit der ich in diesen wilden Bergen und düsteren Fichtenwäldern jagte.

Die Berge erkannte ich wieder. Sie waren dieselben geblieben; die jungen Wälder aber, die sie bedeckten, erschienen mir fremd.

Die „Hauptstraße" wurde dann weiter oben im engen Flusstal immer weniger befahrbar, der VW hüpfte und bockte. Die Straße war immer noch nur für die dortigen Pferdewagen geeignet wie in den vergangenen Zeiten.

Bei der Einmündung des Gagi-Baches in das Hauptal der Szamos stand ein neuerbautes, einstöckiges, hölzernes Jagdhaus auf dem Buckel zwischen den beiden Bächen. Weit darüber in einem Kahlschlag auf einem scharfen Seitengrat, von welchem man einen guten Teil des Schlages einsehen konnte, ein Hochsitz.

Ob auch für die Jäger, die heute dort zu jagen das Glück haben, dies die „ewigen Jagdgründe" sind?

Bildnachweis

Mit 84 historischen Fotografien des Verfassers
Mit 6 Illustrationen von Pál Csergezán (mit freundlicher
Genehmigung der Jagdkunstgalerie Irmgard Drews,
Ebermannstadt)

Impressum

Umschlaggestaltung von eStudio Calamar unter Verwendung
einer Fotografie von Karl-Heinz Volkmar

Mit 84 historischen Schwarzweißfotos und 6 Illustrationen

Unser gesamtes lieferbares Programm und viele
weitere Informationen zu unseren Büchern,
Spielen, Experimentierkästen, DVDs, Autoren und
Aktivitäten finden Sie unter **www.kosmos.de**

Gedruckt auf chlorfrei gebleichtem Papier

© 2012 Franckh-Kosmos Verlags-GmbH & Co. KG, Stuttgart.
Alle Rechte vorbehalten
ISBN 978-3-440-12799-5
Redaktion: Ekkehard Ophoven
Produktion: Die Herstellung
Printed in The Czech Republic / Imprimé en République Tchèque

Kosmos-Bücher für den Jäger

Bildbände und Geschenkbücher

Rolf D. Baldus
Wildes Herz von Afrika
Der Selous in Tansania ist das älteste afrikanische und weltweit größte Wildschutzgebiet. Rolf D. Baldus hat dort viele Jahre gearbeitet und zahlreiche Insider in diesem Buch versammelt. Sie schildern die über 100-jährige Geschichte des Selous und stellen das erfolgreiche Wildtiermanagement mit dem Baustein nachhaltiger Jagd dar. Faszinierend erzählen sie von Maneater-Löwen, dem abenteuerlichen Markieren von Elefanten und dem aufopferungsvollen Engagement der Wildhüter. Traumhafte Abbildungen und interessante Infos zur Tier- und Pflanzenwelt des Selous runden das Buch ab. Ein Hochgenuss für den Leser und das ideale Geschenk.
268 Seiten, durchgängig bebildert, Schutzumschlag

Burkhard Winsmann-Steins
Kapitale Böcke in Traumrevieren
Seine bestechenden Wildtier- und Naturfotografien haben Burkhard Winsmann-Steins zu Lebzeiten fast schon zur Legende werden lassen. Vor allem seine Rehbock-Aufnahmen lösen immer wieder ungläubiges Erstaunen aus. In dieser preisgünstigen Vorzugsausgabe seines nach eigenem Bekunden „Lebenswerkes" präsentiert der renommierte Fotograf seine besten Fotografien von einzigartigen Rehböcken in Traumlandschaften.
208 S., 230 Farbfotos

Rien Poortvliet
Wildtiere in Feld und Flur
Das letzte Werk Rien Poortvliets ist jetzt zum attraktiven Sonderpreis erhältlich! In einer liebevollen Zusammenstellung seiner ausdrucksstärksten Werke entführt der unvergessene Niederländer den Betrachter in die faszinierende Welt der Tiere und beeindruckender Malkunst. Ein wunderschönes Buch für alle Natur- und Kunstliebhaber.
96 S., durchgängig illustriert

Burkhard Stöcker
Fährten im märkischen Sand
Die Schorfheide – wegen ihres Wildreichtums und ihrer traumhaften Landschaften berühmt und ähnlich sagenumwoben wie Rominten. Mehr als ein Jahrhundert wurde das Wildparadies in Brandenburg von den Mächtigen ihrer Zeit als Jagdgebiet geschätzt. Dieser Bildband vermittelt in traumhaften Wild-, Jagd- und Naturfotos die Schönheit der Schorfheide und ihrer Wildbahnen und liefert interessante Informationen über ihre jagdliche Geschichte.
160 S., 196 Abbildungen, Schutzumschlag

Freiherr Ludwig von Cramer-Klett
Die Heuraffler und Im Gamsgebirg
Wollte man aus dem ohnehin herausragenden schriftstellerischen Vermächtnis des Freiherrn von Cramer-Klett besondere Werke hervorheben, so hätten „Die Heuraffler" und „Im Gamsgebirg" diese Ehre zweifellos verdient. Immer wieder nachgefragt, liegen jetzt beide Werke in einem attraktiven, günstigen Doppelband vor.
472 Seiten, 18 Abbildungen

Edition Paul Parey – Lesegenuss pur!

Eberhard Gabler
Die Spielhahnkönigin
Nicht nur das Genießen der Natur und ihrer Wildtiere bestimmt den Reiz der Jagd, sondern auch die Begegnung mit anderen gleichgesinnten und doch immer wieder unterschiedlichen Jägerinnen und Jägern. Eberhard Gabler versteht es in unnachahmlicher Weise, den Leser in seinen Erzählungen mit packendem Jagderleben und der einfühlsamen Darstellung unterschiedlichster jagdlicher Charaktere in den Bann zu ziehen. Jagdliche Unterhaltung, die heraussticht.
192 Seiten, 12 Abbildungen

Leo Banny
Gänseruf und Keilerfährte
Im Übergang von den Alpen zu den steppenartigen Tiefländern Osteuropas gelegen, fasziniert das österreichische Burgenland durch landschaftliche Vielfalt und jagdlichen Reichtum. Viele Jahrzehnte hat der passionierte Jäger Leo Banny diesen Reichtum erlebt. Wie kein Zweiter versteht er es in mitreißenden Schilderungen des Waidwerks auf Wildgänse, Keiler, Rothirsch und Rehbock zu vermitteln. Lesegenuss pur aus der Reihe „Edition Paul Parey".
232 S., 31 Abbildungen

Heinrich Ostmann
Im Dämmerlicht
Schon von weitem kündigt der knirschende Schnee die anwechselnden Sauen an, verrät das raschelnde Laub den heimlichen Fuchs ... An den Grenzen des Tages und in der Stille der Nacht zu waidwerken, hat einen eigenen, ganz besonderen Reiz. Ihn vermittelt dieses Buch in außergewöhnlicher Weise. In spannungsgeladenen und humorvollen Jagderzählungen lässt es den Leser nächtliches Waidwerk auf Sauen, packende Baujagd und andere fesselnde Erlebnisse in heimatlichen Jagdrevieren hautnah miterleben.
224 S., 14 Abbildungen

E. Fuhr/W. Schmitz
Lob der Jagd
Zwei passionierte Jäger und Journalisten nehmen das Waidwerk in den professionellen Blick. Mit viel Humor schildern sie eigene Jagderlebnisse sowie Interessantes und Hintergründiges rund um die Jagd und die grüne Zunft. Eckhard Fuhr war lange für die Frankfurter Allgemeine Zeitung tätig und arbeitet seit langen Jahren bei der WELT. Werner Schmitz war fast 20 Jahre für den STERN tätig und ist mehrfacher Buchautor.
192 S., 20 Abbildungen

Joachim Eilts
Waidmannsdank!
Schon mit seinen Jagderzählungen „Ich hatte einen Hund ..." löste Joachim Eilts unter den Lesern Begeisterung aus. Nun lässt der ehemalige stellvertretende Chefredakteur der Zeitschrift „Fisch & Fang" und zugleich Vollblutjäger die Leser in unnachahmlich mitreißendem Stil teilhaben an seinem langen und erfüllten Jägerleben und an packenden Erlebnissen im In- und Ausland.
256 Seiten, 30 Abbildungen

Wolfgang Bessel
Achtung! Treiber Püttmann kommt
Über viele Monate strapazierten die Erlebnisse des Ruhrpott-Originals Willi Püttmann in der renommierten Deutschen Jagdzeitung die Lachmuskeln der Leser. Dem Wunsch seiner zahlreichen Fans entsprechend legt der Autor hier ein humorvoll illustriertes Buch zur Serie vor. Püttmanns amüsanter Weg vom Jagdhelfer zum Jungjäger im Ruhrpott-Jargon – das ideale Geschenk für sich selbst und andere.
176 S., 28 Abbildungen

Wolfgang Bessel
Auweia – Püttmann jagt!
In ebenso turbulenten wie humorvollen Episoden unterhalten Klempnermeister Willi Püttmann und seine Frau Berta in Wolfgang Bessels Bestseller „Achtung! Treiber Püttmann kommt!" die Leser bestens. Wie sich das Ruhrpott-Original und seine Gattin mit dem Jagdschein in der Tasche als Nimrode behaupten, beantwortet dieser Folgeband. Aber Vorsicht – für schwache Zwerchfelle denkbar ungeeignet!
192 S., 23 Abbildungen

Herbert Witzel
In fernen Jagdgründen
Die Träume zahlloser Jäger hat Herbert Witzel für sich Wirklichkeit werden lassen – in den schönsten Jagdparadiesen dieser Erde ist er dem Waidwerk nachgegangen. In dieser vollständig überarbeiteten und erweiterten Neuausgabe seines Erstlingswerkes entführt der Erfolgsautor seine Fangemeinde mit der ihm eigenen Erzählkunst zu packenden Jagderlebnissen in aller Welt.
208 S., 32 Abbildungen

KOSMOS.
Wissen aus erster Hand.

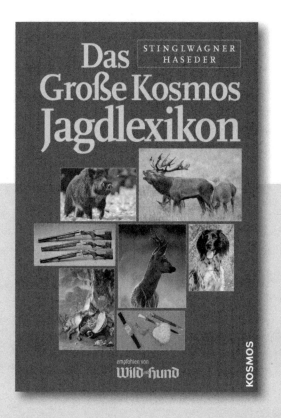

Stinglwagner • Haseder
Das Große Kosmos Jagdlexikon
824 S., 900 Abb., €/D 49,90
ISBN 978-3-440-12309-6

Ein Meilenstein der Jagdliteratur

Von A bis Z enthält dieses einzigartige Nachschlagewerk alle wichtigen Stichwörter zum traditionsreichen Waidwerk im deutsprachigen Raum. Neben exakten Begriffserklärungen bietet dieses Buch dem Leser eine umfassend recherchierte Fülle an Informationen und Darstellungen.

kosmos.de/jagd

KOSMOS.
Wissen aus erster Hand.

Freiherr Ludwig von Cramer-Klett
Die Heuraffler und Im Gamsgebirg

472 S., 18 Abb., €/D 19,95
ISBN 978-3-440-12347-8

Vom Jagen in den Bergen

Wollte man aus dem ohnehin herausragenden schriftstellerischen Vermächtnis des Freiherrn von Cramer-Klett besondere Werke hervorheben, so hätten "Die Heuraffler" und "Im Gamsgebirg" diese Ehre zweifellos verdient. Immer wieder nachgefragt, liegen jetzt beide Werke in einem attraktiven, günstigen Doppelband vor.

kosmos.de/jagd